다시 읽고 싶은

한국행정학
좋은논문
제5편

박순애 · 최경희 편

김순은 · 김태룡 · 노화준 · 문태훈 · 박우서
박재창 · 손희준 · 심익섭 · 안성호 · 유 훈
이대희 · 이시경 · 이종수 · 이해영 · 정광호
정홍익 · 조석준

———————— 논평 ————————

고길곤 · 곽현근 · 김창수 · 나태준 · 라휘문
박광국 · 박형준 · 우창빈 · 유홍림 · 은재호
이종수 · 임학순 · 장인봉 · 전대성 · 전주상
채원호 · 최연태 · 최종원

박영사

본 저서는 서울대학교 행정대학원 공공성과관리연구센터 연구총서로
발간되었습니다.

머리말

　본서는 한국 행정학의 좋은 논문을 선정하여 후학들에게 소개하고 그 의미와 연구성과를 공유함으로써 학문세대 간의 소통을 촉진하려는 목적으로 집필된 "다시 읽고 싶은 한국 행정학 좋은 논문" 시리즈의 마지막 편입니다. 행정학 분야의 논문들은 전문적인 내용과 문체의 건조함으로 인해 일반인들이 쉽게 접근하기 어려워 좋은 내용의 논문들이 널리 읽히지 못하는 한계가 있습니다. 이 책에서는 각각의 논문에 대해 서언과 리뷰를 제공함으로써, 독자들이 일종의 지도를 가지고 중요한 논점을 짚어가면서 수월하게 논문을 읽어 나갈 수 있도록 구성하였습니다. 학부에 행정학과가 없는 서울대학교에서 대학생들에게 행정학 논문을 쉽게 접할 수 있는 방법을 고민해 오다 2014년 공공성과관리연구센터 설립 후 비로소 유사한 주제의 논문들을 엮은 저서를 기획하게 되었습니다. 10여 년간의 소망이 첫 작품으로 출간된 이래 매년 행정학의 특정 주제를 중심으로 논문을 모아서 책을 만들기 시작한 후 5번째 책이 나왔습니다. 제1편은 한국 행정이론 발전에 기여한 연구, 제2편은 정통적 행정학 분야로 볼 수 있는 조직, 인사, 재무 관련 논문, 제3편은 독창적인 이론과 방법론 측면에서 기여도가 큰 연구, 제4편은 행정 이론들을 현실의 사례와 유기적으로 연결하여 적실성을 확보하고 있는 논문을 주로 다루었습니다.

　이번 책에서는 한국 행정학에서 초기 정책학 연구, 정치와 행정의 역학관계, 지방자치제도의 발전, 분야별 정책에 대한 논문들이 포함되어 있습니다. 공익을 추구하는 과정에 관여하는 다양한 주체 또는 역할들의 관계는 현대 행정에서 그 중요성이 더욱 부각되고 있으며 정책학의 핵심영역이라고도 볼 수 있습니다. 유훈 교수님의 정책종결과 한국행정학보 제1권에 실린 조석준 교수님의 의사결정에 관한 연구는 행정학계 원로학자들의 글을 통해 이러한 정책결정이 어떻게 이루어졌는지를 분석적으로 되돌아볼 수 있다는 점에서 의미를 찾을 수 있을 것입니다. 그 외에도 행정학의 가장 오랜 주제인 정치와 행정의 관계, 이러한 역학관계가 현장에 녹아있는 지방자치, 한국 정책학의 분화과정을 살펴볼 수 있는 분야별 정책학 논제들이 포함되어 있습니다.

이 책은 모두 4편으로 구성되어 있습니다. 제1편은 한국 행정학에서 정책학의 초기 논의를 다루고 있으며 정책학의 탄생에 기여한 논문을 포함하고 있습니다. 제1장 "한국의 정책종결"은 통일벼 장려정책, 토지공개념정책, 북진통일정책, 야간통행금지 등의 사례를 정책종결의 특징과 결정요인이라는 관점에서 비교·고찰하고 있습니다. 제2장 "정책설계의 사회의 재구성과 발전적 평가의 활용－새마을 운동 정책을 중심으로"에서는 시스템적 사고와 복잡성 개념들을 사용하여 전통적 평가에 대조되는 발전적 평가가 새마을정책의 재설계에 어떻게 활용되었는가를 설명하고 있습니다. 제3장 "정책사상의 정의에 관한 문제"에서는 정책사상을 정책의 본질에 관한 철학적이고 이론적이며 체계적 사고라고 정의하면서 정책사상에 관한 연구가 미미한 현실에 대한 아쉬움을 담고 있습니다. 제4장 "한국에 있어서의 정부와 기업간의 관계－환경보전, 공정거래, 산업기술개발정책을 중심으로"에서는 1980년을 전후하여 조직구조나 관련 법률의 발전은 있었지만 이에 상응하는 실질적인 정책의 발전은 미미하였다는 비판적 시각을 담고 있습니다.

제2편은 '정치와 행정의 역학관계'를 다룬 논문들로 구성되어 있습니다. 제5장 "결정작성(決定作成)이론의 양형(兩型)과 한국행정"은 의사결정의 규범적·이상적 방법과 현실적·실증적 방법을 비교하면서 Simon, March, Cyert 등의 행태주의 이론을 소개하고, 한국에의 적용가능성을 탐색하고 있습니다. 제6장 "행정학에서의 정치와 행정－회고와 전망"에서는 행정기능의 차원과 행정주체의 차원을 중심으로 구축되는 연속선상에 기존의 행정이론들이 정렬된다고 보고, 9개의 이론 유형을 도출하고 있습니다. 앞으로는 행정 현상에 대한 연구가 단순한 관리기술이나 권력다툼의 문제가 아니라 가치관의 공유 차원으

로 초점이 이동해야 한다고 보고 있습니다. 제7장 "정치－행정의 한국형 병존 모형 연구"에서는 19세기 말 미국 행정학의 탄생 이래 전개되어온 서구 학자들의 정치－행정 관련 논의를 살펴보고, 21세기의 한국적 상황에 적합한 대안적 모형으로 병존모형을 제시하면서 그 특징과 제도화 방안을 논의하고 있습니다. 제8장 "감성정부와 이성정부의 비교론적 고찰"에서 저자는 경제성장 단계에서 효율성을 지향하는 정부를 이성정부로 명명하고, 어느 정도 성장이 이루어지고 난 이후에는 정부가 좀 더 부드럽고 문화적인 그리고 가치 지향적인 행정과 정책으로 변모해 가야 한다고 주장합니다.

　　제3편은 '분권과 지방자치'에 관한 논문을 포함하고 있습니다. 제9장 "주민주권론과 지방자치의 발전"은 주민의, 주민에 의한, 주민을 위한 지방정부의 구현을 위한 사상적 토대로서 주민주권론을 제시하고 있습니다. 제10장 "단일중심주의와 규모정치"는 시·군·구를 묶어 통합광역시로 만들고, 국가지방행정기관을 설치하려는 정치권의 개편안을 규모정치의 폭력성과 빗나간 벤치마킹으로 비판하면서 전문가의 역할과 주민참여를 강조하고 있습니다. 제11장 "주민자치회의 제도화 방안과 발전방향에 관한 연구"는 2010년 지방행정체제개편추진위원회에서 도입했던 주민자치회에 관해 논의하고 있습니다. 지방행정체제개편추진위원회가 주민자치회의 모형으로 협력형, 통합형, 주민조직형 등을 제시했지만 모형의 선정과정에서도 주민의 선택권이 존중되어야 한다고 보고 있습니다. 제12장 "행정학의 신패러다임으로서 신공공관리모형의 적실성에 관한 연구"는 한국 지방자치단체의 적용사례를 중심으로 신공공관리모형의 적실성과 도입에 따른 효과성을 분석하고 있습니다. 인사개혁과 재정개혁요인의 효과성에 대한 영향은 상대적으로 높게 나타났지만 구조개혁요인은 중요성이 낮게 나타난 것으로 보고 있습니다. 제13장 "지방자치단체 세출변화의 요인과 추이 분석"은 지방자치제 도입 이후 세출의 전반적인 추세와 변화를 분석하고 있습니다. 재정제도 변화가 세입과 세출에 크게 영향을 미쳤음에도 불구하고 지방정부의 자율적인 선택과 판단에 의해 세출이 결정되었다

는 전제로 진행된 연구들에 대해 비판적 견해를 밝히고 있습니다.

　　제4편 '정책학의 진화'에서는 각 정책분야별 논문들을 담고 있습니다. 제14장 "동북아 국제관계 전망 및 국토정책의 방향과 과제"는 한반도가 BESETO－KHA－SHA의 중심기능을 담당하게 된다는 가정 하에 21세기를 맞이할 준비를 해야 함을 강조하고 있습니다. 대륙과의 연계와 일본 또는 환태평양 국가와의 연계강화를 통하여 이 지역이 범세계 도시권화를 형성할 수 있도록 준비해야 함을 제시하고 있습니다. 제15장 "문화정책의 가치론적 접근"은 문화정책연구의 기본적 이론인 가치 패러다임(value paradigm)을 제안하고, 가치와 이념의 개념 문화정책의 주요 이념과 가치의 분석, 문화정책 쟁점 가치를 설명하며, 가치 패러다임을 통한 한국 문화정책발전 방향을 모색하고 있습니다. 제16장 "환경정책원칙의 구성요소와 상호관계"에서는 환경정책원칙을 이념적 원칙과 수단적 원칙으로 구분하고 그 구성요소와 상호관계의 특성을 검토하고 있습니다. 제17장 "정책 리터러시 함수 분석"에서는 정책과정과 정책내용이 복잡해짐에 따라 정책숙의에 필수적인 정책 리터러시(policy literacy)의 중요성을 살펴보고, 시민인식도 자료를 이용해 정책 리터러시 수준과 시민활동 사이의 연관성을 분석하고 있습니다. 마지막 장인 "기대불일치 이론을 활용한 정책만족도 분석"은 2009년 Korean Journal of Public Administration에 게재된 논문을 번역한 것으로 경영학에서 널리 활용되는 기대불일치 모델을 적용하여 시민들의 기대가 정책만족에 미치는 영향을 분석하고 있습니다.

　　1956년 행정학회의 설립을 한국 행정학의 출발로 본다면 우리 행정학도 어느새 고희(古稀)를 바라보고 있습니다. 그간 한국 행정학은 정책학을 포함하여 다양한 분과학문으로 발전하였고, 타 학문의 이론과 방법론을 적용하고 내재화하면서 사회과학의 핵심 학문으로 자리매김하였습니다. 정부주도의 경제발전에서 공공부문의 역할이 지대했음을 감안한다면 행정학 또한 대한민국의 역사와 함께 성장·발전해왔다고 볼 수 있습니다. 격동의 역사만큼 다양하고 재밌는 행정학 연구들이 산적해 있지만 모두 소개하지 못하고 이 책을 끝내게 되어 아쉬움이 큽니다. 이번 책 발간작업은 학내 사정으로 인해 출판사를 포함하여 저자와 리뷰어가 모두 자발적 봉사로 참여해 주셨습니다. 이 책을 위해 아낌없이 헌신해 주신 모든 분께 진심으로 감사드립니다. 여러 가지 여건상 아쉽게도 "다시 읽고 싶은 한국행정학 좋은 논문" 시리즈는 제5편으로 마무리하지만, 행정학자들이 더욱 도전적으로 연구해야 한다는 원로 교수님의 격려와 열정을 거울삼아 이 책의 목적에 공감하는 누군가가 후속작을 계속 만들어갈 수 있기를 소망합니다. 독자들께서도 행정학자 간의 치열하고 열정적이면서도 따뜻한 사랑의 대화를 함께 해 주시기를 부탁드립니다.

2020년 6월 관악산 자락에서
공공성과관리연구센터
박순애

목 차

제1편 행정학에서 정책학 논의

제2편 정치와 행정의 역학관계

제4편 정책학의 진화

제 1 편

행정학에서 정책학 논의

한국의 정책 종결

한국의 정책 종결[*]

유훈(서울대학교 행정대학원 명예교수)

～ 프롤로그 ～

　Lasswell을 제외하고는 1970년대 후반까지 정책종결에 관한 연구가 별로 없었으나 1970년대 후반에 와서 Policy Sciences와 International Journal of Public Administration이 정책종결에 관한 symposium을 게재했다. 두 번에 걸친 symposium뿐만 아니라 정책종결에 관한 사례연구와 정책종결에 관한 이론 정립을 위한 시도도 있었다.

　이 논문에 있어서 필자는 정책종결 연구가 걸어온 발자취를 살펴보고 Kaufman, Behn, Daniels 등의 이론정립을 위한 시도도 검토해보았다. 이어서 필자는 위에서 지적한 여러 사람들의 연구한 바에 따라서 정책종결의 특징과 정책종결의 요인도 검토하여 보았다. Daniels 등의 견해를 빌어 정책종결의 요인으로서 필자는 (1) 경제적·재정적 요인, (2) 능률성 제고의 필요성, (3) 정치적 및 이데올로기적인 요인, (4) 실현가능성의 결여 등을 지적했다.

　끝으로 필자의 정책학 연구가 토착화가 부족하다는 지적이 있다는 것을 감안하여 한국의 정책종결 사례 네 가지를 검토함으로서 정책연구의 토착화를 위한 노력을 시도해 보았다.

　첫째로 통일벼 장려정책은 우리나라의 식량난을 해결하기 위하여 시도된 것으로서 수매(收買)라는 정책수단을 사용하여 전체미곡 생산량에 있어서 통일벼가 차지하는 비율이 1977년에는 61.2%에 달하게 되어 쌀의 자급 달성 성공에 기여했다. 그러나 국민의 소득증대에 따라 대부분의 소비자가 값이 다소 비싸더라도 양질미를 선호하게 되어 통일벼의 판매가 부진하여 통일벼의 재고가 누적되고 따라서 재정 부담이 가중되어 정부가 통일벼 장려정책을 지

---

[*] 이 논문은 1998년 『행정논총』 제36권 제2호에 게재된 글을 수정·보완한 것이다.

속할 수 없게 되었으며 통일벼 장려정책의 종결을 보게 되었다.

두 번째의 토지공개념(土地公槪念) 정책은 1980년대 토지투기와 이에 따른 지가의 앙등을 억제하기 위하여 등장하게 되었는데 1997년 말 외환 위기와 그에 따른 IMF 체제의 도래 이후 구조조정으로 부동산 경기가 급속히 냉각하고 지가가 크게 떨어지자 정부는 부동산 경기의 활성화와 복합불황의 방지를 위하여 도입된지 8년 만에 토지공개념정책을 종결하게 되었다.

자유당 정부의 구호적(口號的) 성격이 짙었던 북진통일(北進統一)정책은 4.19로 정권이 교체되자 소망성과 실현가능성이 희박했던 북진통일정책은 민주당 정부에 의하여 평화적 통일정책으로 승계(承繼)가 일어났다.

끝으로 1945년부터 37년간 지속되었던 야간통행금지는 긴장된 사회분위기에 숨통을 트고 제5공화국 정권의 정통성 부족을 보완하는 뜻에서 정책의 종결이 이루어졌다.

이와 같이 고찰할 때 통일벼 장려정책은 재정적 요인으로 종결되었으며, 토지공개념정책은 경제적 요인에 의하여 종결되었다. 그러나 북진통일전책과 야간통행금지는 정치적 요인에 의하여 종결되었다는 것을 알 수 있다.

우리는 이와 같은 한국의 4개의 정책종결 사례에서 미국과 같이 거부권행사기관(veto points)이 많은 국가와 한국과 같이 거부권행사기관이 적은 국가 간에는 정책종결의 패턴이 다소간의 차이점을 보인다는 것을 지적하고자 한다.

미국의 경우에는 일반적으로 종결에 대한 저항이 강하며 따라서 종결 여부나 종결 시기를 예측하기가 어려운 경우가 많다고 하겠다. 그러나 우리나라의 겨우 종결에 대한 저항이 일반적으로 강하지 않았으며 따라서 예측도 어려운 경우가 많지 않았다고 하겠다.

I. 서 론

감축관리나 조직의 쇠퇴에 관한 연구와 보조를 맞추어 1970년대 후반에 활기를 띠었던 정책종결에 관한 연구가 그 후 다소 잠잠했으나 최근에 와서 정부부문의 구조조정, 민영화, 규제완화 등의 문제가 제기되자 다시 활기를 띠기 시작했다.

우리는 이곳에서 그동안의 정책종결에 관한 연구를 되돌아보고 정책종결의 특징과 종결요인을 검토한 다음 4개의 한국의 정책종결사례를 고찰하고자 한다. 이러한 4개의 사례는 시기적으로 1940년부터 1990년대에 이르는 것이며, 분야 면에서 본다면 외교국방정책, 치안정책, 경제정책과 관련된 사례를 포함한다. 마지막으로 이러한 사례의 비교분석을 통하여 한국의 정책종결이 지니는 특징을 규명하고 결론을 맺고자 한다.

Ⅱ. 정책종결의 연구

1. 연구의 개관

정책연구에 종사하는 사람들이 정책과정에 관해서 여러 가지 견해를 제시해 왔으나 1970년대 전반까지는 Lasswell을 제외하고는 정책의 종결단계에 대하여 언급한 사람은 별로 많지 않으며(Lasswell, 1956: 2), 정책의 종결에 관한 논문이나 저서도 희귀했다. 그러나 1970년대 후반부터 정책의 종결에 관한 연구에 관심을 표명하는 학자들이 늘어나기 시작했으며 이에 관한 논문이나 저서도 속출하고 있다.

이러한 정책종결에 관한 연구는 한때 감축관리(cutback management)나 조직의 쇠퇴(organizational decline)에 관한 연구와 보조를 같이 했으나 최근에 와서는 정부부문 구조조정, 민영화, 규제완화 등과 관련을 가지고 있다.

2. 두 번의 심포지엄

전술한 바와 같이 정책종결에 관한 논문들이 1970년대 후반부터 발표되기 시작하였는데 정책종결에 관한 연구에 많은 공헌을 한 것으로서 학술지에 게재된 두 번의 symposium을 들 수 있다.

(1) 1976년의 심포지엄

1976년 6월호 Policy Sciences에 게재된 정책종결에 관한 symposium은 정책종결연구에 큰 자극제가 되었다. Bardach(1976)와 Biller(1976)의 논문을 제외하고는 사례연구 일색이라 할 수 있는 이 symposium은 이후의 정책종결 연구자에 의하여 수없이 많이 인용되었으며 정책종결연구의 필요성을 일깨워 주는데 큰 역할을 담당했다고 할 수 있겠다.

(2) 1997년 심포지엄

1997년 제12호의 International Journal of Public Administration도 학술지로서

는 20여 년만에 정책종결에 관한 symposium을 게재했다. 근래에 와서 정부부문의 구조조정이나 규제완화·민영화 등으로 정책종결에 관한 관심이 높아졌기 때문이라 생각된다.

Daniels(1997)의 서론과 deLeon(1997)의 결론을 제외하고는 5편의 사례연구가 대종을 이루고 있다고 하겠다. Best 등(1997)은 주간상업위원회(ICC) 폐지의 가능성을 검토하고 있으며, Frantz(1997)는 정책종결이 많은 대가를 지불해야 한다는 것을 강조하고 있으나 선원보건제도(Merchant Seamen Health Care)의 종결을 고찰하고 있다 (Frantz, 1997). Greenwood(1997)는 정책의 종결과 승계가 다른 개념이라는 것을 주장하고 있으나 영국의 ILEA의 폐지에 관해서 많이 고찰하고 있다. Harris(1997)는 정책종결에 있어서 이데올로기적인 측면이 중요한 역할을 담당한다는 것을 강조하고 있으나 이스라엘의 기브츠(Kibbtz)가 폐지되지 않는 이유를 이데올로기적인 측면에서 고찰하고 있다. 끝으로 Norris-Tirrell(1997)은 비영리단체폐지를 검토하고 있으나 이 역시 아동재활서비스(Children's Rehabilitation Service)에 관한 사례연구이다.

3. 이론정립을 위한 시도

두 번에 걸친 symposium뿐만 아니라 정책종결에 관한 연구도 다른 많은 정책연구와 같이 일반적으로 사례연구가 많으나 이러한 사례연구들을 토대로 정책종결에 관한 이론을 정립하려는 시도도 있었다.

(1) Kaufman의 조직종결 연구

정책종결에 관한 연구는 아니지만 정책종결 연구에 많은 영향을 미친 것으로서 Kaufman의 조직종결(소멸) 연구를 들 수 있다.

Kaufman은 1976년 발간된 그의 저서를 통하여 미연방 정부의 421개 기관을 연구한 결과 1923년부터 1970년 중반에 이르는 기간 중 소멸한 기관은 27개(15%)에 불과하다는 사실을 소개하고 정부의 조직이나 정책의 종결이 매우 어렵다는 것을 시사한 바 있다. Kaufman(1976)은 이어서 민간조직의 소멸율을 검토한 결과 동일한 50년간에 민간조직의 소멸율은 정부조직의 2배에 달한다는 사실을 발견했다.

1976년 저서의 속편이라 할 수 있는 1987년 저서에서 Kaufman은 정부의 퇴출이 어렵다는 종전의 주장을 이어가고 있다. 이 책에서 그는 조직의 발전이 일종의 진화(evolution)라는 주장을 펴고 있다. 조직이 퇴출하는 것은 체제 유지의 실패에 그 원인이 있다고 본다. 다시 말해서 조직이 새로운 환경조건에 적응하지 못하는데 그 원인이 있다는 것이다(Kaufman, 1987).

(2) Peter deLeon의 정책종결 연구

후술하는 Behn과 함께 정책종결연구에 가장 깊숙이 관여한 사람은 Peter deLeon 이라 하겠다. deLeon은 1978년에 발표한 「정책종결의 이론」이라는 논문에서 정책종결의 개념·유형을 위시하여 정책종결의 저해요인과 전략에 이르기까지 광범위하게 정책종결을 다루었으며(deLeon, 1978) 1983년의 「정책평가와 프로그램 종결」에서는 정책종결의 요인도 검토하고 있다(deLeon, 1983).

(3) Behn의 정책종결전략

전술한 바와 같이 Behn도 deLeon과 함께 정책종결에 관한 많은 논문을 발표했다. 특히 1978년의 「정책종결의 방법」이라는 논문은 정책종결의 전략을 상세하게 다룬 것으로서 후학들에 의하여 많이 인용되는 논문이다(Behn, 1978).

(4) Daniels의 『공공사업의 종결』

정책종결에 관한 1997년의 심포지엄을 편집한 Daniels는 같은 해에 『공공사업의 종결』이라는 얇은 저서를 출간했다.

정책·조직의 종결을 개관한 후 Daniels는 종결에 관한 문헌을 상세히 고찰하고 지금까지의 종결연구의 특징을 몇 가지로 나누어서 지적하고 있다(Daniels, 1997).

Ⅲ. 정책종결의 특징과 종결요인

1. 정책종결의 특징

정책종결에 관한 이론 정립을 시도한 Behn이나 deLeon의 뒤를 이어서 최근 Daniels도 많은 사례연구의 결과를 토대로 정책종결의 특징으로서 다음의 몇 가지를 제시하였다(Daniels, 1997: 69-80).

(1) 예산절감과 무관

경제적·재정적 요인으로 종결되는 정책이 없는 것은 아니나 많은 경우 정책은 다른 요인으로 인하여 종결된다는 것이 Daniels의 주장이다. 대부분의 경우 정책의 종결은 예산의 절감을 가져오는 것이 아니며 적어도 단기적으로는 예산의 팽창을 가져온다는 것이다.

설사 예산의 절감이 정책종결의 동기라 하더라도 그것만으로는 정책의 종결이 이루어지기가 어려운 것이 일반적인 현상이라 하겠다.

(2) 종결에 대한 정치적 저항

Daniels는 정책종결이란 반대세력의 저항으로 이루어지기가 어려우며 정치적 요인의 지배를 크게 받는다고 주장한다. 미국공군당국이 B-1폭격기의 성능에 대해서 회의를 표명한 후에도 B-1폭격기의 제조가 종결되지 않은 것은 하청업자들과 그들을 옹호하는 국회의원들의 저항에 그 원인이 있다고 하겠다. 미해군은 기지 폐쇄의 위협에 직면하면 그 지방의 노동조합, 관련기업, 그 지방 출신 국회의원 등을 동원하여 기지 폐쇄를 반대하는 경우가 많다고 한다(deLeon, 1979: 384).

(3) 반대세력의 무마의 필요성

정책종결을 이룩하기 위해서는 반대세력의 무마가 필요한 경우가 많은데 흔히 사용하는 방법 코푸테이션(cooptation)이다. Massachusetts의 주립직업훈련학교를 폐교하려는 노력이 직원들의 거센 반대에 직면하자 학교는 폐쇄하되 직원들은 해임하지 않았다고 한다(Behn, 1976).

우리나라 야간통행금지폐지의 경우 국방상의 이유로 국방당국의 저항이 있자 전방접적지역과 해안지대는 통금해제에서 제외함으로써 반대세력을 무마했다고 할 수 있겠다.

(4) 이념적 요인의 중요성

정책종결의 실현 또는 좌절에 있어서 이념적 요인이 중요한 역할을 한다. 1970년대 후반에 시작된 공기업의 민영화는 영국 보수당의 집권과 미국의 Reagan 행정부의 등장으로 인한 보수화 회귀에 그 원인이 있다고 하겠다.

우리나라 제1공화국의 북진통일정책과 같은 비현실적인 정책이 10여 년 이상 종결되지 않고 지속된 이유도 이념적인 요인에서 찾을 수 있다고 하겠다.

후술하는 바와 같이 이스라엘의 기브츠(Kibbtz)는 1980년대 후반부터 적자운영을 면치 못했으며 경제적인 관점에서 볼 때 더 이상 유지할 이유가 없었으나 이념적인 요인으로 폐지되지 않고 연명하고 있다는 것이 Harris의 주장이다(Harris, 1997: 2155-2158).

(5) 부활의 가능성

정책종결의 실현이나 좌절이 정치적 요인이나 이념적 요인의 영향을 많이 받는 까닭에 한 번 종결되었던 정책이 부활하는 경우가 있다.

미국 B-1 폭격기가 좋은 예인데 그 유효성이 문제 되어 한때 제조가 중단되었던 B-1 폭격기가 다시 살아나 규모는 줄어들었으나 다시 제조를 시작했던 것이다. 종결된 정책이 되살아난 사례는 Greenwood(1997), Shulsky(1976), Wallerstein(1976) 등의 글에서도 찾아볼 수 있다.

우리나라의 토지공개념정책의 경우 1998년 중에 종결될 예정이나 경기의 회복으로 토지투기가 되살아나고 지가가 다시 앙등하는 경우 부활할 가능성이 있다고 하겠다.

(6) 예측의 곤란

정책의 종결은 이루어지기가 어려울 뿐만 아니라 종결 여부나 종결의 시기를 예측하기가 어렵다는 것이 Daniels의 주장이다. Best 등은 미연방정부 독립규제위원회 중 가장 긴 역사를 자랑하는 주간상업위원회(Interstate Commerce Commission)가 폐지될 것이 예측되나 언제 폐지될 것인지 단언하기가 어렵다고 주장하고 있다.

이것은 어느 나라에서나 찾아볼 수 있는 현상이나 특히 다수의 거부권 행사기관(veto points)을 보유하는 미국과 같은 국가에서 더욱 두드러지게 나타나는 현상이라 하겠다.

2. 정책종결의 요인

정책의 종결을 가져오는 원인으로서 여러 가지를 들 수 있다. 저자는 다른 곳에서 Whetten의 조직쇠퇴의 원인을 원용하여 정책종결의 원인을 검토한 바 있으나(유훈, 1995: 506-508) 이곳에서는 deLeon과 Daniels의 견해를 빌어 정책종결의 요인을 살펴보고자 한다(deLeon, 1983: 2046-2047).

(1) 경제적·재정적 요인

정책종결을 가져오는 첫째 요인으로서 경제적·재정적 요인을 들 수 있다. Daniels는 정치적 요인의 중요성을 강조하고 경제적·재정적 요인은 덜 중요시하나 근래에 와서 정책종결이 다시 많은 사람들의 관심을 모은 이유를 경제적·재정적 요인에서 찾아야 할 것 같다.

후술하는 바와 같이 우리나라에서 통일벼장려정책이 종결될 수밖에 없었던 것은 국민의 양질미 선호성향으로 통일벼의 재고가 늘어나고 양곡관리기금의 결손이 연간 (1993년) 1조 8,389억 원에 달한 데 그 원인이 있었다고 하겠다.

(2) 능률성의 제고

능률성의 제고를 위하여 정책이 종결되는 경우를 많이 찾아볼 수 있다. 맥나라마 국방장관이 Skybolt 미사일 프로그램을 종결한 것은 이보다 더 능률적인 대안이 있다고 확신한 까닭이라고 하겠다(Enthoven & Smith, 1971).

최근 각국에서 일몰법이나 일몰 규정에 의하여 조직이나 정책이 폐지되는 이유는 대부분 능률성의 제고에서 찾을 수 있다(Kearney, 1990).

(3) 정치적 및 이데올로기적인 요인

정치적 요인과 이데올로기적인 요인으로 정책이 종결되거나 종결되어야 할 정책이 종결되지 않는 경우를 흔히 볼 수 있다. Nixon대통령이 경제기회청(Office of Economic Opportunity)을 폐지한 이유를 정치적 이데올로기에서 찾을 수 있으며 (Daniels, 1997: 2046) 경제적 관점에서 볼 때 마땅히 폐지되어야 할 이스라엘 기브츠 (Kibbtz)가 폐지되지 않은 이유도 이데올로기적인 측면에서 찾을 수 있다(Harris, 1997: 2170). 후술하는 바와 같이 우리나라에서 야간통행금지가 폐지된 이유는 다른 그 무엇보다도 정치적인 요인에서 찾을 수 있다고 하겠다.

(4) 행태이론의 변화

deLeon이 제시한 상술한 세 가지 요인 외에 Daniels는 정책종결의 또 하나의 요인으로 행태이론의 변화를 들고 있다. 과거에는 정신질환자는 정신병원에 격리시켜 치료하는 것이 정상이라고 생각했으나 1950년대에 개발된 행태이론에 의하여 격리수용치료보다는 지역사회에 기초를 둔 치료방법(Community-Based Treatment)이 바람직하다는 것이 정설로 등장하였다. 이리하여 미국의 많은 주에서는 다수의 정신병원이 폐지되기에 이르렀다는 것이다(Bradley, 1976).

(5) 실현가능성

실험적인 성격(trial-type)의 정책에서 볼 수 있는 현상인데 사회문제의 성격상 정책집행과정에서 예기치 않았던 난관에 봉착하게 되어 정책의 실현가능성에 의문이

제기되었을 때 정책의 종결이 일어나게 된다.

실험적인 성격의 정책이 많은 것은 아니나 1960년 미국의 Johnson 대통령이 추진한 빈곤, 소년범죄, 실업, 도시문제, 인종차별, 남녀차별 등에 관련된 정책 중에는 이러한 성격의 정책들이 있었다.

우리나라의 토지공개념정책도 이 유형에 속한다고 볼 수 있을 것이다. 사람에 따라 견해가 다르겠으나 토지공개념정책의 종결을 이러한 관점에서 볼 수도 있을 것이다.

Ⅳ. 한국의 정책종결 사례

1. 통일벼 장려정책

(1) 정책대두의 배경

우리나라의 식량난은 6.25 전쟁으로까지 소급해 올라갈 수 있는데 1956년부터는 미국 PL－480에 의한 잉여 농산물의 도입으로 식량난이 어느 정도 완화되었다. 그러나 1960년대 들어와 미국 잉여 농산물의 도입 감소와 흉작 등으로 부족 양곡의 확보가 어려운 과제로 대두하게 되었으며 1970년대에 들어와 식량난이 더욱 어려운 문제로 등장하게 되었다. 1973년 석유파동에 이어 일어난 세계적인 양곡 파동으로 세계 식량 수급 사정은 공급 과잉에서 공급 부족으로 상태가 전환하게 되었기 때문이다. 통일벼의 보급·장려정책은 이러한 배경하에서 등장하게 되었다(농림수산부, 1994: 1).

(2) 정책수단으로서의 수매

통일벼의 보급을 위하여 정부는 수매라는 정책수단을 효과적으로 활용하였다. 1974년만 하더라도 정부 수매량 5,105천석 중 일반벼가 1,150천석(22.5%), 통일벼가 3,955천석(77.5)을 차지했으나 통일벼 수매량의 비중이 더욱 높아지기 시작하여 1977년에는 통일벼의 비중이 98.2%에 달하게 되었으며 1978년에는 99.9%에 이르렀다. 한마디로 말해서 1988년까지 정부는 통일벼에 한해서 농가의 출하 희망 전량을 수매했던 것이다.

(3) 통일벼 장려정책의 성공

통일계 벼의 본격적인 농가 보급이 실시된 것이 1973년이었으나 정부의 장려정책에 힘입어 빠른 속도로 식재 면적이 늘어나기 시작했다.

1974년만 하더라도 전식재면적에 있어서 통일벼 식재 면적이 차지하는 비율이 15.2%에 지나지 않았으나 3년 후인 1977년에는 54.6%로 늘어났다. 이와 동시에 전체 미곡 생산량에 있어서 통일벼가 차지하는 비율이 1974년의 19.4%에 1977년에는 61.2%에 달하게 되었으며 쌀의 자급을 달성하게 되었다(농림수산부, 1994: 4-5).

(4) 통일벼 장려정책의 종결

1960년대 이후의 고속성장에 힘입어 국민의 소득수준이 크게 향상되고 식생활 패턴에 변화가 일어났다. 육류·채소·과실류의 소비가 늘어나는 반면 쌀을 포함한 곡류의 소비가 크게 감소하였다. 거기에다가 국민의 소득증대에 따라 가계에 있어서 쌀 구입비가 차지하는 비중이 크게 감소하여 대부분의 소비자가 값이 다소 비싸도 양질미를 선호하게 되었다.

이와 같은 현상으로 통일벼의 판매가 부진하여 통일벼의 재고가 늘어나게 되었으며 이것이 국고에 주는 부담이 점증하게 되었다. 1994년 4월 말 현재 통일미의 재고는 4.877천석에 달하였으며 양곡관리기금의 결손은 1993년 1조 8,389억 원에 달하게 되었다.

이리하여 정부는 통일벼 장려정책을 더 이상 지속할 수 없게 되어 이를 종결할 수밖에 없게 되었다. 한마디로 말해서 통일벼 장려정책 종결의 원인은 환경의 엔트로피였다고 하겠다.

통일벼 장려정책은 처음 도입할 때처럼 이를 종결할 때에도 정부는 수매를 활용하였다. 1988년 정부는 1989년산 통일벼의 수매량을 600만석으로 예시했으며 실제로 5,791천석을 수매했다. 1989년 12월에는 1990년산 통일벼 수매량은 더욱 줄여 450만석으로 예시했으며 일반벼의 수매를 개시하여 1989년산 일반벼를 5,957천석 수매했다. 1990년 12월에는 91년산 통일벼 수매량을 150만석으로 예시했으며 1991년 12월에는 1992년산부터 통일벼 수매중단을 예시했다. 이리하여 한때 31,363천석에 달했던 통일벼 생산량이 1992년에는 29천석으로 감소했으며 1993년에는 완전히 그 생산이 중단되었다.

2. 토지공개념정책

(1) 정책대두의 배경

토지공개념이란 토지의 소유권은 인정하지만 이용권과 수익권, 그리고 때에 따라서는 처분권까지도 국가가 관리하겠다는 개념이다(김정호, 1997: 140).

이러한 토지공개념정책이 대두하게 된 것은 1980년대의 토지투기와 이에 따른 지가의 앙등에 그 원인이 있다고 하겠다. 1975년부터 1988년에 이르는 기간 중 소비자 물가는 4.1배 올랐지만 지가는 16.8배나 올라 부동산투기가 더 이상 방치할 수 없는 사회문제로 제기되었으므로 이를 해결하기 위하여 등장한 것이 지가의 안정과 토지투기억제를 목표로 하는 토지공개념정책이라 하겠다.

(2) 정책수단

토지공개념정책은 택지소유상한제, 개발이익환수제 및 토지초과이득세라는 세 개의 기둥으로 구성되는데 우리는 이를 정책수단이라는 관점에서 살펴보고자 한다.

1) 택지소유상한제

이는 토지소유 상한설정제의 일환으로 도입된 제도이다. 토지소유 상한제는 가계나 기업이 생활과 생산활동에 필요한 만큼의 토지만을 소유할 수 있도록 하는 제도이다.

그러나 주거토지(택지)의 경우에는 상한을 설정하기가 비교적 용이하나 기업의 경우 여러 가지 이유로 상한을 설정하기가 어려우므로 토지공개념위원회의 보고서도 주거용 토지(택지) 또는 택지화 가능한 유휴토지에 한정할 것을 건의했다(손재영, 1989, 164–165).

이러한 건의가 채택되어 7대 도시 내 200평 이상의 택지 소유를 금지하며 소유 상한을 초과하는 택지와 법인이 소유하는 택지에 대해서는 초과 소유 부담금을 부과하는 것을 골자로 하는[1] 「택지소유상한에 관한 법률」이 제정되어 1989년 12월 30일에 공포되었다.

2) 개발이익환수제

개발이익환수제는 개발사업대상지의 지가가 상승하는 데서 발생하는 개발이익을 환수하여 부의 분배가 편중되는 것을 방지하는 제도이다. 개발이익환수제에서는 개발이익의 평가를 어떻게 할 것인가도 어려운 문제이나 무엇보다 개발부담금의 부과 대상 사업의 선정이 민감한 문제라 하겠다.

개발이익환수제의 도입을 위하여 1989년 12월 30일에 공포된 「개발이익환수에 관한 법률」은 대상 사업으로서 주택개발사업, 공업단지개발사업, 골프장 건설사업 등 11개 사업을 들고 있는데 부담률은 원칙적으로 산정된 개발이익의 50%로 하고 있다.[2]

---

1) 택지소유상한에 관한 법률 제 7조 및 제 19조.

3) 토지초과이득세

개발사업의 유무에 관계없이 일정 조건에 해당되는 모든 토지소유자에게 지가 상승액의 일부를 조세의 형태로 거두는 제도이다.

전술한 2개의 법률과 함께 1989년 12월 30일에 공포된 토지초과이득세법은 유휴토지에서 생긴 이익의 30% 내지 50%를 환수하도록 규정하고 있다.[3]

(3) 토지공개념정책의 성과

위에서 살펴본 세 가지 정책수단을 보유하는 토지공개념정책은 비교적 좋은 성과를 거두었다. 1990년부터 1997년에 이르는 8년 동안 무분별한 토지 과다 소유를 억제하고 부동산 경기과열을 방지하는 기능을 수행했다. 1989년부터 1997년에 이르는 기간 동안 소비자 물가상승률은 연평균 6.1%였지만 지가상승률은 1991년의 9.1%를 고비로 지속적으로 떨어지고 있다.

다른 한편 이들 토지공개념 3법에 의하여 거두어들인 세수를 본다면 <표 1>과 같이 택지소유상한법이 1조 6.588억원을 거두어들였으며 개발이익환수법은 1조 5,780억원을 징수했고, 토지초과이득세법은 9,477억원의 세수를 올렸다.[4]

표 1 토지공개념3법의 세수실적

	택지소유상한법	개발이익환수법	토지초과이득세법
부과건수 또는 필지	61,544건	10,547건	122,000필지
세수실적 (억원)	16,588 (92~97)	15,780 (90~97)	9,477 (91~94)

(4) 토지공개념정책의 종결

1997년 말 외환위기와 그에 따른 IMF 체제의 도래 이후 구조조정으로 인한 부동산매물의 증가와 금리의 폭등으로 부동산경기가 급속히 냉각하고 지가가 크게 떨어졌다. 거기에다가 자산디프레이션에 이은 복합불황의 가능성마저 제기되어 토지공개념정책의 재검토가 필요하다는 주장이 제기되었다.

이에 정부는 부동산경기의 활성화와 복합불황의 방지를 위하여 도입된 지 8년여

---

2) 개발이익환수에 관한 법률 제 5조 및 제 13조.
3) 토지초과이득세법 제 3조 및 제 12조.
4) 매일경제신문, 1998. 7. 22.

에 달하는 토지공개념정책의 재검토와 그 종결을 결정하게 되었다. 먼저 1998년 7월 택지소유상한법의 폐지를 결정함으로써 택지의 취득 및 처분을 자유화하게 되었으며 같은 달에 개발이익환수법을 개정하여 1999년까지 부과를 중지하고 2000년부터는 부과율을 50%에서 25%로 인하하기로 하였다. 이어서 김대중 대통령의 선거 공약에 따라 1998년 하반기 중에 토지초과이득세법을 폐지할 예정이다. 한마디로 말해서 1998년 중에 토지공개념정책은 사실상 종결될 예정이다.

3. 북진통일정책

(1) 정책의 배경

제1공화국의 이승만 대통령이 통일정책으로서 내세운 북진통일정책은 실현가능한 정책이라기보다는 다음과 같은 여러 가지 배경하에서 제기된 구호의 성격이 짙은 정책이라 하겠다(양영식, 1988; 김윤권, 1991; 정용석, 1984).

1) 국내적 요인

대한민국 정부는 건국 초기부터 많은 시련과 위협에 직면했다. 정부 수립 전인 1948년 4월 3일에 일어난 제주도 시위·폭동사건(4·3 사건)을 위시하여 같은 해 10월에 일어난 여수·순천반란사건과 1948년 11월부터 1949년 1월에 걸친 대구반란사건 등이 그 대표적인 예이다. 뿐만 아니라 미국은 1948년 9월 15일부터 주한미군의 철수를 시작하여 1949년 6월 29일에 이를 완료하였다.

이러한 상황 하에서 국가의 안전을 확보하기 위하여 국민들의 이념적인 단합이 필요하다고 생각한 이승만 대통령은 북진통일을 내세움으로써 국민들의 반공전신을 강화하고 좌익세력의 도전에 대처해 나가고자 했던 것이다.

2) 남북협상론의 억제

이승만 대통령의 남한단독정부수립을 민족의 영구적 분단을 기도하는 것이라고 비판하고 남북협상에 의하여 민족통일을 이룩하자는 김구·김규식 등의 남북협상론은 지식층을 위시한 많은 국민들의 지지를 받고 있었다.

이러한 남북협상론이 비현실적이라고 단정한 이승만은 그의 남한단독정부수립의 당위성을 위해서 남북협상론을 잠재울 필요가 있었으며 이를 위해서 무력북진통일정책을 내세웠다고 생각된다.

3) 원조획득의 수단

이대통령의 북진통일정책은 미국의 원조를 효과적으로 획득하기 위한 수단으로도 활용되었다. 북진통일정책은 북한에서 반공폭동이 발생할 때 북진통일하여 한반도 전체를 반공보루로 확보할 수 있음을 알리기 위한 것이었으며 미국에 대한 원조가 여러 가지 목적을 위하여 사용될 수 있다는 것을 시사했다.

4) 국제적 요인

미·소간의 냉전체제의 영향으로 한반도는 미·소 냉전의 대결장이 될 수밖에 없었다. 그로 인해 남북한 양측은 상대방을 같은 민족이 아니라 적으로 간주하여 무력을 사용해서라도 상대방을 굴복시키는 것이 최상의 통일정책이라 인식했기 때문에 남북한 양측이 다 무력통일을 옹호했다. 뿐만 아니라 이승만대통령은 공산폭동에 시달리고 있는 필리핀·말레이지아와 대만 등과 제휴하여 공산세력의 아시아 장악을 방지하기 위한 태평양방위동맹체제의 구축을 구상하고 있었다. 그러한 이대통령으로서는 북진통일정책이 당연한 귀결이었는지도 모른다.

(2) 정책스테이트먼트

북진통일정책에 관한 표현 또는 표명을 말하는 정책 스테이트먼트(policy statement)로서(유훈, 1995: 44) 법률·대통령령이 있는 것은 아니고 이승만 대통령의 각서나 성명서 등이 존재할 뿐이다.

1) 한국전쟁 전의 스테이트먼트

이대통령이 북진통일정책을 공식적으로 언급하기 시작한 것은 정부 수립 다음 해인 1949년의 일이다. 이대통령은 1949년 2월 12일 장면 주미대사와 오리버에게 보낸 각서 속에서 "한국의 안전은 오직 무력에 의한 국토통일에 달렸다"고 주장했다.

2) 한국전쟁 중의 스테이트먼트

한국전쟁 중에는 북진통일정책을 표명할 기회가 많았다. 비교적 개전 초기인 1950년 7월 19일 대통령은 한국 정부의 공식 입장을 트루먼 대통령에게 전달하면서 "UN군의 작전목표가 戰前원상의 회복, 즉 38선에의 진격·정지에 그쳐서는 안 되며, 북진통일을 완수해야 한다"는 것을 강조했다.

휴전협정의 기운이 성숙해진 1951년 5월 26일에 발표한 성명서에서의 이대통령은 "이미 제거된 38선을 다시 발생시키는 휴전협상을 개시하는 경우에는 실지를 회복할 때까지 단독적인 행동을 수행하겠다"는 것을 주장했다.

3) 정권말기의 스테이트먼트

이대통령의 이러한 북진통일정책은 미국뿐만 아니라 국제사회에서도 배격되었으나 이대통령은 정권 말기까지 무력통일을 강력히 주장했다. 이대통령은 1959년 6월 9일 특별성명을 통해 "우리는 기회만 주어진다면 미국병력의 원조 없이도 그리고 대전을 유발하지 않고 북한으로부터 공산주의자들을 몰아내고 통일을 할 수 있다. 한국을 통일할 수 있는 유일한 길은 무력행사"뿐이라고 역설했다.

(3) 정책의 종결

1) 종결요인

북진통일정책의 종결을 가져온 요인으로서 첫째로 정권교체를 들 수 있다. 4 · 19로 자유당정권이 물러나고 과도정부를 거쳐서 민주당정부가 등장하자 자유당정부의 많은 정책과 함께 북진통일정책도 폐기했다.

민주당정부는 1960년 8월 24일 정일형 외무장관의 「외교시책7개항」 발표를 통해 「북진통일과 같은 무모하고 무계획적인 슬로건을 버리고 국제연합의 결의를 존중하며 국제연합 감시 하에 남북한을 통한 자유선거에 의한 통한정책을 수행한다」고 선언했다(양영식, 1988: 45).

둘째로 정책종결의 요인으로서 정책의 소망성 · 실현가능성을 들 수 있다. 정권의 교체에 의하여 민주당정부가 집권하였다고 하더라도 소망스럽고 실현가능한 정책이었다면 쉽게 폐기할 명분을 찾기는 어려웠을 것이다. 정일형 외무장관의 발표에도 있듯이 북진통일정책은 "무모하고 무계획적인 슬로건"에 지나지 않는다고 판단하고 이를 종결하였던 것이다.

셋째로 경제적 · 재정적 요인을 들 수 있다. 한국전쟁으로 인한 국민경제의 피폐로 미국의 원조 없이는 방대한 군사력을 유지할 능력이 없었으며 따라서 미국이나 국제여론이 외면하는 북진통일정책을 지속한다는 것은 불가능한 일이었다.

이와 같이 북진통일정책의 종결 요인을 여러 가지로 나누어서 고찰하였으나 그 중에서도 가장 중요한 요인이 Daniels가 강조한 바와 같이 정치적 요인인 정권의 교체라 하지 않을 수 없다. 정책의 실현가능성이나 경제적 · 재정적 요인도 중요하지만 4 · 19로 인한 정권의 교체가 없었더라면 북진통일정책의 종결을 기대하기는 어려웠을 것이다.

2) 정책종결과 선형적 승계

정책의 종결은 종결로서 끝나는 경우도 많으나 Behn이 지적한 바와 같이(Behn, 1978: 408-409) 새로운 정책으로 이어지는 경우가 더 많다. 다시 말해서 선형적 승계가 일어나는 경우가 많다(유훈, 1995: 475-476).

이 경우에도 무력북진통일정책이 평화적 통일정책으로 승계가 일어났다. 민주당 정부의 통일정책은 한마디로 말해서 "국제연합감시하에 남북한을 통한 자유선거에 의한 통한정책"이었다. 5·16후에 등장한 제3공화국 정부도 이를 계승하였다.

4. 야간통행금지

(1) 정책의 배경

야간통행금지는 1945년 해방 후부터 37년간 지속된 정책이다. 남북으로 분단된 상황 하에서 정부나 국민이 야간통행금지는 「불가피한 것」으로 받아들여 왔다.

그동안에도 야간통행금지를 폐지하자는 주장이 없었던 것은 아니다. 이를 무마하기 위한 방안의 하나로 충청북도와 같은 일부 지역을 대상으로 야간통행금지 해제를 시험적으로 실시했으며 크리스마스·연말 등에도 일시적으로 야간통행금지를 해제해 왔다.

그러나 치안·국방당국의 저항으로 정치적 결단이 없었더라면 야간통행금지의 해제는 어려웠을 것이라고 필자는 생각한다. 시험적으로 야간통행금지해제를 실시한 충청북도의 경우 「시험적」 실시기간이 16년이나 지속되었다는 사실만 보아도 알 수 있다.[5]

(2) 정책의 종결

1) 종결요인

야간통행금지가 종결된 가장 중요한 요인은 정치적인 것이라고 하겠다. 이런 의미에서 Daniels의 주장이 타당성이 있다고 할 수 있겠다.

1980년 8월 16일에 사임한 최규하 대통령의 뒤를 이어 전두환 국보위 상임위원장이 8월 27일 統代에서 11대 대통령으로 선출되어 9월 1일 취임하였다. 이러한 상황 진전에 불만을 품은 학원가는 소요가 끊이지 않았고, 드디어 1980년 10월 18일에

---

5) 동아일보, 1982.1.4.

는 고대에 휴교령이 내려졌다.

1980년 10월 23일에는 5공 헌법이 국민투표에서 확정되어 10월 27일 공포되었으며 같은 날 국회를 대신할 국가보위입법회의가 발족했다. 이어서 11월 12일에는 정치활동 피규제자 811명의 명단이 공고되었으며 11월 15일에는 24명의 추가 명단이 발표되었다.

새로 공포된 5공 헌법에 따라 1981년 3월 3일에는 전두환 대통령의 12대 대통령 취임이 있었으며 10월 15일에는 정부조직 정비가 단행되어 서기관 이상 599개 직위가 축소되었다.

이와 같은 긴장된 사회 분위기에 숨통을 트고 제5공화국 정권의 정통성 부족을 보완하는 뜻에서 1981년 8월 8일에는 해외여행 자유화조치가 발표되었으며 이어서 1982년 1월 1일에는 야간통행금지폐지가 발표되고 1월 2일에는 중고생의 머리 모양 자유화와 교복 자유화(83학년부터)가 발표되었다.

2) 기대효과

야간통행금지는 긴장된 사회분위기를 다소간이나 해소한다는 효과 외에 생산·유통·소비 등 모든 경제활동에 활력소로 작용할 것으로 기대하였다.

첫째로 야간통행금지폐지는 생산의 증대를 가져오리라는 기대가 있었다. 공단이나 건설현장의 근로자들이 마음 놓고 밤일을 할 수 있다는 기대가 있었다. 수출의 증대도 기대효과의 하나이다. 통행금지해제와 함께 수출상담이 늘어나고 통신·수송 등 부대업무도 보다 활발해짐으로써 수출증진에 이바지하리라는 것이다.

둘째로 야간통행금지폐지는 유통 및 소비부문에도 활력소로 작용하리라는 기대가 있었다. 시간을 다투는 농산물의 운반에서부터 각종 생활필수품의 원활한 이동은 가격상승요인을 감소시킬 뿐만 아니라 밤늦게까지 열어 놓은 시장과 유통업소는 소비의 증대를 초래하리라는 기 대도 있었다.

5. 사례의 비교분석

위에서 검토한 한국의 정책종결사례를 Daniels가 제시한 정책종결의 특징과 종결요인이라는 관점에서 비교 고찰하고자 한다.

(1) 예산절감

통일벼장려정책의 종결은 통일벼의 재고 누적으로 발생하는 양곡관리기금의 누

표 2 한국정책종결의 특징

	통일벼장려정책	토지공개념정책	북진통일정책	야간통행금지
예산절감	예산절감 있었음	예산팽창은 아니나 조세수입의 감소가 있었음	예산절감과 무관	예산팽창 있었음
종결에 대한 저항	없음	크지 않았음	없음	다소 있었음
이념적 요인	무관	다소 작용	다소 작용	무관
부활의 가능성	없음	가능성 있음	없음	없음
예측의 곤란	예측 가능	예측 가능	예측 가능	예측 곤란
종결요인	재정적 요인	경제적 요인	정치적 요인	정치적 요인

적적자를 줄이는 데 이바지했으나 토지공개념정책의 종결은 예산의 절감은 고사하고 조세 수입의 감소를 초래했다. 북진통일정책의 종결은 예산 절감과는 무관한 것이었으며 야간통행금지의 종결은 경찰력의 보강 등으로 인한 예산의 팽창을 초래했다. 한마디로 말해서 통일벼장려정책의 종결만이 예산의 절감을 가져왔다.

(2) 종결에 대한 저항

일반적으로 정책종결에 대한 저항이 강하기 마련이나 위에서 검토한 정책종결은 저항이 강하지 않았다. 통일벼장려정책의 종결과 북진통일정책의 종결은 저항이 없었으며 토지공개념정책의 종결과 야간통행금지의 종결은 저항이 다소 있었으나 크지 않았거나 노정되지 않았다.

(3) 이념적 요인

통일벼장려정책의 종결과 야간통행금지의 종결은 이념적 요인과 무관했으며 토지공개념정책의 종결과 북진통일정책의 종결은 이념적 요인이 다소 작용했다고 볼 수 있겠다. 토지공개념정책의 경우 부동산경기의 냉각과 지가의 하락이 근본적인 원인이었다고 하겠으나 시장원리의 회복이라는 이념적 요인도 작용했다고 볼 수 있다. 북진통일정책의 경우 정권교체가 근본적인 원인이었으나 4·19 이후의 반공이념의 약화와도 무관하지 않다고 하겠다.

(4) 부활의 가능성

미국에서는 한 번 종결된 정책이 부활하는 경우가 많다는 것이 Daniels의 주장이나 우리나라 정책종결의 경우 토지공개념정책을 제외하고는 부활의 가능성이 희박하다고 하겠다. 토지공개념정책은 지가가 폭등하고 토지투기가 재연되는 경우 부활할 가능성이 있을 것이다.

(5) 예측의 곤란

Daniels는 미국 정책종결의 경우 종결 여부나 종결의 시기를 예측하기 어렵다고 하고 있으나 우리나라 정책종결은 예측이 가능했다고 하겠다. 다만 야간통행금지의 경우 언젠가는 폐지될 것이라고 기대할 수 있었으나 1982년 1월이라는 시기를 예측하기는 어려웠다.

(6) 종결요인

통일벼장려정책은 양곡관리기금의 누적적자 해소라는 재정적 요인에서 종결의 원인을 찾을 수 있으며 토지공개념정책은 부동산경기의 활성화와 복합불황의 방지라는 경제적 요인 때문에 종결되었다. 북진통일정책은 정책의 소망성이나 실현 가능성도 논란의 대상이었으나 정권교체가 이루어지지 않았던들 그 종결을 기대하기 어려웠을 것이다. 야간통행금지는 긴장된 사회 분위기의 완화와 5공 정권에 대한 국민 지지도의 제고를 바라는 정책결정자의 정치적 결단으로 종결되었다고 하겠다.

V. 결 론

우리는 위에서 정책종결 연구가 걸어온 길을 살펴보고 정책종결의 특징과 종결요인을 고찰하였다. 이어서 우리나라의 통일벼장려정책, 토지공개념정책, 북진통일정책, 야간통행금지의 종결에 대하여 사례연구를 하였고 이 네 개의 정책종결을 비교 고찰하였다.

미국의 정책종결과 비교하여 볼 때 한국의 정책종결이 유사점도 있으나 차이점도 많다는 것을 발견했다. 미국과 같은 다수의 거부권행사기관(veto points)을 보유하는 국가와 한국과 같이 권력의 집중이 심한 국가 간의 차이점이라는 것이 필자의 생각이다.

참고문헌

김윤권 (1991). 우리나라 정책변동요인에 관한 연구. 서울대학교 행정대학원 석사학위 논문.

김정호 (1997). 「토지세의 경제학: 미신과 현실」. 서울: 한국경제연구원.

농림수산부 (1994). 통일벼보급 및 수매중단배경. 서울: 농림수산부.

손재영 (1989). 토지문제의 경제적 해석과 정책수단의 검토. 법무부편, 「토지공개념과 토지정책」. 서울: 법무부.

양영식 (1988). 한국통일정책의 변천에 관한 연구. 건국대학교 박사학위논문.

유훈 (1995). 「정책학원론」. 서울: 법문사.

정용석 (1984). 북진통일논의의 허실. 「월간경경문화」, 1984년 9월호.

Bardach, Eugene (1976). Policy Termination as a Political Process. *Policy Sciences*, June 1976, 123–131.

Best, Samuel, Paul Teske & Michael Mintrom (1997). Terminating the Oldest Living Regulator. *International Journal of Public Administration*, 12: 2067–2095.

Behn, Robert D. (1976). Closing the Massachusetts Public Training Schools. *Policy Sciences*, June 1976, 151–171.

Behn, Robert D. (1978). How to Terminate a Public Policy: A Dozen Hints for the Would–be Terminator. *Policy Analysis*, Summer 1978, 393–413.

Biller, Robert P. (1976). On Tolerating Policy and Organizational Termination: Some Design Consideration. *Policy Sciences*, June 1976, 133–149.

Bradley, Valerie J. (1976). Policy Termination in Mental Health: The Hidden Agenda. *Policy Sciences*, June 1976, 215–224.

Daniels, Mark R. (1997). *Terminating Public Programs*. Armonk: M. E. Sharpe.

Daniels, Mark R., (1997). Introduction to Symposium on Public Policy and Organization Termination. *International Journal of Public Administration*, 12: 2043–2066.

deLeon, Peter (1978). A Theory of Policy Termination. In Judith May and Aaron Wildavsky (eds.), *The Policy Cycle*. Beverly Hills: Sage Publications.

deLeon, Peter (1979). Public Policy Termination: An End and a Beginning. *Policy Analysis*, Summer 1979.

deLeon, Peter (1983). Policy Evaluation and Program Termination. *Policy Studies Review*, May 1983, 631−647.

deLeon, Peter (1997). Afterward: The Once and Future State of Policy Termination. *International Journal of Public Administration*, 12: 2195−2211.

Enthoven, A. C. & K. W. Smith (1971). *How Much is Enough?*, New York: Harper and Row.

Frantz, Janet E. (1997). The High Cost of Policy Termination. *International Journal of Public Administration*, 12: 2097−2120.

Greenwood, Justin (1997). The Succession of Policy Termination. *International Journal of Public Administration*, 12: 2121−2150.

Harris, Michael (1997). Policy Termination: Uncovering the Ideological Dimension. *International Journal of Public Administration*, 12: 2151−2176.

Kaufman, Herbert (1976). *Are Government Organizations Immortal?* (Washington, D.C.: Brookings Institution.

Kaufman, Herbert (1987). *Time, Chance and Organizations: Natural Selection in a Perilous Environment*. Chatham: Chatham House.

Kearney, Richard C. (1990). Sunset: A Survey and Analysis of the State Experience. *Public Administration Review*, January−February 1990, 49−57.

Lasswell, Harold D. (1956). *The Decision Process: Seven Categories of Functional Analysis*. College Park: University of Maryland.

Norris−Tirrell, Dorothy (1997). Organizational Termination in the Nonprofit Setting: The Dissolution of Children's Rehabilitation Service. *International Journal of Public Administration*, 12: 2177−2194

Shulsky, Abram N. (1976). Abolishing the District of Columbia Motorcycle Squad. *Policy Sciences*, June 1976, 183−197.

Wallenstein, Mitchel B. (1976). Terminating Entitlements: Veterans' Disability Benefits in the Depression. *Policy Sciences*, June 1976, 173−182.

▶ ▶ ▶ **논평**

최종원(서울대학교 행정대학원 교수)

　유훈 교수님은 지난 수십 년간 다수의 연구논문과 서적을 발표하셨다. 그리고 놀랍게도 1994년 정년퇴임 이후에도 지속적으로 좋은 글을 발표하셔서 후학들의 존경을 받고 계시다. 그 다수의 저작 중에서 유독 눈길이 가는 논문이 있는데, 바로 이 논문이다. 그 이유는 유 교수님은 1984년에 이와 아주 유사한 제목의 논문("정책의 종결,"『행정논총』, Vol. 22 No. 1, pp.56-70, 1984)을 발표하신 후에 14년이 경과한 시점에 본 논문을 발표하셨다. 본 리뷰를 작성하면서 그동안의 유교수님의 저술목록을 간략히 살펴보았는데, 이와 같이 거의 유사한 제목의 논문을 10여년의 세월을 두고 발표하신 적은 없었다고 기억된다. 그만큼 정책종결이라는 주제에 대한 교수님의 관심이 각별하셨다는 증거일 것이다.

　우선 1984년 논문의 구성과 주요 내용을 살펴보면 정책종결 연구의 배경, 정책종결의 개념, 정책종결의 유형, 정책종결의 원인 등 정책종결 연구의 의의를 개괄한 후에 정책종결의 저해요인 및 극복전략을 논의하였다. 1984년 연구는 당시 우리 학계에서 거의 관심이 없었던 정책종결 분야에 대한 미국에서의 연구동향을 소개함으로써 우리나라 학계의 관심을 환기시키려는 의도가 강하였다고 판단된다.

　그리고 1998년 논문을 살펴보면, 우선 연구의 배경 또는 집필 동기는 1970년대 후반 많은 사람들의 관심을 모은 후에 다소 소강상태에 들어갔으나 정부부문의 구조조정, 민영화, 규제완화로 말미암아 다시 관심의 대상으로 떠오른 정책종결연구의 발자취를 더듬어보고 정책종결의 특징과 결정요인을 고찰하는 것이라고 밝혔다.

　1998년 논문의 주요내용을 살펴보면, 서론에 이은 제2절에서는 당시까지의 정책종결의 주요 연구동향을 1976년 6월 *Policy Science*에 소개된 정책종결 관련 최초의 심포지엄 논문들과 1997년 *International Journal of Public Administration*에 게재된 7편의 논문으로 구성된 두 번째 학술심포지엄을 중심으로 서술하고 있다. 또한 당시까지 대부분의 정책종결연구가 사례연구가 주종이었으나, 정책종결의 이론정립을 시도한 Kaufman, DeLeon, Behn 그리고 Daniels의 연구를 부연하여 소개하였다.

　그리고 1998년 연구의 제3절에서는 기존 학자들의 논의를 종합하여 정책종결의 특징과 정책종결의 요인을 자세히 서술하였다. 우선 정책종결의 특징으로는 정책이 주로 경제적, 재정적 요인으로 종결되나 많은 경우에 정책은 정부의 예산절감과 무관하게 일어나기도 한다. 즉, 정책종결은 정치적 요인에 의하여 나타나고, 따라서 반대세력의 무마를 위하여 소위 적응적 흡수(cooptation)나 타협이 이루어지기도 한다. 또한 정책종결의 실현과 타협에는 이념적 요인이 중요하다. 그러므로 이념의 순환적 변화가 일어나면 한번 종결된 정책이 부활하기도 하는 등 정책종결 여부나 종결시기에 대한 예측은 매우 어렵다. 이러한 정책종결의 특징적 현상을 토대로 정책종결의 요인을 경제적 재정적 요인, 능률성 제고, 정치적 및 이데올로기적 요인, 행정이론의 변화, 그리고 정책집행의 실현가능성 등 5대 요인으로 제시하고 있다.

유교수님의 1998년 연구의 가장 큰 특징 또는 공헌으로는 제3절에 제시된 정책종결의 특징과 정책종결 요인 등 이론적 논의를 토대로 제4절에 한국의 정책종결사례에 대한 실증연구를 시도하였다는 점이다. 통일버 장려정책, 토지공개념정책, 북진통일정책, 야간통행금지 등 네 개의 대표적인 정책종결사례의 과정을 개괄한 후에 예산절감 요인과의 관련성 여부, 종결에 대한 저항여부, 이념적 요인의 개입여부, 부활의 가능성, 정책종결 예측가능성 정도, 주 종결요인(재정적 요인, 경제적 요인, 정치적요인)을 기준으로 앞서 언급한 네 가지의 정책종결 사례를 비교분석함으로써 논문을 마무리하고 있다.

정책종결연구는 본문에서도 제시되었듯이 Bardach("Policy Termination as a Political Process," Policy Science, Vol. 7, 1976), DeLeon("Public Policy Termination: An Ending and a Beginning," Policy Analysis, Vol. 4, No. 3, 1978) 등에 의하여 1970년대에 연구가 시작되어 1980년대와 1990년대에 본격적인 사례연구 및 이론연구가 이루어진 분야이다. 2000년도 이후에도 간간히 연구가 이루어지고는 있으나 과거에 비해서는 미국과 우리나라 학계에서의 연구의 관심정도가 크지는 않다고 판단된다. 최근의 정책종결과 관련된 논의는 정책순환론(Policy Cycle)과 정책변동론(Policy Change)의 일부로 다루어지고 있다.

우리나라 1세대 행정·정책학자로서 유교수님은 학계에 지대한 공헌을 하셨다. 특히 정책학분야에서는 그야말로 선구자(founding father)적 역할을 하셨다. 그동안의 주요 연구업적으로 1962년도 『행정학원론』 간행을 시작으로 『재무행정론』, 『공기업론』, 『예산제도론』, 『정책학원론』, 『정부기업관계론』, 『재정법』, 『지방재정론』 등을 단독저서로 간행하셨으며, 정년퇴임 후에도 『정책집행론』(2007)과 『정책변동론』(2009)을 발간하셨다. 필자가 느끼는 유교수님 저작의 특징은 철저한 사전준비와 깊은 사고를 토대로 매우 간략하고 절제된 표현과 문체로 군더더기 없는 깔끔한 연구결과를 우리들에게 전달해준다는 점이다. 이번에 본 리뷰를 위하여 유교수님의 논문과 서책을 정독할 기회가 있었다. 유교수님의 치밀하고 성실한 학자적 태도와 유교수님 글의 절제된 진지함의 미학을 다시 한 번 느낄 수 있었던 좋은 경험이었다.

정책설계의 사회의 재구성과 발전적 평가의 활용

-새마을 운동 정책을 중심으로-

정책설계의 사회의 재구성과 발전적 평가의 활용
-새마을 운동 정책을 중심으로-[*]

노화준(서울대학교 행정대학원 명예교수)

∽ 프롤로그 ∽

정책설계는 사회설계와 행위·제도설계를 포함한다. 여기서 사회설계는 어떠한 사회를 만들고자 하는가 하는 사회형성의 계획이며, 행위·제도설계는 사회를 만들어가는 과정에서 시행할 정부의 행동계획이다. 그러므로 사회설계로서의 사회형성과 행위·제도설계는 상호영향을 미치면서 발전해간다. 이 과정에서 발전적 평가는 한편으로는 어떠한 사회를 만들것인가 하는데 대하여 끊임없이 평가정보들을 제공하고, 또 다른 한편으로는 비전으로 제시된 형성하고자 하는 사회를 효과적·효율적으로 형성해 나가기 위하여 끊임없이 행위·제도설계들을 재선해 나갈 정보들을 산출하여 제공한다. 이 연구에서는 우리나라의 새마을운동 정책사례를 중심으로 발전적 평가가 어떻게 새마을정책의 재설계에 활용되었는가를 설명하였다. 그리고 이러한 설명을 해나가는 과정에서는 시스템적 사고와 복잡성개념들을 사용한 발전적 평가의 설계와 실행의 접근방법들을 논의하는데 초점을 맞추었다.

이 연구의 현대적 의미와 중요성

이 연구의 현대적 의미는 4차산업혁명으로 끊임없이 새로운 현상이 창발하는 과정에서 새로운 사회를 만들어가기 위해서는 새로이 구축해 나가야 할 사회를 어떠한 관점과 논리에 기초하여 설계하여야 하며, 비전으로 제시된 새로이 형성하고자 하는 사회를 효과적으로 형성해 나갈 수 있는 행위·제도설

---

[*] 이 논문은 2010년 『한국정책학회보』 제19권 제4호에 게재된 글을 수정·보완한 것이다.

계들을 개선해 나갈 정보들을 어떻게 산출하여 제공하여야 하는가 하는 것이다. 이러한 과제들을 성공적으로 수행해 나가기 위해서는 발전적 평가를 적극적으로 도입하여 활용해 나가야 한다는 것이 기본적인 논리이다.

발전적 평가를 성공적으로 도입하여 활용해 나가기 위해서는 우리는 먼저 발전적 평가의 개념과 논리들을 이해하는 것이 중요하다. 이와 같이 중요한 발전적 평가의 개념과 논리들을 이해하기 위해서는 그 기초가 되는 복잡성의 개념과 자체조직화의 개념들을 이해하고, 이 개념들을 정책설계와 정책평가설계에 적극적으로 활용하여야 하며, 우리의 정책으로 제도화시켜 나가야 한다.

Ⅰ. 연구의 목적과 방법

1. 연구의 목적

발전적 평가(developmental evaluation)가 정책학 연구에서 중요한 연구방법론으로 떠오르고 있다. 왜 그럴까? 그 이유는 최근의 정책학 연구동향과 밀접하게 관련되어 있다. 이 정책연구방법론은 이미 과거부터 활용되어 왔으면서도 다시 복잡성 개념들(complexity concepts)과 융합하여 새로운 이론으로 해석되고 발전되어왔고, 정책의 사회설계기능을 뒷받침하는 이론과 방법들을 제공하고 있으며, 사회변혁이론 및 추진전략들과 밀접하게 관련되어 있다는 점 등 몇 가지 최근의 정책연구방법론들과 상호작용하면서 발전하고 있기 때문이다. 그럼에도 불구하고 우리의 정책학 연구에서는 그동안 발전적 평가가 정책설계·재설계에 어떻게 활용될 수 있는가에 대한 연구나 논의가 거의 없었다.

이 연구는 1970년 시행되었던 새마을운동 사례를 중심으로 정책의 사회의 구성·재구성기능과 새마을운동의 사회형성적 성격, 사회형성으로서의 새마을운동과 새마을운동 정책의 설계·재설계 과정들을 복잡적응적 시스템 개념에 토대를 둔 발전적 평가(developmental evaluation)의 논리들과 상호연계하여 설명하고, 새마을운동 정책의 설계·재설계에 발전적 평가가 어떻게 활용될 수 있었겠는가를 해석적 방법으로 재구성해보자는데 연구의 목적이 있다. 그러므로 이 연구에서는 발전적 평가의 모든 측면을 다루려는 것이 아니고 정책설계와 관련된 측면들만을 다루고자 한다.

2. 연구의 방법과 주요개념

이 연구는 주요 문헌과 선행연구들의 리뷰에 의하여 이루어졌으며, 인터뷰에 의하여 부분적으로 보완되었다.

이 연구에는 발전적평가와 관련된 여러 가지 익숙하지 않은 개념들이 사용되고 있는데, 이들 개념들을 설명하는 것 자체가 본 연구의 목적중의 하나이다. 그러므로 논의를 해나가는 과정에서 발전적 평가와 관련된 주요 개념들을 심도있게 설명하고 있다. 그러나 발전적 평가(developmental evaluation)가 무엇이고, 이것이 발전평가(development evaluation)와는 어떻게 다른가를 먼저 이해하는 것이 본 연구의 내용들을 이해하는데 도움이 될 것으로 생각되어 여기서 먼저 발전적 평가가가 무엇이고, 이 개념이 발전평가와는 어떤 차이가 있는가 하는 것을 간략하게 기술하고자 한다.

일반적으로 발전평가는 발전도상국가에서 수행되고 있는 평가에 대한 일반적인 용어이며, 주로 국제적인 원조프로그램들이나 기관들의 효과성 평가에 초점을 맞추고 있다(Carlsson, Erikson – Baaz, Fallenius & Lövgren, 1999; Hanna & Picciotto, 1999; Imas & Rist, 2009). 이에 비해서 발전적 평가는 정부간여의 틀(framework)로서 시스템사고(system thinking)와 복잡성 개념들(complexity concepts)을 응용하고 사용하며, 사회혁신, 간여, 또는 프로그램을 발전시키는 것을 도와주는 것을 목표로 한다(Mathison, 2005: 116; Patton, 2011).[1] 발전적 평가에서는 통상적으로 평가자가 프로그램의 일부가 되거나 혁신디자인 팀의 일부가 되고, 의사결정에 전적으로 참여하며, 무엇이 일어나던 어떻게 평가할 것인가 하는 데 대한 논의를 촉진시킨다. 모든 팀 구성원들은 함께 평가에서 발견한 사실들을 해석하고, 시사점들을 분석하며, 그 결과들을 다음 단계의 프로그램 발전을 위하여 사용한다. 평가자는 간여(intervention)를 개선하는데 참여하며, 평가적 접근방법을 프로그램, 프로젝트, 생산품, 조직요원 및/ 또는 조직의 발전을 촉진시키기 위하여 사용한다(Pattion, 2011: 20). 그러므로 발전도상국가에서 수행하는 평가에는 발전평가와 발전적 평가의 성격을 동시에 갖는 평가들도 있을 수 있다.

발전적 평가에 대한 이러한 이해를 토대로 이 연구에서는 정책설계의 논리와 접근방법들을 살펴보고, 이러한 발전적 평가가 새마을운동정책의 재설계와 지속가능발전을 위하여 어떻게 활용될 수 있었는가를 살펴보고자 한다.

---

1) 발전적 평가가 시스템사고와 복잡성개념들을 응용한다는데 대한 자세한 설명은 제3장 참조. 발전적 평가는 실시간평가, 창발적(emergent)평가, 활동평가, 적응적(adaptive) 평가라고 부르기도 한다.

II. 사회형성기능으로서의 정책과 새마을운동 정책의 설계

1. 정책설계의 행위 · 제도설계적 성격과 사회의 형성적 성격

정책이 무엇이냐 하는 정책에 대한 정의들 가운데 정책설계와 정책의 사회 형성적 성격을 반영하는 정책에 대한 정의는 "정책이란 어떤 한 사회분야에서 사회적 시스템·구조·문화·가치·규범·행태·물리적 환경 등을 어떻게 바꾸며, 또 어떠한 방법으로 바꾸고자 하는가하는 정부개입의 의지와 수단들을 결정해 놓은 것, 부연하면, 정책이란 어떤 특정 상황에서 정부가 어떠한 사회를 어떻게 만들어가겠다고 하는 정부개입의 액션들(actions)을 권위있게 결정해 놓은 것"이란 정의이다(노화준, 2007: 7).[2] 정책에 대한 이 정의에서 정부간여의 행동들을 권위있게 결정해 놓은 정책의 개념은 정책설계(policy design)를 포함하는 개념이며, 여기서 정책설계는 정책의 내용(content of policy)을 말한다.

정책의 내용이 무엇이 되어야 하느냐 하는 것은 당면한 구체적인 정책에 따라 달라지겠으나 공공정책의 주요 경험적 구성요소로서 다음과 같은 내용들이 제안되고 있다(Schneider and Ingram, 1997). 즉, ① 문제의 정의와 추구되어야 할 목적들, ② 분배되어야할 편익과 부담들(burdens), ③ 타겟모집단(정책무대에서 편익과 부담을 받거나 받을지 모르는 플레이어들(players), ④ 규칙(누가, 언제, 어떤 자원을 가지고 무엇을 하며, 누가 편익을 받을 자격이 있는가를 기술하는 정책 명령서), ⑤ 도구들(정책명령서에 따라 행동할 수 있도록 하기위한 기관들이나 타겟집단들에 대한 인센티브들이나 부정적인 인센티브들), ⑥ 집행구조(행위자들이 규제에 따르도록 할 인센티브와 자원들을 포함한 전반적인 집행계획), ⑦ 사회의 구성들(세상만들기(world making)), 현실에 대한 이미지들, 세상사람들이 보는 바대로 현실을 이해(make sense)하는데 사람들이 사용하는 고정관념), ⑧ 근거(rationales) (정책에 대한 토론에서 사용된 것을 포함한 정책에 대한 명시적 또는 묵시적 정당화와 합법화), ⑨ 밑에 깔려있는 가정들(assumptions) (인과적 논리 및 사람이나 조직의 역량에 관한 명시적 또는 묵시적 가정들) 등이 그것이다.

정책내용의 구성요소들에는 위의 제안에서 볼 수 있는 바와 같이 정책설계의 합리적인 수단적 구성요소들이 포함되어 있을 뿐 아니라 사회적 형성(social construction)의 근거 및 밑에 깔려있는 가정 등과 같은 가치를 내재한 구성요소들까지도 포함되어 있다(Schneider and Sidney, 2009: 104-105). 정책설계의 사회 형성의 성격을 잘 이해

---

2) 정책에 대한 정의에서 정부개입의 행동들을 권위있게 결정해 놓은 것이라는 정의는 정책을 결정할 권한이 있는 기관(국회나 행정기관)이나 정책결정자가 정책을 결정하는 것을 의미한다.

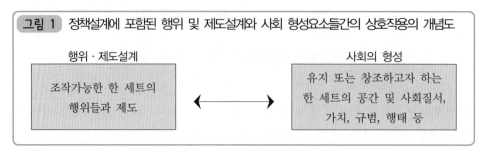

그림 1 정책설계에 포함된 행위 및 제도설계와 사회 형성요소들간의 상호작용의 개념도

행위·제도설계

조작가능한 한 세트의 행위들과 제도

사회의 형성

유지 또는 창조하고자 하는 한 세트의 공간 및 사회질서, 가치, 규범, 행태 등

자료: 노화준(1988: 153; 1989: 302)을 부분적으로 수정한 것임.

하기 위해서 행위 및 제도설계와 사회설계 간의 관계를 먼저 이해할 필요가 있다.

정책설계는 <그림 1>에서 보는 바와 같이 행위 및 제도설계와 사회 형성을 포함한다.

행위 및 제도설계는 조작가능한 한 세트의 행위들과 제도들의 설계이다. 여기에는 문제의 정의와 추구되어야할 목적들, 분배되어야할 편익과 부담, 타겟 모집단, 규칙, 정책도구들, 집행구조, 근거, 밑에 깔려있는 가정 등 주요행위 및 제도설계의 내용과 기본전제들이 포함된다. 이에 비해서 사회의 형성은 사람들이 의미를 부여하는 세상만들기, 현실에 대한 이미지, 정치적 및 사회적 가치 등이 포함된다. 정책설계에 대한 개념도를 도시한 <그림 1>에서 정책설계에 포함된 행위 및 제도설계와 사회의 형성 사이에는 인과관계를 나타내는 화살표가 있는데, 이 화살표가 어느 한쪽 방향으로 설정되어 있지 않고 양방향으로 설정되어 있다는 것을 유의할 필요가 있다. 화살표가 이와 같이 양 방향으로 설정된 것은 정책설계과정에서 사회를 구성하고 있는 이해관계자들이 참여하여 상호작용하는 정치적 및 사회적 과정에서 행위 및 제도설계를 포함하는 정책설계의 특성들이 창발(emergent)하고, 이것들이 다시 그 다음의 정치·행정적 과정에 환류(feed-forward)된다는 것을 나타낸다. 정책설계 요소들의 선택은 정치적 및 사회적 가치, 역사적 추세(trend), "좋은" 정책의 아이디어에 관한 국가의 추세 및 정책설계에 있어서 시공간을 관통하는 매우 다양한 변이성(variability)으로 이끄는 방대한 "지방의" 지식들을 반영한다(Schneider and Sidney, 2009: 105). 여기서 지방의 지식이란 실제 정책을 집행하는 현장에 참여하고 있는 사람들이 현실(reality)에 대하여 느끼고, 경험에서 얻은 다양한 정보와 노하우들을 의미한다(Jun, 2006:54-58). 새마을운동과 같이 주민들이 참여하여 자율적으로 새로운 사회를 만들어가는 정책집행과 그들의 지식과 경험을 환류하여 정책을 재설계하는 정책의 경우에는 지방의 지식이 특히 중요하다. 이들 정책설계 요소들의 선택들이 정책에 의하여 직접적으로 영향을 받는 사람들에게 정책경험들(policy experiences)을 하도록 하고, 또한 이들 정책요소들의 선택들이 먼 미래에서까지도 배울 수 있도록 하는 정책학습에 영향을 미친다. 그리고 이러한 정책학습들은 다시 사회의 형성과 행위 및 제도설계 과정에 환류되는 반복 순환과정 루프들(loops)을 형성하여 정책재설계에 영향을 미친다.

2. 새마을 운동추진의 맥락과 추진과정3)

정책설계의 정치적 및 사회적 과정에서 행위 및 제도설계의 요인들과 사회의 구성(social construction) 요인들이 어떻게 상호작용하면서 특정한 정책설계를 산출해내며, 이 과정에서 발전적 평가가 어떻게 활용될 수 있는가 하는 것은 실제적인 정책사례를 통하여 분석하고 설명할 때 용이하게 이해할 수 있고, 이러한 분석을 통하여 발전적 평가를 활용한 정책의 설계와 사회의 재구성 논리를 발전시킬 수 있다. 이 연구에서는 발전적 평가를 활용하여 정책의 행위 및 제도를 설계하고 사회를 재구성하는 논리를 개발하기 위한 사례로 새마을운동 정책사례를 선택하였다. 그러므로 먼저 새마을운동 추진의 맥락과 개략적인 추진과정에 대한 사례를 살펴보고, 이어서 새마을운동의 사회의 형성적 성격을 탐색하고자 한다.

새마을운동은 '살기좋은 사회 만들기 운동'이다. 새마을운동은 1970년 4월 22일 박정희 대통령이 "새마을가꾸기운동"을 제창함으로써 시발되었으며, 새마을운동이 본격적으로 실시된 것은 1970년 겨울부터였다(내무부, 1980a: 54-55; 새마을운동 중앙연수원, 2007: 120-133). 어떤 한 정치·사회적 운동이 시발되고 추진될 때에는 그러한 운동이 전개되지 않으면 안 될 절박한 정치·사회적 요청과 또 그러한 운동이 성공할 수 있다고 판단되는 호의적인 경제·사회적 여건들이 조성되어 있었기 때문이라고 추론할 수 있다. '살기좋은 사회 만들기' 운동으로서의 새마을운동도 그 예외가 아니었다(노화준·노유진, 2010).

한국은 1948년 해방된 이래 1949년의 농지개혁과 의무교육의 실시로 경제·사회적 평등의식과 참여의식이 높아져가고 있었고, 그동안 못살았던 한(恨)을 풀 수 있는 경제적 실현수단들도 어느 정도 갖출 수 있게 되었다. 이러한 역사적 배경과 아울러 시대적 맥락도 새마을운동의 시발에 크게 작용하였다. 새마을운동이 시작된 1970년대 초 한국사회는 바로 직전인 1960년대에 제1차 경제개발 5개년 계획(1962-1966년)

---

3) 새마을운동 추진의 맥락과 추진과정 사례는 2010년도 10월에 개최된 한국정책학회 추계 학술대회에서 발표한 "새마을운동의 추진논리와 발전전략의 재음미"를 토대로 작성하였음.

이 성공적으로 추진되었고, 제2차 경제개발 5개년 계획(1967-1971년)이 거의 마무리 단계에 와 있던 시점이었다. 제1차 경제개발 5개년 계획기간 동안에는 연평균 7.8%에 달하는 높은 경제성장률을 이룩하였으며, 제2차 경제개발 5개년 계획도 역시 연평균 9.7%에 이르는 높은 경제성장률을 이룩하였다. 그 결과 한국사회에서는 1인당 국민소득의 획기적인 증가, 농촌지역에서 도시지역으로의 인구이동, 새로운 테크놀로지에 대한 태도, 생활환경을 비롯한 사회구조에 대한 국민들의 의식구조 등에 큰 변화가 일어나게 되었다.

1인당 국민소득은 1960년에는 81달러($)였던 것이 1970년에는 6,000달러($)로 약 74배 증가하였다. 1인당 국민소득의 증가와 더불어 산업구조도 크게 변화하기 시작하였다. 산업구조의 구성비는 1965년에는 1차산업인 농림어업 37.6%, 2차산업 23.3%, 3차산업 39.1%였던 것이 5년 후인 1970년도에는 1차산업 26.4%, 2차산업 27.5%, 3차산업 46.1%로 농림어업인 1차산업은 감소하는 추세였던 반면에 광공업인 2차산업과 서비스업인 3차산업의 비중은 증가하기 시작하였다.

이러한 산업구조의 변화는 농촌인구가 도시로 이동하도록 촉진하는 요인으로 작용하였다. 농촌인구의 구성비는 1960년도의 72.0%에서 1970년도에는 58.9%로 감소하였으며, 도시인구의 구성비는 1960년도에는 28.0%이었던 것이 1970년도에는 41.1%로 크게 증가하였다.

그리고 1950년대부터 농촌지역에 중·고등학교 교육을 받은 인구가 증가하기 시작하여 1970년대쯤에는 의무교육을 마친 청소년들 가운데 중·고등학교 교육을 받는 수가 증가하기 시작하였고, 농촌지도소 등을 통하여 영농기계화와 병충해 방지 등의 교육도 점차로 활발해지기 시작하였다. 이러한 시대적 맥락은 국민들의 의식구조를 평등의식과 아울러 우리도 잘살아보자고 하는 자아의식이 싹트도록 작용하였다(노화준·노유진, 2010).

박정희 대통령은 제2차 경제개발 5개년 계획이 1967년도부터 1971년도까지 마무리 되면 어느 정도 경제적 토대는 마련될 것으로 생각하였다. 그러나 국가발전을 하려면 무엇보다도 국민들의 생활태도와 정신운동이 중요하다고 판단하였기 때문에 새마을운동을 1970년도에 제창하게 되었다(Park, 1979:1; 새마을운동 중앙연수원, 2007: 132-133; 2008: 129-132). 1970년대의 새마을운동은 점화단계(1970-1971), 기반조성단계(1972-1973), 확산단계(1974-1976) 및 심화단계(1977-1979)의 네 단계에 걸쳐 전개되었다(새마을운동 중앙연수원, 2007: 133-136).

1970년대 새마을운동은 이와 같이 4단계에 걸쳐 이루어졌으며, 이후 1980년대에는 새마을운동이 관에서 민으로 이양되어 자율적으로 추진하는 단계로 접어들게 되었다.

3. 새마을운동의 사회의 재형성에 대한 의지와 새마을운동 정책 재설계의 과제

사회의 구성(social construction)은 사회만들기 또는 세상만들기(the world making)이다. 여기서 말하는 세상만들기는 정책을 처음 설계할 때에는 "만들고자 하는 세상", 또는 "만들기를 기대하는 세상"이다. 그러므로 사회의 재구성은 "새로운 세상만들기"이다. 한편 설계된 정책을 집행할 때의 사회의 구성은 세상을 만들어가는 과정을 지칭한다. 그렇기 때문에 새마을운동을 처음 제창하거나 새마을정책을 설계하는 단계에서의 새마을운동을 통한 새로운 사회의 구성, 즉 새로운 세상만들기는 정책결정자들의 만들고자하는 사회에 대한 비전이고 의지이다. 그리고 새마을운동 정책을 집행해 나가는 과정에서 사회를 재형성해 가는 과정은, 즉 새로운 세상을 만들려고 생각한 것은 만들고자 하는 사회에 대한 정책결정자들의 비전이고 의지이다. 그리고 새마을운동 정책을 집행해 나가는 과정에서 사회를 재형성해 가는 과정은, 즉 '새로운 세상을 만들어 가는 과정'은 새마을운동의 정책결정자들과 새마을운동에 이해관계를 가진 사람들(마을의 주민들, 새마을사업의 지도자들, 마을의 지도자들, 새마을사업을 집행하고 관리하는 각급 행정관리자들 등)이 모두 함께 참여하여 새로운 지역사회를 만들어 가는 과정이다. 즉 새마을운동을 계속해서 설계·재설계하고 이 설계들을 실천해서 새로운 지역사회를 만들어 가는 과정이다.

새마을운동을 통하여 새로운 세상(지역사회)을 만들어가는 과정에 대한 논의는 이것을 크게 두 단계로 분리하여 분석하고 논의하여야 한다. 그들 가운데 첫 번째 단계는 새마을운동의 정책결정자들이 가지고 있는 만들고자 하는 새마을에 대한 미래비전(미래구상)과 실천의지에 대한 것이고, 두 번째 단계는 이것을 실천해 가는 과정이다. 여기서 두 번째 단계는 실제로 새마을을 만들어가는 시스템 동태(system dynamics)의 과정이다. 이러한 시스템 동태의 특성이 새마을운동 정책을 설계하고 재설계하는 과정에서 필요한 학습정보들을 생산하기 위한 발전적 평가의 활용의 성격을 결정한다. 여기에서는 먼저 첫 번째 논의의 과제를 살펴보고, 다음에 절을 바꾸어 두 번째 논의 과제를 살펴보기로 한다.

새마을 만들기의 미래비전은 크게 세 가지 부분으로 구성되어 있다. 하나는 생활환경부분이고, 다른 하나는 농업 생산기반시설 부분이며, 나머지 하나는 정신적인 근로윤리 부분이다.

　한국의 전형적인 농촌마을들의 경우, 큰 도로로부터 마을에 이르는 마을접근로들은 폭이 좁아서 차량들이 진입하기 어렵거나 차량들이 서로 길에서 비켜가기 어려운 도로인 경우가 대부분이었다. 이러한 접근로들의 폭을 넓혀서 차량이 자유롭게 진입하고 서로 비켜갈 수 있도록 만드는 것도 마을도로 개선의 하나의 목표였다. 또한 한국의 전형적인 농촌마을들은 수많은 마을골목길들이 서로 집과 집들 사이를 연결하고 있었다. 자연부락들은 어떤 계획 하에 형성된 것이 아니고 말 그대로 자생적으로 형성된 것이었기 때문에, 대부분의 마을들에는 집과 집들 사이를 연결하는 수많은 좁고 구불구불한 골목길들이 있어서 설사 큰길에서 마을까지의 진입도로가 확장된다고 할지라도, 일부 집들의 경우를 제외하고는, 대부분의 집들의 경우에는 마을 내의 이러한 좁은 골목길 때문에 집의 대문 앞까지 차량이 접근하기가 매우 어렵게 되어있었다. 그 결과 전통적인 마을의 좁은 골목길들이 농사를 짓기 위하여 노동절약적인 기계와 장비들을 도입하는데 결정적인 제약요인으로 작용하였다. 그러므로 우선 큰길에서부터 마을까지의 접근로뿐 아니라 마을내의 좁은 골목길들도 확장하여 차량들이 왕래할 수 있도록 하는 것이 또한 새마을 취락구조개선사업의 중요한 하나의 목표가 되고 있었다.

　한국의 농촌마을의 집들은 초가지붕이었기 때문에 매년 바꾸어야 했고, 화장실은 덮개가 없거나 관리가 잘못되어 파리 등 각종 벌레들이 발생하는 등 불결하고 비위생적이었다. 그리고 농촌마을들에는 상수도시스템이 설치되지 않아서 공동우물을 사용하고 있는 경우가 대부분이었으며, 공동우물 바로 옆에는 도랑이나 논 또는 웅덩이들이 있어 썩은 물이 고여 있었고, 그 썩은 물이 부분적으로는 우물로 흘러들어갈 개연성을 항상 가지고 있었기 때문에 불결하고 질병발생의 가능성이 높았다. 그러므로 새마을운동은 농촌마을 집들의 지붕을 점차로 슬레이트 등을 사용하여 수년에 한번씩만 바꾸도록 하고, 질병이 발생하지 않도록 화장실을 점차로 개선해 나가며, 공동우물을 개별농가별로 지하수를 퍼 올릴 수 있는 펌프시설로 대체하거나 가능한 곳에는 하수도 시설과 상수도 시설들을 설치하도록 계획하였다. 이를 통하여 농촌마을의 보건위생의 질을 크게 향상시킴으로써 보건과 복지를 획기적으로 높이는 것도 생활환경시스템 개선의 중요한 목표였다.

　또한 농촌마을에는 전기가 잘 들어오지 않아서 밤에는 등잔불이나 호롱불에 의존하여야 했으며, 전기가 마을에 들어오지 않아서 라디오나 TV도 시청하기 어려웠고, 전화기 보급률도 낮아서 외부와 소통하기도 어려웠으며, 도시에 비하여 문화생활이 어려웠다. 그러므로 농어촌 마을에 전기가 잘 들어올 수 있도록 대부분의 농촌마을에까지 전기시설을 연결함으로써 도시와의 문화적 격차를 해소하고, 외부와의 소통도 자유롭게 할 수 있도록 하는 것도 또한 중요한 목표였다.

한국의 농업은 전통적으로 인력과 축력에 크게 의존하여 왔다. 그러나 공업과 서비스업이 발전함에 따라 1960년대 후반부터 농촌 인구들이 도시로 이동하는 비율이 높아져 인구가 급속하게 감소하기 시작하여 농업 기계화의 필요성이 높아지기 시작하였고, 또 한편으로는 1970년대로 접어들면서 농민들도 점차로 경운기나 트랙터, 나아가서는 트럭과 같은 새로운 기계와 장비들을 농사에 활용하여 인력과 축력을 대체하고 생산성도 높이려는 경향도 높아졌다. 이에 따라 새마을운동은 주로 농로에 이르는 길들을 확장하고, 또 다리를 놓음으로써 농업기계화 비율을 높이는 등 농업생산기반시설을 획기적으로 확충해 나가는 것을 목표로 하였다.

1970년대 새마을운동 정책을 채택할 당시 정책결정자들은 인적자원을 한국발전의 중요한 자원으로 보았다. 그리고 기술적 지식(technological knowledge)과 근로윤리(work ethic)가 한국의 인적자원의 높은 질적 수준을 결정하는 두 가지 중요한 요소라고 생각하였다. 그런데 해방이후 새마을운동이 시작될 때까지의 기간 동안에 한국사람들의 기술적 지식은 크게 향상되어 있었고, 이것이 1960년대 경제발전의 기초가 되었으나, 이에 비해서 근로윤리는 기술발전수준과 동등한 수준으로 발전하지 못한 것으로 정책결정자들은 판단하였다. 해방이후 정치적 혼란과 천정부지의 인플레이션(inflation)은 상거래에 있어서의 정직성, 검약, 공동목적을 향한 협동과 같은 강한 근로윤리가 형성될 사회경제적인 환경을 제공해 주지 못하였다. 1960년대의 급속한 경제성장으로 가진자와 못가진자들 간의 갈등은 심화되어 갔다(박진환, 1979:2). 급격한 도시의 산업화 과정에서 농촌의 젊은이들은 농장에 머물기를 싫어하게 되었다. 성장 쇼크의 감정이 농촌사람들 사이에 팽배해갔다. 이러한 와중에 선거철이 되면 정치인들은 표를 얻기 위해서 농촌사람들에게 실현불가능한 정치적 공약들을 남발하였고, 이것이 농부들의 자조정신을 파괴하였다. 이에 따라 농부들은 점차로 정부에 의존적이 되었다. 그러므로 정책결정자들은 농부들 간에 강한 자조정신이 없다면 농촌의 발전은 국가에 큰 부담이 될 것으로 보았다(박진환, 1979:2).

이러한 상황에서 농민들의 근로윤리의 고양은 1960년대 말의 중요한 당면한 과제가 되었다. 새마을운동은 근면, 자조, 협동을 핵심 내용으로 하는 근로윤리가 농민들의 정신적 기조가 되는 새로운 사회, 새로운 농촌마을을 만드는 것을 중요한 가치로 설정하고 있었다. 따라서 어떻게 행위와 제도설계를 적정하게 하여 새마을이 추구하는 새로운 사회의 형성, 즉 새마을만들기 비전을 실천해 나가느냐 하는 것이 당면한 과제였다.

Ⅲ. 새로운 사회를 만들어가는 시스템 동태적 과정과 상응하는 발전적 평가의 유형

1. 새마을운동의 사회의 공동형성 과정과 시스템 동태적 과정

우리는 앞에서 새마을운동을 통하여 만들고자 제시된 새마을만들기의 미래비전들을 살펴보았다. 이들 제시된 새마을의 미래비전들은 박정희 대통령을 비롯한 1970년 당시의 최고 정책결정자들이 새마을운동을 통하여 만들고자 하는 한국농촌마을의 미래상이지 실제로 이루어진 것은 아니었으며, 그러한 비전이 실현될지 여부는 미지수였다. 새마을운동을 통하여 제시된 미래비전이 실현될지 여부는 서로 밀접하게 관련된 두 가지 요인들에 의하여 크게 영향을 받을 것으로 예측되었다. 이들 두 가지 요인들 가운데 하나의 요인은 다른 사람들이 아닌 바로 농촌마을에 사는 사람들의 노력의 정도, 즉, 농촌마을의 이장을 포함한 지도자들, 새마을 지도자들 및 농촌마을 주민들이 새마을을 만들기 위하여 얼마나 노력하느냐 하는 정도였다. 농촌마을에 거주하는 사람들은 정부의 정책결정자, 새마을운동을 관리하고 집행하는 공무원들과 더불어 농촌마을의 미래를 만들어가는 농촌사회의 공동구성자들(social co-constructors)들이기 때문이었다. 또 다른 하나의 요인은 <그림 1>에 나타난 정책설계에서 사회의 형성(사회설계)과 아울러 또 하나의 핵심적인 정책설계의 구성요소이면서 실제로 사회설계를 이루어 사회를 만들어갈 행위·제도 설계였다. 이들 행위·제도설계 요인들은 새로이 만들고자하는 사회의 형성을 촉진할 수도 있고 저해할 수도 있었으며, 효율적으로 수행할 수 있도록 할 수도 있었고, 비효율적으로 수행하도록 할 수도 있었다. 또 전혀 다른 새로운 사회의 형성으로 이끌어 가도록 작용할 수도 있었다. 정책설계의 중요한 구성요소인 행위·제도 설계와 사회의 형성(사회설계)은 새로운 사회를 형성해가는 과정에서 서로 영향을 주고받으면서 발전해 가는데, 이것은 새마을운동정책의 경우에도 그대로 나타났다.

이미 농촌마을의 생활환경과 농업생산기반의 개선에 대한 미래비전에서 기술한 바와 같이 큰 도로에서 마을이나 주요 농로에 이르는 협소한 도로를 넓히거나 농촌마을내의 구불구불하고 좁은 골목길들을 가능한 한 부분적으로라도 직선화하고 차량이 다닐 수 있도록 넓히기 위해서는 농촌마을 주민들이 자기들의 논이나 밭, 자기 집의 대지나 심지어는 그들의 집의 일부도 희생해야 했다. 그런데 정부에서는 접근도로를 넓히거나 직선화하기 위하여 희사한 땅들에 대하여 아무런 보상을 해주지 않고 자발적으로 희사하는 것을 원칙으로 하고 있었다. 또한 농촌마을의 생활환경을 개선하거나 농업생산기반시설을 하는데 동원된 노동에 대해서도 정부는 아무런 보상을 해 주지 않는 자비부담과 자율을 원칙으로 하고 있었다(박진환, 1979:2–4). 또한 모든 사업은 자비부담비율이 일정수준을 유지하는 매칭펀드 방식을 택하였다. 소득사업도 최소 20% 정도는 수익자가 부담하도록 하였다. 정부가 자재를 지원하고 토지소유자가 마을을 위해 토지를 희사함으로써 주민들은 노동력을 부담하여 새마을사업에 참여하게 되었다(정갑진, 2008: 86–87). 그러나 접근 도로나 마을길을 확장하는데 필요한 논이나 밭, 대지 등을 희사하도록 설득하는 것은 매우 어려운 과제였으며, 또한 무보수로 노력을 동원하는 것도 매우 어려운 일이었다. 이러한 일들이 농촌마을 단위에서 새마을을 만들어 가는 과정에서 농촌마을들의 변화나 변화의 목적들(goal)에 대한 합의를 어렵게 하는 갈등요인들이었다. 또한 농촌마을 사람들은 수백년 동안의 생활양식에 타성이 젖어 있어서 큰 도로로부터의 접근도로나 마을내의 골목길을 넓힌다든지, 우물이나 화장실들을 개선하는 것이 실제로 주민들의 소득을 올리는데 얼마나 효과가 있는지에 대해서도 큰 믿음이 부족하였다. 여기에서부터 새마을을 만들어가는 농촌마을들에서 주민들간의 비조직화된 동태(unorganized dynamics)의 특징이 나타나고 갈등현상이 나타나게 된 것이다(노화준·노유진, 2010).

새마을사업에 대한 마을 주민들의 의견의 불일치와 비협조에 의한 주민들간의 갈등은 새마을운동의 성공사례들에 잘 나타나 있다. 새마을운동의 추진과정에 나타났던 대표적인 의견의 불일치와 갈등의 주요원인은 마을지도자(이장)의 비협조적인 태도, 대지헌납요청에 대한 불응, 외지에서 온 지도자에 대한 불신 등이었다.

새마을운동은 다년도에 걸친 대규모의 사회변혁 이니셔티브이다. 위에서 살펴본 새마을운동의 초기에 많은 마을들에서 나타난 비조직화된 동태는 사회변혁 이니셔티브에서 흔히 나타나는 일반적인 현상중의 하나이다. 그러므로 대규모 사회변혁의 이니셔티브 과정에서 일어날 수 있는 사회시스템의 세가지 동태들과 그의 맥락에 관한 이론을 살펴보는 것이 새마을운동에 의한 새마을 만들기, 즉 사회형성 과정을 이해하는데 도움이 된다. 뿐만 아니라 사회변화의 이니셔티브 과정에서 정책설계를 발전시키기 위하여 취하는 발전적 평가가 왜 필요하였고, 발전적 평가에는 어떤 방법들이 있으며, 그러한 방법들이 어떻게 활용될 수 있었는가를 이해하는 데에도 도움이 된다(노화준·노유진, 2010).

사회변혁 이니셔티브 과정에서 일어나는 사회시스템의 세 가지 동태와 그의 맥락에 대한 일반적인 틀(framework)은 사회변화를 이끌어가는 지도자들이나 평가자들이 이니셔티브의 구성요소들에 대해서 뿐만 아니라 이 이니셔티브에 의해서 영향을 받는 시스템들의 변화의 패턴들에 대해서도 깊은 관심을 갖는다는데 기초를 두고 만들어졌다. 이니셔티브를 발전시키는데 필요한 정보를 얻기 위한 시스템의 실태에 대한 평가에서 특히 중요한 것은 시·공간과 맥락을 초월해서 일어나고 있는 변화이다. 이러한 사회변화를 이해하기 위해서는 이니셔티브 내에서의 상호작용의 동태들을 이해하는 것이 매우 중요하다[4]. 발전적 평가를 위한 평가설계들은 이들 사회시스템 동태들의 변이(variation)에 기초를 두고 있다. 이 틀은 사회시스템에 필요한 변화(또는 목적)를 보는 시각들(perspectives)에 대한 합의의 정도와 행동, 조건, 또는 행동의 결과들을 결정하는 관계들(interrelationship)의 확실성의 정도라는 두 가지 요소들을 사용하고 있다(Stacey, 2007: 189; Zimmerman, 1988; Patton, 2011: 84−92). 이들 두 가지 요소들의 조합의 결과 다음 <그림 2>와 같은 세 가지 사회시스템 동태들과 맥락모형을 얻을 수 있다(W. K. Kellogg Foundation, 2007; Folkman, Lauberheimer, Gotts & Fuller, 2009).

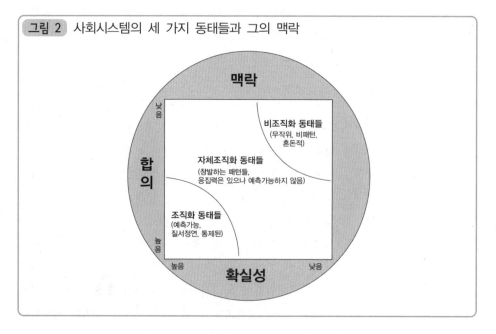

그림 2 사회시스템의 세 가지 동태들과 그의 맥락

---

4) 이니셔티브는 변화를 위한 것이고, 변화는 시스템 동태(dynamics)에 의하여 형성(shape)된다는 것을 이해하는 것이 이 모형의 요체이다.

<그림 2>에서 보는 바와 같이 변화(목적)에 대한 시각의 합의정도가 낮고 행동 또는 행동결과를 결정하는 관계에 대한 확실성의 정도가 모두 낮은 시스템은 비조직화된 동태(unorganized dynamics)의 특징을 보인다. 이러한 시스템에는 높은 불확실성과 높은 의견의 불일치가 팽배해 있다. 행동들은 무작위적이고, 예측하기 어려우며, 명백한 패턴들이 없다. 이러한 상황에서는 시스템에 대한 센스(sense)는 통합되어 있지 않고, 변화는 예측하기 어려우며 응집력이 없다. 새마을운동의 초기에 많은 마을들에서 일어난 상태들, 즉 마을단위에서 주민들 간에 마을을 변화시키려고 하는데 대한 시각의 차이가 심했고, 새마을을 위해서 무엇을 해야 할지, 그 이행결과는 어떻게 나타날지에 대한 확실성이 낮았던 상태들이 바로 이러한 상태들이었다. 한국의 새마을운동과정에서는, 초기과정에서조차도 이러한 혼돈상태는 존재하지 않았던 것으로 보인다. 이에 비해서 변화(목적), 즉 새마을 운동을 보는 시각에 대한 합의정도가 높고 활동 또는 활동결과에 대한 합의정도 역시 높은 시스템은 조직화된 동태(organized dynamics)의 특징을 보인다. 이 상태를 단순한 상태라고 부르기도 한다. 그러나 이 상태가 말과 같이 단순하다는 것을 의미하지 않고 인과관계가 알려진 상태라는 것을 의미한다. 이러한 시스템은 안정되고 질서정연하며 예측가능하고 계획과 통제가 가능한 시스템 동태의 특징을 보인다. 이러한 시스템 동태는 비교적 질서정연하고, 조직화되고, 활동들에 대하여 합의를 이루었기 때문에 활동의 인과관계와 그에 따른 산출결과들은 상당히 정확하게 예측될 수 있다. 이러한 상황에서 처방은 검증되고 복제가능하다. 처방은 표준화된 생산품을 생산해낸다(Patton, 2010). 1970년대 중반 새마을운동이 어느정도 제 궤도를 찾아갔던 상태들이 이러한 상태들이었다.

비조직화된 시스템 동태와 조직화된 시스템 동태 사이에는 조직화된 상태의 균형(equilibrium)으로부터도 멀고 비조직화된 상태의 비통합(disintegration)으로부터도 먼 특별한 시스템 동태가 있는데, 이 시스템 동태는 중앙통제나 의도에 따라 일어나는 것은 아니며, 그보다는 오히려 자체조직화(self–organizing) 하는 것으로 알려지고 있다(Eoyang, 2001). 즉, 식별할 만한 패턴과 원칙들이 창발(emerge)한다.[5] 시스템 내에 있는 행위자들(agents)은 전반적인 설계가 없이도 상호적응한다. 물론 각 행위자들은 자기들의 의도를 가지고 있을 수는 있다. 새마을운동의 초기에는 이미 앞에서 기술한 바와 같이 주민들간에 의견이 불일치하고 앞일의 결과들을 예측할 가능성들이 낮은 상황들이 많았다. 그런 의미에서 새마을운동과정에서 많은 마을들은 자체조직화

---

5) 단순한 원칙이 새로운 현상이나 패턴이 창발하도록 한다(Holland, 1998).

시스템 동태의 특징을 보이는 상황에 처해 있었다고 할 수 있었다.

　일반적인 사회변혁의 이니셔티브의 추진과정에서 나타나는 이러한 다양한 시스템 동태들은 새마을운동의 추진과정에도 그대로 나타났다. 이미 앞에서 살펴본 바와 같이, 새마을운동의 초기에는 비조직화된 시스템 동태영역이 지배적이었다. 그러나 새마을운동 과정에서 점차로 조직화된 시스템 동태영역이 확장되어 갔다. 그리고 또한 자체조직화 영역이 확대되어 감에 따라 새마을운동이 지향했던 근면·자조·협동이라는 새로운 행태의 패턴들이 나타났던 것이다. 그러나 이러한 시스템 동태들의 변화는 저절로 일어난 것이 아니라 발전적 평가에 의하여 계속해서 새마을운동 정책을 재설계하고 변화에 적극적으로 자신을 투입한(engage) 새마을 지도자들이 네트워크를 창조하며, 재설계된 정책들을 효율적으로 집행해 나감으로써 이루어질 수 있었다.

2. 시스템 동태적 과정에 따른 이니셔티브 발전을 위한 평가설계와 주요방법들

　이니셔티브(initiative)는 대규모의 다개년(multi-year) 사회변혁 운동이다. 그러므로 새마을운동은 바로 이니셔티브인 것이다. 다개년 사회변혁운동인 이니셔티브의 지도자와 평가자들은 이니셔티브의 구성요소들에 대해서 뿐만 아니라 이러한 이니셔티브에 의하여 영향을 받는 시스템의 변화의 패턴에 대하여 관심을 갖는다. 왜냐하면 이니셔티브 평가에서 특별히 중요한 것은 시·공간과 맥락을 초월해서 일어나는 변화이기 때문이다. 그렇기 때문에 이니셔티브 내에서 상호작용의 동태들(dynamics)을 이해하는 것이 무엇보다도 중요하다. 그 이유는 이니셔티브의 평가설계는 바로 이러한 시스템동태의 변이(variation)에 기초를 두고 있고, 시스템 동태에 따라 평가의 목적이 달라질 수 있기 때문이다.

　우리는 이미 새마을운동정책을 전국의 마을 수준에서 시행해 나갈 때, 마을마다 사정은 다소 달랐지만, 초기에는 많은 마을들에서 비조직화된 시스템동태의 패턴들을 보이다가, 그 이후에 점차로 조직화된 시스템동태의 패턴이나 자체조직화하는 시스템 동태들을 나타냈었다는 것을 알고 있다. 그러므로 먼저 <그림 2>에 나타난 바와 같은 복잡한 시스템동태 영역들이 동시에 나타날 때 서로 다른 각 시스템동태들에 대한 일반적인 평가설계들을 고찰하는 것이 새마을운동정책의 재설계 및 지속가능발전을 위한 발전적 평가의 활용을 이해하는데 도움이 된다.

　<그림 2>에 나타난 바와 같은 복잡한 사회시스템의 세 가지 동태들과 그들의 맥락에 대해서는 각각 그에 상응하는 발전적 평가설계가 제시되고 있다. 이들 상응하

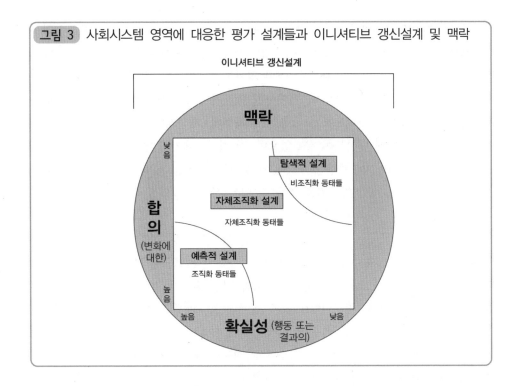

그림 3 사회시스템 영역에 대응한 평가 설계들과 이니셔티브 갱신설계 및 맥락

는 발전적 평가설계들은 탐색적 평가설계(exploratory evaluation design), 예측적 평가설계(predictive evaluation design), 자체조직화 평가설계(self-organizing evaluation design), 이니셔티브 갱신평가설계(initiative renewal evaluation design) 등 이다. <그림 3>에 나타난 것들은 광범위한 맥락과 세 가지 유형의 동태와 관련된 이니셔티브로서의 새마을운동 발전을 위한 평가설계들이다(W.K. Kellogg Foundation, 2007).

1) 탐색적 평가설계

비조직화된 영역은 먼저 행동을 취하고, 자료를 수집하여 평가하며, 그 결과에 따라 반응(response)하는 영역이다(Kurtz & Snowden, 2003). 탐색적 평가설계는 이니셔티브로서의 새마을운동의 비조직화된 동태영역을 조사하기 위하여 사용된다. 이니셔티브가 시작되었을 때 즉 새마을운동이 처음 시작되었을 때에는 이해관계자들간에 무엇을 어떻게 변화시켜야 할지에 대한 합의의 정도가 낮은 것이 보통이었고, 행동이나 행동의 결과에 대한 예측들도 비교적 낮은 것이 일반적이었다.

그러므로 탐색적 평가설계는 일반적으로 이니셔티브의 변화의 이론에는 아직 기술(delineate) 되어있지 않았지만 중요할지도 모르는 구성요소들과 변화의 동태들을 식별하기 위하여 사용된다(W.W.Kellogg Foundation, 2007: 14). 즉 이니셔티브의 탐색적 설계는 ① 무엇이 일어났으며, ② 그것이 어떤 차이를 가져왔고, ③ 무엇을 알게 되었으며, ④ 그것이 미래에 대하여 어떤 정보를 주는가를 탐색할 목적으로 사용된다. 이러한 질문들을 통하여 특히 기대하지 않았거나 놀랄만한 어떤 일이 일어나지 않았는가 하는 것을 찾아내도록 노력한다. 정책설계·재설계와 관련해서는 새로운 사회형성 비전이 어떻게 받아들여지고 있으며, 잘 받아들여지지 않는 경우에는 그 이유는 무엇인가, 그리고 그에 대응하여 기왕에 설계한 행위 및 제도 설계들을 어떻게 바꾸어 나가야 할지에 대한 통찰력을 얻을 수 있는 정보들을 얻을 수 있는 자료들을 수집할 수 있도록 평가설계를 한다.

탐색적 평가설계에는 인터뷰, 포커스그룹, 현장방문 등 질적인 방법들이 자료수집에 주로 사용된다. 왜냐하면 이니셔티브를 처음 시작하면 연구대상으로 하는 시스템 동태가 비조직화된 시스템동태일뿐 아니라 어떤 범위에 걸쳐서 조사를 실시해야 할지도 확실하지 않기 때문이다(Patton, 2011: 237-263; W.W.Kellogg Foundation, 2007: 16). 평가자들이나 조사자들이 현장에서 일어나는 일들에 대한 다양한 시각들(perspectives)을 탐색하려고 할 때, 그들은 사회변혁 운동으로부터 이익을 보는 사람들과 희생을 당하는 사람들에 대한 자료들을 수집함으로써 그 시각들에 대한 평가자들의 이해를 높일 수 있다.

새마을 시작한 1970년대 초기에는 어떤 일들이 일어날지 예측하기 어려웠으므로 각 마을을 담당한 공무원들이 마을을 방문하여 마을 주민들과의 대화를 통하여 새마을운동의 시행과정에서 각 마을들에서 어떤 일들이 일어나고 있는가하는데 대한 정보를 수집하였다. 그리고 마을의 이장이나 새마을지도자들이 면사무소나 동사무소에 찾아가 마을에서 일어나고 있는 일들과 애로사항들에 대하여 새마을담당 공무원들과 대화하고, 애로사항들에 건의하였다. 이러한 마을주민들과 새마을담당 공무원들 간의 면대면 대화는 비록 평가라는 이름은 붙어있지 않았으나, 새마을과 관련된 이해관계자들과 그들 간의 갈등들을 이해할 수 있도록 하였고, 그 갈등의 원인들과 아울러 마을들간의 차이를 가져온 요인들을 이해할 수 있도록 하였고, 그 정보들은 새마을운동 정책을 재설계하고 개선해 나가는데 길잡이가 되었다.

탐색적평가설계는 또한 관련 연구(research)들을 리뷰하고, 현장에서 무엇이 일어나고 있는가 하는데 대한 어떤 단서들을 제공하는 현존하는 자료들을 조사하고 분석하는 것들을 포함한다. 새마을운동 관련 연구논문들은 1970년대에는 "우리나라 농촌지역 개발을 위한 이론적 전개" 1편에 불과하였으나, 1971년에는 "농촌지역 사회개발을 위한 행정지원의 효율성 연구"를 포함하여 10여 편이 발표되었다(내무부, 1980b: 252). 물론 이들이 모두 새마을운동에 관한 직접적인 연구는 아니었다. 새마을운동과 직접 관련된 연구논문들이 출간되기 시작한 것은 1972년부터였다. 1972년부터 발표된 새마을운동과 직·간접적으로 관련된 논문들은, 예컨대 "농촌새마을운동 발전방향 설정에 관한 연구"를 포함하여 14편에 달하였다(내무부, 1980b: 252–253). 그리고 1973년부터는 새마을운동에 직·간접적으로 관련된 많은 연구논문들이 발표되었다. 물론 이들 새마을관련 연구논문들이 모두 평가설계에 기초한 연구들은 아니었을지라도, 새마을운동초기에 필요한 정보들이 새마을운동의 방향설정과 행위설계에 필요한 정보들이었다는 점들을 감안하면, 이 시기에 이루어졌던 새마을 관련 연구들은 새마을운동의 초기에 새마을운동의 방향을 탐색하고 행위설계 및 제도설계를 하는데 부분적으로는 도움이 될 정보들을 포함하였을 것으로 보인다.

2) 예측적 평가설계

<그림 3>의 조직화된 동태영역은 전통적인 평가가 수행되는 영역이다. 이 영역에서 이루어지는 예측적 평가설계는 이니셔티브의 계획된 특성들(예컨대 활동, 사건들, 관계들, 개념들 또는 가치들)과 의도된 산출결과(outcome)들 간의 연계에 초점을 둔다. 시스템 동태가 어느 정도 안정되어 있으면 액션(action)과 산출결과들 간에는 비교적 일관된 관계를 형성한다. 그러므로 평가의 초점은 이니셔티브의 실질적 내용에 관한 것이 될 수 있다. 예측적 평가설계가 정책에 초점을 맞추면, 이러한 평가를 위해서는 수년간에 걸친 자료의 수집과 현지상황의 특성에 맞도록 의도적으로 변이를 도입한 여러 현장들(sites)에 관한 자료들의 수집을 필요로 한다. 이 평가는 예측성이라는 렌즈로 상황을 바라본다. 그러므로 집행된 계획들이 의도된 결과들을 가져왔는가 하는 인과관계들을 검증하는데 초점을 맞춘다. 많은 경우 예측적 평가설계에 의한 평가들은 외부사람들의 시각에서 시행되며, 그 평가설계들은 책무성 확보라는 목적에서 중요시된다(W.W.Kellogg Foundation, 2007: 19–20). 우리가 일반적으로 수행하는 집행의 모니터링, 성과의 모니터링, 형성적 평가, 총괄적 평가 등은 예측적 평가설계에 의한 평가에 해당한다. 집행의 모니터링에서는 성과측정지료를 개발하여 측정하고, 그것들이 이니셔티브에 의해서 이루어졌는지 여부를 검증할 평가계획을 세운다.

자원투입이나 활동과 산출결과들 간의 인과적 관계를 분석하거나 체계적인 성과측정지표들을 개발하기 위하여 선행적인 프로그램 논리모형의 도움을 받기도 하지만, 만일 변화가 비선형적일 때에는 시스템 다이나믹스(system dynamics)방법과 같은 변

화의 이론 다이어그램(theory of change diagram)을 나타내는 인과관계 루프들(causal loops)이 더 유용하게 사용될 수 있다.

새마을 운동의 경우, 새마을 운동을 시작한지 4−5년이 지난 다음에는 많은 마을들이 자립마을이 되어 어느 정도 조직화된 동태의 단계에 접어들었다. 이와 같이 많은 마을들이 조직화된 동태의 단계에 들어섰으므로 이때는 집행의 모니터링, 성과의 모니터링, 형성적 평가, 총괄적 평가 등을 시도할 단계에 접어들었다고 볼 수 있다. 새마을운동을 지원할 행정지원서비스는 실시간으로 신속하게 이루어지고 있으며, 지원대상자들에게 전달되고 있는가, 새마을지원사업의 성과는 얼마나 높으며, 어느 정도가 대응적 사실(conterfactual)이 아니라 새마을 지원사업에 의하여 이루어졌는가를 측정지표를 만들어 측정하여야 한다. 그리고 새마을 지원사업이 더 효과적으로 이루어지기 위해서 무엇을 개선해야 하며, 자립마을의 경험들을 기초마을을 포함하여 새마을운동의 효과가 저조한 마을들에 전수할 수 있는 자립마을들의 특성들은 무엇인가 하는 것들을 평가하여 찾아내는 것이 주요한 평가의 과제들이었다.

3) 자체조직화 평가설계

자체조직화 영역은 복잡성 상태와 같이 나타나는 영역이다. 자체조직화는 새로운 구조, 패턴 및 특성들(properties)이 외부의 강요에 의하지 않고 스스로 창발(emergent)하는 것으로 정의된다(Zimmerman, Lindberg & Plsek, 2001: 270). 외부의 지도자들은 지역사회나 조직에 무엇이 일어날지에 대하여 통제하지 않는다. 이니셔티브나 사업의 지도자들에 의하여 액션들(actions)이 통제되는 것이 아니라 이니셔티브에 관여하는 그룹이나 개인들에 액션들이 창발(emerge)할 때 자체조직화가 이루어진다. 복잡한 상황이나 시스템에서는 예측성(확실성)이 제한되어 있다. 확실성보다는 사람들은 적당한 정도의 합의의 의해서 그들이 하는 일에 영향을 받는다. 그렇기 때문에 자체조직화 패턴들을 이해하는 것이 중요하다(w.w.kellogg Foundation, 2007: 25).

복잡한 자체조직화 시스템에서 새로운 질서나 패턴은 사전기획 없이도 창발할 수 있다. 엉클어진 복잡한 시스템은 안정되거나 또는 불안정한 상태로 움직이는 것만은 아니다. 오히려 때로는 모순과 다툼으로 특정되어지는 불균형 상태(낮은 수준의 확실성과 합의상태)에 머물러 있을 수도 있다. 장기적으로는 협동과 경쟁이 공존하고, 독립과 의존이 공존할 수도 있다(stacey, 1996).

자체조직화 평가설계를 가이드하는 평가질문들은 이니셔티브 내에서 일어나는 자체조직화하는 동태로부터 창발하는 패턴들을 탐색해 내는데 초점을 맞춘다. 시간이 지남에 따라 마을 주민들 간의 관계들(relationships)에서 어떠한 변화의 패턴이 나타나고 있는가 하는 질문이 자체조직화 평가설계의 질문의 예이다(W.W.kellogg Foundation, 2007: 26).

실제 이니셔티브가 집행되는 현장에서는 각 행위자들이 다른 행위자들과 관계를 맺는 맥락에서 피드백, 추구하는 가치들, 관계들(relationships), 경계 및 기타 여러 조건들에 따라 상황에 적응한다(Zimmerman, lindberg & Plsek, 2001 ; Eoyang, 2001). 이러한 적응들은 현장에 참여하는 다양한 참여자들의 자기동기부여(self-motivation)와 독립적 또는 상호의존적인 액션들의 복잡한 상호적응에 이하여 형성된다. 사람들이 현지상황과 서로 다른 사람들의 액션들에 계속적으로 적응할 때 새로운 액션과 패턴들이 창발하기 시작한다.

새마을운동의 경우 당시 대통령을 비롯하여 고위정책 결정자들과 일선행정공무원들이 모두 관심을 가지고 추진하였던 사업이다. 그러나 각 마을의 현장에서 일어나는 마을별 새마을 사업의 추진과 성과들은 이들 고위정책 결정자나 일선에서 새마을 사업을 지원하는 공무원들의 명령이나 통제에 의해서 이루어지는 것이 아니고, 이미 앞에서 기술한 바와 같이 마을의 이장, 새마을 지도자들, 부녀회 지도자들과 회원들. 4-H 그룹 지도자 및 회원들 및 마을 주민들이 상호작용하는 과정에서 이루어진 것이었다. 이들 새마을 지도자들과 부녀회 지도자들 및 4-H그룹지도자들은 복잡성이론에서 말하는 끌개들(attractors)로서의 역할을 수행하였다. 그러므로 새마을운동 과정에서 끌개인 각 마을의 지도자들이 주민들간의 연계(links)를 맺는데 어떤 역할을 했으며, 어떻게 주민들간의 상호작용을 통하여 마을 주민들 사이에 새마을 정신인 근면·자조·협동의 정신이 창발하도록 하였느냐 하는 것을 평가하는 것이 여기에서의 주된 관심사이다.

새마을 사업들은 여러 다양한 조건들을 가진 마을들에서 다양한 생각과 서로 다른 이해관계를 가진 마을 사람들을 상대로 집행되었다. 비록 새마을 사업이 중앙에서 계획되어 추진되었지만, 마을현장에서 무엇을 할 것인가, 그리고 어떻게 할 것인가, 누가 얼마만큼 부담할 것인가 하는 것 등 해야 할 일과 추진방법에 대해서는 자체적으로 협의 과정을 통하여 합의를 할 때에만 추진할 수 있었다. 마을 사람들 중에는 어떻게든 자기마을을 잘 사는 살기좋은 마을로 만들 동기에 의하여 자기 희생적으로 헌신적으로 일하는 사람들도 있었지만, 자기가 다른 사람들보다 더 많이 부담한다는 이해타산에 의하여 소극적으로 참여하거나 참여를 거부하는 사람들도 있었다. 그러면 이렇게 서로 다른 다양한 생각과 동기, 이해관계들을 가진 사람들이 어떻게 해서 마을이 추진해야 할 일들에 대하여 합의하고, 서로 양보하여 하기 어려운 자기부담을 스스로 결정하였으며, 서로 협력하게 되었는가, 즉 서로 다른 생각과 행동의 패턴이 창발하게 되었는가 하는 것은 새마을 사업을 추진했던 정책결정자들과, 관련된 공무원들의 중요한 관심사가 아닐 수 없었다. 새마을 사업을 추진하는 과정에서 마을 사람들의 생각과 행동이 바뀌어 새로운 생각과 관계들(relationships)의 패턴들이 창발하는 것에 대한 탐구의 결과는 사회 변혁의 이론을 바꿀 수 있을뿐 아니라 당시에 새마을사업을 추진할 정책을 재설계하고 추진하는데에도 큰 도움이 되었을 것이다.

새마을사업을 추진하는 과정에서 농촌마을 현장에서 새마을지도자들이 새마을사업을 추진하면서 겪었던 많은 경험들이 새마을 사업성공사례로 발표되었다. 이러한 성공사례의 내용들을 새마을정신의 패턴이 창발하는 것을 이해하는데 큰 도움이 된다. 그러므로 새마을정신의 패턴이 창발하는 과정에 대한 평가를 위한 자료의 수집은 참여관찰, 포커스그룹 인터뷰, 성공사례연구, 전문가들의 판단 등을 통하여 이루어질 수 있었다.

4) 이니셔티브 갱신 평가설계

이니셔티브 갱신 평가설계는, 사회변혁운동이 진행됨에 따라 어떤 영역에서는 그의 융통성(flexibility)이 증가하고, 어떤 영역에서는 예측가능성과 통제성이 증가하며, 주요한 전환(transformation)을 겪게 되고 이에 따라 여러 가지 결과들을 산출해 내기도 하고, 예측치 못한 조건들을 만들어 내는데, 이에 대응하여, 이니셔티브들을 계속적으로 갱신하고 지속가능성(sustainability)을 높이기 위하여 사용하는 평가설계이다 (w.w.kellogg Foundation, 2007: 31). 이니셔티브 갱신평가는 시간이 지남에 따라 이니셔티브의 전략이나 방향들(directions)이 큰 그림들(big-picture)을 조정하고 오래 지속할 수 있도록 하는 것을 고취시키기 위한 정보를 제공하고 전략을 마련하기 위한 평가이다. 사회변혁 이니셔티브의 지속가능성은 <그림 4>에서 보는바와 같은 빙산(iceberg)의 저변을 이루고 있는 구조들과 패러다임들 및 조건들이 함께 변할 때 가능하며, 그렇게 될 때 새로이 창발된 패턴들도 계속 지속될 수 있다.

그러므로 지속가능성 평가설계의 주요 질문은 사회변혁의 이니셔티브가 외부의 지원이 끝난 후에도 계속될 수 있도록 시스템의 밑면에 깔려있는 구조와 패러다임 및 조건들이 바뀌었는가 하는 것을 찾아내는 것이다. 이니셔티브 갱신평가에 의하여 산출된 정보들은 관련된 정책결정자들이 이니셔티브가 전반적으로 어떻게 진행되어 가고 있는지를 판단하는데 도움을 주고, 아울러 이니셔티브의 어떤 측면들을 재설계할

그림 4 시스템의 빙산의 이해

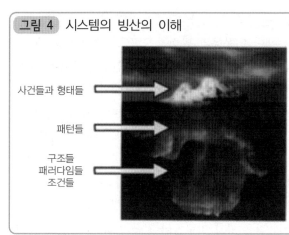

사건들과 형태들 → | 지금 무엇이 일어나고 있는가?

패턴들 → | 시·공간상에서 패턴들이 어떻게 행동으로 나타나고 있는가?

구조들
패러다임들
조건들 → | 이끄는 힘들(drivers)과 같은 구조는 무엇인가? 그들은 어떻게 관련되어 있는가?

자료: Parsons(2009)

필요가 있는지, 이니셔티브의 사회변화이론을 재설계할 필요가 있는지, 예컨대 상황이 변함에 따라 새로운 미래 사회형성(미래비전)을 제시하고 이를 효과적으로 성취하는데 기존에 작성했던 행위 및 제도설계가 적절한지의 여부 등을 판단하는데 도움을 줄 수 있어야 한다. 이 평가 과정에서 평가자들은 이니셔티브를 주관하는 내부 주관자들의 관점과 외부 사람들의 관점을 모두 취합하고 참조하여야 한다.

새마을 운동 정책결정자들과 새마을사업을 집행하는 일선의 공무원들은 새마을운동의 점화단계(1970 – 1971)나 기반조성단계(1972 – 1973)이후인 새마을운동의 확산단계(1974 – 1976)와 확산단계 이후에도 계속하여 새마을사업을 추진하고 있는 현장을 방문하거나, 새마을지도자들이나 마을의 지도자들이 면사무소를 방문하였을때에 면대면 대화를 통하여, 그리고 전문가들의 자문을 통하여 새마을사업의 추진상황과 추진과정에서 당면하고 있는 애로사항들을 청취함으로써 새마을사업이 진척되고 있는 상황들에 대한 자료들을 수집하였고 상황 변화에 적응하여 새마을사업이 계속 발전 가능한지 여부를 평가하였다.

또한 새마을운동 성공사례나 새마을운동과 관련된 연구논문들을 수집하여 분석함으로써 새마을운동이 어떻게 진척되어 가고 있고, 무엇이 중요한 문제들이며 어떻게 개선해 나가야 하는가 하는데 대한 정보들을 수집하였다. 이러한 사실은 1974년 이후 1980년까지 발표된 새마을 관련 연구논문들의 발표에서 뒷받침되고 있다. 새마을 관련연구 논문들은 1974년에 31편, 1975년에 50편, 1976년에 56편, 1977년에 90편, 1978년에 33편, 1979년에 17편, 1980년에 5편 등으로(내무부, 1980b: 252 – 268) 1970년대 중후반에 새마을운동의 지속가능성 평가에 많은 정보와 통찰력을 제공하였다. 특히 이들 연구논문들 가운데에는 단순히 새마을운동을 설명하는 새마을강좌적 논문들도 포함되어 있었으나, "농촌새마을 운동의 발전적 전략", "새마을 소득과 지역특화방안", "농어촌지역의 간이급수시설 현황과 향상에 관한 연구", "IBRD 새마을 차관 농어촌 전화사업 평가연구", "IBRD 새마을 차관 야산개발사업 평가연구", "IBRD 새마을 차관 농촌 새마을 운동의 사회적 성과분석", "새마을 운동과 사회발전", "새마을운동의 성과와 개발모형" 등과 같은 평가연구들은 다양한 측면에서 새마을운동 성과와 추진상의 문제점들 및 개선방안들을 제시하여 새마을운동의 지속가능성을 높힐 수 있는 정책의 재설계를 위한 많은 정보들을 제공하였다.

물론 1970년대 중후반에 발전적 평가설계에 관한 이론이나 방법들이 도입되지는 않았기 때문에 위에서 열거한 것과 같은 평가 연구들이 지금 말하는 발전적 평가와 그 평가설계의 방법과 자료수집 방법들이 꼭 일치한다고는 할 수 없겠으나, 미진하나마 어느정도 새마을사업의 지속적인 발전을 위한 정보들을 산출하여 제공했던 것으로 평가할 수 있다.

Ⅳ. 새마을운동 정책의 재설계와 지속가능 발전을 위한 발전적 평가의 활용

1. 새마을운동 정책의 재설계를 위한 발전적 평가 정보의 활용

우리는 앞에서 여러 가지 다양한 시스템동태에 상응하는 발전적평가의 설계와 그것이 생산해 내고자 하는 정보들에 대하여 살펴보았다. 그러면 그것들이 새마을 운동정책의 재설계에 어떻게 활용되었는가?

새마을운동은 1970년 4월 22일 한해대책 지방장관회의에서 실시한 즉석연설에서부터 시작되었다. 「마을 주민들의 자발적인 의욕이 우러나지 않는 마을은 5천년이 가도 일어나지 못할 것입니다. 마을 주민들이 해보겠다는 의욕을 갖고 나서면 정부에서 조금만 도와줘도 2~3년이면 일어날 수 있습니다. 일선의 행정 책임자들이 그러한 분위기를 만들어 주어야 합니다. 우리는 못사는 것을 하나의 숙명으로 돌릴 것이 아니라 우리 스스로가 우리 마을을 우리 손으로 가꾸어 나간다는 자조, 자립정신을 불러 일으켜 땀흘려 일한다면 모든 마을이 머지 않아 잘살고 아담한 마을로 그 모습이 바뀌어 지리라고 확신합니다. 금년에는 주민들의 힘으로 길을 닦고 다리도 놓아야겠습니다.…… 이 운동을 '새마을 가꾸기 운동'이라고 해도 좋고, '알뜰한 마을 만들기 운동'이라고 해도 좋을 것입니다.……」(정갑진, 2008: 21).

이와 같이 「새마을 가꾸기 사업」으로서 출발한 새마을운동은 많은 사람들의 회의 속에 시험적으로 출발한 사업이었다. 그러나 그 성과가 기대이상으로 높은 실적을 올림으로써 새마을운동이 더욱 발전할 수 있는 기반이 마련되었는데 그 기반은 1972년에 확립되어 있었다(내무부, 1980a: 205). 즉 농촌 새마을운동의 발전과정은 처음 기반조성의 단계로부터 출발하여 자조발전단계를 거쳐 자립완성단계로 접어들게 되었다. 이러한 새마을운동의 발전과정이 자동적으로 이루어진 것이 아니라 과거의 경험을 평가하여 학습하고 새마을 운동의 추진전략을 수정하고 재설계해 나감으로써 이루어진 것이었다. 즉 새마을운동은 1960년대 전반에 정신개혁에 초점을 둔 재건국민운동이 경제적 동인이 마련되지 못하여 실패한 경험과, 1960년대 후반 농어민 소득증대 특별사업이 경제적 측면만 강조하고 정신적 측면이 간과됨으로써 농촌개발에 큰 성과를 올리지 못하였다는 경험을 평가하고 이 평가결과들을 토대로 정신적 측면과 경제적 측면을 통합시킨 새로운 운동으로 새마을운동정책을 재설계하여 출발하게 되었다(고건, 2010: 19~20).

이러한 정신적 측면과 경제적 측면을 통합시킨 운동으로 출발한 1970년대 초의 새마을운동의 출범에서 보듯이 새마을운동은 과거 경험으로부터 배우고 통합적 농촌개발 정책을 새롭게 재설계하면서 성공의 경험을 쌓아 나가기 시작하였다. 그리고 이러한 경험들을 평가하여 새마을운동 추진상의 지원원칙을 발전시킨 사례 중의 하나가 우수마을 우선지원원칙이다.

농촌새마을운동은 1971년도에 전국 33,267개 행정 리·동에 시멘트 335부대씩을 지원하여 전체 리·동에 일제히 새마을운동을 추진하게 됨으로써 점화되기 시작하였다. 각 마을이 진입로 확장사업을 비롯한 소하천, 소류지(웅덩이)정비, 공동우물, 공동빨래터, 퇴비장설치, 마을식수 등 10대 가꾸기 사업을 벌이기 시작하면서 농촌새마을운동은 시험적으로 전개되었다. 농촌새마을 사업의 초기에는 시험적으로 착수된 사업이었으나, 그 성과는 기대 이상의 실적을 올림으로써 이 사업을 추진한 유관행정기관은 물론 농민들도 "하면된다"는 자신감을 갖게 되고, 더욱 잘살아 보겠다는 의욕이 솟구침으로써 앞으로 더욱 더 새마을운동이 확산되어 질과 정신적 기반이 확립되었다(내무부, 1980a: 207).

그리고 1971년 말에 정부에서는 새마을사업의 성과를 하나하나 분석해 본 결과 전국 33,267개의 리·동 가운데 16,600개의 리·동이 기대 이상으로 많은 사업을 훌륭하게 수행해 낸 것을 발견하였다. 그 원인을 분석해 본 결과 그 마을에는 훌륭한 지도자가 있었고, 나머지 마을에는 지도자가 시원치 못했다는 것을 발견하였다. 그리하여 1972년도에 우수마을 우선지원 원칙에 따라 16,600개의 마을에 시멘트 500포와 철근 1톤씩의 기본자재를 균일하게 지원하여 새마을 가꾸기 사업에 박차를 가함과 아울러 농민들의 정신계발 촉진과 새마을 지도자 육성에 역점을 두기 시작하였다.

새마을운동 기반조성단계에서 '우수마을우선지원'이라는 추진원리(행위설계)를 도입한 것은 위에서 기술한 바와 같이 전국적으로 일제히 모든 마을들을 지원한 후 그 성과들을 평가해보니 잘하는 마을과 못하는 마을의 격차가 있다는 것을 발견하였고, 성과를 올리기 위해서는 차등지원이라는 행위설계의 재설계가 필요하다는 것을 인식하였기 때문이었다. 새마을의 추진주체는 마을에 유능하고 헌신적인 마을지도자가 있고, 이들이 마을 주민들을 연결(link)시킬 핵심적인 끌게 역할(core attractor role)을 수행할 수 있으며, 주민협동과 개발의식이 왕성한 마을일수록 시험사업의 성과도 컸다는 것을 발견하였고, 이에 따라 새마을 지도자들을 양성하는데 초점을 둔 새마을지도 교육제도를 도입하였으며, 새마을운동의 원리를 1971년 7월에 근면·자조·협동으로 정하였고, 물량적 성장보다도 주민들의 정신적 단결에 역점을 두는 방향으로 전환하였던 것이다(내무부, 1980a: 55). 이것은 탐색적 평가설계에 의한 평가에 의하여 획득한 정보가 어떻게 정책의 재설계에 활용될 수 있는가 하는 것을 보여주는 사례이다.

새마을교육과 지도자육성은 이러한 경험의 평가에서 기원한 것이었다. 즉 새마을 운동이 성공하려면 지도자양성이 무엇보다도 선행되어야 하겠다고 결론짓고, 새마을 지도자의 발굴과 육성을 위하여 먼저 1972년 1월 4일 경기도의 농협대학 부설기관을 독농가 연수원으로 발족시켜 전국의 독농가들을 대상으로 교육을 시키다가 1972년 7월 2일부터 그 대상을 새마을 지도자로 바꾸어 교육을 실시하였다. 그리고 새마을운동 정책의 재설계에 따라 1973년도에는 전국의 모든 마을들을 그 발전수준에 따라 기초마을, 자조마을, 자립마을로 계층화하여 이들 마을의 능력에 맞게 새마을사업을 지원해 나가기 시작하였다. 농촌마을들을 이와 같이 기초마을, 자조마을 및 자립마을로 구분하는 평가기준은 지도자, 자본동원능력 및 주민협동의 세 가지 요소였다. 이에 더하여 1970년대 후기에는 자립마을 위에 자영마을과 복지마을을 두어 지원을 확대하였다(내무부, 1980a: 599).

기초마을은 이제 막 새마을사업이 시작된 마을로 새마을가꾸기사업을 주로 추진하는 마을로서 주로 농로확장과 지붕개량, 소하천 보수, 공동빨래터 만들기 등 새마을가꾸기사업을 펴나가는 마을로 정부의 지원으로서는 시멘트 500부대와 철근 1톤이 지급되는 기본 지원형태의 지원을 받는 마을이었다. 한편, 자조마을은 정부의 기본지원을 받아 대체로 새마을가꾸기사업이 마무리되어 가는 단계에 있는 마을로서 새마을가꾸기사업 이외에 소하천가꾸기, 다목적 소유지 등의 사업을 펴가는 한편 노임사업과 공동양묘장, 공동양육장 등의 공동농장을 통하여 50만원 조성을 목표로 하였다. 그리고, 자립마을로 성장하게 되면 자조마을단계에서 마무리짓지 못했던 공동소득사업을 위시하여 생산기반사업, 문화복지사업, 소득구심(求心)사업, 생산협동사업 등의 사업을 벌이게 되었고, 자립마을로서 자격취득 및 사업추진에 필요한 마을기금 1백만원 이상을 조성하기 위해 노력하게 되었다. 한편 정부는 자립마을이 새마을운동에 있어서 선도적 역할을 담당하도록 하기 위하여 우선 지원방침을 세우고 적극적으로 지원해 나갔다(내무부, 1980a: 214).

새마을운동은 이와같이 마을에 더 열성적인 지도자가 있고, 자본동원능력이 많으며, 주민들의 협동정도가 높으면 더 상위급의 마을로 분류하고, 더 상위급의 마을로 분류되면 정부가 더 많은 지원을 해 주는 추진전략을 설정하여 추진하였다.

마을수준별 필수기준, 즉 승급을 위한 필수기준사업은 다음 <표 1>에 나와 있는 바와 같다. 기초마을에서 자조마을단계에 올라서자면 새마을가꾸기사업 이외에 수리율 70%가 되어야 하고, 협동영농에 있어서 초보적인 협동작업의 편성, 그리고 마을기금에 있어서 마을당 30만원의 기금을 조성하는 것 등을 필요조건으로 하였었다.

그리고 자조마을이 자립마을로서 승급하기 위해서 새마을가꾸기사업이외에도 수익률 70%의 구현, 동력방제기의 보유, 협동생산사업의 추진, 그리고 마을당 50만원의 기금을 조성해야 하며, 호당 소득 80만원 달성을 필수요건으로 하였다.

한편 자조마을이 자립마을단계로 승급하기 위하여 해야 할 사업은 마을밖 소·중천을 정비하는 것을 비롯하여 수익률 85%의 실현을 비롯한 동력경운기와 동력탈곡

표 1 승급을 위한 필수기준사업

사업별	기초	자조	자립
안길	간선안길	지선안길	−
농로	마을진입농로	경작농로	
소하천	마을안 세천	마을간 세·소천	마을밖 소·중천
농업용수	수리율 70%	수리율 70%	수리율 80%
농업기계	−	동력방제기	동력경운기·동력탈곡기
협동영농	협동작업반	협동생산사업	협동생산사업
마을기금	마을당 30만원	마을당 50만원	마을당 100만원
호당소득	50만원	80만원	140만원

자료: 내무부, 1980a: 215.

기를 소유할 수 있게끔 노력하고, 협동생산사업을 벌이며, 마을당 1백만원 이상의 마을기금을 조성할 것과 호당 소득 140만원 달성을 필수적인 사업으로 정하였었다.

이상에서 살펴본 1970년대 초기의 몇 년간의 새마을운동정책의 행위 및 제도설계를 살펴보면 이러한 행위설계들은 새마을만들기, 즉 사회의 재구성과 서로 밀접하게 영향을 주고 받으면서 이루어지고 있었음을 나타낸다. 그리고 이러한 행위 및 제도의 재설계과정에서는 새마을이 만들어져가는 과정, 즉 사회의 재형성과정을 항상 평가하고 그 결과에 따라 행위 및 제도설계와 집행계획도 바꾸어 나갔으며, 그의 집행성과도 계속적으로 모니터링하였다. 이것은 새마을운동정책을 성공적으로 수행해 나가고, 새마을사업을 지속적으로 발전시켜가기 위해서 끊임없이 새마을운동 정책을 재설계해 나갔으며, 이를 위해서 발전적 평가가 활용되었음을 의미한다.

실제로 새마을운동정책이 펼쳐지고 재설계가 이루어진 1970년에는 많은 새마을연구소들이 설립되어 새마을사업을 개선하기 위한 연구들이 수행되었고 수많은 연구결과물들이 발표되었다. 지난 1970년대 설립되어 운영된 새마을연구소는 서울대학교 새마을연구소를 비롯하여 총 44개 연구소에 달하였고(내무부, 1980b: 747-748), 1970년대 학술지에 발표되었거나 석박사학위 논문으로 발표된 새마을관련 연구논문들은 총 330여편에 달하였다(내무부, 1980b: 252-268). 이러한 사실들은 새마을운동 정책을 재설계 해나가는 것을 지원하기 위해서 그만큼 많은 평가연구들이 수행되었음을 말해준다.

새마을 운동에서는 공무원들에게 지역별 담당관(새마을담당 부군수 등)을 두고, 새마을운동의 성과를 지역별로 평가하여 발전상황에 대한 집행의 모니터링을 실시하였을 뿐 아니라, 새마을사업에 필요한 자재들을 예측하고 실시간(real time)으로 지원하도록 하였으며, 애로사항들을 즉각적으로 해결해주도록 하는 등 실시간 행정서비스제공을 우선적으로 실시하였다. 또한 전국 새마을지도자대회와 경제동향보고회의 등에서 우수새마을지도자들이 새마을 성공사례들을 발표하도록 하고, 애로사항도 건의하게 함으로써 성과의 모니터링과 아울러 그러한 정보들을 새마을정책의 시정을 위한 행동의 재설계에 반영하도록 하였다.

2. 새마을운동의 지속가능발전을 위한 지속가능성 평가의 활용

지속가능발전(sustainable development)을 위한 발전적 평가에 대해서 논의하기 위해서는 먼저 지속가능성이 무엇을 의미하는가를 정의하여야 한다.

지속가능성이란 용어는 여러 가지 의미로 사용되어 왔다. 예컨대 어떤 사업을 위한 자금이 지원되어 추진되었던 일들이 지원자금이 중단된 이후에도 그 흐름이 그대로 계속되면 그 사업은 지속가능성이 높다고 평가할 수 있다. 지속가능성은 때로는 어떤 사업을 추진하는 프로그램이나 그 프로그램을 집행하는 기관이 계속 존속할 수 있느냐의 여부를 나타내는 의미로도 사용된다. 그런가하면 지속가능성은 집행기관의 활동들의 계속성 여부뿐만 아니라, 사업의 집행대상들인 수혜자들이나 수혜집단, 그리고 더 큰 지역사회나 다른 잠재적인 지역사회들에 그 영향들을 계속 미치고, 그것을 반복(replicate)할 수 있는지 여부를 나타내는 의미로도 사용된다(Schröter, 2008: 218-219).

지속가능발전에 대한 정의는 지속가능발전운동으로부터 유래되었다. 지속가능발전운동은 주로 지구환경과 경제적 이슈들에 초점을 맞추었으나 이후에는 지속가능성을 사회변혁 이니셔티브의 인간(human) 및 사회적 차원과의 연계에 점차적으로 더 강조점을 두고 있다. 사회, 경제 및 환경적 측면은 지속가능발전의 기둥으로 간주되었다(United Nations, 2002).

이러한 의미에서 지속가능성은 인간, 사회, 경제 및 환경적 니즈들의 충족과 관련되어 있다. 이러한 지속가능성에 대한 개념을 토대로 해 볼 때 지속가능성 평가는 (1) 어떤 사회변혁정책이나 사업을 계속할 수 있는 역량(capacity)이라는 의미에서의 지속가능성에 대한 평가와 (2) 이러한 정책이나 사업 또는 운동 등이 환경의 제약하에서 인간, 사회, 경제에 대한 긍정적 영향들을 유지하거나 극대화할 수 있느냐 하는 의미의 지속가능성에 대한 평가로 정의할 수 있다(Schroeter, 2009: 4).

지속가능성평가에 대한 이러한 정의는 정책을 추진하는 주체가 아니라 사회변혁 정책을 집행하는 대상의 관점에서 보면, 정책평가의 대상들이 복잡하고 창발하고 있는 동태적인 조건들에 적응하는데에 대한 평가라 할 수 있는데, 이러한 정의는 발전적 평가와 상통한다. 발전적 평가는 평가대상자들의 주어진 맥락에서의 적응에 관한 것이기 때문이다(Patton, 2008: 141). 그리고 이러한 적응은 바로 진화적 지속가능성(evolutionary sustainability)과 서로 통한다. 그런데 이러한 적응은 특히 사회변혁운동에 적합한 생존조건들이다.

정책 재설계의 관점에서 보면 이러한 진화적 지속가능성은 새로운 사회만들기의 비전이 그 사회의 발전단계에 적합한 경우에는 행위 및 제도의 끊임없는 재설계에 의해서 이루어질 수 있지만, 만일 새로운 사회만들기의 비전이 그 사회의 발전단계에 적합하지 않은 경우에는 그 사회의 발전단계에 맞는 새로운 사회만들기의 비전, 즉 새로운 사회형성 비전이 제시되어야 한다는 것을 의미한다.

새마을운동은 이미 앞의 이니셔티브 갱신설계에서 본바와 같이 이니셔티브 갱신 평가설계를 통하여 행위 및 제도설계를 끊임없이 재설계함으로써 1970년대 제시된 사회형성비전을 성공적으로 이루어갈 수 있었다. 우리는 이러한 사실을 앞의 이니셔 티브 갱신 평가설계에 대한 기술을 통하여 구체적으로 확인할 수 있었다.

한편 1980년대 이후 우리나라는 급속하게 산업화되고, 도시화가 촉진되었으며, 국민소득은 빠르게 증가하였다. 특히 도시주민들과 농촌주민들 간의 소득수준은 1970년대 중반에는 비슷하였으나 그 후에는 점차로 그 격차가 크게 벌어졌다. 그러나 우리나라 정부는 이러한 사회변화에 대응하여 농촌마을들을 발전시킬 새로운 농촌사회재형성의 비전들을 제시하지 못하였다. 이에 따라 농촌 새마을운동은 영속되지 못하고, 오늘날 한국사회변혁운동으로서의 추동력을 상실하게 된 것이다.

V. 정책적 시사점

이 연구는 새마을운동정책을 정책설계의 사회의 재형성과 제도·행위설계라는 관점에서 분석하고, 발전적 평가가 정책의 재설계과정에서 어떻게 활용될 수 있는가 하는 것을 새마을사례를 중심으로 논의하였다. 이 연구를 통하여 발전적 평가가 정부의 사회변혁정책의 효율적인 재설계를 위하여 필수적으로 요구됨을 발견하였다.

이는 많은 사회혁신정책을 개발하고 집행하는 발전도상국가들에서 발전적 평가에 대한 더 많은 연구가 요구될 뿐 아니라, 정부의 사회혁신정책의 지속적 발전을 위하여 도입하여 활용할 필요성이 매우 높다는 것을 시사해준다.

이 연구를 통하여 발견한 중요한 사실은 발전적 평가에서는 전문가의 역할이 매우 중요하다는 것이다. 비조직화된 상황에서는 물론이고 복잡성 상황에서 우리는 전통적인 평가에서와 같은 체계적이며 정확한 자료들을 수집하는데 한계를 갖고 있기 때문에 관련분야의 능력있는 전문가들이 제한적으로 수집한 평가자료들을 해석하여 정책설계에 반영하여야 한다는 점이다. 이와 아울러 새마을운동의 재설계 과정을 통해서 볼 때 정책결정자들이나 고위정책관료들도 그들이 수집하여 가지고 있는 자료가 어떤 것이건, 전문가들과 더불어 그 자료들을 해석할 수 있는 역량(capacity)을 가지고 있었기 때문에 상황을 정확하게 판단하여 그 결과를 정책에 올바르게 반영할 수 있었으며, 새마을운동 정책설계를 계속 교정해 나갈 수 있게 됨으로써 더 많은 사회적 가치를 창조해 낼 수 있게 되었다는 것이다.

그러므로 고위정책관리자들이 수집한 평가자료들이 미흡할지라도 이것들을 적정하게 해석하여 정책설계에 적시에 적절하게 반영할 수 있는 역량이 매우 중요하며 그러한 역량을 구축하는데 정책평가의 과정활용(process use)의 초점을 맞추어 나가야할 것이다.

이 연구를 통하여 발견한 또 한가지 중요한 사실은 비록 새마을운동정책이 1970년대에는 성공적으로 추진되었으나, 1980년대부터는 사회형성에 대한 새로운 비전, 즉 1970년대 판의 '새마을만들기' 비전이 아니라, 1980년대 이후 우리나라가 급속하게 산업화가 추진됨으로써 농촌사회가 공동화되고 있는 추세를 반영하고, 또 농촌사회의 역할에 대한 사회의 기대가 크게 달라졌다는 한국사회의 변화된 현실을 반영하여 농촌사회가 다시 어떻게 변혁되어야 하는가 하는 새로운 '새마을만들기 비전'이 제시되지 못함으로써 새마을운동 정책이 지속가능발전에는 성공하지 못했다는 것이다.

앞으로 새마을운동정책의 연구는 2000년대 선진화 사회에 적절한 새로운 '새마을만들기' 비전을 제시함으로써 새마을운동정책의 지속가능발전을 도모함은 물론, 이를 통하여 한국사회가 더 한층 통합될 수 있고, 선진화된 사회로 도약할 수 있도록 하여야 할 것이다.

보 론

발전적 평가는 사회적 변혁이나 이를 위한 정부개입프로그램을 발전시킬 목적으로 실시한다(Mathison, 2005: 116; Patton, 2011: 20). 발전적 평가는 연구개발(R&D) 조직에 비유되며 평가적 관점(evaluative perspective)은 운영조직속에 내면화되고 통합되는 것이 특징이다(Patton, 2011: 20).

발전적 평가가 무엇인가를 이해하는 방법 중의 하나는 이미 잘 알려진 전통적인 평가와 발전적 평가를 대비하여 그 차이를 보는 접근방법이다. 다음 <표 2>는 전통적인 평가와 발전적 평가를 대비한 것이다. 물론 전통적인 평가도 여러 분야에서 다양한 목적과 방법으로 수행되고 있기 때문에 단정적으로 대비하기는 어려우나 전통적인 평가의 일반적인 접근방법들과 발전적 평가를 비교함으로써 발전적 평가가 무엇인가에 대한 많은 통찰력을 얻을 수 있고, 이해를 높일 수 있을 것이다.

전통적인 평가는 수행하는 프로그램의 중간, 또는 프로그램이 종료된 후에 실시하며, 형성적 평가 또는 총괄적 평가를 실시하는 것이 일반적이다. 여기서 중요한 것은 전통적 평가의 멘탈리티(mentality)는 모형 멘탈리티라는 것이다. 그렇기 때문에 프로그램이 제대로 작동하고 있는지 여부를 평가하기 위해서는 일정한 기간 동안 프로그램이 변화하지 않아야 한다는 것이다. 그래야 프로그램 수행 중간에서 형성적 평가를 하고, 종료된 후에는 총괄적 평가를 하며, 그 결과를 바탕으로 모형을 검증하고 다른 장소(site), 다른 조직 또는 다른 국가에서 그 프로그램을 복제(replicate)하여 사용할 수 있다고 전제하는 것이다. 즉 전통적 평가는 입증된 모형을 식별해내고 이것을 전파하는데 중점을 둔다. 그러므로 일종의 하향식 접근방법(top down approach)이다. 이에 비해서 발전적 평가는 사회혁신 프로그램이 제대로 잘 작동하고 있는지를 평가하여 수시로 프로그램을 재설계하는 과정활용(process use)과 적응적 관리를 위하

표 2 전통적 평가와 발전적 평가의 대비

전통적 평가	발전적 평가
• 모형의 테스트에 중점을 둔다.	• 혁신과 적응의 지원에 중점을 둔다.
• 성공과 실패에 관한 명확 판단을 내려준다.	• 실시간적으로 피드백을 제공하고, 학습을 시켜주며, 변화와 방향을 지원해주거나 확인시켜 준다.
• 사전에 설정한 목적에 비추어 성공도를 측정한다.	• 목적이 창발(emerge)하고 진화하는데 따라 새로운 성과측정방법들과 모니터링 메커니즘을 개발한다.
• 평가자는 외부에 속하고, 독립적이며, 객관적이다.	• 평가자는 평가적 사고방식을 일상업무에 가져오며, 조직의 목적들을 지원하는 팀의 구성원이고, 촉진자(facilitator)이며, 학습코치의 일부이다.
• 평가자는 무엇이 중요한가에 대한 그의 판단에 따라 평가설계를 결정하고, 평가를 통제한다.	• 평가자는 변화를 가져오려고 노력하는 사람들과 협력하여 그들의 철학과 조직에 맞게 평가과정을 설계한다.
• 선형적인 원인과 효과 논리모형에 기초하여 평가설계를 한다.	• 시스템 동태, 상호의존 및 창발하는(emergent) 상호연계(interconnection)를 포착할 수 있도록 평가를 설계한다.
• 시공간을 초월하여 일반화할 수 있는(generalizable) 발견을 하는 것을 목적으로 한다.	• 현재 진행중인 혁신을 이해할 특정한 맥락에 맞는(context–specific) 이해력을 북돋는 것을 목적으로 한다.
• 외부의 당국자들과 연구비 공여자들에 초점을 맞춘 책무성을 중시한다.	• 혁신가로서의 기본가치(fundamental value)와 약속(commitment) 및 학습에 대한 투철한 사명감에 중점을 둔 책무성을 중시한다.
• 통제를 하고, 실패에 대하여 누가 책임이 있는가를 따지기 위한 책무성을 중시한다.	• 통제가 부족하다는 것을 깨닫고, 무엇이 전개되고 있는가를 계속해서 알 수 있도록 한다. • 그렇게 함으로써 전략적으로 대응하도록 한다.
• 평가는 조직에 위임된 순응 기능이다.	• 평가는 리더십 기능이다. 즉, 현실을 검증하고, 결과에 초점을 맞추며, 학습지향적인 리더십이다.
• 평가가 실패에 대한 공포심을 불러 일으킨다.	• 평가가 학습에 대한 갈증을 채워준다.

자료: Patton(2010; 2011: 23~26)에 의거 작성

여 사용된다. 그러므로 상향적(bottom–up) 적응적 관리의 접근방법이라 할 수 있으며, 모형의 테스트보다는 입증된 원리들(proven principles)의 식별에 중점을 둔다 (Patton, 2011: 179–181).

참고문헌

강신택(1973), "새마을사업의 계획과 집행", 「행정논총」, 제11권 제2호, 서울대학교 행정대학원.

고건(2010), "한국의 새마을운동–그 성공요인과 이전 가능성", 새마을운동중앙회, 「새마을운동: 지난 40년 앞으로 40년」, 새마을운동 40주년 국제학술대회, 2010, 9월 30일, pp. 15–28.

김영모(2003), 「새마을운동연구」, 서울: 고헌출판사.

내무부, 「새마을운동 10년사」, 1980a.

_____, 「새마을운동 10년사(자료편)」, 1980b.

노화준(1986), "프로그램이론 현성으로서의 정책영향평가", 행정논총, 제24권 제1호, 서울대학교 행정대학원.

_____, (1988), "사회설계로서의 정책대안 개발", 행정논총, 제26권, 제2호, 서울대학교 행정대학원.

_____, (1989), "정책설계에 영향을 미치는 요인과 정책설계과정의 유형", 한국행정학보, 제23권 제1호, 한국행정학회.

_____, (2010), 「기획과 결정을 위한 정책분석론」, 서울: 박영사.

노화준·노유진(2010), "새마을 운동의 추진논리와 발전전략의 재음미: 사회·테크놀로지·생활환경시스템의 통합모형과 복잡적응적 시스템의 관점에서", 「사례와 현장 중심의 학제간 정책연구」, 2010 한국정책학회·정책분석평가학회 공동추계학술대회 발표논문집, 2010년 10월 15일. pp. 3–35.

새마을운동 중앙연수원, 「2007년도 새마을 국민교육 기본교재」, 2007.

_____, 「2008년도 새마을 국민교육 기본교재」, 2008.

신국조 역(1993), 「혼돈으로부터의 질서: 인간과 자연의 새로운 대화」(I. Prigogine, *Order out of Chaos*), 서울: 고려원미디어.

안해균(1973), "농촌발전정책에 대한 농민의 반응분석: 새마을 운동과 농민의 심리적 반응", 행정논총 제11권 제2호, 서울대학교 행정대학원, pp.43－58.

유병용·최봉대·오유석(2001), 「근대화 전략과 새마을운동」, 서울: 백산서당.

윤영수·채승병(2005), 「복잡계 개론」, 서울: 삼성경제연구소.

이한빈(1968), 「사회변동과 행정: 해방 후 한국행정의 발전논적 연구」, 서울: 박영사.

전상인(2010). "새마을운동의 직시와 재인식", 새마을운동중앙회, 「새마을운동: 지난 40년 앞으로 40년」, 새마을운동 40주년 국제학술대회, 2010, 9월 30일, pp. 49－64.

정갑진(2008). 「외국인들이 배우고 싶어하는 한국의 새마을 운동」, 서울: 케이빌더.

한도현(1999), "1960년대 농촌사회의 구조와 변화", 한국정신문화연구원 편, 「1960년대 사회변화연구: 1963－1970」, 서울: 백산서당, pp.99－146.

황인정(1980), 「한국의 종합농촌개발: 새마을운동의 평가와 전망」, 한국농촌경제연구원.

Carlsson, J., Eriksson－Baaz, M., Fallenius, A. M. and Lövgren, E.(1999), *Are Evaluations Useful?: Cases from Swedish Development Co－operation*, Stockholm: SIDA Development for Evaluation and Internal Audit.

Coghlan, Anne T., Preskill, Hallie and Catsambas, Tessie Tzavaras(2003), "An Overview of Appreciative Inquiry in Evaluation", *New Directions for Evaluation*, Vol.100, San Francisco: Jossey－Bass, pp.5－22.

Cooperrider, D, L., Whitney, D. and Stavros, J. M.(2003), *Appreciative Inquiry Handbook*, Bedford Heights, Ohio: Lakeshore Publishers.

Eoyang, G.(2002), *Conditions for Self－organizing in Human Systems*, Unpublished doc toral dissertation, Union Institute and University, Cincinnati, Ohio.

Fetterman, David E.(1966), "Empowerment Evaluation: An Introduction to Theory and Practice", in David M. Fetterman, Shakeh J. Kaftarian and Abraham Wandersman(eds.), *Empowerment Evaluation*, Thousand Oaks: SAGE Pubilications.

Holland, John H.(1998), *Emergence: From Chaos to Order*, New York: Basic Books.

Imas, L. G. M. and Rist, R.(2009), *The Road to Results: Designing and Conducting Effective Development Evaluations*, Washington, DC: World Bank.

Ingram, Helen M. and Schneider, Anne L.(2007), "A Social Construction Theory of

Policy Design", In *Theories of the Policy Process*, Paul Sabatier(ed.), Bellevue TN: Westview Press, pp.93－126.

Jun, Jong S. (2006), *The Social Construction of Public Administration*, Albany: State University of New York Press.

Park, Chung Hee(1979), *Saemaul: Korea's New Community Movement*, Seoul: Korea Textbook Co., ltd.

Patton, M. Q.(2008), Utilization Focused Evaluation: The New Century Text(4th ed.), Losangeles, CA: Sage.

Patton, Michael Quinn(2011), *Developmental Evaluation: Appling Complexity Concepts to Enhance Innovation and Use*, New York: The Guilford Press.

Peters, B. Guy(2010), 'Bringing the State Back In', *2010 International Conference: Good Governmence for National Development*, 17 June 2010, Seoul, Republic of Korea.

Preskill, Hallie and Catsambas, Tessie Tzavaras(2006), *Reframing Evaluation Through Appreciative Inquary*, Thousand Oaks: SAGE Publications.

Rogers, Patricia(1991), *The Logic of Properties*, Pittsburgh: RWS Publications.

＿＿＿＿＿＿(2008), "Using Program Theory to Evaluate complicated and Complex Aspects of Interventions", *New Directions of Evaluation*, vol, 14(1), SAGE Publications, pp. 29－48.

Schneider, Anne L. and Sidney, Mara(2009), "What is Next for Policy Design and Social Construction Theory?", The Policy Studies Journal, Vol.37, No.1, 2009, pp.103－118.

Schneider, Anne L. and Ingram, Helen(1997), *Policy Design for Democracy*, Lawrence, KS: University Press of Kansas.

＿＿＿＿＿＿＿＿＿＿, (eds.)(2005), *Deserving and Entitled: Social Construction and Public Policy*, Albany, NY: SUNY Press

Schröter, D.(2008), "The logic and methodology of Sustainability Evaluation: A Checkist Approach," In M. Ant, A. Hammer, & O. Löwenbein(Eds.), *Nachhaltinger Mehrwert von Evaluation [Sustained value－added via evaluation]*, Bielefeld, Germany: Bertelsmann.

Schroeter, Daniela(2009), *Sustainability Evaluation: Development and Validation of an Approach to Sustainability Evaluation*, Germany: Südwestdeutscher Verlay für Hochschulschriften Aktsengesellschaft & Co. KG.

Stacey, Ralph D.(2007), *Strategic Management and Organizational Dynamics: The Challenge of Complexity to Way of Thinking about Organizations*, New York: Prentice−Hall.

United Nations(2002), Report of the World Summit of Sustainable Development, Johanjnesberg, South Africa, Available at Http://www.unctad.org/en/docs/aconf199d/2ofc1−en.pdf.

W. K. Kellogg Foundation(2007), *Designing Initiative Evaluation: A Systems−Oriented Framework for Evaluating Social Change Efforts*, September 2007.

Waldrop, M. Mitchel(1992), *Complexity: The Emerging Science at the Edge of Order and Chaos*, New York: Simon & Schuster Paperbacks.

Watkins, J. and Mohr, B.(2001), *Appreciative Inquiry: Change at the Speed of Imagination*, San Francisco: Jossey−Bass.

▶ ▶ ▶논평

고길곤(서울대학교 행정대학원 교수)

1. 논문의 개요

노화준의 본 논문은 정책에 대한 이해를 바탕으로 정책설계가 어떻게 사회를 재구성하고 이러한 재구성 과정에서 발전적 평가(developmental evaluation)가 어떻게 활용되었는지를 설명하는 것을 목적으로 하고 있다. 일각에선 사회를 재구성한다는 의미를 정부가 사회공학(social engineering)을 통해 사회를 바꾸는 것으로 오해할 수 있다. 하지만 노화준이 견지하고 있는 정책의 관점은 '정부'에 초점을 맞추고 있는 것이 아니라, 복잡성과 동태성을 갖는 정부와 사회와의 '상호작용'에 초점을 맞추고 있다. 즉, 정부가 주도하여 사회를 재구성하는 것이 아니라 정부와 사회의 상호작용을 통해서 사회가 재구성된다는 관점이다. 본 논문의 특징은 저자가 정책의 복잡성과 동태성이라는 관점을 발전국가 단계의 대표적 정부주도의 정책이라 할 수 있는 새마을 운동에 적용했다는 점이다. 저자는 새마을 운동에 내재하고 있는 복잡성과 동태성에 주목하면서 그 이면에 있는 자기조직화의 과정을 발전적 평가 모형을 이용하여 분석하였다. 즉, 본 논문의 의의는 새마을 운동이 '정부주도의 사업'이라는 기존의 단순한 이해를 넘어서, 정부와 지역주민, 혁신가 등의 상호작용을 통해 새로운 형태의 질서를 창조하는 자기조직화의 과정으로 이해될 수 있음을 보였다는 것에 있다.

2. 정책관과 발전적 평가 개념

노화준의 정책관을 이해하면 본 논문을 이해하는데 큰 도움이 된다. 노화준은 정책이란 "어떤 한 사회분야에서 사회적 시스템·구조·문화·가치·규범·형태·물리적 환경 등을 어떻게 바꾸며, 또 어떠한 방향으로 바꾸고자 하는가 하는 정부의 개입의 의지와 수단들을 결정해 놓은 것, 부연하면, 정책이란 어떤 특정 상황에서 정부가 어떠한 사회를 어떻게 만들어가겠다고 하는 정부개입의 액션들(actions)을 권위있게 결정해 놓은 것"(노화준. 2007:7)으로 정의하고 있다. 노화준의 정책관은 정책이 근본적으로 사회와 정부의 상호작용을 가정한 상태에서, 행위·제도 설계적 성격과 사회구성적 성격을 갖는다는 것을 시사한다. 또한, 정책을 정태적인 과정이 아니라, 확실성과 합의수준이 낮은 비조직화된 과정들을 포함하는 매우 복잡한 동태적 과정으로 이해하고 있음을 알 수 있다.

그렇다면 이와 같이 복잡한 과정의 정책에 대한 평가설계는 어떻게 이루어져야 할 것인가? 안타깝게도 최근 우리나라의 정책평가 연구는 주로 정책효과 크기 측정 방법에 초점을 맞추고 있지만, 노화준은 지속적으로 평가설계의 중요성을 강조해왔다. 평가설계가 제대로 되지 않은 채 정책평가를 수행하게 되면, 정책의 복잡성을 간과한 채 정책의 지엽적인 측면만을 평가할 위험이 크기 때문이다. 노화준은 어떤 평가설계를 선택할 것인가의 문제는 결국 정책이 갖고 있는 특징에 따라 달라질 수밖에 없고, 그 특징은 변화에 대한 합의 수준과 행동 또는 결과에 대한 확실성의 정도에 따라 규정된다고 보았다. 노화준에 따르면 변화에 대한 합의와 결과에 대한 확실성이 높은 경우에 정책은 조직화된 동태 과정을 보일 가능성이 크며, 이러한 경우는 예측적 평가설계를 활용할 수 있다. 반면 합의와 결과에 대한 불확실성이 높은 경우에는 정책은 비조직화된 동태과정을 보일 수 있으며, 이러한 경우에는 탐색적 평가설계를 활용할 수 있다. 노화준은 이처럼 정책의 특성에 맞는 정책평가 설계를 제시하면서, 이러한 정책평가 설계는 궁극적으로 발전적 평가 개념과 연결할 수 있다고 보았다.

발전적 평가는 전통적 평가의 한계에 대한 문제의식에서 출발한다. 전통적 평가는 입증된 모형을 식별하고 모형에 기반한 정책을 평가하는 하향식의 논리를 갖고 있다. 이때 정책이나 프로그램은 일정기간 동안 변하지 않는다는 매우 강한 가정을 사용하게 된다. 하지만 정책을 동태적인 실체라고 가정한다면 정태적인 모형에 기반한 정책평가는 한계를 가질 수 밖에 없고 특히 정책의 복잡성을 제대로 평가할 수 있는 일반모형을 찾아내는 것은 쉬운 일이 아니다. 반면 발전적 평가는 "사회혁신 프로그램이 제대로 작동하고 있는지를 평가하여 수시로 프로그램을 재설계하는 과정활용(process use)과 적응적 관리를 위해 사용"(Ibid:4)하는 평가이다. 발전적 평가하에서는 평가에 사용된 모형이 맞는지를 검증하기보다 입증된 원리들의 식별에 초점을 맞춘다. 노화준은 전통적 평가와 발전적 평가를 대비시켜가면서 발전적 평가가 궁극적으로는 학습에 대한 갈증을 채우고, 진행 중인 혁신을 이해할 특정 맥락에 맞는 이해력을 높이는 것에 초점을 맞추고 있다는 점을 강조하고 있다(Ibid:3).

3. 새마을 운동의 발전적 평가의 관점에서의 재해석

발전적 평가의 관점에서 새마을 운동을 이해하기 위해서는 새마을 운동의 사회 구성적 성격을 이해할 필요가 있다. 노화준은 새마을 운동을 '살기좋은 사회 만들기' 운동으로 이해하면서 경제적 토대가 만들어진 1970년대 초에 국가발전을 위해서 국민들의 생활태도와 정신 운동의 필요성이 커짐에 따라 등장하였다고 보았다. 즉, 새마을 운동은 마을 주민, 새마을 사업 지도자, 행정관료 등이 함께 참여하면서 새로운 지역사회를 만들어가는 과정이었으며, 이 새로운 사회를 만들어가는 과정은 생활환경, 농업 생산기반시설, 그리고 근로윤리를 변화시키는 과정이었던 것이다.

새마을 운동의 과정은 국가 지도자에 의해 제시된 방향을 실현하기 위해 사회공학적 수단을 동원하여 정책을 집행하는 과정이 아니었다. 오히려 집행자인 공무원들과 농촌사회 구성원들이 함께 새로운 사회를 구성(construct)하는 과정이었다. 노화준은 새마을 운동의 초기에는 마을을 어떻게 변화시킬지에 대한 시각차이가 심했고, 주민과 공무원 간에 발전 방향에 대한 합의 수준이 낮았을 뿐 아니라 그들의 노력이 어떤 결과를 초래할지에 대한 확실성이 낮은 상태였다고 지적하였다. 이처럼 비조직화된 상태에서 새마을 운동 정신이 성공적으로 달성되는 마을이 등장하기 시작하였다. 성공적인 마을에서는 헌신적인 마을지도자들이 등장하고 이 지도자들이 마을 주민을 연결하면서 정책이 재설계되는 과정을 거쳤다는 특징이 있다. 이것은 새마을 운동이 집행과정에서 자체조직화의 단계를 거치고 있음을 보여준다. 이 자체조직화 과정에서 탐색적 정책평가는 새로운 동태적 변화를 초래하였는데, 예를 들면 새마을 운동을 진행하면서 지도자의 중요성을 발견하여 새로운 지도자 발굴과 육성을 위해 연수원을 만들기 시작한 것이나, 마을의 발전수준에 따라 기초마을, 자조마을, 자립마을로 계층화를 해나가는 것이 대표적이다. 이러한 과정을 거쳐 새마을 운동이 1970년대 중반에 접어들면서 어느 정도 궤도에 안착하였다. 즉, 어떤 상태를 달성해야 되는지에 대한 합의 수준이 높아지게 되었고, 산출 결과에 대해서도 어느 정도 정확히 예측할 수 있는 조직화된 상태에 도달한 것이다. 노화준은 이 단계에 이니셔티브 갱신 평가 설계와 같은 끊임없는 재설계 과정이 이루어지고, 진화적 지속가능성에 대한 탐색도 이루어졌다고 본다.

4. 논문이 주는 이론적 정책적 시사점

노화준은 전통적인 정책평가의 관점을 벗어나 복잡성과 동태성을 갖는 정책을 이해하기 위해서는 새로운 접근이 필요하다는 것을 지적하면서, 평가설계는 정책이 어떤 상태에 있는지를 먼저 확인한 다음에 이루어져야 한다는 점을 반복해서 강조하고 있다. 이때 활용할 수 있는 평가설계의 모형은 행위 및 제도 설계와 사회구성 간의 상호작용의 현상에 맞게 다양하게 탐색되어야 된다는 점을 지적하면서 이를 발전적 평가라는 틀에서 제시하고 있다. 이러한 노화준의 연구는 계량경제학적 정책평가가 점차 정책효과 측정에만 매몰되고 있는 근래의 상황을 고려한다면 큰 의미가 있다고 할 수 있다.

또한, 노화준은 새마을 운동이라는 과거의 정책을 하나의 평가틀을 가지고 바라보지 않고 정책의 동태적 변화를 고려한 평가설계 모형의 필요성을 지적하면서 실제 어떤 모형이 적절할지도 제시해주고 있다는 점에서 정책평가 관점에서의 새마을 운동 평가에 새로운 지평을 열어주었다고 할 수 있다.

다만 논문이라는 짧은 지면에 발전적 평가에 대한 개념을 자세하게 논의할 수 없었기 때문에 독자들이 발전적 평가설계를 새마을 운동에 어떻게 구체적으로 적용할 수 있을지 이해하기는 쉽지 않을 것이라는 점은 아쉬움으로 남는다. 이를 위해서는 노화준의 정책분석론 책과 관련 논문을 참고하면 많은 도움을 받을 수 있을 것으로 생각한다. 마지막으로 발전과 변화의 개념 구분이 아쉽다. '발전'이란 단어는 방향성과 지향성이 있다. 하지만 사회의 변화라는 것이 발전이 아닌 '변화'에 가깝다는 주장도 제기 될 수 있다. 복잡성 과학이나 다윈의 진화론에서 진화는 발전이 아니라 변화라고 보는 이유도 섣부른 목표지향성이나 결정론적 사고를 경계하기 때문이다. 정책의 목표지향성을 고려한다면 발전적 평가라는 용어가 적절하지만 정책의 사회구성적 성격과 자기조직화를 강조한다면 발전이라는 용어를 조심스럽게 사용할 필요가 있다.

정책사상의 정의(定義)에 관한 문제

정책사상의 정의(定義)에 관한 문제*

이해영(영남대학교 행정학과 교수)

∾ 프롤로그 ∾

1. 논문의 의의와 논점

　정책학의 기본 이론이고 핵심적인 내용인 정책사상(policy thought)의 정의에 관한 문제를 심층적으로 논의하면서, 정책사상을 '정책의 본질에 관한 철학적이고 이론적이며 체계적 사고'로 정의를 시도해 본 것이 본 논문의 의의이다. 사상연구는 각 학문의 핵심이다. 왜냐하면 각 학문의 사상을 이론적으로 체계화할 수 있는 고유의 사상 이론이나 방법론 또는 논쟁의 틀이 있어야 각 학문의 정체성(학문적이고 경계적이며 집단적인)을 확립할 수 있기 때문이다.

　특히 정책학은 여타의 사회과학에 비해서 학문의 역사가 일천하기 때문에 항상 정체성 문제가 제기된다. 더구나 정책사상에 관한 연구는 초보적인 수준이다. 소위 근대적 정책학을 탄생시킨 미국뿐만 아니라 전 세계적으로도 정책사상에 관한 연구는 미진하다. 뿐만 아니라 사상연구에 기본이 되어야 하는 정책사상사나 정책철학, 정책학사 등에 관한 연구나 논의도 시작의 수준이다. 이와 같은 학문발달의 특성과 현실에서, 하룻밤 강아지 범 무서운 줄 모르는 무식함과 용맹함으로 저자는 정책사상 연구를 시도해 보았다. 물론 아직까지 초보적이기 때문에 일반적 수준으로 정책사상을 정의한다는 것 자체가 모순이거나 불가능할 수 있다. 더욱이 경제학이나 정치학 등에서도 각 사상의 정의는 다양하면서도 연구자의 연구목적이나 정향에 따라서 조작적인 수준에서 진행되고 있다. 또한 행정학의 행정사상은 행정사상사와 구분되지 않을 정도이다.

　이와 같은 사상연구의 맥락적 환경에서 저자는 정책학이 이제 학문태동의

---

* 이 논문은 2017년 『정부학연구』 제23권 제3호에 게재된 글을 수정·보완한 것이다.

일세기 정도를 가늠해 보면서 정책사상은 정책철학이나 정책사상사, 정책학사 등과의 접근방법이나 이론 또는 연구의 패러다임 등을 구분한다는 것을 밝히면서, 정책사상을 감히 정의하여 정책학계에 정책사상 연구의 시작을 알려야 한다는 학문적 동기와 의의에서 본 연구를 진행하였다.

2. 미래의 연구과제와 가능성

정책사상 연구는 시작에 불과하다. 따라서 현재의 연구도 불분명하고 불완전하면서, 미래의 정책사상 연구의 과제와 그의 가능성을 진단하거나 제안하는 것이 위험하거나 잘못될 수 있다. 그럼에도 불구하고 저자는 사상연구에의 관심과 주의를 가질 수 있는 정책 및 행정학계의 후속세대를 발굴하거나 또는 그들에게 사상연구가 정책학의 존재의 가치와 목적에 제일차적인 주요 연구라는 것을 알린다는 의미에서 미래의 연구정향이나 과제 등을 몇 가지로 이야기해 볼 수 있다.

첫째, 정책사상의 정의에서 보듯이 모든 학문의 사상연구의 가장 중요한 주제어는 인간이다. 따라서 정책사상에서 '인간이란 무엇인가' 하는 과제가 주요한 연구주제로 등장해야 될 것으로 보인다. 예를 들면 정치사상을 '인간의 정치적 삶에 관한.....' 등으로 인간을 중심주제어로 설정하고 있지만 정치사상에서 인간을 이해하는 연구는 희박하다. 물론 정치신학 등에서 인간을 논의하고 있지만, 신학적 인간학이지 정치학적 인간학이 아니다. 특히 정책주재자이면서도 동시에 정책의 일차적이고 광범위한 대상자인 정책인을 정책사상이 설명할 수 있는 연구패러다임이나 이론이 필요하다. 나아가 인공지능으로 대표되는 포스트휴머니즘에서 인간과 비인간 등과의 정책행위의 관계성 등도 정책사상의 미래의 연구과제로 등장하고 있다.

둘째, 정책사상의 또 다른 키워드는 국가이다. 국가의 통치행위가 정책행위나 판단작용으로 현실적으로 진행되고 있다. 이때 국가의 정책행위를 설명하는 철학적인 사상체계를 정책사상은 피할 수 없을 것이다. 물론 국가학 등에서 국가를 설명하고 있지만 제도주의나 기능주의 중심이다. 동시에 철학이나 윤리학 등에서도 국가를 설명하지만 정책주체로서의 국가가 아닌, 존재론적이고 당위적인 국가이론으로 제한되고 있다. 동시에 국가와 한시적인 조직인

정부를 구분해서, 일시적이고 당파적인 정부의 정책활동이 국가의 헌법적이
고 존재적인 정당성을 담보하는 정책활동으로 이해되거나 설명되어서는 안된
다는 사실 등을 사상적으로 분명히 설명할 수 있는 국가주의 연구가 필요해
지고 있다.

셋째, 정책사상 연구의 기초이론으로 정책철학, 정책학사, 정책사상사 등에
관한 연구도 미래의 주요 과제로 등장하고 있다. 아직까지 정책학계나 행정학
계 등에서는 이와 같은 내용의 연구가 역시 시작의 단계에 있다. 특히 정책사
상사나 정책학사의 연구는 정책학의 존재의 문제와 직결되는 이론이고 담론
이기 때문에 미래의 연구과제로 확장되어야 할 것이다.

넷째, 사회과학의 타 학문분야인 국가간 또는 학제간의 비교연구가 또 하
나의 정책사상의 미래의 과제로 등장하고 있다. 특히 정책학은 그의 학문적
정체성이 허약하다. 미국 중심의 정책학을 제외하면 집단적 정체성이 확실하
다고 주장하기 어렵다. 더욱이 사상연구는 이념이나 종교 등에 의한 문화적이
고 생태적인 변수에 영향을 받고 있다. 그리고 정책학자나 정책인(물론 정치
인도 포함)의 사상, 구체적으로 그들의 정책사상을 연구한다면 여타 학문분야
의 사상이나 사상사 연구, 각 국가의 사상연구, 학제간 공통적인 사상연구 등
의 주제를 정책학의 고유한 학문영역으로 가져올 수 있는 연구내용과 정향
등이 미래의 연구과제로 등장하고 있다.

I. 서 론

정책사상은 정책의 본질에 관한 철학적이고 이론적인 사고이며 이것을 정책이론
으로 체계화하는 정책학의 지적인 근간이라고 할 수 있다. 즉 정책사상을 정책의 본
질에 관한 사고체계로 요약해 볼 수 있다.

그럼에도 불구하고 정책사상을 연구하고 설명하기 위한 수준 정도에서나마 그것
을 정의하는 것이 그리 간단할 것 같지 않다. 왜냐하면 정책학의 학문적 역사가 아직
까지 일천하여 정책사상에 관한 연구 자체가 희박할 뿐만 아니라 정책사상을 연구하
고 정리할 수 있을 정도로 정책학의 이론이나 방법론 자체가 성숙된 단계가 아니기
때문이다. 더구나 인근 학문분야인 정치학이나 경제학, 법학 심지어 행정학 등의 사

상연구와 비교한다는 그 자체가 불가능할 정도로 정책사상 연구나 논쟁은 정책학계에서 여명의 단계에 불과하다. 특히 인근 학문분야의 사상연구에서도 가장 난제로 꼽히고 있는 사상의 정의 문제를 정책사상 연구에서는 시도할 여력조차 약하다고 하는 것이 솔직한 고백일 것이다.

이와 같은 학문적이고 선행연구적 차원에서 볼 때 본고의 정책사상의 연구, 특히 정책사상의 정의에 관한 문제를 논의해 보고자 하는 그 자체가 어리석은, 섣부른 도전일 수 있다. 동시에 학문적으로 정책사상을 정의하는 것 차제가 아직까지 불가할 수 있기도 하다. 왜냐하면 다양하고 수많은 정책사상에 관한 연구들이 축적되고 체계화되면서 정책사상을 정의하는 것이 보다 일반적인 정의수준에 다가갈 수 있기 때문이다.

이와 같은 학문적인 어려움과 현실적인 제약이 있음에도 불구하고 본 연구가 정책사상을 정의해 보고자 하는 것은, 정책학이 보다 성숙된 하나의 사회과학으로서의 학문적 정체성과 위상을 가지지 위해서 사상연구가 필요하다는 대전제 앞에 서있기 때문이다. 특히 정책사상 연구를 진행하기 위해서는 꼭 필요한 선행과제로서 정책사상을, 연구자의 학문적 정향에 의존하는 것이지만, 정의해야 할 필요성이 크기 때문이다. 또한 정책사상의 정의를 정책학계나 기타 인근 학문분야의 사상연구에 소개하면서 정책사상을 포함한 사상연구에 정책사상의 정의에 관한 것도 문제되고 있다는 것을 알리고자 하는 연구의 잠정적인 목적도 있다.

선행연구의 고찰에서 정리하겠지만 사상연구에서 가장 문제되면서도 그리고 치명적인 약점이기도 하지만, 선행적인 필수조건으로 사상을 각 학문분야에서 정의하는 일이다. 적어도 연구자의 연구수준과 정향에 따라서 사상을 정의한 이후에 사상이나 사상사 또는 기존연구자의 사상 등을 설명해야 한다는 사실이다. 그래서 각 분야의 연구에서 사상 정의는 피할 수 없는 연구자의 숙명이라고 할 수 있다.

본 연구는 정책사상을 국가주의의 정책사상을 시발점으로 하여 국가의 정책우월과 독점적인 정책권한에 의한 선도주의, 균형주의, 현실주의, 물아주의 등과 같은 일련의 정책사상의 체계를 수립하고 정립하기 위한 범위와 수준에 한정되는 그리고 이와 같은 정책사상을 연구하기 위한 연구의 이정표이고 패러다임 역할을 할 수 있는 범위에서 정책사상을 정의해 볼 것이다.

본고의 정책사상의 정의는 정책학계 뿐만 아니라 인근 학문분야의 사상연구에 통용될 수 있는 일반적인 수준이 아니라 선험적이고 도전적인 입장에서, 조작적 수준의 정의에 불과하다는 것이다. 이와 같은 도전적인 입장의 사상의 정의가 다양해지면 앞으로 보다 일반적인 수준으로 정책사상을 정의할 수 있을 것으로 기대하지만 현재의 수준에서는 '정책사상이란 무엇인가'하는 문제의 제기정도에 불과할 수 있을 것이다. 그래서 본고의 제목을 '정의에 관한 문제'라고 명칭한 것이다.

무릇 학문분야의 사상을 일반적으로 통용될 수준으로 정의하기는 어렵다. 동시에 사상연구에 관련된 총섭적 내용을 함축할 수 있도록 사상을 정의하기 어려운 것도 사실이다. 그래서 여기서도 정책사상을 정의해 보겠지만 어디까지나 필자가 국가주의를 시작으로 하는 정책사상을 발견하고 제안하며 설명하기 위한 선행과제로서, 필수적으로 정책사상을 정의한 것에 불과하다는 것을 재차 밝히고자 한다. 그렇다고 사상을 정의할 필요가 없다는 것은 아니다. 어디까지나 연구자나 설명자의 일관적인 정향과 진단의 패러다임에 따라서 그에 필요한 범위와 한계를 설정하면서, 학문적으로 설명하고 이론적으로 체계화할 수 있는 자신의 능력과 정향에 기초해서 사상을 정의할 수 있으면 될 것이다. 이와 같은 다양한 정의가 풍성해지고 학문적으로 더욱 더 정밀하고 치밀해지면서 사상연구는 발달하면서 학문의 역사는 깊어질 수 있을 것이다.

II. 선행연구의 고찰

정책사상 연구나 이해의 정도는 아직까지 초보적인 수준이다. 그 이유는 간단하다. 정책학이 학문적인 체계를 갖추기 시작한 시기가 1970년대이기 때문이다. 특히 Harold Lasswell이 정책학, 보다 정확하게는 정책과학의 개념과 방법론, 연구내용과 지식을 발견하고 축적하는 정향 등을 체계적으로 제시한 것이 불과 50－60년전이기 때문이다. 따라서 정치학이나 경제학, 법학 등과 같은 오랜 학문적 역사를 가진 인근 학문의 사상연구와 정책사상을 비교한다는 것 자체가 불가능할 것이다.

더구나 정책학의 발달초기인 지난 50－60년 동안의 정책의 사상연구는 희박하다. 예를 들면 일반적으로 정책학의 효시로 알려진 1951년의 Lasswell의 "정책정향"에서도 정책사상이라는 용어나 내용은 없다. 마찬가지로 1971년에 그의 정책학을 체계화는 《정책과학서설》에서도 정책사상이나 철학에 관한 것은 없다.

이와 동시에 1970년에 창간된 정책학 최초의 전문학술인 《정책과학》에서도 정책사상에 관한 논문이나 글을 찾을 수 없다.[1] 마찬가지로 한국의 정책학을 대표하는 한국정책학회가 발행하는 《한국정책학회보》를 포함하는 학술지에서도 정책사상에 관

---

1) 검색어(policy thought, policy thinking, policy philosophy)로 학술지, 《정책과학》(*Policy Sciences*)의 1970년(1권 1호)부터 2017(50권 1호)년까지 검색한 결과이다(http://web.b.ebscohost.com. 검색일: 2017년 3월 10일).

한 연구를 찾기 어렵다.

그러나 정책사상의 선행연구를 검토하면서 알 수 있는 하나의 사실로, 미국정책학의 창시자인 Lasswell이 정책학의 사상이나 체계 등을 고민하고 정리한 것을 발견할 수 있다. 물론 그가 정책학의 학문적 체계를 세우기 시작한 초기인 1950－70년대에, 왜 정책사상을 제안하고 발표했는가 하는 이유는 분명하지 아니하지만 그의 사후에 발표된《자유로운 사회를 위한 법리》의 제2권 제3편에서 정책사상(policy thinking'으로 표기했다)[2]을 광범위하게 정리하고 발표하였다.

그럼에도 불구하고 Lasswell이 분명하게 정책사상을 정의하지는 아니했다. 단지 그가 중요하고도 심각하게 생각한 인간의 존엄성을 전 지구적인 목적과 목표로 정책학이 추구하는 이상이고 이념이며 존재의 가치라고 보면서 이것을 가치체계로 구체화하고 분류하면서 정책사상으로 설명하였다(Lasswell and McDougal, 1992: 727~732). 따라서 민주주의, 인간의 존엄성 등을 사상이 아니라 사상이 추구하는 목적이고 존재의 가치로 본 것이다. 즉 이와 같은 가치체계를 복리(개인의 생명과 자유와 안전의 권리), 애정(가정과 따뜻한 동지를 구성할 권리), 존경(모든 인간에 대한 존경과 존중), 힘(정부에 참여하고 법 앞에 평등할 권리), 부(사유재산권과 행복추구권), 계몽(표현과 생각 의 자유를 추구할 권리), 기술(일할 권리, 직업을 가질 권리), 청렴(사상, 양심, 종교의 자유) 등으로 제시한 것은 잘 알려져 있다.

Lasswell 이외에 지금까지 정책사상이라는 용어를 사용한 유일한 연구로, 1970년 초에 발표된 Richard Merelman의 청소년들의 정치에 관한 사상(그는 이것을 정책사상이라고 했다)의 제안이다. 그에 의하면(1971; 1973) 정책사상은 정치학에서 찾을 수 없는 용어이며 심지어 정치사상에서도 연구되지 못한 분야이다. 그래서 그는 청소년들이 정치문제에 관해서 그들이 생각하고 선호하는 것이 어떻게 형성되었고, 그것이 어떻게 평가되고 있는가 하는 것을 조사하기 위하여 정책사상을 제안하였다. 즉 도덕적 사고, 인과관계 사고, 창조적 사고, 조직이나 기관의 소속과 관행에 따른 사회화된 사고 등으로 정책사상을 구성하면서 이것을 현실적으로 측정할 수 있는 다양한 변수들을 조작하기도 했다. 그러나 그도 정책사상을 정의하지는 아니했다.

정책사상의 정의와 관련하여 인근 학문분야에서 사상 정의를 간단히 검토할 필요도 있다. 예를 들면 교육사상을 "인간이 교육에 관해 지니고 있는 생각의 총체"(이원호, 1997: 16)라고 정의한 것이나, 정치사상을 "인간관, 자연관, 신관의 정치적인 상

---

2) Lasswell이 정책사상을 'policy thinking'으로 표기한 정확한 이유는 알 수 없지만 아마도 아직까지 정책학의 초기단계에서 사상을 '사고하기(thinking)' 정도로 겸손하게 표현한 것으로 보인다.

관관계를 인간의 입장에서 논리적으로 전개한 일련의 학적 체계"(김한식, 2004: 60) 또는 "정치에 관한 담론으로 개념화 할 수 있다"(강정인, 2007: 11)는 정의 등을 들 수 있다. 그리고 행정사상을 "행정에 관한 철학, 이념 및 기본이론 등을 포함하는 규범적인 생각"(강신택, 2013: vi) 또는 "사람들이 행정에 대하여 갖는 견해나 관점 혹은 이론(윤재풍, 2005: 1) 등으로 정의한 것을 찾을 수 있다. 경제사상을 "경제적 가치와 자원배분에 관한 가치의 진술이고 그의 중요성을 강조하는 것"(Grampp, 1965: 128)으로 정의하거나 법사상을 "법이라든가 정의, 권리 등 법적 사실에 대해서 사람들이 품고 있는 관념 내지 의식을 말한다"(박병호, 1979: 3)라고 하는 정의 등을 찾을 수 있다.

인근 학문분야의 사상의 정의를 이와 같이 정리하면서 사상연구 특히 정의(定義)에 관련된 공통적인 현상을 네 가지로 요약할 수 있다.

첫째, 사상연구는 각 학문분야에 따라서 복잡하고 다양하다. 동시에 각 학문에서도 사상연구는 연구자의 학문적 정향이나 학문 발달의 정도나 특성 등에 따라서 다양하다. 그렇다고 해서 부정적인 것은 아니다. 각 학문분야의 학문적 특성과 연구자의 연구정향과 가치판단 등에 따라서 다양하고도 복잡하지만 사상연구의 패러다임에서 보면, 사상을 철학적이고 사변적이며 이념적이라고 하는 정의를 첫 번째의 공통적인 현상으로 지적할 수 있다.

둘째, 어느 학문분야에 관계없이 한국의 사상연구는 서구 중심의 사상연구의 모형이나 패러다임을 전형으로 하고 있다. 따라서 한국의 사상연구, 즉 한국정치사상, 한국종교사상, 한국교육사상 등과 같은 독자적이고 독립적인 개념의 정의나 방법, 이론 등이 상당히 부족하다는 점 등을 이구동성으로 지적하고 있다는 사실을 두 번째의 공통점으로 발견할 수 있다.

지역이나 국가를 중심으로, 즉 기준으로 하는 사상연구가 많다. 특히 학문발달이 깊어지고 성숙할수록 더욱 그러하다. 한국정치사사상, 동양정치사상, 동양종교사상, 한국종교사상 등이 이와 같다. 그러나 사상연구가 한국만의 특징을 밝히고 설명하기도 한다. 그러나 본질적으로 사상은 각 학문분야의 학문적 정체성을 설명하고 지탱하는 기본 골격이기 때문에 사상연구는 학문의 현실적 정당성과 그 가치를 설명하는 각 학문분야의 기초이론으로 자리잡고 있음을 알 수 있다.

셋째, 사상을 정의하는 기준이나 준거 틀로서 개인(사상가)을 설명하는 경우에도 각자의 학문적 정향이나 연구자의 연구정향에 따라서 다양하게 설명하거나 정의하고 있다는 사실이다. 특히 학문적 특성과 성향에 맞추어 인물의 사상을 해석하거나 정리하는 경우가 많다고 할 수 있다.[3]

넷째, 각 학문 분야의 사상연구에서, 다양한 학문분야의 특성을 나타내는 수식어만 차이가 있을 뿐 '학문의 본질적 속성을 찾고 설명한다'고 하는 것으로 사상을 정의하고 있음을 발견할 수 있다. 본고에서 '정책의 본질에 관한 철학적이고 이론적 사고이며 이것을 체계적으로 사고한 것이다'라고 정의한 것도 마찬가지로 이와 같이 비판할 수 있다. 여기서 '정책의 본질에 관한'이라는 문구를 제외한다면 일반적으로 사상을 철학적이고 이론적인 사고이며 이에 관한 체계화된 사고라고 하는 정의를 어느 학문분야의 사상 정의에도 적용시켜 볼 수 있을 것이다.

그러나 정책사상을 이와 같이 정의하고 논쟁하는 것은 여타 학문분야의 사상정의와 대동소이, 보다 정확하게는 일반적일 수도 있을 것이다. 왜냐하면 연구하고 설명하는 대상인 학문분야가 다를 뿐이지 사상을 설명하고 연구하는 것은 동일하기 때문일 것이다. 그럼에도 불구하고 연구자의 연구정향과 패러다임이 다양할 수 있다. 때문에 그 다양성에 따라서 각 학문영역에서 사상의 정의는 다양하고 복잡할 수 있다는 것은 또한 사실이다.

Ⅲ. 조작적 수준에서 정책사상의 정의

1. 철학적 사고

정책사상을 먼저 정책의 본질을 철학적으로 사고하고 설명하는 것으로 정의해 볼 수 있다. 철학적 사고란 지식이나 이론이 발생된 사상적인 근원을 밝히는 것이다. 즉 정책사상은 정책의 이론과 지식 및 정책에 관한 철학적인 사고라고 할 수 있다. 이와 같은 정의에서 개념적으로 철학과 사고 또는 사상 등의 용어를 동시에 사용하면서 철학과 사상의 구분에 관한 상당한 의문점이 제기될 수 있다.[4] 그러나 여기서는

---

3) 대표적인 예로서 동서양을 막론하고 가장 많은 사상연구의 인간 개인으로 등장하는 것이 공자이다. 공자에 관한 사상은 공자의 기본적인 사상을 공자사상이라고 시작하면서 그의 철학사상에서부터 시작해서 음악이나 체육사상에 이르기까지 매우 다양하고 풍부하다는 사실이다. 특히 서양에서는 공자 개인의 정치나 철학사상(Confucius' Thought)과 공자를 중심으로 하는 유교사상(Confucian Thought, Confucianism)을 구별하지 않고 공자의 사상을 연구하는 경향이 특징적이다(Hutton, 2006: 37~58; Yang, 2016: 354~374). 그러나 공자의 사상을 이와 같이 다양하게 구분하는 기준이나 또는 그의 사상을 정의한 것을 찾기 어렵다. 즉 공자의 정치사상과 행정사상 또는 그의 법사상을 구별하는 기준은 무엇이며, 이와 같은 사상을 어떻게 정의할 것인가 하는 점 등은 밝혀지지 않고 있다. 한국의 경우에 정약용의 사상에 관한 연구도 유행하고 있다. 그의 정치사상에서부터 시작해서 행정사상, 경제사상, 교육과 인성, 종교사상, 행정사상(특히 행정개혁, 인사, 지방, 도시 행정, 공직윤리 등), 법치사상, 도덕철학사상 등 전 분야에 걸쳐서 논의되고 있다. 특히 《다산학》이라는 학술지가 다산학술문화재단에서 발행될 정도로 그의 사상연구가 다양하다.

철학적 사고란 사상의 근원과 형성 및 특성 등을 보편적 지식체계와 원리 및 이념 등으로 탐구하고 설명하는 것으로 일단 이해하고자 한다. 철학적 사고는 방법론적으로 과학적 사고에 반대적인 입장이라고 할 수 있다. 그럼에도 불구하고 철학적 사고의 한 방법론으로 사상 또는 사고실험을 반대하지는 아니한다. 즉 종합적이고 선험적인 관점에서 다양한 모습의 이론과 지식을 발견하고 정립하기 위한 정신분야의 지식탐구의 한 방법론으로 사고실험 등을 이용할 수 있을 것이다(박우석·김혜련, 1992: 305~329; Brown, 2010: 1; Pressley, 2011: 550~551).

정책사상은 '정책학'이란 무엇인가 하는 것을 철학적으로 설명하는 것이라고 했다. 즉 정책학은 정책에 관한 지식과 이론을 학문적인 패러다임으로 체계화시킨 것이다. 따라서 정책학이란 무엇인가 하는 것을 이해하기 위해서는 필연적으로 '정책'이란 무엇인가 하는 질문을 철학적으로 우선 설명하고 대답해야 할 것이다(김형렬, 2003: 1; 박정택, 2007: 2; Dimock, 1958: 1; Conroy 외 2인, 2008: 171-173; Hale, 2011: 215~218).5)

정책이란 정치적 의사결정의 산물이고 책략이다. 정책의 어의에서도 분명하듯이, 정책은 정치라고 할 수 있다.6) 사실 정책이라는 용어가 학문적이고 현실적으로 널리 사

---

4) 철학과 사상을 학술적이거나 어의적 또는 일상생활에서 분명하게 구별하기 어렵다. 먼저 철학(philosophy)을 일반적으로 지혜의 사랑이라고 알고 있지만 이때의 지혜는 인간의 존재나 가치 및 인식에 관한 지식이나 이론의 통찰력을 뜻한다. 그러나 단순히 지식과 이론을 좋아하고 사랑한다는 의미는 아닐 것이다. 따라서 인간의 존재와 가치나 인식을 인간만이 아닌 존재하는 모든 사물과 환경 등의 통찰력을 가진 지식, 즉 지혜도 철학이라고 할 수 있을 것이다. 그래서 철학은 어느 학문분야의 사상이 아니라 지혜를 추구하고 이것을 널리 알리고 숙성시키는 활동이나 분야라고 하는 것이 좀 더 본질적으로 철학을 이해할 수 있을 것이다. 반면에 사상(thought)을, 철학에서 공부하고 축적된 지식이 논리적이고 일관적인 체계로 정리되고 정렬된 것으로 이해할 수 있다. 이와 같은 맥락에서 사상은 철학을 포함하는 광의의 개념이라고 할 수 있다.
5) 정책을 철학적으로 설명한다 또는 탐구한다는 것을 김형렬은 "정책은 철학이다"(2003: 1); 박정택은 "공공활동의 본질적 사유와 규범사유를 "철학하기"라고도 했다(2007: 2). 또한 초기의 정치학자인 Marshall Dimock은 "행정은 철학이다"(1958: 1)라고 했다. 이때의 철학이나 철학하기 등을 학문분과의 철학이 아니라 철학적 사고와 사유의 집합(사상)으로 이해한 것이다. 즉 정책이나 정치 또는 행정의 본질에 관한 근원적인 질문을 사유하고 이것을 이론적인 맥락으로 체계화시킨다면 이것이 각 학문분야의 사상이고 철학이 될 수 있을 것으로 주장하면서 철학을 이해한 것이라고 할 수 있다.
6) 정책과 정치를 동의어(同義語)로 사용할 수 있다는 의미는 아니다. 본질적 속성에서 볼 때 정책은 정치적인 정당성과 합법성을 가진 국가의 공식적인 통치작용이다. 이와 같은 통치작용은 정치이기 때문에 정책은 정치라고 한 것이다. 물론 정치는 정책보다 상위개념이지만 정치적 통치행위의 과정이고 결과로서 최종적으로 시민에 의하여 수용되고 허용되는 것을 정책으로 이해한다면 정책을 정치라고 할 수 있다는 뜻이다. 사실 정치나 정책의 개념이나 의미 등을 어떻게 이해하고 설명할 것인가 하는 것이 정책사상의 출발점이라고 할 수 있다. 왜냐하면 정책학에서 정치와 정책과의 관계, 즉 정치가 정책의 운명을 결정하는가, 아니면 정책이 정치를 결정

용되기 이전에는 정치와 정책을 구별하지 아니했다. 정치적인 의사결정의 과정이나 결과산물을 정치과정이나 정치제도 등으로 설명하면서 지금과 같이 정책, 즉 정치적 책략으로 분명히 구별하지 아니했던 것은 사실이다(Parsons, 1995: 13~15; Dunn, 2008: 34).

정책사상이 정책이란 무엇인가 하는 것을 밝히고 설명하면서 정책학을 이해하고자 한다면 사실 정책학과 정책사상을 구별하기 어려울 수도 있다. 그래서 정책사상은 정책(학)이란 무엇인가에 관한 보다 근원적인 질문, 즉 철학적인 질문에 우선적인 초점을 두고 있다. 따라서 일반적으로 정책(학)이란 무엇인가 하는 교과서적인 설명이나 정책학사적인 설명보다는 철학적인 사고, 즉 정책이 정치적 책략이기 때문에 필연적으로 의문을 가지게 되는 정책의 주체는 누구이며, 정책은 과연 필요한가, 정책은 정당하고도 적절한가, 정책을 존중하고 준수해야 하는가, 정책은 어떤 이익이나 부담을 발생시키는가 하는, 정책의 본질을 이해하고 설명하는 것이 정책사상에서 우선적일 것이다.

이와 같은 정책에 관한 본질적 질문에 가장 먼저 대답해야 하는 것이 정치적 책략이고 결정인 정책의 주체일 것이다. 정책의 주체, 즉 정치를 담당하고 결정하는 것은 사적인 이해관계나 이익을 중심으로 하는 개인이나 단체 또는 집단은 아닐 것이다[7]. 물론 정치적 이해관계를 중심으로 하는 정당이나 조직이 결정하는 의사결정인 정강도 정치적 의사결정이 될 수 있다. 그러나 이것은 공적인 이해관계가 아닌 사적인 영역의 일이다. 공공의 이해관계를 중심으로 하고 있는 정강은 아직까지 정치적 의사결정의 결과산물인 정책으로 수용되기 이전의 수준이다. 즉 정치적 책략의 자격을 얻으려면 정치적인 정당성을 먼저 가져야 한다. 정치적 정당성이란 일반적으로 정책에 영향을 받게 되는 시민들이 직접적이거나 간접적으로 정책을 결정하고 시행할 수 있는 권한을 정치적이고 법률적으로 부여하는 것이다. 이와 같은 정치적 정당성에 관한 것을 민주주의의 기능과 작용으로 설명할 수 있다. 이에 반하여 법률적 정당성은 법치주의의 몫일 것이다.

정치적 정당성을 가진 정책이라고 하더라도 실질적으로 정책을 결정하고 시행할 수 있는 정책의 정당성을 가질 수 있어야 명실상부한 정책이 될 수 있을 것이다. 즉 일반적으로 정책의 대상자이고 객체인 시민들이 정책을 믿고 준수하고 따르며 지지할 수 있어야 정책은 정책다울 수 있다. 누구를 위한 정책이며, 이것이 과연 정치적

하는가 하는 현실적이고도 철학적인 논쟁이 정책사상의 주요 내용이 되고 있기 때문이다.

7) 정책학을 탄생시킨 Lasswell은 '정책'을 공사(公私)를 구별하지 않는 단어로 보았다. 즉 정부정책이나 기업정책, 개인의 정책 등으로도 정책의 용어를 사용할 수 있다고 했다(1951: 5; 1971: 2). 그러나 정책학의 이론과 지식이 계속 발전하면서 정책은 공공의 영역, 즉 정부의 활동이나 국가의 통치작용을 일컫는 용어로 정착되었다고 할 수 있다.

이고 법률적으로 정당하며, 이것이 공공의 이해관계를 위하여 꼭 필요한가 하는 것에 대하여 개인들의 이해관계에 기반을 둔 시민들이 믿고 따를 수 있는 정책이 될 때, 이것을 정책의 정당성이라고 할 수 있다.

이와 같은 정책의 본질에 관한 간단한 설명에서도 알 수 있듯이 정책의 정치적이고 법률적이며 정책적인 정당성의 주체는 국가(state)8)라는 사실이다. 여기서 정책에 관한 철학적 사고의 하나의 사상이 출현하게 된다. 즉 국가를 중심으로(국가중심주의), 국가가 독점적으로(국가독점주의), 국가가 개인의 판단과 결정보다 우수하거나 우월하다는 입장에서(국가우월주의), 개인의 의사결정과 판단에 개입하는(국가개입주의) 국가주의(statism)가 정책사상의 원천이고 시발점이며 초석이라는 것을 알 수 있게 된다. 즉 정책은 핵심적인 주체는 공공의 이해관계를 민주적인 절차와 과정에서 그의 정당성(legitimacy)을 획득하여, 실질적으로 정책의 내용과 과정이 정당한 것으로 (justification) 수용되고 허용되며 접수되는 수준을 유지하고 관리할 수 있어야 할 것이다. 이것이 국가라는 사실에서 국가주의를 정책의 시작으로, 즉 정책의 철학적 사고인 정책사상의 출발점으로 본 것이다.

정책의 본질은 국가주의이기 때문에 국가의 공적인 이해관계인 국정과제를 제안하고 결정하며 실천하는 일들이 현실적인 정책의 활동일 것이다. 이와 같은 정책활동의 과정이나 내용을 기술하고 분석하며 설명하는 이론이나 방법, 지식이 정책에 관한 이론이다. 이것이 하나의 학문적인 패러다임으로 체계화되고 정리된 것이 정책학이라고 할 수 있다. 그러나 정책사상은 정책학으로 정리되고 체계화된 이와 같은 정책이론과 지식을 국가주의에서 설명한다면 국가는 어떻게, 어떠한 논리와 방법으로, 즉 어떠한 국정철학과 이념에 따라서 정책을 결정하고 실천할 것인가 하는 것을 설명하는 것이다.

또한 국가는 어떠한 권한과 자격과 능력으로 시민들 스스로가 판단하고 결정할 일들에 개입하거나 간섭할 수 있는가 하는 근원적인 질문에 대답하고 설명할 수 있어야 한다. 이것이 소위, 국가의 개인의 판단과 결정에의 개입이나 간섭을 정당화하는 국가개입주의의 정당성에 관한 질문이다. 이것이 국가의 정책을 통한 개입이고 간섭이기

---

8) 국가를 어떻게 정의하고 이해할 것인가 하는 것은 복잡하고 다양하고 어렵다. 그러나 여기서는 정책사상으로서 국가를 통치권력 작용을 중심으로 법률적이고 정치적인 정당성을 가진 독립적 주권의 주체라고 이해하고자 한다. 따라서 민족이나 역사적 성격, 문화 등의 동질성을 강조하는 국가(nation)나 일정한 영토와 지역을 중심으로 하면서도 독립주권이 아닌 자치권에 초점을 둔 정치집단인 국가(country)와 구별하고자 한다. 동시에 정부(government 또는 administration)를 영속적인 국가를 일시적이거나 제한적으로 통치할 수 있는 권한을 법률과 정치행위에 의하여 부여받은 집단으로 이해하면서 국가와 구별하고자 한다.

때문에, 보다 구체적으로 정책 그 자체의 정당성으로도 설명될 수 있어야 한다. 이것이 국가주의라는 사상이 정책사상의 본류로 분류되는 가장 중요한 이유라고 할 수 있다.

국가주의의 사상적 본류에 따라서 정책사상은 구체적이고 다양한 사상으로 발달할 수 있을 것이다. 즉 국가를 중심으로 하는 국가주의의 정책사상에 따라서 국가는 항상 선하고 정의로울 것인가 또한 그래야 하는가 하는 현실적이고도 당위적인 질문이 계속된다. 만약 국가가 국가 자신만의 이익을 위해서 시민들을 속이거나 오도한다면 우리는 어떻게 할 것인가? 비록 국가가 부주의하거나 판단능력이나 자격이 부족하던지 또는 예상하거나 의도하지는 아니했지만 결과적으로 시민들의 경제적이거나 정신적 손실이나 자존감을 손상시킨다면, 우리는 어떻게 할 것인가 하는 등이 국가주의에 이어서 발생되는 사상적인 질문일 것이다.

이와 같은 사상적 궤적으로 먼저, 국가는 본질적으로 국가의 이익과 개인들의 이익을 위하는 일들을 실천할 수 있는 현실적인 능력과 자격과 조직을 가지고 있어야 한다는 것을 예로부터 왕도정치의 이상적인 형태인 위민정치, 안민정치, 명철한 판단과 현명하고도 자애로운 통치자의 통치력이나 수기치인에 의한 군자정치 등으로 설명하기도 했다.[9] 그러나 단순히 앞장서서 이끄는 것이 아닌, 선과 정의와 배려 등과 같은 지배적인 가치를 정책으로 제안하고 실천할 수 있는 국가주의의 후속적인 정책사상으로 선도(善導)주의가 부상하게 된다.

선도한다고 하지만 현실적으로 정책을 통한 국가의 정책개입이나 판단이 정당하고도 정의롭기 위해서는, 정책을 결정하고 집행하면서 발생하는 일들이 정신적이고 물리적으로 균형되어야 한다. 즉 공정하고도 정의로우며 정당해야 한다는 현실적 원칙을 철학적으로 설명할 수 있는 균형주의라는 또 하나의 정책사상을 제안할 수 있게 된다. 나아가 이와 같은 균형적 정책인과를 실천하고 실행할 수 있는 사상도 필요할 것이다. 그래서 정책의 실천적인 지혜를 기반으로 하는 실천할 수 있는 기준들인 정책증거나 정책지식, 정책의 이념 등을 철학적으로 연계할 수 있는 현실주의라는 정책사상이 계속해서 등장하게 될 수 있다.

그러나 국가주의가 중심이 되면서 연계된 정책사상이 선도주의와 균형주의 및 현실주의 등을 총론하는 물아(物我)주의(국가와 개인, 정책주체와 대상자 등과 같은 변증

9) 왕정의 권력과 세력을 유지하기 위한 위정의 수단으로 민(백성)을 통치의 객체로 한다는 비판도 있지만(유미림, 2004: 67~86; 박병석, 2014: 1~80), 위민사상의 근본인 왕도정치가 한국의 고대국가인 삼국시대부터 시작된 정치사상의 원초적인 형태로서(이기백, 1979: 33~38) 한국정치사상의 중심축이 되고 있었음은 사실이다(조원일, 2002: 205~227; 장현근, 2009: 131~157; 권정호, 2014: 81~120).

법적 이분법의 구분이 아니라, 우주와 만물이 하나이면서도 동시에 다양하고도 독자적인 작용과 기능에 의한 개체의 본질적인 존재의 가치를 인정하는 사상) 사상으로 통합될 수 있어야 정책사상은 하나의 큰 계통을 가진 패러다임으로 정립될 수 있을 것이다.

2. 이론적 사고

정책사상의 두 번째 정의에 관한 것으로 정책사상은 정책과 정책학의 본질에 관한 이론적 사고라고 할 수 있을 것이다. 이론적 사고라는 의미는 철학적인 사고에 의하여 제안되고 발견된 또는 창조된 정책사상을 정책이론으로 정립시키는 사고라는 뜻이다. 정책이론으로 정립하고자 하는 사고이기 때문에 정책학의 본질에도 해당된다고 할 수 있다. 왜냐하면 정책이란 무엇이며, 정책학이란 무엇인가 하는 등에 관한 본질적 질문을 철학적으로 사고하고 설명하는 정책사상이 정책의 이론으로 정립되고 체계화되어야 정책학의 고유이론이 될 수 있기 때문이다. 물론 정책과 정책학에 관한 본질적인 질문에 관한 이론이기 때문에 정책학의 기초적이고 중심적인 이론일 것이다.

정책사상 그 자체가 이론이 될 수도 있지만 그렇지 않는 경우도 있다. 왜냐하면 철학적인 사고에 의하여 제안되거나 발견되고 창조되는 것은 인간, 즉 정책학자나 또는 정책사상가[10]의 개인적이고 사적인 인식이나 사실과 가치의 판단, 도덕적이고 윤리적인 정향, 세상살이의 경험과 인지능력, 지적인 수준이나 정향, 이념, 현실적인 조건과 상태 등에 관한 정신적인 작용의 산물이기 때문이다(Kroner, 1936: 208; Conroy 외 2인, 2008: 172; Swedberg, 2011: 31~32). 즉 정책사상은 개인적인 것이고 또한 정신적인 결과물이기 때문이다(정책사상 뿐만 아니라 여러 학문분야에서 사상연구는 정신철학과 밀접히 연계되어 있기도 하다).

이와 같은 정신작용의 결과이지만 이것이 이론적이고 사변적이며 때로는 비판적인 사고의 과정을 거치면서, 각 학문분야의 고유한 지식체계를 갖출 수 있는 이론으로 구성되고 설계되어야 각 학문의 사상이 될 수 있을 것이다. 그럼에도 불구하고 정책학자나 정책사상가들의 지적인 능력과 작용을 이론적인 체계로 구성하고 형성하는

---

10) 정책학자는 일반적으로 정책학을 연찬하는 학문집단의 구성원이라고 할 수 있지만 정책사상가는 누구든지 될 수 있다(甲男乙女를 의미하는 것은 물론 아니다). 예를 들면 공자나 맹자 등의 정책사상이나 정책학자들의 정책사상, 정치인이나 행정관료의 정책사상 등을 발견하고 설명한다면 이때의 정책사상가는 그 주인공들이 될 것이다. 인근 학문에서 사상가를 중심으로 하는 연구가 대단히 풍성한 것을 보면 앞으로 정책사상이 학문적으로 발달하면서 이와 같은 정책사상가를 중심으로 그들의 정책에 관한 사상(이때의 의미는 철학이라고 할 수도 있고 이념이라고 할 수 있다)을 이론적으로 체계화할 수 있을 것이다.

일이 그리 간단하지는 않을 것이다.

그러나 다음과 같은 몇 가지 방법론이 정책사상의 이론적 사고작용에 유용할 것이다. 먼저, 정신철학 또는 심리철학계에서 정신과 마음의 작용이 물리적인 현상으로 나타나는 것을 설명하는 환원주의를 들 수 있다.

인간의 마음의 작용과 활동인 정신 또는 사상, 사고 등을 어떻게 눈과(보고), 귀와(듣고), 코와(냄새), 혀와(맛), 신체(접촉)적 작용과 기능에 익숙해져 있는 물리세계에서 인간이 측정하고 평가하며 검증할 수 있을 것인가 하는 것이 정신철학계 뿐만 아니라 종교학이나 심리학, 철학 등에서 항상 논쟁의 중심적인 주제가 되고 있다. 정책사상에서도 정책의 가치인 정책목표와 이념, 정책의 본질적 내용인 정치 등의 인간의 정신작용인 정책사상을 정책이라는 물리적인 수단과 방법에 의존하는, 소위 보이는 형상으로서의 정책을 어떻게 현실적으로 구성할 것인가 하는 문제는 그리 만만치 않다. 이와 같은 이론이나 방법은 정책학의 전통적인 영역을 넘어서는 것이라고 쉽게 대답하고 싶다. 그러나 정책사상을 설명하고 이해하기 위해서는 기초적인 수준일지라도, 이와 같은 질문에 대답할 수 있는 이론적인 지식이나 방법이 있어야 할 것이다. 그 하나의 것으로 정신적 작용을 물리적 세계로 감지하고 확인할 수 있는 이론적 지식으로 환원주의가 될 수 있다는 뜻이다.[11]

또한 창의적인 디자인 사고나[12] 사고실험[13] 등도 정책사상의 방법론으로 활용될

---

11) 환원주의는 마음(心)과 물(物)을 구분하는 심·물 이원론을 중심으로 하는 정신인과론의 핵심주제이다. 즉 물리적인 세계를 지배하는 법칙인 인과관계나 이론으로 정신세계를 설명하기 위해서는 정신적인 작용을 물리적인 실체의 작용으로 이해하고 설명할 수 있어야 한다는 입장이다. 그래서 구체적으로 환원하는 작용이나 역할에 초점을 두는 기능적 환원주의, 환원의 유형과 작용이 동일하다는 유형동일론 또는 물리적 요소로 환원될 수 없는 자유의지나 감성, 개인적인 도덕수준이나 정당성 등과 같은 요소를 설명하는 비환원주의 등과 같은 복잡한 논쟁이 계속되고 있다(김환석, 2011: 143~172; Kim, 2011: 219~223; Bergner and Ramon, 2013: 598~618; Caso, 2016: 3~33).

12) 건축공학적인 설계과학이나 미학, 디자인 전문가들의 창조적인 사고 등과 같이 현실적인 결과물로 전환되어지는 과정이나 전략 및 방법 등을 설명하는 디자인 사고는 정신적인 결과산물인 정책사상을 설명할 수 있는 하나의 패러다임으로 이용될 수 있을 것이다. 특히 디자인 사고는 설계자들의 철학이나 사상, 지식, 개념, 원리, 방법 등에 관한 내용이 그들의 영감이나 가치판단적이거나 초(비)과학적 방법, 과학적인 조사연구 방법 등과 절차적으로 통합되고 융합될 수 있도록 사고를 체계화하는 것이라고 할 수 있다(이우훈, 1997: 555~560; 하은아, 2015: 475~487; Rowe, 1987: 74~79). 보다 자세한 것은 1970-80년대부터 설계과학이 정책학에서 널리 활용되면서 지금까지 정책이론에서 발달된 내용 등을 특집으로 다룬 《정책과학》(*Policy Sciences*) 학술지의 2014년(47집) 3권을 참조할 수 있다(Howlett, 2014: 187~207).

13) 사고실험에서 과학주의를 강조하는 것이 심리학이나 의학(Brown, 2010; Gendler, 2007: 68~89), 경제학의 소비자 선택이론(Spangenberg, 2010: 561~566; Thoma, 2016: 129~146), 행정학(Pressley, 2011: 549~565) 등과 같은 분야에서 활용되고 있다. 그리고 철학을 강조하는 사고

수 있을 것이다. 특히 사고실험은 사고의 작용이나 내용을 전통적인 실험방법으로 측정하고 설명하는 과학적 방법의 변형이다. 즉 사고작용이나 내용의 일관성을 측정하고자 하는 실험집단과, 자연적인 상태에 있는 실험변수나 방법으로 통제하지 아니하는 통제집단으로 구분해서 실험집단에 대한 사고작용이나 내용을 실험조건으로 적용한 결과와 통제집단간의 차이점을 설명하는 방법이다. 이와 같은 것을 과학적 사고실험이라고 하는 반면에, 철학이나 윤리학 등에서는 철학적 사고실험이라고 하기도 한다. 즉 실험의 조건이나 내용은 인간의 지적 활동으로 개인적이고 불확실하며 자유스럽다. 이와 같은 자유의지나 감성은 실험조건이 되기 어렵다; 대신에 추상적인 인간 사고를 논리적으로 종합하거나 선험적으로 논쟁하는 방법으로 이해해야 한다고 본다. 이것은 가설을 전제하지 않고 자유로운 실험환경에서 새로운 사상이나 사고를 발견하고 그 범위를 확장하거나 수정할 수 있는 방법이라고 할 수 있다.

그러나 아직까지 이와 같은 방법들이 정책사상의 이론적 사고에 어느 정도로 적용되고 도움이 될 것인지를 정확히 알 수 없다. 단지 하나의 구체적인 경우로서 정책의 본질적 특성과 목표 및 추구하고자 하는 가치를 디자인 이론으로 설계하여 실질적으로 정책현장에서 실현하고자 하는 연구나, 정책서비스나 정책이용자 등이 정책결정과 집행에 공동으로 참여하여 정책을 설계하고 구성하고자 하는 참여설계 등에 관한 연구(조창희 외 2인, 2013: 3~12; Bason, 2014; Mintrom and Luetjens, 2017: 170~190), 정책의 결정과정에서 문제정의에 필요한 방법 등(Considine, 2012: 704~724; Mintrom, 2016: 391~402)과 같이, 정책사상의 이론적 사고의 방법론으로 도움이 될 수 있을 것이다.

개인적이고 정신적인 사고의 산물은 정책사상으로 정립될 수 있어야 정책학의 이론이 될 수 있을 것이다. 즉 정책과 정책학의 본질에 관한 개인적이고 사적인 사고의 결정체가 보편적이고 일반적으로 인정되어야 이것이 하나의 정책사상이 될 수 있을 것이다.[14] 이와 같이 개인적이고 정신적인 결과물인 정책사상을 공개적이고 공공적인 정책학의 이론으로 어떻게 구성하고 정립할 것인가 하는 것이 정책사상의 이론

실험은 문학이나(황유경, 2016: 221~256; Egan, 2016: 139~150), 철학(Sorensen, 1992; Nimtz, 2010: 189~214) 등 인문학 분야에서 활용되고 있다. 그러나 정책사상의 정의와 관련하여 볼 때 사고실험은 발견되고 제안된 정책사상을 수정 또는 확장하거나 비판적 사고에 의하여 새로운 사상을 검증하기 위한 방법으로는 타당하겠지만, 정책사상의 본질인 지적 창조작용을 설명하기에는 한계가 있을 것이다.

14) 정책결정자나 집행자들의 생각이나 마음은 곧 국가의 공식적인 생각이고 마음이다; 왜냐하면 그들이 정책을 정의하고 형성하기 때문이라고 하는 Karl Marx의 주장을 인용하면서, 자율적인 개성과 가치를 가진 개인생활과 공적인 정책활동과 구별할 수 있는 지적 영역이나 사회적인 비판이론이 있어야 한다는 지적(Ventris, 2013: 154~162)도 유의할 필요가 있을 것이다.

적 사고에 해당될 것이다. 이것이 또한 정책사상이 정책학의 이론이 되기 위한 중요한 전제이기도 하다.

정책사상을 이론으로 구성하고 정립하는 것을 일반적으로 경험사회에서 검증을 거친 이론, 소위 과학적 이론의 형성으로 한정한다면 정책학의 과학적인 학문성이나 정체성 등에서 큰 문제나 논쟁은 없을 것이다. 예를 들면 국가가 왜 개인의 자유롭고도 자율적인 판단과 결정에 개입하는가 하는 정당성을 현실적으로, 정책의 현장에서 관찰하고 조사하여 경험적으로 검증할 수 있다면 문제는 간단할 수 있다.

그러나 정책과 정책학에 관한 개인적이며 정신적인 복잡다단한 사상을 보편적이고 일반적인 정책사상으로 어떻게 전환시키고 발전시킬 것인가 하는 것이 문제이다. 이것을 전통적인 과학주의의 이론에만 한정한다면 불가능하다는 것은 주지의 사실이다. 물론 정책의 현실에서 검증할 수 있는 사실적인 증거나 법률적인 증거, 여론이나 사회조사 등에서 발견되는 증거 등을 증거주의로 종합해서 정책사상을 이론적 사고로 정리할 수 있기도 하다.

그래서 '증거없는 정책없다'고 했듯이(Cartwright, 2009: 127~136), 증거에 기반을 둔 정책연구(비록 정책사상에 관한 연구는 아니지만)가 성행되고 있다(윤영근, 2013: 37~64; Cartwright and Hardie, 2012; Stoker and Evans, 2016). 그러나 이와 같은 증거주의가 정책에서 충분히 실현되고 활용되기 위해서는 증거를 생산하고 발견하는 지배적인 이념이나 사상이 있어야 한다는, 소위 '사상없는 증거없다'는 반격과 같이(Hart, 2005: 964) 최근에는 증거주의를 정책의 사상으로 연계하여 전환시키고자 하는 정책연구가 대두되고 있기도 하다(Grant, 2015: 672~674; Sammut, 2016: 21~35; Kirigia 외 5인, 2016: 305~314).

그래서 정책사상의 이론적 사고는 과학적이고 실증적인 좁은 의미의 사고가 아니다. 반대로 개인들의 정신적인 사고의 결과산물이 경성이론의 구성에는 해당될 수 없지만 논리적 추론과 판단 및 경험에 의해서 창조된 정책사상을 보편성 있는 타당한 것으로 정책학계에서 일반적으로 수용되고 인정되며 통용되는 것으로 이해한다면, 연성이론으로서 정책사상은 정책이론이 될 수 있다는 주장을 할 수도 있다.

아직까지 정책사상으로 이와 같은 연성이론이 될 수 있는, 즉 정책학계에 보편타당하게 인정되고 수용될 수 있는 학문적인 합의를 가진 정책사상은 희박하지만[15] 정

---

15) 마찬가지로 정치학이나 경제학 및 사회학 등과 같이 학문발달의 오랜 역사를 가진 분야에서도 보편적 일반이론의 지위를 갖춘 정치사상이나 경제사상, 사회학사상 등을 발견할 수 없다는 사실을 지적할 수 있다.

책의 본질적 속성과 특징에 관한 철학적인 사고의 결정체를 이론적인 사고로 정리하고 체계화하지 못한다면 정책사상이 되기 어렵다는 것도 주지의 사실이다. 이와 같은 맥락에서 보면 인근 학문인 정치학에서 많은 경우에 '정치이론'을 '정치사상'으로 번역하고 있음을 볼 수 있다(민병태 역, 1963; 서정갑 역, 1977; 성유보·차남희 역, 1983; 이남석·이현애 역, 2004). 정치이론을 정치사상으로 번역한 정확한 이유를 밝히지 아니해서 잘 알 수 없지만 아마도 정치사상, 소위 정치학과 정치에 관한 기본적인 질문(국가이론, 보편적 공동체, 인간의 보편성, 정치사상가의 사상, 자유와 평등, 권력, 정의 등)에 대한 철학적인 사고라고 판단되는 정치이론을 설명하거나 취급하고 있기 때문에, 이것을 정치사상으로 번역한 것으로 이해할 수 있기도 하다.16)

정책사상의 철학적 사고에서 간단히 소개된 국가주의나 선도주의, 균형주의, 현실주의, 물아주의 등을 정책사상의 이론으로 형성하고 정리하는 일들도 이론적 사고에 해당될 수 있을 것이다. 좀 더 구체적인 예를 들면 국가주의는 정치학이나 인근 학문에서 오랫동안 논의되고 연구된 분야이다. 국가의 구성이나 권력, 시대구분에 의한 국가형성의 특성, 이념이나 사상에 의한 국가의 지배방법, 법률적 구성에 의한 국가의 권력과 지배의 정당성 등은 정치학의 중심적인 이론이고 사상으로 널리 알려져 오고 있다. 동시에 정치철학 분야에서도 국가주의와 개인주의를 비교하면서, 국가의 독점적인 권력작용과 개인의 자유와 자치권, 시장경제와 국가독점 등을 광범위하면서도 심층적으로 설명하고 있다.

그러나 정책사상으로서의 국가주의는 위와 같은 주제들도 중요한 내용이지만 정책이라는 본질적 속성인 정치적 이해관계를 국가가 중심이 되어 독점적으로 그리고 우월적으로 개인들의 의사나 판단에 개입하게 된 이유와 그것을 정당화할 수 있는 기준이나 판단 등에 관한 철학적 사고를 설명하는 것이다. 또한 국가주의에 관한 이와 같은 철학적 사고를 정책학의 이론으로 어떻게 형성할 것인가, 즉 정당화할 것인가(이때에는 정책학의 고유한 이론으로 그 정체성을 가질 수 있게 한다는 의미이다) 하는 것을

---

16) 대표적인 것으로 George Sabine과 Thomas Thorson의(4판에서는 공저) "*A History of Political Thought*"를 '정치사상사'로 번역하였고(민병태 역, 1963; 성유보·차남희 역, 1983), Carl Friedrich의《An Introduction of Political Theory》를 '정치사상강좌'로 번역(서정갑 역, 1977) 한 것 등을 들 수 있다. 특히 번역자에 의하면(서정갑 역, 1977: 3~5) Friedrick교수가 자신의 이 책을 정치사상사 강의의 부교재로 채택하여 학생들에게 큰 인기를 얻었다고 했다. 그래서 아마도 한국에서는 '정치사상'으로 곧바로 번역된 것으로 볼 수 있다. 또한 이 책의 내용도 현재의 정치학개론서와는 다른 자유, 사회정의, 마르크스, 플라톤, 아리스토텔레스, 마키아벨리, 홉스, 루소, 칸트 등의 철학자 및 정치사상가들, 정치적 평등, 권력 등과 같은 주제를 설명하고 있기 때문에 '정치사상'으로 의도적으로(필자의 판단) 번역한 것으로 보인다.

설명하고, 그것을 정책학의 이론으로 만들어 가는 것이 이론적 사고의 내용이라고 할 수 있다. 이것을 정책사상을 이론적 사고로 정립하는 정책학의 이론이라고 정의한 것이다. 요약하면 정책학의 지식과 이론이 기초하고 있는 지적인 뿌리를 밝히고, 이것을 정책학의 이론적이고 현실적인 맥락에서 타당하고 적실한가 하는 것을 이론적으로 구성하고 검토하는 것이 정책사상의 이론적 사고라고 할 수 있다.

3. 체계적 사고

정책사상의 정의에 관한 세 번째의 것으로, 정책사상은 정책과 정책학의 본질에 관한 철학적인 사고와 이론적인 사고를 정책학의 지적 근간으로 형성하기 위한 체계적 사고라는 점을 밝힐 수 있다. 즉 정책학의 지적 근간을 형성하기 위한 철학적이고 이론적인 사고를 체계화하는 것이라고 할 수 있다.

앞서 철학적이고 이론적인 사고에서 간단히 소개한 바와 같이 국가를 중심으로 독점적이며 우월적으로 개인의 의사결정과 판단에 정책을 통하여 개입하거나 간섭하는 국가주의가 정책사상의 시원이고 출발점이라고 했다. 왜냐하면 정책은 국가통치 행위의 공권력 작용이고 정치적 책략이기 때문이라고 할 수 있다. 그래서 여기서부터 국가주의는 과연 항상 선하고 우수하며 정당한가 하는 질문이 계속될 수 있다고 했다. 즉 국가주의는 과연 정당하고 선한가 하는 문제를 선도주의의 정책사상으로 연속해서 탐구하고 대답해 볼 수 있다고 했다.

그러나 정책을 통한, 정책에 의한 원인과 결과인 정책인과를 공정하고도 정의롭게 분배하지 못한다면 선도주의가 추구하는 국가주의의 목적을 달성하기 어렵다. 그래서 또 하나의 정책사상으로 균형주의가 등장하면서 정책사상은 정책의 지식과 이념 및 사실적이고 가치판단적 증거에 의한 현실주의를 잉태하게 된다고 했다. 이와 같은 정책사상을 개인과 국가, 현실과 이상, 정책의 주체와 대상자 등을 이원론적으로 구별하지 아니하고 자연과 환경으로 어우러진 만물과의 공존사상인 물아주의로 귀결시켜 볼 수 있다고 했다.

이와 같은 정책사상은 독립적으로 철학적인 사고에 의하여 정책(학)의 본질을 설명하고 이론화하고자 하지만 전체적으로 정책사상이라는 하나의 큰 패러다임이나 대계로 연계되어 있음도 알 수 있다. 이와 같은 각각의 사상을 정책사상의 모체격인 하나의 큰 정책사상으로 연계하여 이해하는 것이 정책사상의 체계적 사고의 기본 내용이다. 마치 지능지수를 측정하는 퍼즐게임이나 낱말 잇기 등과 같은 것이 체계적 사고의 전형이듯이, 철학적이고 이론적인 사고에 의하여 개발되고 창조되거나 발견된 정책사상을 정책사상의 하나의 틀로 유형화하는 것이 체계적 사고라고 할 수 있다.

정책사상이라는 전체적인 틀을 구체적인 정책사상과 통합적으로 연계시키고자 하는 체계적 사고는 소위, 체계사고 또는 시스템사고와 이론적 맥락을 같이 하고 있다. 보다 정확하게는 시스템철학, 즉 시스템사고의 철학적 맥락이라고 할 수 있다. 시스템사고나 시스템철학을 동의어로도 사용할 수 있지만 시스템사고라고 하는 용어가 일반적이기 때문에 이것을 간단히 소개하면서 정책사상을 정의하는 체계적 사고의 맥락을 이해하고자 한다.

시스템사고의 기본적인 이론은 시스템을 구성하는 부분적인 요소(이것을 하위시스템이나 부속시스템, 구성체라고 할 수도 있다)들을 시스템 전체로 연결시키는 네트워크사고를 기본으로 하고 있다. 이와 같이 연계된 시스템은 각각의 부분적인 요소나 하위체제들이 각자의 기능과 역할들을 인지하고 수행하면서도 상호작용적인 인과관계로 구성되어 있다. 이와 같은 인과관계 또는 인과지도가 정체되어 있기보다는 동태적으로 순환되면서 전체적인 수준에서 시스템의 통합적인 작용을 조정하고 통제하는 사고작용을 설명하고 있다. 그러나 단순부분의 합이 아니라 구성요소간의 상호작용에 의한 종합적 기능이나 해결책을 수행할 수 있다는 이론으로 요약될 수 있다(장의선, 2007: 77~92; 박상원, 2015: 71~89; 최호택·정석환, 2015: 185~192; Chan, 2015: 126~132).[17]

이와 같은 시스템의 기능과 역할을 철학적으로 이해하는 핵심은 연결망사고에 의한 부분보다는 전체를 이해하고 설계하는 전체론이다. 동시에 각각의 시스템이 주어진 목적과 장치에 따라서 기계적으로 기능하거나 역할을 하는 기계적 결정론이 아니라 시스템의 존재 자체의 기능과 목적 및 자신의 역할을 주변부 환경이나 조건과 끊임없이 상호작용하여, 스스로의 생존의 법칙을 지켜가는 존재론이나 인식론 등이 시스템사고의 중심적인 철학이라고 할 수 있다(Phillips, 1969: 3~14; Laszlo, 1972: part

---

17) 시스템사고나 철학은 전 학문분야에서 광범위하게 연구되고 있다. 특히 공학이나 통계학 또는 수학 등과 같은 이과학문에서 시스템사고는 분석적이고 기술적이며 계량적인 변량처리의 투입-산출 모형론(경제학의 일부도 그러하다)에 초점을 두고 있다. 그러나 사회과학에서 시스템사고는, 소위 일반체제 또는 체제이론을 전형으로 하는 사상이다. 가장 대표적으로 Ludwig von Bertalanffy(1969)와 David Easton(1957)의 일반체제이론을 들 수 있다. 일반체제이론의 기본적인 철학을 부분보다 전체론, 환경과의 상호작용에 의한 체제 자체의 존재가치를 정당화하고 이것을 신념으로 지키는 인식론과 정태적인(동태적이 아님) 균형론, 체제의 부분과 요소의 작용과 기능을 설명하는 구조기능주의 등으로 요약할 수 있다. 특히 Easton식의 일반체제이론이 행정이론에 적용되면서 체제의 목표와 존립에 대한 합의와, 끊임없는 발전과 성장 그리고 부분과 전체와의 위계질서, 즉 계층제 등이 행정사상의 주요 내용이 되고 있기도 하다(이성로, 2002: 259~281; Newman, 1972: 495~510; Mara, 2015: 40~57).

2; Rousseau, 2014: 146~159).[18]

특히 정책사상의 출발점인 국가주의 사상에서, 정책을 통한 국가의 개입사상을 시스템의 개입으로 설명하면(Dias, 2008: 201~213; Midgley, 2008: 55~73; Kiraly 외 2인, 2017: 134~143) 정책사상은 철학적이고 이론적 사고에서 발견되거나 형성된 사상을 체계화하는 사상이라는 것을 좀 더 구체적으로 이해해 수 있다. 즉 개입주의는 사전에 계획된, 정량화된, 프로그램된 기계적이고 일방통행적인 개입이 아니다. 대신에 상호간의 이해관계에 의한 정치적 협상이나 타협을 존중하면서 상호간의 소통과 조절에 의한 개입을 중시한다. 동시에 앞장서서 나를 따르라고 하는 선도가 아니다; 전체를 아우르면서 변화와 변동을, 올바르고 참되며 바른 길로 선도하는 정책리딩을 강조한다. 이와 같은 사상은 시스템사고의 철학인 전체주의, 상호작용의 연계사상, 체제의 생존과 발전에 관한 존재론과 인식론 등에서 그 기초를 가져올 수 있을 것이다.

그러나 시스템사고나 철학 그 자체를 정책사상에 관한 체계적 사고로 이해하는 것은 무리일 것이다. 정책사상에서 체계적 사고는 부분적이고 개별적인 정책의 사상들이 하나의 정책사상으로 줄거리, 즉 정책학의 기본적이고 고유한 이론이 될 수 있도록 연결하고 연계하는 사고이다. 이점에서 본다면 부분간의 상호작용과 여기서 탄생되는 전체주의의 장점인 체제의 균형과 조화라는 사상과 일치될 수 있을 것이다. 그러나 정책사상은 그 자체가 전체주의가 아니라, 국가주의를 시발점으로 해서 각각의 구체적인 사상이나 이론을 연계하여 사변적이고 철학적으로 설명하는 정책학의 주요 이론이다. 이것이 정책사상을 정의하는 체계적 사고의 특징이라고 할 수 있다.[19]

---

18) 시스템사고의 기본적인 철학이라고 할 수 있는 전체론, 기술결정론, 존재론, 인식론, 구조기능주의 등을 간단히 설명할 수 있다. 먼저 구조기능주의는 체제의 각 부분과 요소가 각각의 고유한 또는 부여받은 임무를 수행하고 실천하기 위하여 체제를 위계질서나 서열을 가진 조직으로 구성하고 있다는 설명이다. 따라서 구조화되고 부품화 된 구조적 기능 자체가 독립적이고 독자적으로 기능하는 것이 아니라, 체제 전체의 목표와 이상과 이념에 따라서 조화되고 조정되도록 작용한다고 설명하는 것이 전체론이다. 즉 체제를 하나의 큰 패러다임으로 보는 것이다. 이에 따라서 체제는 하나의 유기체처럼 살아있는 생명체와 같이 각자의 고유한 역할과 기능으로, 생존과 성숙을 추구하는 체제의 존재 그 자체에 가치와 값을 부여한다고 하는 것이 존재론의 설명이다. 이와 같은 체제의 지식에 대한 분석과 이론을 하나의 이념이나 가치판단으로 정당화하고 그 범주를 정하는 것이 인식론이다. 특히 시스템사고에서 체제 자체의 생각이나 사상을 믿는 것이다. 또한 동양의 음양론으로 시스템사고를 이해하고 있기도 하다. 예를 들면 주역의 변화와 변동을 주역의 변동과 순환관계로 설명하거나, 다양한 주역의 괘 자체가 전형적인 체제이기 때문에 음과 양의 순환과 공존, 조화, 안정과 불안정(엔트로피 개념) 등을 비교해서 설명하는 흥미로운 연구(권일찬, 2004: 326~356; 김동환, 2009: 97~107; Chen 외 3인, 2010: 173~189)도 눈여겨 볼 필요가 있다.

19) 한국체계과학학회가 중심이 되어 1997년 제41차 국제체계과학학회 서울학술대회 준비위원회

4. 결론: 문제의 요약논의

정책사상은 정책의 본질인 정책(학)이란 무엇인가 하는 것에 대한 철학적인 사고이며 이론적인 사고라고 했다. 나아가 이와 같은 사상을 정책학의 지적인 근간으로 형성하가 위한 체계적 사고라고 했다. 그러나 이와 같은 정의는 아직까지 정책학계 등에서 보편적이고 일반적 수준으로 수용되거나 합의된 것은 아니다. 국가주의를 중심으로 하는 정책사상을 이해하고 설명하기 위한 범위에 한정된 연구수준의 조작적인 정도에 불과한 것이다. 즉 정책사상을 철학적으로 논의하고 이론적으로 사고하면서 이것을 정책학의 기초이론으로, 즉 국가주의를 중심으로 정책사상을 체계하고자 하는 하나의 조작적이고 운영적인 수준의 정의에 불과하다.

정책사상이라면 정책이란 무엇인가 하는 그 자체로서 철학적인 질문을 가장 먼저 하게 된다. 물론 여기에 여러 가지로 대답하고 문제를 제기할 수 있다. 그러나 정책은 정치적인 의사결정이라는 핵심적인 사실에서부터 출발해서 정책사상의 대명사격인 국가가 중심이 되는 국가주의라는 사상을 제안하고 창안하고 주장할 수 있을 것이다. 국가주의는 정치학이나 경제학, 법학(특히 헌법학) 등의 인근 학문의 중심적인 연구주제이면서 동시에 논쟁적인 성격이 강한 주제이다. 그러나 국가주의가 어떻게 정책과 정책학에 관한 사상, 즉 철학적이고 이론적으로 체계화된 지식이 될 수 있을 것이며, 그 구체적인 내용은 무엇인가 하는 것을 설명하고자 하는 것이 정책사상으로서 국가주의의 출발점이라고 할 수 있다.

이와 같이 정책사상을 정의하면서 발생되는 비판이나 질문으로 정책사상은 제2의 사상인가 하는 문제이다[20][21]. 정책이 정치적 의사결정이고 책략이라는 본질에서

가 발간한 《체계론적 사고와 정치경제학 연구》(1996)와, 1997년의 《21세기 한국의 국가정책과 체계론적 사고》에서 발표된 다양한 연구들도 시스템사고를 기본으로 하고 있다. 그러나 정책이나 정책사상에서 참조할 수 있는 체계론적 사고의 정의 등을 밝히지는 아니했다(http:kiss.kstudy.com, 검색일: 2017년 2월 13일). 그 주된 원인은 아마도 그 당시에 정책학의 학문적 기반이나 이론이 상당히 약했기 때문이라고 생각할 수 있다.

20) 정치사상이나 정치철학에서도 제2의 사상이라는 논쟁이 있다. 특히 이데올로기의 종언이나 역사의 종말(대표적으로 Thomas More, Georg Hegel, Francis Fukuyama 등), 철학의 종말 (Graham and Horgan, 1994: 219~247; Knepper, 2014: 120~149) 등과 같은 시대적 조류와 학문적 유행에 의한 논쟁이나 논법들이 등장하고 쇠퇴하면서 정치사상이나 정치철학도 종언을 맞이하고 있다는 것이다. 그러나 인간의 정치적 본성과 삶의 현실모습에서, 인간이 겪고 있는 문제에 대한 협동적이고 공동체적인 특성을 정치라는 이념이나 제도에서 설명할 때, 정치학은 인간 본질에 대답하지 아니할 수 없는 필연적 숙명을 가지고 있다. 따라서 정치철학은 인간이 존재하고 그 생을 영위하는 모습을 숙고하고 사변하는 철학이나 사상으로서, 제2가 아

국가주의를 시작으로 해서 선도주의, 균형주의, 현실주의, 물아주의 등의 사상으로 체계화하는 것이 정책사상에만 고유하거나 독립적이 되기 어려울 수도 있다. 왜냐하면 국가주의나 기타 사상이 여타의 학문에서도 각각의 구체적인 사상이나 철학으로 논의되거나 이론화되고 있기 때문이다. 특히 현실주의나 물아주의 등은 서양의 분석철학이나 인도의 유식철학, 동양의 민본주의 사상 등에서 오래전부터 논의되고 있는 분야이기도 하다. 동시에 국가주의도 분명코 정치사상이나 정치철학의 대명사격이다.

그러나 정책사상은 정책학의 제1의 사상이고 근본 사상이다. 즉 정책사상은 정치사상이나 기타 사회(학)사상, 경제사상 등과 같은 사상을 설명하는 주변부 사상이거나 또는 소위, 2중대 사상이 아니라는 것이다. 왜냐하면 국가주의나 기타 사상이 여러 학문분야의 사상이나 철학에서 중심적인 주제로 논의되고 있지만, 정책사상에서는 이와 같은 사상들이 정책(학)이란 무엇인가 하는 본질적인 질문과 의문에 대답하고 설명할 수 있도록 논의되고 체계화되어야 하고, 또한 그렇게 되어야 하기 때문이다.

또 하나의 문제로서 정책사상을 정책학의 기본이론으로 체계화한다고 해서 과학주의나 구성주의를 주장하는 것은 아니다. 앞서 이론적 사고에서도 지적했듯이 정책사상은 사실의 경험과 인지의 문제가 아닌 그 자체로서 이론적 정향을 가지고 있다. 즉 정책의 본질을 철학적으로 사고하고, 비판하고, 진단하고, 논의하는 틀로서 정책사상은 정책학이라는 본질적 질문에 대한 정체성과 정책의 현실적 필요성과 당위성에 의한 정당성을 가진 이론이다. 따라서 이것을 현실의 사실적 판단과 경험적 진단으로 구성하고 형성하는 과학이론의 맥락으로만 평가할 수 없을 것이다.

정책사상을 구체적으로 논의하고 설명하면서 정책사상을 경험적 이론의 틀 속에서도 설명할 부분이 많을 것이다. 그러나 동시에 이론 이전의, 선 이론적 패러다임에서도 중요하게 논의되어야 할 것이다. 왜냐하면 정책사상은 동서와 고금에 관계없이 정책이라는 정치적이고 사회적이며 개인적 이해관계와 손익계산의 득실이나 공정하고도 정의로운 분배 등과 같은 문제와 동시에, 인간의 보편적 존재에 관한 질문에 대답해야 하는 이유를, 이론적 정체성과 현실적 정당성으로 설명하는 것이 더욱 중요하기 때문일 것이다.

닌 제1의 철학이고 사상이라는 주장(김한식, 2004: 37~78; Gutmann, 1919: 87; Gettell, 1923: 209~210)이 정치사상을 성숙시키고 있다고 할 수 있다.

21) 정책학의 역사를 설명하면서 정책학은 정치적 사건이나 맥락에서 지적 영역을 추구하고 그 가능성을 현실적으로 진단하면서 성장하고 발전하고 있다; 따라서 이와 같은 인식론적 가치를 무시할 수 없는 정책학사(정책사상이라고 하지는 아니했지만)를 제2의 사고에 관한 진술이나 검증할 수 없는 잠정적인 가설로 생각한다는 겸손한 자세도 있다(deLeon, 1988: 72~73).

　　정책사상은 물론 기존의 다양한 이론이나 논쟁 및 연구들을 검토하고 살피면서 정책사상의 다양성을 발전시킬 수 있다. 그러나 제1의 근본사상으로서 정책사상은 과거의 연구의 패러다임이나 정향을 수집하거나 정리하는 수준을 넘어서서 현재나 미래의 정책(학)이 추구하고 있는 사상적 맥락을 제공할 수 있어야 할 것이다. 그래서 철학적이고 이론적인 사고를 체계적으로 정립하고자 하는 정책사상은 과거지향이 아닌 미래지향적이며 선험적이고 해석적이라고 할 수 있다. 따라서 이와 같은 정책사상을 어떻게 정의할 것인가 하는 정의의 문제에서부터 어떻게 활용할 것인가 하는 현실에 이르기까지 정책사상에 관한 다양한 논쟁과 비판이 있게 마련이다. 따라서 정책사상을 제2의 사상이 아닌 제1의 사상으로 정립하고 체계화시켜야 이와 같은 비판과 논쟁의 주체가 되면서 정책학의 중심적인 주제를 제공할 수 있을 것이다.

참고문헌

강신택. 2013. 《행정사상과 연구의 논리: 한국행정의 역사적 맥락에서》. 서울: 조명문화사.

강정인. 2007. "한국정치사상 어떻게 할 것인가? 반성과 대안." 《사회과학연구》. 15(2): 8–48.

권일찬. 2004. "현대행정에서 음양론적 변화관." 《정부학연구》. 10(2): 326–356.

권정호. 2014. "조선조 위민정치와 복지사상의 탐색." 《한국동양정치사상사연구》. 13(2): 81–120.

김동환. 2009. "음양론에 입각한 시스템 사고의 접근." 《한국시스템다이나믹스연구》. 10(1): 97–107.

김한식. 2004. "한국정치사상 연구를 위한 틀." 《동양정치사상사》. 3(1): 37–78.

김형렬. 2003. "정책은 철학이다." 《한국정책논집》. 3: 1–22.

김환석. 2011. "생물학적 환원주의와 사회학적 환원주의를 넘어서." 《사회과학연구》. 23(2): 143–172.

민병태 역. 1963. 《정치사상사》. 서울: 을유문화사(Sabine, George H. (1959). *A History of Political Theory*. Holt, Rinehart and Winston).

박병석. 2014. ""중국 고대 국가의 '민' 관념" 정치의 주체인가 대상인가?." 《한국동양정치사상사연구》. 13(2): 1–80.

박병호. 1979. "서: 법제사상편." 성균관대학교 대동문화연구원. 《한국사상대계 II》>: 정치·법제사상 편.

박상원. 2015. "정책사례에 적용된 시스템 사고의 유용성."《사회과학담론과 정책》. 8(2): 71 – 89.

박우석·김혜련. 1992. "사고실험의 논리."《철학》. 58: 305 – 329.

박정택. 2007.《일상적 공공철학하기》 1. 서울: 한국학술정보.

변종헌. 1996. "정치체계 변동의 동태적 분석: 열역학적 모델의 응용." 1997년 제41차 국제체계과학학회 서울학술대회 준비위원회 발족기념논문집: 49 – 65.

서정갑 역. 1977.《정치사상강좌》. 서울 법문사(Friedrich, Carl J. (1967). *An Introduction to Political Theory*. Joanna Cotler Books).

성유보·차남희 역. 1983.《정치사상사》. 서울: 한길사(Sabine, George H. and Thomas L. Thorson. (1973). *A History of Political Theory*. Fourth Edition. New York; Holt, Rinehart and Winston).

유미림. 2004. "지배의 정당성의 관점에서 본 맹자의 정치사상."《한국정치학회보》. 38(1): 67 – 86.

윤영근. 2013. "정책의 질 관리를 위한 정책증거의 유형연구."《국가정책연구》. 27(1): 37 – 64.

윤재풍. (2005). "다산의 행정사상에 관한 연구." 한국행정학회 추계학술대회 발표논문.

이기백. 1979. "I. 고대 정치사상."《한국사상대계 III: 정치·법제사상편》. 서울: 성균관대학교 대동문화연구원: 29 – 57.

이남석·이현애 역. 2004.《페미니즘 정치사상사》. 서울: 도서출판 이후(Shanley, Mary L. and Carole Pateman. edietd. (1990). *Feminist Interpretations and Political Theory*. Philadelphia; Pennsylvania State University Press).

이성로. 2002. "체제론의 시각에서 본 행정위기의 가능성."《한국행정논집》. 14(2): 259 – 281.

이우훈. 1997. "프로토콜 분석을 통한 디자인 사고과정의 모델링." *Archive of Design Research*. 22: 555 – 560.

이원호. 1998.《교육사상사》. 서울: 문음사.

장의선. 2007. "시스템사고를 배경으로 한 지리적 사고의 재구성."《한국지리환경교육학회지》. 15(1): 77 – 92.

장현근. 2009. "민(民)의 어원과 의미에 대한 고찰."《정치사상연구》. 15(1): 131 – 157.

조원일. 2002. "유가정치사상의 이상과 현실."《양명학》. 8: 205 – 227.

조창희·오형석·이화룡. 2013. "학교건축 디자인 지표의 사용자 참여설계 적용에 관한 연구."《한국교육시설학회논문집》. 20(3): 3 – 12.

최호택·정석환. 2015. "정책수단의 관점에서 생활임금제의 타당성: 시스템사고를 중심으로." 《한국콘텐츠학회논문지》. 15(12): 185－192.

하은아. 2015. "디자인 유형분석을 통한 다자인 사고체계 구축." 《한국과학예술포럼》. 20: 475－487.

황유경. 2016. "사고실험으로서의 문학허구." 《미학》. 82(4): 221－256.

Bason, Christian. Edited. 2014. *Design for Policy*. New York: Routledge.

Bergner, Raymond M. and Abby Ramon. 2013. "Some Implications of Beliefs in Altruism, Free Will, and Nonreductionism." *Journal of Social Psychology*. 153(5): 598－618.

Bertalanffy, Ludwig von. 1969. *General Systems Theory: Foundations, Development, Applications*. New York: George Braziller Inc.

Brown, James R. 2010. *The Laboratory of the Mind: Thought Experiments in the Natural Sciences*. Second Edition. London, England: Routledge.

Cartwright, Nancy. 2009. "Evidence－based Policy: What's To Be Done about Relevance? For the 2008 Oberlin Philosophy Colloquium." *Philosophical Studies*. 143(1): 127－136.

Cartwright Nancy and Jeremy Hardie. 2012. *Evidence－based Policy: A Practical Guide to Doing It Better*. New York: Oxford University Press.

Caso, Ramiro. 2016. "Vindicating Chance: The Reductionism/Non－reductionism Debate." *CRITICA: Revista Hispanoamericana de Filosofia*. 48(142): 3－33.

Chan, W.T. 2015. "The Role of Systems Thinking in Systems Engineering, Design and Management." *Civil Engineering Dimension*. 17(3): 126－132.

Chen, Hsiang－Ju, Yuan－Hui Tsai, Shen－Ho Chang, and Huo－Hsiung Lin. 2010. "Bridging the Systematic Thinking Gap Between East and West: An Insight into the Yin－Yang－based System Theory." *Systematic Practice & Action Research*. 23(2): 173－189.

Conroy, James C., Robert A. Davis, and Penny Enslin. 2008. "Philosophy as a Basis for Policy an Practice:: What Confidence Can We Have in Philosophical Analysis and Argument?" *Journal of Philosophy of Education*. 42(S1): 165－182.

Considine, Mark. 2012. "Thinking Outside the Box? Applying Design Theory to Public Policy." *Politics & Policy*. 40(4): 704－724.

deLeon, Peter. 1988. *Advice and Consent: The Development of the Policy Sciences*.

New York: Russell Sage Foundation.

Dias, W.P.S. 2008. "Philosophical Underpinning for Systems Thinking." *Interdisciplinary Science Reviews*. 33(3): 202−213.

Dimock, Marshall E. 1958. *A Philosophy of Administration*. New York: Harper & Row, Publishers.

Dunn, William N. 2008. *Public Policy Analysis: An Introduction*, Fourth Edition, New Jersey: Pearson Education, Inc.

Easton, David. 1957. "An Approach to the Analysis of Political Systems." *World Politics*. 9(3): 383−400.

Egan, David. 2016. "Literature and Thought Experiments." *Journal of Aesthetics & Art Criticism*. 74(2): 139−150.

Gendler, Tamar S. 2007. "Philosophical Thought Experiments, Intuitions, and Cognitive Equilibrium." *Midwest Studies in Philosophy*. 31(1): 68−89.

Gettell, Raymond. 1923. "The Nature of Political Thought." *American Political Science Review*. 17(2): 204−215.

Graham, George and Terry Horgan. 1994. "Southern Fundamentalism and the End of Philosophy." *Philosophical Issues*. 5(Truth and Rationality): 219−247.

Grampp, William D. 1965. "On the History of Thought and Policy." *American Economic Review*. 55(1/2): 128−135.

Grant, Aimee. 2015. "Beyond Evidence−based Policy in Public Health: The Interplay of Ideas." *Social Policy & Administration*. 49(5): 672−674.

Gutmann, James. 1919. "Political Thought in Reconstruction." *Journal of Philosophy, Psychology and Scientific Methods*. 16(4): 85−89.

Hale, Ben, 2011. "The Methods of Applied Philosophy and the Tools of the Policy Sciences." *International Journal of Applied Philosophy*. 25(2): 215−232.

Hart, Julian T. 2005. "No Evidence Is Without Ideology." *BMJ: British Medical Journal*. 331(7522): 964.

Howlett, Michael. 2014. "From the 'Old' to the 'New' Policy Design: Design Thinking Beyond Markets and Collaborative Governance." *Policy Sciences*. 47(3): 187−207.

Hutton, Eric L. 2006. "Character, Situationism, and Early Confucian Thought."

Philosophical Studies. 127(1): 37−58.

Kim, Jaegwon. 2011. *Philosophy in Mind.* Third Edition, Boulder, Colorado: Westview Press.

Kiraly, Gabor, Alexandra Koves, and Balint Balazs. 2017. "Contradictions Between Political Leadership and Systems Thinking." *Journal of Cleaner Production.* 140(part 1): 134−143.

Kirigia, Joses M., Charles O. Pannenborg, Luis G. Amore, Hassen Ghannem, Carel Ijsselmuiden, and Juliet Nabyonga−Orem. 2016. "Global Forum 2015 Dialogue on "From Evidence to Policy−thinking Outside the Box": Perspectives to Improve Evidence Uptake and Good Practices in the African Region." *BMC Health Services Research.* 16(Suppl 4): 305−314.

Knepper, Timothy D. 2014. "The End of Philosophy of Religion?" *Journal of the American Academy of Religion.* 82(1): 120−149.

Kroner, Richard. 1936. "Philosophy of Life and Philosophy of History." *Journal of Philosophy.* 33(8): 204−212.

Lasswell, Harold D. 1951. "The Policy Orientation." in *The Policy Sciences: Recent Developments in Scope and Method.* edited by Daniel Lerner and Lasswell. California: Stanford University Press: 3−15.

Lasswell, Harold D. 1971. *A Preview of Policy Sciences.* New York: American Elsevier.

Lasswell, Harold D. and Myres S. McDougal. 1992. *Jurisprudence for a Free Society: Studies in Law, Science and Policy.* 2 volumes. Connecticut: New Haven Press.

Laszlo, Ervin. 1972. *Introduction to Systems Philosophy: Toward a New Paradigm of Contemporary Thought.* New York: Harper Torchbooks.

Mara, Suzana A. 2015. "Administrative Systems and Entropy." *Annals of the Constantin Brancusi University of Targu Jiu: Letters and Social Sciences Series.* 1: 40−57.

Merelman, Richard M. 1971. "The Development of Policy Thinking in Adolescence." *American Political Science Review.* 65(4): 1033−1047.

Merelman, Richard M. 1973. "The Structure of Policy Thinking in Adolescence: A Research Note." *American Political Science Review.* 67(1): 161−166.

Midgley, Gerald. 2008. "System Thinking, Complexity and Philosophy of Science."

Emergence: Complexity & Organization. 10(4): 55−73.

Mintrom, Michael. 2016. "Design Thinking in Policymaking Processes: Opportunities and Challenges." *Australian Journal of Public Administration.* 75(3): 391−402.

Mintrom, Michael and Joannah Luetjens. 2017. "Creating Public Value: Tightening Connections Between Policy Design and Public Management." *Policy Studies Journal.* 45(1): 170−190.

Newman, S. Perry, Jr. 1972. "General Systems Theory: An Inquiry into Its Social Philosophy." *Academy of Management Journal.* 15(4): 495−510.

Nimtz, Christian. 2010. "Philosophical Thought Experiments as Exercises in Conceptual Analysis." *Grazer Philosophische Studien.* 81(1): 189−214.

Parsons, Wayne. 1995. *Public Policy: An Introduction to the Theory and Practice of Policy Analysis.* Vermont: Edward Elgar.

Phillips, D. C. 1969. "Systems Theory: A Discredited Philosophy." *Abacus.* 5(1): 3−14.

Pressley, Cindy L. 2011. "Creating and Applying Thought Experiments in Public Administration." *Administrative Theory & Praxis.* 31(4): 549−565.

Rousseau, David. 2014. "Systems Philosophy and the Unity of Knowledge." *Systems Research and Behavioral Science.* 31(2): 146−159.

Rowe, Peter G. 1987. *Design Thinking.* Massachusettes: MIT Press.

Sammut, Jeremy. 2016. "When Ideology Trumps Reality." *Policy.* 32(2): 21−35.

Sorensen, Roy A. 1992. *Thought Experiments.* New York: Oxford University Press.

Spangenberg, Joachim H. 2010. "The Growth Discourse, Growth Policy and Sustainable Development: Two Thought Experiments." *Journal of Cleaner Production.* 18(6): 561−566.

Stoker, Gerry and Mark Evans. 2016. *Evidence−based Policy Making in the Social Sciences: Methods That Matter.* Bristol: Policy Press.

Swedberg, Richard. 2011. "Thinking and Sociology." *Journal of Classical Sociology.* 11(1): 31−49.

Thoma, Johanna. 2016. "On the Hidden Thought Experiments of Economic Theory." *Philosophy of the Social Sciences.* 46(2): 129−146.

Ventris, Curtis. 2013. "Reexamining the Foundations of Public Administration and Policy: The Legacy of Ralph Hummel." *Administration Theory & Praxis.*

35(1): 154−162.

Yang, Michael V. 2016. "A Critique of Confucius' Philosophy." *Asian Philosophy.* 26(4): 354−374.

▶ ▶ ▶ **논평**

우창빈(경희대학교 학술연구교수)

1. 서론

평소에 잘 인지하고 있지 못하다가도, 개인의 힘으로 처리하기 힘든 사회적인 위험이나 위기, 예를 들어 최근의 신종 코로나바이러스 감염증(코로나19) 사태와 같은 긴박한 상황에 봉착하게 되면 다시금 공공정책의 중요성을 깨닫게 된다. 그럴 때면 정부가 좀 더 강하게 대처했어야 한다는 생각이 들지만, 한편 일반적으로 정부의 강한 대처는 어느 누구이든 개인의 희생을 의미하는 경우가 많으므로, 판단과 결정이 쉽지만은 않다. 또한, 결정을 내렸다고 하더라도 상황에 적절하게 어떠한 방법을 통해 실행할 수 있는지 등, 생각해보면 결코 쉽지 않은 문제이다.

현실의 실제적인 정책문제들은 이렇게 정부가 어떠한 가치를 중요하게 여기고 이를 추구하는지와 같은 가치의 문제와 관련이 있으며, 본질적으로 과연 공공정책이 필요한지, 어떠한 맥락이나 경우에 국가나 정부가 개입하여 개인의 선택과 결정에 간여할 수 있는지, 그것이 정당한지와 같은 철학적 문제와 관련이 있는 경우가 많다. 정책학은 이러한 문제에 대해 답을 하고 있는가? 대체로 정책학의 많은 이론들은 정책의 본질이나 철학적 문제에 대한 관심보다는 정책이 어떻게 이루어지는지, 어떻게 변화하는지를 실증적으로 이해하고 설명하고자 하며, 정책이론의 목적은 정책의 지속(continuity)과 변화(change), 또는 안정(stability)과 불안정(instability)을 설명하는 것이라고 할 수 있다(Cairney, 2011).

이러한 현실에서 저자가 국가가 어떠한 권한과 자격과 능력으로 시민들 스스로가 판단하고 결정할 일들에 개입하거나 간섭할 수 있는가 하는 근원적인 질문을 중심으로 정책철학과 정책사상에 대해 지속적으로 연구하고, 본 논문에서 이를 종합하여 정리하고자 한 점은 그 의의가 크다고 하겠다. 후학의 입장에서 쉽지만은 않은 일이지만, 아래에서는 이해영 교수의 논문의 주요내용을 정리하고, 이론적 기여점을 제시한 후, 소박하게나마 저자의 정책사상 연구를 확장할 수 있는 방향을 전망해 보고자 한다.

2. 논문의 주요내용

저자는 정책학의 창시자라고 할 수 있는 Harold Lasswell에 대한 논의에서부터 시작한다. Lasswell은 정책사상(policy thinking)에 대해 언급은 하였으나 이를 분명하게 정의하지는 않았다. 잘 알려져 있듯이 Lasswell은 인간의 존엄성을 중요하고 심각하게 생각하여, 정책학이 추구하는 이상이고 이념이며 존재의 가치라고 보았다. 그러나 Lasswell의 민주주의와 인간의 존엄성은 정책사상이라기보다는 정책사상이 추구하는 목적과 존재의 가치라고 할 수 있다.

이어서 저자는 교육, 정치, 행정, 경제, 법 등 다른 학문 분야에서 사상의 정의를 살펴보고, 이들의 공통점으로 첫째, 사상연구는 각 학문 분야에 따라서 복잡하고 다양하고, 둘째로 서구 중심이어서 한국의 독자적이고 독립적인 개념의 정의나 방법, 이론 등이 상당히 부족하며, 셋째, 사상뿐 아니라 사상가 개인을 설명하는 경우에도 학문적 특성과 성향에 따라 다양하게 설명하거나 정의하고 있으며, 넷째, 다양한 학문 분야에서 각각의 학문의 본질적 속성을 찾고 설명하는 것으로 사상을 정의하고 있다는 점을 들었다. 정책사상에 대한 정의 또한 이들과 크게 다르지 않지만, 연구자의 연구정향과 패러다임이 다양하므로, 그 정의는 다양하고 복잡할 수 있다.

다음으로, 저자는 이러한 배경에서 정책사상의 정의에 관한 문제에 본격적으로 접근하여, 정책사상을 다음의 세 가지로 정리하고자 하였다. 첫째, 정책사상은 정책의 본질인 "정책(학)이란 무엇인가"에 대해 철학적으로 설명하는 것이다. 둘째, 정책사상은 정책과 정책학의 본질에 관한 이론적 사고로서, 철학적인 사고에 의하여 제안되고 발견되거나 창조된 정책사상을 정책이론으로 정립시키는 사고이다. 셋째로, 정책사상은 이러한 정책과 정책학의 본질에 관한 철학적인 사고와 이론적인 사고를 정책학의 지적 근간으로 형성하기 위한 체계적 사고라고 하였다.

먼저, 정책사상은 철학적 사고로서, 정책의 주체는 누구이며, 정책은 과연 필요한지, 나아가 정책이 정당하고 적절한지, 정책을 존중하고 준수해야 하는지와 같은 정책의 본질에 대해 설명할 수 있어야 한다. 그 중에서도 정치적 책략과 결정으로서 정책의 주체에 관한 질문이 본질적인데, 정책의 정당성의 주체는 국가(state)이다. 따라서 국가가 어떻게, 어떠한 논리와 방법으로, 즉 어떠한 국정철학과 이념에 따라서 정책을 결정하고 실천할 것인가에 대해 철학적으로 설명하고자 하는 것이 정책사상이다.

다음으로 정책사상은 개인적이고 정신적인 결과물인 정책사상을 공개적이고 공공적인 정책학의 이론으로 어떻게 구성하고 정립할 것인가 하는 이론적인 사고이다. 이러한 이론적 사고를 위해서 창의적인 디자인 사고(design thinking)나 사고실험(thought experiment)과 같은 것들이 방법론으로 이용될 수 있다. 그러나 정책사상의 이론적 사고가 증거에 기반을 둔 정책연구와 같이 과학적이고 실증적인 것만을 의미하는 것은 아니다. 내용적인 면에서 보면, 학문적 합의를 거쳐 보편타당한 정책학 이론으로 인정되는 정책사상이 많지는 않은데, 국가가 왜 개인의 자유롭고 자율적인 판단과 결정에 개입하는가 하는 정당성에 관한 문제를 정책학의 이론으로 만들어 가는 것을 하나의 예로 들 수 있을 것이다.

마지막으로 정책사상은 정책학의 지적 근간을 형성하기 위해 철학적이고 이론적인 사고에 의하여 개발되고 창조되거나 발견된 정책사상을 하나의 큰 정책사상으로 유형화하는 체계적 사고라고 할 수 있다. 이는 각각의 부분적인 요소나 하위체제들이 각자의 기능과 역할들을 인지하고 수행하면서도 상호작용적인 인과관계로 구성되어 있는 시스템에 대한 접근인 시스템사고와 유사하여, 전체를 부분의 합이 아니라 전체 그 자체로서 이해하고 설계하고자 하는 것이다. 이러한 시스템사고를 국가의 개입주의에 적용해보면, 사전에 계획된, 정량화된, 프로그램된 기계적이고 일방통행적인 개입이 아니라, 상호간의 이해관계에 의한 정치적 협상과 타협과 존중을 따르면서, 상호간의 소통과 조절에 의한 개입이 중요한 것이다.

3. 학문적 기여

본 논문은 저자가 밝혔듯이 정책 사상에 관한 연구가 많지 않은 상황에서 정책학이 보다 성숙한 하나의 사회과학으로서의 학문적 정체성과 위상을 가지기 위한 사상연구가 필요하다는 인식에서 출발하였다. 또한, 이러한 맥락에서 저자는 본 연구가 '정책사상이란 무엇인가'하는 문제의 제기이며, 일반적인 수준이 아니라 조작적 수준의 정의에 불과하다고 하고 있다.

이러한 상황에서 본 논문이 전환적이고 도전적으로 정책사상을 정의하고자 한 시도는 본인과 같은 후학들에게 시사하는 바가 크다고 할 수 있다. 본 연구를 비롯하여 저자는 정책학의 정체성, 정책이론, 정책철학, 정책사상, 국가주의, 개입주의, 온정주의, 정책의 선, 선도(善導)주의, 현실주의 등 정책학 분야에서 철학과 이론적 접근을 시도해 왔다. 본 연구의 의미는 그러한 맥락에서 이해되어야 할 것이며, 저자가 현실적으로 중요한 영향을 미치며 학문적으로도 반드시 필요하지만 상대적으로 소외되어 온 정책학의 이러한 분야에 대해 지속적인 연구를 해 온 것 자체가 의미가 있다는 생각이다.

또한, 이들 연구들에서 저자가 정책이 어떠한 권한과 자격과 능력으로 시민들 스스로가 판단하고 결정할 일들에 개입하거나 간섭할 수 있는가 하는 문제의식을 지니고, 정책 정당성의 근거로서 주체인 국가에 주목하여 국가주의(statism)를 주요한 주제의 하나로 연구해 온 것을 알 수 있다. 저자는 이러한 일련의 흐름 속에서 정책개입의 사회적 정당성, 개입주의의 이념적 이해로 연구 주제를 발전시켜 본 연구인 정책사상의 정의에 관한 문제를 정리하는 데 이르게 되었으며, 나아가 본 연구에 기반하여 각론에 해당하는 연구들인 균형주의, 선도주의, 현실주의 정책사상, 그리고 정책사상에서 정책의 선(善)의 개념에 관한 논의를 진전시키고 있다는 것을 알 수 있다.

그중에서도 본 연구는 정책사상을 포괄적으로 철학적인 사고와 이론적인 사고, 그리고 체계적 사고로 정리하여, 기존 정책학에서 다뤄 온 이론적·체계적 측면을 저자가 독자적으로 주력해 온 철학적 사고와 함께 정책사고로 아우르고자 시도한 것으로 보인다. 구체적으로, 저자의 정책철학의 주제인 국가주의나 개입주의에 비해 다른 정책학자들에게 보다 익숙한 내용인 정책 설계(policy design), 증거기반(evidence based) 정책을 이론적 사고의 방법에서 거론하고, 전체론으로서의 체계·시스템사고를 정책사상에 포함시킨 것을 들 수 있다.

이러한 면에서 본 연구는 저자의 다른 연구들에 비교해서 보더라도, 가장 종합적이어서 포괄적(comprehensive)이고 야심찬(ambitious) 연구라고 할 수 있다. 또한, 기존의 각론에 해당하는 연구들이 독자성을 지니지만 일반성의 측면에서 다소 아쉬움이 있었던 부분을 해소하고자 한 연구이며, 나아가, 다른 연구자들이나 서구의 전통적인 정책학 연구들과 가교를 찾고자 한 연구로서의 의미를 지닌다고 하겠다.

4. 향후 연구에 대한 제언

먼저, 본 논문에서 제기하는 정책사상의 원천으로 정책의 정치적·법률적·정책적 정당성의 주체인 국가, 국가주의에 대한 연구를 다른 이론들과의 연계에서 확장시켜 나갈 필요가 있어 보인다. 저자는 정책의 주체, 즉 정치를 담당하고 결정하는 것은 사적인 이해관계나 이익을 중심으로 하는 개인이나 단체 또는 집단은 아니라고 하고 있으나, 저자도 밝혔듯이 정책학을 탄생시킨 Lasswell은 정책을 "조직적 혹은 사적인 삶에서 가장 중요한 선택"(Lasswell, 1951)이라고 하여, 공사(公私)를 구별하지 않는 단어로 사용하였다.

주지하듯이 현대사회에서 정책의 주체로 국가가 결정적으로 중요하다고 하겠으나, 국가, 정부나 정부기관만이 정책의 주체라고 하기는 어렵다. 정부뿐만 아니라 공기업, 준정부기관과 같은 공공기관, 나아가 이익집단이나 시민단체 등을 포함하여 다양한 주체가 정책에 영향을 준다고 할 수 있다. 더욱이 나날이 복잡해지는 정책문제를 해결해야 하는 현대 사회에서, 전문성을 갖춘 다양한 비공식적 주체들의 활동이 더 활발해지는 추세이다. 따라서 정책은 이들을 포함한 정책 집합체(policy collectivity)에 의해 이루어진다고 할 수 있으며, 이들 사이의 상호작용이 결합되어 만들어지는 것이라고 할 수 있다(Colebatch, 2018).

이러한 면에서 정책의 주체로서의 국가와 국가론의 연구에서 연구범위를 확장할 필요가 있다고 하겠다. 서구의 정책이론들은 전통적으로 이 문제를 정책 형성(policy formulation)이나 정책 설계(policy design)의 문제로 보고, 합리적(rational) 주체와 권력, 과학과 정치의 문제로 다루어 왔으므로, 향후 연구의 범위를 이러한 영역으로 확장할 필요가 있어 보인다. 또한 정책사상 연구의 응용연구라 할 수 있는 정책기조 또는 패러다임에 관한 다양한 연구, 또는 정책 이론의 중요한 구성 요소로서 정책핵심신념(Sabatier, 1988) 등과 같은 기존의 연구들과의 관계를 정립해 갈 필요가 있을 것이다.

나아가, 최근 논의가 활발한 행태공공정책(behavioral public policy)과 행태행정학(behavioral public administration: BPA)에 주목할 필요가 있어 보인다. 《Public Administration Review》는 최근호에서 행태행정학이 어떠한 맥락에서 어떠한 정책들이 작동하는지, 왜 그러한지에 대한 더 나은 증거를 제공할 기회를 준다고 하면서, 관련 특집호를 냈다(Battaglio & Hall, 2020). 또한, 행태공공정책은 행태연구의 결과 밝힌 원칙에 직접적으로 영향을 받고 이에 근거하여 정책을 설계하는 것으로 정의할 수 있는데, 방법론과 통찰의 측면에서 정책형성에 기여할 수 있을 것이다(Galizzi, 2017). 이와 관련된 정책사상의 이슈들이 정책형성이나 설계 이론에 포함되어 논의되고 있으므로, 이러한 주제를 다루면 구체적 현실에 기반하여 최근의 경향을 반영한 정책철학과 정책사상으로 발전할 수 있지 않을까 생각해 본다.

참고문헌

Battaglio, R. P., & Hall, J. L. (2020). Exploring the Frontiers of Administrative Behavior. *Public Administration Review*, 80(1), 6－8.

Cairney, P. (2011). *Understanding public policy: theories and issues.* Macmillan International Higher Education.

Colebatch, H. K. (2018). The idea of policy design: Intention, process, outcome, meaning and validity. *Public Policy and Administration,* 33(4), 365−383.

Galizzi, M. M. (2017). Behavioral aspects of policy formulation: experiments, behavioral insights, nudges. In *Handbook of policy formulation.* Edward Elgar Publishing.

Lasswell, Harold D. (1951). The Policy Orientation. in *The Policy Sciences: Recent Developments in Scope and Method.* edited by Daniel Lerner and Lasswell.California: Stanford University Press: 3−15.

Sabatier, P. (1988). An advocacy coalition framework of policy change and the role of policy−oriented learning therein. *Policy Sciences,* 21(2/3), 129−68.

한국에 있어서의 정부와 기업간의 관계 –환경보전, 공정거래, 산업기술 개발정책을 중심으로–

한국에 있어서의 정부와 기업간의 관계***
-환경보전, 공정거래, 산업기술개발정책을 중심으로-

문태훈(중앙대학교 도시계획 · 부동산학과 교수)

∼ 프롤로그 ∼

1960년대 이후 우리나라의 성공적인 경제성장을 설명하는 국내외 연구들은 강력한 리더십을 바탕으로 한 절대적인 정부우위의 정부-기업간의 관계를 중요한 성공요인으로 지목한다. 이 논문은 기존의 정부-기업간의 관계에 대한 연구들과는 달리 정책분야 -환경정책, 공정거래정책, 산업기술개발정책- 에서 1980년대를 전후하여 정부와 기업간의 관계가 어떻게 변하고 있으며 서로 다른 정책영역에서 정부-기업간의 관계는 어떻게 다른지 분석하였다. 연구 결과는 기존의 연구와 달리 1960년대 초반부터 1990년대 초반까지 세가지 정책영역에서 나타나는 정부-기업간의 관계는 일방적인 정부우위의 관계가 아닌 것으로 분석되었다. 환경정책의 경우 양자간의 관계는 상호밀접한 협력관계였고, 공정거래정책에서는 정부와 기업은 서로 공공연한 비난을 주고받으며 치열한 갈등을 보여주는 불편한 관계였다. 산업기술개발정책에서는 기업의 산업기술개발 비용 분담률이 정부의 분담률을 상회하고, 정부 관련 부처간의 주도권 경쟁으로 기업의 정부에 대한 대폭적인 재정지원과 조세 감면 등의 요구가 잘 충족되지 않게 되자 기업은 정부 정책이 일관성이 없고 장기적인 안목도 없으며, 관할권 다툼에만 급급하여 중복된 정책과 계획이 산업기술 개발을 오히려 방해하고 있다면서 노골적인 반대와 불만을 표시한다. 그

* 출처: 『한국행정학보』, 제27권, 제2호, 1993년 여름, pp.471-492.
** 본 논문은 The Relationship Between Business and Government in Three Policy Areas in Korea(Ph. D. Dissertation, The State University of New York at Albany, 1992) 일부를 발췌, 수정한 것임. 수정에 도움을 주신 익명의 심사위원들에게 감사드린다.

러면서 양자간의 관계는 기업우위의, 그러나 갈등관계로 변해간다.

정책은 문제의 해결, 목표의 달성을 위한 대안모색에서 시작하여 다양한 정치적 이해관계 속에서 만들어지고 집행된다. 정책결정과 집행, 피드백에 영향을 미치는 집단은 관료, 정치가, 이해관계자, 전문가, 국민 등이다. 이중에서도 관료, 기업은 큰 영향력을 행사하는 집단이다. 두 집단의 상대에 대한 인식과 관계가 신뢰-불신, 적대적-우호적, 협력-갈등, 상호보완적-상쇄적 관계인가에 따라 정책의 내용, 강도, 집행은 달라진다. 그런데 정부-기업간의 관계는 단일차원의 현상으로 정부와 기업간의 모든 차원과 영역에서 동일한 관계로 나타나는 것은 아니다. 특히, 정부-기업간의 관계는 정책영역별로 서로 다른 다차원적인 현상으로 나타난다. 기존연구와 달리 우리나라에서 정부-기업간의 관계는 일방적인 정부우위의 관계가 아니라 정책영역별로 정부와 대등한 협력적, 또는 갈등관계로 변해 갔으며, 산업기술개발정책의 경우 오히려 기업우위의 갈등관계를 보여주고 있었다. 정책영역별로 정부-기업간의 관계가 달라지고 이러한 차이는 각 정책분야의 내용과 강도, 집행에 영향을 미치고 이는 다시 정책결정에 영향을 미치는 순환구조로 이어진다. 따라서 특정 정책영역에서 정부-기업간의 관계를 이해하게 되면 정책에 대한 이해가 넓고 깊어진다. 정책의 맥락과 변화의 과정을 더 잘 설명할 수 있게 되고 정책 개선을 위한 방향도 더 정확하게 모색할 수 있다.

처음 이 연구를 시작할 때는 환경정책에서 시작하였다. 그러나 지도교수였던 David McCaffrey 교수가 성격이 다른 정책들을 서로 비교해 볼 것을 권하였다. 논문을 세 편이나 쓰게 하려는 것이냐고 반대도 했지만 덕분에 다양한 정책을 정부와 기업간의 관계라는 시각에서 폭넓게 이해하고 접근하는데 큰 도움이 되었다.

한국에 돌아와서는 세가지 정책을 모두 하기가 힘들어 원래부터 관심이 많았던 환경정책에 연구와 강의를 주력하게 되었다. 정부-기업간의 관계를 정책분야에서 살펴볼 때 연구의 큰 방향은 두 가지-정부기업간의 관계에 초점을 두던가, 아니면 정책을 정부-기업간의 관계에 입각해서 보면서 정책발전과 관련된 연구를 하는-로 나누어질 수 있을 것이다. 나는 환경정책을 정부-기업간의 관계에서 보는 시각을 견지하면서 주로 환경행정과 환경정책의 개선과 관련된 연구를 해왔다. 그동안 연구의 대상이 되었던 것은 1990년대, 2000년대 이후 환경정책의 변화, 환경조직, 환경지표, 환경용량, 녹색성장, 지속가능발전, 지속가능발전 지표, 환경계획 등이었다. 중앙정부와 지방정부의 환경관련 연구를 하면서 정책을 둘러싼 정부-기업간의 관계에 대한 이해는 환경정책에 대한 이해와 개선을 위한 생각에 늘 소중한 도움이 되었다. 더구나 환경정책이 여전히 정부와 기업간의 관계에서 막히는 부분이 적지않다는 점에서 시장에 대한 정부 역할 등을 정책영역별로 접근하는 연구는 필요성이 큰 분야라 생각하고 있다. 앞으로 이 부분의 연구가 정책분야별로 더 활발하게 전개되기를 기대한다.

Ⅰ. 서 론

이 논문은 1980년을 기점으로 우리나라의 정책 기조가 "정부주도"의 경제성장정책으로부터 "민간주도"의 정책으로 그 정책 기조를 전환하고 정부가 기업의 경제적 활동에 대한 간섭을 줄여나가겠다고 한 이후, 정부-기업간의 관계가 어떻게 변화해 왔는지를 고찰하는 것이 그 목적이다. 그동안 한국에 있어서 정부-기업간의 관계는 정부의 강한 대(對)기업 통제력과 풍부한 대(對)기업 지원정책이 병행되는 상황하에서 기업은 정부의 결정에 따르지 않을 수 없는, 절대적인 정부우위의 밀접한 관계로 설명되었고, 이러한 특징이 한국의 급속한 경제성장을 이룩하는데 긍정적인 영향을 미쳤다고 설명한다(Hasan, 1976; Jones & Sakong, 1980; Mason et al., 1980; Amsden, 1988; 1989).

그러나 정부의 역할은 끊임없이 변화하는 것이다. 1980년을 분기점으로 정부는 비록 제한적이긴 하지만 경제활동에 있어서의 정부개입을 점차적으로 축소시키고 시장원리에 의한 경제활동의 비중을 점차 높여나가는 방향으로 경제정책의 근본 기조를 전환해 나가고 있다. 정부 역할의 변화는 정부와 기업간의 관계 변화를 동반한다고 볼 수 있는데 이러한 한국의 정부-기업 관계 변화의 성격에 대하여는 다양한 시각들이 있다. 첫째, 한국의 정부-기업간의 관계 변화가 질적 변화를 의미하는 것이 아니라 다만 양적인 차이에 불과하며 여전히 정부 우월자의 입장에서 기업을 유도해 나간다는 입장(Johnson, 1985; Kuk, 1987), 둘째, 정부 우월자의 입장으로부터 정부의 대(對)기업 영향력이 상당히 감소한 상호공존적인 관계로의 이전이라고 보는 입장 (Kim Seok Ki, 1987; Kim, Eun Mee, 1987; 조동성, 1989), 셋째, 정치 경제적 이해관계의 밀착으로 국민의 이익보호 보다는 양자간의 공통된 이익증진 −즉, 정권의 유지와 기업의 발전− 을 위한 상호 의존적인 관계로 발전해 나가고 있다는 보다 비판적인 시각이 있다(Kang, 1988).

이러한 기존의 연구들에서 비교적 소홀히 다루어진 점은 첫째, 특정 정책의 변화과정에서 보여지는 정부−기업간의 관계의 변화가 어떠한 것이었느냐는 점과 둘째, 경제분야가 아닌 사회분야에 있어서의 정부−기업간의 관계에 대한 고찰은 비교적 등한시 되었다는 점이다. 본 논문은 이러한 기존의 연구에 대한 보완 작업으로 환경보전, 공정거래, 산업기술촉진정책의 결정과 집행과정에서 보여지는 정부−기업간의 상호작용을 고찰함으로써 한국의 정부−기업관계 변화를 추론하고자 한다.

Ⅱ. 연구의 범위와 방법

David Vogel은 미국 기업의 대(對)정부 영향력의 변천을 다양한 정책 분야 −건강, 안전, 환경분야에 있어서 기업의 사회적 책임성 확보를 위한 정부규제정책, 노사관계정책, 에너지 정책− 를 중심으로 고찰하고 있다(Vogel, 1989). 비록 Vogel의 연구 초점이 기업의 대(對)정부 영향력의 변화였다는 점에서 본 연구의 초점과는 다르지만, 이 논문에서의 접근 방법은 기본적으로 Vogel의 접근법과 유사하다. 즉, 한국의 정부−기업간의 관계변화를 1960년대부터 1990년까지 환경보전, 공정거래, 산업기술개발정책의 결정과 집행을 중심으로 고찰하고자 하는 것이다.

세 가지 정책을 선정한 기본적인 이유는 첫째, 세 정책 분야는 정도의 차이는 있겠으나 80년대 이후 비교적 국민과 정부로부터 많은 관심을 끌어온 정책들이며, 둘째, 정책 자체의 성격상 환경정책은 사회규제, 공정거래정책은 경제규제, 산업기술개발정책은 지원정책의 특징을 가지고 있어 이러한 다양한 정책별 특징이 분야별 정부−기업관계에 어떤 영향을 미치고 있는지를 살펴볼 수 있으며, 셋째, 각 정책 주무부처의 정부 내 위상 분야별로 다양한 차이를 보이고 있어 이에 따른 정책 분야별 정부−기업 관계의 특성을 고찰할 수 있기 때문이다.

이 글의 주된 연구질문은 첫째, 정부의 역할이 변하고 있다면 1980년도 이전에 비하여 정부는 대(對)기업 관계에 있어서 어느 정도나 강력하며, 기업의 대(對)정부 영향력은 어떻게 변화하고 있는가? 둘째, 정부와 기업간의 관계는 여전히 정부우월자

의 입장에서 밀접하고 우호적인가 아니면 양자간의 관계는 서로가 비우호적인 갈등
관계로 변화하고 있는가? 셋째, 정부와 기업간의 관계는 분야별로 다른 변화의 형태
를 보이고 있는가? 하는 것들이다. 이러한 연구질문에 답하기 위하여 본 논문은 1980
년을 전후한 각 분야별 정책 관련법, 정책내용, 조직면에서의 변화, 그리고 기업의 정
책 변화에 대한 대응 형태들이 구체적으로 비교·검토될 것이다. 그러나 관련법규나
조직적 측면에서의 변화가 꼭 실질적인 정책의 발전을 가져온다고는 볼 수 없다
(Vogel, 1989: 14). 따라서 1980년도를 전후한 실질적인 정책 변화의 여부를 고찰하기
위하여 정책의 집행, 기업의 정책에 대한 순응성 정도, 국민의 정책에 대한 대응 형
태들이 같이 검토될 것이다.

　　본 연구는 면담과 문헌자료에 의존하고 있는데 면담자는 총 34명으로(공정거래분
야 13명, 환경분야 12명, 산업기술분야 9명) 정부관련 면담자 18명 중 3명은 각 분야의
전직 장관이었으며 나머지는 국장, 과장, 계장 등으로 구성되었고, 기업관련 면담자 12
명은 전경련, 상공회의소, 중소기업협동조합의 각 분야별 연구원들과 대우, 럭키·금성
의 해당분야 과장급 담당자들로, 공익단체 면담자 4명은 공해추방 운동연합회 회장과
회원, 한국소비자연맹 총무와 간사들로 구성되었다. 또 문헌자료들은 정부간행물(각
정책 분야의 백서와 관련 국회 회의록 등), 경제계 간행물(전경련 사업보고서와 중소기업협
동조합중앙회 사업보고서 등), 그리고 주요 일간신문에 의존하였다.

　　본 연구는 질적 자료의 분석에서 흔히 문제가 될 수 있는 신뢰도와 타당도의 문
제를(Miles, 1983; Kirk & Miller, 1986) 최대한 극복하기 위하여 첫째, 면담자료와 문헌
자료를 서로 비교하면서 각각의 자료에 대한 신뢰도와 타당도를 검증하였고, 둘째,
동일한 현상에 대하여 세 가지 다른 시각에서의 자료들을-정부, 기업, 이익단체의
시각- 수집하고 각기 다른 관점에서의 설명들을 비교해 나감으로써 어느 한 시각에
서 제시되는 자료에 지나치게 의존할 때 나올 수 있는 편견을 최대한 배제하고 보다
객관적인 결론에 이르도록 노력하였다(Jick, 1983: 136-137). 각 정책 분야를 고찰하
기 이전에 다음절에서는 각 정책들이 어떠한 상황적 조건의 변화 속에서 발전해 왔는
지, 그리고 그러한 상황적 조건의 변화가 정부-기업간의 관계에 어떠한 요인으로 작
용할 수 있는지를 살펴보기 위하여 1960년도 이후 한국의 정치·경제적 여건의 변화
를 간략히 검토해 보기로 하겠다.

Ⅲ. 한국 정치·경제의 변화

1960년대 이후의 급속한 경제성장은 한국의 경제구조를 제조업 중심의 2차산업 위주로 변화시켰으며 1980년부터는 중화학분야의 생산이 경공업 분야를 앞지르게 되었다(World Bank, 1987: Ⅰ-1-3). 경제규모의 급속한 확대와 산업구조의 다변화는 정부의 시장기구에 대한 개입이 더 이상 효율적이지 못하다는 의견을 정부부처내에서 제기하게 하였고(경제기획원, 1984: 55; Kim Kihwan, 1998: 14), 경제적 필요성에서 제기된 시장기구 활성화는 결국 1980년대의 전두환 정부의 정치적 필요성과 연결되면서 정부개입의 축소라는 정책기조의 변화로 이어진다.[1]

그러나 정부개입의 축소와 민간주도 경제정책의 강조는 결과적으로 1960년대와 1970년대 경제성장 과정에서 정부지원의 주된 수혜자이던 대기업을 더욱 급속히 팽창시키는 결과를 초래하게 된다. 정부는 1981년 독과점금지 및 공정거래법을 제정하면서 경제적 집중의 완화를 위해 노력하였으나 정부의 막대한 지원을 받으며 급성장한 재벌들은 스스로의 생명력을 가지고 더욱 비대해져 가고 있었다.

한편, 1980년대 중반부터 가속화되기 시작한 민주화 과정은 국민요구의 폭발적인 증대라는 현상으로 나타나는데 국민의 다양한 요구사항의 증대와 민주화의 진전은 정책과정에 변화를 가져오게 하여(Business Korea, 1988.8: 29) 청와대 비서실이나 경제기획원, 또는 상공부의 소수 관료들에 의하여 형성되던 경제정책은 더 이상 몇몇 정부기관에 의하여 정책과정이 독점되지는 않게 되었다(Kim, Kihwan, 1988: 10; Chung, 1989: 5; Steinberg, 1988: 23-24; 신동아, 1990.5.).

이러한 한국의 정치·경제적 여건의 변화를 정부-기업간의 관계에 미칠 영향을 중심으로 정리하면 몇 가지 주목할 만한 변화를 관찰할 수 있다. 즉, 1980년 이후 시장기구로부터 정부의 점진적인 개입 축소는 경제구조의 복잡화, 대기업에의 경제력집중, 국민요구의 증대라는, 정부-기업간의 관계에 대하여 상반되는 역학관계를 지니는 정치·경제적 여건의 변화 속에서 진행되고 있다는 점이다. 경제구조의 복잡화는 기본적으로 시장기구로부터 정부의 개입을 축소시키는 요인으로 작용하는 반면 경제력집중 현상은 이의 완화를 위한 정부의 개입을 촉진시키는 요인으로 작용한다. 그러나 경제력집중은 다른 한편으로는 재벌기업의 대(對)정부 협상력을 증대시킬 수 있고 이러한 영향력의 증대는 기업측이 원하지 않는 정부개입에 대한 저항 요인으로 작용

---

1) 이한빈 전총리와의 면담. 1991.8.8

한다. 한편, 삶의 질을 향상시키기 위한 국민요구의 증대는 기업의 사회적 책임성을 확보하기 위한 정부의 개입을 촉진하는 요인으로 작용하게 된다. 따라서 이러한 정치 · 경제적 조건들이 정책 분야별로 어떠한 상반되는 역학관계를 나타내면서 동태적으로 변화하느냐에 따라 정부−기업간의 관계는 정책 분야별로 다른 양상을 보이며 변화해 나갈 수 있을 것이다. 그러면 각 정책들이 이러한 상황적 조건의 변화 속에서 어떠한 정부−기업간의 상호작용을 거치며 발전해 왔는지를 구체적으로 검토해 나가기로 한다.

Ⅳ. 환경보전정책

1963년 최초로 공해방지법이 제정된 이후 1990년에 6개 환경관련 개별법들이 제정되고 환경처가 발족되기까지 우리나라의 환경정책은 환경법체계와 조직적인 측면에서는 발전의 모습을 보여왔다. 그러나 우리나라의 환경정책은 날로 심각해지는 환경오염과 이의 개선을 위한 국민들의 강도 높은 대(對)정부 요구에도 불구하고 여전히−1990년까지도− 미흡한 상태를 벗어나지 못하고 있다.

환경정책 분야에 있어서 정부−기업간의 관계는 1980년대 이후에도 이 글에서 다루고 있는 타 정책 분야에 비하여 비교적 가까운 관계를 유지해 오고 있는데 이러한 밀접한 관계의 지속은 1980년대에 들어서 환경정책에 대한 기업의 구체적인 이견이나 반대가 상당부분 환경정책에 반영되면서 환경규제가 기업의 강한 반감을 일으킬 만큼 엄격하지 않았기 때문이라고 할 수 있다.

1. 1960년대와 1970년대의 환경정책

1) 공해방지법과 환경정책

우리나라의 환경정책은 1963년 공해방지법이 공해방지를 위한 기본법으로 제정되면서 시작하였다고 볼 수 있으나(구연창, 1981: 672) 법의 시행을 위한 정부조직도 제대로 구비가 되지 않은 상태였고, 공해방지를 위한 예산의 배정이 전혀 없는, 그야말로 상징적인 환경정책에 불과하였다(환경청, 1987a:21). 보건사회부(이하 보사부)가 그러한 상징적인 공해방지정책의 개선을 위하여 일련의 노력을 기울이기는 하였으나 (동아일보, 1968.5.27.; 환경청, 1986: 83−84) 보사부의 노력은 번번이 타 정부부처−상공부, 건설부, 재무부−들의 경제성장을 이유로 한 반대와 비협조, 그리고 기업들의 공해법규 준수 회피로 별 효과를 거두지 못하고 있었다(구연창, 1981: 673; 유인호, 1983: 38).

공해문제에 대한 보사부의 관심은 경제부처들에 의하여 경제발전을 저해할 수 있는 방해물로 간주되었고(조선일보, 1971.1.6.) 보사부의 공해방지 예산은 1975년 현재 전체 예산의 0.067%에 불과하였으며(환경청, 1986: 79) 공해물질 배출기준은 약하게 설정되고 있었다(조선일보, 1987.8.17.). 더구나 보사부의 행정명령은 지켜지지도, 제대로 집행되지도 않았다(구연창, 1981: 672–673). 기업들의 "공해문제의 심각성에 대한 인식"(1971년 전경련사업보고서, 1972: 71)에 비하여 기업들의 공해방지를 위한 노력은 거의 전무한 것이었다(서울신문, 1971.1.23.; Kim, Sungsoo, 1989: 97; 동아일보, 1982.11.25.).

2) 환경보전법의 제정과 환경청의 설립

1977년 초 박정희 대통령이 연두 기자회견에서 공해문제에 대한 관심을 표명하자(조선일보, 1977.1.13.; 한국일보 1977.1.13.; 동아일보, 1977.1.12.) 보사부는 새로운 환경보전법을 제정하여 1978년 7월부터 효력을 발생하게 된다. 환경보전법은 공해방지법에 비하여 환경기준의 설정, 배출기준의 설정, 환경영향평가제도의 도입, 공해 배출의 감시 등을 위한 법적 근거를 마련하고 공해방지시설의 의무조항을 설치하고 있다는 점에서 진일보한 환경정책의 가능성을 제시해 주고 있었다(구연창, 1981: 678).

그러나 새로운 환경보전법의 제정은 그에 상응하는 환경정책의 발전을 가져오지 못하였다. 환경영향평가를 위한 시행령은 타 정부부처의 반대로 제정되지 못하고 있었고(Kim, Sungsoo, 1989: 83), 보사부는 책임에 상응하는 예산과 권한을 부여받지 못하고 있었다(구연창, 1981: 685; 장조호, 1979: 116–117; 환경청, 1986: 79). 더구나 공해 배출 기업들은 대부분의 기업체가 공해방지시설을 설치하지 않은 상태에서 정부가 그 모든 기업들로 하여금 공해방지 설비를 설치하게 강제할 수는 없을 것이라는 생각에서(조선일보, 1979.5.25.) 공해방지 설비를 회피하고 있었다(제105회 국회보사위 제5차 회의록, 1979: 16; 중소기업협동조합중앙회, 1982: 1034).

1979년에는 박정희 대통령의 지시에 의하여(조선일보, 1979.5.18.; 동아일보, 1979.5.18.) 환경청이 보사부의 독립 외청으로 설립된다. 환경청의 설립과정에서 기업들은 특별한 반대를 보이지 않았다(김정수, 1980: 53, 64; 1971년 전경련 사업보고서, 1972: 72–74; 중소기업협동조합중앙회, 1982: 242). 그러나 정부 각 부처에 분산되어 있는 환경관련 업무를 환경청으로 이전시키려던 보사부의 계획은 관련 부처의 강력한 반발로 무산되었고 환경청 조직도 축소 조정되었다(환경청, 1980). 따라서 환경청은 보사부로부터 독립된 최초의 환경담당 전담부서였으나 정부부처 내의 갈등으로 인하여 환경관련 정책의 책임과 집행권한이 여전히 분산된 문제점을 해결하지 못한 상태에서 출발하게 되었다.

2. 1980년대의 환경정책

1980년대 초 5공화국에서 제정된 새 헌법에 환경권 조항이 신설되었다(헌법 제33조). 환경청은 "민간주도"로의 경제정책 기조의 전환과 헌법 환경조항의 신설은 정부가 경제문제로 인하여 그동안 등한시하던 환경문제를 적극적으로 해결해 나가겠다는 정부의지의 표현으로 보고 있다(환경청, 1987a: 24-25). 그러나 전 보사부장관은 다른 시각에서 1980년대의 환경정책을 보고 있었다.

> 1980년대에 들어서서 정부가 환경문제의 해결을 위하여 어느 정도의 노력을 한 것은 사실이다. 그러나 환경정책은 정부 내의 지배적인 경제적 논리를 극복할 수 없었다. 경제부처는 경제발전이 환경보호라는 문제 때문에 저해된다면 막대한 비용이 들어가는 환경문제를 무슨 돈으로 해결해 나가겠느냐는 것이었고 이러한 논리는 1980년대를 통하여서도 계속 정부부처 내의 지배적인 논리로 이어져 내려왔다. 정부의 기본적인 환경문제에 대한 시각이 이러하였는데 기업체들 입장에서는 환경정책에 대하여 구태여 심하게 반대를 할 이유도, 또 환경정책을 충실히 지켜나가야 할 어떤 유인도 가지지 않았다고 보는 것이 옳을 것이다.[2]

1980년대의 환경정책 분야에서 특기할 만한 사실은 기업들의 환경정책 세부사항에 대한 구체적인 이견이나 반대가 증가하였고, 이들의 구체적인 정책건의가 상당부분 환경정책에 반영되면서 환경정책의 약화를 가져오고 있다는 점이라 할 수 있다.

1) 1981년의 환경보전법 개정

1981년 환경보전법 개정의 목적은 환경영향평가의 대상을 확대시키고 공해방지시설 설치의무를 강화하기 위한 것이었다고 한다. 그러나 개정된 환경보전법은 그동

---

2) 전 보사부장관 문태준씨와의 면담, 1991.7.15. 대한상공회의소의 김창호씨도 비슷한 견해를 표명하였다. 1991.8.2.

안 기업체들이 수차례 건의해오던 배출부과금제도와 환경오염방지기금제도를 도입하고, 기업들의 공동공해방지시설의 건설과 이용을 허용함으로써(1978년 전경련 사업보고서, 1979: 232; 1979년 전경련 사업보고서, 1980: 206-207) 결과적으로는 환경정책으로 인한 기업들의 경제적부담을 경감시켜주는 방향의 환경법 개정이었다(제108대 국회보사위 제17차 회의록, 1981: 9-10).

또, 산업체별 상이한 배출기준의 적용(1982년 전경련사업보고서, 1983: 286), 자동차 배기가스 규제의 지연(중앙일보, 1984.10.29.; 10.30.; 한국일보, 1984.11.1.), 공해설비에 대한 조세감면 조치와 손비인정, 장기저리융자의 지급(1981년 중소기업사업보고서, 1982: 80), 공해설비의 운영비보다도 낮은 배출부과금의 책정(제108회 국회보사위 제18차 회의록, 1981: 22; 부산일보, 1985.1.15.; 동아일보, 1984.8.23.) 등은 기업들의 의견이 상당부분 반영된 조치들이었다. 새로운 정부의 등장에 기업들은 조심스럽게 침묵을 유지하고 있었으나 기업들의 의견은 이미 환경정책에 충실히 반영되고 있었다.

2) 1986년의 환경보전법 개정

1985년 온산 공해병 사건으로 인한 지역주민의 피해 호소와 정부, 환경단체, 학계를 둘러싼 온산병의 공해병 여부에 대한 공방전은 국민의 공해문제에 대한 비판의식을 고조시키게 되었고 이러한 분위기 속에서 환경보전법은 1986년 개정된다. 그러나 1986년 환경보전법 개정 역시 실질적인 환경정책의 개선에 크게 기여하지 못한다. 환경보전법 개정 과정에서 환경청은 전경련의 구체적인 정책 건의와 중소기업체의 반대에 직면하여 당초 의도하였던 기본부과금제도를 철회하고 자동차 배출가스 검사에 대한 의무조항을 완화시켰다(1986년 전경련 사업보고서, 1987: 153-155; 1986년 중소기업 사업보고서, 1987: 93; 제131회 국회보사위 제12차 회의록, 1986: 17-19; 13차 회의록, 1986: 1-2; 제131회 국회본회의 20차 회의록, 1986: 605-639). 또, 개정안의 핵심이었던 환경영향평가 대상의 확대는 경제부처들을 통한 기업체들의 우회적인 영향력 행사와 타 정부부처들의 비협조로 인하여 그 집행과정에서 실질적으로 무력화되고 있었다. 환경처의 한 공무원에 의하면,

> 기업들이 환경영향평가를 해야 하는 대규모 사업을 시행할 때 기업들은 주로 환경영향평가가 그들의 사업에 미치는 여러 어려움을 관계부처에 호소한다. 이러한 의견들은 주로 경제장관회의에서 경제적 이유를 근거로 환경영향평가에 대한 문제 제기가 있게 되고 그렇게 되면, 환경청의 입장에서는 경제부처들의

그러한 경제적 고려를 받아들이지 않을 수 없게 된다. 좋은 예가 바로 팔당댐의 골재채취 사업이다. 건설업체들이 아파트를 건립할 골재의 부족을 이유로 애로 사항을 건의하자 정부가 환경영향평가를 면제해주고 수도지역의 상수원인 팔당 댐 부근에서 골재채취를 허가해준 것이다.[3]

이 이외에도 환경기준과 배출허용 기준은 이를 강화하라는 환경관계 전문가나 언론으로부터의 요구에도 큰 변화를 보이지 않고 있었고(환경청, 1988a: 219: 산업환경 신문, 1988.10.24.; 한겨레신문, 1989.10.6.) 배출부과금 역시 공해방지를 위한 경제적 유인을 제공해 주지 못할 정도로 낮게 책정되고 있었다(조선일보, 1991.3.26.). 기업들 역시 이러한 상황하에서 환경규제를 피해 나가기만 하였고(부산일보, 1987.4.30.; 동아일보, 1989.8.17.; 동아일보, 1989.9.27.). 심지어 대기업들이 환경문제에 있어서도 정부의 특혜를 받고 있다는 비판이 언론에서 제기되고 있었다(동아일보, 1989.9.27.). 이러한 상황 하에서 환경문제에 대한 국민의 관심이 급증하고[4] 환경단체의 활동이 활발해지면서 정부의 환경정책에 대하여 더욱 비판적이 되어나간 것은 당연한 결과인 것 같이 보인다.

3. 1990년대초의 환경정책 - 환경정책의 발전?

1990년 1월 환경청은 장관급 부처인 환경처로 승격되었다. 환경청은 1990년을 "환경보전 원년"으로 선포하고 1990년 7월에는 기존의 환경보전법을 대체하는 6개 환경관련 개별법안을 국회에서 통과시키게 된다(제147회 국회보사위 제17차 회의록, 1989: 1-26; 제18차 회의록, 1989: 1-15; 제150회 국회보사위 제6차 회의록, 1990: 1-3). 1990년의 새로운 환경법들이 우리나라 환경정책의 근본적인 전환을 뜻하는 것인지, 또 환경처가 내세우는 "환경보전 원년"이 될만큼 정부의 강한 의지를 나타내는 것인지는 더 시간을 두고 평가할 일이라 생각된다. 그러나 환경법 시행령에 대한 전경련의 건의사항과 최종 시행령들을 비교하여 보면 구체적이고도 종합적인 전경련의 정책건의가 상당 부분 시행령에 반영되면서 환경처의 시행령 초안이 대폭 약화되고 있고, 1991년 페놀사건이 기업의 건의와 수출저해를 이유로 조기 수습되고 있어 환경

---

3) 환경처 공무원과의 면담. 1991.7.
4) 1982년에 실시된 조사결과에 의하면 오직 18.2%의 응답자만이 공해문제에 불평을 가지고 있었는데 비하여 1987년의 조사에서는 69%가 공해문제에 불만을 가지고 있었다는 사실은 국민의 환경문제에 대한 인식이 급격히 향상되고 있음을 나타내주는 것이라 할 수 있겠다(부산일보, 1989.1.9.).

정책 분야에 있어서 증대된 기업의 영향력과 밀접하고 우호적인 정부-기업간의 관계를 반증하고 있다(문태훈, 1992).

4. 환경정책에 있어서 정부-기업간의 관계

지난 30여 년간 우리나라 환경정책의 특징은 환경관련법의 발달과 정부 환경전담부처의 조직 발전에 비하여 상대적으로 약한 환경정책으로 일관하였다는 것이라 할 수 있겠다. 1960년대와 1970년대 정부의 경제성장에 대한 강한 관심은 대체로 이 시기의 환경정책을 상징적인 정책으로 머물게 한 주요한 원인이었다. 그러나 1980년대에 이르러서는 경제성장에 대한 정부의 관심 못지않게 기업들의 환경정책에 대한 반대와 회피는 그나마 약한 환경정책을 더욱 부실한 것으로 만들고 있는 주요한 원인이었다. 정부 부처 내에서 약한 환경처의 위상은 기업들에 의하여 충분히 활용되었다. 기업들은 환경관련 문제들을 환경처에 직접적으로 반대하기보다는 평소 밀접한 관계를 지닌 경제부처들과의 관계를 동원하여 환경정책의 실질적인 약화를 시도했고 환경영향평가의 운영과정, 1990년 환경관련법 시행령 제정 과정, 1991년 페놀사건 전개 과정에서 보여지듯이 그 결과는 거의 예외없는 환경규제의 약화나 집행강도의 완화였다. 전 보사부장관은 우리나라의 환경정책을 다음과 같이 평가하고 있다.

"우리나라의 환경정책은 실질적으로 발전해 왔다기보다는 수사적으로만 발전해 왔다. 더구나 대기업들의 영향력은 근래에 급증하고 있는데 이는 기본적으로 우리나라의 경제에 이들이 결정적인 비중을 차지하고 있기 때문이고 정부 또한 이러한 점을 충분히 알고 있기 때문이다. 이렇게도 심각한 대기오염과 교통문제에 대하여 정부는 그에 상응하는 강력한 조치를 취하고 있지를 않다. 물론 자유시장 경제체제에서 정부는 기업의 경제활동을 억제할 수 없고 국민의 요구를 억압할 수 없다. 그러나 정부가 필요한 강력한 조치를 취하지 않은데는 또 다른 이유가 있다고 본다. 이는 정부가 대기업들의 경제활동을 간섭하지 않으려 하기 때문만이 아니라 그렇게 할수도 없기 때문이다."[5]

이렇게 볼 때, 한국의 정부-기업간의 관계가 일방적인 정부 우위의 관계였다는 기존의 설명은 환경정책 분야의 경우 지나치게 단순화된 설명이라 할 수 있으며 오히

---

5) 전 보사부장관과의 면담.

려 기업의 의견들이 환경정책의 결정과 집행에 많은 영향을 미치고 있었다고 할 수 있다. 환경정책에 대한 기업의 구체적인 반대나 이견이 80년대에 증가한 것은 사실이나 기업의 의견이 충실히 환경정책에 반영되는 상황에서 규제의 강도가 정부와 기업간의 관계를 갈등관계로 변화시킬 만큼 강한 것은 아니었다. 따라서 1980년대 이전에 비하여 정도의 차이는 있겠으나 환경정책 분야에 있어서 정부와 기업간의 관계는 여전히 밀접하고 우호적인 관계를 지속하고 있다고 볼 수 있다. 그러면 환경정책의 여러면에 걸쳐 기업의 영향력이 강하게 반영되고 있는 것은 환경처가 정부부처 내에서 낮은 위상을 지닌 약한 부처였기 때문이었는가? 다음절에서는 환경처와는 대조적으로 강한 부처인 경제기획원이 추진하였던 공정거래정책의 결정과 집행과정에서 보여지는 정부−기업간의 관계를 고찰한다.

V. 독과점금지 및 공정거래정책

환경처와는 대조적으로 공정거래정책의 주무부처였던 경제기획원은 1960년대 이후 우리나라의 경제정책을 주관한 가장 강력한 부처였다. 그럼에도 불구하고 공정거래정책의 확립은 1964년 최초의 공정거래법 제정 시도 이후 1980년 독과점금지 및 공정거래법이 제정되기까지 무려 16년이라는 긴 시간이 소요되었고, 법의 제정 이후에도 경제력집중 완화라는 정책목표의 달성에는 효과적이지 못하였다.

공정거래정책 분야에 있어서 정부−기업간의 관계는 1980년대 중반 이후 정부가 경제력집중 완화에 보다 강한 자세를 보이기 시작하면서 긴장된 갈등관계로 변화하기 시작한다. 경제적 이유를 내세운 정부의 공정거래정책 강화와 역시 경제적 이유를 기본으로 한 기업의 동(同)정책에 대한 반대는 이 정책 분야에 있어서 양자간의 관계를 이 글에서 고찰하고 있는 어느 다른 정책 분야에서 보다 불편한 갈등관계로 변화시켜 나간다. 공정거래정책 분야는 정부와 대기업이 정면으로 충돌하면서 양자를 서로 공공연히 비난하는 "전장(戰場)"이었다.

1. 1960년대와 1970년대의 공정거래정책

1) 공정거래법 제정의 반복된 실패

불공정거래에 대하여 정부가 최초로 시장지배력의 남용으로 인한 폐해를 인식하고 이의 방지를 위한 노력을 시작한 것은 1963년의 이른바 삼분사건 때부터였다고 한다(경제기획원, 1984: 7; 조선일보, 1964.4.2.; 동아일보, 1963.4.23.; 9.17.). 삼분사건을 계기로 경제기획원은 공정거래법의 제정을 수차례 시도하게 되지만 번번히 기업들의 강력한 반대에 직면하여 실패를 거듭하게 된다. 1965년 독과점 제조업체의 품목이 주도가 되어 물가 불안 현상이 재현되면서 재론되기 시작하였던 공정거래법 제정 시도는 상공회의소가 주축이 된 '경제적인 윤리강령'의 선포와(대한상공회의소, 1984: 339－340) '공정거래법 철회를 위한 건의문' 등 경제계의 거센 반대에 직면하여(서울경제신문, 1966.5.11.; 5.12.; 5.15.; 5.17.; 5.18.; 5.19.) 실패하였다. 또 1968년 '코로나 사건'이 계기가 되어 논의되기 시작한 기업의 과도한 부당이익에 대한 비판은 다시금 공정거래정책의 제도화 기회를 제공하였으나 이 역시 "한국경제정책의 방향에 대하여 우려를 금할 수 없다", 동(同)법 제정 시도에 대하여 "개탄을 금할 수 없다"는 등의 경제계의 강력한 반대로 아무런 결실을 얻지 못하였다(1969년 전경련사업보고서, 1970: 206－211, 230－234).

2) 물가안정 수단으로서의 공정거래 정책

1970년대 초 석유파동으로 인하여 물가불안이 재현되자 경제기획원은 가격 및 거래질서의 부당행위를 규제하기 위하여 다시금 공정거래법 제정을 위한 노력을 재현시키게 된다(경제기획원, 1984: 24; 서울경제신문, 1971.10.13.). 그러나 공정거래법안은 경제계와 국회의원들의 반대로 국회에서 사장(死藏)되고 그 대신 물가안정법이 1972년에 제정되는데 이는 기본적으로 1971년 10월 전경련이 경제기획원의 공정거래법 초안에 대하여 경제계에서 작성, 제시한 대안과 같은 내용의 물가안정을 위주로 한 법이었다(1971년 전경련사업보고서, 1972: 34, 38). 물가안정법은 이후 1976년 물가안정 및 공정거래법으로 개정되면서 공정거래 질서의 확립을 위한 조항들이 물가안정 조항들에 추가 삽입된다.

그러나 경제계의 반대로 경제기획원의 당초 의도와는 달리 상당히 변질된 상태에서 제정된 동법은 그 시행과정에서도 경제력집중의 완화는 물론 불공정거래행위의 근절과도 거리가 있는 모습을 보여주고 있다. 경제기획원은 1976년에 2건, 1977년에 6건, 1978년에 14건, 1979년에 78건의 불공정거래행위를 적발하고 있는데 1979년에 그나마 적발 건수가 많아진 것은 고추 흉작으로 인한 영세 도소매업자들의 매점 매석 행위에 대한 적발조치로 인한 것이었다(공정거래위원회, 한국개발연구원, 1991: 29－30). 결국 60년대와 70년대의 경제발전을 주도하던 강력한 정부부처였던 경제기획원이 추진하였던 공정거래정책은 기업의 강력한 반대와 완강한 저항으로 경제적 집중의 완화나 공정거래 질서의 확립과는 거리가 먼 물가안정의 수단으로 변형되어간 것이다.

2. 1980년대 초반의 독과점금지 및 공정거래정책

1980년대 전두환 대통령의 등장은 공정거래정책에 하나의 전환점을 마련하게 된다. 경제안정화 정책의 일환으로 경제기획원은 1980년 9월 독과점금지 및 공정거래법의 입안을 발표하면서 "정부주도의 경제"로부터 "민간주도 경제"로의 전환을 공표하였다(경제기획원, 1984: 55-56). 그러나 경제기획원의 독과점금지 및 공정거래법 초안은 전경련의 "경기침체를 감안한 융통성있는 법의 운용"과(1980년 전경련 사업보고서, 1981) 상공회의소, 상공부, 재무부의 "위험분산을 위한 기업합병에 대한 예외조치의 인정" 등의 요구사항을 수용하여(경제기획원, 1984: 58-59) "급속히 변화하는 경제상황에 적응할 수 있도록 융통성 있게"(국보위 경제상임위원회 입법기록 제1차 위원회 제23차 회의록, 1980: 19-23) 운용되도록 수정을 거친 후 국보위를 통과하여 1981년 3월부터 그 효력을 발생하였다. 주요 내용은 시장지배력의 부당한 남용금지, 기업결합으로 인한 부당한 경쟁 제한 행위의 규제, 사업자 단체간의 경쟁 제한적인 부당한 공동행위에 대한 규제, 불공정거래행위의 금지, 재 판매가격 유지행위에 대한 규제, 그리고 불공정한 국제계약의 체결에 대한 제한 등을 골자로 하고 있었다.

그러나 전체적으로 볼 때 1980년대 초반의 독과점금지 및 공정거래정책은 경제력집중이라는 구조적인 문제보다는 파생적인 문제인 불공정거래행위에 대한 규제에 그 정책의 초점이 맞추어지고 있었다. 동법 시행 이후 1986년까지 경쟁제한적 기업합병 행위에 대한 시정조치는 단 2건에 불과했으며(공정거래위원회, 한국개발연구원, 1991: 541-556) 정부의 경쟁제한적인 기업결합에 대한 규제는 대기업들에 의하여 제대로 지켜지지도 않고 있었다. 1986년 한 신문기사에 의하면 "재벌들의 경제력집중 현상은 여전히 증가하고 있으며 재벌들은 경쟁 제한적인 부당한 기업결합에 대한 정부의 지침을 의도적으로 무시하는 경향이 있다"고 보도하고 있었다(조선일보, 1986. 4.1.). 사실 경제력집중 현상은 동법이 제정된 이후에도 빠른 속도로 진행되어 10대 재벌의 총판매액의 규모가 1979년에 GNP의 32.8%이던 것이 1984년 67.4%로 급증하고 있었다(Kim, Seok Ki, 1987: 116).

3. 1980년대 후반의 공정거래정책

공정거래법은 1986년 재벌의 경제력집중 규제를 주목적으로 개정된다. 공정거래위원회의 한 공무원에 의하면

1986년 공정거래법의 개정은 공정거래정책에 있어서 큰 변화였다. 1986년 무렵 재벌의 경제력집중에 대한 여론은 더욱 비판적으로 되어가고 있었고 이러한 여론의 비판은 개정된 공정거래법에 반영이 되었다. 경제력집중을 방지하기 위한 강한 조항이 첨가되었고 이는 공정거래정책에 있어서 중요한 전환점이 되는 법 개정이었다.[6]

대기업체들의 동법 개정에 대한 반대는 강력한 것이었다. 전경련은 법 개정을 연기할 것을 요구하고 정치가들과 학자들을 대상으로 활발한 로비활동을 벌이면서(조선일보, 1986.9.24.) 경제적 이유를 들어 법 개정안에 대하여 조목 조목 반대를 하였다. 그 내용의 골자는 첫째, 대기업의 경제력집중에 대한 규제는 한국경제의 시급한 과제인 기술집약적인 산업에 대한 대기업의 투자를 위축시킬 것이며 둘째, 대기업에 대한 집중적인 규제는 본법의 취지인 경쟁력 제고와 위배되고 셋째, 무역자유화가 가속화되고 있는 이 시점에서 기업에 대한 지나친 규제는 국내산업의 시장점유율이 외국기업에 잠식당하는 결과를 가져올 것이라는 점이었다(1986년 전경련사업보고서, 1987: 170-177). 그러나 동법 개정에 대한 반대는 대기업측에서만 제시된 것은 아니었다. 정부부처내에서 재무부는 금융기관과 보험회사들에 대하여 예외를 인정해 줄 것을 주장하고 있었고 상공부는 "대기업에 대한 강한 규제는 기업활동을 위축시킬 것"이라는 이유로 반대를 제기하고 있었다(조선일보, 1986.9.24.).

그러나 경제적인 논리를 내세운 경제계의 반대에 경제기획원도 한국산업의 경쟁력 제고를 위하여 "경제력 집중을 억제하여 시장기구를 활성화 시킨다"는(제131회 국회 경제과학위원회 제9차 회의록, 1986: 41-42) 역시 경제적인 이유로 동(同)법의 개정을 강력하게 추진하였다. 결국 지주회사의 설립금지, 상호출자의 금지, 출자총액의 제한(순자산총액의 40%)을 골자로 하는 개정법안은 국회를 통과하여 1987년 4월 1일부터 그 효력을 발생하였다(제131회 국회 경제과학위원회 회의록, 제9차 회의, 1986: 42-50; 제10차 회의, 1986: 2-3; 제21차 회의, 1986: 3-4; 공정거래위원회, 1990a: 13). 1986년의 개정에 이어 독과점금지 및 공정거래법은 1989년 다시 경제력집중완화를 주목적으로 개정된다(제147회 국회 경제과학위원회 제14차 회의록; 제147회 국회 본회의 제18차 회의록, 1989: 17-18). 동법의 개정에 따라 공정거래법의 집행권한이 경제기획원으로부터 공정거래위원회로 이전되어 위원회의 독립성이 강화되었고 위원장은 장

---

6) 공정거래위원회 장근상씨와의 면담. 최종수씨도 같은 의견. 1991.7.3.

관급으로 격상되었다.

그러나 경제력집중 완화를 위한 두 차례의 법 개정에도 불구하고 경제력집중 현상은 심화되어 나갔다. 재벌기업의 계열기업사의 수는 1987년 176개에서 1991년 198개로 계속 증가 추세에 있고(조선일보, 1991.4.4.) 시장지배적 사업자 수는 1986년 266개사(社)에서 1991년 320개사로, 시장지배적 품목은 동기간에 100개에서 136개 품목으로 계속 증가하였으며, 30대 재벌에 의한 시장지배적 품목의 생산 비중도 1984년 63%에서 1989년 75%로 증가추세를 나타내고 있었다(공정거래위원회, 한국개발연구원, 1991: 86, 121, Appendix 5). 또, 1986년부터 1990년 사이 반경쟁적인 기업결합에 대한 공정거래실의 시정명령은 17건으로 전체 동법의 위반에 대한 시정조치 1,659건 중 1.8%를 차지하고 있어 1980년대 경제력집중 완화를 위한 독과점금지 및 공정거래정책의 한계를 반증하고 있다(공정거래위원회, 한국개발연구원, 1991: 129, 150, 541-556).

한편, 언론들은 공정거래실이 경제력집중 완화에 관한 한 "대기업에 지나치게 관대하고 중소기업에는 엄격한 종이호랑이"에 불과하다는 비판을 가하고 있었다(조선일보, 1987.6.19.; 일보신문, 1988.3). 특히 중소기업체들은 "현재 205개 중소기업 사업영역으로 지정된 사업영역 중 127개 부분의 사업이 대기업에 의하여 침식당하고 있다"며 대기업의 중소기업영역 침투방지를 정부에 촉구하고 있었고(1988년 중소기업협동조합 사업보고서, 1989: 135-136) 소비자 단체들도 "소비자 보호라는 측면에서도 공정거래실이 소비자이익 보호보다도 기업의 이익보호에 더 유리한 정책을 펴고 있다"는[7] 불만을 토로하고 있었다.

4. 공정거래정책에 있어서의 정부-기업간의 관계

1960년대와 1970년대를 거치면서 가장 강력한 정부부처였던 경제기획원이 공정거래법 제정 기도가 번번히 실패하면서 법 제정에 16년이라는 긴 시간을 소요했다는 사실과 반대 과정에서 보여진 기업들의 어조(語調)가 "정부의 경제정책 방향을 개탄"하고 경제정책 방향에 "심한 우려를 표명하지 않을 수 없다"는 등(1969년 전경련 사업보고서, 1970: 206) 1980년대에도 사용되지 않은 강력한 어조(語調)의 반대였다는 점들은 1980년대 이전에도 결코 기업이 정부에 대하여 결정적으로 약한 위치에 있지 않았다는 사실을 보여준다. 오히려 공정거래정책이 기업의 건의를 대폭 수용한 물가안정 위주의 정책으로 변질되어 나간 점은 공정거래정책 분야에 있어서 정부에 대한 대

---

7) 소비자보호협회 최진숙씨와의 면담. 1991.8.1.

기업들의 강력한 영향력을 반증하는 것이라 하겠다.

1980년 새 정부의 등장으로 독과점금지 및 공정거래법이 제정되었으나 기술(旣述)한 바와 같이 법 제정 이후에도 공정거래정책은 그 정책목표에 달성에 —특히 경제력집중 완화— 효과적이지 못하였다. 경제적 이유를 내세운 대기업들의 공정거래법 개정에 대한 반대는 규제조항의 완화를 결과하였으며, 심지어 몇몇 대기업들은 위장 중소기업을 설립하여 독과점 품목을 생산하는 방법으로 독과점 규제를 회피하기도 하였다.8) 더구나 이 분야에서의 정부—기업간의 관계는 1980년 후반기 정부가 공정거래 정책을 재벌의 경제력집중 완화를 위한 주정책으로 발전시키면서 서로를 공공연하게 비판하는 갈등관계로 악화되어 나간다. 이것은 경제력집중 완화를 위한 정부의 강화된 개입에 대하여 막대한 경제력을 바탕으로 이미 스스로의 자생력을 가진 대기업의 강한 저항의 결과로 볼 수 있다. 대기업들은 "정부가 기업활동의 모든 국면을 사사건건 간섭하는 현 실정에서 어떻게 기업활동을 해나갈 수 있는가"며 전례없이 정부를 공공연히 정면으로 공박하고 있었고, 정부는 "재(財)테크에 열중하고, 사업영역의 무분별한 확장에만 주력해온" 대기업들에 현 경제사정 악화의 책임이 있어 "재벌은 이제 바뀌어야 한다"는 시각을 견지하고 있었다(주간조선, 1991.8.11.: 33).

결국, 공정거래정책은 환경처와는 달리 강력한 경제기획원과 공정거래위원회에 의하여 추진되어 왔으나 기업의 강력한 반대와 완강한 저항으로 정부의 정책의도가 변질·악화되어 왔고 경제력집중 현상이 오히려 심화되어 나가면서 정부—기업간의 관계가 갈등관계로 악화하고 있음을 볼 수 있다. 지금까지 논의된 환경보전정책이나 공정거래정책은 기업에 대한 규제정책이었다는 점에서 정책에 대한 기업의 반대와 저항이 유발요인이 정책 자체에 내재되어 있었다고 볼 수 있다. 그러면 다음절에서는 환경보전정책이나 공정거래정책과는 달리 지원적인 성격이 강한 산업기술개발촉진정책에서 보여지는 정부—기업간의 관계를 살펴봄으로써 양자간의 관계 변화가 정책 자체의 특성에서 기인한 것인지를 고찰한다.

VI. 산업기술 개발 촉진정책

경제발전을 위하여 산업기술의 개발이 중요하다는 사실은 비교적 일찍부터 정부 차원에서 인식이 되었다.박정희 대통령의 과학기술에 대한 관심이나(전상근, 1982) 과

---

8) 전경련 관계자와의 면담.

학기술처가 공정거래실이나 환경청보다도 장관급 부처로 일찍이 1967년에 설립된 것은 이러한 정부의 산업기술 개발에 대한 관심을 반영하는 것이라고 볼 수 있다. 그럼에도 불구하고 한국의 산업기술개발 정책은 외국기술 도입의 선호, 정부부처간 할거주의로 인한 정책조정의 부재로 부진을 면치 못하였다.

산업기술 개발정책의 강력한 구심점이 결여된 상태에서 정부의 일관성 없는 기술개발정책에 대한 기업의 신뢰는 점차 약화되고 이는 정부-기업간의 관계를 긴장된 갈등관계로 변화시켜 나간 주원인이 되었다. 산업기술개발 정책 분야는 앞의 공정거래정책 분야와는 전혀 다른 이유로 정부-기업간의 관계가 갈등관계로 변화되어 나간 주요한 정책 분야였다.

1. 1960년대와 1970년대의 산업기술개발정책

1960년대 정부는 경제발전을 위한 사회간접자본 육성에 치중하고 있었고 실질적인 의미에서의 산업기술 개발정책은 1970년대에나 등장하게 된다. 따라서 1960년대에는 "수출의 촉진을 위하여 장기간의 시간이 소요되는 산업기술의 연구개발보다는 외국기술의 도입이 선호되었고 그러한 기술을 산업체에 소개해 나가는 것이 당시 산업기술개발 정책의 전부였다."9) 그러나 1970년대에 정부의 경제정책이 중화학공업 육성책으로 전환되어 중화학공업의 육성에 필요한 기술의 부족이 중대한 문제로 부각되자(김정렴, 1991: 334) 정부는 연구기관을 확충하고(MOST, 1990: 13-14) 산업기술 촉진을 위해 기술개발촉진법, 기술용역법을 1972년과 1983년에 각각 제정하게 된다.

1972년의 기술개발촉진법은 산업기술 촉진을 주목적으로 하여 제정된 최초의 법으로 미약하나마 외국기술 도입에 대한 정부의 지원과 도입 기술을 기반으로 한 산업기술개발에 대한 지원을 주내용으로 하고 있었다(기술개발촉진법 입법기록, 1991: 1-4; 한국법령편찬회, 1991: 257; 1973년 전경련사업보고서, 1974: 125-126). 기술개발촉진법과 기술용역법의 제정으로는 정부는 기업에게 산업기술개발의 유인을 제공하고 외국기술 자본으로부터 국내기술을 보호하게 되는데 이후의 법 개정 과정에서 정부는 기업의 건의사항을 대폭 수용하여 기업의 산업기술 개발에 대한 지원을 강화하는 한편 외국기술로부터 국내기술에 대한 보호를 강화하게 된다(제98회 국회 경제과학위원회 제21차 회의록, 1977: 2-5; 제98회 국회본회의 제20차 회의록, 1977: 5-6; 1977년 전경련사업보고서, 1978: 160-163; 제96회 국회 경제과학위원회 제17차 회의록, 1976: 20; 18차 회의록,

---

9) 신현확씨와의 면담. 1991.7.16.

1976: 1-2, 5).

그러나 산업기술개발을 위한 기업들의 연구개발 투자는 미약한 수준에서 머무르고 있었다. 기업체의 연구개발비에 대한 투자가 총판매액에서 차지하는 비중은 1977년에 1.02%, 1978년 0.72%, 1979년 0.33%로 오히려 감소하고 있었다(한국산업기술개발진흥협회, 1990b: 8). 전경련이 1979년에 정부에 발신한 한 건의서는 경제 전반에 대한 정부개입의 축소를 요구하던 입장과는 대조적으로 산업기술개발정책 분야에 있어서 정부의 적극적인 개입과 지원을 요구하고 있었다(1979년 전경련사업보고서, 1980: 185).

2. 1980년대의 산업기술개발촉진정책

1970년대 말부터 외국기술의 이전이 보호주의의 장벽으로 점차 한계에 부딪치게 되자 정부는 1980년대부터는 민간주도 경제정책의 기조하에 적극적으로 기업이 산업기술 개발의 주도권을 취해 나가도록 비교적 중립자적인 위치에서 다양한 유인책을 실시하게 된다. 이와 더불어 컴퓨터와 반도체 산업을 중심으로 기업들의 대규모 투자가 이루어지고 기업의 연구개발비 부담률이 정부의 부담률을 상회해 나가는 등 빠른 속도의 적용 형태를 보이며 기술개발의 주도적 역할을 담당해 나간다.

1) 기술개발촉진법와 기술용역법 개정

1980년과 1981년 사이 기업측의 정부에 대한 반복된 건의 내용은 산업기술 촉진을 위한 정부의 획기적인 재정지원, 조세감면 혜택의 확대가 그 골자를 이루고 있었다(1980년 전경련사업보고서, 1981: 178-189; 1981년 전경련사업보고서, 1982: 127-129; 1981년 중소기업협동조합중앙회 사업보고서, 1982: 76, 80). 기업측의 이러한 건의사항은 대부분이 수용되어 1981년 개정된 기술개발촉진법은 기업 연구소에 대한 재정 및 조세지원을 확대하고 전략 기술산업에 대한 국책연구사업을 지정하여 산·학 협동 연구 체제에 대한 법적 지원장치를 마련하였다(제108회 국회 경제과학위원회 제13차 회의록, 1981: 1-3; 제14차 회의록, 1981: 1-14; 제108회 국회 본회의 제19차 회의록, 1981: 6-7). 또, 1981년 개정된 기술용역법은 국내 기술용역회사에 대한 정부 지원 대책을 강화하는 한편 국내 기술용역회사에 대한 사업 우선권을 강화한 것이 그 개정의 골자였다(제108회 국회 경제과학위원회 제15차 회의록, 1981: 2-6; 제108회 국회 본회의 제19차 회의록, 1981: 8-9). 이후 기술개발촉진법은 1989년 다시 개정되는데 이는 미국과의 무역마찰로 인하여 더 이상 국내기술에 의하여 개발된 상품에 대한 무역보호 조치가 어려워지자 이를 철회하는 대신 그러한 상품을 생산하는 기업에 대한 세금감면 혜택을 강화하고 기업연구소에 대한 지원범위를 확대한 개정이었다(제147회 국회 경제과학위원회 제12차 회의록, 1989: 9-11; 제17차 회의록, 1989: 7-8).

2) 기업들의 산업기술개발 노력

1970년대와는 대조적으로 1980년대 기업의 산업기술개발에 대한 노력은 급속한 신장을 보이면서 기업체가 정부에 대하여 비교적 주도적인 입장에서 산업기술개발을 선도해 나가고 있었다. 연구개발비의 정부: 기업체 간의 부담 비율도 1979년에 54.5%: 34.1% 이던 것이 1982년에는 41.3%: 44.8%로 역전되기 시작하여 1988년에는 17.7: 69.6%로 그 격차가 확대되면서 기업체의 총연구개발비가 정부의 연구개발비에 비하여 압도적으로 많아지고 있었다(한국산업기술진흥협회, 1990b: 50-53). 기업체의 연구개발에 대한 투자는 정보산업분야(컴퓨터, 반도체산업 등)에 대규모로 집중되어 있었고(과학기술처, 1990: 212-214) 대기업들 간의 경쟁적인 중복투자 현상이 빈번하여 정부의 적절한 조정 역할이 기대되기도 하였으나(Business Korea, 1958.8.: 63; 1987.1.: 19) "민간주도의 정책 기조하에 1960년대와 1970년대와는 달리 정부는 상당히 중립자적인 위치를 고수하고 있었다."[10]

특기할 만한 사실은 연구개발비 투자의 대부분이 대기업에 의하여 주도되고 있다는 점이다. 한 경제연구소의 조사결과에 의하면 7개 내지 10개 재벌에 의한 연구개발비가 우리나라 전체기업 연구개발비의 약 40%를 차지하고 있음을 보여주고 있어(한국산업기술진흥협회, 1990b: 72-73, 76) 경제력집중 현상이 기술연구개발비에서도 현저히 반영되고 있음을 알 수 있다. 결국 막대한 경제력을 지닌 대규모 기업이 존재하는 상황에서 정부의 민간주도에 의한 산업기술개발촉진은 연구개발비 투자의 대부분이 대기업에 의하여 주도되는 결과를 가져오고 있었다.

3) 부처간 경쟁과 갈등으로 인한 산업기술정책의 난맥상 표출

1980년대 산업기술개발의 중요성에 대한 강조는 정부의 재정지원을 급속히 성장시키고[11] 기술개발에 대한 조세지원 혜택의 범위가 확대되는 등, 양적인 면에서는 빠른 향상을 보이고 있었으나 다른 한편으로는 기술개발정책의 주도권과 이해관계를

---

10) 과학기술처 이상목씨(1991.7.25.). 럭키금성사의 이호열씨와의 면담(1991.7.24.)
11) 정부의 산업기술촉진에 대한 재정지원은 1982년 국책사업의 선정을 기점으로 급속히 성장하여 1979년 38억 원에서 1982년 999억으로 증가하였다(KEB, 1985: 11).

둘러싼 정부부처내의 갈등과 경쟁을 불러일으키는 결과를 초래하고 있었다. 과학기술처를 둘러싼 정부부처간의 갈등은 1960년대 과학기술처의 설립 당시부터 나타난 현상이었으나(전상근, 1982; 과학기술처, 1987) 1980년대에 산업기술 개발의 중요성이 강조되어 나가자 이의 주도권 장악을 둘러싼 경쟁과 갈등은 더욱 표면화되기 시작하였다. 과학기술처 공무원에 의하면,

> 과학기술처는 산업기술 개발의 주무부처였다. 1970년대와 1980년대 초반까지 산업기술의 중요성에 대한 과학기술처의 반복된 강조에도 불구하고 정부의 어느 부처도 아무런 관심을 갖지 않고 있었다. 그러던 것이 1980년대 중반부터는 정부 내의 거의 모든 부처들이-특히 상공부- 산업기술의 촉진과 관련된 정책들을 경쟁적으로 만들어 내기 시작하였다. 그 결과 산업기술의 개발과 촉진이 중요하다는 '총론'에서는 정부부처가 모두 동의하면서도 '각론'에서는 모든 부처의 의견이 달라 구체적인 내용에 대한 합의·조정이 되지 않는 양상을 보이기 시작한 것이다[12].

산업기술의 개발과 촉진을 위한 각 부처의 경쟁은 정부 산하 각 연구기관에 대한 관할권 다툼과 부처간의 중복된 기술개발 정책의 입안과 집행으로 이어지게 된다. 1985년 과학기술처가 '2000년대를 향한 과학기술발전 장기계획'을 마련하자(과학기술처, 1986: 1824; 동아일보, 1986.4.19.) 상공부는 자체적으로 산업기술촉진계획을 마련하고, 1986년에는 공업발전법을 제정하여 이에 근거한 '공업기반기술사업'을 추진하였다(정준석, 1989: 34; 서울신문, 1986.6.26.). 또, 1989년 과기처가 '첨단기술개발 기본계획'을 마련한데 이어 상공부가 수정된 '첨단산업 발전 5개년 계획'을 독자적으로 발표하는가 하면, 과기처가 '첨단기술개발사업추진 특별조치법'을, 상공부는 '첨단산업발전기반조성을 위한 임시조치법'의 제정을 추진하면서 대상기술과 인력부분의 중복은 물론 방법론상에 있어서 양 부처간의 갈등과 경쟁관계를 더욱 표면화시키고 있었다(서울경제신문, 1989.6.25.; 동아일보, 1989.7.3.; 국민일보, 1989.19.18; 상공부, 1990: 184-186).

이러한 상황하에서 기업은 "정부의 일관된 기술개발정책이 결여되고 있고"(한국일보, 1990.3.29.), "장기적인 기술발전에 대한 안목없이 관할권 다툼에만 급급하여" 결과적으로 "중복된 정책과 계획이 산업기술의 개발을 오히려 방해하고 있다"(동아일보,

---

12) 과학기술처 권상원씨와의 면담. 1991.7.10.

1989.12.11.)면서 정부의 산업기술 개발정책에 대한 노골적인 불만을 표출하고 있었다.

3. 산업기술개발촉진정책에 있어서의 정부-기업간의 관계

1980년대 이전에는 비록 그 범위가 외국기술의 도입과 소개에 제한되어 있었으나 대부분의 연구개발은 정부산하 연구소들에 의하여 행하여지고 있었고 기업들은 거의 무상으로 정부 연구소들로부터 기술지원을 받고 있었다. 또 기업들의 건의가 대부분 기술개발촉진법이나 기술용역법 등의 제정과 개정과정에 충실히 반영되는 상황하에 정부-기업간의 관계는 비교적 밀접한- 그러나 정부의 '풍부한 지원'은 결여된 상태에서 정부가 절대적 우월자의 입장은 아닌 비교적 균형적인- 우호관계를 지속하고 있었다.

그러나 1980년대 기술개발의 중요성이 강조되면서 나타나기 시작한 정부부처간의 경쟁과 갈등은 산업기술 개발 정책의 혼란과 비일관성을 가중시켰고 연구개발비의 대부분을 기업이 부담해 나가는 상황에서 산업기술개발 정책에 대한 기업의 불신과 불만을 가중시켜 나가게 된다. 특히 1980년대 말 "1986년부터 1989년까지 기업의 총 무역흑자액 중 26% 이상을 부동산 투기에 사용"(조선일보, 1991.10.15.) 하면서도 산업기술 개발을 등한시한 대기업에 현 경제사정 악화의 책임이있다는 비판이 정부와 언론측에 제기되면서(동아일보, 1990.3.7.; 중앙일보, 1991.5.6.; 조선일보, 1991.10.15.) 기업의 불만은 노골화되기 시작하였다. <표 1>에서 보이는 바와 같이 사실 기업의 토지구입비 증가율은 연구개발비의 증가율을 훨씬 상회하고 있었으며, 1989년에는 부동산 매입에 투자한 총금액이 총연구개발비를 상회하고 있다.

표 1 기업의 연구개발비와 부동산매입(1억원)

연도	1986	1987	1988	1990	1991
토지구입비[1] 증가율(%)	6,224 –	11,014 76.9	16,231 47.3	24,262 49.8	40,707 67.8
30대 재벌소유의 토지금액[2] 증가율(%)	– –	78,000 –	101,000 29.5	131,000 29.7	– –
연구개발비[3] 증가율(%)	10,961 –	13,537 23.5	17,973 32.8	22,124 23.1	– –

주: 1) 전체기업의 토지구입비 지출. 조선일보, 1991.10.15.
  2) 경제기획원, 1990: 203
  3) 기업체의 총연구개발비. 과학기술처, 1991: 31

그러나 기업들은 정부가 설득력있고 일관성있는 산업기술개발 정책을 펴지도 않고, "기술개발의 중요성에 대한 정부의 말만 풍성하였고 기술개발을 위한 정부의 투자와 지원은 항상 그 우선순위에서 제외되어 실질적으로 지원도 제대로 해주지 않고"13) 있으면서도 "대기업에 대한 각종규제의 강화와 외국자본의 도입에 대한 규제로 기술발전에 오히려 방해가 되고 있다"(한국일보, 1990.3.29.)는 시각을 견지하며 정부가 기업에 대하여—특히 대기업에 대하여— 지나치게 비판적이라는 불만을 강하게 노출시키고 있었다.14) 결국 1980년을 기점으로 한 정부의 시장기구 개입 축소는 산업기술개발 분야에서 보다 적극적인 정부의 개입을 원하는 기업들의 불만을 고조시키게 되었고 정부의 강력한 지원이 결여된 상태에서 정부 부처간의 경쟁과 갈등으로 인한 정책조정의 부재, 대기업에 대한 정부의 비판은 양자간의 관계를 갈등관계로 변화시켜나간 주된 원인이었다.

VII. 결 론

지금까지의 논의를 바탕으로 연구결과를 요약하면 첫째, 한국에서의 정부—기업간의 관계는 기존의 연구들에서 주장하고 있는 것처럼 결코 기업이 정부의 결정을 따르지 않을 수 없는 절대적인 정부 우위의 관계가 아니었다는 것이다. 1980년대 이전 양자간의 관계는 서로의 공유된 목표—경제성장과 기업발전—로 인하여 밀접한 관계를 유지해 온 것은 사실이다. 그러나 환경정책의 경우 1980년대 이전은 물론 1980년대 이후 기업들의 반대와 건의사항들이 충실히 환경정책에 반영되는 상황에서 "기업이 정부의 결정에 따르지 않을 수 없는 약한 위치"에 있었다고 볼 수 없다. 더구나 공정거래정책의 경우 기업들의 강한 저항으로 독과점금지 및 공정거래법의 제정이 무려 16년간이나 지연되었다는 점이나 1980년대 중반 이후 경제력집중 완화에 대한 기업의 불만이 공식적으로 표출되면서 정부—기업간의 관계가 갈등관계로 변화해 나가는 것은 이 분야에서의 양자간의 관계가 절대적인 정부우위의 관계라기보다는 오히려 균형관계에서 보여질 수 있는 양자간의 갈등의 표출이라 볼 수 있다. 또 산업기술개발정책이 경우에는 1980년 이후 기업이 고취된 산업기술개발 노력에 비하여 정부부처간의 갈등과 경쟁으로 인한 기술개발정책의 미약한 상황 대응능력이 기업의 불만과 양자간의 갈등관계로 연결되고 있어 이 분야에 있어서 정부—기업간의 관계

---

13) 박종천씨와의 면담. 1991.7.24.
14) 두 사람의 대기업 근무자와 상공부의 한 공무원은 같은 견해를 보이고 있었다.

는 정부우위나 균형관계라기 보다는 오히려 기업우위의 관계에서 나타나는 갈등관계의 표출로 볼 수 있다 하겠다.

둘째, 정부－기업간의 관계는 정책 분야별로 다른 패턴을 보여주고 있다. 환경정책과 공정거래정책은 사회 및 경제규제정책으로 정책 자체의 성격상 기업의 저항을 유발할 요인을 내포하고 있어(Ripley & Franklin. 1984; Vogel, 1986; 1989; Marcus, 1984) 정부－기업관계를 긴장과 갈등의 관계로 악화시킬 소지가 지원정책의 성격을 지닌 산업기술개발정책보다는 큰 정책 분야라 할 수 있다. 그럼에도 불구하고 우리나라의 정부－기업간의 관계가 환경정책 분야에서는 1980년대 이후에도 비교적 밀접한

표 2 정책 분야별 정부－기업간의 관계와 주요 영향요인(－약함, 0 중간, ＋강함,

공정거래정책	1960	1970	1980	1990
정부의 의지	－	－	＋	＋＋
경제적 이유	－	－	＋	＋＋
정치적이유	－	－	＋	＋＋
부처의 정부내 위상	＋	＋	＋	＋＋
기업의 경제적 이해	＋	＋	＋＋	＋＋
여론	－	0	＋	＋＋
정부－기업간의 관계	긴밀 ·········> 긴밀		·········> 긴장·갈등	
환경보전정책	1960	1970	1980	1990
정부의 의지	－	－	－	－
경제적 이유	－	－	－	－
정치적이유	－	0	＋	＋
부처의 정부내 위상	－	－	－	－
기업의 경제적 이해	－	0	0	＋
여론	－	0	＋	＋＋
정부－기업간의 관계	긴밀 ·········> 긴밀		·········> 긴밀	
기술개발촉진정책	1960	1970	1980	1990
정부의 의지	－	0	＋	＋＋
경제적 이유	－	0	＋	＋＋
정치적이유	0	0	＋	＋
부처의 정부내 위상	－	－	－	－
기업의 경제적 이해	－	0	＋	＋＋
여론	－	－	－	0
정부－기업간의 관계	긴밀 ·········> 긴밀		·········> 긴장·갈등	

우호관계를 지속하고 있는 반면 공정거래정책 분야에서는 긴장된 갈등관계로 변화하고 있는 것을 각 정책에 대한 기업의 경제적 이해관계, 정부의 의지, 그리고 정책 집행부처의 정부내의 위상이 큰 차이를 보이고 있었기 때문인 것으로 보여진다(<표 2> 참조).

독과점금지 및 공정거래정책은 원래의 의도대로 실행될 경우 대기업의 경제적 이해관계가 구조적인 면에서 직접적으로 큰 타격을 받을 수 있는 정책이었고 더구나 이의 집행부처가 경제기획원이라는-타부처의 영향력에 비교적 강한 자율성을 지니고 정책을 집행할 수 있는- 강력한 정부부처라는 점, 그리고 80년대 중반 이후 경제력집중 완화에 대한 정부의 자세가 경제력 집중이 경제적 효율화를 저해한다는 정부의 경제적 인식 변화와 일치하면서 정책의지가 강화되었다는 점들은 대기업에게는 충분히 위협적인 사실이었으리라 볼 수 있다. 따라서 이러한 점들이 대기업측이 동법의 제정과 개정에 어느 다른 정책 분야에서도 볼 수 없었던 강한 반대를 지속하면서 정부-기업간의 관계를 갈등관계로 변화시켜 나간 주원인이었다고 볼 수 있을 것이다. 환경정책의 경우 기업이 경제적 이해관계가 공정거래정책의 경우처럼 위협적이었다고는 볼 수 없으며 정부의 정책의지도, 집행부처의 위상도 강하지 않았다. 이러한 상황에서 기업측의 반대는 강할 이유가 없었으며 양자간의 관계는 비교적 밀접한 우호관계를 지속하고 있다고 볼 수 있다. 민주화의 진척으로 국민의 요구가 정부의 환경정책 의지에 상당한 영향을 미쳤으리라 기대할 수도 있겠으나 정부가 여론에 비교적 민감한 반응을 보인 것은 그러한 국민의 여론이 정부의 경제적인 관심과 일치할 때였다. 환경문제와 경제력집중이라는 문제에 여론이 다 같이 비판적이었음에도 불구하고 경제력집중 완화를 위한 정부의 자세만이 유독 강화된 것은 경제력집중이 경제적 효율화를 저해한다는 정부의 경제적 인식 변화와 일치하였기 때문이라 볼 수 있다. 이러한 점은 미국 정부-기업간의 불편한 관계에 직접적인 원인이 1960년대와 1970년 초반의 급격한 공익단체 활동의 증가와 그로 인한 사회규제의 급증에 있었던 것과는(Jacoby, 1975; Dunlop, 1980; Stevens et al., 1988; Vogel, 1981; 1986; 1989; Bertozzi, 1990) 상당히 대조적이라 할 수 있다. 산업기술개발정책은 위의 두 정책과는 대조적으로 80년 이후 강화된 정부의 정책의지, 증대된 기업의 경제적 이해관계, 그리고 약한 주무부처의 위상으로 특징지어진다. 이렇게 볼 때, 지원정책의 경우 강화된 정부의 정책의지는 약한 주무부처의 정책조정 능력의 결여로 정부부처내의 경쟁적인 갈등관계를 유발하며 이로 인한 정책 구심점의 결여가 정책에 대한 기업의 불신과 불만을 누적시키고 양자간의 갈등관계로 변화시키는 것으로 볼 수 있다.

결론적으로 지난 30년을 통해 경제성장에 대한 정부의 강한 관심은 기업들이 한국의 정치·경제에서 차지하는 막대한 비중과 더불어 기업의 "특권적인 위치(privileged position of business)"를 강화시켜 왔고 정부와의 밀접하고 우호적인 "특별한 관계" 속에서(Lindblom, 1980: 73) 성장한 기업들은— 특히 대기업들— 이제 그 스스로의 생명력을 가지고 정부와 균형자적인, 또는 우월자적인 위치로 변신해 나가고 있다. 본 논문에서 고찰된 일부 정책 분야에서 정부—기업간의 관계가 갈등관계로 변화해 나가는 것도 이런 큰 맥락에서 설명될 수 있을 것이다. 그러나 문제는 이러한 기업의 영향력 확대가 적절한 제도적인 장치에 의하여 규제되지 않을 때 기업들이 사회적인 책임성을 완수하는데 비교적 둔감할 수 있고, 변화하는 국민의 요구에 효과적으로 대응할 수 있는 정부의 능력을 제약할 수 있다는 사실이다. 기업들이 무분별한 기업확장이나 부동산투기에 열을 올리면서 기술개발에 투자하지 않았다는 점은 비난받아 마땅하겠지만 정부는 무역흑자로 넘치는 외화를 적절히 재투자할 수 있는 제도적인 여건을 마련하지 못하고 있었고, 그러한 상황에서 높은 수익률을 찾아 흐르기 마련인 기업의 투자행태를 비판만은 할 수 없다. 또 강력하지도, 경제적 유인을 제공하지도 않는 환경정책을 기업이 회피하여 나간다는 것을 비판만은 할 수 없다. 기업의 행태가 기본적으로 기존의 제도 내에서 달성가능한 기업의 성장과 이윤추구에 의하여 지배된다는 점을 생각할 때(Fligstein, 1990), 그리고 그러한 제도의 상당부분이 정책에 의하여 형성된다는 사실을 생각할 때, 시장기구로부터의 정부역할이 축소만이 아닌, 정부의 보다 적극적인 역할과 경제적 고려만을 뛰어넘는 정부역할의 재정립이 절실히 요망된다 할 것이다.

참고문헌

경제기획원. (1990). 「1990 경제백서」. 서울.
_____. (1984). 「공정거래백서」. 서울.
공정거래위원회. (1990a). 「공정거래법상 경제력집중억제제도 내용」. 서울.
_____. (1990b). 「공정거래제도」. 서울.
_____. (1991a). 공정거래법규 개정및 조직개편. 「공정거래」. vol.3. 서울.
_____. (1991b). 공정거래통계. 「공정거래」. vol.3. 서울.
공정거래위원회, 한국개발연구원. (1991). 「공정거래 10년사」. 서울.

과학기술처. (1990). 「1989 과학기술연감」. 서울.

_____. (1991). 「1990 과학기술연감」. 서울.

_____. (1986). 「2000년대를 향한 과학기술발전 장기계획; 1987－2001」. 서울.

_____. (1987). 「과학기술행정 20년사」. 서울.

구연창. (1974). 환경대책입법상의 문제점. 「법과공해」.

_____. (1975). 공해방지법 개정시안의 검토와 비판. 「회계와 세무」.

_____. (1979). 환경행정기구의 설치를 위한 제언. 「사법행정」. no.224.

_____. (1981). Legal Aspect of Environmental Protection in Korea. 「환경법론」. 서울: 법문사.

_____. (1982). 한국 환경영향평가제도에 관한 몇가지 고찰. 「환경보전연구」. vol.4. 서울: 한국환경법학회.

국회사무처. (1976－1990). 「경제과학위원회 회의록」. 서울.

_____. (1976－1990). 「보건사회위원회 회의록」. 서울.

김계정 · 노재식. (1976). 「한국의 환경과 국가발전」. 서울: 원자력연구소.

김정수. (1980). 「환경청 발족의 정책과정연구」. 석사학위논문: 연세대학교.

김정렴. (1991). 「한국경제정책 30년사」. 서울, 중앙일보사.

대한상공회의소. (1984). 「상공회의소 100년사」. 서울.

문태훈. (1992). 한국환경보전정책: 정부－기업관계를 중심으로. 「한국정책학회보」. 창간호.

박유광. (1989). 경제력집중 완화를 위한 공정거래정책의 방향. 「공정거래」. vol.2. 서울: 경제기획원.

상공부. (1990). 「1990 상공백서」. 서울.

신동아. (1990). 흔들리는 경제기획원. 1990.5.

유인호. (1983). 한국의 경제와 환경오염. 한국공해문제연구소, 「내땅이 죽어간다」. 서울: 일월서각.

이정훈. (1991). 낮과 밤이 다른 공해도시. 「월간조선」. 1991.1.

장조호. (1979). 환경규제 권한의 분배. 「경희법연구」. No. 113.

전국경제인연합회(전경련). (1970－1990). 「사업보고서」. 서울.

_____. (1983). 「전경련 20년사」. 서울.

전상근. (1982). 「한국의 과학기술정책」. 서울: 정우사.

정준식. (1989). 「산업기술개발지원 정책의 현황과 개선방안」. 서울: 한국기술개발원.

조동성. (1989). 「한국재벌연구」. 서울: 매일경제신문.

조정래. (1983). 한국공해문제의 성격과 현황. 한국공해문제연구소, 「내땅이 죽어간다」. 서울: 일월서각.

주종항. (1985). 「재벌경제론」. 서울: 정음문화사.

_____. (1986). 재벌 비대화 더이상 방치할 수 없다. 「신동아」. 11월.

중소기업협동조합중앙회. (1982). 「企協 20년사」. 서울.

_____. (1983 – 1989). 「사업보고서」. 서울.

한국공해문제연구소. (1986). 「한국의 공해지도」. 서울: 일월서각.

한국노동연구원. (1990). 「임금관련통계자료집」. 서울.

한국법령편찬회. (1991). 「대한민국법령연혁집」. 서울.

한국산업기술개발연구원. (1985). 「1985 산업기술백서」. 서울.

_____. (1987). 「기술개발지원정책및 애로요인 조사연구」. 서울.

_____. (1990a). 「1990 산업기술백서」. 서울.

_____. (1990b). 「산업기술주요통계요람」. 서울.

환경처. (1991a). 「1990 환경백서」. 서울.

_____. (1991b). 「환경관계법령집」. 서울.

환경청. (1980). 「환경청소관 세입세출예산 사항별 설명」. 서울.

_____. (1986). 「환경보전」. 서울.

_____. (1987a). 「80년대의 환경시책」. 서울.

_____. (1987b). 「환경보전에 관한 국민의식조사」. 서울.

_____. (1988a). 「환경보전」. 서울.

_____. (1988b). 「환경시책과 환경투자」. 서울.

Amsden, A. H. (1988). Private Enterprise: The Issue of Business – Government Control. *Columbia Journal of World Business*, vol.23, Spring.

_____. (1989). *Asia's Next Giant, South Korea and Late Industrialization*. NY: Oxford University Press.

Bertozzi, Jr. Dan and Lee B. Burgunder. (1990). *Business, Government and Public Policy*. NJ: Prentice Hall.

Business Korea. (1984.12). Big Business Looking Less Beautiful.

Chandler, Alfred D. (1980). Government versus Business: An American

Phenomenon. In John T. Dunlop (ed.), *Business and Public Policy*, Boston: Harvard University Press.

Chung, Kae H. 1989. An Overview of Korean Management. In Chung Kae H. and Lee Hak Chong (eds.), *Korean Managerial Dynamics*. New York: Praeger.

Fligstein, Neil. (1990). *The Transformation of Corporate Control*. Cambridge, MA: Harvard University Press.

Haley, John O. (1985). Antitrust Enforcement in Korea. *East Asian Executive Reports*, October.

Hasan, Parvez. (1976). *Korea: Problems and Issues in a Rapidly Growing Economy*. Baltimore: Johns Hopkins University Press.

Jick, Todd D. (1983). Mixing Qualitative and Quantitative Methods: Triangulation in Action. In John Van Maanen (ed.), *Qualitative Methodology*, Beverly Hills: Sage Publications.

Johnson, Chalmers. (1985). Political Institutions and Economic Performance: The Government—Business Relationship in Japan, South Korea, and Taiwan. In Robert A. Scalapino, Seizaburo Sato and Jusuf Wanandi (eds.), *Asian Economic Development—Present and Future*, Berkerly, California: Institute of East Asian Studies, University of California.

Jones, Leroy P. and Il Sakong. (1980). *Government, Business, and Entrepreneurship in Economic Development: The Korean Case. Cambridge:* Harvard University Press.

Kang, Peter K. (1988). Political and Corporate Group Interests in South Korea's Political Economy. *Asian Profile*, vol.16, no.3.

Kim, Eun Mee. (1988). From Dominance to Symbiosis: State and Chaebol in Korea. *Pacific Focus*, vol.3.

_____. (1987). *From Dominance to Symbiosis: State and Chaebol in Korean Economy*, 1960—1985. Ph.D Dissertation, Brown University.

Kim, Kihwan. (1988). Korea in the 1990s: Making the Transition to a Developed Economy. *World Development*, vol.16. no.1.

Kim, Kee Young. (1984). American Technology and Korea's Technological Developmet. In Karl Moskowitz (ed.), *From Patron to Partner*, USA, MA:

LexingtonBooks.

Kim, Kwang Doo and Lee Sang Ho. (1990). The Role of the Korean Government in Technology Import. In Lee Chung H. and Yamazawa Ippei (eds.), *The Economic Deveopment of Japan and Korea*, USA, New York: Praeger.

Kim, Seok Ki. (1987). *Business Concentration and Government Policy: A Study of the Phenomenon of Business Groups in Korea*, 1945－1985. D.B.A. Dissertation, Harvard University.

Kirk, Jerome and Mark L. Miller. (1986). *Reliability and Validity in Qualitative Research*. Beverly Hills: Sage Publications.

Kim, Sungsoo. (1989). *The Policy and Politics of Environmental Protection in the Republic of Korea*. Ph.D. Dissertation, University of Texas at Austin.

Kuk, Min Ho. (1987). *The Relationship Between Government and Private Companies in the Industrial Development of South Korea: A Study of Korean Way of Development*. Ph.D Dissertation, IL: University of Illinois at Urbana－Champaign.

Leipziger, Danny M. (1988). Industrial Restructuring in Korea. *World Development*, vol.16, no.1.

Mason, Edward S., Kim Mahan Je, Dwight H. Perkins, Kim Kwang Suk, and David C. Cole. (1980). *The Economic and Social Modernization of the Republic of Korea*. Cambridge: Harvard University Press.

Miles, Matthew B. (1983). Qualitative Data as an Attractive Nuisance: The Problem of Analysis. In John Van Maanen (ed.), *Qualitative Methodology*, pp.117－134. Beverly Hills: Sage Publications.

Ministry of Science and Technology (MOST). (1990). *Introduction to Science and Technology*: Republic of Korea. Seoul, Korea.

Steinberg, David I. (1988). Socio－Political Factors and Korea's Future Economic Policies. *World Development*, vol.16, no.1.

Vogel, David. (1981). The 'New' Social Regulation in Historical and Comparative Perspective. In Thomas K. McCraw (ed.), *Regulation in Perspective*, Boston: Harvard University.

_____. (1986). *National Styles of Regulation Environmental Policy in*

Great Britain and The United States. Ithaca: Cornell University Press.

_____. (1989). *Fluctuating Fortunes,* The Political Power of Business in America. New York: Basic Books, Inc.

Wagner, Stanley P. (1987). Antitrust, the Korean Experience 1981−1985. *The Antitrust Bulletin*, Summer.

Westphal, Larry E. (1990). Industrial Policy in an Export−Propelled Economy: Lessons from South Korea's Experience. *The Journal of Economic Perspectives*. vol.4.no.3. Summer.

World Bank. (1987). *Korea: Managing the Industrial Transition*. Vol.I and II, Washington D.C.

▶ ▶ ▶ **논평**

나태준(연세대학교 행정학과 교수)

근대 한국사회 발전의 역사는 산업화 역사에 다름 아니다. 문태훈 교수님의 논문은 한창 산업화 일로에 있던 우리나라 1980년대를 중심으로 우리 정부의 정책기조가 기업과의 관계에서 표출되는 현상적 특징을 날카롭게 분석해내고 있다. 특히 환경보전, 공정거래, 산업기술개발정책 등 세 가지 정책을 대상으로 정부—기업 간 관계에서 전통적으로 나타나는 —혹 은 적어도 많은 사람들이 그렇게 믿고 있는 — 정부의 對시장 우위적 요소가 실제로 나타났는가에 대해 의문을 제기하며 기존의 관점에 대해 매우 설득력 있는 반론을 펼치고 있다. 법제도의 미비함과 정부의 실책 등도 크게 작용하기는 하였지만 무엇보다도 대기업의 이익에 반대되는 정책은 제대로 실행되지 못했고, 따라서 정부가 시장에 대해 우위를 점하였다고 볼 수 없다는 것이다. 본 논문은 기존의 일반적 관점에 대해 역사적 정책 분석을 통해 재해석을 가하고 있다는 점에서 2020년 현재를 지나고 있는 정부 정책에도 시사하는 바가 크다.

전통적 시각에서 우리나라 산업화의 역사는 정부가 우위에 서서 시장을 견인해나가는 대표적인 정부주도형 모델로 여겨져 왔고, 실제로 지금도 많은 개도국들이 환경정책과 산업정책을 비롯한 우리나라의 공공정책 틀과 내용을 학습하고 벤치마킹하기 위해 해마다 수많은 공무원들을 파견하고 있다. 일반적으로 이해되는 한국사회의 고유 특징은 전통적으로 시장이나 시민사회에 비해 정부의 힘이 강력하다는 것이다(Lah, et al., 2017: 61-64). 우리나라의 경우 시장은 정부에 의해 형성되어온 측면이 강하다(Lah, 2010). 주식시장은 정부규제의 일거수일투족에 따라 요동친다. 금융감독과 공정거래의 이름으로 기업의 시장교환행위는 견제되고, 해당 제품과 서비스가 시장에서 퇴출되거나 제한된다. 최근 공유차량서비스인 "타다"의 검찰기소 사태에서 나타난 바와 같이, 대중에게 인지도가 높은 유망기업이 제공하여 시장에서 널리 각광받고 있는 최첨단 혁신 플랫폼서비스라 할지라도 정부의 의지에 따라서는 하루아침에 불법적 행위로 낙인찍혀 검찰의 기소 대상이 될 수 있다는 사실은 가히 충격적이다.

한국사회에서 정부가 시장이나 시민사회에 비해 우위에 있다는 것은 크게 세 가지 이유에서 역사적 전통에 기인한다고 할 수 있다. 우선 몇 백년간 이어진 전통 유교문화로 인해 잠재의식과 관습에 깊이 뿌리박힌 관주도민추종(官主導民追從) 의식을 들 수 있다. 두 번째는 36년간 지속된 일제강점기 때의 식민통치지배 하에서는 자유 시장경제나 건전한 시민의식이 발전하기 어려웠다는 점이다. 마지막으로는 90년대 초까지 이어진 독재개발시대에 무소불위의 군부정권이 시장질서를 존중하기보다는 소수 대기업 위주의 정책을 전개함으로써 시장경제를 오히려 교란하였고, 결과적으로 중소기업이나 소상공인이 설자리를 없게 만들었으며 건전한 자본주의의 형성을 가로 막는 결과를 낳게 되었다.

문태훈 교수님의 논문은 역사경제적 분석을 통해 기존에 널리 알려진 한국사회 의 정부−기업 간 관계관에 일격을 가하고 있다. 큰 틀에서 기존의 일반적 이해가 잘 못 된 것은 아니겠으나, 보다 정밀하게 들여다본 세부 정책분야에서는 다른 시각과 해석이 가능하다는 것이다. 특히 위의 세 번째 관점과는 일맥상통한 논의를 전개하고 있는데, 무엇보다도 대기업의 영향력에 주목하고 있다는 점에서 정부우위적 일반론과 는 결을 달리하고 있다. 산업화의 시대에 대기업은 경제발전의 논리를 앞세워 때로는 정부를 압박하고, 때로는 설득하면서 기업의 이익에 부합하는 방향으로 정부정책에 부인할 수 없는 영향력을 행사해왔다는 것이다.

문 교수님의 논의는 크게 세 가지 분야로 나누어져 있다. 우선, 환경보전정책 분 야이다. 논문의 주된 주장은 초기에 환경정책의 주무부처이던 보사부의 노력은 기본 적으로 산업정책의 일환이었으며, 1980년 환경청이 탄생한 이후 환경권 조항이 신설 되는 등의 노력에도 불구하고 경제적 논리를 극복하기에는 역부족이었다는 것이다. 그 예로 전경련의 정책건의와 중소기업체 반대에 의해 나타난 기본부과금 제도 철회, 자동차 배출가스 검사 의무조항 완화 등을 들고 있다. 결국 경제성장에 대한 관심이 환경정책을 상징적인 것으로 전락시켰고, 정부 내에서도 미약한 환경청의 위상은 기 업들에 의해 악의적으로 활용되었다는 것이다. 환경정책의 발전은 "실질적 발전보다 는 수사적 발전에 그쳤다"는 전 보사부 장관의 발언에는 더하거나 뺄 것이 없다. 대 기오염과 교통문제 등에 있어 정부가 대기업의 경제활동을 간섭하지 않으려 했었기 때문이 아니라 그렇게 할 수 없었기 때문이라는 논의는 흥미롭다.

논문은 독과점금지와 공정거래정책분야에 있어서도 80년대 정부−기업 간 관계 는 갈등관계였지만, 80년대 이전에도 결코 기업이 정부에 대하여 결정적으로 약한 위 치에 있지 않았다고 주장한다. 이 시기에 거쳐 정부의 각종 법제정과 관련 정책이 효 과적이지 못하였고, 대기업은 반대를 통해 규제를 완화시키거나 효과적으로 회피하였 다는 것이다. 예를 들어, 경쟁제한적 기업합병 행위에 대한 시정조치가 단 2건에 불 과하였으며, 기업의 저항으로 인해 관련법 시행에도 불구하고 정부는 대기업의 의도적 경제력 집중현상을 막지 못했다고 주장한다. 현실적 실제 사례들로 가득한 논의를 좇아가다 보면 결국 재벌기업으로의 경제력 집중이 심화되었고, 정부-기업 간 관계는 악화되었음을 부정할 수 없게 된다.

마지막으로 산업기술개발촉진정책에 대한 분석에서도 이상의 논문기조는 적절히 유지되고 있다. 산업정책 후발주자로서 구심점이 없던 구조에서 정부는 주도권을 행사할 수 없었고, 결국 단순한 선진국 기술 소개, 보호주의 확산으로 인한 정부주도 개발의 현실적 제한, 기업들의 대규모 투자 등 제반 여건이 결코 관주도 형태의 산업기술정책으로 이어지지 못했다는 것이다. 결국 연구개발비의 부담률에서도 기업의 비중이 압도적으로 높아지게 되었고, 정부의 역할은 기업에게 조세감면 혜택을 부여하고, 법적 지원장치를 마련하며, 기업들의 산업기술개발 노력에 대한 지원을 확대하는 역할 등으로 한정되었다는 것이다. 정부 유관부처간의 관할권 다툼으로 인해 중복된 기술개발 정책이 시행되고 일관된 기술개발정책이 결여되어 오히려 산업기술개발을 방해하는 결과를 낳게 되었다는 대목은 현재에도 자주 회자되는 정책 컨트롤 타워의 부재를 떠올리게 한다.

결국 논문은 기존의 정부의 對시장 우위 가설이 옳지 않으며, 정부-기업 간의 관계는 정책분야별로 다른 패턴을 보여주고 있음을 증명하는데 성공한다. 저자는 세 개 정책분야에서의 매우 정치한 논의를 통해 정부와 기업 간 '특별한 관계' 속에서 기업은 '특권적 위치'를 강화시켜 왔음을 역설하고 있다.

논의에 몇 가지 제한점이 없는 것은 아니다. 80년대 정부의 서슬이 시퍼렇던 시절에 기업의 이익에 반대되는 정책 중 시행된 것은 없는가? 논문에서 다루고 있는 세 가지 정책 분야가 당시의 정치경제를 이해하는데 대표성이 있는 분야인가? 해석에 충분한 설명변수가 고려되었는가? 방법론 상 편의적 자료에 의존한 것은 아닌가? 등 몇 개의 합리적 질문을 던질 수 있다.

또한, 한국 정치경제의 변화에 대한 배경 논의가 다소 짧게 처리된 점 역시 아쉽다. 특히 경제구조의 복잡화, 대기업에의 경제력 집중, 국민요구의 증대 등 세 가지의 속성을 간단히 언급하고 있는데, 대기업에의 경제력 집중을 제외한 나머지 내용에 대해서도 보다 상세한 논의가 있었더라면 하는 아쉬움이 남는다. 이 세 가지 내용을 엮어 분석틀로서 제시할 수도 있었을 것이다. 비록 논문에서는 명시적 분석틀을 두고 있지는 않으나, 논문은 환경보전과 공정거래, 산업기술개발정책 각론에서 이 세 가지 속성을 이미 씨줄과 날줄로 삼아 충실히 논하고 있으므로 논의를 별 무리 없이, 오히려 더욱 세련되게 전개하였다고도 볼 수 있다.

　　세 가지 정책에서 나누어졌던 논의의 흐름은 결국 80년대 정부에 대한 시장의 판정승이라는 하나의 주제로 매듭지어지는 결론에 이른다. 논문을 읽고 나면, 가히 대기업에 의한 80년대 경제질서의 재편이라는 시각에 동의하지 않기는 쉽지 않을 것이다.

참고문헌

Lah, T. J. 2010. Public Policy Processes and Citizen Participation in Evan M. Berman, M. Jae Moon and Heungsuk Choi (eds.), *Public Administration in East Asia*. Boca Ratan: CRC Press, 355−400.

Lah, T. J., Yijia Jing, and Peter T. Y. Cheung. 2017. Public policy and ministration in an era of expansion: China, South Korea and Hong Kong, in Thomas R. Klassen, Denita Cepiku, and T. J. Lah (eds.). *The Routledge Handbook of Global Public Policy and Administration* New York: Routledge, 58−69.

제 2 편

정치와 행정의
역학관계

결정작성(決定作成)이론의 양형(兩型)과 한국행정

결정작성(決定作成)이론의 양형(兩型)과 한국행정*

조석준(서울대학교 행정대학원 명예교수)

∽ 프롤로그 ∽

H. Simon을 생각하며

내가 H. Simon을 처음 접한 것은 미국 유학시절인 1950년대 후반과 60년대 전반이었으며 그의 저서와 학술논문 등을 통해서였다. Simon은 프린스턴 대학을 나온 후 버클리 대학의 Dwight Waldo 교수의 밑에서 교수생활을 시작했다. 그런데 얼마 후에 사표를 내고 경제학과 수학전공의 석사과정 공부를 시작하였다. 그 당시 보통 사람들에게는 어려운 선택을 한 것이다.

나는 그의 저서 가운데 특히 J. March와 공저한 Organizations에 많은 감명을 받았고, Decision Making에 대해서 여러 가지 자극을 받았다. 그는 Carnegie Institute of Technology에서 교수로서 연구와 학술활동을 하고 학장까지 했고, 1978년에는 노벨 경제학상을 받기도 했다. 현재 이 대학은 Melon대학과 합쳐서 Carnegie Melon University로 불리고 있다. 나는 유학 시절에 Simon의 여러 저서와 논문 그리고 학술활동에 특별한 관심을 갖고 연구했다. 지금 회고하면 그 당시의 Decision Making이론이 21세기에 다시 평가되어야 한다고 생각한다. Decision Making이론을 기초로 하는 더 많은 이론과 새로운 기술 그리고 복합적으로 응용한 새로운 생활방식에까지 영향을 미치고 변화가 진행되고 있는 것을 쉽게 발견할 수 있기 때문이다.

컴퓨터는 당초의 punch card 시대를 지나고 전기 · 전자공학과 결합하면서

---

* 이 논문은 1967년 『한국행정학보』 제1권에 게재된 글을 수정 · 보완한 것이다. 특히 한자를 한글로 수정하였고, 오늘날 통용되는 맞춤법으로 수정하였다.

비약적인 발전을 했다. 컴퓨터는 슈퍼컴퓨터와 함께 수많은 대량의 정보를 신속하게 목적에 따라 처리하는 것이 가능해졌다. Simon은 1960년대 초에 학술논문에서 컴퓨터는 장차 사람의 말을 알아들을 수 있게 된다고 예언을 했다. 그 당시로는 너무 상상하기 힘든 일이라고 생각했었다. 그러나 지금은 어린애부터 노인까지 모든 연령의 사람들이 일반적으로 사용하고 있는 핸드폰과 TV는 물론 냉장고와 많은 일상생활기계에게 말로 지시를 하면 말을 알아듣고 그에 따라 반응을 한다.

그리고 그는 오늘날의 Artificial Intelligence에 대해서도 그 당시에 벌써 주장하고 예언했던 것이 있다. 많은 정보자료를 컴퓨터기술을 이용하여 정리하면 의사결정 문제를 해결하는데 도움을 줄 수 있다고 주장했으며, 이와 같은 생각을 MIT와 하버드에서 강연했다. 그는 1965년에는 사람이 할 수 있는 거의 모든 의사결정을 컴퓨터가 할 수 있을 것이라고 예언 했었다.

오늘날 의사결정은 AI말고도 로봇공학, 뇌과학과 신경과학, 반도체 등 여러 분야가 서로 협력하는 융합적 연구를 하고 있다. 인류가 겪은 혁명을 인지혁명, 농업혁명, 과학혁명 등이라 한다면 지금은 네 번째인 인공지능 혁명의 시대라고 할 수 있다. 실제로 한 사람의 학자가 태어나서 이렇게 큰 변화를 촉발하도록 영향력을 미친 것은 참으로 감개무량한 일이다. 그러한 Simon이 짧은 기간이나마 행정학자로서 학술활동을 했었다는 것도 흥미 있는 일이다.

I. 서 론

결정작성의 이론이 오늘날의 조직론의 중요한 분야를 점하고 있는 것은 주지의 사실이다. 원래 그 기원은 벌써 반세기 전의 일에 속하지만, 이 문제가 조직론의 중요한 논제로 등장하게 된 것은 1950년대에 와서부터의 일로 생각된다. 특히 이때 이후로는 이 이론 속에 행태과학이 동원되고 또 수학적 지식이 광범하게 원용되게 되었다. 그리고 많은 학자에 의하여 다양하게(대상, 방법론 등에서) 전개되어 왔다. 이와 같은 상태는 이 방면에 관심을 가진 일반 학자나 실무가들에게 전반적인 이론의 양상, 내용 등을 정확하게 파악하기에 곤란을 느끼게 하였다. 이 논문은 이와같은 상황에 비추어 결정작성이론의 전반적인 면모를 한국행정학계에 소개하고, 나아가서 우리나라 행정학 연구의 발전을 위하여 사상(捨象)할 점, 수정 발전시켜야 할 점 등을 시사하려는 두 가지 의도 하에 작성된 것이다.

Ⅱ. 결정작성이론의 현황

가. 대상

결정작성이론을 전개하는 자들이 취급하는 학문분과별의 대상을 보면 경제현상, 정치현상(외교정책결정, 국제기구 내의 결정 포함), 행정현상 내지 관리현상 등이 주종을 이루고 있으며 부수적으로 지역공동체의 결정작성을 취급하는 자들도 있다. 그러나 이상의 여러 분야 중에서도 가장 활발하게 논의의 대상이 되고 따라서 발표된 저서, 논문 등이 많은 분야는 경제, 관리, 행정 등의 분야라고 생각된다. 따라서 이하에서는 주로 이 분야를 중심으로 하여 그들의 연구방법을 보고 부수적으로 이론 내용을 검토하고자 한다.

나. 연구방법

이들 여러 분야(경제, 관리, 행정)를 취급하는 자들에 대해서는 그 연구방법이나 이론 내용을 다시 두 가지의 부류로 나누어서 고찰할 수 있다. 첫째는 규범적·이상적인 방법(Normative or Idealistic Approach)에 속하는 것들이며, 둘째는 현실적·실증적인 방법(Realistic or Empirical Approach)에 속하는 것들이다. 이하에서는 이 양자에 대해서 구체적으로 언급하고자 한다.

(1) 규범적·이상적 방법

여기에 규범적·이상적 방법이라 함은 결정작성의 당위 면을 강조하고 연역적인 추리 방법을 사용하는 일련의 연구방법들을 말한다. 구체적으로는 미시경제학적 입장에서 경제생활에 임하는 기업의 행동결정을 설명하는 이론, Linear Programming, Operations Research, Queueing, 기타 Statistical Decision Theory, Game Theory 등이 이 부류에 속한다.

이들 이론들의 공통적인 특색은 다음과 같은 점에 있다.

첫째 결정작성자는 하나의 목표(Goal)를 갖고 있다. 둘째 이 목표달성을 위한 모든 대안(alternatives)과 그 대안이 초래할 결과를 결정작성자는 알고 있다. 셋째 여러 대안 간에 순위 배정을 하기 위한 관계 또는 규칙이 존재한다. 넷째 결정작성자는 목표달성을 극대화(maximize)하고자 한다. 다섯째 결정작성자로서의 인간은 합리적으로 (Rationality) 행동한다.

이상과 같은 여러 가지의 사고방식은 자연히 인간의 심리, 인간사회의 동태적 요소 등의 영향을 고려하지 않는 결과를 초래하고 있다. 이런 의미에서 이 부류의 이론들은 폐쇄적 이론(Closed Theory)이라고 할 수 있다. 이들은 이상과 같은 단순한 전제하에서 결정작성의 이론에 수학적 지식을 채용하고 있으며, 오늘날 그의 발전은 수학의 전문지식이 없이는 이해하기 곤란한 정도로까지 밀고 나왔다. 그리고 이들은 자기의 이론 구성에 있어서 많은 현실사례로부터 귀납하기보다는, 위와 같은 전제로부터 연역하며, 현실의 설명보다는 현실 조작을 위한 당위적인 이론을 제시하고 있다. 물론 이들 이론 중의 일부가 현실에의 적용에 있어서 성공한 분야가 있는 것도 사실이다. 그러나 기본 성격은 아직도 극도의 합리주의적, 당위적, 연역적 이론임에는 틀림이 없다.

이제 이하에서는 좀 더 구체적으로 이들의 이론들을 소개, 비판하기로 한다.

첫째 미시경제학에서의 연구대상이 되는 것은 소비자로서의 개인과 기업의 양자의 결정이라고 할 수 있다. 예로 Alfred Marshall의 이론체계는 다음과 같은 사실을 전제로 하여 기업의 결정을 설명하고 있다. 즉 소수 기업 간의 상호작용이 전체에는 영향을 미치지 못하는 완전한 경쟁시장, 기업의 적응, 신규투자, 해산, 고용 등이 아무런 장애 없이 수행될 수 있는 공개시장, 유일한 조절장치로서의 가격의 메커니즘, 이런 가격 메커니즘을 다 주지하는 모든 당사자 등이 전제되어 있었다(Shubik, 1964: 32). 이런 여건 속에서 결정작성자는 자기 이익의 극대화를 위하여 행동하는 합리적인 인간형(경제인)으로 생각하였었다. 그는 여건에 관한 모든 정보를 갖고 있으며, 그에 의하여 자기의 행동을 결정하기 위한 전능한 계산능력을 가진 자로 인식하였었다.

이상의 접근방식으로서는 기업의 모든 분야에 걸친 결정을 위한 지침 역할을 행할 수 없다는 것은 명백하다. 인간은 상황(situation)에 관한 충분한 정보도 갖고 있지 못하며, 또 전능한 계산능력을 소유한 것도 아니다. 이와 같은 점에 착안하고, 그것을 보완하기 위한 도구(Tool)로서 나타난 것이 Linear Programming 등의 일련의 새로운 결정작성이론이다. 이들은 주로 명백한 상황(well-defined situation) 속에서 복잡한 선택(choice)의 문제가 제기되었을 때에 최적의 또는 극대화시킬 수 있는 수단을 제시하는데 사용되며, 인간의 계산능력을 보완하는 역할을 행하는 것이다. 예를 들면 여러 가지 생산공정 중의 택일, 수송수단의 선택, 기타 회사 내의 특수문제해결에 동원되고 있다.

　다음으로 통계학의 확률(probability)의 이론을 채용하는 이론들을 들 수 있다. 이것은 즉 불확정(risky)한 여건에 대하여 확률의 개념을 도입하여 여건을 정립(define)하려는 노력에 근거를 두고 있다. 일반적으로는 객관적 확률(Objective probability)의 이론에 근거를 두고 있지만 근래에 와서는 주관적 확률(Subjective probability)의 이론을 제창하는 자도 있다.

　이런 이론들이 성립할 수 있기 위해서는 상황(situation)이 확률의 이론을 적용할 수 있는 것들이라야 한다. 지금까지 이것이 적용가능한 분야는 재고 결정, 순차적 추출, 순열 배분 문제, 고객 신용도, 생산품의 질 통제, 긴급 방출을 위한 일괄저장 등이 주된 것들이다. 그리고 현재 발전의 서광이 보이는 분야는 동태적 기획(dynamic programming)이며, 이것은 결정작성자가 각 기마다 영원한 장래를 향하여 행동기획을 선정하며, 후기에 전기의 결정의 영향을 수정해 가면서 결정하게 된다. 그 결과 대체적으로 전반적인 장기계획의 풍조를 많이 내포하고 있다. 이상의 모든 부류에 속하는 이론들을 우리는 Queueing Theory, Inventory Theory, Operations Research, Dynamic Programming 등으로 부를 수 있으며, 전반적으로 호칭하여 Statistical Decision Theory라고 불러도 큰 차이가 없지 않을까 생각한다.

　이제 이들 수학을 원용하는 부류의 이론에 대하여 여기에서 관리과학과의 관계를 보면 다음과 같다.

　위의 여러 계통을 가는 학자들은 경제학자뿐만 아니라 수학가, 관리기사 등 여러 분야에 속한 사람들이 있다. 그중에서도 특히 후자들은 과거의 F.W. Taylor의 과학적 관리(Scientific Management)의 이론에 따라 발전된 동작, 시간연구, 산업공학(Industrial Engineering)에 종사하는 자들과 기본적으로 그 개념상 배경을 같이 하는 자들이라고 할 수 있는 관리론자들이라고 할 수 있다. 이들은 자기들의 Linear Programming, Queueing Theory, Inventory Theory, Operations Research를 새로운 표제 즉 관리과학(Management Science)이라 부르고 동명의 학술지도 발행하고 있다. 이들이 과학적 관리의 사고방식과 같다는 이유는 인간을 합리적인 존재로 생각한다는 점, 인간은 적극적으로 조직을 변경하는 존재라기보다는 여건에 적응해야 할 수동적인 존재로서 인식한다는 점 등이다. 이와 같은 기본 전제 밑에서 양자 간의 차이점도 인식되지 않으면 안 된다. 즉 과학적 관리는 그의 대상에 있어서 조직의 최하위층의 인간들의 결정작성인데 대하여, 관리과학은 기업의 비교적 고위층에서 이루어지는 결정작성을 대상으로 한다는 점이 다르다. 또 과학적 관리보다 관리과학의 경우가 고도의 수학적 지식을 원용하고 있다.

아무튼 관리과학은 수학원용기술의 발달, 계산기의 발전 등과 더불어 점차적으로 기업에 의하여 많이 활용되어 가고 있는 것은 사실이다.

이들 이론들의 또 하나의 공통점은 이 이론들이 그 어느 것도 완전한 이론(Complete Theory)으로서 주장되지는 않는다고 생각되는 점이다. 여기서 완전한 이론이라고 하는 것은 하나의 모형(model)으로서 모든 결정작성에 적용시킬 수 있다고 주장되는 이론을 의미한다. 위에서도 언급한 바와 같이 이들 이론들은 기업 내의 특정된 분야에만 적용 가능한 것이 증명된 이론들이라고 할 수 있다.

규범적, 이상적 방법에 속하는 이론 중에서 마지막으로 논하고자 하는 것은 Game 이론(Theory of Games)이다. Von Neumann과 Morgenstern의 Game 이론은 두 가지 부분으로 구성되어 있다고 볼 수 있다. 첫째는 상호 반대되는 목표를 추구하는 2인의 인간이 관련된 상황에 적용시키려는 이론이다. 이것은 오늘날 군사문제의 일부에 통용되고 있다. 둘째는 2인 이상의 결정작성자가 관련되고 이들의 목표가 반드시 상반되지 않는 상황에 적용시키고자 하는 이론이다. 이 후자의 계통으로 그 후 많은 이론들이 속출하였고, 또 bargaining, 수 개 기업 간의 경쟁, 투표, Power bloc의 형성 등에 관하여 적용이 시도되고 있지만, 전자에 비하여 훨씬 그 적용 가치가 작은 것으로 인정되고 있다.

아무튼 Game 이론은 그 어느 것이든 경제 또는 행정 상황 속에 실제로 적용되기 곤란한 점이 많다. 왜냐하면 이것은 수억에 이르는 대안을 인간이 계산할 수 있다는 가정 하에 성립된 이론이기 때문이다. 설혹 인간이 그런 계산가능성을 알고 있다고 할지라도, 제한된 시간, 능력 등에 비추어서 구체적으로 방대한 계산을 인간은 시도하지 않고 결정하는 것이 보통이기 때문이다.

이상에서 규범적, 이상적 이론의 대강을 보았는데, 우리는 이런 이론들이 기본적으로는 미시경제학적 입장에서 본 소비자 및 기업의 결정작성에 출발점을 두고, 기본적으로는 같은 전제를 상정하고 있다는 사실, 이런 전제를 일부 수정 또는 보강하는 방향으로 그 후의 발전이 이루어졌다는 점, 경제에의 적용뿐만 아니라 그 후 타분야에까지 확대적용이 시도되었다는 점을 알 수 있다.

그러면 이하에서는 이상의 모든 규범적, 이상적 이론들이 내포하는 모순점을 총괄적으로 지적하고, 현실적, 실증적 이론들이 대두하게 된 근거를 명시하고자 한다.

첫째 규범적 이상적 이론은 결정작성자가 하나의 뚜렷한 목표의식 밑에서 행동하는 것으로 전제하였다는 점은 이미 지적하였다. 그러나 현실에 있어서는 이런 전제가 성립되기란 대단히 곤란한 경우가 많은 것이다. 예를 들어서 기업이 이윤추구만을 목표로 한다고 생각하는데 Martin Shubik의 조사에 의하면 선정된 미국의 25개 기업체가 내세운 목표의 종류와 지적된 빈도는 다음과 같다(Shubik, 1964: 40).

표 1 기업의 목표

목표	빈도
인사	21
사회에 대한 책임과 의무	19
소비자	19
주주	16
이윤	13
생산품의 질	11
기술발전	9
보급자와의 관계	9
기업의 성장	8
관리능률	7
대정부 책임	4
판매대행자와 관계	4
권위(prestige)	2
기업지침으로서의 종교	1

이것은 하나의 예에 지나지 않지만 어떤 기업이나 행정이나 또는 개인이라 할지라도 구체적으로 Operational한 면에서는 하나의 목표만을 추구한다고 하는 것은 너무 비현실적이라고 할 수 있는 것이다. 따라서 언제나 복합의 목표가 있는 것으로 보아야 한다. 그리고 이런 복합의 목표 간에 어떤 일관된 계층적 질서가 있어서 행동의 명백한 지침이 언제나 있는 것도 아니라고 보는 것이 현실적인 사고방식이라고 생각된다.

다음으로 규범적 이상적 이론들은 목표달성을 위한 모든 대안, 그리고 모든 대안이 초래할 모든 결과를 고려할 것을 요구하고 있다. 대안이 초래할 결과는 이것을 구분하여 ① 결과에 대하여 완전하고 정확한 지식을 소유할 수 있는 경우(certainty), ② 대안의 결과를 확률적인 의미에서 정확하게 알 수 있는 경우(Risk), ③ 대안과 결과

간에 이상의 두 가지 의미에서의 상관성이 없는 경우(uncertainty)를 생각할 수 있는데, 규범적 이상적 이론들은 그 어느 것이나 ①과 ②의 경우만 대상으로 하고 있는것이다. 따라서 많은 결정작성 문제가 이들의 연구대상에서 제외되어 있다는 것을 알수 있다.

또 ①과 ②의 경우만을 대상으로 한다고 할지라도 인간의 능력, 시간 등에 비추어 보아서 인간은 모든 결과(①의 의미에서나 ②의 의미에 있어서)를 알 수 없는 것이며모든 자료를 활용하지 못하게 되는 것이다. 이것은 어떤 참모가 완전한 자료를 구비한 연구결과를 소속장에게 제공했을 때에 그 중의 많은 것이 필요 없는 것으로서 후자에 의하여 삭제당하는 것을 보아도 알 수 있는 것이다. 이와 같은 점에 착안하여객관적 확률보다는 주관적 확률을 더 중요시하게 되고 결정작성자의 인지(perception)를 중심으로 하는 연구가 필요하게 되었다.

규범적 이상적 이론에서 주장하는 대안 간의 순위배열을 위한 규칙 또는 관계의존재에 대해서도 역시 근본적인 문제점이 존재한다. 왜냐하면 순위 배정을 위해서는각 대안 간에 공통되는 기준이 있어야 하는데, 이런 기준은 금전이나 기타 측정 가능한 상품 등 외에는 일반적으로 막연한 존재이기 때문이다. 또 설혹 논리의 구사에 의해서 가령 A대안은 B대안보다 좋고 B대안은 C대안보다 좋기 때문에 A대안은 C대안보다 좋다고 하는 것은 인간 생활에 있어서 성립되지 않는 분야도 많은 것이다. 예를들어 흑색 머리의 여자가 회색 머리의 여자보다 좋고, 회색 머리의 여자는 황색 머리의 여자보다 좋기 때문에 흑색 머리 여자가 황색 머리의 여자보다 반드시 좋다고 할수는 없는 것이다. 또 설혹 개인으로서의 결정작성자가 「로빈슨 크루소」와 같이 독립판단을 할 수 있는 경우는 몰라도, 인간 생활이 사회생활이라는 것을 생각할 때집단의 영향에 의한 개인의 Preference Ordering의 변화는 규범적 이상적 이론에서는 참작되어 있지 않은 것이다. 우리는 결정작성자의 주관적 견지를 생각할 때에 모든 결정작성자의 주관적 Preference Ordering이 꼭 같은 경우를 생각할 수 없기 때문에 이들이 집단으로서 결정을 하는 경우에는 이상의 이론은 더욱 난관에 빠지게되는 것이다. 또 개인은 유사한 상황에 반복하여 처하게 되는 경우 언제나 꼭 같은Preference를 갖는 것이 아니라 상황의 변화에 따라서 Preference를 약간씩 변화시키는 것이 현실이라고 생각된다.

규범적 이상적 방법에 의하면 결정작성자는 자기의 목표달성을 극대화하고자 하는 존재로서 전제한다는 것은 이미 지적한 바이다. 그러나 전술한 바와 같이 목표는여러 개며, 그들을 실현하기 위한 대안 간의 Preference Ordering을 객관적으로 할 수 없기 때문에 객관적으로 극대화한다는 것은 이상론에 지나지 않는 것이다. 따라서 주관적으로 극대화하려는 노력을 상상할 수 있을 뿐이다. 그러나 이 경우에도 조직 내의 특정 부서에서 행한 극대화는 반드시 조직 전체를 위한 극대화로 생각될 수 없는 것이다. 왜냐하면 전체 조직을 위한 정보보다 자기의 특정 부서를 위한 제한된 정보밖에 소유하지 못하고 있는 것이 각 부서의 실정이기 때문이다. 따라서 한 부서를 위하여 유리한 결정은 타부서나 조직 전체를 위해서는 불리한 결정일 수도 있는 것이다. 그리고 더욱 심각한 문제는 이런 특정 부서의 대표자나 또는 조직 전체의 대표자는 목표를 극대화(maximize)하는 방향으로 결정하는 것이 아니라, 그 당시에 처한 상황, 과거의 실적, 의욕 수준(Aspiration Level) 등에 비추어 봐서 만족할 만한(satisfice) 결정을 행하는 것이 일반적인 현실이라고 하는 점이다.

이상의 모든 전제에 비추어 보아서 규범적 이상적 방법은 결정작성자로서의 인간을 가장 합리적인 존재로서 파악하고 있다는 점도 이미 지적하였다. 따라서 이들 이론 속에서는 문화, 사회, 조직 내부의 인간적 여건, 인간 심리 등의 국면이 전부 사상(捨象)되어 있는 것이다. 그리하여 비공식적 측면, 동태적 측면에 대한 고려가 없고, 재래의 조직론에서 계발된 지식의 원용이 없다. 환언하면 인류학적, 사회학적, 사회심리학적, 심리학적, 조직론적인 여러 가지의 행태과학의 동원은 하지 않고 있는 것이 큰 특색이며 결점이라고 할 수 있는 것이다.

(2) 현실적 · 실증적 방법

현실적 · 실증적 방법은 규범적 이상적 방법의 이상과 같은 여러 제약점에 불만을 갖고 출발한 이론들이다. 따라서 이들의 연구방법은 연역적인 것보다 귀납적 방법을 사용한다. 그리하여 실증적으로 많은 사례들을 수집하여 그로부터 어떤 규칙성(Regularity) 또는 통일성(Uniformity)을 찾으려고 하며, 기왕에 사회과학의 여러 분야에서 계발된 실증적 이론들을 적극적으로 동원한다. 이런 후자의 특색을 가리켜 우리는 이들이 광범한 의미에서의 행태과학자들이라고 할 수 있으며, 많은 행태과학 중에서의 특색은 가장 다학문적(interdisciplinary)이라고 할 수 있는 것이다.[1]

이상의 특색은 이들이 인간을 가장 합리적인 존재로서 인식하지 않는다는 것을 의미하며, 따라서 다양한 요소가 결정작성자에게 작용을 가하는 것을 인정하는 입장

---

1) W.W. Looper, H.J. Leanitt, M.W. Shelly II 등은 이들을 Behavioral Science Perspective와 독립된 의미에서 Interdisciplinary Perspective로 분류하고 있다. Cf. New Perspectives in Organization Research, John Wiley and Sons, Inc., N.Y., 1964

을 취하기 때문에 폐쇄적이 아니라 개방적 모형(Open model)을 제시하는 자들이라는 것을 의미한다.

이들은 자기들의 이론의 당위성을 부인하는 것이 아니라, 그것은 어디까지나 현실로부터의 일반이론의 도출에 근거를 두고, 그 범위 내에서 인간행위를 가능한 한 합리화시켜 보고자 하는 의미에서의 당위성을 내세우는 것이다.

이제 이하에서는 현실적 실증적 방법의 최고봉을 가는 J. G. March와 H.A. Simon의 이론에서 그의 특색을 추출하고, 나아가 이 이론을 더욱 발전시킨 R.M. Cyert와 J. G. March의 최근 이론까지 소개하고자 한다.

(가) H.A. Simon과 J. March

Simon은 1945년의 Administrative Behavior에서 벌써 행정과정에 대한 결정작성론적 연구방법을 제창하였다는 것은 주지의 사실이다(Simon, 1959). 그러나 이 저서는 그의 이론구성을 위한 초기적인 모색 과정에 해당하는 것이다. 그럼에도 불구하고 그가 우리가 분류한 현실적 실증적 방법의 여러 특색을 이 저서 속에 담고 있는 것은 사실이다. 이 저서를 통한 Simon의 무엇보다도 큰 공헌은 기존의 조직론의 지식을 그의 이론 발전에 도입하였다는 점이라고 할 수 있다. 기술한 바와 같이 규범적 이상적 방법은 결정작성에 영향을 미치는 조직 내부의 사회적 심리적 요인은 전혀 고려되지 않았었다. 그러던 것이 Simon에 와서 이런 요인이 결정작성이론에 강력하게 반영되게 된 것이다.

Simon은 그 후 1958년에 J. March와 함께 Organizations를 출간하였으며, 이 저서에 와서 비로소 자기의 이론이 체계화되었다고 할 수 있으며 나아가서 앞으로의 발전 방향까지도 시사하였다(March & Simon, 1958). 그는 이 저서에 기왕의 모든 조직 이론들을 검토하여 결정작성이라는 견지에서 이를 집대성시켰다. 이하에서는 개인의 개인으로서의 결정 즉 생산 결정(decision to produce)과 참여 결정(decision to participate)에 대해서는 생략하고 조직의 결정이라고 할 수 있는 중요한 결정례(planning)에 중점을 두고 설명하고자 한다. 또 그것도 주로 전술한 규범적 이상적 이론이 내세운 여러 전제와 대비하기 위하여 필요한 한도에 그치고자 한다. Simon은 결정작성을 객관적인 상황보다 오히려 결정작성자(개인 또는 조직)의 주관적인 입장에서 설명하고 있다. 그리하여 결정작성자가 사실상 어떻게 행동하는가를 논의의 대상으로 한다. 따라서 그의 이론은 규범적 이상적 연역적인 것보다, 현실적 실증적 귀납적 이론의 범주에 속하는 것이라고 볼 수 있다.

그의 이론에 의하면 상황은 다음과 같은 네 가지의 Givens에 의하여 형성된다고 한다. 즉 ① 장래 사건(Future Events)에 대한 지식 또는 가정(Assumption) 또는 확률 ② 행동을 위한 대안의 지식 ③ 대안으로부터 초래되는 결과에 대한 지식 그리고 ④ Preference에 따른 대안 또는 결과 간의 순위 배정 등이다(March & Simon, 1958). 따라서 그는 규범적 이상적 방법에서와 유사한 상황 정의의 개념을 이론의 출발점으로 하고 있음을 알 수 있다. 그러나 그가 규범적 이론과 전혀 다른 것은 이런 상황을 결정작성자가 어떻게 인지하는가를 초점으로 한다는 점에 있다. 인지에 작용하는 요소는 크게 둘로 나뉜다. 첫째는 정적(Affective) 요소이며 둘째는 인식적(Cognitive) 요소이다. 전자는 결정작성자가 원하는 것(What a person wants)과 좋아하는 것(What a person likes) 등을 가리킨다. 후자는 결정작성자의 사실상의 사고과정을 말한다. 그리고 구체적인 상황인지는 이 양요소의 복잡한 상호작용에 의하여 이루어진다고 생각한다. 따라서 목표, 대안, 대안으로부터의 결과, 대안 간의 순위 배정 등의 모든 요소가 정적인 것과 인식적인 것의 양자에 의한 영향을 받으면서 결정작성자에 의하여 인지된다. 정적(情的)인 요소의 작용에 대해서 그는 앞서 발표된 관료주의론(Weber, Merton, Selznick, Gouldner 등)과 인간관계론, 개인심리학, 집단동태론 등을 생산동기(Motivation to produce), 참여동기(Motivation to participate), 조직 내 갈등 등과 관련하여 인용 정리하는 데 그쳤다. 그의 창의적인 업적이 더 많이 발휘된 부분은 오히려 인식적 측면이라고 할 수 있다.

인식적 측면을 전체적으로 지배하는 그의 이론은 간소화의 모형(Simplifying model)이다. 그에 의하면 객관적인 상황은 인간 능력으로 완전하게 인지하기에는 너무나 복잡하기 때문에 개인이나 조직은 이것을 간소화하여 인지하게 된다고 한다. 따라서 목표에 있어서도 모든 목표를 동시에 달성하고자 하지 않고, 일부 목표만을 선정하게 한다. 특히 목표 중에서는 그것과 특정행동계획 간에 관련성(operationality)이 없는 것은 관심의 대상(Focus of Attention)에서 사상(捨象)된다고 한다. 조직의 전체를 지배하는 최고목표(예: 정부조직의 경우에 국민복지의 증진)는 이것에 해당한다. 조직은 목표를 간소화하기 위해서 요소화(factoring) 작용을 한다. 이 작용의 수단으로서 수단과 목적의 분석(Means—ends Analysis)을 통하여 각 하위부서의 하위목표(Subgoal)화하고, 이런 하위목표만이 Operationality를 소유하기 때문에 각 하위부서(결정작성자)는 전체 목표나 타하위목표에는 상관치 않고 자기의 하위 목표만을 추구한다. 이런 간소화의 과정에 앞에 말한 정적인 요소가 개재(介在)하여 Bias를 초래할 뿐만 아니라 장래 사건에 대한 「설정된 사실」(Stipulated fact)과 「불확실성의 흡수」(Absorption of Uncertainty)라는 조직 내 작용으로 인하여 목표 형성에 Bias를 야기하게 된다. 전자는 조직 내의 전문화된 특정 부서에 의하여 장래 사실의 정의가 내려지고(예, 판매예상고의 발표, 장래 외원액(外援額)의 발표) 타부서가 그 정의를 자기 부서의 목표 형성의 지침으로 하지 않을 수 없는 경우를 말한다. 후자는 조직 내의 하의상달의 의사전달과정에서 결론에 이르기까지의 내역을 제거하고 결론만을 보고하는 경우를 말한다.

이상을 요약하면 Simon은 목표란 Operationality가 있는 것만 결정작성자에 의하여 지침으로 선정되며 한 조직 내에는 다수의 하위목표가 공존하며, 선정된 목표에는 많은 Bias가 작용한다고 생각한다. 그러면서도 목표의 요소화에 의한 합리성은 존재한다고 생각한다.

다음으로 대안 또는 대안이 가져올 결과에 대해서는 그는 객관적으로 상황 속에 부여되어 있는 대안보다도 주관적으로 결정작성자가 인지하는 대안을 중심으로 고찰한다. 따라서 객관적으로 무수한 대안이 Givens로서 존재한다고 할지라도 결정작성자는 이를 간소화하여 그 중의 일개 또는 수개의 대안만을 처음 고려의 대상으로 하며, 그것의 부적절함이 판단되었을 때에 타대안을 다시 고려하는 순차적(sequential)인 방법을 택한다는 것이다. 대안의 물색과정을 그는 탐색과정(search Process)이라고 부르며 조직이 이미 행동지침을 Program화하여 자극이 있으면 당연히 일정한 반응으로 나타나는 경우는 탐색과정이 거의 필요 없는 경우이고, 반면에 자극이 이례적(novel)인 것이어서 반응도 무엇이어야 하는지 명확하게 사전에 정하여지지 않은 때는 고도의 탐색과정이 필요한 경우라고 할 수 있다. 전자를 그는 「루—틴화된 결정」(Routinized Decision) 또는 「프로그램화된 결정」(Programmed Decision)이라고 부르고, 후자를 문제해결결정(Problem—Solving Decision)이라고 부른다. 따라서 문제해결결정일수록 많은 탐색과정이 필요하다. 그런데 이 탐색과정은 위에서 말한 바와 같이 순차적일 뿐만 아니라 또한 무작위적(Random)이라고 한다. 그러나 문제해결결정에 이와 같이 작용하는 인식적 측면상의 제약이나 위의 정적 측면의 개입은 대안탐색이 전혀 맹목적인 것이라고 주장하는 것은 아니다. 환언하면, 목표성취에의 관련성, 과거의 기억 속에 남아 있는 것, 상황의 한정과 한정된 결과에의 관심 등을 통하여 극히 제한된 의미에서나마 합리성은 존재하는 것이다.

그리고 「루—틴화된 결정」에 대해서는 조직은 전술한 요소화를 통하여 Program의 저장을 하게 되어 동일하거나 유사한 자극에 대해서 반응으로서 적용되기 때문에 합리성이 강하게 작용한다고 생각한다. 물론 이 경우에도 정적 요소로서 결정작성자의 동기가 중요한 역할을 행하고 있다. 그러나 문제해결결정에 비하여 「루—틴화된 결정」은 합리성이 더 많이 작용하고 있는 것이 일반적이다. 그리고 연속선(Continuum)상의 문제해결형에 속하는 것에 비교적 가까운 결정(이들은 조직계층의 상층에 많다)도 전혀 새로운 프로그램으로서 형성되는 것이 아니라 하위 기존 여러 프로그램의 혼합수정 등을 통한 적응을 통하여 제한된 합리성이 보장된다고 생각한다.

다음으로 여러 대안 간에 순위 배정을 하기 위한 관계 또는 규칙의 존재 여부에 대해서 Simon은 어떻게 생각하는가? 그도 이런 것들의 존재를 시인하며, 그것은 불변의 것이 아니라 구체적인 상황 속에 임(臨)하여 변할 수 있는 것으로 생각한다. 따라서 결정작성 이론 속에서는 이런 여러 기준들이 설정되고 또 수정되는 과정에 대한 설명이 있어야 된다고 주장한다.

그러나 무엇보다도 Simon이 강력하게 내세우는 것은 결정작성자가 목표달성을 (환언하면 여러 대안 중의 선정을), 극대화시키려고 하지 않는다는 사실을 지적하는 데 있다. 여러 대안 중의 일개 안의 선정을 위하여 적용되는 기준에는 최적의(Optimal) 대안선정을 위한 것과, 만족할 만한(Satisfactory) 대안 선정을 위한 것의 양자가 있다. 전자는 바늘 무더기 속에서 제일 뾰족한 바늘을 찾는 경우이고 후자는 쓸 만한 바늘을 찾는 경우이다. 그런데 개인 또는 조직은 거의 대부분의 경우 후자 즉 만족할만한 대안선정을 위한 기준을 적용한다고 한다. 왜냐하면 여기에도 Simon의 간소화모형이 적용되어, 인간이 최적의 것을 찾으려면 모든 대안을 충분하고 정확한 정보에 의하여 일일이 검토해야 하는 복잡성, 불가능성 때문에, 만족할만한 대안을 찾게 된다는 것이다.

그리하여 결정작성자는 모든 대안 중의 오직 한 개 대안만이 타 대안에 비하여 우월함을 나타낼 수 있는 기준을 적용치 않고, 오히려 최소한도로 만족할만한 대안 (이런 대안은 모든 대안 중 여럿이 있을 수 있다)을 선정할 수 있는 기준을 적용하게 되는 것이니 아무튼 Simon은 규범적 이상적 이론에서와 같이 극대화의 모형을 제시한 것이 아니고 만족화의 모형(Satisficing Model)을 주장하고 있음을 알 수 있다.

이상 몇 가지의 Simon의 중심적인 주장에서 보는 바와 같이 결정작성의 합리성(Rationality)의 문제에 대한 견해는 합리성의 존재를 완전히 부정하는 것도 아니고 완전한 합리성을 주장하는 것도 아니다. 전술한 바와 같이 그에 의하면 결정작성에는 정적인 요소가 개입하기 때문에 비합리성이 대폭적으로 지배하고 있는 것이다. 또 인식적 측면에 있어서도 여러 가지의 인식적 제약(Cognitive Limits) 때문에 비합리성이 개입한다는 것이다. 그렇다고 하여 개인이나 조직의 결정작성은 완전히 맹목적(blind)인 것은 아니며, 이상의 제약 하에서 결정작성자에 의하여 기도되는 의미의 합리성

(intended rationality)이 존재한다고 생각한다.

(나) R. M. Cyert와 J. March

Cyert와 March는 A Behavioral Theory of the Firm에서 전기한 March와 Simon의 Model을 일층 더 발전시키고 있다(Cyert & March, 1953).[2]

첫째로 Organizations에서와 기본적으로 같은 개념을 택한 점만을 지적하면 다음과 같다. 이들은 조직에는 여러 개의 목표가 공존한다고 생각하며, Operationality가 있는 목표만이 중요시된다고 생각한다. 대안의 선정에 있어서도 순차적으로 하게 되며, 만족할만한 것을 택하지, 최적의 것을 택하는 것은 아니라고 한다. 탐색(Search)의 이론도 원용하여 목표성취도와 정비(正比)관계에 있다고 본다. 또한 요소화의 현상도 시인한다. 그리고 조직 내 집단 간의 갈등이론도 원용한다. 조직의 적응을 시인하는 것도 같다. 따라서 결정작성의 합리성에 대한 견해도 제한된 합리성을 상정하고 있는 것이다.

다음으로 이들이 Organizations에서와 다른 견해를 취하는 면을 두 개로 나누고 그중에서 우선 사상(捨象)되어 버린 점을 보면 다음과 같다. 첫째 이들 이론의 커다란 모순이라고 생각될 수 있는 점으로서 Time Pressure의 이론이 전혀 감안되지 않았다는 점이다. 둘째 결정작성을 지배하는 정적요소는 Organizations에 있어서도 그 당시까지의 이론을 정리하는 데 그쳤지만 Behavioral Theory of the Firm에 와서는 거의 고려 외로 되어 있다. 환언하면 인식적 측면을 주로 다루었고, 인식상의 제약요인들을 인정하면서 그 범위 내에서 합리성을 증가하기 위한 노력의 방향으로 나가고 있다고 할 수 있다. 셋째 프로그램화된 결정과 문제해결결정의 구별이 고려되지 않고 있다.

다음으로 이들의 이론이 새로운 국면에서 계발된 부분을 보면 다음과 같다. 첫째, 조직은 불확실성을 기피한다는 점(Uncertainty Avoidance)을 지적한 것이다. 둘째, 단기적으로는 조직은 S.O.P를 통하여 결정작성을 행한다고 보고, S.O.P는 조직 내 개인의 목표형성, 상황인지, 고려되는 대안의 범위 등을 지배한다고 하여, S.O.P의 역할을 크게 전면에 내세우는 것이다. 셋째로 이들은 결정작성의 Model을 더욱 명결(明決)하게 작성하고 실제로 기업 내의 생산과 가격 결정의 사례에 대하여 적용하고 있다. Model의 대체적인 Frame을 보면 다음과 같다. Model을 짜기 위한 개념상의

---

2) 이 책의 서평에 대해서는 Cf. American Political Science Review, Vol. LX, No.3(Sept. 1966). pp.697-698.

도구는 두 가지로 구성된다. 첫째는 일단의 망라적 변수의 카테고리3)(A Set of Exhaustive Variable Category)이고, 둘째는 일단의 관계개념(A Set of Relational Concepts)이다. 첫째의 것은 조직의 목표(목표를 지배하는 중요변수는 조직연합의 구성, 분업, 문제의 정의, 조직의 과거목표, 과거실적, 유사 타조직의 과거실적 등이다), 조직의 기대(Expectations)(이것에 영향을 주는 중요변수는 희망, 목표성취도, 조직의 여유, 문제의 성격, 탐색주체부서의 위치 등이다), 그리고 조직이 행하는 선택(이것을 지배하는 변수는 문제의 정의, S.O.P., 대안의 지정 및 이들에 영향을 주는 여러 변수이다) 등이다.

다음으로 관계개념으로는 네 개를 열거하여 갈등의 의장(擬裝)적 해소(이것의 특색은 독자적 제약요인으로서의 목표, 부분적 합리성, 수용가능범위 내의 결정작성규칙, 목표에 대한 순차적 결정경향 등이다), 불확실성의 기피(정보환류와 반응, 결정 등의 절차, 환경에 대한 조절 등이 이것의 특색이다), 문제중심적 탐색(이것의 특징은 자극된 동기에 의한 탐색, 단순한 사고에 의한 탐색, 탐색에 있어서의 Bias의 작용 등이다), 그리고 조직습득(이것은 목표의 적응, 주의경주(注意傾注) 규제의 적응, 탐색규칙의 적응 등의 특색을 지니고 있다) 등을 들고 있다. 이제 Cyert와 March는 이 양자(망라적 변수 카테고리와 관계개념)를 결정작성의 과정과 관련하여 유동도표(flow chart)화하고 있다. 따라서 각 단계가 어떻게 구성되는가를 알게 되고 각 단계를 지배하는 중요 변수가 무엇인가를 알게 되고 이런 변수가 수량화될 수 있는 한 전자계산기에 의한 조작이 가능하여진다. 원래 전자계산기에 의한 현실적 실증적 결정작성 Model의 Stimulation은 벌써 1960년에 Simon에 의하여 명백하게 암시된 바 있었다(Simon, 1960). 그 후 Cyert와 March가 이를 계속하여 발전시켜 실제로 기업체 관리층의 일부 결정에 적용할 수 있는 데까지 발전시켰다고 할 수 있는 것이다. 이런 의미에서 이들의 공을 인정하지 않을 수 없는 것이다.

Ⅲ. 이론에 대한 비판과 한국행정에의 적용에 대한 문제

이상에서 우리는 결정작성의 규범적 이상적 방법을 보고 그를 비판하였으며 다음으로 현실적 실증적 방법 중 그의 Model을 가장 고도로 발전시킨 Simon, Cyert, March 등의 이론 내용을 보았다. 그러면 이하에서는 이 이론의 한국행정에의 적용문제와 Simon 등의 이론에 대한 비판을 시도하고자 한다.

---

3) 망라적이라고 하지만 사실에 있어서는 정적 측면의 변수들은 거의 사상(捨象)되고 있다

첫째로 규범적 이상적 이론을 한국의 행정에 적용시킬 수 있는 분야는 어떤 것인가? 이 이론이 전술한 바와 같이 고도의 합리성을 전제로 하는 것이기 때문에 한국행정부 내에서도 합리성이 비교적 많이 지배할 수 있는 분야가 적용대상으로 되어야 할 것이다. 필자의 견해는 Queueing Theory, Operations Research, Inventory Theory, Linear programming, Statistical Decision Theory 등을 공기업 행정의 일부, 조달행정의 일부, 군대의 수송, 병참행정 등에 적용 가능한 것으로 생각한다. 그리고 Dynamic Programming은 경제계획의 입안에, Game Theory는 군대의 작전, 외교행정의 일부 등에 적용을 시도할 수 있다고 생각되나 그의 효용에 대해서는 의심되는 바가 많다.

둘째로 현실적 실증적 이론은 전자에 비하여서는 훨씬 그 효용도가 높다고 생각한다. 환언하면 행정 현상의 설명과 예언은 그 누구의 이론을 원용하던 기본적으로 현실적 실증적 방법에 속하는 것에 의해야 한다고 생각한다. 따라서 앞으로 행정학에서 관심을 두고 발전시켜야 할 분야도 이 방법이라고 생각한다. 논자가 이와 같이 주장하는 이유는 행정 행태의 대부분은 다소간에 비합리적 요인을 포함하고 있고 또 그렇지 않을 수 없다고 생각하기 때문이다. 이것은 기업경영의 경우에 비하여 더욱 그렇다고 생각한다. 그러나 Simon, Cyert, March 등의 이론은 다음과 같은 난점들을 내포하고 있다.

이들의 이론은 결정작성의 대상이 어떤 문제이든 상관없이 다 공통으로 적용된다고 주장하는 완전한 모형(Complete Model)이라고 할 수 있다. 물론 Organizations에 있어서는 프로그램화된 결정과 문제해결결정의 차이가 명시되어 있지만 기본적으로는 공통된 이론이 적용되고 있는 것이다. 그러나 행정 문제의 성질에 따라서는 Lindblom의 주장대로 목표와 수단은 구별되지 않고 오히려 양자가 밀접하게 상호 얽혀가면서 선정된다고 볼 수 있는 것이다. 극단의 경우에는 목표에 대한 합의는 없이 수단부터 먼저 결정하는 경우도 많은 것이다(Lindblom, 1959: 158-159). 따라서 목표와 수단의 분석 또는 요소화의 이론은 적용되지 않는 것이다. 이런 의미에서 이들의 이론은 너무나 합리성이 많이 지배하는 영역의 문제만을 취급하였다고 생각한다.

또 이와 관련된 관점은 투표라든가 기타 합의에 의하여 이루어지는 결정작성에 대해서는 경시해 버린 것도 정치 내지 행정을 대상으로 하여야 할 경우에 직면하는 난점이라고 할 수 있다.

요는 완전한 모형으로서보다는 행정 현상의 일부를 지배하는 모형으로서 이해하는 것이 옳지 않을까 생각한다. 논자의 이런 견해는 A Behavioral Theory of the

Firm에서 Cyert와 March가 회사경영문제 중 비교적 합리성이 많이 지배하는 생산과 판매 결정에 대하여 적용을 시도했고, S.O.P의 역할을 크게 대두시킨 것으로 미루어 보아서도 증명이 되는 것이라고 할 수 있다.

또 이와 관련된 난점으로서 앞에서도 지적한 바와 같이 비합리적 요소로서의 인간 심리, 집단의 동태, 문화적 요소 등을 충분히 감안하지 못했기 때문에 자연히 결정작성에는 합리성이 비교적 많이 제한된 의미에서나마 지배하는 것으로 생각하게 되었다는 점을 지적할 수 있다.

그러기 때문에 결정작성에 작용하는 인물(Personality)이나 권력(power) 관계의 요소 등은 이들의 이론에 의한 설명을 할 수 없게 되는 것이다(허범, 1967).

그러면 한국 행정행태와 관련하면 어떤 비판을 할 수 있는가? 첫째 이상의 모든 비판은 한국행정의 경우에도 적용된다. 그리고 한국행정의 특수성 때문에 특별히 재고의 대상이 되어야 할 점도 있다. 일반적으로 우리의 행정은 선진국의 그것에 비하여 합리주의 행태가 아직도 적게 작용하는 영역으로 생각되고 있다. 그렇다면 Simon, March, Cyert 등의 이론이 한국 행정행태를 설명하기에는 아직도 미급(未及)한 Model이 아닌가 생각한다. 전술한 바와 같이 법적 요소는 제거하고 인식적 제약에만 입각한 합리성의 이론은 한국행정에 작용하는 정치적, 사회적, 심리적, 문화적인 요소를 설명하기에는 여러 가지 난점이 있으리라고 생각된다. 예를 들어 A Behavioral Theory of the Firm에서와 같이 S.O.P를 결정작성을 지배하는 최대 인자로 잡는다고 할 때, 같은 S.O.P도 한국행정의 경우에는 별도의 의의를 갖게 되는 것이다.[4] 환언하면 S.O.P가 문자대로 준수되지 않는 경우, 반대로 S.O.P가 비공식적 목적에 악용되는 사례가 많은 우리나라에서는 S.O.P가 결정작성의 지배 인자로서 기능하는 정도도 적다고 하지 않을 수 없는 것이다.

또 Simon 등과 같이 조직은 그에 참여하는 여러 종류의 참여자 간에 Inducement-Contribution의 Balance에 의하여 성립 유지된다고 보는 균형이론이나[5], 또는 이들 간의 Coalition이라고 보는 조직에 대한 기본적인 견해가, 한국의 행정에 그대로 적용 가능한가도 의문이다. 한국의 행정은 명령일방적이라고 생각한다면, 저들의 이론이 서구의 균등사회의 철학을 배경으로 한데서 발전하여 온데 대하여 우리는 이런 전

---

4) H. T. Allan(1966: 405-413)은 미국연방정부의 하급법원이 대심원의 판례에 따르는 경우를 S.O.P에 복종하는 개념으로 보고, Cyert와 March의 이론이 법원의 판례에도 적용되는 것으로 증명하고 있으나, 입법, 행정, 사법 중에도 후자가 가장 합리성이 지배하는 분야이며, 또 이 결과는 미국을 배경으로 한 것이기 때문에 한국의 행정에는 그대로 적용될지 문제이다.
5) Simon이 이것을 Chester I. Barnard(1956)에서 빌려 왔음은 물론이다.

통을 소유하지 못하고 있는 것이다. 따라서 당위면을 제거하는 현실의 과학적 설명에 충실한다고 할 때에 Simon 등의 이론을 그대로 적용하는 데는 무리가 있지 않을까 생각한다.

이상 결론으로서 논자는 우리나라 행정에 있어서는 현실적 실증적 방법에 의한 결정작성론이 계발되어야 하며, 그런 이론도 완전한 모형보다도 문제 분야별로 성립될 수 있는 일종의 중위이론(Middle Range Theory)이 필요하다고 생각되며, 그것도 결정작성의 인식적 측면보다 정적 측면에 더 중점을 두는 이론이 있어야 한다고 생각한다. 그리고 정적 측면은 이를 수량화하기 곤란하기 때문에 적어도 당분간은 전자계산기 등에 의한 조작은 불가능하지 않을까 생각한다. 마지막으로 조직에 대한 기본 관념은 한국행정의 위와 같은 특색을 충분히 반영한 것이라야 하며, 이렇게 성립된 기본 관념 위에다가 위와 같은 의미의 결정작성이론을 수립하는 것이 옳을 것이다.

참고문헌

허범 (1967). 결정작성과정에 관한 사례 연구. 행정학석사학위논문, 서울대학교 행정대학원.

Allan, Harry T. (1966). An Empirical Test of Choice and Decision Postulates in the Cyert—March a Behavioral Theory of the Firm. *Administrative Science Quarterly*, 11(3), 405−413.

Barnard. Chester I. (1956). *The Functions of the Executive*. Harvard Univ. Press, Cambridge, Mass.

Cyert, Richard M. & March, James G. (1953). *A Behavioral Theory of the Firm*. Prentice Hall, Eng1ewood Cliffs, N.J.

Lindblom, Charles E. (1959). The Science of Muddling Through. *Public Administration Review*, 19(2), 79−88, Repr. In William J. Gore & J. W. Dyson (eds.), *The Making of Decisions: A Reader in Administrative Behavior*. The Free Press of Glencoe.

March, James G. & Simon, Herbert A. (1958). *Organizations*. John Wiley and Sons, Inc., N.Y.

Simon, Herbert A. (1959). *Administrative Behavior*. The MacMillan Co., N. Y.

Simon, Herbert A. (1960). *The New Science of Management Decision*. Harper and Brothers, New York.

Shubik, Martin. (1964). Approach to the Study of Decision—Making Relevant to the Firm. In William J. Gore & J.W. Dyson (eds.), *The Making of Decisions: A Reader in Administrative Behavior*. The Free Press of Glencoe.

▶ ▶ ▶ 논평

유홍림(단국대학교 공공정책학과 교수)

1. 서론: 논평 요청 수락 배경 및 당시의 심경

필자가 논평할 논문은 조석준 교수님이 지금으로부터 무려 53년 전인 1967년에 창간된 한국행정학보 제1권에 게재된 "決定作成理論의 兩型과 韓國行政"이다. 본격적인 논평에 앞서, 과분한 임무가 필자에게 맡겨진 배경과 함께 논평작업과정에서 느꼈던 심경부터 솔직하게 밝히는 것이 독자들에게 도움이 될 것 같다. 학계의 대선배이자 학자의 전범(典範)으로 여겨왔던 조석준 선생님의 논문을 논평해보라는 요청을 받자마자 필자는 많은 부담감을 느껴 즉각 거절 의사를 표했지만, 편집진에 의해 설득을 당할 수밖에 없었다. 그들이 제시한 설득근거 가운데 하나는 다음과 같다: 약 십여 년쯤 전에 필자는 우리나라도 현대 행정학 관련 역사가 50년이 넘어가고 있었지만, 우리 행정학자들은 외국(특히 미국) 행정이론의 도입·이해·적용에만 급급했던 반면 우리 행정 현상에 관련된 다양한 측면의 역사를 정리·분석하여 사료(史料)로 남기려는 움직임은 미약했다. 이러한 풍조를 안타까워했던 필자는 우리나라 최초로 조직론을 연구하고 가르쳤으며 조직론의 정체성과 영역 정립을 위해 반세기 넘는 세월을 바치신 조석준 교수님의 학문적 삶과 업적을 주제로 논문화 작업을 한 적이 있었다(유홍림, 2009).

이어서 논평작업을 위해 해당 논문을 읽기 시작한 지 얼마 되지 않아서 논평 수락을 번복해야겠다는 고민에 봉착했었다. 그 첫 번째 이유는 조석준 교수께서 기술하신 내용 대부분이 요즘 활발하게 활동하는 후학들에게는 물론 정년을 앞둔 필자 또래의 학자들에게조차도 너무나 일반화되어 있기에 논평할 여지가 없다는 생각이 들었기 때문이었다. 그러나 고민 속에 며칠을 보낸 뒤, 선생님께서 해당 논문을 쓰셨던 1960년대를 돌이켜보니 인터넷은커녕 원서 한 권 구하려면 현지를 직접 방문하거나 우편 주문 후 수령까지 최소 몇 달은 걸렸던 시절이었음이 상기되자, 당시 선생님께서 감당하셨던 고충과 함께 학문에 대한 열정이 새삼 느껴지면서 필자의 짧은 생각은 부끄러움으로 바뀌게 되었다. 그리고 본 논문은 제목에서부터 내용 곳곳에 후학들에게는 익숙하지 않은 용어들이 산재해 있을 뿐 아니라 한자식 표현이 주류를 이루고 있었고, 지금에는 통용되지 않는 맞춤법이나 띄어쓰기 등도 자주 발견되었다. 이 때문에 온전한 한글세대도 아닌 필자조차도 저자가 표현하고자 하는 내용과 의미가 쉽게 이해되지 않았던 사실도 논평 수락을 번복하려던 또 다른 이유 중 하나였다.

2. 주요 내용

1950년대를 전후로 미국 행정학계에서는 행태과학(behavioral science)이 동원되는 동시에 수학적 지식까지 널리 원용되면서 '결정작성'(Decision Making) 이론의 연구대상이나 방법론이 다양화되기 시작했다. 이에 비해 우리나라에서는 1960년대 중후반 무렵이 되어서야 비로소 결정작성 이론의 중요성이 인정받기 시작했고, 조직이론 분야에서 하나의 영역으로 자리 잡아가려던 상황이었다. 이렇듯 미국의 최신 결정작성 이론의 연구 경향은 물론 정확한 내용 파악에 어려움을 겪고 있었던 당시 상황에 도움을 주고자 저자는 미국 결정작성이론의 전반적인 면모를 소개·비판한 뒤, 이 이론을 우리나라 행정학연구에 적용할 때 유의 또는 보완해야 할 점 등을 제시하였다.

이러한 의도를 지닌 저자는 당시의 연구 동향을 크게 규범적·이상적 접근방법(Normative or Idealistic Approach)과 현실적·실증적 접근방법(Realistic or Empirical Approach)으로 나눈 뒤, 각각을 상술하였다. 규범적·이상적 접근방법은 결정작성과정에서 인간의 심리, 인간사회의 동태적 요소 등의 개입·작용을 배제 시킬 수 있으며, 수학적 지식의 적극적 원용을 시도하기에 합리주의적·당위적·연역적 이론에 속한다고 하였다. 그 예로 미시경제학, 확률 이론, 게임이론을 비롯해 관리과학에 속하는 Queueing Theory, Inventory Theory, Operations Research, Linear Programming 등을 제시하면서 각각의 특성과 적용 사례를 소개하였다. 이어서 저자는 의사결정 주체들이 하나의 뚜렷한 목표를 따라 행동하며, 목표달성을 위한 모든 대안은 물론 그 대안이 내포하고 있는 모든 결과를 고려할 수 있고, 의사결정자들 모두가 항상 자신의 목표를 극대화하려는 합리적 존재라는 등의 가정들은 비현실적이라며 비판했다. 한마디로, 규범적·이상적 접근방법의 가장 큰 특색이자 결함은 문화, 사회, 조직 내부의 인간적 여건, 인간 심리 등의 측면들이 배제되어 있다는 점이라고 지적했다. 나아가 본 접근방법은 특히 경영 영역보다 비합리적 요소가 개입될 가능성이 많은 행정부문에서는 그나마 합리성이 많이 작동될 수 있는 분야(예, 군사작전, 외교 행정의 일부 등)에 제한적으로 적용될 뿐, 그 효용성마저 회의적이라고 하였다.

이 같은 한계를 극복하기 위해 등장한 현실적·실증적 접근방법에 관해서는 다음과 같이 소개하였다: 많은 사례 가운데 특정 규칙성(Regularity) 또는 통일성(Uniformity)을 찾으려 하며, 인접 사회과학 분야에서 이미 개발된 실증적 이론들을 적극적으로 동원하고 있다. 이 접근방법의 기본 입장은 인간은 완벽한 합리적인 존재가 아니며, 인간의 결정작성에 작용하는 요소는 다양하다는 점이다. 이처럼 효용도가 상대적으로 높은 현실적·실증적 방법에 속하는 이론들을 토대로 행정 현상에 대한 설명과 예측이 이루어져야 한다고 주장했다. 이어서 저자는 이 접근방법을 발전시킨 대표적 학자인 H. A. Simon, James. G. March, 그리고 Richard. M. Cyert의 개별적 공헌은 물론 공통적인 입장과 함께 이들 간의 미세한 주장 차이까지도 제시하였다.

먼저 Simon(1945)은 결정 주체의 상황에 대한 인지가 결정작성에 영향을 미치며, 이는 情的(Affective) 요소와 認識的(Cognitive) 요소 간의 복잡한 상호작용을 거쳐 이루어진다고 했다. 하지만 Simon은 정적 요소보다 인식적 요소의 작용에 대해 더 많은 관심을 가졌으며, 그 증거가 간소화 모형(Simplifying model)이라고 했다. 이는 인간의 능력으로 객관적 상황을 완벽하게 분석하기에는 너무나도 복잡하기에 이를 간소화시켜 인지한다는 것이다. 물론 그러한 과정을 거치더라도 복수의 대안들이 남게 되며, 그 가운데 무작위(Random)로 선택한 한 개 또는 소수의 대안을 먼저 검토한 후, 그것이 부적절하다고 판단될 때, 다른 대안들을 순차적(sequential)으로 고려한다는 것이 현실적이라는 것이다. 이어서 Simon은 이러한 간소화 과정에서 인식적 측면에서의 제약이나 정적 측면이 개입되어 Bias가 초래되겠지만, (비록 제한된 범위이지만) 합리성(bounded rationality)을 지니고 있다고 주장한다. 한 마디로, Simon은 인간(결정 작성자)은 최적(Optimal)이 아닌 만족할만한(Satisfactory) 대안을 선정한다며 만족 모형(Satisficing Model)을 제시하고 있다.

이어서 저자는 Simon을 비롯한 Cyert와 March의 주장은 결정작성의 대상이 어떤 문제이든 상관없이 다 적용된다고 여기는 완전한 모형(Complete Model)에 가깝다며, 이는 뚜렷한 공통적 한계라고 지적한다. 저자는 결정작성대상(특히 행정 문제)의 성질에 따라서는 목표와 수단이 처음부터 구분되는 것이 아니라 양자가 밀접한 상호작용을 거쳐 구분되어가며, 심지어는 목표에 대한 합의 없이 수단부터 먼저 결정되는 경우도 많다는 Charles E. Lindblom(1959)의 주장에 동의를 표한다. 즉 투표나 합의를 통한 결정작성이 많고, 참여 인물 간의 권력(Power) 관계 등도 작용하는 정치 또는 대부분의 행정 문제에는 Simon이 주장한 목표−수단 분석(Means−End Analysis)과 요소화(factoring) 작업이 적용되지 않는다며, 정치 및 행정 현상 일부에 대해서만 설명력을 지녔다고 주장한다.

위와 같이 60년대 결정작성 이론의 선진 연구 동향을 소개하고 비판한 저자가 각 접근방법의 한국 행정에의 적용 가능성 및 한계 등에 관해 기술한 내용을 요약하

면 다음과 같다: 첫째, 인간의 인식적 제약을 강조한 Simon, March, Cyert 등의 이론은 합리주의 행태가 상대적으로 부족한 한국 행정에 작용하는 정치적, 사회적, 심리적, 문화적 요소를 충분히 설명해내기에는 많은 어려움이 있을 것이라고 주장한다. 둘째, Simon 등은 조직에 대해 그에 참여하는 여러 종류의 참여자 간에 Inducement – Contribution 간의 Balance에 의해 성립 유지된다고 보는 균형이론이나 이들 간의 연합(Coalition)이라는 입장을 지니고 있다. 그러나 저자는 그들이 취하고 있는 조직에 대한 기본적 견해가 한국의 행정에 그대로 적용될 수 없다는 주장을 폈다. 그 이유로는 그들의 이론은 서구의 균등사회의 철학을 배경으로 하여 발전해 왔지만, 우리의 행정은 일 방향적인 명령 – 통제 방식의 전통에서 젖어 있다는 사실을 감안하여 우리에게 적합한 결정작성이론을 수립하는 것이 옳다고 하였다.

결론적으로 저자는 우리의 현실을 고려할 때 현실적·실증적 방법에 입각한 결정작성론이 개발되어야 하고, 그런 이론도 완전한 모형보다는 문제 분야별로 적용될 수 있는 일종의 중범위 이론(Middle Range Theory)이 필요하다고 생각되며, 그것도 결정작성의 인식적 측면보다(계량화에는 문제가 있지만) 情的 측면에 더 중점을 두는 이론이 있어야 한다고 주장했다.

3. 후학들의 과제

조석준 교수께서 행정학계에서 활발하게 활동하신 탓도 있겠지만, 필자가 행정학을 공부해서 학계에 입문하던 1990년대 초반 무렵까지만 해도 '전통적으로 행정학에서 조직론 분야의 연구와 교육은 핵심적인 위치를 차지해 왔다'라는 견해에 대부분 동의하는 분위기이었다. 그러나 90년대 중반을 전후로 하여 세계화·정보화의 흐름이 거세지고 공사부문의 수렴 현상 등이 뚜렷해지기 시작하면서 조직론의 위상이 급격히 저하되기 시작했다는 사실은 조직론을 전공으로 하는 학자 그 누구도 부인하지 못할 것이다. 비록 복수의 인간들이 모여 공통의 목표를 달성하고자 나름대로 분업 체계를 갖추고 상호 협력하는 이상, 조직론의 영역이 완전히 사라지는 일은 없을 것이고, 조직이론을 구성하고 있는 본질적 내용에는 큰 변화가 없을 것이라는 점은 그나마 위안거리로 삼을 수 있을 것이다. 그러나 새로운 시대적 환경 속에서도 각종 조직 현상에 대한 이해·예측·통제가 유효하도록 경쟁력을 갖추려는 것이 조직론 학자들의 당면한 그리고 시급한 과제라 하겠다. 이러한 작업이야말로 40년 넘게 행정학의 모체라 할 수 있는 행정조직론의 소개는 물론 이 분야의 학문적·실천적 체계를 정립하고 발전시켜 오신, 그리고 조직이론의 응용과학적 성격과 인접과학적 특성을 인정하고, 이를 발전시키려고 부단히 노력해 왔던 조석준 교수의 학문적 기여를 기리고 그분의 학자적 겸손함을 본받는 길이라 여겨본다. 나아가 이를 위한 구체적인 노력이야말로 현재 우리의 조직론이 직면하고 있는 위기에서 벗어날 수 있는 첩경이라고 믿는다(유홍림, 2009).

따라서 우리 후학들은 조직학 인접 학문에서 진행되고 있는 연구의 경향이나 산물들을 주의 깊게 살펴보아야 할 것이다. 특히 최근 주목을 받는 행태경제학이나 놀랄 만한 발전을 거듭하고 있는 뇌과학 등에 대한 비판적 성찰을 통해 조직이론, 특히 의사결정 분야로의 원용 가능성을 적극적으로 탐색해내야 할 것이다. 그리고 우리 행정조직의 현실에 적합한 새롭고도 창의적인 이론이나 모형의 개발을 위해 적극적인 풍토를 조성해야 할 것이다. 이와 함께 독창적이면서도 한국 현실에 대한 이해·설명·처방에 적합한 조직이론과 모형들을 경쟁적으로 개발하여 발전시켜나가야 할 것이다.

참고문헌

H. A. Simon(1945), 『Administrative Behavior』. New York: The Free Press.

H. A. Simon & J. G. March(1958), 『Organization』. New York: John Wiley & Sons.

R. M. Cyert & J. G. March(1963), 『A Behavioral Theory of the Firm』 Prentice Hall, Englewood Cliffs, N. J.,

Charles E. Lindblom(1959), "The Science of Muddling Through," *Public Administration Review*, Vol. 19

유홍림(2009), "조직론 연구의 선구자, 조석준 교수의 학문 활동과 공헌" 한국조직학회보(제6권 제1호), pp. 5 – 40.

행정학에서의 정치와 행정
-회고와 전망

행정학에서의 정치와 행정[*]
-회고와 전망

프롤로그

차세대 행정 연구의 과제

모든 이론은 전이론(pre-theory)의 숙명을 지고 태어난다. 이론의 모태라고 할 수 있는 학술논문도 같다. 요즈음처럼 사회가 초고속으로 변화하는 시대에는 두말할 것도 없다. 아래의 논문이 발표된 것은 2008년이었다. 그로부터 12년이 지났다. 윌슨(Wison, 1887)의 "행정 연구(The Study of Administration)"가 미국정치학회보에 게재된 시점을 기산하면 행정 현상을 연구 대상으로 삼는 분과과학은 이제 겨우 130여 년의 역사를 지녔을 뿐이다. 행정학을 아직도 신생 학문이라고 부른다고 해서 크게 비난하기 어려운 이유이다. 사정이 이런만큼 행정 현상 연구에서 10여 년의 세월은 결코 짧은 기간이 아니다. 특히 지난 10여 년 동안 인류 문명이 경험한 기술의 진보와 사회구조 변화의 파장과 진폭은 그 어느 때보다도 치열하고 격동적이었다. 정보사회가 지고 어느새 인공지능의 시대가 우리의 일상으로 성큼 들어섰다.

그런만큼 시대 성격의 진단을 통해 논문의 적실성 여부를 검토해 보고 필요하다면 수정, 보완하는 일은 불가피한 과제이다. 그런데 한국정보화지능원(2017: 31)은 2022년이면 지능정부가 가시화할 것이라는 전망을 내놓았다. 실제 문재인 정부는 2019년 10월 한국이 전자정부를 넘어 인공지능기반 디지털 정부로 탈바꿈할 계획임을 천명했다. 사실 행정과정에서 정책지능이나 정

---

[*] 출전: 박재창. (2008). 행정학에서의 정치와 행정: 회고와 전망. 『한국행정학보』, 42(4): 95-115.
　　　　. (2018). 제1장 행정학과 거버넌스. 『한국의 거버넌스』. 서울: 도서출판 휴인. 23-70.

부봇(GovBot)을 활용하는 사례는 이미 도처에 널려 있다. 미국의 에너지부는 AI를 활용해 기상예측의 정확도를 30% 이상 높였다. 영국에서는 인허가 처리, 면허 발급, 주민 상담 등을 에밀리아(Amelia)라는 정부봇이 수행한다. 이런 장치들은 단순히 행정 운영 과정의 타당성 정도를 높여보자는 것(do the things right)이 아니라 결과의 타당성 정도를 높이자는 데(do the right things)에 초점을 맞추고 있다. 관료제 의존적이고 과정중심적인 관행적 행정 운영의 본질적 성격 자체를 바꾸자는 것이다.

사정은 정치과정에서도 같다. 공공지능과 지능형 서비스(GovTech)가 확장 일로에 있다. 아르헨티나에서는 이미 데모크라시 OS를 통해 일반 시민이 스스로 400개가 넘는 법률안을 제안했고, 스페인에서는 디지털 네트워크에 기반을 둔 포데모스(Podemos)가 제3당으로 부상했다. 포데모스는 루미오(Loomio)라는 플랫폼을 통해 40만 당원의 직접투표로 대표를 선출하거나 주요 정책을 결정한다(윤성이, 2017: 31). 이는 사용자 친화적 또는 시민사회 주도형으로 국정운영의 중심축이 급격히 이동하고 있음을 뜻한다. 그렇다고 해서 아직 전반적, 보편적으로 환원민주주의가 구현되고 있는 것은 아니다. 사안에 따라 정치적 대리인과 일반 시민 사이에서 차등적인 대표성 위임이 이루어지고 있다. 대표성 위임의 차등성을 전제하는 액상 민주주의(liquid democracy)가 지난 수세기 동안 당연시 되어 온 일원적인 대표성 위임 관계 내지는 관행적 민주주의(conventional democracy)를 급속히 대체하는 과정에 있다.

가장 급진적인 변화는 국정운영과정에 알고리즘이 도입되면서 행정과 정치 내지는 국가와 시민사회의 경계가 무너지고 일체화하게 된다는 점이다. 지능정부에서는 행정의 주체로 기존의 국가와 시민사회에 더해 양자를 접착시키는 알고리즘이 새로운 구성 요소로 추가된다. 알고리즘이 국가 내부의 운영 및 관리 차원을 대체하고 있으며, 국가와 그의 외부인 시민사회와의 관계에서는 상호작용적 네트워크를 플랫폼으로 교체하고 있다. 그런데 알고리즘 자체가 선제적으로 어떤 가치정향성을 배태하는 것은 아니기 때문에 지능정부의 기능적 실체는 사례 특수적, 상황 조응적 또는 현상 밀착적으로 민첩하게 유동하는 성질을 갖는다. 이에 따라 지능정부가 과연 어떤 목적가치를 지향할 것인가의 문제를 고민해야 하는 수요는 오히려 더 커지는 결과를 낳는다. 행정의 목적가치로서 경제성이나 민주성이 차지하던 자리를 수단가치로서의 성찰성이 대체하게 되는 이유이다.

이는 결국 아래의 논문에서 제시되고 있는 프레임을 따를 경우 국가의 운영 양식이 제 IX 유형을 향해 급진적으로 이동한다는 의미에 다름 아니다. 그렇다고 해서 아직 지능정부가 제 IX 유형을 대체할만큼 완성된 것은 아니다. 우선 알고리즘에 기반하는 인공지능이 행정관리자의 합리적인 판단과 논리적인 추론 능력을 혁명적으로 확장하고, 그렇기 때문에 심지어 알고리즘 제국주의의 등장을 우려하는 목소리가 커지는 것도 사실이기는 하지만 알고리즘이 이분법적인 인식론에 기초한 경계 개념을 전제로 구축된다는 점에서 보면 총합적(holistic) 인식 프레임에 따라 좌우되는 인간의 직관이나 주관적 감성의 세계까지를 대체할 수는 없는 노릇이다. 무엇보다도 데이터에 기초하는 인공지능은 결과만을 말할 뿐 결과가 도출되기까지의 과정에 대해서는 이를 설명할 수가 없다. 인공지능에 의존하더라도 어떤 행정적 판단을 해석하고 설명하거나 이성과 감성, 합리적 선택과 윤리적 판단 사이의 격차를 조정하거나 매개하는 일은 여전히 인간의 몫으로 남겨진다.

같은 이치로 알고리즘 민주주의가 아무리 합리적 선택에 필요한 정보를 추가 공급하게 된다고 하더라도 그런 선택을 수용할 것인지의 여부는 여전히 인간의 기호 영역에 남겨지지 않을 수 없다. 빅데이터와 인공지능이 내린 결론이 자신의 이익이나 가치 선호에 부합하지 않는다고 판단하는 경우 이를 순순히 받아들이기는 쉽지 않은 일이다. 따라서 어떻게 새로운 데이터를 이해하고 해석하며 학습하고 그 결과 성찰적 변화를 통해 선호 변경에 이를 것인가의 문제, 그러니까 정치과정에서 제기되는 교감, 감정이입, 배려, 최종적인 판단과 선택의 과제는 여전히 인간의 영역으로 남겨지게 된다. 그렇기 때문에 어떤 목적과 가치 구현을 위해 그런 정치과정을 수용하고 대응할 것인가의 문제가 항상적인 과제로 제기된다. 윤리적 판단과 도덕적 가치의 상대적 비중이 훨씬 더 커진다는 뜻이다.

이런 점을 감안해 보면 지능정부의 등장과 함께 행정 현상에는 국정운영과정의 관리나 참여의 문제에 더해 가치판단 내지는 가치선택 차원의 비중이 급격히 커지고 있음을 발견하게 된다. 아니 알고리즘을 어떤 가치를 위해 수용하거나 관리할 것인가의 문제로 공행정의 중심축이 급격히 이동하는 변화를 낳는다고 해야 보다 더 정교한 설명이 된다. 왜냐 하면 행정과 정치 또는 사실과 가치 사이에서 사실의 문제는 알고리즘이 대체한다고 하더라도 가치의 문제는 인간 고유의 영역으로 남을 수밖에 없고 또 그렇기 때문에 인간이란 과연 어떤 존재냐에 대한 고민의 비중은 오히려 더 커지는 결과를 낳기 때문이다. 따라서 차세대 행정연구에서는 아래의 논문이 구상했던 것처럼 행정연구 현상의 설명 변수로 "행정의 주체"와 "행정의 기능"을 지목하는 데에서 더 나아가 인간의 존재론적 가치의 문제를 다루는 "행정의 가치"에 대한 논의를 추가하는 일이 불가피하다.

그런데 이런 가치판단의 문제는 성찰성을 매개로 국정운영과정과 연동하는 경우 정부와 일고리즘과의 관계를 어떻게 설정하고 혁신할 것이냐의 문제를 항상적 과제로 떠안게 된다. 이런 유형의 개혁 수요는 알고리즘 본연의 민첩성, 탈중심성, 유연성 등으로 인해 배가되는 성질을 지녔다. 이제 행정 현상은 정부의 관리, 거버넌스에의 참여 문제에 이어 국정혁신을 주도해 나가는 문제를 추가적인 과제로 포괄하게 된다는 뜻이다. 이런 국정혁신의 과제는 그의 본래적인 성격상 항상적으로 미래를 지향하게 된다. 바로 이점에서 시간 공간의 개념을 추가해야 한다는 과제를 낳는다. 이렇게 놓고 보면 아래의 논문이 제시한 분석의 프레임은 적어도 제 IX 유형에 근접하는 경우 행정 현상을 구성하는 결정 요인으로 행정의 주체, 행정의 기능, 행정의 가치 외에 "행정의 시관"을 추가해야 한다는 수정적 요구에 직면한다.

이런 점을 감안해 보면 차세대 행정현상에 대한 연구가 아래의 논문에서 말하는 제 IX 유형에 근접했다는 말은 이제 행정학이 전통적으로 행정학이 다루던 경계 개념을 벗어나 다른 분과과학과의 협업이 절실한 시점에 이르렀음을 뜻하며 아래의 논문이 제시한 행정학 연구 프레임의 수정이 불가피하게 된다는 의미에 다름 아니다. 행정의 가치가 윤리학이나 철학의 문제와 직결되는 과제라면 행정의 시관은 미래학이나 사회학과 연동된다. 이는 역설적으로 다른 분과과학에 비해 지능정부에 대한 행정학계의 연구가 상대적으로 부진하다는 평가(유성민, 2019.06.12.)를 받는 근인적인 이유이기도 하다. 분과과

학으로서의 행정학이 스스로의 경계를 넘어야 하는 새로운 도전에 직면했다
는 뜻이다. 후속 연구를 기대하게 되는 이유이다.

참고문헌

유성민. (2019.06.12.). 합의 알고리즘에 숨어 있는 행정학: 행정학자가 블록체인에
　　관심을 갖는 이유. 「Sciencetimes」.

윤성이. (2017). 4차 산업혁명시대의 거버넌스 패러다임 변화와 포스트 민주주의.
　　「미래연구 포커스」. 30 − 33.

한국정보화진흥원. (2017). 인공지능시대의 정부: 인공지능이 어떻게 정부를 변화시
　　킬 것인가? 「IT & Future Strategy 보고서」.

Wilson, Woodrow. (1887). The Study of Administration. *Political Science
　　Quarterly*, 2(2): 197 − 222.

I. 서론

　　행정학은 분과과학으로서의 탄생 계기를 정치와 행정의 관계를 어떻게 보느냐에
두었다. 아니 정치와 행정의 관계를 이분법적으로 격리시켜 보기 시작함으로써 학문
적 정체성을 찾기 시작한 것이 행정학이라고 해야 보다 더 정확한 설명이 된다. 그러
나 정치와 행정이 실제로 이분법적으로 격리되어 있느냐에 대해서는 논자의 철학적
배경이나 시대 환경의 변화에 따라 실로 다양한 견해가 제시되어 왔다. 그에 따라 행
정학 연구의 정체성에 대한 평가가 부침을 거듭해왔을 것도 물론이다.

　　따라서 정치와 행정의 관계를 여하히 규정하느냐의 문제는 행정학의 학문적 성
찰과 발전에 있어 핵심적 과제에 속한다. 특히 지금과 같은 전환기 사회에 있어서는
이 문제에 대한 수요가 보다 더 크고 결정적일 수밖에 없다. 사회 환경의 변화는 정
치와 행정의 관계 자체를 변화시킬 뿐만 아니라 이를 보는 이의 관점과 시각을 바꾸
는 데에도 결정적 요인으로 작용하기 때문이다. 그래서 그런지 정보사회의 도래와 더
불어 행정학이 또 다시 학문적 위기에 처했다는 주장도 적지 않다.

　　그런데 지금까지 정치와 행정의 관계를 다루어 온 기존의 연구업적들을 조감해
보면 거기에는 일정한 질서와 경향이 있어 어떤 경로를 중심으로 변화가 거듭되고 있

음을 알 수 있다. 행정의 정치적 기능 내지는 정치의 행정적 기능을 얼마만큼 인정하느냐에 따라 정치행정 일원론을 한 축으로 하고 정치행정 이원론을 다른 한 축으로 하는 연속선(continuum)상에 다양한 관점과 논의가 정렬되어 있으며, 이를 기준으로 시대의 변화에 따라 주류 행정학의 좌표가 변화해 온 것이다.

그러나 최근의 변화 추세는 단순히 이런 대리인 간의 관계에 대한 인식을 기준으로만 주류 행정학의 좌표가 움직이는 것은 아닌 것 같다. 주인의 국정참여 정도를 얼마만큼 인정할 것이냐를 중심으로 주인과 대리인의 관계가 새롭게 규정되고 있으며, 그에 따라 실로 다양한 견해가 제시되고 있다. 그리고 이들은 모두가 행정의 주체와 객체를 철저히 이원론적으로 보려는 시각(principal-delegate theory)과 양자를 일원론적으로 보려는 시각을 양축으로 하는 일종의 연속선상에 정렬된다.

이는 매우 자연스런 결과로 여겨진다. 원래 행정이 행정관료가 "선출직 공무원의 주문에 순응하고, 전문가적인 일관성을 유지하며, 일반 시민의 요구에 봉사하는(Svara, 2001: 176)" 과정에서 야기되는 협력과 갈등의 문제를 다루는 것이라고 한다면, 거기에는 단순히 선출직 공무원과 임명직 공무원 사이의 관계를 여하히 다룰 것이냐의 과제 외에도 공직자와 일반 시민 간의 관계를 어떻게 설정할 것인가의 과제가 별도의 차원에서 제기되기 때문이다.

그런데 이런 주인과 대리인 내지는 시민사회와 국가 간의 관계를 재규정하려는 움직임은 정보사회의 도래와 더불어 새롭게 주목되는 현상이다. 기본적으로 과거 주인-대리인 이론이 상정했던 정보의 비대칭성이나 물리적 한계가 사회관계의 정보화로 인해 무너지고 새로운 질서의 구축이 진행되고 있기 때문일 것이다.

여기에서는 이런 사회구조의 변화에 대한 인식을 토대로 정치와 행정의 관계를 어떻게 조망할 것인가의 문제를 기존의 연구업적에 대한 검토를 토대로 추적해보고자 하는 데에 일차적인 목적을 두고 있다. 그리하여 행정학이 독립분과과학으로서 지향해 나가야 할 좌표가 무엇인지를 추적하는 데 필요한 기초 정보를 정리해 보고자 한다. 이는 행정학 연구에 있어 가장 결정적인 결함으로 작용해 온 과제가 무엇인지를 일깨워 주는 출발점이 될 것이며, 그에 대한 응답 가운데 하나로 거번먼트(government) 대신 거버넌스(governance)에 주목해야 하는 원인과 그의 학문적 좌표를 규명하는 작업이 되기도 할 것이다.

Ⅱ. 행정현상 연구의 양대 축

행정현상을 어떻게 볼 것인가에 대한 논의는 기본적으로 두 개의 축을 중심으로 전개되어 왔다. 행정기능과 행정주체가 그것이다. 먼저, 전통행정학의 일반적인 경향은 행정기능을 파악하는 데에 초점을 맞추는 것이 전부였다. 정치와 행정을 철저히 구분해서 이해하고자 하는 정치행정 이원론이 행정학의 학문적 독립을 정당화하는 출발점이었다고 한다면, 이는 행정기능이 무엇인가를 규명하는 과정에서 얻어진 결론에 다름 아니다. 그러나 행정기능이 무엇인가에 대한 논자들의 관점이 일정한 것은 아니어서 실로 다양한 견해가 제시되어 왔다. 특히 정치와의 관계에서 행정기능을 어떻게 규정할 것이냐의 문제는 행정학 연구의 정체성 확립에 있어 중요한 출발점이 되었다. 이렇게 정치와 행정의 관계에 대한 논자들의 시각이 상이한 이유 가운데 하나는 정치와 행정을 이해하는 차원 내지는 분석단위가 서로 달랐기 때문이며, 이는 또한 행정에 대한 신뢰의 정도가 서로 달랐기 때문이기도 하다.

우선, 정치행정 이원론자들은 대개의 경우 정치와 행정을 각기 입법부와 행정부로 등치시켜 보려는 경향을 지녔다. 대표적인 정치행정 이원론자인 웨버(Weber)에 의하면 정치는 여러 가치 준거 가운데 어떤 하나를 선택함으로서 규범적 목표를 설정하는 일과 연동되어 있다는 것이다. 어떤 가치가 보다 타당한 것인지에 대해서는 객관적 준거가 없는 만큼 다양한 이해관계가 충돌하는 현장에서 어떤 결론을 도출하는 데 필요한 절차적 장치를 마련하는 일이 필요하게 되는 데, 이를 담당하는 것이 정치라는 것이다. 반면에 행정은 모두가 사실과 관련된 것으로서 주어진 목표의 달성 그러니까 정해진 가치의 구현을 위해 필요한 최선의 방법이 무엇인지를 모색하는 일이라고 보았다(Jacobsen, 2001: 2－3). 정치가 법규에 내포되어 있는 가치나 목표를 구체화하는 작업이라고 한다면 행정은 이런 법규를 집행하는 일에 치중하는 과제라는 것이다. 그런데 분업적 질서에 기초한 국가구성의 원리에 따르면, 다양한 이해관계의 조정을 통해 어떤 규범적인 합의를 도출하고자 하는 장치가 입법부이며, 입법부에 의해 부여된 목표를 달성하기 위해 최선의 방안이 무엇인지를 모색하는 업무를 담당하는 기관이 행정부이다. 정치를 입법부의 활동으로 그리고 행정을 행정부의 활동으로 등치시켜 보게 되는 이유다.

그런데 주지하는 바와 같이 정치를 담당하는 입법부는 부패하였으므로 이로부터 행정을 담당하는 행정부를 격리시켜 행정과정의 합리성과 능률성을 담보해야 하겠다는 인식은 행정학의 학문적 독자성을 추구하는 결정적 계기가 되었다. 이는 입법부

내지는 정치에 대한 불신과 행정부 내지는 행정과정에 대한 신뢰를 반영하는 것에 다름 아니다. 그러나 이렇게 정치와 행정을 입법부와 행정부로 등치시켜 보는 경우에는 당연히 법적, 제도적 접근의 한계에 빠지면서 마치 양자가 실제로도 언제나 서로 격리되어 있는 것처럼 상정하게 되기 마련이다. 비록 이런 당위론적이고 규범론적인 한계에서 벗어나 현상을 보다 과학적으로 규명하려는 경우에도 정치와 행정을 입법부와 행정부로 등치시켜 보기 때문에 여전히 양자 사이에는 입법부와 행정부라는 국가기관 간의 관계에서처럼 일정한 양식의 경계가 설정되어 있는 것으로 파악하기 일수이다.

이런 인식상의 한계에 대한 반발은 정치와 행정을 정치인 내지는 선출직 공무원과 행정관료 내지는 임명직 공무원의 행태에 초점을 맞추어 이해하고 파악하려는 방법론상의 변화를 가져왔다. 행태론적인 측면에서 볼 때 선출직 공무원인 정치인과 임명직 공무원인 행정관료는 자신에게 부여된 책무를 수행하는 과정에서 결코 서로 격리된 채 활동하는 것이 아니라 상호 협력하거나 또는 대립하고 있어 상호작용적이며 또 그렇기 때문에 상호의존적이라고 보게 된 것이다. 정치행정 이원론이 폐쇄체계론적인 관점에서 접근하는 것이라고 한다면 정치행정 상호작용론은 일종의 개방체계론에 의존하기 시작한 셈이다. 이는 또한 행정과 정치를 준별하는 데 있어 절대적 척도가 아니라 상대적 준거를 토대로 접근해야 한다는 반성의 결과에 다름 아닌 일이기도 하다. 정치에 대한 절대적 불신을 철회하고 행정에 대한 절대적 신뢰에 대해서도 이를 회의하기 시작한 셈이다.

그런데 이렇게 정치와 행정을 개방체계론의 관점에서 이해하는 경우에는 양자 간의 경계개념이 증발하면서 무엇이 정치와 행정을 다르게 하는지를 규명해야 하는 과제에 봉착하게 된다. 정치적이면서도 동시에 행정적이고 그렇기 때문에 매우 모호한 영역이 등장하게 되기 때문이다. 이는 스바라(Svara, 1998, 1990)에 의해 보다 더 정치적이거나 또는 보다 덜 정치적인 과제로 구분되곤 했다. 바로 이런 한계를 극복하기 위한 것 가운데 하나가 접근시각상의 차이에 의한 구분이다. 정치가 권력론의 관점에서 접근한 결과물이라고 한다면 행정은 관리론의 관점에서 접근한 결과물이라는 것이다. 그러니까 정치와 행정이 서로 격리되어 있거나 또는 별개의 서로 구별되는 영역에서 발생하는 현상이 아니라 공적 부문의 어느 곳에서나 발생하고 또 그렇기 때문에 공적 부문 어느 곳에서나 포착되는 현상이기는 하지만 다만 이를 어떤 관점에서 보느냐에 따라 구분될 뿐이라는 것이다.

그러니까 후기 행태론 일반에 내포되어 있는 바와 같이 행태를 추동하는 동기가 무엇이라고 보느냐에 따라 현상의 성질과 내용이 달리 규정된다는 입장이다. 이는 관찰의 초점을 인간 내면의 세계에 맞춤으로써 생겨나는 매우 자연스러운 결과이다. 정치가 권력을 추구하는 현상이라고 한다면 행정은 조직이나 기관운영상의 합리성이나 타당성을 추구하는 현상으로 여겨지게 된 것이다. 그런데 이렇게 정치와 행정이 그의 외형적 양식상의 차이가 아니라 내면의 동기에 따라 구분되는 것이라고 한다면, 정치와 행정은 본래 서로 다른 것이 아니라 본디 같은 영역의 것이며 그렇기 때문에 일체동소의 것이라는 생각을 갖게 된다. 다만 양자가 서로 지향하는 목적가치가 다르다는 점에서 구분 가능하고 또 구분 가능해질 뿐이다.

이런 관점의 가장 대표적인 것으로는 사이몬(Simon, 1976)의 가치전제와 사실전제에 의한 구분을 들 수 있다. 가치가 한 사회의 공적 재화를 배분하는 과정에서 달성하고자 하는 정의를 일컫는 것이라고 한다면, 사실은 지향하는 목적가치를 구현하는 과정에서 당면하게 되는 조건이나 한계의 총화라고 보았다. 이 점에서 가치가 정치와 연동된다면, 사실은 행정과 연동된다. 이를 다시 분석적 차원에서 접근하는 이들에 따르면, 정치는 한 사회의 구성원들이 누리는 총만족도의 중앙값을 지향하는 것, 즉 정치적 합리성(political rationality)의 극대화를 추구하는 작업인 데 반해, 행정은 공동의 목적을 달성하기 위해 여러 사람이 추구하는 합리적 협동, 즉 경제적 합리성(economic rationality) 내지는 과학적 합리성(scientific rationality) 또는 이를 구현하는 현실적 장치가 관료제로 인식되어 왔다는 점에서는 관료제적 합리성(bureaucratic rationality) 더 나아가 관료제를 조직의 합리성을 극대화하는 대안의 하나로 간주한다는 점에서는 조직체적 합리성(organizational rationality)을 추구하는 작업이라고 할 수 있다.

그러나 이 문제를 심도 있게 다루어 온 사이몬(Simon, 1976: 45-60) 조차도 의사결정 환경이 불확실할 경우 가치와 사실을 구분하는 일은 사실상 불가능한 과제라고 보았다. 어떤 사실적 수단을 선택하는 데에는 필연적으로 가치선택적인 요소가 동반하기 마련이라고 보았기 때문이다. 가치와 사실의 구분을 철저히 부정한 것은 아니지만 사이몬 스스로 어떤 경우에는 사실적이면서도 동시에 윤리적이기도 하다는 점을 인식한 것이다. 심지어 전적으로 사실적이고 전적으로 가치적인 것 사이에는 회색지대가 있어 어떤 의사결정이 궁극적으로 정치 영역에 속하는 것인지 또는 행정 영역에 속하는 것인지를 구분하기 어려운 사례가 적지 않다고 보았다. 정치행정 일원론에 도달한 것이다. 정치에 대한 불신을 철회하기 시작한 것이기도 하다.

이렇게 주어진 현상을 어떤 분석 단위에서 어떤 접근시각을 통해 조망하느냐에 따라 정치와 행정의 관계에 대한 인식의 결과가 달라지는 것과 같이, 행정 주체의 범위를 설정하는 데에 있어서도 유사한 메커니즘이 작용해 왔다. 정치와 행정의 문제를 입법부나 행정부와 등치시켜보아 온 정통 행정학자들은 행정을 당연히 정부가 주도하는 일이라고 보고 일반시민과는 전혀 상관이 없다고 보았다. 국가와 시민사회를 이분법적으로 본 것이다. 이러한 접근시각은 특히 전문성의 원리에 기초하는 관료제 이론에 의해 정당화 되었다. 전문성의 축적 정도가 낮은 일반시민은 전문가의 식견과 판단에 따라 향도되어야 하고 그렇기 때문에 정부는 전문가에 의한 자율적 결정에 따라 운영되어야 한다는 것이다. 일반 시민에 대한 이런 불신은 국가와 시민사회는 서로 격리될수록 좋다고 생각하게 하는 주요 원인이 되었다. 이는 정치적 대리인의 경우에도 같다. 일반 시민의 대표성을 위임받은 선출직 공무원은 그의 독립적인 판단과 철학적 원리에 따라 활동함으로서 공정하고 종합적인 차원에서 국정운영에 기여하게 되며 또 그렇게 되어야 한다고 보았던 것이다. 정치적 대리인이 그의 유권자 내지는 지역사회의 할거주의적 이해관계에 포획되는 경우에는 부패하거나 사회 전체의 이익을 추구하기 어렵게 되며 객관적이고 합리적인 판단을 그르칠 수도 있다고 본 것이다. 대표성에 대한 수탁자 이론(trustee theory of representation)이 이를 잘 나타내 준다. 따라서 이렇게 대리인과 일반 시민을 격리시켜 보려했던 전통 행정학은 기본적으로 시민에 대한 불신과 대리인에 대한 신뢰를 기초로 형성되었던 셈이다.

그러나 이런 제도론적인 관점에서 벗어나 국가와 시민사회 내지는 정부와 일반 시민과의 관계를 행태론적인 관점에서 살펴보는 경우, 당연히 정부와 일반 시민 사이에는 끊임없는 대화와 정보의 교류가 이루어진다고 보게 된다. 특히 정보사회의 도래 이후 행정관료의 전문가적인 우월성이나 정보자원의 독점적 지배가 더 이상 용인되지 않게 되고 정부의 실패가 일반적 현상으로 인식되면서 정부운영과정에 대한 시민참여의 정당성 기반은 급진적으로 확대되기에 이르렀다. 이는 동서냉전이 끝나고 정치적 민주화가 범지구적으로 확산되기에 이르렀다는 사실에 의해서도 힘입은 바 컸다. 과거 권위주의 정부가 지구촌 전역에서 활동하던 시기에는 국가가 지배하고 시민은 굴종한다는 것이 당연한 일로 여겨졌다. 그러나 정치의 민주화가 확산되면서 정부의 정책과정에 대한 시민의 참여가 단순한 수사의 단계를 넘어 경험적 실제로 자리잡게 된 것이다. 이러한 현상은 정치와 행정의 관계를 대리인과 주인 사이에서 빚어지는 상호작용 내지는 상호의존적 관계로 보도록 하는 데 기여하는 바가 적지 않았다. 대리인에 대한 절대적인 신뢰를 철회하면서 일반 시민에 대한 기댓값이 확장되기 시작한 셈이다. 거버넌스의 인식론적 토대가 마련된 것이다.

그러나 이런 시각도 여전히 국가 내지는 정부의 우월적 지위를 상정하는 가운데 일반 시민의 참여를 이차적 또는 부가적 과제로 인식하려 한다는 문제점이 제기되면서 민주주의의 철학적 원리에 충실한 민주국가의 운영이 가능하려면 일반 시민에 의한 자치적인 활동이 정치 및 행정의 중추를 형성해야 한다는 생각을 갖게 했다. 행정관료가 기여하는 전문성과 정치인이 기여하는 대표성이 더 이상 순차적, 단계적으로 투입되는 것이 아니라 시민 자치의 현장에서 동시적으로 투입되고 또 작동해야 하며 또 그렇게 될 것이라고 보게 된 것이다. 더 이상 주인 대리인 관계에 의한 공적 업무의 위임이 아니라 시민의 자치에 의한 공적 과제의 해결이 가능하고 또 가능해야 한다고 보게 되었다. 국가와 시민사회의 일치 또는 공적 업무의 시민사회에 대한 환원 가능성을 당연시 하게 된 것이다. 바로 이점에서는 대리인에 대한 사회적 신뢰가 가장 왜소한 규모로 축소되고 있음을 알 수 있다.

지금까지의 논의를 종합해 보면 행정연구는 기본적으로 행정현상에 대한 신뢰의 정도에 따라 부침을 거듭해 왔으며, 이는 대체로 행정기능과 행정주체를 양축으로 하는 분석적 범주 내에서 전개되어 왔음도 알 수 있다. 그러니까 행정기능을 정치행정 이원론의 시각에서 파악하느냐 아니면 정치행정 일원론의 시각에서 보느냐의 차원과 행정주체를 국가와 시민사회 이원론의 시각에서 보느냐와 국가와 시민사회 일원론의 시각에서 보느냐를 중심으로 하는 두 개의 연속선을 중심으로 전개되어 왔다. 따라서 이들 두 개의 연속선을 교차시키는 경우 다음과 같은 유형화 작업이 가능하게 된다.

표 1 행정현상 분석의 유형

행정기능 \ 행정주체	정치·행정 이원론	정치·행정 상호작용론	정치·행정 일원론
국가·시민사회 이원론	I. 기계론적 조직이론, 웨버리언 모델(Weberian Model), 과학적 관리 운동, NPM	II. 의회행정론, 혼합론	III. 신행정학, 위임입법, 준입법권, 선거구민 민원처리(case work)
국가·시민사회 상호작용론	VI. 시민자원봉사론	V. 협력적 거버넌스, 옴부즈만	VI. 다원주의 이론, 대표관료제
국가·시민사회 일원론	VII. 민영화 이론, 서비스형 NGO 이론	VIII. 담론형 여론조사, 시민배심원제, 역동적 기획 샤레트	IX. 환원행정론 (auto-administration)

Ⅲ. 국가와 시민사회 이원론

국가와 시민사회가 철저히 격리되어 있다고 보고 주인−대리인 관계를 이분법적 시각에서 접근하는 경우, 국가를 행정의 주체로 시민사회를 행정의 객체로 양분해서 다루게 된다. 이 가운데 정부활동의 주요인자들이 어떤 관계를 구축한다고 보느냐에 따라 정치행정 이원론, 정치행정 상호작용론, 정치행정 일원론으로 대별해 볼 수 있다.

1. 정치행정 이원론(제Ⅰ유형)

정치행정 이원론은 그것이 어떤 인식과정을 거쳐 구축된 결과냐에 따라 규범론과 경험론으로 대별해 볼 수 있다. 전자가 정치와 행정의 관계를 어떤 철학적 원리나 법규에 따라 당위적인 차원에서 규정하려는 것이라고 한다면, 후자는 경험적 실체에 대한 검증이나 인식의 결과물이다. 그런데 규범론의 가장 대표적인 주창자는 아무래도 웨버이다. 웨버에 의하면 정치는 어떤 가치와 목표를 구체화 하는 과정인 데 반해, 행정은 법률과 규칙을 집행하는 과정이다(Mommsen, 1997). 정치가 규범과 논리의 문제를 다루는 장이라고 한다면 행정은 경험적 실체를 검증하는 곳이라고 보는 것이다. 따라서 전자가 열정과 투사의 정신을 필요로 한다면, 후자는 중립성과 불편부당성 내지는 몰가치성을 지향해야 한다.

이런 기계론적 접근시각은 정책의 결정과 집행을 근본적으로 상이한 성격의 과제라고 보고, 그렇기 때문에 서로 다른 영역에 속한다고 보았다. 윌슨(Wilson, 1887: 120)에 의하면 "행정은 정치의 영역 외부에 놓여 있다"는 것이다. 이는 기본적으로 정치와 행정을 각각 입법부와 행정부의 과제로 인식하는 데에서 연유하는 결과이다. 그러니까 헌정질서에 따라 규정되어 있는 입법부와 행정부의 역할을 정치와 행정으로 등치시켜 보았다는 의미이다. 그렇기 때문에 과학적 검증의 결과가 아니라 규범적 당위의 결과인 것이다. 정치가 행정이 수행해야 할 과제가 무엇인지를 규정하는 작업이라고 한다면, 행정은 자신에게 부과된 과제를 전문지식을 동원해 해결해 나가야 하는 존재라고 보았던 것이다.

그런데 이렇게 정치와 행정이 유리된 채 서로 별개의 영역에서 활동하거나 그렇기 때문에 상호 독립성과 자율성을 유지하는 현상은 단순히 민주주의의 철학적 원리에 따라 유추하거나 당위적으로 요청하는 경우가 아니더라도 입법부와 행정부 간의 경험적 실제 속에서도 발견된다. 헌팅톤(Huntington, 1965: 18−19)에 의하면 미국의 경우 연방 의회의 조직구조 개편으로 인해 의회 내부의 권력이 분산 되었고, 그 결과 행정부에 대한 의회의 통제력이 약화되었으며, 그로 인해 의회 내부의 전문화 정도는 신장되었지만 대 행정부 통제력은 축소되었다는 것이다. 그리고 그 결과 행정부의 기관 독자성이 강화되면서 의회와 일정한 거리를 두게 되었다고 한다. 니스케넌(Niskanen, 1971)에 의하면 현대사회에서는 입법부와 행정부 간의 정보 비대칭성 때문에 사실상 의회가 행정부를 통제하기 어렵고, 그 결과 행정부의 관료제가 자신의 후견인으로부터 지대를 추구하게 되었다(bureaucracy can extract rents from the sponsor)고 보았다.

그런데 이렇게 입법부가 행정부의 기관 독자성이나 자율성을 보장해 주고 그 결과 발생하는 행정과정에 대한 정치적 통제력이나 영향력의 축소를 감내하는 이유는 그렇게 하는 것이 입법부와 행정부 모두의 기관 수요에 부응하기 때문이라는 것이다. 피터스(Peters, 1995: 177-8)에 의하면 행정실패에 대한 책임을 행정부에 돌리기 위한 의회의 음모론적 동기가 정치와 행정 간의 관계를 차단하고 상호 격리시키고 있다는 것이다. 반면에 밀러(Miller, 2000: 314-5)는 의회의 영향력을 차단하고 자신의 이익을 추구하기 위한 관료집단의 정략적 판단으로 인해 양자 간의 격리가 유도되고 있다고 보았다. 관료집단이 자신을 기술관료 개념으로 도장하고 이를 통해 독립성을 견지하려는 이유도 결국은 자신의 권력적 동기를 감추고자 하기 때문이라는 것이다(Newland, 1989).

같은 맥락에서 복스 등(Box et al, 2001)은 신공공관리론(New Public Management)도 정치와 행정의 이분법적 격리를 통해 결과적으로 정부의 자율적 의사결정 범위를 확장하기 위한 것이라고 보았다. 그리고 이런 이분법적 격리가 가능한 이유 가운데 하나는 일반 시민이 행정과정의 통제에 필요한 지식이나 정치적 영향력을 결여하고 있기 때문이라는 것이다. 여기에 더해 이익집단에 의해 정보나 정책과정이 포획되고, 관료적 의사결정 양식에 내포되어 있는 관성의 법칙이 작용하고 있으며, 전문가 집단이 민주적 통제에 대해 저항하고자 하는 속성을 지녔다는 사실 등이 정치와 행정의 이분법적 격리를 촉진시킨다는 것이다(McSwire, 1997).

비록 비교적 최근에 제기된 것으로는 신공공관리론이 있지만 실제로는 이미 지난 세기에 등장했던 다양한 양식의 관리개혁적인 요소들을 승계한 것에 지나지 않는다(Box et al, 2001: 611). 지난 세기에 제기되었던 관리자형 시장제도, 후버 및 브라운로 위원회의 권고안, 목표관리제(management by objectives), PPBS(program, planning, and budgeting system) 등은 모두가 관리의 효율성, 효과성, 실적 개선 등을 중시한다는 점에서 신공공관리론과 기본적으로 크게 다를 것이 없다. 로젠블럼(Rosenbloom,

1993: 503)은 이들을 정치행정 이원론에 투사되어 있는 "행정의 정통성(public administration orthodoxy)"을 반영하는 것이라고 보았다.

2. 정치행정 상호작용론(제Ⅱ유형)

정치행정 상호작용론(complementary perspective)은 정치와 행정이 각각 서로의 경계 개념으로 구별되는 별개의 것이기는 하지만, 자신들의 완성을 위해 서로의 도움을 필요로 하는 상호의존적 관계에 있다고 본다. 쿡(Cook, 1996)에 의하면 정치와 행정은 서로 수단이면서 동시에 기여자이기도 한 관계에 있어서 상호 보완적 관계를 구성한다는 것이다. 서로 의존적(interdependence)이면서 동시에 호혜적(reciprocal)이라는 것이다. 선출직 공무원인 국회의원은 임명직 공무원인 행정관료를 구속하고 통제할 수 있으며 또 그렇게 해야 하지만, 선출직 공무원은 기본적으로 선거에 의해 선출되기 때문에 전문지식과 정보에 의해 구속되거나 제한되지 않을 수 없다. 반면에 행정관료는 자신의 전문성에 기초해서 독립적인 활동을 구상할 수 있고 또 그렇게 하도록 전문성의 보유 정도를 놓고 경쟁의 원리에 따라 충원되지만, 그런 구상이나 결정이 대 국민과의 관계에서 책임성을 확보하기 위해서는 결코 독립적일 수 없다. 부언하면 행정관료는 정책 고안 과정의 국회의원을 지원하고 이를 집행하는 과정에서 그의 내용이나 의미를 부여하는 역할을 수행함으로서 호혜적 관계를 구축한다. 반면에 국회의원은 행정관료에 의한 정책집행과정을 감독하고, 왜곡되거나 수준 낮은 집행결과가 있을 때에는 이를 시정하거나, 교정함으로서 일반시민의 요구에 부응하도록 관리한다. 따라서 민영화 조치는 바로 이런 국회의원과 행정관료 사이의 상호보완적 협력관계를 무너뜨리는 행위로 간주된다.

그런데 이렇게 행정관료와 국회의원이 상호의존적이고 서로 영향을 주고받는 관계에 있다거나 또는 그렇게 되어야 한다는 주장 속에는 실로 적지 않은 모순적 관계가 형성되어 있다. 행정관료가 그의 존재적 당위를 전문가적 식견과 판단에 따라 주어진 과제를 처리하는 데 둔다면, 이를 위해서는 자율적 판단과 의사결정의 권한이 보장되어야 한다. 그런데 국회의원은 국민의 의사를 결집해서 정책의 형태로 조정한 후 이를 토대로 행정관료를 통제하고 감독해야 하는 존재다. 행정관료의 독립적 의사결정권을 침해하게 되거나 침해해야 한다는 의미이다. 이럴 경우 행정관료가 전문가적 식견과 판단에 따라 자율적인 의사결정을 할 수 없을 것이고 그렇기 때문에 행정관료를 대리인으로 두어야 하는 이유를 찾기 어렵게 된다. 그러나 그렇다고 해서 행정관료에 대한 외적 통제장치로서의 국회의원에 의한 지휘 감독을 배제하는 경우에는 행정관료의 자율권 남용이나 오용을 방치하는 결과가 된다. 무엇보다도 국민의 정책적 수요를 책임 있게 진단하고 이를 국정운영과정에 반영하는 과정이 외면된다는 문제가 있다. 그러나 그렇기 때문에 국회의원에 의한 행정관료의 통제와 감독을 정당화 하는 경우에는 국회의원 자체가 주어진 규범적 역할을 수행하기 보다는 지위를 이용한 지대추구에 빠질 위험이 있으며 그 결과 정치적 압력으로 인한 행정과정의 왜곡과 부패를 낳게 될 위험성이 있다.

그러니까 행정관료와 국회의원 간의 상호작용적 관계는 그 실제에 있어 규범적 차원이냐 또는 경험적 차원이냐에 따라 서로 매우 다르며, 그렇기 때문에 상충적인 요소가 적지 않다. 이렇게 놓고 볼 때 행정관료와 국회의원의 역할이 서로 중첩하는 경우에는 이들 사이의 관계가 그 운영 실제에 있어 상호 협력적인가 또는 갈등적인가를 준별해야 하는 과제가 제기된다. 이는 규범론과 경험론 모두에서 같다. 이와 관련하여 프리드리히(Friedrich, 1940)는 외제적 통제의 불가피성을 역설하고 있으며 파이너(Finer, 1941)는 내재적 통제의 중요성을 강조했다. 전자가 행정관료와 국회의원 간의 상호작용적 관계에 보다 강조점을 두는 입장이라고 한다면, 후자는 상대적으로 자율적 독립성을 강조한다. 그러나 그렇다고 하여 양자 간의 철저한 단절이나 격리를 주문하는 것은 아니다. 오히려 양자 간의 상호작용 속에서 어느 쪽에 보다 더 강조점을 두느냐의 차이로 이해된다. 이를 다른 각도에서 보면 법적, 제도적 차원의 관계냐 아니면 인식이나 학습 차원의 관계냐의 차이가 있을 뿐이다.

그런데 이런 모순점을 감안한 혼합론적 접근시각은 정치와 행정의 관계를 행정관료와 국회의원이라는 활동자 수준에서 파악하는 것이 아니라 행정부와 입법부라는 기관 차원에서 이해하고자 한다. 그리고 이들을 분석적 차원에서 접근함으로서 행정부와 입법부 모두를 관리론과 권력론의 관점에서 이해하고자 한다. 그 결과 행정부가 주로 관리론에 의해 설명되는 요소를 많이 지니는 것은 사실이지만 그렇다고 해서 권력론적 요소가 전혀 없는 것은 아니라고 본다. 아니 행정부를 관리업무 수행 기관으로 보는 것은 단순히 관리론적 관점에 한정해서 행정부를 이해한 데에서 오는 결과일 뿐 그의 운영 실제를 권력론적 관점에서 이해하는 경우에는 행정부를 당연히 정치 투쟁의 장으로 보게 된다는 것이다. 정치적 행정(political administration)의 개념이 그것이다. 행정기관 간의 로비활동이나 권력투쟁 내지는 기관 내부의 갈등 현상 등이 이런 관점에서 설명된다. 엘리슨(Allison, 1969)의 관료정치 모형(bureaucratic politics model)이 이를 잘 보여주고 있다.

사정은 입법부의 경우에도 같다. 입법부가 권력투쟁의 장인 것은 맞지만 그것은 입법부를 권력론적 관점에서 이해했기 때문이며, 이를 관리론적 관점에서 보는 경우에는 입법부도 관리 기관 가운데 하나라는 것이다. 이는 의회행정론이 상정하는 바 의회의 관리, 선거의 집행, 정당의 조직화, 정책의 심의 등에서 찾아 볼 수 있다. 그러니까 의회는 어떤 사회의 공동체적 질서를 축약한 결과물이기도 하지만 동시에 기관으로서의 조직체이기도 한 이중적 성격을 지닌다는 것이다. 행정부가 하나의 기관으로서 거대한 조직으로 이해되면서도 동시에 정치과정으로 이해되어야 하는 것과 같다. 이는 히피(Heaphey, 1975)와 바아클리니(Baaklini, 1976) 등에 의해 강조되었다. 행정부를 상대로 개발된 관리이론을 입법부에 도입하여 의회 운영의 생산성 증대에 기여해 보자는 것이다. 이는 행정부 중심의 행정이론을 입법부라고 하는 국가의 다른 기관에 적용함으로서 기관종단적 비교연구(cross−institutional comparison)를 가능하게 하고, 그 결과 행정학 일반이론의 과학성 정도를 높여보자는 것이기도 하다.

　　이런 관점에서 보면 결국 행정부와 입법부 모두 관리적인 요소와 권력적인 요소를 내포하는 혼합적 기구로 인식된다. 이럴 경우 행정부와 입법부는 더 이상 어떤 경계에 의해 격리되는 존재가 아니며 다만 관리론과 권력론에 의해 재해석되고, 그에 따라 경계가 새롭게 설정되는 광대역 공적 영역으로 남게 된다. 그리고 그 공적 영역은 관리적인 요소와 권력적인 요소가 무수히 혼재해 있는 상태로 이해된다. 정치행정 일원론으로 이동하는 것이다.

3. 정치행정 일원론(제Ⅲ유형)

　　정치행정 일원론은 기본적으로 행정부의 정책기능을 강조하는 데에서부터 비롯된다. 행정을 정책과정의 필수불가결적인 요소로 인식함으로서 행정관료의 자율권을 전문가적 판단을 위한 것이라기보다는 정책기능을 수행하기 위한 전제조건으로 본다. 시민의 요구에 조응하는 정책대안을 구현하기 위해서는 자의적 의사결정권이 전제되어 있어야 그에 따른 조정과 조율이 가능하다고 보는 것이다.

　　이런 시각은 위임입법을 통한 준입법권 개념에서 여실히 드러난다. 행정부도 입법부와 마찬가지로 정책기능을 수행하고 또 수행해야 된다고 본다는 점에서 위임입법론은 행정부의 정책기능을 규범론과 경험론 모두에서 지향하는 셈이다. 그렇기 때문에 정부가 담당하는 역할을 행정기능과 정치기능으로 구분하지 않고 정책기능이라고 하는 다소 모호하거나 불명확한 개념으로 설명하고자 한다. 다만 위임입법이 입법부에 의해 정치적으로 해결되기 어렵거나 해결해서는 안 되는 것들을 행정부에 위임하고자 하는 것이라고 한다면, 같은 정책기능이라고 하더라도 행정부가 입법부보다는 보다 더 전문가적인 판단과 식견에 따라 수행할 것이고 또 그렇게 해야 한다는 점을 상정하는 것이 사실이기는 하다.

행태주의 이론(behaviorism)도 정치행정 일원론에 서 있기는 마찬가지이다. 롱(Long, 1962: 72)은 실증적인 조사를 통해 선출직 공무원인 국회의원과 파당적인 의회의 무책임한 행태를 비난하면서 행정관료가 일반시민의 의사에 보다 더 조응적이라고 보았다. 쿡(Cook, 1996: 78)은 행정관료가 일반시민의 일반의지에 내포되어 있는 도덕적, 행태적 구성요소에 영향을 미친다고 보면서 그 과정에서 형성적 역할(constitutive role)과 수단적 역할(instrumental role)을 수행한다고 보았다. 전자가 정책의 형성과 조정 업무를 말하는 것이라고 한다면 후자는 전문가로서의 판단과 지원 업무를 말한다.

결국 행정관료를 매우 중요한 정치적 활동자 가운데 하나로 보는 것(Jacobsen, 2001: 2)인 데, 이는 모셔(Mosher, 1982)가 자원의 사회적 재배분 작업은 모두가 공적 의사결정이며 또 정치적이라고 하는 데에서도 드러난다. 이렇게 행정부가 정치적 활동을 하게 되는 이유에 대해 맥큐빈과 슈바르츠(McCubbins & Schwarz, 1984: 175)는 의회가 합리적 판단을 내렸기 때문이라는 것이다. 행정부가 정책결정권을 독자적으로 행사하는 것은 의회가 그렇게 하도록 허용하기 때문인 데, 그렇다고 해서 행정부의 독자적인 정책결정이 의회의 입법 의도를 벗어날 경우 일반 시민이나 이익단체가 나서서 "화재 경보형 통제권(fire-alarm overight)"을 발동하게 된다고 보기 때문이라는 것이다. 그럴 경우 의회가 개입해서 시정할 수 있다는 것이다. 피오리나(Fiorina, 1986: 33-51)에 의하면 의회가 선거구민의 민원을 해결하기 위해서는 행정관료가 자의적으로 판단하고 재량권을 행사할 수 있다는 점이 필수적으로 전제되어야 하기 때문에 이를 확보하기 위해 의회는 일부러 행정관료에 대한 적극적인 통제권을 행사하지 않고 방임하게 되며, 그 결과 행정관료는 독자적인 자기 권한 행사를 할 수 있고 그렇기 때문에 시민의 개별적 요구에 대해 정치적 조응을 할 수 있게 된다는 것이다.

여하튼 정치행정 일원론의 입장에 서 있는 이들은 행정부 또는 행정관료의 정치적 기능을 강조함으로서 행정행위의 정치행정 합일적인 성격을 부각하고 있지만 그런 행위의 구체적인 성질이 무엇인지에 대해서는 더 이상 적극적으로 언급하거나 규명하려 하지 않는다는 데에 특징이 있다.

Ⅳ. 국가와 시민사회 상호작용론

국가와 시민사회 또는 주인과 대리인은 그 운영 실제에 있어 결코 분리되어 있거나 또는 격리되어 있지 않으며, 오히려 서로 유기적인 상호작용 관계에 있을 때 본래적인 자기목적 달성에 유리하다는 관점에 서 있다. 그렇기 때문에 국가와 시민사회 또는 행정의 주체와 객체 사이에서는 지속적인 대화와 참여가 일어나며, 이를 통해 행정주체의 범위가 확장되는 반면 행정객체의 범위는 축소되거나 또는 그 반대의 관계에 있다고 본다. 이는 국가와 시민사회가 거버넌스 관계를 구축한다는 것과 다를 것이 없다. 거버넌스는 통상 국가와 시민사회 사이에서 대화와 소통을 통해 상호작용적 관계를 구성하는 데에서부터 출발하는 것으로 이해되기 때문이다.

1. 정치행정 이원론(제Ⅳ유형)

정부와 일반 시민이 서로 협력적 관계를 구성한다고 보지만 정치와 행정을 이분법적으로 파악하려는 것이기 때문에 정부를 단지 정책의 집행단계에서만 주목한다. 전통 행정학에서 파악한 것과 같이 정부와 시민이 서로 격리된 채 행정관료는 서비스를 제공하고 일반 시민은 그런 서비스를 제공받는 관계에 머무른다면 더 이상 효율적인 서비스의 제공이 불가능하다고 보기 시작한 것이다. 이는 기본적으로 공적 부문에 대한 불신에 기인한다. 정치는 부패했으며 관료는 자신의 이익을 우선적으로 추구하고 통치과정은 "공직자와 기업인 사이의 보이지 않는 거래와 타협으로 얼룩졌다(King & Stivers, 1998: 15)"는 것이다. 따라서 행정관료에게만 의지해서 공적과제를 해결하려 한다면 이는 매우 무모한 일이라고 보게 되었다. 특히 정보사회의 도래와 함께 사회구조가 급변하면서 다양하고 새로운 사회적인 욕구가 생겨나게 되었으며, 이에 대처하기 위해서는 기존의 행정관료만으로는 역부족이라는 생각을 갖게 되었다. 예를 들자면 사회복지 서비스 분야에서는 과제의 성질상 관료제적인 접근시각을 초월해서 서비스의 수혜자와 공감하고 감정이입할 수 있는 능력을 필요로 하는 데, 이는 시민자원봉사자에 의해 보다 잘 수행될 수 있다는 것이다. 따라서 정부가 기획하거나 재정지원을 하더라도 서비스의 전달 업무는 시민자원봉사자들에게 맡기거나 NGO를 통해 대집행하게 된다는 것이다. 이 경우, 정부와 NGO는 보완적 관계(supplementary relation)를 구축한다.

이런 시민자원봉사론에 의하면 시민에 의한 자원봉사활동은 일차적으로 개인이나 집단을 돕는 것이지만 이를 사회 전체적인 차원에서 보면 비공식적인 원조의 네트워크나 사회공동체가 수행하던 역할을 대신 수행함으로서 결과적으로는 사회적 약자의 사회적응을 돕고 사회로부터의 일탈을 막아 사회통합과 안정에 기여한다는 것이다. 그러니까 경직된 관료조직이 외면하거나 소홀히 하기 쉬운 과제를 담당하여 공공재의 생산과 전달과정에서 시너지 효과를 창출하자는 것인 데, 이는 바로 행정을 정책의 집행업무로만 이해한다는 점에서 정치행정 이원론적이다. 그러나 그렇다고 해서 정부 혼자 이를 담당하는 것이 아니라 시민과 정부가 협력적 내지는 보완적 관계를 구축해야 한다고 본다는 점에서는 국가와 시민사회를 상호작용적 관점에서 이해하는 것이고 나아가 거버넌스의 관계에 있다고 보려는 것이다.

2. 정치행정 상호작용론(제Ⅴ유형)

정보사회의 도래는 사회관계의 속도성, 복잡성, 다양성, 역동성 등을 신장시켰다. 그런데 이런 사회관계의 변화 속도에 비추어 행정부에 의한 관료적 의사결정은 너무 느리게 진행된다는 것이다. 관료제 자체가 안정성과 자급자족성에 기초해 고안되었기 때문이다. 관료제는 조직의 모든 정보를 중앙에 집중시키며, 중앙에서 결정이 이루어진 후 그 결과가 변방으로 전달될 때까지 조직 구성원으로 하여금 아무런 행동도 취할 수 없게 한다. 이에 따라 이런 조직구조상의 단일중심성(monocentricity)(Ostrom, 1977)은 상대적으로 간단하고 덜 유동적인 산업사회의 생활양식에 적합할지는 몰라도 정보사회의 급진성에는 부적절한 문제해결 양식이라고 보게 되었다. 지나치게 많은 전환비용을 요구하는 까닭이다. 따라서 정부가 사회문제 해결에 보다 즉각적으로 조응할 수 있도록 하기 위해서는 의사결정의 중추를 보다 현장에 접근시켜 전환과정의 시간비용을 절약해야 한다고 생각하게 되었다. 이런 문제의식 하에 고안된 것 가운데 하나가 바로 협력적 거버넌스(collaborative governance)이다.

여기에는 간접민주주의가 일반 시민의 정치적 선호나 일반의지를 적시에 정교하게 포착하거나 전달해 주지 못한다는 인식이 작용했다. 시민의 정책과정에 대한 직접적인 참여가 바로 이런 대의제도의 한계를 극복하는 대안 가운데 하나라고 보기 시작한 것이다. 공적과제의 해결과정에서 행정관료 내지는 정부가 누려왔던 독점적이고 우월적인 권위와 지위가 더 이상 용인되지 않게 되었다는 점도 중요 요인 가운데 하나이다. 다양한 양식의 NGO가 발흥하면서 한 사회의 공익을 추구하는 일이 더 이상 정부 전유의 과제가 아님을 절감하기 시작한 것이다.

이렇게 정책과정에 대한 시민참여의 욕구가 증대하면서 국가와 시민사회 내지는 정부와 일반 시민 사이의 대화와 협력에 대한 수요가 폭발적으로 증대하게 되었다.

그런 점에서 거버넌스는 정부의 전문가적인 식견과 일반 시민의 정치적 선호 사이에
서 일종의 타협적 접점을 구하고자 하는 작업인 셈이다. 제Ⅱ유형이 입법부와 행정부
사이에서 정치와 행정의 상호작용적 관계를 포착하고자 한 것이라고 한다면, 제Ⅴ유
형은 이렇게 정부와 일반 시민 사이에서 행정과 정치의 상호작용을 포착하고자 한 것
이다. 그리고 이때의 시민은 과거와 같은 수동적 존재가 아니며 스스로 최소한 정치
적 요소를 내포하는 적극적 존재로 이해된다(Ringeling, 2001: 18). 무엇보다도 중요한
것은 과거와 같이 기존의 대의기구나 제도화된 정치과정에서는 오히려 소극적인 참
여자로 변화하면서 스스로의 자발적 참여에 의한 정부와의 공조체제 구축에는 매우
적극적인 자세를 보여주게 되었다는 점이다. 적극적 사회(active society)의 등장을 불
러 온 것이다(Ringeling, 2001: 18-19).

따라서 프레드릭슨(Frederickson, 1997)이 "행정의 정신(The Spirit of Public
Administration)"에서 적절히 지적한 바와 같이, 행정과 거버넌스는 결코 등가의 것이
아니며 세상에는 행정과정 이상의 것을 포괄하는 공적 통치과정이 형성되어 있음을
뜻하게 되었다. NGO나 시장과의 협력을 통한 공적 과제 해결의 양식이 이를 잘 보
여준다. 여하튼 정부의 운영은 이제 더 이상 국가의 사무만을 뜻하는 것이 아니며 그
이상의 어떤 것과 융합되고 있음을 뜻한다(Hupe & Meys, 2000). 정부가 공공재의 생
산과 공급과정에서 더 이상 배타적 독점권을 향유하지 않는다는 뜻이다. 이런 인식
속에는 정보사회로 인해 사회구조의 다양성 정도가 매우 높아졌다는 사실이 작용하
는 바도 적지 않다. 정보사회에서는 매우 다양한 정책대안 제시자들이 경쟁적 관계를
형성한다. 인터넷을 비롯한 뉴미디어의 계몽과 대안제시 기능이 이런 현상의 중요 인
자로 작용하고 있음은 물론이다. 관료제가 지향하듯 범용대안(one-size-fits-all)의
개발을 통해 모든 사회정책과제를 해결하려던 시대는 지났다. 정부의 일방적이고 일
원적인 문제해결 전략이 더 이상 호소력을 갖기 힘들게 된 것이다.

이런 맥락에서 정부의 정책에 대한 정기적인 여론조사의 실시, 주민투표제의 도
입, 입법예고제의 제도화, 주민자치센터의 운영, NGO의 활성화, 옴부즈만 제도의 강
화 등이 시민참여의 기회를 확장하기 위한 제도적 장치로 주목받게 되었다. 이 가운
데에서도 옴부즈만은 국가와 시민사회 사이에서 중립적 조정자로 활동함으로서 양자
간의 대화와 정보의 공유를 촉진하는 역할을 수행한다는 점에서 새롭게 조명되고 있
다(Kim, 2004: 6). 옴부즈만은 정책의 평가 및 환류단계에서 이루어지는 정부와 시민
사이의 협력적 거버넌스인 셈이다. 와너(Warner, 2001: 404)가 지적하고 있는 바와 같
이 행정은 더 이상 단순히 전문지식이나 기관계속성의 유지와 같은 기관형성적인 역

할을 수행하는 데에만 머무는 것이 아니라 시민참여를 촉진함으로서 한 사회가 보다 민주적인 정체가 되도록 지원, 조장하는 역할도 수행하게 되었다.

3. 정치행정 일원론(제VI유형)

다원주의 이론에 의하면 정부는 다양한 이익집단이나 개인과 함께 이해관계의 중개자 내지는 조정자로 이해된다. 그러니까 정책과정에 참여하는 다양한 주체들이 자신의 사적 이익을 추구하는 과정에서 잠정적 합의에 도달한 결과가 공익이며, 이를 구체적으로 나타낸 것이 정책이라고 한다면, 정부는 이 과정에서 다른 정책과정 참여자로서의 시민사회구성원들과 상호작용한다는 것이며 이 과정에서 이익의 중개자 내지 조정자로 활동하는 것으로 이해된다. 그렇기 때문에 정치와 행정의 관계에서 본다면 정부를 기능적으로 미분화 상태에 있는 것으로 이해하는 것이기도 하다. 이는 박수영(Soo-Young Park, 2006: 130)에 의하여 잘 정리되고 있다. 그에 따르면 다원주의 이론(pluralism)은 사회중심부에 정부가 놓여 있다고 보기 때문에 정부에 의한 의사결정을 단지 이익집단이나 단체 간의 타협과 조정에 의해 압도된 결과로만 해석하려는 한계를 내포한다는 것이다. 그리고 이 이해관계의 조정과정에 참여하는 여러 단체들은 단지 정치적 선호 내지는 의지를 표명하는 존재로만 이해될 뿐 그들이 정치적 합리성을 우선할지 또는 경제적 합리성을 우선할지에 대해서는 미리 정해진 목표가 없다는 것이다. 그러니까 이 과정의 정부는 정치와 행정에 대한 구분 이전 단계에 있는 셈이다. 그러나 적어도 정부와 이익집단들이 상호 접촉하고 대화하는 가운데 정책의 산출물이 빚어진다고 보는 점에서는 거버너스의 시각을 배태하는 것이기도 하다.

대표관료제 이론도 정부의 행정을 대 국민과의 관계에서 정책을 형성하거나 집행하는 과정에서 국민 대표성을 발현하는 일이라고 본다는 점에서 정부와 시민 간의 상호작용을 상정하면서도 정치와 행정의 관계에 대해서는 이를 통합적으로 이해하는 입장에 서 있다. 대표관료제 이론이 말하는 수동적 대표성과 능동적 대표성은 모두가 행정관료의 역할을 정책기능의 차원에서 이해함으로서 정치와 행정이 혼합되어 있는 것으로 간주한다. 이런 관점에서 롱(Long, 1962)은 대표성이란 정치기관과 관료기관 모두에서 나타나는 현상이라고 보았다.

V. 국가와 시민사회 일원론

국가와 시민사회를 일원론적으로 본다는 것은 시민사회의 자치활동을 통해 어떤 사회의 공적과제가 해결된다는 것을 의미하는 것이기 때문에 주인-대리인 이론의 관점에서 보면 더 이상 대리인을 고용하지 않고 주인 스스로가 행정의 주체이자 객체이기도 한 이중적 관계에 선다는 의미이다. 이는 또 그렇기 때문에 국가와 시민사회가 가치 융합적 자기 변화과정을 거쳐 성찰적 거버넌스 관계를 구축하게 된다는 의미이기도 하다.

1. 정치행정 이원론(제Ⅶ유형)

정치행정 이원론은 행정을 오로지 주어진 과제의 단순 집행 과정으로만 보자는 것이다. 따라서 NGO가 주축이 되어 정부가 미처 다루지 못하거나 외면한 영역에서 사회의 공적 과제 해결을 위해 다양한 양식의 정책 집행 기능을 수행하는 경우가 여기에 해당된다. 이는 정부의 정책집행과정에 대해 분업적 관점에서 협력하거나 상호작용하는 제Ⅳ유형과는 기본적으로 그의 성격을 달리 한다. 제Ⅶ유형은 정부와 NGO가 보충적 관계(complementary relation)를 구성한다고 보아지기 때문이다. 즉 제Ⅳ유형의 경우는 정부와 NGO가 일종의 분업적 관계를 형성하는 것이기 때문에 정부재정과 NGO의 재정규모가 순비례적 관계를 구성하는 데 반해서, 제Ⅶ유형의 경우는 정부와 NGO가 보충적 관계를 형성함으로서 정부재정과 NGO의 공적 과제를 위한 재정지출 규모가 반비례적 관계를 구성한다. 정부가 수행하는 정책사업의 규모나 대상 영역이 확장될수록 NGO가 대리 수행하는 행정업무의 대상 영역과 과제는 줄어드는 까닭이다.

이는 기본적으로 정부의 정치적 기능이 실패한 데에서 비롯되는 결과이다. 정부의 정치적 대표기능이 제대로 작동하지 못함으로서 정부 정책의 우선순위가 시민이 지향하는 정책적 수요와 우선순위를 반영하지 못하고, 그 결과 시민의 공적 수요와 국가의 대응 사이에 간극이 생기게 되며, 이를 해소하기 위한 방안으로 시민의 자발적 공적과제 해소 노력이 발현되는 것이라고 해석되기 때문이다.

이런 정부의 정치적 기능 실패 원인으로는 흔히 국가와 시민사회 사이의 정보 비대칭성이나 정치적 대리인에 의한 지대추구 현상 등이 지목된다. 그러나 NGO가 자신의 성찰을 통해 국가가 담당해야 할 공적 과제를 스스로 분담하고자 한다는 점에서 보면 시민사회의 자발성과 국가의 공공성이 일종의 가치융합에 이른 결과라고 할 수 있다. 거버넌스의 궁극적 목표 가운데 하나가 이미 성취되고 있는 셈이다.

2. 정치행정 상호작용론(제Ⅷ유형)

정치와 행정을 분석적 차원에서 접근함으로서 정치적 합리성과 행정적 합리성이 상호작용하는 가운데 어떤 제3의 창조적 대안 개발에 이르는 과정이 공적 영역이라고 보고자 한다. 그리고 그런 상호작용이 시민사회 자체의 담론과정에 의해 구체화된다고 보고자 한다. 그러니까 과거 정치적 대리인과 행정적 대리인을 통해 순차적으로 처리되던 과제들이 정책수요가 유발하는 현장에서 거의 동시적으로 혼합되고 처리된다고 본다는 데에 특징이 있다. 그러나 그 결과물을 정부가 수용하여 집행하는 것을 전제한다는 점과 참여와 담론을 통해 자기 성찰적 가치전환을 시도한다는 점에서는 거버넌스의 한 유형이기도 한 셈이다.

대표적인 사례로는 담론형 여론연구소(Center for Deliberative Polling)의 담론형 여론조사(Deliberative Polling)를 들 수 있다. 이는 무작위로 추출한 시민, 분야별 전문가, 공무원 등이 2－3일에 걸쳐 대화를 나누는 가운데 정책의제를 선정하거나 대안을 개발함으로서 식견 있는 시민의 대표적인 의견이 정책과정에 반영되고, 그 결과 사회정책과제를 재규정해 나가게 되는 경우이다. 이런 대화의 과정을 텔레비전으로 중계한 후 또는 그 이전에 여론조사를 실시함으로서 그런 담론이 여론에 어떤 변화를 가져왔는지를 측정해 보기도 한다. 담론을 통해 시민들에게 보다 많은 정보를 제공하게 되고 관련 주제에 대해 보다 더 유의하도록 유도하게 된다는 전제하에, 여론의 변화는 결과적으로 시민이 궁극적으로 도달하고자 하는 어떤 결론을 대변하는 것이라고 보고자 한다는 데에 특징이 있다. 이 과정에서 매우 중요한 것은 담론의 참가자들이 자신들의 상호작용을 전문가의 프레임에 맞춰 진행하는 소집단 대화에 실로 많은 시간을 투자한다는 점이다. 이 과정에서 문제의식이 생겨나거나 자신의 의견을 바꾸는 변화가 생겨나게 된다. 전문가의 식견과 일반 시민의 선호가 담론을 통해 서로에게 영향을 미치면서 대화 참가자의 세계관 내지는 의견을 바꾸는 것이다. 대표적인 적용사례로는 "국민이 보는: 세계 속의 미국의 위상(By the People: America's Place in the World, 2003)", 호주의 "원주민과 화해하기 위한 담론형 여론조사(Australian Deliberative Poll on Aboriginal Reconciliation, 2001)", 미국 텍사스주의 "에너지에 관한 담론형 여론조사(Texas Deliberative Poll on Energy)", 미국 콘넥티커트주의 "대도시 세입 분담을 위한 담론형 여론조사(Connecticut Poll on Municipal Tax Revenue Sharing)", "전미 정책과제 박람회(U.S. National Issues Convention 1996)" 등이 있다.

제퍼슨 연구소(Jefferson Center)가 진행하는 시민배심원(Citizen Jury)제도도 시민사회 내부에서 정치와 행정이 분석적으로 어떻게 상호작용하는지를 보여주는 대표적인 사례 가운데 하나다. 무작위로 추출된 약 18명의 시민이 4-5일 동안 만나 사회적으로 비중이 높은 정책과제를 다뤄 일반 시민의 소우주적 축약을 대신할 수 있도록 한다. 배심원은 다양한 전문가들로부터 의견을 청취하고 비공식적인 회합을 통해 배심원끼리 의견을 나누기도 한다. 사회자가 주제하는 마지막 날의 청문회에서 시민 배심원단은 자신들의 제안을 일반에게 공개한다. 대표적인 적용사례로는 "지구 기후변화에 관한 시민배심원(Citizen Jury on Global Climate Change, USEPA, 2002)", 펜실바니아주의 "미국 상원의원 선거(Penn. U. S. Senate Election, 1992)", "대통령선거 과제(Presidential Election Issues, 1976)" 등이 있다.

전국 샤레트 연구소(National Charrette Institute)의 역동적 기획 샤레트(Dynamic Planning Charrette)는 여러 날에 걸쳐 시민 워크샵과 기획팀 사이에서 환류과정을 반복하는 데에 특징이 있다. 범분과학적으로 구성된 기획팀은 일반 시민의 반응을 토대로 새로운 대안을 개발하고 이를 시민 워크샵에 다시 보내 제안하는 일을 적어도 4일 이상 계속하면서 기획안이 보다 정련되고 발전되도록 한다. 그러니까 일반 시민의 정책적 선호와 전문가의 판단이 혼합되는 과정을 반복하는 것이다. 일반적으로 지역이나 도시개발계획 안을 짜는 데 주로 활용되지만 그렇다고 해서 결코 어떤 특정 영역이나 과제에만 적용되는 것은 아니다. 대표적인 적용사례로는 "뉴욕 주 교통국을 위한 역동적 기획훈련(Dynamic Planning Trainings for the New York Dept. of Transportation)"과 "해군을 위한 역동적 기획훈련((Dynamic Planning Trainings for the Navy)" 등이 있다.

전국정책과제포럼연구소(National Issues Forums Institute)의 전국정책과제 포럼(National Issues Forum)은 중요한 전국차원의 정책과제를 놓고 전국에 걸쳐 구조화된 지역사회의 대화를 진행한다. 대화는 훈련된 전국정책포럼 운영자가 진행한다. 초당적 성격의 "정책백서"를 통해 배경정보를 제공하고 3개의 정책대안을 제공함으로서 토론의 프레임을 제시한다. 포럼의 결과는 전국 및 지방의 지도자들에게 제공된다. 대표적인 적용사례로는 "테러리즘: 지금 우리는 무엇을 해야 하나?(Terrorism: What Should We Do Now? 2002)", "돈과 정치(Money and Politics, 2001)", "불분명한 임무: 미국의 범지구적 역할 재평가(Mission Uncertain: Reassessing America's Global Role, 1996)" 등이 있다.

3. 정치행정 일원론(제IX유형)

정치와 행정을 구체적으로 구분하지 않는 가운데 공적과제의 처리를 위한 정책과정이 시민사회 내부에서 제기되고 또 처리된다고 본다. 그러니까 주인-대리인 이론에 의하면 더 이상 대리인을 필요로 하지 않는 상태로서 일반 시민에 의한 자치정부가 여기에 속한다. 쿠이만(Kooiman, 1994, 46-47)에 의하면 정부와 시민사회를 구분해서 접근하는 경우 정보사회와 같이 사회관계의 밀도가 높아지게 되면 그 구조의 복잡성으로 인해 인과관계의 추적이 지난하게 될 뿐만 아니라, 사회관계망으로부터 차단된 채 그의 외부에서 정부가 어찌 어찌하여 문제해결의 대안을 개발한다고 하더라도 이를 들고 다시 사회관계에 개입하여 문제해결에 나서고자 하면, 일종의 '간섭효과"가 발생하면서 문제의 성질 자체를 변화시키게 된다는 것이다. 따라서 정부가 제3의 평정자 내지는 권위적인 문제해결자로서 사회정책과제의 해결에 전인적인 책임을 져야 한다는 시각은 더 이상 호소력이 없다는 것이다. 그 대신 시민사회 스스로가 자체적으로 사회정책과제를 해결해 나가야 한다고 보았다. 그리고 이를 진정한 의미의 시민자치가 이루어지는 자치정부라고 보았다. 따라서 시민사회의 자발성과 국가의 공공성이 화학적 융합을 통해 승화된 형태라고 하겠다. 바로 이점에서 볼 때, 이는 이미 거버넌스의 최종단계인 가치전환에 이르러 있는 셈이다.

맑스(Marx)가 상정하는 국가와 시민사회 간의 관계에 따르면, 프롤레타리아 계급혁명 이후 국가가 소멸단계에 이르면 그 동안 국가에 의해 다루어지던 공적 과제는 모두 시민사회로 환원되면서 사회공동체 구성원들의 자율적인 활동에 의해 소화되지 않으면 안 된다는 것이다. 환원행정론(auto-administration)이 말하는 바 자율공동체는 이렇게 주인에 의한 자치를 말하는 것이며 그렇기 때문에 정치와 행정을 구분하지 않는다.

VI. 결론

행정학에서의 정치와 행정에 대한 기존의 논의를 종합해 보면, 결국 주류 행정학은 제I유형을 한 축으로 하고 제IX유형을 다른 한 축으로 하는 연속선상에 정렬되는 셈이다. 그런데 제I유형이 가장 철저히 행정의 독자성과 독립성을 강조하는 것이라고 한다면 제IX유형은 가장 철저히 행정의 독자성이나 독립성을 부정하는 것이 된다. 따라서 만일 주류 행정학이 제I유형으로부터 제IX유형을 향해 이동해 간다면,

이는 행정학이 자기 소진적 진화과정에 진입했음을 알리는 것이라고 할 수 있다. 그러나 이를 다른 한 편에서 보면, 주류 행정학의 학문적 포괄범위가 확장되면서 근접 학문과의 융합을 매우 활발하게 전개함으로서 학문의 지속가능성과 환경적응성을 신장해 가는 것이라고 볼 수 있으며, 행정학의 정체성을 새롭게 수정, 진화해 나가는 과정이라고도 말할 수 있을 것이다.

이는 "정치의 전이(transference of politics)(Bovens et al, 1995)" 현상이 매우 활발하게 진행되고 있다는 사실에 의해 고무되는 바 적지 않다. 정치적 의사결정이 과거 입법부라고 하는 한정된 기관을 중심으로 이루어졌다면 이제는 행정부로, 준정부조직으로, 시민사회로, 시민 개개인으로, 전이되어 나타나고 있는 것이다. 더 이상 정치적 의사결정의 중심지가 따로 설정되어 있지 않으며 언제 어디서나 정치적 의사결정이 이루어지는 정치의 다변화, 다핵화, 다원화를 낳고 있다(Ringeling, 2001: 14). 선출직 공무원은 과거에 비해 가치충돌의 문제를 조정 통제하는 의사결정을 덜 수행하게 되었으며, 행정부의 정치적 기능 즉 공공재의 권위적 배분과 관련한 기능은 최근 급신장하는 추세에 있다. 작아지는 정부에 비해 시민의 주체적 의사결정권은 점점 커지는 추세에 있음도 중요한 변화이다. 자치로서의 시민 정치에 대한 불신이 줄어들고 있으며 국가에 대한 신뢰 대신 시민에 대한 신뢰가 크게 신장되고 있음을 뜻한다.

거버넌스는 바로 이런 국가행정작용에 대한 인식상의 변화과정에서 등장한다. 거버넌스가 국가와 시민사회 사이의 상호작용과 상호침투를 전제하는 것이라고 한다면, 거버넌스는 국가와 시민사회 상호작용론 이후의 단계에서나 성립가능하다. 그러나 그것이 국가와 시민사회 간의 상호작용을 통해 궁극적으로는 국가가 지향하는 목적가치와 시민사회가 지향하는 목적가치상의 성찰적 융합과 가치전환을 겨냥하는 것이라는 점에서는 국가와 시민사회 일원론 속으로 수렴되는 성질을 지녔다. 따라서 거버넌스는 그의 기능적 토대가 되는 정치와 행정이 상호 어떻게 융합하는 것인지에 대한 체계적인 설명을 내놓아야 한다는 숙제를 지녔다. 정치와 행정이 융합하여 하나가 된다는 것은 입법부나 행정부가 서로 병치되어 있다거나 행정관료와 정치인이 서로 상호작용적 관계에 있다는 것 이상을 설명할 수 있어야 한다. 그런 의미에서 국가와 시민사회의 상호작용적 관계나 국가와 시민사회 일원론을 분석적 차원에서 접근하고자 하는 시도는 시사하는 바가 적지 않다. 양자 간의 관계를 분석적 차원에서 접근할 때 비로소 융합의 논리적 공간이 생겨날 것이며 거버넌스의 실체를 규명하게 될 수 있을 것이기 때문이다.

그런 점에서 정치와 행정의 상호작용적 관계를 인식론적 학습과정으로 설명하려는 시도는 적지 않은 유용성을 지녔다. 민주성과 경제성, 주관성과 객관성, 전략과 기술, 갈등조정과 서비스의 산출, 가치와 사실을 여하히 융합할 것인가의 과제는 당연히 인식상의 변환과정에서 포착되어야 하며, 그 변환과정은 일종의 학습과정으로 설명 가능할 것이기 때문이다. 이와 관련하여 정책상황의 사회적 의미를 재구성하고 이를 통해 문제해결에 대한 사회적 합의를 유도하고자 하는 프레이밍 이론, 학습이론, 성찰적 거버넌스 이론 등의 유용성은 적지 않다. 그러나 이는 융합의 메카니즘을 설명하는 데에는 유용할지 몰라도 그 결과 얻게 되는 융합 결과의 실체가 무엇이냐에 대해서는 여전히 무기력하다는 한계를 낳는다.

이때 제기되는 과제가 바로 과연 무엇이 정치이고 무엇이 행정인지를 선험적으로 규정할 수 있느냐의 문제이다. 정치와 행정이 프레이밍을 통해 융합을 거듭하거나 성찰적 자기 변화의 과정을 밟게 된다면, 그 과정에서 이미 정치와 행정의 의미나 성격 자체가 거듭 변화하고 있을 것이기 때문이다. 무엇보다도 중요한 것은 그 융합이나 성찰적 변화의 현실적 주체인 인간을 어떻게 인식할 것인가의 문제이다. 국가와 시민사회를 이분법적으로 보고 국가에 대한 신뢰와 함께 대리인 체제의 정당성을 강조하던 시대에는 그런 대리인의 합리성이나 이성에 대한 믿음이 있었다. 무엇보다도 그런 대리인을 선정하는 주인의 합리적 판단이나 이성적 선택능력에 대한 회의가 없었다.

그러나 국가와 시민사회가 상호작용하거나 일원론적 관계에 있다고 보게 되면서 정치는 "시민이 원하는 바"를 추구한다는 의미를 함축하게 되었다. 문제는 바로 이렇게 "시민이 원하는 바"를 추구하는 경우, 거기에는 필연적으로 인간의 정서적, 감성적 요소가 내포된다는 점이다. 이를 다른 측면에서 보면, "시민이 원하는 바"라는 말 속에는 인간의 정서적, 감성적 요소가 작용한다는 사실을 은폐하려는 의도가 숨겨져 있는 셈이다(Rosenberg, 2004: 7). 사실 인간이 언제나 논리적이고, 합리적이며, 이성적인 양식에 따라 활동하지 않는다는 사실을 증명해주는 연구결과는 수 없이 많다(Rosenberg, 2004: 4). 그러니까 거버넌스나 담론민주주의가 상정하는 것처럼 또는 시민배심원제도나 숙의형 여론조사가 상정하는 것처럼 대화를 통해 인식상의 변화가 일어나며, 그 인식상의 변화가 정치적 합리성과 과학적인 합리성을 이성적으로 융합한 결과일 것이라는 기대는 허구적일 수도 있다는 의미이다.

이점에서 행정학 내지 거버넌스 연구는 이제 어디로 가야 하느냐의 문제에 봉착하게 된다. 감성적 요소를 포함하는 담론이 진행되는 것을 당연한 일로 받아들이되 그 담론의 결과가 정의나 공공선을 부정하는 것이어서는 안 된다고 보아지기 때문이다. 그런데 이런 조건이 충족되기 위해서는 자유로운 담론이 결과적으로 공동체 지향적이고 또 정의로운 것이어야 함으로 담론 참여자 내지는 사회공동체 구성원에 대한 도덕적 훈련이 매우 중요한 요소로 대두된다. 국가가 바로 이런 역할을 수행해야 한다면 행정학은 앞으로 정치학이나 정책학뿐만 아니라 교육학, 언론정보학, 윤리학과의 융합도 고려해야 하는 것은 아닐까? 행정은 단순히 관리기술이나 권력다툼의 문제가 아니라 설득과 이해의 과제 또는 가치관의 공유가 핵심이라고 생각되는 시대가 다가와야 하고 또 그렇게 되고 있다는 의미이다.

참고문헌

Allison, Graham T. (1969). Conceptual Models and th Cuban Missile Crisis. *The American Political Science Review*. 63(3): 689−718.

Baaklini, Abdo I. and James J. Heaphey. (1976). *Legislative Institution Building Brazil, Costa Rica, and Lebanon*. Beverly Hills, CA: Sage Publications.

Box, Richard C., Gary S. Marshall, B. J. Reed and Christine M. Reed. (2001). New Public Management and Substantive Democracy. *Public Administration Review*. September/October. 61(5); 608−619.

Cook, B. (1996). *Bureaucracy and Self−Government: Reconsidering the Role of Public Administration in American Politics*. Baltimore MD: Johns Hopkins University Press.

Demir, Tansu. (2007). Politics and Administration: A Review of Research and Some Suggestions. <http://www.fau.edu/caupa/spa/pdf/Demir_Politics_New_MS.pdf>

Heaphey, James J. (1975). A Symposium: Public Administration and Legislatures. *Public Administration Review*. 35(September/October): 478−508.

Finer, Herman. (1941). Administrative Responsibility in Democratic Government. *Public Administration Review*. 1(4): 335−350.

Fiorina, M. (1986). Legislator Uncertainty, Legislative Control, and the Delegation of Legislative Power. *Journal of Law, Economics, and Organization*. 2: 33−51.

Frederickson, H. George. (1997). *The Spirit of Public Administration.* San Francisco CA: Jossey−Bass.

Friedrich, C. J. (1940). Public Policy and the Nature of Administrative Responsibility. In C. J. Friedrich and E. S. Mason. (eds.). *Public Policy.* Boston, MA: Harvard University Press.

Huntington, S. (1965). Congressional Responses to the Twentieth Century. In David Truman. (ed.). *The Congress and America's Future.* Englewood Cliffs, NJ: Prentice−Hall.

Hupe, P. L. and L. C. P. M. Meys. (2000). *Hybrid Governance: the Impact of the Nonprofit Sector in the Netherlands.* Social and Cultural Planning Office. The Hague.

Jacobsen, Dag Ingvar. (2001). Are the Relations Between Politicians and Administrators at the Local Level Determined by the Degree of Central Government Regulations? A Paper Presented at ECPR Joint Sessions of Workshops, Grenoble. April.

Kim, Kwang Jin. (2004). The Relationship between a Government and Its Citizens. A Paper Delivered at the 8th Conference of the Asian Ombudsman Association.

King, Cheryl S. and Camilla Stivers. (1998). *Government is Us: Public Administration in an Anti−Government Era.* Thousand Oaks, CA: Sage Publications.

Kooiman, J. (1994). Governance and Governability: Using Complexity, Dynamics, and Diversity. In J. Kooiman. (ed.). *Modern Governance: New Government− Society Interaction.* London, UK: Sage Publications. 35−48.

Long, N. (1962). *Polity.* Chicago, IL: Land McNally.

Miller, G. (2000). Above Politics: Credible Commitment and Efficiency in the Design of Public Agencies. *Journal of Public Administration Research and Theory.* 10(2): 289−327.

Mommsen, Wolfgang J. (1992). *The Political and Social Theory of Max Weber.* Chicago, IL: University of Chicago Press.

Mosher, F. C. (1982). *Democracy and Public Service.* NY: Oxford University Press.

McCubbins, M and Thomas S. (1984). Congressional Oversight Overlooked: Police Patrols versus Fire Alarms. *American Journal of Political Science*. 28: 165—179.

McSwire, O.C. (1997). *Legitimacy in Public Administration: A Discourse Analysis*. Thousand Oaks, CA: Sage Publications.

Newland, Chester A. (1989). The Future of Council—Manager Government. In George Frederickson. (ed.). *Idea and Practice in City Management*. Washington DC: International City Management Association.

Niskanen, W. (1971). *Bureaucracy and Representative Government*. Chicago, IL: Adline & Atrherton. Park, Soo—Young. (2006). Who Is the Master of the Bureaucracy? A Theoretical Review. *The Korean Journal of Policy Studies*. 21(1): 117—140.에서 재인용.

Ostrom, Vincent. (1997). Some Problems in Doing Political Theories: A Response to Golembiewski's 'Critique of Democratic Administration and Its Supporting Ideation'. *The American Political Science Review*. 781(4): 1508—1525.

Park, Soo—Young. (2006). Who Is the Master of the Bureaucracy? A Theoretical Review. *The Korean Journal of Policy Studies*. 21(1): 117—140.

Peters, G. B. (1978). *The Politics of Bureaucracy*. New York, NY: Longman.

Ringeling, Arthur. (2001). The Primacy of Politics? A Paper Presented at the Conference on "Ethics, Accountability, and Social Responsibility" of the Transatlantic Consortium for Public Policy Analysis and Education, Pittsburgh PA. September 20—22.

Rosenberg, Shawn W. (2004). Reconstructing the Concept of Democratic Deliberation. A Paper Posted at the eScholarship Repository, CA: University of California. Irvine.

Rosenbloom, David H. (1993). Editorial: Have an Administrative Rx? Don't Forget the Politics! *Public Administration Review*. 53(6): 503—506.

Simon, H. A. (1976). *Administrative Behavior*. New York, NY: Free Press.

Svara, James H. (2001). The Myth of the Dichotomy: Complementary of Politics and Administration in the Past and Future of Public Administration. *Public Administration Review*. March/April. 61(2): 176—183.

_____. (1998). The Politics—Administration Dichotomy as Aberration. *Public Administration Review*. 58(1): 51−58.

_____. (1990). *Official Leadership in the City: Patterns of Conflict and Cooperation*. New York, NY: Oxford University Press.

Warner, Beth E. (2001). John Stuart Mill's Theory of Bureaucracy within Representative Government: Balancing Competence and Participation. *Public Administration Review*. July/August. 61(4): 403−413.

Wilson, W. (1887). The Study of Administration. *Political Science Quarterly*. 2: 197−222.

▶ ▶ ▶ **논평**

박형준(성균관대 행정학과/국정전문대학원 교수)

I. 들어가는 글

1887년 우드로 윌슨(W. Wilson)은 "The Study of Public Administration"에서 국가행정의 발전을 위해서는 정치적 영역인 정치제도와 별개로 효율적인 행정의 집행에 관한 연구가 중요하다고 주장하였다. 정치·행정이원론[1]은 정치와 행정의 관계에서 행정의 기능에 초점을 맞추어 기술성과 전문성을 가진 관료의 과학적 합리적 판단에 의한 능률성을 추구하는 행정에 관한 연구의 필요성을 주장하였다. 이후 정치와 행정학에서 정치와 행정간의 관계는 행정기능의 영역에 대한 논의를 중심으로 발전해왔고, 최근에는 행정의 주체와 역할에 초점을 주는 거버넌스 이론과 신공공서비스 이론의 등장까지 지속적으로 변동되어 오고 있다. 이는 행정의 기능적인 측면에서만 연구되어왔던 정치와 행정간의 관계에 대한 연구가 행정 주체의 측면까지 고려해서 연구되어야 한다는 점에서 저자의 연구는 10년 전의 연구임에도 당시의 변화하는 상황에서 행정학의 연구의 근본적인 문제를 제시하였고, 여전히 지금도 관련 논의는 현재의 분절적·미시적으로 연구되고 있는 행정학 연구에 있어서 이러한 거시적·근본적 문제를 고민하는 행정학이 연구되어야 함을 상기시켜준다는 점에서 의의가 있다고 할 수 있다. 사실 기능적인 측면에서만 보아도 행정학에서 정치와 행정과의 관계는 이는 풀리지 않은 숙제이다. 즉 정치가 정책 결정을 내리면 행정은 효율적인 집행만을 해야 되는 존재인지? 아니면 사회문제 해결을 위해서 국가가 해야 할 정책 결정과 집행에 재량을 가지고 자신의 판단으로 행정을 수행해야 하는 것인가?에 대해서는 여전히 현실 세계에서는 실제 갈등과 다양한 시각과 의견이 존재한다.

실례로 최근 코로나 사태 이후 정부의 긴급 재난 지원금 지급을 두고 전국민 70%까지만 지급할 것인지, 아니면 국민 전원에게 지급할 것인지를 놓고 기획재정부장관과

---

1) 우드로윌슨(W. Wilson)은 1887년 발표한 "The Study of Public Administration"에서 국가 행정을 수행함에 있어서 민주적 정치와 효율성의 행정이 병행할 수 있는 것은 정치와 행정이 분리될 수 있고, 구분되어야 하기 때문에 이러한 집행에서 효율성과 효과성을 추구하는 문제를 연구하는 분야가 행정학이고 이는 정치체제와는 관계없이 기술의 분야로 모든 나라에 공통으로 적용될 수 있다고 하면서 유럽의 행정의 발전적인 부분을 미국의 도입과 적용을 위해 행정학의 연구가 필요하다고 주장했다.

여당 원내대표와의 설전이 있었고, 재정의 건전성과 효과성을 이유로 관료인 기획재정부 장관은 전국민지급으로 대상자가 확대되는 것을 반대했으나 결국 정치인 출신 국무총리의 경고가 있은 후 여당 대표의 주장에 따라 전 국민에게 정부의 코로나 극복 긴급재난 지원금을 지급하는 것으로 결론이 났다.[2] 하지만 이후 행정관료인 기재부 장관은 향후에도 이런 논의가 있을시 행정부의 목소리를 낼 것을 밝히면서[3] 행정학에서 정치와 행정의 관계 규정과 관료와 정치인의 행정에서의 역할이 다시 관심을 받고 있다. 한국 과거의 행정관료의 행정에서 정책결정의 영역에 강한 영향력을 강조했던 일원론에서 다시 행정과정에 정책결정에 정치의 역할이 강해지는 현상을 보이고 있다. 하지만 과거의 집행 분야에 행정관료의 역할과 행정학의 학문영역을 국한하려는 정치·행정이원론과는 차이가 있다. 2017－18의 촛불 혁명 이후 행정 과정의 투명성의 증대 요구와 시민의 행정과정에 소극적 참여수준을 넘어서, 국민이 실제 행정의 주체로서 역할을 하는 다양한 행정이 발생 되고 있다. 즉 간접민주주의에서 준직접민주주의 내지는 액상 민주주의의 시대로 전환되는 시점에서 실제 많은 국민의 행정과정에서 역할에 중점을 두어야 할 것이다. 이에 저자는 서론에서 다음과 같은 새로운 정치와 행정간의 관계 연구에서 주인인 국민과의 관계설정을 연구할 필요성을 제기하였다.

> "원래 행정이 행정관료가 "선출직 공무원의 주문에 순응하고, 전문가적인 일관성을 유지하며, 일반 시민의 요구에 봉사하는(Svara, 2001: 176)" 과정에서 야기되는 협력과 갈등의 문제를 다루는 것이라고 한다면, 거기에는 단순히 선출직 공무원과 임명직 공무원 사이의 관계를 여하히 다룰 것이냐의 과제 외에도 공직자와 일반 시민 간의 관계를 어떻게 설정할 것인가의 과제가 별도의 차원에서 제기되기 때문이다(박재창 2008)."

이는 더 나아가 기존의 행정학에서 새로운 패러다임으로 제시된 거버넌스 연구

---

2) 정세균 국무총리는 23일 신종 코로나바이러스 감염증(코로나19) 긴급재난지원금을 전국민에게 지급하기로 한 당정청 방침과 관련해 기획재정부 일각에서 다른 목소리가 나오는 것에 대해 '경고장'을 보냈다(연합뉴스 2020.04.02.). 기재부는 끝내 한 발 물러서 더불어민주당의 재난지원금 전국민 지원 요구를 수용했다. 기획재정부가 코로나19 긴급재난지원금 100% 지급을 결국 수용하기로 했다(한국일보 2020.04.24.). 추가로 필요한 재원 3~4조원은 적자국채 발행을 통해 조달한다. 정세균 국무총리의 강한 경고에 한 발 물러선 것이다(한국경제 2020.04.24.).
3) 국회에 출석한 홍남기 부총리는 "…지원금액을 다시 논의해야 하면 여러 상황으로 봐서 100%보다 (필요한 수준에) 맞춰서 할 것"이라며 "거기에 대해 또다시 (100% 지급과) 다른 의견을 낼 것 같다"고 밝혔다(연합뉴스 2020.04.28.).

의 명확한 위치를 제시할 것이다. 즉 이는 정치와 행정, 양자와의 관계는 행정학의 패러다임의 변천을 살펴보고 기준이 되고(Henry. 1975), 앞으로 미래 행정학이 나아갈 방향에 대한 고민이기 때문이다.

II. 논문의 주요 내용

본 논문의 구성은 행정에서 정치와 행정과의 관계에서 사실상 국가의 주인인 국민의 대리인인 선출직 입법부의 의원과 대통령으로 대표되는 정치와 행정관료와의 관계가 아닌, 주인으로서 국민과 대리인인 국가관료와의 관계에서 국민을 행정의 주체로 볼 것인지, 아니면 객체로 간주할 것인지의 기준에 의해 행정학의 연구대상이 구분되어야 함을 문제로 제기를 하고 있다. 즉 거버넌스 연구로 행정학의 연구영역이 확대되어야 하는 이유와 학문적 좌표규명의 필요성을 제기하였다. 다음으로 학문적 좌표를 규명하기 위해서 2절에서는 정치와 행정의 관계들에 대한 기존의 정치행정이원론과 일원론의 연구들에서 제기된 다양한 행정연구의 영역과 행정의 기능에 대한 논의를 제시하였다, 정치와 행정 간의 관계에서 행정 현상 연구의 두 축을 행정기능과 행정주체로 제시하였다. 저자는 우선적으로 전통적 행정학의 경향을 행정기능의 파악해 가는 과정으로 제시하면 정치·행정이원론 등장과 행정학의 독자적 학문연구 시작에서 이후 정치와 행정의 상호작용론을 통한 정치와 행정을 개방체계론의 관점에서 볼 수밖에 없고, 공적인 영역의 결정에서 가치와 사실의 구분 어려움으로 정치·행정일원론으로 발전 과정을 설명하고 있다. 또한 현상을 바라보는 분석단위와 접근시각의 차이가 정치와 행정의 관계에 대한 인식의 결과가 달라짐을 제시하면서 행정주체의 범위 설정의 중요성을 제시하였다. 이러한 논의를 다음과 같이 종합해 저자는 다음과 같이 유형화 작업을 수행하였다.

행정연구는 기본적으로 행정현상에 대한 신뢰의 정도에 따라 부침을 거듭해 왔으며, 이는 대체로 행정기능과 행정주체를 양축으로 하는 분석적 범주 내에서 전개되어 왔음도 알 수 있다. 그러니까 행정기능을 정치행정 이원론의 시각에서 파악하느냐 아니면 정치행정 일원론의 시각에서 보느냐의 차원과 행정주체를 국가와 시민사회 이원론의 시각에서 보느냐와 국가와 시민사회 일원론의 시각에서 보느냐를 중심으로 하는 두 개의 연속선을 중심으로 전개되어 왔다. 따라서 이들 두 개의 연속선을 교차시키는 경우 다음과 같은 유형화 작업이 가능하게 된다(박재창 2008).

표 1 행정현상 분석의 유형

행정기능 / 행정주체	정치·행정 이원론	정치·행정 상호작용론	정치·행정 일원론
국가·시민사회 이원론	I. 기계론적 조직이론, 웨버리언 모델(Weberian Model), 과학적 관리운동, NPM	II. 의회행정론, 혼합론	III. 신행정학, 위임입법, 준입법권, 선거구민 민원처리(case work)
국가·시민사회 상호작용론	VI. 시민자원봉사론	V. 협력적 거버넌스, 옴부즈만	VI. 다원주의 이론, 대표관료제
국가·시민사회 일원론	VII. 민영화 이론, 서비스형 NGO 이론	VIII. 담론형 여론조사[4], 시민배심원제, 역동적 기획 샤레트[5]	IX. 환원행정론(auto-administration)

〈인용〉 박재창 (2008)

이후 행정주체인 국가와 시민사회의 구분에 따라 국가·시민사회 이원론, 국가·시민사회 상호작용론, 국가·시민사회 일원론으로 분류를 하고 3개의 절로 나누고 각각 절에서는 행정기능에 따라 정치·행정이원론과 정치·행정 상호작용론, 정치·행정일원론으로 구분하여 정치와 행정과의 관계를 설명하고 있다. 우선 3절에는 국가와 시민사회가 엄격히 분리 되어 있다는, 주인-대리인 관계를 이분법적 시각에서 접근하여, 국가가 행정의 주체이고, 시민사회를 행정의 객체로 보는 국가사회 이원론을 제시하였다. 다음으로 정부활동 주요인자들이 어떠한 관계를 구축한다고 보느냐에 따라 정치와 행정이 개별적이라는 이원론하에 기계론적 조직이론, 웨버리안 모델, 과학적 관리운동, 신공공관리론(NPM) 등 집행과정에서 관리의 효율성, 효과성, 실적 개선을 연구하는 학문분야를 여기에 포함시켰다.

다음으로 정치행정의 상호작용론으로 서로 경계와 구분은 되어 있지만 상호 의존적인 관계에 있는 연구로서 의회행정론, 혼합론을 제시하였다. 마지막으로 행정부의 정책기능을 강조하는 신행정학, 위임입법, 준입법권, 선거구민 민원처리 연구 분야를 국가

---

4) 담론형 여론조사(Deliberative Polling)는 최근 신고리 5.6호기 공사재개 여부와 대입제도 개편 등에 활용된 숙의형 공론조사, 시민참여형 공론화과정과 같은 것이다. Deliberative를 저자는 담론으로 최근의 연구와 제도에서는 공론으로 번역했다.

5) 역동적 기획 샤레트의 용어가 생소할 수 있다. 저자는 논문 본문에서 여러 날에 걸쳐 시민 워크샵과 기획팀 사이에서 환류과정을 반복하는 데에 역동적 기획 샤레트(Dynamic Planning Charrette) 특징이 있다고 했다. 즉 전문가 대안개발과 시민워크샵의 상호교환적 과정으로서 최근 Disign Thinking, Critical Thinking을 활용한 정책설계(Policy Design)과 유사한 개념으로 이해하면 될 것이다.

시민의 이원론하에 행정부 관료의 정치적 기능을 강조하는 연구분야로 제시하였다.

4절에서는 국가와 시민사회가 실제 운영에 있어서는 분리되거나 격리되지 않고 있다며, 양자가 지속적 상호작용하에 거버넌스 관계를 구축한다는 시각하에서 국가와 시민의 상호작용론을 제시하고 정치·행정 이원론의 연구유형으로 시민자원 봉사론, 정치·행정 상호작용관점에서 협력적 거버넌스와 옴부즈만 관련 연구, 정치와 행정일원론하에 다원주의 이론과 대표관료제가 연구되었다고 제시하였다. 5절에서는 시민의 자치활동과 직접민주주의 방식을 통한 국민이 직접 공적과제 해결한다는 것으로 단순히 국가가 주체이기만 한 것이 아니라 국민이 행정의 주체이자 객체이기도 한 이중적인 관계에 서고 이를 통해 국가와 시민사회가 단순한 소통이 아닌 성찰적 거버넌스 관계를 구축하는 국가와 시민사회 일원론을 제시하였다. 그리고 정치와 행정의 관계에 따라서 정치와 행정의 이원적 관계에서는 민영화이론과 서비스형 NGO 이론, 정치와 행정의 상호작용하에서는 최근 관심을 받는 담론형 여론조사, 시민배심원제, 역동적 기획 샤레트를 제시하고 정치와 행정의 일원적 관계에서는 환원행정론의 연구가 이에 포함된다고 제시하였다.

저자는 결론에서 행정 현상을 바라보는 시각이 국가와 시민 이원론과 정치·행정 이원론의 Ⅰ 유형의 전통적 행정학에서 양자 모두 일원론으로 갈수록, 즉 대각선의 Ⅸ. 환원행정학으로 이동 중이고, 행정학이 자기소진적 진화과정으로 진입으로 볼 수도 있고, 다른 한편으로는 학문영역의 확정과 정체성 수정과 진화의 과정이라고 설명한다. 그리고 양자 일원론적 관계로 갈수록 정치와 행정은 주인이 시민이 수행하게 되므로 시민이 원하는 바를 추구하므로 필연적 감정의 요소가 내포된다. 이는 최근 공감행정이 중요시 되는 것과 궤를 같이한다고 볼 수 있다. 이러한 점에서 행정과 거버넌스 연구 방향의 확장성과 융합의 필요성을 제시하였다.[6]

Ⅲ. 논문의 학문적 · 정책적 기여

행정학 교과서의 정치·행정일원론과 이원론, 공사행정 일원론과 이원론에 대한 논의가 항상 앞부분을 차지하고 있다. 하지만 학생들은 이 부분에서 행정학 교과서의 설명에 대해 재미없어하고 지루함을 느끼고 있는 것이 사실이다. 이는 처음 행

---

6) 저자는 변화하는 환경하에서 국가 역할이 도덕적 훈련의 역할을 해야 한다고 하면서 "행정학은 앞으로 정치학이나 정책학뿐만 아니라 교육학, 언론정보학, 윤리학과의 융합도 고려해야 하는 것은 아닐까? 행정은 단순히 관리기술이나 권력다툼의 문제가 아니라 설득과 이해의 과제 또는 가치관의 공유가 핵심이라고 생각되는 시대가 다가와야 하고 또 그렇게 되고 있다는 의미이다."라고 주장하고 있다.

정학을 접하는 학생들에게 첫째, 과거 행정연구를 방법론과 인식론에 따라 논하면서 나오는 이해의 어려움과 개념의 추상성, 현실 적합성의 문제, 둘째, 실제 본인이 접하지 않은 정치와 실제 행정관료의 행정연구에서 나오는 관련 논의의 체감 정도가 낮아서 나오는 문제이다. 하지만 본 연구는 이러한 논의의 전개에 실제 국민이라는 주인을 한 축으로 넣어서 이러한 논의의 지루함을 줄여주었다.

본 논문의 경우 2008년에 작성되었음에도 여전히 행정학 연구의 이론 정립과 나아갈 방향에 많은 학문적 정책적 시사점을 주고 있다. 어쩌면 10년이 지났지만 10년이란 세월 자체가 학문적으로 많은 변화가 생겼을 것 같지만, 실제적으로는 이론 발전과 연구에 짧은 시간이라는 것을 보여주고 있다. 이러한 점에서 2008년 발표된 본 연구는 행정학의 학문적 발전에 다음과 같은 기여가 있다.

첫째, 학문적으로 1990년 이후 등장 2000년 가장 행정연구의 중심이론(focus)으로 활용되는 거버넌스(Governance)이론을 행정연구의 적용영역(locus)의 측면에서 국가와 시민간의 관계와 정치와 행정의 관계속에서 양자 상호작용의 영역으로 행정연구의 적용영역(locus)의 측면에서 자리매김을 했다는 것은 학문적 의의가 있다.[7] 초점은 사실 중심이론을 의미하고, 장소, 또는 대상(locus)도 행정의 적용영역, 행정 기능적인 측면에서 정치와 행정 간의 구조적 위치를 이야기하는 것으로 저자의 연구는 이러한 거버넌스 이론의 행정학의 학문적 영역 안으로 확실히 자리매김하였다는 데에 의의가 있다. 사실 거버넌스 연구는 정치학, 사회학, 경영학 등 다양한 분야의 연구에서 연구되고 있는데 저자의 분류기준을 통해서 행정학 영역에 자리매김을 하였고, 향후 연구 방향에 대한 제시를 했다는 점에서 의의가 있다고 하겠다.

둘째는, 주인인 국민을 행정의 주체로 연구의 대상으로 가져왔다는 점에서 의의가 있다. 기존의 행정학 연구는 직업공무원을 대상으로 한 연구가 주류를 이루었다. 물론 그 영역의 확장으로 선출직 관료도 연구의 대상이 되었고, 많은 시민참여의 연구들도 이루어졌지만, 본 연구에서 제시한 것처럼 국가 시민사회 이원론의 입장에서 시민은 행정의 객체로서 이루어진 연구가 다수였고, 상호작용론 하에서도 관료와 정책담당자가 중심적 주체로서 존재하였다. 사실 기존의 연구들이 주인의 국민의 대리인인 선출직 공무원과 복대리인인 직업공무원의 통제와 효율성에 관한

---

7) 골렘뷰스키(R. T. Golembieski: 1977: 9−3)는 미국 행정이론의 발전과정을 초점(Fous)와 대상(locus)의 개념을 통해서 행정이론의 연구 영역과 대상의 확장과 실체적 내용으로 구분하여, 각각의 내용과 범위의 연계의 특징에 따라서 4단계로 나누었다. 그리고 헨리(N. Henry)역시 행정이론 패러다임과 발달단계를 골렘뷰스키의 초점(focus)과 대상(locus)를 원용하여 구분해 다섯 가지 패러다임으로 구분하였다(김태룡 2014. 75p).

연구들이 주를 이루었는데 본 논문에서는 시민을 행정의 주체로 연구대상을 확장하였다. 행정학에서도 기타 사회학과 정치학, 또는 독립 학문영역으로 연구되어 오던 NGO 등의 시민단체에 관한 연구도 행정학의 학문영역으로 확장할 수 있는 이론적 근거를 세웠다는 점에서 의의가 있다. 과거 행정의 연구가 시장과 국가와의 관계에서 연구가 된 것을 이제는 시장과 국가, 시민사회의 관계에서 두 축의 핵심 행위자를 행정의 연구영역을 가져온 것이 될 수 있다.

세 번째는 국가와 시민간의 관계로의 전환은 기존의 연구들에서 전통적 행정학적 관점에서 공사행정의 일원론과 이원론을 구분하던 것과 정부와 시장과의 관계를 보는 시각에 다른 하나의 시각을 제시하고 어쩌면 최근 환경적으로 정부의 신뢰저하, 불신증대에 따른 행정과 정책과정에 국민의 참여욕구 확대와 이를 가능하게 해주는 정보통신 기술의 발전에 따라 다양한 형태의 국민의 직접 행정서비스 결정과 제공이 증대되는 현상에 대한 설명과 행정학 학문적 방향 정립을 가능하게 했다는 점에서 이의가 있다. 최근 숙의형 시민참여 공론조사와 플랫폼 거버넌스 등이 공공영역에서 수행되고 이에 따라 많은 관심이 증대되고 있다. 하지만 오히려 이론적 연구가 아직은 한정적인 상태이다. 본 논문은 이러한 분야로 행정학연구가 확장되어야 하는 것을 당시 예측했다는 점이 놀랍고, 이러한 행정학 연구영역 확대의 방향성을 이론적으로 제시했다는 점에서 학술적 의의가 있다. 더불어 실제 급속한 환경변화에 따라서 현재 중앙정부와 지방정부에서 다양한 이러한 시민 직접참여의 숙의형 공론화를 통한 행정과 이미 많은 행정의 집행영역이 민간단체에 의해서 행해지는 것을 고려할 때 정책적 시사점을 준다고 할 수 있다.

Ⅳ. 논의의 확장으로 미래 행정연구의 영역: 정치와 행정 관계와 국가와 시민 관계 다음은? 행정학에서 인공지능(AI) 로봇과 사람(시민, 관료)

행정학이란 학문의 영역은 민간영역을 제외한 공공 부분, 즉 국가의 역할과 기능과 관련된 locus에 집중된 학문 영역이기에 다학제적 연구(interdiciplanary)로 학문의 성격이 규정되면서 다양한 인접 학문영역의 이론을 원용하여 항상 주체성의 위기와 타학문으로부터 고유이론의 존재여부와 학문의 독자성에 대한 비판을 받아왔다. 하지만 행정현상을 더 넓게 보아서 공공부분의 현상에 대한 인과관계 고찰과 이에 대한 해결책의 제시라는 처방적 학문의 특성을 가진 행정학은 변화하는 사회, 경제, 기술의 환경과 교호하면 발전할 수밖에 없다. 아래의 표는 Focus 측면에서 역사적으로 발전해온 행정학의 주요이론들이다.

표 2 행정학의 중요 이론 발전과 특성

	인식론 · 방법론	공공성	정치 · 경제학적 맥락			연구 목적
	패러다임/미시 · 거시이론	공 · 사행정관계 /행정이념	국가 · 시장	정치 · 행정	국가 특성	
법적 · 제도적 접근법 (1880–1930년대)	기능주의 거시이론	이원론/합법성	–	이원론	다원주의	처방
행정관리학파 (1920–1930년대)	기능주의 미시이론	일원론/효율성	(묵시적) 적극 국가	이원론	다원주의	처방
행태주의 (1940–1960년대)	기능주의 미시이론	일원론/효율성	–	일원론	다원주의	서술
체제이론/구조기능론 (1960–1970년대)	기능주의 거시이론	이원론/효율성	–	이원론	다원주의	서술
비교–발전행정론 (1940–1970년대)	기능주의 미시 · 거시이론	이원론/효율성	적극 국가	이원론	다원주의	서술 · 처방
신행정학론 (1960–1970년대)	해석학 · 비판이론 미시이론	이원론/형평성	적극 국가	일원론	신다원주의	서술 · 처방
공공선택론 (1970–1980년대)	기능주의 미시이론	이원론/효율성	최소 국가	일원론	개인주의	서술 · 처방
국가론 (1980–2000년대)	구조주의 미시 · 거시이론	이원론	–	일원론	(다양함)	서술 · 처방
신제도주의론 (1980–2000년대)	구조주의 미시 · 거시이론	–	–	–	–	서술 · 처방
신공공관리론 (1980–2000년대)	기능주의 미시이론	이원론 효율성 효과성	최소국가	이원론	개인주의	서술 · 처방
신거버넌스론 (1990–2010년대)	구조주의 미시 · 거시이론	일원론 민주성 성과성	–	다양함	신다원주의	서술 · 처방
신공공서비스이론 (1990–2010)	실증주의, 해석학 포스트모더니즘 미시이론	이원론/민주성 책임성 시민정신	적극국가	일원론	공동체주의	서술 · 처방
AI + Robot 행정이론	?	?	?	?	?	?

*자료: 정용덕(2001:179), 김태룡(2014:77) 수정 재인용

　저자는 행정학 이론의 분류기준을 정치와 행정, 국가와 시민간의 관계를 통해서 분류하였다. 많은 학자들이 위의 표에서 분류한 것처럼 인식론과 방법론, 패러다임, 공공성 및 중요시되는 공공가치, 국가와 시장과의 관계, 국가의 기능과 역할 범

위, 정치와 행정간의 관계, 국가체제 등 다양한 분류기준을 가지고 행정학의 학문 분류를 수행하고 있다. 여기서 공통적으로 볼 수 있는 것은 행정학은 학문적으로 서술적 성격과 함께 처방적 성격을 가진 학문이라는 것이다. 따라서 행정학의 학문 영역과 이론은 저자가 이야기한 것처럼 범 사회과학 분야로의 타학문과 융합과 확대가 불가피하고, 이 경우 처방이라는 측면에서 정체성을 가질 필요가 있다. 사실 행정학과 정책학의 학술지에 실리는 논문들을 보면 과거와 다르게 최근 다양한 분야와 이론을 활용한 연구들이 제시되고 있다. 이는 행정학의 연구경향이 이미 interdiciplanary를 넘어서 multidisciplinary의 성격으로 이미 전환이 일어나고 있다는 것이다.8) 하지만 실제 일반 대중과 학생들에게 행정학이란 학문과 '행정'이란 용어 자체는 상당히 올드(Old)하고 경직적인 학문 분야로 보여서 최근 많은 학과들이 행정학과의 이름을 변경하려는 시도가 있고, 행정학과의 인기도 과거와 같지 않다. 즉 학문적으로 행정학의 인기는 줄어들고 있는데 아이러니한 것이 행정학자들은 타 사회과학분야 보다 사회적으로 수요가 매우 많아서 많은 정부정책을 만들고 평가하고, 컨설팅하는 과정에 참여하고 있다는 것이다. 이는 행정학의 사회환경과 처방적 학문적 성향을 보여주는 것이라고 하겠다. 반면 2010년 이후의 한국의 행정 연구의 경향은 제도중심적이고 국가 전반적 행정시스템에 대한 처방적인 연구보다는 다양한 방법론을 활용하여 관료와 행정참여자의 행태적 연구와 정책에 대한 미시적인 분석과 처방의 연구들이 주를 이루고 있다(조선일 2016:100). 이는 행정학의 연구분야와 행정의 주체가 사회문제의 해결을 위한 처방을 제시하기 위해 변화하는 환경과 상호작용하면서 확대되어 가고 있다는 것을 의미한다.

그렇다면 최근의 행정을 사회환경9)의 가장 큰 변화는 무엇인가? 2016년 다보스 포럼에서 의제로 "4차산업혁명의 이해"가 선정된 이후, 이례적으로 2019년 다보스 포럼의 주제가 다시 협력의 4차산업혁명으로 선정된 것만을 보았을 때 현재 우리 사회의 가장 큰 변화가 4차 산업혁명의 도래라는 것은 의심할 여지가 없을 것이다. 이는 전통적 행정학의 입장에서는 행정 업무환경의 변화를 가져와서 기존의 이론들에 대한 재 논의가 필요할 것이며, 더 나아가 행정서비스의 제공 주체가 인간에서 로봇과 인공지능(AI)으로의 전환을 가져올 것이다. 즉 이제는 기존의 정치와 행

---

8) interdiciplanary와 multidisciplinary의 의미를 상호교류를 넘어 융합이라는 측면에서 이렇게 이야기한 것인데 이 과정은 interdiciplanary discourse(학제간 담화)와 multidisciplinary approach or methodology(다학제적 연구방법, 연구접근) 과정을 같이 진행하는 것이라 생각해도 되겠다.
9) 여기서 사회환경은 협의의 사회 환경이 아닌 행정을 둘러싼 사회, 경제, 기술 등의 모든 환경변화를 의미한다.

정의 일원론과 이원론의 논의가 정치가와 행정관료가 아닌 AI에게 정책의 문제와 의제설정, 그리고 대안제시와 최종결정 기능을 부여할 것인가? 아니면 인공지능을 장착한 휴머로이드 로봇(현재도 챗봇이 도입되어 운영되고 있다)에게 결정의 효율적 집행만을 부여할 것인지를 행정학에서 논의해야 할 시기가 올 것이다. 또한 행정 주체로서 국민의 새로운 대리인으로서 로봇과 인공지능 컴퓨터가 이를 대체하는 시대의 행정학의 연구가 진행되어야 할 것이다. 대표적으로 행정의 책임성의 문제, 윤리성의 문제 등이 중요한 이슈로 다가올 것이다. 2008년 미국행정학회의 공식 학회지인 Public Administration Review에서는 특별주제로 변화하는 환경하에 정치와 행정간의 관계를 재고찰을 시도하였고, 여기서 Rosembloom(2008), Demir & Nyhan (2008), Svara(2008)는 공통적으로 이러한 양자의 관계 연구는 궁극적 행정개혁과 거버넌스에 공헌하는지와 연관이 있다고 하였다. 하지만 10년이 지난 지금은 AI와 로봇의 공공부분과 행정의 적용과 도전, 그리고 장애와 파생되는 문제에 대한 연구 (Agarwal 2018, Wirtz & Geyer 2018, Neil 2020)를 통해 행정개혁과 행정변화에 대해 논의하고 있다. 앞으로의 관련된 연구는 저자가 앞서 주장한 인접 사회과학으로의 학문적 확장을 넘어서 자연과학과 혁신적 기술분야의 연구와의 융합의 영역으로 더 행정은 확장될 것이다. 이 과정에서 국가 시민 상호작용과 일원론을 넘어서 기계(단순한 기계가 아닌 인공지능을 가진 로봇)와 인간 또는 기계와 시민, 기계와 관료와의 관계에 대해 다 학제적으로 연구될 것이고, 이와 함께 반대로 기계와 인간을 구분하여 행정에 적용영역을 한정하려는 연구 역시 진행될 것으로 보인다. 그래서 위의 표에서 AI 행정은 모두 물음표로 채워 놓았다. 앞으로 학자들의 연구를 통해 관련 부분을 메우고, 행정학의 영역에 관해서도 기계와 행정의 관계를 한축을 높고 미래 행정학 이론과 연구가 이루어져야 할 것이다.

참고문헌

박재창. (2008). 행정학에서의 정치와 행정: 회고와 전망. 『한국행정학보』, 42(4): 95−115.

박재창. (2019). 한국의 정치행정: 차세대 행정연구의 길을 묻는다. 서울 HUINE.

Agarwal, P.K. 2018 Public Administration Challenges in the World of AI and Bots. Public Administration Review 78(6): 917−21.

Alessandro Sancino, Marco Meneguzzo, Alessandro Braga, Paolo Esposito. (2018), The relationship between politics and administration from: The Routledge Handbook of International Local Government Routledge.

Braga, Alessandro & Sancino, Alessandro & Meneguzzo, Marco & Esposito, Paolo. (2018). The Relationship between Politics and Administration: From Dichotomy to Local Governance Arenas.

Demir, Tansu & Nyhan, R, C. 2008. The Politics-Administration Dichotomy: An Empirical Search for Correspondence between Theory and Practice *Public Administration Review* 68(1): 81−96.

Henry, Nicholars (1975). "Paradigm of Public Administration," *Public Administration Review* 35(4): 378−86.

Jacobsen, Dag. (2006). The Relationship between Politics and Administration: The Importance of Contingency Factors, Formal Structure, Demography, and Time. Governance. 19. 303−323.

Neil M. Boyd, 2020. The continued call and future of administrative reform in the United States, *Public Management Review*, 10.1080/14719037.2020.1752036, (1−8).

O'Leary, Rosemary(Editor) 2010. Future of Public Administration Around the World: The Minnowbrook Perspective. Georgetown University Press.

Rosembloom. D. 2008. The Politics−Administration Dichotomy in U.S. Historical Context. *Public Administration Review* 68(1): 57−60.

Svara. J. H. Beyond Dichotomy: Dwight Waldo and the Intertwined Politics-Administration Relationship. *Public Administration Review* 68(1): 46−52.

Wirtz, B., Weyerer, J., Geyer, C. 2018 Artificial intelligence and the public sector-applications and challenges. *International. Journal of Public Adminstration.* 13(7), 1-20.

정치–행정의 한국형 병존(竝存) 모형 연구

정치-행정의 한국형 병존(竝存) 모형 연구*

이종수(한성대학교 행정학과 명예교수)

∽ 프롤로그 ∽

정치-행정의 관계는 당초 "행정에 대한 정치적 통제"의 원칙이 정립된 200여 년 전의 상황과 많이 달라졌다. 즉 왕권으로 상징되던 '행정'에 대한 "정치적 통제"의 원칙이 정립될 당시의 정치-행정적 상황이 오늘날 근본적으로 바뀐 것이다. 다시 말하면 무소불위의 왕권을 견제하기 위해 정립된 "행정에 대한 정치적 통제의 원칙"이 그 실효성을 상실한 바, 이 원칙은 시대 상황에 적합하게 재정립될 필요가 있다.

"행정에 대한 정치적 통제"의 원칙은 현대 들어 행정공무원의 위축을 초래하고 있는 바, 소극화되고 위축된 공무원의 역할인지는 국가사회의 발전을 저해할 뿐만 아니라 정부 운영에 대한 공무원들의 '책임성'을 약화시키고 있다. 국가사회 발전에 대한 공무원들의 책임성을 제고·추동하기 위해서는 정치-행정 관계가 근본적으로 바뀌어야 한다. 구체적 방안으로는 국회법의 여러 관련 조항이 개정되어야 할 것이다. 실제적으로도 행정공무원들은 정치적 대표자들에 비해, 상대적으로 자질이 우수할 뿐만 아니라 정책관련 지식과 정보를 많이 가지고 있다. 이들의 역량을 소극화, 사장(死藏)시키는 것은 국가사회적으로 큰 손실이다.

이 논문은 이러한 기본 인식 하에 '행정의 활성화'에 초점을 둔 한국적 정치-행정의 새로운 관계 모형을 모색코자 하였다.

다시 한번 강조하자면, 자질과 역량 그리고 도덕성이 행정공무원보다 우월하다고 볼 수 없는 정치적 대표자들에게 행정 통제를 오로지 맡길 경우, 국가사회의 발전이 저해될 우려가 있다. 따라서 오늘날 보편화된 '대의정치 기능'

---

* 이 논문은 2017년 한국행정학회 『한국화논단』에 발표된 글을 수정·보완한 것이다.

을 약화시키고 행정에 대한 '국민'의 직접 통제 영역을 넓혀 가는 것이 바람직할 것으로 생각된다. 정치-행정 관계의 기본 원칙이 정립될 당시의 상황과는 달리 오늘날에는 언론도 발달되어 있고 SNS 등을 통해 국민 개개인이 행정에 관여할 수단도 많다. 예를 들어 일부 지방자치단체에서 시도되고 있는 "주민참여예산제도"를 활성화시키는 것도 한 대안이 될 수 있을 것이다.

한국은 물론 구미 선진국에서도 이러한 이슈를 다른 연구가 많지 않다. 연구가 많지 않을 뿐만 아니라, 더 정확하게 얘기하자면, 아직 그러한 구상이 착상조차 되지 않고 있다. 향후 이러한 주제를 다룬 다양한 연구들이 이루어지길 기대한다.

마무리하면서 향후 정치-행정 관계의 '관계 재정립'과 관련된 다양한 연구들이 이루어지길 기대한다. 그 가운데는 행정과 정치의 기본 속성에 관한 연구도 포함될 수 있을 것이며, 행정의 자율성 제고를 위한 '제도 개선' 관련 연구도 전개될 수 있을 것이다. 보다 미시적으로는 국회법에 규정된, 행정에 대한 정치적 통제 장치의 실효성 등을 분석하는 연구도 이루어지길 기대한다.

I. 문제의 제기

근대 행정학의 정립기와 오늘날의 정치-행정 환경은 크게 바뀌었다. 압제와 가렴주구밖에 기대할 것이 없었던 국왕의 권위주의적 통치를 뒷받침해온 관료제에 대한 정치적 통제의 필요성은 그만큼 줄어들었다. 게다가 지난 세기 말부터는 정치사회적 영역에서 직접민주적 방식이 점차 확산되고 있다.

이와 같이 변화된 정치-행정의 환경 속에서는 기존의 정치-행정 관계가 근본적으로 재검토되고 재정립되어야 할 것이다. 그리고 비서구(非西歐) 국가에서도 당연한 것으로 받아들이고 있는 '행정의 정치에의 예속' 원칙과 '행정의 정치적 중립' 규범 등도 재검토되어야 마땅할 것이다.

정치-행정 관계에서 행정의 바람직한 역할에 관한 심도 깊은 논의는 미국 건국기의 의회 논의에서 찾아볼 수 있다. 미국은 건국 초기 연방 집행부 구성을 둘러싸고 의회에서 제기된 논점은 크게 두 가지로 나뉜다. 하나는 '도구적(instrumental)' 관점이고 다른 하나는 '헌법적(constitutive)' 관점이다. '도구적 관점'은 행정을 주요 정치적 분지(分枝) 즉 대통령과 의회에 대한 봉사자로 보는 관점이고, '헌법적 관점'은 공공 관료들에게 헌법적 책무를 부여하고 있는 바 정치적 관리(political officials)들로부터 보호해 주어야 한다는 관점이다(Cook, 1992:497).

이 연구는 21세기의 한국적 상황에 적합한 '정치-행정 관계 모형'을 모색하는 데 연구의 초점을 두고자 한다. 논의의 전개를 위해 우선 19세기 말 미국 행정학의 건학기이래 전개되어온 서구 학자들의 정치-행정 관련 논의를 살펴본 뒤, 21세기의 한국적 상황에 적합한 '정치-행정 관계 모형'을 모색해 보고자 한다.

II. 정치-행정 관계에 관한 전통적 관점

1. 정치-행정 관계의 고전적 모형으로서의 '정치-행정 분립 모형'

근대 행정학의 건학기이래 정치-행정 관계의 고전적 원형은 '정치·행정 분립 모형(politics-administration dichotomy model)'이라 할 수 있다. 이 모형은 미국 행정 체제 구축의 근거 이론을 제공하였을 뿐 아니라, 한국을 비롯한 세계 여러 나라의 정치-행정 구조 형성의 기본 틀이 되고 있다. 그러나 20세기 중반 이후 적지 않은 행정학자들은 이른바 '정치·행정 분립 모형'에 대한 끊임없는 논란을 전개하면서 새로운 통찰력을 제시해 왔다. 스바라(Svara, 1999)는 특히 분립 모형은 오늘날 개념적으로나 경험적으로 옹호될 수 없는 모형이라는 점이 명백해졌다(Rutgers. 2001: 3)고 주장하면서, '정치·행정 상보 모형'을 제안한다(이종수, 2009a: 18).

정치-행정이원론(政治-行政二元論)으로 불리기도 하는 정치-행정 분립 모형은, 정책결정 기능을 담당하는 정치와, 집행을 담당하는 행정은 명백히 구분된다는 초기 행정학의 관점을 말한다. 이러한 입장을 기술적 행정학(技術的 行政學)으로 부르기도 한다(이종수, 2009b 참조). 윌슨(W. Wilson)과 굿노(F. Goodnow) 등 미국 행정학의 건학자들에 의해 정립된 것으로 알려져 있으나, 스바라는 이 모형이 초기 행정학자들에 의해 정립·주창된 것이 아니라 1940-50년대에 후대 학자들이 개념화한 것이라고 주장한다(Svara, 1999: 676-680). 반 라이프(Van Riper) 또한 윌슨에게 분립론의 창설자라는 책임을 지우는 것은 온당하지 않다고 주장하면서, 윌슨은 그의 동시대인들과 마찬가지로 정치적 중립성(political neutrality)이 아닌 관료들의 '당파적 중립성(partisan neutrality)'을 강조하고자 한 것이라고 해석한다(Van Riper, 1984: 209; Svara, 1998: 52; 이종수, 2009a 참조).

정치-행정 분립 모형과 대비되는 것이 '정치-행정일원론(政治-行政一元論)'으로 잘 알려져 있는 '정치–행정 융합 모형'이다. '정치–행정일원론'은, 행정도 정책결정 기능을 수행한다는 입장에서 정치와 행정은 하나라고 주장하는 학문적 관점을 말한다. 1930년대 뉴딜 정책 이후 대두된 이 학설의 대표적 학자로는 가우스(J. M. Gaus), 디목(M. E. Dimock), 화이트(L. D. White), 헤링(P. Herring), 애플비(P. H. Appleby) 등을 들 수 있다.

'정치–행정 분립 모형'과 관련된 쟁점들을 좀 더 깊이 있게 천착하기 위해서는 미국의 초기 행정학자들의 주장을 살펴볼 필요가 있다. 윌슨은 관련 문헌에서, "정당 기구가 행정을 정치화·부패화시키는 문제와 의회의 행정부에 대한 과도한 관여 (excessive attention)에 대해 우려하였다(Stillman, 1973). 윌슨은 이어 선출직 정치인들이 행정 관청을 직접 조종하려고 해서는 아니 된다고 말하면서, 큰 권한과 제약받지 않는 재량(large powers and unhampered discretion)이 관료 책무성 확보의 불가결한 조건이라고 주장한다(Wilson, 1966: 371–373; 이종수, 2009a).

미국의 초기 행정학자 가운데 한 사람인 굿노(Goodnow)는 정치·행정의 관계와 관련하여, 정부 활동을 두 가지 기능 즉 의회를 통한 민중의지(popular will)의 표현과 행정을 통한 그 의지의 집행으로 구분하였다. 1916년 미국의 전국도시연맹(National Municipal League)이 승인한 제2차 시의회–지배인 모델 헌장[1]은 굿노의 이러한 구분을 반영하여 '입법(legislation)'과 '행정(administration)'을 구별하였다. 그러나 제2차 시의회–지배인 모델의 설계자들이 정치·행정의 근본적 구분(fundamental dichotomy) 자체에 집착한 것은 아니었다.[2]

정치·행정 분립 모형은 오늘날 적지 않은 비판을 받고 있다. 특히 20세기 중반의 50년간 정치·행정 분립 모형에 대해 엄청난 비판이 퍼부어졌다(Overeem, 2005: 318). 이 모형은 특히 정책 과정의 현실과 부합되지 않는다는 비판을 받고 있다. 레인 (Lane, 1994: xvii)은 "윌슨의 분립론은 처음부터 현실을 지나치게 단순화시켰다"고 비판한다.

이와 같이 정치·행정 분립 모형은 오늘날 비록 이론적 지지를 상실하였으나, 아

---

1) '통제받는 집행부(controlled executive)'의 개념에 입각하고 있는 이 모델은 시의회에 조사권과 시지배인의 임명권을 부여하며, 시의회의 역할을 위태롭게 하거나 또는 권력분립을 영구화하지 않고 시의회와 집행부를 강화하는 방안을 담고 있다(이종수, 2009a).

2) 이 모형의 논거를 마련한 사람들은 결코 정치와 행정의 분리를 요구하지 않았으며, 그 반대로 정치와 행정은 한 화합물(chemical compound)의 두 요소와 같은 동일 메커니즘의 두 요소라고 말했다(Woodruff, 1919, 37). 결국 이 모형은 정치와 행정의 분리(isolation)가 아닌, 관료에 대한 선출직 공무원들의 간섭의 절연을 강조한 것이다(이종수, 2009a).

직도 살아 있으며 역사적 정당성을 부여받고 있는 것이 사실이다(Svara, 1998: 51－52; 이종수, 2009a).

2. 정치 · 행정 상보 모형(politics-administration complementarity model)

'정치 · 행정 상보 모형'은 널리 알려져 있듯이 스바라가 1999년 '정치 · 행정 분립 모형'을 비판하면서 그 대안으로 제시한 정치－행정 관계 모형이다. 스바라는 미국 행정학의 발전 과정에 서 "태초에 분립론이 있었다"는 신화가 창조되었다고 하면서, 미국 행정학의 건학자들이 '정치－행정 분립론'을 주창하지 않았으며, 분립론은 1940－50년대에 후대 학자들이 개념화한 것이라는 주장을 폈다(Svara, 1999: 676－680).

그러나 필자는 후대 학자들이 개념화한 '정치－행정 분립론'은 '가공의 이론적 구성물(theoretical constructs)'에 지나지 않으며, 현실에서 찾아볼 수 있는 정치－행정 관계는 '상보 모형'이라고 해석하는 것이 보다 정확한 표현이라고 생각한다. 즉 월슨과 굿노 등 초기 행정학자들이 강조하고자 한 점은 정치와 행정의 본질적 기능이 '정책 형성'과 '정책 집행'으로 명백히 나눠진다는 '베버식 구분(Weberian distinction)'에 있는 것이 아니라, '행정 능률성 확보를 위해, 관료에 대한 선출직 공무원들의 간섭을 절연해야 한다는 점을 강조한 것'으로 보아야 한다고 필자는 생각한다.

스바라는 '정치 · 행정 상보 모형'이 월슨 등의 초창기 문헌에서부터 이미 나타나고 있다고 주장하면서, 상보모형은 정치와 행정의 역할 구분의 필요성을 인정한 바탕위에 행정 관료와 선출직 정치인 사이의 상호의존성, 상호영향, 그리고 광범한 상호작용을 강조한다고 주장한다(이종수, 2009a).

3. 기타 정치-행정 관계 모형들

스바라는 2006년의 논문에서는 정치－행정 관계에 관해 좀 더 포괄적인 모형들을 제시한다. 그는 즉 '선출직 공무원의 행정 관료에 대한 통제 수준'을 세로축으로 삼고 '선출직 공무원과 행정관료 사이의 역할 분화 정도 및 거리'를 가로축으로 하여, '정치 · 행정 관계의 가능한 모형(possible models of political－administrative relations)'으로 '역할분리 모형(separate roles model)', '자율적 관료 모형(autonomous administrator model)', '대응적 관료 모형(responsive administrator model)', '중첩 역할 모형(overlapping roles model)'의 네 가지를 제시하였다.

이들 모형 가운데 '역할 분리 모형'은 행정관의 정치인에 대한 명확한 복속과, 역할 및 규범의 분리를 특징으로 한다. 이 '역할 분리 모형'은 앞에서 고찰한 바 있는

'정치 · 행정 분립 모형'에 상응하는 유형이라고 할 수 있다. 그리고 '자율적 관료 모형'은 행정관의 영향력이 정인보다 더 크거나 같은 크기의 관계 모형을 특징으로 한다. 이 모형에서 행정관은 정책적 역할에 관여하나, 정치인은 행정적 역할로부터 분리되어 있다. '대응적 관료 모형'은 또한 행정관의 정치인에 대한 복속과 행정규범에 대한 정치적 규범의 '지배'를 특징으로 한다. 이 모형에서는 정책결정 과정에서 정치의 행정에 대한 침투가 이루어지고 행정관이 정치적 규범을 채택하게 된다. '중첩 역할 모형'은 선출직 공무원과 임명직 행정관 사이의 상호 영향력 행사와 역할 공유를 특징으로 한다. 이 모형에서는 분립 규범이 유지된다고 볼 수 있다.

각 모형의 극단적 형태는 또한 각각 '소외된 관료(isolated administrators)', '관료지배체제(bureaucratic regime)', '조작된 관료(manipulated administrators)', '정치화된 관료(politicized administrators)'의 형태로 나타난다(Svara, 2006). 한편 아버바크 등은 정책 과정에서의 정치가와 공무원의 역할 분담 관계를 정책/집행 이미지(이미지 I), 사실/이익 이미지(이미지 II), 에너지/균형 이미지(이미지 III), 순수 혼성 이미지(이미지 IV)의 네 가지로 유형화하였다.

'이미지 I'은 본질적으로 분립 모형(dichotomy model)과 동일하다. 이 모형에서 정치인은 정책을 결정하고 관료는 그 정책을 단순히 집행하는 역할을 담당한다. '이미지 II'에서 정치인은 이익을 표출하고, 관료는 사실에 관한 지식을 제공한다. '이미지 III'에서 정치인과 관료는 다 같이 정책형성과 정치에 관여한다. 그러나 이 관계에서 정치가는 변혁의 의지로 에너지를 주고, 공무원은 정책의 안정성과 균형을 유지하는 역할을 수행한다. '이미지 IV'에서는 관료의 정치화와 정치의 관료제화가 이루어져 정치인과 관료의 역할이 상호 접근하여 수렴된다.

부연하여 설명하자면, '이미지 I'의 모형에서 정치와 행정은 엄격히 분리된다. 그리고 '이미지 II' 속에서 정치인과 관료는 함께 정책 형성에 관여하는 것으로 가정된다. 그러나 여기서 관료는 중립적 전문가로서 사실과 지식을 제공하고 정치인은 이해관계와 가치에 관여한다. '이미지 III'에서는 관료와 정치인 모두가 정책 형성 및 정치에 관여한다. 그리고 '이미지 IV'에서는 정치인과 관료의 역할 중첩 정도가 더 두텁다. 오늘날의 정치-행정 체제에서 정치인과 관료는 정책형성 과정에서 더욱 긴밀하게 협동하고 상호 침투하는 혼합형의 관계를 형성하고 있다. 결국 앞의 세 이미지는 점진적으로 '이미지 IV'를 향해 전진해 온다고 할 수 있을 것이다.

각 이미지의 역사적 발전 과정을 보면, 19세기 후반 등장한 '이미지 I'은 가장 경직된 분립모형이다. 관료의 정책형성 역할을 일정하게 인정하는 '이미지 II'는 20세기 전반기의 문헌에서 추출된 것이다. 그리고 '이미지 III'에서는 관료들에게 좀 더 많은 '정치적' 역할을 양여한다. '순수 혼성 모형'인 '이미지 IV'는 정치인과 관료간의 베버식 구분(Weberian distinction)이 사실상 사라진 20세기의 마지막 25년에 등장한 것으로 볼 수 있다(Averbach et al, 1981: 1−17; 이종수, 2009a: 24−25).

Ⅲ. 정치-행정 관계 모형들 밑에 놓인 주요 가정

1. 관료제에 대한 정치적 통제 원칙

'정치−행정 분립 모형'이 되었건, '정치−행정 상보 모형'이 되었건 오늘날 여러 학자들이 제시한 다양한 정치−행정 관계 모형의 근저에는 '관료제에 대한 정치적 통제의 원칙'이 공통적으로 놓여 있다. 이러한 원칙은 1688년 명예혁명 이후 서구 사회에서 확립되어 온 원칙이다. 다시 말하면 왕권으로 상징되는 '행정권'을 국왕으로부터 탈취하여 국민 대표로 구성된 정치체로서의 의회 또는 대통령의 통제 아래 두어야 한다는 원칙이 확립된 것이다. 문제는 미국에서 최초로 고안된 대통령제에서의 '대통령'의 지위가 구체제(ancient regime)의 '국왕' 지위에 비유된 데서 여러 혼란이 초래된 것으로 볼 수 있다.

그러나 민주적 정치 제도가 확고하게 정립된 오늘날 '행정에 대한 정치 통제의 원칙'은 근본적으로 재검토되고 재정립되어야 할 것이다. 특히 대의정부(representative government) 체제에서 유효하였던 '정치 통제'의 원칙은 직접민주적 방식이 확산되고 있는 오늘날 '국민 통제'의 원칙으로 바뀌어야 할 것이다. 국민의 직접적인 통제가 되었건 시민단체에 의한 통제가 되었건 행정의 실제에서 행정관은 한편에서는 정치 지도자와 연계되어 있으며, 다른 한편에서는 공중(public)과 연결되어 있다.

실적제(merit system) 정착 이후 안정적으로 확립된 전문적인 관료 체제를 단기적이고 무책임하며 불안정한 정치 체제 아래 두어야 한다는 원칙은 결코 '합리적'이라 할 수 없을 것이다.

임도빈 교수는 행정의 정치에의 종속성의 원칙은, 행정은 결정된 정책을 집행하는 것인 바(Durkheim, 1975: 173−174), [주권자(국민) → 정치기관(의회) → 행정기관]의 순으로 권력기관이 구성되고 통제된다는 것을 의미한다고 주장하나(임도빈, 1996: 130), 필자는 그 틀을 [주권자(국민) → 관료 체제]로 단순하게 바꾸어야 한다고 생각한다. 이와 같은 생각의 바탕에는 오늘날의 '정치기관(의회)'이 책임감 있게 국가 사회의 발전을 이끌어 가기에는 문제가 많다는 판단이 깔려 있다.

결론적으로 말하자면, '관료제에 대한 정치적 통제 원칙'은 오늘날의 정치 - 행정 상황에서는 불합리할 뿐만 아니라 비능률적이라고 할 수 있다. '관료제에 대한 정치적 통제 원칙'은 우리나라의 헌법 및 국회법 등에 구체화되어 있다. 의회의 '관료제에 대한 정치적 통제 원칙'은 다음의 [2. 행정부에 대한 의회의 인사 및 재정 통제권과 국정조·감사권]에서 보다 구체적으로 살펴보고자 한다.

2. 행정부에 대한 의회의 인사 및 재정 통제권과 국정조·감사권

이 글의 앞부분에서 필자는 오늘날 여러 행정학자들이 다양하게 제시한 정치 - 행정 관계 모형의 바탕에는, 비록 나라마다 정도의 차이는 있을지언정, '관료제에 대한 정치적 통제의 원칙'이 공통적으로 놓여 있다는 점을 확인한 바 있다. 오늘날 세계 여러 나라의 정치 - 행정 제도는 이와 같이 '관료제에 대한 정치적 통제의 원칙'아래 구조화되어 있다. '관료제에 대한 정치적 통제의 원칙'이 적용되어 구축된 제도 아래서 관료제의 인사 및 재정상의 자율성은 확보될 수 없다.

물론 "관료제가 인사 및 재정상의 자율성을 지니지 못 한다"는 문제점도 '관료제에 대한 정치적 통제의 원칙' 아래 포함하여 포괄적으로 논할 수 있을 것이며 그렇게 하여야 마땅하나, 여기서 굳이 '행정부에 대한 의회의 인사 및 재정 통제권과 국정조·감사권' 항목을 독립시켜 논한 것은 '관료제에 대한 정치적 통제의 원칙' 가운데서도 '국회의 인사 및 재정상의 통제권 및 국정조·감사권'이 정치적 통제의 핵심적 장치인 바, 그 점을 강조하기 위해서다.

윌슨은 '행정의 연구(The Study of Administration, 1987)'에서 정치기구가 행정을 정치화·부패화시키는 문제점과 의회의 행정부에 대한 과도한 관여에 대해 우려하였다(Stillman, 1973). 그는 의회가 모든 것을 조사하고 관리하려고 하며, 심지어 행정의 세세한 부분까지 상임위원회의 부단한 감시 아래 두려는 경향성을 지니고 있다고 지적하면서, 의회가 핵심 기능인 입법 활동을 대충하면서 행정부에 대한 감시 기능 또한 실질적으로 미약하다는 점을 비판하였다(Wilson, 1966: 49 - 50; 이종수, 2009a: 20).

현재 우리나라 헌법은 국무총리(헌법 제86조), 대법원장 및 대법관(헌법 제104조), 헌법재판소장(헌법 제111조), 감사원장(헌법 제98조) 등에 대해 임명할 때 국회의 동의를 얻도록 규정하고 있다. 2014 - 5년에는 국정원장 임명에서도 국회의 '동의'를 얻도록 하는 법 개정이 추진된 바 있다3). 또한 2003년 2월 개정된 '국회법(제65조 2의 ②

---

3) 국정원장 임명에서 국회의 '동의'를 얻도록 하는 법 개정 문제는, 2003년 2월의 '국회법' 개정에서 '국정원장의 임명'에서는 국회의 '동의' 요건보다 약한 국회 '인사 청문'의 대상(국회법 제65

항)'에는 "대통령이 다른 법률에 따라 헌법재판소 재판관·중앙선거관리위원회 위원·국무위원·국가정보원장·국세청장·검찰총장·경찰청장 또는 합동참모의 장의 후보자에 대한 인사 청문을 요청한 경우와 대법원장이 다른 법률에 따라 헌법재판소 재판관 또는 중앙선거관리위원회 위원의 후보자에 대한 인사 청문을 요청한 경우" 소관상임위원회 별로 인사청문회를 열 것을 규정하고 있다.

그러나 오늘날 국회에 부여된 '인사동의권' 등이 한국에서 제도 본래의 취지대로 운영되기 보다는 정쟁의 도구로 활용되고 있다는 점을 적지 않은 지식인들은 우려하고 있다. 다시 말하면 헌법과 국회법 등에 규정된 '인사동의권' 등이 예산 및 주요 법안의 통과와 연계되거나 정부의 주요 정책 추진과 연계되어 정쟁도구화 수단으로 활용되는 상황을 우리 사회의 많은 구성원들은, 3권의 '견제와 균형'이라는 관점에서 보기보다는 국정의 효율적 운용을 저해하는 '입법부 권한의 남용'으로 보고 있다.

미국의 건국 초기 직업 관료에 대한 임면권과 통제권 등을 오로지 대통령에 부여하여야 할 것인지 또는 의회에 부여해야 할 것인지 등을 둘러싸고 제기된 다양한 주장들은 우리에게 많은 시사점을 준다. 1789년의 이 논쟁이 있은 뒤 행정관은 '대통령과 의회 두 기관의 대리인'이라는 관점이 대두되었다(Cook, 1992: 499). 그러나 민주적 제도의 운영이 미숙한 우리나라와 같은 정치 상황에서는 관료제를 통제해야 할 두 정치 기관 간의 관계가 애매하게 규정된 이원적 책임 구조가 오늘날 여러 정치적·사회적 갈등을 불러일으키고 있는 것이 사실이다(이종수, 2009a: 26).

국회의 행정부에 대한 재정통제권 또한 제도 본래의 취지를 벗어나 오용되고 있는 것이 사실이다. 우리나라의 헌법 제54조는 "국회는 국가의 예산안을 심의·확정한다"고 규정하고 있으며, 제 57조는 또한 "국회는 정부의 동의 없이 정부가 제출한 지출예산 각 항의 금액을 증가하거나 새 비목을 설치할 수 없다"고 규정하고 있다. 그러나 국회의원들의 예산 관련 행태를 보면, 행정부(기획재정부)의 예산안 작성 과정에 압력을 행사하여 지역구 민원 사업을 자신이 포함시켰다는 무용담을 의정활동보고서에 버젓이 자랑하는 의원들이 적지 않으며, 연말 예산국회 시즌이 되면 특히 '계수조정소위원회' 과정에서 지역구 민원사업을 끼워 넣기 위한 이른 바 '쪽지 예산'[4]이 난무함을 언론들은 앞 다투어 보도하고 있다.

조의 ②항)으로 규정된 바 있다.
4) 물론 미국에서도 오바마 대통령 시절 의원들이 재정통제권을 이용하여 '예산을 특정한 지역구 사업 등에 배정하는' 소위 '귀표(earmark) 예산'을 문제 삼아, 의원들의 '돼지구유통(pork barrel)' 행태를 억제하기 위한 개선책이 강구되기도 하였다.

물론 이러한 일들이, 헌법 제57조의 "국회는 정부의 동의 없이 정부가 제출한 지출예산 각 항의 금액을 증가하거나 새 비목을 설치할 수 없다"는 조항의 규정을 위배하지 않기 위해, 정부의 형식적인 동의아래 이루어진다는 점에서 비록 명시적으로 법 규정을 위배한 것은 아니라 할지라도, 국민의 대표기관인 의회는 행정부에서 제출한 예산을 삭감할 수 있을지언정 증액을 시킬 수 없다는 입법부 설치의 본래 취지를 벗어나는 편법적 행태라 하지 않을 수 없다.[5]

또한 국회에서 이루어지는 국정감사 제도도 형식적·비능률적으로 운영된다는 지적이 적지 않다. 2017년 정기국회에서도 여·야당 모두 앞 다퉈 '정책 국감', '대안 국감'을 내세우고 있으나, 무차별적 폭로와 정치 공세, 국감 취지와 무관한 기업인·연예인의 증인 채택, 각료에 대한 인신 공격성·모욕성 발언, 과도한 자료 요구, 피감기관과의 부적절한 관계 등이 언론에서 지적되는가 하면 국감을 정쟁의 장으로 만드는 행태들이 조금도 개선되지 않고 있다.

이러한 상황에서 헌법상의 국정감사제도를 폐지하는 것이 바람직하다는 사회구성원들의 견해도 만만치 않다. 현행 국정감사 행태를 보면 대상기관의 과다, 사후검증의 미비, 자료제출요구의 과다, 증인 채택 등의 문제가 많다는 것을 알 수 있다.

국정감사 제도는 국민의 대표기관인 국회가 행정부 등 국가 기관을 감시하고 비판하는 제도를 말한다. 우리나라의 경우 제헌 헌법부터 제3공화국 헌법까지는 헌법에서 의회의 국정감사권을 명문화하여 국회에 강력한 감사권을 부여하였다. 그러나 유신헌법에서는 헌법 규정에서 국회의 국정감사권이 삭제되었으며, 제5공화국 헌법에서는 국정감사 제도가 일부 특정 사안으로 제한되는 등 국정감사 기능이 크게 약화되었다. 그러나 이른바 1987년 체제의 제6공화국 헌법에서는 국회의 국정감사 및 조사권이 부활되어 국정의 감시·비판에 관한 국회 기능이 강화되었다.

현재 의회청문회를 통해 국정조사를 자주하고 있는 미국의 정치 체제에서 '국정감사'란 제도는 없다. 한국의 정치 체제에서 현재 운영하고 있는 '기획형 국정감사 제도'는 세계에서 유일하게 대한민국만이 시행하는 제도라고 할 수 있다.

3. '행정의 정치적 중립' 규범

'행정의 정치적 중립' 규범은 서구에서 19세기 말 실적주의 인사 행정이 대두·정

---

5) 개인적으로 알고 지내는 지난 정권의 한 여당 간부는 "우리 국회에서는 비용-편익 분석 결과 0.5가 되지 않는 국책 사업도 예산 과정에서 통과되는 일이 비일비재하다"고 얘기하는 것을 들은 바 있다.

착하면서 중요성을 띠게 된 가치 규범이다. 정치적 중립성 규범은 행정 공무원이 정쟁에 개입하거나, 공공봉사자에게 요구되는 합리성과 능률성 그리고 공정성의 가치를 저버리고 부당하게 당파적 특수 이익과 결탁하여서는 아니 된다는 규범을 말한다.

넓은 의미의 '정치적 중립성'은 다시 좁은 의미의 정치적 중립성과 정책적 중립성의 규범으로 나누어 볼 수 있다. 좁은 의미의 정치적 중립성은 행정공무원이 정당 간의 정쟁적 다툼에 개입해서는 아니 된다는 당파적 중립성을 뜻한다. 여기서 정책적 중립성의 개념도 넓은 의미에서의 정치적 중립성에 포함된다고 하겠으나, 일반적으로는 공무원에게 요구되는 정책전문가로서의 '중립적 역량(neutral competence)'을 의미하는 것으로 해석된다. 다른 말로 하면, 정책 과정에서 전문가로서의 판단과 중립적 관점의 투입을 기대하는 것을 의미한다고 하겠다.

모우(Moe, 1985)는 오늘날의 대통령제에서는 대통령이 집행기관의 '중립적 역량' 대신 '대응적 역량(responsive competence)'을 요구하게 되었다고 주장하면서, 대응적 역량은 정책개발 및 각 집행 기관의 조정 활동의 집권화를 통해 그리고 각 행정기관에 대통령의 심복을 심음으로써 확보될 수 있다고 주장한다(Wolf, 1999: 142-143).

미국 연방정부 가운데 1921년 설치된 예산처(BoB: Bureau of the Budget)[6]는 중립적 역량과 전문성을 지닌 행정기관이라는 평판을 받고 있다. 다시 말하면 전문성과 비당파성의 요새(要塞)라는 평판을 받는 예산처의 주된 사명은 정부 내에서 절약과 능률을 추구한다. 미국에서 닉슨과 레이건 두 대통령은 특히 정치적 당파성이 강한 인물을 관리예산처장에 임명함으로써 관리예산처의 활동이 보다 분명하게 그들의 정치적 목표를 향하도록 만들었다(Wolf, 1999: 143; 이종수, 2009a).

앞에서 살펴본 정치-행정 관련 모형들은 모두가 기본적으로 관료 집단의 정책적 중립 규범과 전문성을 상정하고 있는 것으로 해석될 수 있다. 제2차 세계 대전 이후 많은 행정학자들은 정치-행정 분립 모형을 버렸다. 그러나 그들은 역사적으로나 개념적으로 정치-행정 분립 모형과 밀접하게 연관되어 있는 '행정의 정치적 중립' 규범은 포기하지 않았다. 오히려 그들은 고전적인 '정치-행정 분립 모형'을 '정책-행정 분립 모형'으로 재개념화했다(Overeem, 2005: 311).

오늘날 행정의 정당성에 대한 우려(anxiety about administrative legitimacy)는 미국뿐만 아니라 다른 나라들에서도 유사하게 대두하고 있다. 그러나 정책 과정에서 관료들에게 요구되는 전문성의 범위는 모호하고 불분명하다. 어떻든 행정인들은 정치적

---

6) 1970년 관리예산처(OMB: Office of Management and Budget)로 개칭됨.

상관의 지시에 따라야 한다는 요구와 전문성의 유지 및 공중에의 봉사 역할 사이에서 야기되는 긴장과 타협하지 않을 수 없다.

'정치'와 '정책' 사이의 모호성은 정치-행정 분립 모형과 '정책적 중립성' 간의 밀접한 연관성을 희미하게 한다. 관료들의 정책적 전문성과 중립적 역량은 행정의 능률성 확보를 위해 어떠한 상황에서도 관계 구성원들로부터 인정받아야 한다.

'정치-행정 관계 모형들' 밑에 놓인 주요 원칙들 가운데 가장 근본적인 것이 '관료제에 대한 정치 통제'의 원칙이다. 오늘날 민주화된 나라의 정치·행정 제도는 대부분 이러한 '정치통제'의 원칙에서 연역(演繹)되어 구조화되었다. '관료제에 대한 정치 통제'의 원칙은 헌법과 국회법 등의 관련 조항에 입법부의 '행정부에 대한 인사 및 재정 통제권과 국정조·감사권'의 형태로 나타나 있다.

그런데 현실 속에서 '관료제에 대한 정치 통제'의 원칙들은 의회의 정책 과정, 인사 과정 및 예산 과정에서 정쟁(政爭) 수단으로 활용되거나 정당 및 의원 개개인의 사적 이익 추구의 수단으로 전락하고 있다. 인사청문회 과정만 봐도 그 과정에서 고위공직후보자의 공직관을 캐묻기보다는 '망신주기'에 그치는 경우가 대부분이다. 이를 다른 말로 하면, 행정부를 감시하기 위해 입법부에 부여된 권한들이 그 본래의 취지대로 활용되기보다는 정쟁 수단이나 정당 및 의원 개개인의 사적 이익 추구의 도구로 왜곡·오용되는 것이 현실이라고 하겠다. 이와 같은 현실에서, '관료제에 대한 정치 통제'의 원칙으로부터 연역(演繹)된 여러 정치·행정 제도들은 재검토·재정향되어야 마땅하다는 인식에서, 서구의 전통적 정치-행정 모형과는 다른 '한국형 모형으로서의 [정치-행정 병존(竝存) 모형]'을 모색하게 된 것이다.

IV. 한국형 정치-행정 관계 모형의 모색

1. 한국형 모형으로서의 [정치-행정 병존(竝存) 모형]

필자는 오늘날의 한국 상황에 적합한 한국형 정치-행정 모형으로 [정치-행정 병존(竝存) 모형(politics-administration coexistence model)]을 제안하고자 한다. [정치-행정 병존(竝存) 모형]을 제안한 이유는 이 모형이 논리적으로 타당할 뿐만 아니라, 현실적으로 국가의 능률적 운영에 적합하기 때문이다. 다른 말로 하면 '관료제에 대한 정치적 통제 원칙' 아래 운영되는 오늘날의 정치-행정 체제는 4년짜리 한시적 비정규직 정치인의 통제를 받는 정규직 공무원의 책무성을 확보할 수 없다는 문제점을 지닌다는 것이다.

19세기 말 미국의 정치 – 행정 체제를 고안하면서 미국 행정학의 건학자들이 고민한 점도 이 점이다. 앞에서 살펴본 바, 윌슨과 굿노 등 초기 행정학자들이 강조하고자 한 점은 정치와 행정의 기능이 본질적으로 다르다는 점이 아니라, "행정 능률성 확보를 위해, 관료에 대한 선출직 정치인들의 간섭을 절연해야 한다는 점을 강조한 것"으로 보아야 한다는 점이다.

2. [정치–행정 병존 모형]의 특징

[정치 – 행정 병존 모형]의 특징은 무엇보다 '관료제 자율성의 획기적 증대'라고 하겠다. 그 구체적 내용은 다음과 같이 제시될 수 있다.

(1) 정치-행정 관계의 기본 틀: [정치 – 행정 병존 모형]은 '관료제에 대한 정치적 통제'의 규범을 부인한다. 이 모형에서 상정하는 정치 – 행정 관계는 상하, 종속 또는 통제 – 피통제 관계가 아닌, 기능적으로 구분된 병존 관계다. 행정에 대한 공식적 통제는 입법부가 아닌 행정부 수장 즉 대통령에 의해 이루어진다. 즉 (대통령제에서) 관료 집단을 통제하는 주체는 '다른 정치기관'으로서의 의회가 아닌 대통령이며, 의회에 대해서는 '관료 집단'이 아닌 '대통령'이 책임을 지는 방식으로 구조화되어야 한다.

이와 같은 특징을 지닌 [정치 – 행정 병존 모형]은 스바라가 1999년 논문에서 제시한 '정치 – 행정 분리 모형' 뿐만 아니라 '정치 – 행정 상보 모형'의 요소도 함께 포함하고 있으며, 스바라가 또한 2006년 논문에서 유형화한 '역할 분리 모형'과 '자율적 관료 모형' 등 4가지 모형의 요소를 부분적으로 모두 담고 있다고 하겠다. 그리고 [정치 – 행정 병존 모형]은 또한 아버바크 등이 1981년 저서에서 유형화를 시도한 '네 가지 이미지'의 요소도 모두 포용하고 있다고 하겠다. 다시 말하면 [정치 – 행정 병존 모형]은 기존의 여러 학자들이 제시한 다양한 정치 – 행정 관계 모형의 특징적 요소를 두루 포괄하고 있다고 하겠다.

이 모형은 또한 클레이가 1983년 논문에서 제안한 '새로운 생산지향적 분리 모형 (new productivity oriented dichotomy)'과 유사하다고 하겠다. 클레이는 이 모형을 '회춘한 분리모형(rejuvenated dichotomy)'으로 부르기도 했다. 클레이는 이 모형에서 정치 – 행정 관계에서 행정관을 정치적 상관의 요구에 보다 대응적으로 만들기 위해, 인사 관리 발전의 지속을 위해, 정치 – 행정의 상호 신뢰 유지 및 상호 책무(mutual commitment)를 확보하기 위해, 그리고 엽관에 대항하여 관료들의 종신재직권의 실질적 방어를 위해(to achieve the essence of tenure protection against spoils) 정치적 관리자와 직업공무원은 상호 독립적인 기능을 수행해야 한다고 처방한다(Klay, 1983: 51).

(2) 정치-행정 관계의 정책 과정에서의 기능적 병립성: 기능적 측면에서 살펴보자면, [정치–행정 병존 모형]에서 정치인은 정책 의제 형성 단계에서 주도적 역할을 하고, 행정관은 정책 형성 및 집행 단계에서 중심적 역할을 한다. [정치–행정 병존 모형]의 이러한 특징들은 앞서 살펴본 바와 같이, 기존의 여러 정치–행정 관계 모형에서 상정하는 특징들을 두루 반영하고 있다고 하겠다.

행정관은 정책 과정에서 그들의 전문성과 자율적 판단에 기초하여 광범한 재량권을 행사하는 점에서 이 모형은 특히 '자율적 관료 모형'의 특징적 요소를 많이 포함한다고 하겠다. 미국의 지방 행정에서 '정치'의 역할을 수행하는 시의회(city council)는 행정 즉 정책집행에 일체 관여하지 않을 뿐만 아니라, 시지배인(city manager) 또한 정책형성(shaping policies)에 관여하지 않는 것으로 상정된다.

다른 말로 하자면, [정치–행정 병존 모형]에서 행정관들은 중립적 전문가로서 정책 형성과 집행 등 정책 과정을 폭넓게 주도하는 것으로 상정된다.

(3) 관료제에 대한 통제 방식: [정치–행정 병존 모형]은 또한 관료 조직에 대한 입법부의 외재적 통제가 아닌 행정부 수장에 의한 내재적 통제를 상정하고 있다는 점에서 기존의 정치–행정 관계 모형들과 본질적으로 다르다고 하겠다.

이와 같은 특징을 지닌 [정치–행정 병존 모형]에서 자율성이 증대된 관료 집단은 자칫 통제가 느슨해지면, 국민에게 봉사하는 집단이 아니라, 관료 집단 자신의 제도화된 이익을 추구하는 '관료 제국(bureaucratic empire)' 형성을 기도할 수 있다. 이와 같은 현상은, '관피아'[7]라는 신조어를 등장시킨, '세월호 정국'에서 찾아볼 수 있었다. 자율성이 증대된 관료 집단의 제국 형성을 제어하기 위해서는 행정에 대한 다양한 통제 제도들이 마련되어야 할 것이다. 다시 말하면 제도적 관료제로 성장한 관료 집단이 국가 사회의 발전을 가로막는 괴물(leviathan)로 성장하지 않도록 하기 위해서는 입법 통제를 대체할 수 있는 여러 내·외적 통제가 적절하게 강화될 필요가 있다.

다시 말하면, [정치–행정 병존 모형]에서는 입법부에 의한 공식적 외부 통제를 대체할 수 있는 여러 통제 장치들, 예를 들어 행정부 내의 공식적 내부 통제를 강화하거나 언론 및 시민단체에 의한 비공식적 외부 통제를 강화하는 방안 등을 강구할

---

7) 특정 부처의 관료들이 관련 이해집단과 결탁하여 자신들의 제도화된 이익을 추구하는 현상을 가리키는 언론 용어로 [관료＋마피아(mafia)]의 의미를 지님.

수 있을 것이다. 아니면 후술하는 바와 같이, 현재 우리나라에서 대통령 소속기관으로 설치되어 있는 감사원을 미국의 정부책임확보원(政府責任確保院, GAO)과 같이 입법부 소속으로 옮겨 독립성이 강한 전문적인 통제 기관으로 육성하는 방안도 고려해 볼 수 있을 것이다.

3. [정치-행정 병존 모형]의 구체화·제도화 방안

[정치-행정 병존 모형]의 구체화·제도화 방안도 '2. [정치-행정 병존 모형]의 특징'에서와 같이 (1) 정치-행정 관계의 기본 원칙의 천명, (2) 정치-행정 관계의 정책 과정에서의 기능적 병립성에 관한 규정 마련, (3) 관료제에 대한 통제 장치의 완화로 나누어 서술하고자 한다.

(1) 정치-행정 관계의 기본 원칙의 천명: [정치-행정 병존 모형]의 기본 원칙은 헌법, 국회법 등 각종 법 규정에서 그 의미를 밝혀 천명한다. [정치-행정 병존 모형]은 '관료제에 대한 정치적 통제'의 규범을 부인하는 만큼 입법부와 행정부의 분립과 독립성에 관한 규정을 헌법, 국회법 등의 관련 규정에서 명확하게 밝힌다.

(2) 정치-행정 관계의 정책 과정에서의 기능적 병립성에 관한 규정 마련: 분립론은 정치 기관(입법부와 대통령 등 집행부 수장)의 의제 형성 단계에서의 주도적 역할을 인정하나, 구체적 정책 설계 및 집행 과정은 행정관들이 주도하는 것으로 상정한다. 전반적인 정책 과정에서 행정관은 중립적인 정책 전문가 역할을 수행한다. 다시 말하면, '자율적 관료 모형'에서와 같이 [정치-행정 병존 모형]에서 행정관들은 그들의 정책 전문성에 기초하여 광범한 재량권을 행사한다.

(3) 관료제에 대한 통제 장치의 완화: 앞서 밝혔듯이 [정치-행정 병존 모형]에서 입법부는 정책 과정을 세세히 통제하지 않고, 관료 집단에 대한 인사·재정상의 자율성을 침해하지 않는다. 기존의 여러 정치-행정 관계 모형에서 행정부의 인사·재정 및 정책 과정에 대한 입법부의 통제권은 의회의 인사통제권, 예·결산권 그리고 국정 조·감사 제도를 통해 구현된다. 관료 집단의 자율성과 전문성을 제고하기 위해서는 이러한 제도들을 재구조화해야 한다.

(3-가) 의회의 인사통제권의 합리화: [정치-행정 병존 모형]에 입각하여 관료 집단의 자율성과 전문성을 제고하기 위해서는 먼저 의회의 인사통제권을 합리화해야

한다.

우리나라 의회의 인사통제권은 정부(행정부는 물론 사법부, 헌법재판소 등 포함)의 주요 직책 담당자에 대한 인사 임명 동의권과 탄핵소추권 및 해임건의권 등으로 나누어진다. 인사 임명 동의권은 헌법 제86조, 제98조, 제104조, 제111조 및 국회법 제46조의3 등에 규정되어 있으며, 대통령 등에 대한 탄핵소추권은 헌법 제65조에 그리고 국무총리 및 국무위원 등에 대한 해임건의권은 헌법 제63조 및 제87조 등에 명기되어 있다. 그리고 장관후보자 등의 인사청문회에 관해서는 국회법 제46조의3 및 인사청문회법 제2조 등에 규정되어 있다.

클레이는 앞서 인용한 1983년 논문에서 오늘날 공공부문의 인사행정 관행은 '비생산적(counterproductive)'이라고 규정한 뒤 이러한 문제점을 바로잡기 위해서는, 적극적·생산지향적 인사 관리의 필요불가결한 요소가 되는 관료들의 직업적 안정성(career security)을 확보해 주어야 한다는 점을 강조한다(Klay, 1983: 44). 또한 오우치(Ouchi, 1981) 및 파스칼과 애토스(Pascale and Athos, 1981)는 일본식 관리의 강점을 강조하면서 조직과 정규 직원 사이의 종신고용 약속을 강조한 바, 그들이 제시하는 관리 방식은 관료제의 안정성을 흔드는 '개혁'을 강조하는 오늘의 상황에서도 적지 않은 시사점을 준다고 하겠다. 오우치 등은 생산성 제고의 관건은 구성원에 대한 안정된 고용 약속이라는 점을 강조한다.

필자는 오늘날 일본의 식자들이 자주 거론하는 '잃어버린 20년'의 주된 원인 가운데 하나가, 지난 세기 후반 일본의 급격한 성장을 이끈 주역 가운데 한 집단으로 평가받는 관료제의 직업적 안정성을 흔들고 동기를 저하시킨 소위 서구식 행정 개혁을 추진한 데 있다고 생각한다. 일본의 관료제는 지난 세기 말까지 정치적 개입이 차단된 '자율적 집단'[8)으로 운영되어 왔다.

19세기 말 실적주의 제도가 도입·정착된 이래 경력직 공무원의 인사 과정에서의 '정치적' 개입 관행은. 형식적 제도 운영 면에서는 거의 거의 모든 국가에서 사라졌다고 할 수 있다. 그러나 최근 우리나라의 문화체육관광부 인사에 대한 박근혜 전

---

8) 예를 들어 직업 관료군의 정상(top) 자리에 있는 현재의 사무차관이 차차기 사무차관 후보자를 선임국장 자리에 배치하면, 그 후보자는 재임 중 큰 과오가 없는 한 자동적으로 차차기 사무차관으로 승진하는 인사 관행을 유지해 왔다. 하토야마 유키오(鳩山 由紀夫, 1947년 2월 11일~) 전 일본 총리는 일본 관료 조직의 이러한 자율적 인사 관행을 개혁하겠다고 공약한 바 있다. 일본 정부는 2001년 1월 기존의 1부(총리부) 22성청 체제를 1부(내각부) 12성청으로 개편하는 중앙성청개편(中央省庁再編)을 추진하면서, 사무차관보다 한 단계 높은 직위에 해당하는 부대신(副大臣) 제도를 신설하는 관료제 개혁을 추진하였다.

대통령의 관여에서 보듯이, 관료 인사에 대한 정치권력의 개입 관행은 여전히 지속되고 있는 것으로 보아야 할 것이다. 또한 국회의 인사청문회 과정에서 보아 왔듯이 정쟁(政爭)의 수단으로 전락한 입법부 인사권 행사의 문제점에 대해 우려하는 적지 않은 사회구성원들은 그에 대한 개선책이 강구되어야 한다는 점을 강조한다.

일부 행정학자들은 선출직 정치인들이 공공조직의 대응성과 생산성을 제고한다는 핑계로 공공 인사행정에서 정치–행정 분립 논리를 활용하는 행태가 사라져야 한다는 점을 강조한다. 학자들 가운데는 이를 위해 독립적인 엽관 방지 기구를 만들거나 공무원노동조합의 활성화를 처방하는 사람들도 적지 않다.

또 다른 일단의 학자들은 미시적 차원에서 국회 인사청문회 관련법을 개정하여 청문회 과정이 보다 합리적으로 운영되도록 하여야 한다고 주장한다. 국회의 인사청문회 운영 규정 등에 "어떤 인물이 국무위원 등에 임명하면 안 되는지 그 기준부터 만들어야 한다"고 주장하면서, 법 규정을 통해 임명 요건이 정해지면, 대통령은 그 사유에 해당되지 않는 사람을 찾아 공직후보자로 임명하면 될 것이다.

청와대는 2017년 11월 22일 '고위공직자 임용배제 7대 기준'을 발표했다. 그것은 문재인 대통령이 후보 시절부터 천명해 온 '병역면탈', '부동산투기', '탈세', '위장전입', '논문표절' 등 5대 인사 원칙에 '음주운전'과 '성 관련 범죄'를 추가해 7대 비리로 그 범위를 확대한 것이다. 물론 이와 같은 '고위공직자 임용 배제 7대 기준'의 일방적 발표에 앞서 소위 말하는 공론화 과정을 거치고 야당과의 협의 과정을 거쳤더라면, 인사청문회 과정을 둘러싸고 지난 수년간 벌여 온 소모적 정쟁(政爭)을 종식시킬 수 있었을 것이라는 아쉬움은 남는다.

원론적으로 얘기하자면 청와대가 발표한 '고위공직자 임용배제 7대 기준'을 벗어나지 않는 대통령의 '고위공직자 임명'에 대해서는 인사청문회를 거칠 필요가 없는, 그리고 입법부가 왈가왈부해서는 아니 될 대통령의 고유한 인사권 행사라는 점을 우리 사회의 구성원들은 받아들여야 할 것이다. 이것이 3권 분립의 기본 취지다.

(3–나) 의회의 재정통제권의 합리화: [정치–행정 병존 모형]에 입각하여 관료 집단의 자율성과 전문성을 제고하기 위해서는 의회의 무분별한 재정통제권을 합리화할 필요가 있다.

행정부에 대한 재정 통제는 주로 입법부에 의해 이루어진다. 우리나라의 예산 과정은 정치권력의 과도한 관여에 의해 재정적 합리성이 훼손되는 경우가 적지 않다. 이명박 행정부에서 '4대강 사업' 관련 예산이 정책의 무리한 추진을 위해 전문성과 합리성을 훼손하는 방향으로 왜곡 운영된 경우가 없지 않았으며, 앞서 살펴보았듯이,

예산 국회 때마다 의원들의 지역구 사업을 위한 소위 '쪽지예산'이 예산 제도의 근본 취지를 허무는 것도 적지 않게 보아 왔다.

이러한 상황을 막기 위해서는 미국 건국기에 논의되다 그친 사례와 같이, 특정한 몇몇 부처 예산에 대해서는 광범위한 자율성을 부여하는 것도 한 방안이 될 수 있을 것이다. 그러나 보다 실천가능성이 있는 방안으로는 '행정부 제출 예산 제도'의 근본 취지를 살려, 일단 국회에 제출된 예산안에 대해서는 국회 과정에서 삭감할 수는 있을지언정 증액할 수 없도록 엄격하게 제도화하는 것도 한 방안이 될 수 있을 것이다

(3-다) 국정 조·감사 제도의 재구조화: [정치-행정 병존 모형]에 입각하여 관료 집단의 자율성과 전문성을 제고하기 위해서는 무엇보다 국정 조·감사제도(헌법 제61조)를 재구조화하여야 한다.

우리나라 입법부는 국정 조·감사 제도와 행정부의 국정 상황 보고 및 국무총리 등에 대한 질문과 응답 제도(헌법 제62조) 등을 통해 행정부에 대해 통제권을 행사한다. 국회의원들의 의정 활동에서 국정감사는 가장 중요한 활동이다. 그러나 앞에서 살펴본 바, 우리나라의 국정 조·감사 제도는 공화국에 따라 폐지·강화되어 온 제도인 만큼 반드시 필요한 제도는 아니라고 할 수 있을 것이다. 오늘날 우리나라와 같이 정기회마다 국정감사를 하는 제도는 미국의 정치 체제에는 없으며, 국정조사도 의회 청문회를 통해 수행되고 있다.

우리나라의 현행 국정조·감사 제도가 효율적으로 운영된다고 믿는 사회구성원은 거의 없다. 당장 올해(2017년)의 국정감사에서 교육문화체육관광위원회의 경우, 36개 기관을 단 하루에 감사하고, 12시간동안 지속된 감사에서 한 차례의 질문도 받지 못한 기관이 11곳에 달한 것으로 보도되고 있다. '부실 감사', '맹탕 감사', '겉치레 감사'라는 비판이 무색할 지경이다. 실효성도 없이 막대한 국민 세금만 낭비하는 국정감사 제도를 없애야 한다는 국정감사 무용론이 대두되는 것은 당연하다고 하겠다.

우리나라의 국정감사 제도와 관련하여서는 그동안 감사대상기관의 과다, 서류제출요구의 과다, 감사의 일과성 문제 등이 일상적으로 비판의 도마 위에 올랐다. 국정감사 제도의 개선을 위해서는 현행 국정감사 제도를 그대로 두고 국정감사대상기관의 축소 및 철저한 사후 검증, 과다한 서류 제출의 해소, 증인채택방법 등의 개선, 증인 불출석 및 위증 방지를 위한 형량 조정 및 엄격한 처벌 등 미시적 개선책이 강구될 수 있을 것이다. 그러나 보다 근본적인 국정감사 제도의 개혁을 위해서는 상임위원회별 상시감사제, 주제별 집중감사제, 정책청문회 등의 제도 개선책을 강구해 볼 수도 있을 것이다.

그러나 2012년 3월의 관련법 개정을 통해 종래 매년 9월 10일부터 20일간 실시하도록 규정되어 있던 국정감사 기간이 '30일 이내의 기간'으로 늘어난 것 이외에는 크게 바뀌지 않았다.

국정감사 제도를 개혁하기 위한 보다 근본적이고 현실성 있는 대안 가운데 하나는 현재 우리나라에서 대통령 소속하에 설치되어 있는 감사원을 미국에서와 같이 입법부 소속으로 옮겨 국정감사를 대신할 수 있는 기관으로 전환하고 국정감사 제도는 폐지하는 것이 한 방안이 될 수 있을 것이다. 미국의 정부책임확보원(政府責任確保院, GAO: Government Accountability Office)과 같이 전문화된 감사기관이 입법부에 설치되면, 행정부가 능률적·효과적으로 통제될 수 있을 것이다. 미국의 정부책임확보원은 1921년 예산과 회계에 관한 법률(Budget and Accounting Act)에 의해 설치되었던 기존의 회계검사원(General Accounting Office)이 2004년 정부책임확보원(GAO: Government Accountability Office)으로 그 명칭이 변경된 것이다.

V. 맺는 말

우리나라의 현재의 정치-행정 관계는 기본적으로 서구에서 발달해 온 전통적 [정치-행정 분립 모형]에 입각해 있다. 이 모형은 미국 행정 체제 구축의 근거 이론을 제공하였을 뿐 아니라, 한국을 비롯한 세계 여러 나라의 정치-행정 구조 형성의 기본 틀이 되고 있다. 우리나라의 다양한 정치-행정 제도들은 이러한 고전적인 [정치-행정 분립 모형]에 입각해 있다, 그리고 이 모형의 바탕에 놓인 '관료제에 대한 정치적 통제'의 원칙과 '행정의 정치적 중립' 규범 등을 반영하여 정치·행정 제도들이 설계되었다.

그러나 [정치-행정 분립 모형]은 지난 세기 중반 이후 여러 학자들에 의해 이론적으로나 경험적으로 옹호될 수 없는 모형이라는 비판을 받아 왔다. 더욱이 우리나라에서는 고전적 [정치-행정 분립 모형]에 입각해 구축된 여러 정치·행정 제도들이 국가 사회의 발전을 저해하고 사회적 갈등을 확산시키는 요인으로 작용하고 있다.

이 글은 이러한 인식에 기반하여 한국적 상황에 적합한 새로운 정치-행정 관계 모형을 모색해 보았다. 그것은 [정치-행정 병존 모형]이다. [정치-행정 병존 모형]의 가장 본질적인 특징은 서구의 전통적인 '관료제에 대한 정치적 통제'의 규범을 부인, 관료제 자율성을 획기적으로 증대한 데 있다고 하겠다. [정치-행정 병존 모형]은 즉 (1) '관료제에 대한 정치적 통제'의 규범을 부인하고, (2) 정치와 행정이 정책

과정에서 기능적으로 병립하는 것으로 가정하며, (3) 관료 조직에 대한 입법부 통제를 완화한다는 점을 특징으로 한다.

그리고 [정치-행정 병존 모형]을 구체화하기 위한 미시적 차원의 제도 개선책들도 구상해 보았다. 그러나 관료제 자율성의 획기적 증대를 지향하는 [정치-행정 병존 모형]은 다른 한편 '관료제국 형성'의 우려를 자아내지 않을 수 없는 바, 이러한 일탈 상황을 방지하기 위해 입법통제를 대체할 수 있는 행정부 내부통제 및 언론과 시민단체 등에 의한 외부통제를 강화할 필요가 있을 것이다.

마침 내년도 지방자치 선거를 앞두고 문재인 행정부는 강력한 개헌 추진 의사를 밝힌 바 있다. 그러나 여러 집단들이 개헌 과정에 투입·반영하고자 하는 요구가 워낙 다양하여, 작금의 정치적 상황을 고려해 보면, 개헌 작업이 순조롭게 추진될 수 있을지 우려스럽다. 그러나 국가 백년대계의 새로운 기초 돌을 놓고자 하는 개헌 작업을 시간에 쫓겨 대충 얼버무릴 수는 없다. 30년 만에 맞이하는 개헌 기회를 5년 단임 정부가 마무리까지 하겠다는 욕심을 버리고, 충분한 사회적 공론을 거쳐 합리적 대안이 도출되기를 기대한다.

이 글에서 모색해 본 [정치-행정 병존 모형]이 우리 사회가 나아갈 방향을 모색하는 데 조그만 보탬이 되기를 기대한다.

참고문헌

김성수. (2006). 한국 정치-행정관계 특성의 비교분석: 정책과정에서 장관과 고위관료의 관계를 중심으로. 「한국사회와 행정연구」. 16(4): 1-22.

김찬동. (2005). 정치행정관계와 행정책임문화: 일본과 한국의 쌀시장개방정책을 사례로. 「한국사회와 행정연구」 16(2): 1-24.

안병영. (1994). 정치인과 한국의 정책결정구조, 한국행정학회. 「정책결정구조의 비교」: 285~300.

양재진. (2002). 정권교체와 관료제의 정치적 통제에 관한 연구: 국민의 정부를 중심으로. 한국행정학회 춘계학술대회 발표 논문.

이종수. (2009a). 한국의 정치-행정 맥락의 분석. 서울행정학회. 「한국사회와 행정연구」 제20(3): 17~39.

_____. (2009b). 「행정학사전」. 서울: 대영문화사.

_____. (2008). 우리나라 역대 행정부의 정책체제의 특징에 관한 고찰. 한국행정사학회. 「한국행정사학지」. 제23호.

임도빈. (1996). 정치와 행정의 관계에 관한 비교연구: 영국, 프랑스, 독일의 제도를 중심으로.「한국행정학보」 30(1): 129－142.

Aberbach, Joel D., Putnam, R. and Rockman, B. A. (1981). Bureaucrats and Politicians in Western Democracies. Cambridge, MA.: Harvard University Press.

Cook, Brian J. (1992). Subordination or Independence for Administrators? The Decisions of 1789 Reexamined. Public Administration Review vol. 52, No. 5.

Durkheim, Emile. (1975). Textes, vol. III. Paris: Ed. de Minuit.

Klay, William Earle. (1983). Fiscal Constraints, Trust, and the Need for a New Politics/Administration Dichotomy. Review of Public Personnel Administration: 4－44 .

Klingner, D. and J. Nalbandian (1978). Personnel Management by Whose Objectives. Public Administration Review 38(4) (July/August): 366－372.

Lane, F. S. (1994). Current issues in public administration. New York: St. Martin's.

Moe, Terry M. (1985). The Politicized Presidency. in Chubb, John E., Peterson, Paul E., eds. The New Direction in American Politics. Washington: Brookings Institution.

Ouchi, William G. (1981). Theory Z. New York: Avon Books.

Overeem, Patrick. (2005). The Value of the Dichotomy: Politics, Administration, and the Political Neutrality of Administrators. Administrative Theory and Praxis 27(2): 311-9.

Pascale, Richard Tanner and Anthony G. Athos, (1981). The art of Japanese management: Applications for American Executives. New York: Penguin Books.

Rutgers, Mark R. (2001). Splitting the Universe: On the Relevance of Dichotomies for the Study of Public Administration. Administration & Society 33: 3-0.

Simon, H. A. (1976). Administrative behavior. A study of decision－making processes in administrative organization (3rd ed.). New York & London: Free

Press/Collier—Macmillan.

Stillman. Richard J. II. (1973). Woodrow Wilson and the Study of Administration. American Political Science Review 67 (6): 582–588.

Svara, James H. (2006). Introduction: Politicians and Administrators in the Political Process— Review of Themes and Issues in the Literature. International Journal of Public Administration 29(12): 953–6.

_____. (1999). Complementarity of Politics and Administration as a Legitimate Alternative to the Dichotomy Model. Administration & Society 30(6): 676–05.

_____. (1998). The Politics—administration Dichotomy as Aberration. Public Administration Review 58(1): 51–8.

Van Riper, Paul P. (1984). The Politics—Administration Dichotomy: Concept or Reality? in Jack Rabin and James S. Bowman, eds.. Politics and Administration. New York: Marcel Dekker.

Wilson, Woodrow. (1966). The Papers of Woodrow Wilson Vol. 5. Princeton, N.J.: Princeton University Press.

_____. (1887). The study of administration. Political Science Quarterly 2: 197–222.

Wolf, Patrick J. (1999). Neutral and Responsive Competence: The Bureau of the Budget, 1939–948, Revisited. Administration & Society 31(1): 142–67.

Woodruff, Clinton Rogers, ed. (1919). A New Municipal Program. New York: D. Appleton.

▶ ▶ ▶ **논평**

전주상(한성대학교 행정학과 교수)

주옥같은 글을 읽으면서 평소에 생각하지 못했던 가르침을 받는 것은 언제나 즐거운 일이다. 이 논문에는 필자가 행정이론과 행정가치, 그리고 행정개혁을 중심으로 평생을 견지해 오셨던 한국 행정에 대한 애정이 고스란히 묻어난다. 대학원 시절 필자의 저서와 논문을 읽으면서 외국 이론에 대한 해박한 지식과 한국 행정의 현상 이해의 연계에 감탄하며 느꼈던 감정들이 이 논문을 통해 생생하게 되살아난다.

이 논문의 문제의식은 '기본적으로 서구에서 발달해 온 전통적「정치－행정 분립 모형」에 입각한 우리나라의 정치－행정 관계와 관련된 제도가 적절하게 설계된 것인가, 그리고 적절하게 운영되고 있는가?'로 집약된다. 이러한 인식의 저변에는 서구 모형에 입각하여 설계된 제도들이 오히려 국가 발전을 저해하고 사회적 갈등을 확산시키는 요인으로 작용하고 있다는 비판적 관점이 자리매김하고 있다. 이러한 인식에 기반하여 필자는 관련 제도를 설계할 때「정치－행정 병존 모형」을 고려할 것을 주창하고 있다.

관련된 논의를 위하여 이 논문에는 다양한 정치－행정 관계 모형을 제시하고 있다, 먼저 논의의 단초를 제공하기 위하여 정치－행정 관계의 고전적 원형이라고 할 수 있는 정치－행정 분립 모형(정치행정이원론)과 이에 대비되는 정치－행정 융합 모형(정치행정일원론)의 배경과 의미를 설명하고 있다. 그리고 스바라(Svara)가 1999년 정치－행정 분립 모형을 비판하면서 제시한 정치－행정 상보 모형(politics－adminisration complementary model)과 심화모형(이후 '선출직과 행정관료에 대한 통제 수준'과 '행정관료 사이의 역할 분화 정도 및 거리'를 기준으로 그가 좀더 포괄적으로 정치가와 공무원의 관계를 유형화한 관계 모형)을 제시하고, 마지막으로 아버바크(Aberbach) 등이 정책과정에서 정치가와 공무원의 역할 분담관계를 유형화한 모형을 설명한다. 이러한 논의에 있어서 우리는 늘 어떤 유형이 바람직한가, 우리의 현실은 어떤 유형에 속할까 등 마치 정답을 찾으려는 수험생의 노력이 이루어지는 오류를 범하기 쉽다. 그러나 이 부분에서도 각 유형이 단절된 것이 아닌 역사의 흐름 속에서 물 흐르듯이 변할 수 있다는 필자의 유연한 관점이 또 한 번 빛을 발하고 있다.

이 논문에서는 정치－행정 관계 모형 근저에 존재하는 주요 가정들을 통렬하게 비판하면서 대안 제시의 근거를 마련하고 있다.

우선 대의정부 체제에서 유효하였던 '관료제에 대한 정치 통제의 원칙'은 직접민주적 방식이 확산되고 있는 오늘날 '국민통제의 원칙'으로 전환되어야 한다고 역설한다. 이러한 주장은 실적제 정착 이후 안정적으로 확립된 전문적인 관료체제를 단기적이며 불안정한 정치체제 아래 두어야 한다는 원칙은 비합리적이라는 것을 논거로 하며, 정치기관(의회)이 책임감 있게 국가사회의 발전을 이끌어가기에는 무리가 있다는 필자의 판단이 강하게 자리 잡고 있다. 결국 '주권자(국민) → 정치기관(의회) → 행정기관'의 순서로 인식될 수 있는 권력기관의 구성 및 통제 시스템이 '주권자(국민) → 관료체제'로 단순화되어야 한다는 것이다,

여러 나라의 정치-행정 제도는 이러한 '관료제에 대한 정치 통제의 원칙' 아래 구조화 되어 있으며, 그 핵심적 장치가 '행정부에 대한 의회의 인사 및 재정 통제권과 국정 조사/감사권'임을 강조한다. 그러나 필자는 우리나라 헌법과 국회법 등에 구체화되어 있는 인사동의권 등이 제도 본래의 취지대로 운영되기 보다는 정쟁의 도구로 활용되고 있음을 우려하고 있으며, 이를 '견제와 균형의 관점'에서 이해하기 보다는 국정의 효율적 운용을 저해하는 '입법부 권한의 남용'으로 보는 관점을 견지하고 있다. 또한 국회의 행정부에 대한 재정통제권 또한 제도 본래의 취지를 벗어나 오용되는 경우가 있으며, 국정감사제도도 형식적·비능률적으로 운영되고 있다는 점을 지적한다. 특히 국정감사제도의 경우 폐지할 필요가 있다는 일단의 견해를 소개하고 있으며, 현재 의회청문회를 통해 국정조사를 자주 하고 있는 미국의 정치체제에서는 '국정감사' 제도가 없음을 강조하고 있다.

필자는 또한 19세기말 실적주의 인사행정이 대두되면서 중요성을 띠기 시작한 '행정의 정치적 중립' 규범을 기본적으로 관료 집단의 정책적 중립 규범과 전문성을 상정하는 것으로 해석하고 있다. 다만, 현대 사회에서 '정치'와 '정책' 사이의 모호성은 고전적인 '정치-행정 분립 모형'과 '정책적 중립성' 간의 밀접한 연관성을 희미하게 하는 것으로 보고 있으나, 관료들의 정책적 전문성과 중립적 역량은 행정의 능률성 확보를 위하여 어떤 상황에서도 유지되어야 한다는 점을 강조하고 있다.

결국 이러한 논의들을 통하여 필자는 '관료제에 대한 정치 통제의 원칙'으로부터 연역된 여러 정치·행정 제도들에 대하여 재검토·재정향이 이루어져야 한다는 점을 분명히 하고 있으며, 이러한 관점에서 서구의 전통적 정치-행정 모형과는 다른 한국형 모형으로서 '정치-행정 병존모형'을 모색하고 있는 것이다. 필자는 이 모형이 논리적으로 타당할 뿐만 아니라 현실적으로 국가의 능률적 운영에 적합하다고 판단한다. 이러한 관점은 초기의 행정학자들이 정치와 행정의 기능이 본질적으로 다르다기

보다는 '행정 능률성 확보를 위해 관료에 대한 선출직 정치인들의 간섭을 절연해야 한다.'는 점을 강조하고 있는 것과 맥을 같이 한다.

'정치―행정 병존모형'은 우선 이론적 측면에서 기본적으로 앞에서 제시한 스바라, 아버바크 등의 학자들이 제시한 모형들의 요소들을 두루 포괄하고 있다는 점에서 그 특징을 찾을 수 있다. 그리고 이 모형을 기능적 측면에서 살펴보면, 정치인은 정책의제설정 단계에서 주도적 역할을 하고, 행정관은 정책형성 및 집행 단계에서 주도적 역할을 하는 것으로 상정한다. 이런 측면에서 스바라의 '자율적 관료 모형'의 특징적 요소를 많이 포함하고 있으며, 행정관들은 중립적 전문가로서 정책형성과 집행 등 정책과정을 폭넓게 주도하는 것으로 상정한다.

이 모형의 핵심적인 특징은 '관료제 자율성의 획기적 증대'로 집약된다. '정치―행정 병존모형'은 '관료제에 대한 정치적 통제'의 규범을 부인한다. 즉 대통령제하에서 관료집단을 통제하는 주체는 의회가 아닌 대통령이며, 의회에 대해서는 관료집단이 아닌 대통령이 책임을 지는 방식으로 구조화되어야 한다는 것이다. 따라서 이 모형은 통제 방식에 있어서 관료제에 대한 입법부의 외재적 통제가 아닌 행정부 수장에 의한 내재적 통제를 상정하고 있다는 점에서 기존의 정치―행정 관계 모형들과 본질적으로 다른 특징을 갖는다.

필자는 이러한 특징을 가진 '정치―행정 병존모형'을 구체화·제도화하기 위한 방안을 다음과 같이 제시하고 있다.

우선 이 모형이 '관료제에 대한 통제"의 규범을 부인하고 있으므로, 입법부와 행정부의 분립과 독립성에 관한 규정을 헌법과 국회법 등의 관련 규정에서 명확하게 천명한다. 아울러 행정관들이 그들의 정책 전문성에 기초하여 광범한 재량권을 행사할 수 있도록 정책과정에서 기능적 병립성에 관한 규정을 마련한다.

그리고 관료제에 대한 정치적 통제장치를 완화하여야 하며, 이를 위하여 의회의 인사통제권, 예·결산권, 국정 조사/감사 제도를 재구조화한다. 우선 인사통제권과 관련하여 필자는 정쟁의 수단으로 전락한 입법부 인사권 행사의 문제점을 비판하고, 관료들의 직업적 안정성을 확보해야 한다는 점을 강조하고 있으며, 인사기준의 정립 등을 통한 의회 인사통제권의 합리화를 주장한다. 그리고 의회의 재정통제권 합리화와 관련하여 국회예산 심의 시 예산증액의 엄격한 제한 등을 강조한다, 마지막으로 국정 조사/감사 제도 재구조화와 관련하여, '국정감사 무용론'을 제기하며, 상임위원회별 상시감사제, 주제별 집중감사제, 정책청문회 등의 제도 개선책을 제시한다. 보다 근본적으로는 감사원을 미국의 정부책임확보원(GAO: Government Accountability Office)

과 같이 입법부 소속으로 옮겨 국정감사를 대신 할 수 있는 기관으로 전환하고, 국정감사제도는 폐지하는 안을 제시하고 있다.

다만, 이러한 논리구조에 따를 경우, 자율성이 증대된 관료집단이 자신의 제도화된 이익을 추구할 가능성을 배제하기 어렵다. 따라서 필자는 입법 통제를 대체할 수 있는 다양한 내외적 통제가 적절하게 강구되어야 함을 아울러 제시하고 있으며, 전술한 GAO나 행정부 내의 공식적 내부 통제 강화, 그리고 언론 및 시민단체에 의한 비공식적 외부통제 강화 방안 등을 예시하고 있다.

우리는 다양한 제도들을 논의하면서 흔히 제도 개선을 위한 세부적인 대안을 제시하기 위해 많은 노력을 기울인다. 물론 대단히 중요하고 필요한 일이다. 그러나 우리는 이러한 일에 매몰되어 늘 기본적인 틀은 주어진 것으로서 먼저 발달한 외국의 이론들에서 가져오고, 우리 현실은 이 중에서 어디에 해당되느냐에 관심을 집중해 왔다. 그러나 이 논문은 발상의 전환을 통해 세부적인 대안보다 근본적인 시스템의 구축에 대한 논의의 단초를 제공하고 있다는 점에서 큰 의미를 갖는다. 이 논문은 외국의 이론적인 경향을 시간의 흐름에 따라 고찰하고, 늘 사용하는 용어이지만, 정치와 행정이 무엇인지, 양자의 관계는 어떤 것인지, 과거에 사용하던 용어가 현재에도 동일한 의미를 갖는 것인지, 시대상황에 따라 달리 해석해야 할 점은 없는지 등 기본적인 개념 또는 개념 간 관계를 고찰하는 데에서 출발한다. 결과적으로 이러한 과정은 현상을 좀 더 실질적으로 이해하는데 큰 도움을 주고, 이를 통해 관련 대안이 획기적으로 달라질 수 있음을 이 논문은 여실히 보여주고 있다. 필자가 늘 사회현상을 큰 틀에서 보고자 했던 학문적 정향이 이 논문에서 다시 한 번 확연히 드러나고 있다.

이 논문을 통하여 우리가 우선적으로 인식해야 할 일은 필자가 강조하듯이 우리나라에서 정치와 행정의 관계와 관련된 다양한 제도들이 제 기능을 전혀 발휘하지 못하고 있는 것은 아닌가, 그리고 그 원인은 무엇인가에 대하여 정치인과 행정인들을 중심으로 심각하게 논의해 보는 것이다. 국정조사 무용론, 인사청문회 무용론 등의 용어에서 알 수 있듯이. 이 논문에는 우리가 금과옥조처럼 중요하게 다루었던 '견제와 균형'의 논리가 무색해질 정도로 관련 제도들이 제 기능을 하지 못하는 것에 대한 통렬한 비판이 제시되어 있다. 이러한 비판은 필자가 제시한 정치와 행정의 관계와 관련된 제도에 국한되지는 않을 것이다. 정부는 다양한 국민 의견을 적극적으로 수렴하기 위한 많은 제도들을 만들어 내고 있다. 그러나 이러한 제도들도 본래의 취지를 제대로 구현하고 있는지, 아니면 이마저도 정쟁에 활용되는 또 하나의 도구로 전락하고 있는 것은 아닌지를 다시 한 번 냉철하게 들여다 볼 필요가 있다.

이러한 측면에서 이 연구는 모형 정립에 관한 연구임에도 현실적으로 매우 중요한 정책적 시사점을 제공한다. 아울러 후속 연구의 필요성도 제시한다. 필자는 '정치-행정 병존 모형'에 입각한 대안들로서 상기한 바와 같이 다양한 대안들을 제시하고 있다. 그렇다면 이러한 다양한 대안들을 어떻게 평가하고 제도화해야 할 것인가? 우선 필요한 것은 이론적으로 아무리 탁월한 대안이라도 한국적 현실에서 정쟁의 도구로 전락할 가능성이 있는지 여부를 다시 한 번 점검하는 것이다. 특히 언론 및 시민단체에 의한 비공식적 외부통제 강화 방안을 마련하는 경우에도 이러한 기준이 적용되어 대안의 취지를 충분히 발휘할 수 있는 제도적 장치를 고민해 보아야 한다. 그리고 행정부 내의 공식적 내부통제 강화 대안을 마련할 경우에 향후 한국 행정의 내부 역량 등을 고려한 보다 구체적인 대안 개발이 필요하다. 이 논문은 정치와 행정의 관계와 관련된 제도들을 중점적으로 다루고 있다. 그러나 필자의 문제의식은 현 상황에서 정부의 다양한 제도들을 설계·운용할 경우에도 확대하여 유사하게 적용될 수 있을 것으로 보인다. 이러한 문제의식과 이에 기반한 '정치-행정 병존 모형'이 앞으로 주권자인 국민의 의견을 국정에 보다 효과적으로 반영하는 대안 마련에 크나큰 주춧돌이 되기를 기대한다.

감성 정부와 이성 정부의 비교론적 고찰

감성 정부와 이성 정부의 비교론적 고찰*

이대희(광운대학교 행정학과 교수)

∽ 프롤로그 ∽

이 논문을 구상할 당시로부터 벌써 20년이 넘었다. 저자가 감성에 대해 논의를 시작할 때, 한국 사회는 민주화, 지방 자치에 몰입되어 있었고 행정학계는 오로지 통계, 논리에 빠져 있었다. 저자가 1990년대 초반부터 가치, 문화를 말할 때 많은 사람이 그저 신기한 듯 바라보고 있었을 뿐이었다. 일부 사람들이 '솔깃하게' 관심을 보여주는 것이 고마울 뿐이었다. 그랬던 한국의 현실이 2020년 현재는 가히 지나칠 정도로 감성 지향 사회가 되어 버렸다. 합리적 행정, 논리적 정책 추진이 이제는 감성적, 정치적, 민중적 형태로 변모해 버렸다. 어느 순간에 행정의 합리성, 능률성이 매몰되고 그저 정치에 의한 감성적, 선동적 행정과 정책 시대로 들어서 있다. 지금부터는 오히려 감성 정부가 아니라, 이성 정부, 합리적 행정을 주장해야 할 판이다. 국민 감성을 고려해야 한다지만, 이성 정부는 모든 국가 운영, 행정, 정책의 근간이 되어야만 한다. 저자의 논문 구상은 다음과 같은 고민으로부터 시작되었다.

'매일 아침 복지관을 찾아 하루 종일을 보내는 할아버지, 할머니는 어떤 생각을 하고 있을까?' '정부 청사와 한강 다리는 좀 더 멋지게 만들 수 없었을까?' '2002년 월드컵 경기, 또 그 응원처럼 신나는 행정은 없을까?'

저자가 감성 정부라는 주제에 관심을 갖게 된 계기는 이런 의문에 대한 결과이다. 오랫동안 우리는 능률성, 생산성, 효과성을 최고의 정책 목표로 삼고, 이를 위해 얼마나 과학적이고 계산적으로 행정 업무를 수행할 것인가만을 고민하는 것이 진정한 관료들의 모습이라고 생각해 왔다. 공무원들은 군더더기 하나 없이, 깔끔하게 일을 처리해야만 하고, 정부는 이런 류의 행정을 수

---

* 이 논문은 2005년 『한국사회와 행정연구』 제16권 제1호에 게재된 글을 수정·보완한 것이다.

행하는 사람들을 잘 관장하는 주체여야만 했다. 그렇지만, 이런 식의 행정 방식, 정부 활동은 어딘가 모르게 미진한 부분이 있음을 느꼈다. 객관적으로 존재한다고 믿었던 그런 목표만이 아니라 '진정으로 국민들이 원하는 것' '고객 만족'이 목표가 되어야 함을 깨닫게 되었다. 이런 변화는 대한민국의 국력이 적당히 커지고, 국민들의 생활 수준이 높아졌으며, 삶과 사고에 여유가 생기면서 나타났다.

저자는 이미 오래 전부터 행정과 정책이 지향해야 할 진정한 목표 가치가 무엇일까에 대해 고민해 왔다. 아무리 좋은 정책이라도 받아들이는 국민들이 싫어한다면 문제가 있다. 국민들이 정책을 통해 얻고자 하는 '가치'는 어떤 것일까? 이런 고민의 산물이 「정책가치론」(1991)이었다. 그 후 가치는 좀 더 우아하고 품위 있는 것이어야 한다는 생각이 문화로 연결되고, 성장한 한국 사회에 필요한 문화의 산업화에 초점을 맞춰 「문화산업론」(2001)을 출간하였었다. 가치로 출발하여, 문화로 연결된 저자의 관심은 이제 감성에 이르러 있다. 한 개인 차원에서부터 출발하여 조직, 사회, 정부 모두가 이성과 감성이 조화로운 감성적 지성을 갖춘 존재가 되어야 한다는 믿음이 '감성 정부와 이성 정부에 대한 비교론적 고찰'이다.

처음 감성 정부에 착안한 2000년도 전후에는 국내에는 '감성'에 대한 연구물들이 의외로 적어 좀체로 진도를 나아가기가 곤란하였었다. 당시에 서서히 감성 공학, 감성 디자인, 감성 경영 등의 용어들이 다른 영역에서 각광을 받고 있었지만, 좀 더 이론적으로 정리되고 체계화된 연구물들이 거의 없었다. 외국 문헌들을 부지런히 번역하여 옮기는 수준에 머물러 있었던 것이다. 그러다가 2005년 한국학술진흥재단의 대학 교수 해외 연수 프로그램의 지원을 받아 영국 남쪽 해안가 브라이튼 대학에 연구 교수로 1년을 지내면서 큰 진전을 볼 수 있었다. 우리에게는 거의 없었던 '감성'에 대한 연구가 영국은 물론 선진국에서는 '이성'에 대한 연구와 거의 비례하여 엄청나게 진행되고 있었다. 참으로 기분 좋게 도서관을 찾고, 책들을 섭렵해 나갔다.

감성에 대한 연구는 실내에서만 이루어질 수 없었다. 역사와 전통, 세계 일등국 의식이 강한 영국 전역을 샅샅이 뒤지면서, 보고, 느끼고, 사진에 담고, 글로 표현하면서 체계화할 수 있었다. 도시와 농촌, 산천과 주택, 건물과 설비, 사람들과 정책을 눈여겨보고, 역사와 문화의 진면목을 보면서 감성 사회, 감성 정부의 실체를 정리해 나갔다. 영국뿐만 아니라 도버 해협을 건너 유럽 선진 사회 전체를 수없이 넘나들면서 사진을 찍고 자료를 수집해나갔다.

처음 '감성 정부'라는 주제를 가지고 나를 초청해 준 브라이튼 대학의 마이클과 수잔 교수를 만났을 때, 그들은 내 주제에 많은 관심을 기울여 주었다. 그들은 진정으로 뭔가를 도와주고 싶어 했다. 하지만 감성 정부에 대한 나의 생각이 완전한 실체를 갖추지 못했고, 서투른 영어에, Amenity Government로 할 것인지 Emotional Government로 할 것인지 확정되지 않은 상태에서 한계가 있었다.

이 논문은 시론적 성격이 강해 통계적 엄밀성이나 전거를 토대로 한 논리적 추출에 한계를 지니고 있다. 이런 논문 작성, 글쓰기 방식은 저자의 학자적 특성을 많이 반영하고 있다. 저자는 학자의 사명이란 새로운 개념 하나, 이론 하나라도 개발하여 학계에 진입시킬 수 있어야만 한다는 것을 평생 좌우명으로 삼고 있다. 감성 정부, Emotional Government라는 용어는 전 세계 어디에도 존재하지 않는다. 저자의 독창적 노력의 산물이다. 감성정부 개념 정의로부터 많은 고민을 거듭했고 이를 행정학 영역으로 어떻게 진입시킬 것인가에 대해 노심초사했다. 저자는 이 논문 이후에 감성, 감성 정부, 감성적 리더십 등에 관한 연구를 지속하였다. 이런 연구물을 종합하여 「감성정부」 (2007, 대영문화사)를 출간하였다. 이후로 한국연구재단 리더 연구자가 되어 감성 정부에 관한 후속 작업을 지속하여 「감성혁명과 정부 재창조」(2015, 조명문화사), *Emotional Revolution and Government Reinvention*(2015, CMS Press)를 출간하였다.

이 논문을 시작으로 지금까지 '감성'이라는 주제를 가지고 20년을 달려 왔다. 최근에는 가치, 감성을 하나로 묶은 문화에 대해 관심을 집중하고 있는 중이다. 논문 하나, 책 한권을 낼 때마다 엄청난 고민과 열정의 산물이라는 것을 실감한다. 논문을 다시금 돌아보면서 많은 감상에 젖어든다.

(2020. 02. 20. 廣敎山房에서 精而)

I. 머리말: 문제의 소재

　정부의 형태나 정책 과정, 행정 행위는 국가 발전 단계에 따라 꾸준히 변화, 발전해 간다. 행정학 등장 초기에서부터 20세기 전반부까지, 또 전쟁 이후 나타난 많은 국가들의 국가 건설 및 발전 과정을 보면 중앙 집권의 엄격한 체제로부터 민주 시대의 고객 지향적 행정으로 변모하고 있다. 현 노무현 행정부 등장 이후의 정부는 기존의 변화를 더욱 빠른 속도로 촉진해가고 있다. 지방 분권과 혁신을 주제로 추진되고 있는 각종 정책과 행정 행위들은 행정학과 정치학 등 사회 과학 분야에서 사용되고 있는 각종 용어들을 모두 동원하더라도 설명이 불가능할 정도이다. 그동안 이성적이어야만 한다고 생각했던 정부, 또 그 문제점을 해결하기 위해 필요하다고 고려되었던 많은 논의들에 대해 좀더 체계적으로 분석, 정리할 필요가 있다.

　논자는 조심스럽게 기존의 합리적인 정부에 대비된 새로운 개념으로 감성 정부라는 용어를 도입하고자 한다.[1] 이성 정부가 '이성(理性), 머리(the head)'를 강조하는데 비해 감성 정부는 '感性, 가슴(the heart)'을 강조한다.[2] 이성과 감성의 관계는 오랫동안 서로 대비되는 것으로 다루어 왔다. 특히 이성을 존중하는 관점에서 감성은 이성의 건전하고 올바른 판단을 저해하는 요소로 간주되었다. 합리성과 이에 근거한 능률성, 생산성은 철저히 감성, 감정을 배제해야만 가능한 것으로 여겨져 왔다. 물론 과학적 관리법에 대한 보완책으로 인간관계론이 등장하고, 행태론이나 구조 기능론적 접근 방식의 보완책으로 후기 행태주의나 정책학이 주장되었지만 이 흐름이 정부나 행정을 이성적인 접근만이 아니라 감성적인 접근으로도 보아야만 한다는 사실임을, 학계에서는 쉽게 인지하지 못하였다. 최근에 등장한 행정학계의 다양한 논의들도 정부 실패를 보완하기 위해서 일반 기업이나 민간의 '이성'을 빌려 오는 것으로 간주되었고, 진정으로 '이성의 대안인 감성(感性)'에 좀 더 주의를 집중하지 못하였다. 이런 시각은 여전히 과학주의적 입장에서 이성의 존재만을 중요하게 고려하고 감성에 대

---

1) 감성정부라는 용어에 대해서는 사실 논란이 많을 수 있다. 처음 대하는 사람들의 경우에는 잘못된 감성, 무분별한 감정을 먼저 떠올리기 때문이다. 영어권 학자들에게 emotional government라는 용어를 제시하자 그들도 금방 대통령의 감정적 실수, 수상들의 못난 짓을 먼저 떠올렸다. 유종해 교수님은 감성정부라는 용어보다는 知性政府가 좋다는 의견을 제시한다. 하지만 감성정부라는 용어 속에는 정부의 이성적인 부분이 당연히 포함되는 것으로 보고, 감성의 긍정적인 부분인 '感性化'를 촉진하는 노력이 포함된 것으로 새기고자 한다.
2) G. Holtham & E. Barrett(1996)은 중앙정부로부터 웨일즈 지방정부로의 권력 이양을 논의하면서 논자와 비슷한 관점에서 "The head and the heart"라는 주제를 다루고 있다. 그리고 머리는 정부의 rational 한 면을, 가슴은 emotional한 면을 지칭하였다.

해서는 별로 학자적 주의를 기울이지 않고 있음을 뜻한다.

감성에 대한 몰이해는 우리 행정학계가 아직까지 이 부분에 대해 거의 고려해 보지 않았음을 의미한다. 국민 친화를 논의하고 가치, 형평, 대응성을 주창하지만, 감성과 이성의 이분법적인 사고를 탈피하여 이 양자가 상호 보완적으로 작용하는 존재임을 깨닫는 것이 필요하다. 무분별한 감성에 대한 대처 방안으로서 강조된 정부의 이성화, 또 지나치게 경색된 이성의 문제점 보완책으로서 필요한 감성화가 이제는 하나의 공간에서 융화되어야 한다. 이성과 감성, 이성 정부와 감성 정부의 이분법적인 대립보다는 이 양자의 선순환적 조화를 지향하는 것이 필요하다.

선진국을 중심으로 20세기말부터 감성에 대한 연구가 크게 활성화되고 있다. 인류학자들은 감성적 경험에 대한 문화적 상대성에 의문을 갖기 시작했고, 인지심리학자들은 그동안 치중했던 추리, 인식, 암기들을 버리고 대신에 감정적인 과정의 중요성을 재확인하고 있다. 인공지능을 연구하는 신경과학자들도 이 논쟁에 가담하고 있다(Dylan 2001:서문). 사회학이나 심리학, 교육학 분야에서 감성에 대한 연구가 증폭되고 이를 실물 경제에 이용하려는 실천적 연구가 활성화하였다. 그렇지만 국내에서는 건축이나 공학, 미학 분야에서 관심이 증폭된 것에 비해 사회 과학 분야에서는 별로 관심을 끌지 못하고 있다.

감성에 대한 관심은 현대성에 대한 도전(post-modernism)이나, 급진적 페미니즘 운동(radical feminism), 남성 우월주의(masculinity)에 대한 반발, 서구-백인-기독교 사회에 대한 비판, 구조 기능주의, 자연을 배제한 극단적 이성주의에 대한 반발과 함께 나타났다(Seidler 1998:193). 우리의 경우 이들 각각의 분야에 대해서는 매우 폭넓은 관심과 함께 연구 실적물을 만들어 왔다. 특히 페미니즘 운동은 여성부를 만들어냈고, 양성 평등, 호주제 폐지를 가져왔다. 포스트 모더니즘 운동도 현대 한국의 모든 영역에 영향을 미쳤다. 이런 변화는 정부의 존재 방식이나 행정 행태에 중요한 영향을 미쳤다. 하지만 이런 변화가 몰고 온 감성에 대한 인지가 아직도 우리 행정 현실이나 학계에 미미하다. 이에 연구자는 기존의 능률적인 정부에 대응하는 새로운 정부의 형태로 감성 정부를 고려하고자 한다. 이 논문에서는 감성과 이성의 의미와 관계를 새롭게 정리하고 이를 토대로 감성 정부와 이성 정부의 의미와 특성에 대해 분석하고자 한다. 아울러 이성 정부와 감성 정부의 체계적 비교를 시도하고자 한다.

II. 이성과 감성의 대립과 조화

이성은 인간의 논리적 사고 능력을 의미한다. 논리적이라는 말과 함께 계산적이고, 비주관적이며, 비감각적인 특성을 포함한다. 사고 능력은 단순한 감각 작용과는 다르게 인간의 감각 기관과 1차적으로 관련되어 있지는 않다. 인간은 이성을 통해 주변 환경을 인식하고, 그 속에 내재하는 법칙성을 찾아낸다. 어떤 경우에는 인간의 생각할 수 있는 능력 자체를 이성으로 보기도 한다. 이성이 어떤 대상과 관련되어 있음을 고려할 때 이는 생각하는 인간 자신의 관점이 아닌, 그 객체 자체의 자연성(the nature of the object)에 근거해 행동하는 능력을 말한다(Macmurry, 1972:15 – 22). 이성이란 바로 객관화할 수 있는 능력(capacity for objectivity)을 말한다.

감성(emotion)은 라틴어 emovere 즉, 이탈하다(to move away or remove)에서 유래했다. 이사나 이주 또는 육체적인 움직임과 함께 마음의 흥분 상태를 뜻하기도 한다. 현대 심리학적인 용어로는 의지(volition)나 인지(cognition)와 구별되는 '심리적 느낌이나 감정'(mental feeling or affection)을 말한다(Bantock 1967:65 – 86).

감성은 한 인간이 주위의 사회나 물질 환경과의 상호 작용하는 관계 속에서 나타나는 것인데, 그것은 대상에 대한 평가, 生理學的 관계성(physiological correlates), 표현(expression), 의도적이거나 기꺼이 하려는 동기, 주관적 감각 상태 등을 포함하고 있다(Scherer 1984:293 – 317). 작가들이 상황이나 관계를 묘사하여 등장 인물에 대한 독자들의 감성을 부각시키는 것처럼, 어떤 권력 상태나 지위는 관계인의 감성을 자극하는 것이다. 즉, 내 마음 속에서 일어나는 감성은 나와 외부의 다른 무엇과의 상호 작용에서 비롯된 것이다. 감성은 사회 구조와 행위자 사이의 관계에 의해 생겨난다(Barbalet, 2002:4 – 5).

위의 내용을 종합해 보면, 감성은 사람들이 감각 기관을 통해 느끼고, 만들어내는 마음 작용의 근본 원리를 말한다. 감성은 사람들이 겪게 되는 외부 대상물(다른 사람, 물건, 사실 등), 감각 기관, 사람들의 느낌이나 감정, 느낌을 이해할 수 있는 마음, 느낌이 만들어 지는 과정이나 마음 씀씀이의 변화 양태에 대한 이유나 원리 등이 복합적으로 작용하여 만들어진다.

'감성화'라고 할 때는 좋은 느낌이나 만족감을 높여주는 방향으로 작용하는 마음 씀씀이와 관련이 있다. '감성'에 비해 '감성화'는 사람들의 감각적인 정 가운데 '변덕이 심하고 난분분하며, 나쁘게 작용하는 부분'을 삭제하고 좀더 '기분 좋고, 긍정적이며, 바람직한 방향으로 작용하는 부분'을 증가시키는 것을 말한다. 영어의 Amenity[3)

와 비슷한 말로서, 기분 좋고, 신나고, 쾌활하며, 만족감이 높은 상태로 변화하는 것을 일컫는다. 도시 계획, 환경, 살기 좋은 자연 환경과 관련해서 도입된 어메니티란 용어는 '종합 쾌적성'의 뜻으로 쓰이고 있다(酒井憲一, 1998).[4]

감성과 이성 사이의 관계는 대체로 다음과 같이 세 유형으로 나누어 볼 수 있는데(Fineman, 1999), 이성을 방해하는(interfere) 존재로서의 감성, 이성을 지원하는(serve) 존재로서의 감성, 이성과 완전히 융합된(entwine) 존재로서의 감성이다. 서구 사회에서는 오랫동안 감성에 대해 부정적인 생각을 가져왔다. 이성을 존중했던 그리스의 아리스토텔레스, 플라톤 이래로 중세의 데카르트, 로크와 같은 많은 학자들이 감성을 부정하려고 노력했다. 이성과 과학의 힘을 키우는 것 자체를 문명화로 여겼던 만큼 감성은 지적인 행동에 방해가 되는 존재로 여겨져 왔다. 전통적으로 마음으로부터 육체를, 문화로부터 자연을, 감성으로부터 이성을, 민간 영역으로부터 공공 영역을 분리시켜 다루었기 때문이다(Bendelow, 1998:서문). 그리하여 감성은 사적이고, 비합리적이며, 위험스런 욕망이나 히스테리컬한 육체와 관련된 내적 감각 정도로 여겨져 왔다. 꾸준한 이성의 손길에 의해 길들여지거나, '잘 작동하는 기계 속에 끼어든 모래알 같은 존재'로서 제거되어야 하는 것이었다(Elster, 1999:284).

그렇지만, 예술이나 건축, 문학 분야에서는 감성(emotion)과 감정(sentiment)이라는 말이 동시에 각광받던 말이었다. 르네상스 이후의 철학자인 David Hume, Adam Smith, Thomas Reid 등은 감정(the sentiments)이라는 용어와 열정(the passions)이라는 용어를 참으로 좋아하였다. Smith는 그의 저서 The Theory of Moral Sentiments (1759)라는 책에서 경제학만을 주창한 것이 아니라 감성 과학(sentimental science)으로서 감성학(the psychology of emotion)을 동시에 발전시켰다(Dylan 2001:서문). 낭만파들은 이성에 비해 감성을 중요시하고, 선택 상황이 도래하면 머리보다는 가슴을 선택해야 한다고 주장하였다. 룻소도 이성이 인간들의 순수한 자연 상태를 망가뜨린다고 보고, 이를 회복하기 위해서는 논리(logic)보다는 사람들의 느낌(feeling)에 귀를 기울여야 한다고 주장하였다.

니체(Nietzsche)는 합리주의를 the Apollonian, 표현주의(the expressive)를 the Dionysian으로 구분하였다. 그는 근대 서구 사회가 감성과 감성 표현이라는 한 측면

---

3) 영어권에서는 amenity를 생활 편의 시설과 동의어로 사용하기도 한다.
4) 酒井憲一(1998)는 어메니티의 유형으로 생명·안전, 건축·주거, 지역 창조, 지구 환경, 역사·문화, 경관, 자연, 복지 어메니티를 들고 있다. 전 방위적으로 어메니티란 용어를 사용하고 있음을 알 수 있다.

과 베버가 프로테스탄트 윤리로서 정립한 열정 배제(passionless), 질서정연함 (methodical), 무정한 질서(relentless pursuit of order)의 합리주의 측면이 대립해 왔다 고 말한다. 베버는 루틴화 작업을 통해 이론과 현실에서 철저히 감성을 배제한 합법 적 권위를 주장하였다. 시장과 정부, 그리고 경제와 정치를 위해 마련된 공공 제도에 서 애초부터 감성을 배제하였다(Berezin, 2002:33 – 52). 감성은 기껏 예술 분야나 가족 단위에 머무르게 하고, 철저히 악마로 여겨졌고, 중립화를 강요당했다. 문명화는 곧 집단적 감성화를 차단하는 일이었다.

앞의 두 관점에 따라 감성에 대한 대응 방식이 달라진다. 이성을 우선시 하는 사 람들은 감성을 제거하고 합리성, 항상성(homeostasis), 균형감의 유지(reassertion of equilibrium)를 꾀한다.5) 지성과 의지를 존중하며, 행동, 결정, 평화적 질서, 합리적 기 획을 목표로 삼는다. 어떤 고정된 이미지를 가지고 감성을 치료하고 교정하려고 한 다. 그렇지만 감성을 중요시하는 사람들은 감성을 활용하고 정제(refine)하려고 노력 한다. 융(Jung)과 같은 심리학자들이 여기에 속한다. 상징, 예술, 종교 의식, 교육 등 을 통해 길들이고, 가꾸고, 도덕적으로 만든다(Bantock, 1967:65 – 86).

앞서 살펴 본 것처럼 일반적으로 감성과 이성은 서로 이질적인 것이고 때로는 정 반대 입장에 선다고 여겨져 왔다. 즉 차분한 지성과 격동치는 감성은 서로 대비되는 것으로 다뤄져왔다. 이런 감성과 이성에 대한 이분법적인 사고는 사람들로 하여금 감 성을 분석이 어려운, 제거 대상으로 여기게 만들었다. 개인의 행동은 충동이나 감성 을 배제하고, 주어진 가치 정향 속에서 어떤 목적 수행을 위해 노력하는 자아(self)에 의해 통제된다고 보았다.

과거의 합리론자들은 대체로 개인에 초점을 맞춰, 감성은 사람들 누구에게나 똑 같은 것이고, 이성의 차이에 의해 행동의 차이가 나타나는 것이라고 믿었다 (Sandelands and Boudens, 2000:48). 그러나 최근의 심리학에서는 감성을 '추론의 특별 한 형식'(a special form of reasoning)으로 보거나, 느낌을 어떤 의미있는 사건이나 상 황에 대한 개인적 평가 결과 나타나는 것으로 보고 있다. 그래서 감성도 역시 합리적 이고 개인적이라는 생각을 하는 사람들이 많아졌다.

현대 과학이 추구하는 지성적 탐구가 어떤 대상에 대한 지적 호기심이라는 감성 의 발로임을 생각하면 감성과 이성에 대한 이분법적인 생각은 근본적으로 잘못된 것 이다. 감성은 외부 환경, 대상물에 대한 접촉에서 비롯되는데, 이 과정에 인지 작용이

---

5) 'Star Trek II'의 Spock 선장은 반은 인간이고 반은 우주인 Vulcan족으로, 합리성 정도에서 모든 인간을 초월하는 능력 소유자로 그려졌다.

개입된다. 감성은 곧 어떤 대상에 대한 인지 작용 중 하나이다(Bantock, 1967:65－86). 우리의 모든 행동은, 물론 이성 그 자체도, 감성에 의해 적절히 촉진되고 완성된다 (Barbalet, 2002:1－3). 성공의 비결은 이성과 감성의 혼합에 의하는 것이지 이성 만에 의한 것이 아니라는 생각이다.

프랑스 철학자들 중 몽테스키외나 홉스 등은, 사회를 초개인적 현상으로 보았다. 이 사회는 도덕과 질서를 떠받치는 개인적 감성을 유도할 수 있는 역량을 가지고 있 다. 가족 제도나 교육 제도를 통해 사회는 개개인의 감정과 사고를 주입할 수 있는 역량을 가졌다. 대조적으로 개인들은 사회의 도덕적 질서 안에서 형상화될 뿐이라고 보았다(Shilling, 2002:15－26). 루소는 '자연인(natural man)'은 본능과 충동에 의해 동 기화되는데, 시민사회는 이런 동물적 특성이 정의와 의무라는 도덕적 감각으로 전환 되어 형성된다고 보았다. 개인적 특성에 의해 사람들의 자연적 본능이 타락하게 되지 만, 궁극적으로 등장하는 일반 의지(general will)에 의해 좋은 정부의 감성적, 지성적, 도덕적 기초를 만들어낼 수 있다고 보았다. 꽁트는 감성은 인간 본성(human nature) 에 내재된 것으로 보았다. 인간 본성은 가슴(the heart)과 마음(the mind), 감정 (sentiment)과 애정(affection), 행동과 의지를 동시에 갖추고 있다. 행동을 유발하는 충 동은 가슴에서 나오고 지성은 이를 잘 인도하거나 조절하는 기능을 수행한다.

감성은 어느 정도 대상에 대한 평가 작업을 수반한다(Bantock, 1967:65－86). '평 가' 작업이 이성에 의해서만 일어나는 것이 아니라 감성에 의해서도 일어난다는 말이 다. 감성적 평가 과정에 감성만이 아니라 이성도 적절히 역할을 수행하게 된다.

감성에 대해 긍정적인 생각을 가진 사람들도 감성이 항상 유용하다고 주장하지 만은 않는다. 감성의 불규칙성을 알고 있기 때문이다(Dylan, 2001:31－34). 이성 쪽에 서 바라보는 감성의 불규칙성, 예측 곤란성 등은 이성에 의한 적절한 조절과 통제가 필요함을 뜻한다. 감성은 매우 여러 방법으로 표출되고, 다양한 기능과 목적을 수행 한다. 그래서 감성을 동질적인 것(homogenizing)으로 다루는 과학은 이를 비슷한 것 들끼리 묶어서 객체화(the emotions)를 시도하는 것이다(Bantock, 1967:65－86).

Fineman(2000:13)은 느낌이나 감성의 중요성에 대해 논하면서도 이것들을 어떻 게 알아내서 2차적으로 활용할 수 있을 것인가에 대해 많은 고민을 하고 있다. 기존 의 질문지, 실험, 면접, 심리 테스트 등은 물론 구조화된 설문지를 통한 면접, 일기나 기록물에 대한 분석, 육체적 움직임에 대한 분석, 얼굴 표정, 아드레날린 분비물 측정 등의 방법에 한계가 있을 을 말한다.

David Hume, Adam Smith들은 감성과 이성은 서로 적대 관계가 아니고, 감성적인 것이 곧 합리적인 것이며, 감성이 사회를 엮어준다고 말했다(Dylan, 2001:서문). 참으로 이지적인 행동은 감성과 이성의 조화로운 복합에서 나온다. 감성 없는 창조란 덜 이성적이라고 믿는다. 사람들이 언제 느낌(feeling)을 따르고, 언제 이것을 무시할 것인가를 아는 능력을 갖추었을 때 감성적인 지성인(emotional intelligence)이 될 수 있다.

감성적 지성인이라는 용어에 주의를 기울일 필요가 있다. 이는 감성과 이성의 존재를 잘 인지하고, 균형감을 유지하면서, 적재적소 잘 활용할 줄 아는 인격체를 말한다. 현실적인 인간은 냉철한 이지적 인간이 아니라 감성이 함께한 이성, 이성이 가미된 감성을 가진 존재이다.

Ⅲ. 이성 정부와 감성 정부의 비교

1. 이성 정부와 감성 정부의 의미

이성 정부(rational government)란 이성을 토대로 합리적으로 운영되는 정부다. 여기서 합리적이라는 말 속에는 과학적, 능률적, 생산적, 논리적, 비주관적, 비감성적이라는 말이 동시에 포함되어 있다. 이성 정부에 대한 논의는 20세기 초반 Weber의 글에 잘 표현되어 있다. 그는 정부 권위를 뒷받침하는 정당성의 근거로 규범적 법률에 대한 합법적 권위를 들면서 이를 근거로 구성되고 운영되는 정부가 가장 합리적이라고 주장하였다(Weber, 1947). 합법적 권위는 규범적 법률로부터 비인간적인 명령(impersonal order) 형태로 주어지며, 이것이 모든 공무원들의 행정 행위의 근간이 된다. 합법적 권위가 관료제 조직과 관료들의 활동에 대한 가장 순수하고 바람직한 형태라고 주장하면서, 감정이나 관습이 작용하는 전통적 권위나 카리스마적 권위를 배제해야 한다고 주장하였다.

현대 정부에 있어서 최고 통치권자가 국민 대표로 선정되는 경우에도 이성 정부의 행정 담당자들은 다음과 같은 원칙 속에 지명되고, 업무에 임해야 한다(Weber, 1947). 첫째, 관료들은 비인간적인 사무 규칙에 의해 권위가 부여된다. 둘째, 관료들은 명확하게 규정된 계층적 기관(hierarchy of offices) 형태로 조직화되어야 한다. 셋째, 각 기관의 업무는 법적으로 명확하게 규정되어 있어야 한다. 넷째, 관료의 충원은 본인의 뜻에 따라 자유로운 계약 관계로 이루어져야 한다. 다섯째, 관료들은 시험이나 훈련 등을 통해 기술적 능력에 기초하여 선발된다. 여섯째, 관료들은 자신이 스스로 사직할 때까지 법적으로 규정된 고정 봉급을 받으며 경우에 따라 퇴직 후 연금을 받는다. 일곱째, 기관은 관료들의 유일한, 또는 처음으로 갖게 된 직장이다. 여덟째, 관료들은 상관의 판단에 의해 상급직으로 승진하거나 성과급을 받는 경력을 갖는다. 아홉째, 관료들은 임명권자의 의도와 관계없이, 규칙에 따라 자기 책임 하에 업무를 처리한다. 열째, 관료들은 기관 강령에 의해 엄격하고 체계적인 훈련과 통제를 받는다.

감성 정부(Emotional Government)는 감성화된 정부로서, 국민들의 감성을 고려한 행정을 수행하는 정부를 말한다. 감성 정부를 정의함에 있어서 이를 지나치게 이성 정부에 대비되는 것으로 표현해서는 곤란하다. 이성 정부가 인간의 감성을 철저히 경계하면서 정의된 것과는 달리 감성 정부는 이성의 존재를 인정하면서 동시에 감성의 중요성을 고려하는 형태로 정의되어야 한다. 그래서 감성 정부는 감성적 지성(emotional intelligence)을 토대로 운영되는 정부를 말한다.

감성 정부의 특성을 앞의 이성 정부의 특성을 고려하면서 살펴보면 다음과 같다. 첫째, 국민들의 감성을 중요시한다. 둘째, 관료들은 기본적으로 감성적 지성인을 지향 한다. 셋째, 정부의 모든 정책과 그 관리 활동(즉, 行政)은 이성과 감성을 동시에 고려한다. 넷째, 국가나 개인의 安危에 치명적인 영향을 미칠 수 있는 영역에서는 이성적인 대처가 우선한다. 다섯째, 행정의 합리성은 좁은 기계적-능률적 사고 방식에서 좀 더 폭 넓은 논리적-사회적 사고 방식으로 전환되어야 한다. 여섯째, 문화적 감각에 충실하고, 발전된 문화를 지향 한다.

2. 인간에 대한 이해

이성 정부에서는 인간을 이성에 따라 행동하는 존재로 간주한다. 행정을 담당하는 관료는 물론 행정의 고객이며 수요자인 국민들도 모두 이성적인 존재로 본다. 이성 정부에서 주장하는 대로 관료와 국민이 모두 합심하여 합리적으로 법규와 제도를 만들고, 관료들은 합법적이면서 능률적으로 행정을 수행하고, 국민들은 이에 이성적으로 응대한다고 본다.

과학주의, 경험주의에서는 인간도 자연의 일부분으로서 이런 물질 세계를 지배하는 일반 법칙의 영향을 받는다고 본다. 자연 법칙처럼 인간 사회에도 인과 법칙이 적용된다. 이성이 지배하는 세계에서는 모든 사건이나 행위에 대한 인과적 설명을 시도한다. 즉 어떤 결과나 효과는 이것을 유발하는 원인이 반드시 존재한다는 믿음을 갖는다(Doyal and Harris, 1986:4,43). 인간 행동에 대해서도 그것의 원인(causes), 이유(reasons), 의도(intentions)를 찾아내서 과학적 설명을 시도한다(Doyal and Harris, 1986:60-66). 인간 행동은 규범적인 규칙성의 맥락에서 설명이 가능하다. 인간은 합리적 능력을 가지고 있기 때문에, 행동에 관한 논리적으로 충분한 이유를 인과적으로 충분한 선행 조건으로 전환시킬 수 있다고 보는 것이다.

인간의 완벽한 理性에 대한 논의는 합리적 의사결정과 관련해서 논의가 많다. 완벽한 정보와 완벽한 분석을 통해 유일무이한 최선의 결정을 하고자 하는 믿음이 합리 모형이다. 이에 대해 많은 사람들은 이런 결정이 정책 현실에서는 거의 불가능하며, 현실적으로는 오히려 인간의 한계를 인정하는 점증 모형, 만족 모형 등이 보편적임을 지적한다.

감성 정부에서는 인간을 이성을 가진 존재로 봄과 동시에 喜怒哀樂의 감정을 가진 존재로 본다. 이성과 감성의 분리가 아니라 이 둘의 적절한 혼합을 추구한다. 감성 정부에서는 이를 감성적 지성인(emotional intelligence)이라고 지칭한다. 감성적 지성인이란 감성이 에너지, 정보, 대인 관계, 영향력의 원천이라는 것을 이해하면서 이를 센스 있고, 이해력 있게, 또 효과적으로 사용할 수 있는 능력과 통찰력을 가진 사람이다(Fineman, 2000:103). 감성적 지성인은 감성과 이성 사이에 적절한 균형감을 갖고, 어느 하나에 의해 완전히 지배되지 않는 사람이다. 감성적으로 지적인 사람들은 감성을 지배해야 할 때와 감성에 지배당해야 할 때를 잘 안다. 이들은 또한 다른 사람들의 감성을 정확히 읽을 줄 안다(Evans, 2001:59−60).

그러나 한 인간이 감성적 지성인의 이상적인 모습을 견지하기는 쉽지 않다. 감성의 영역이 어느 정도는 불규칙적이고, 개인적이며, 비합리적이기 때문이다. 어떻게 하면 모범적인 감성적 지성인이 될 수 있을 것인가에 대해서는 또 논란이 많다.

감성적 지성인은 머리와 가슴을 동시에 고려한 개념으로 인간이 냉철한 이성과 함께 천연의 감성도 갖춘 존재임을 말한다. 이성을 우선시 하는 입장에서는 감성의 문제점을 지적하면서 이성의 존재를 부각시키고 있지만, 현실적으로는 우리의 이성이 감성에 의해 항상 영향을 받고 있음을 명심해야 한다. 우리의 이성은 감성에 의해 수시로 지배당하고 조정되고 있다.

평상시에 우리는 대체로 흥분이나 공포감처럼 기본적인 감성에 휩싸여 있지 않기 때문에, 비교적 중립적인 마음 상태에서 어느 정도는 논리적으로 생각하고 행동한다. 그러나 강력한 감성이나 무드가 전개되면 두뇌는 가슴의 노예가 된다(Evans, 2001:112−144). 외부 감성의 자극에 의해 우리의 注意가 특정한 한 곳에 집중하게 되면 다른 주변부에 대한 생각이나 판단이 줄어든다. 걱정이나 놀람과 같은 감성, 무드 상황이 전개되면 우리의 주의 집중은 오로지 이것들에 대한 반응에 빠져든다. 기억력에도 한계가 있기 때문에, 우리는 몇 개의 주요 개념이나 특징만을 가지고 선택적으로 기억한다. 그리고 후에 재구성하여 기억해 낸다. 그런데 우리가 기억해 내는 사건의 정확성과 양적 정도는 그 일이 전개되었을 때의 감성적 상황이나 우리가 그것을 기억해내려고 하는 때와 장소의 무드에 좌우된다.

감성은 어떤 사건을 우리 기억 속에 깊게 부각되도록 만든다. 강한 감성은 —부정적이든 긍정적이든 관계없이— 중립적인 상황에 비해 어떤 사건을 더욱 확실하게 기억토록 하고, 다시 기억해 낼 수 있게 만든다(Evans, 2001:112-144). 감성과 무드가 우리의 주의 집중과 기억력에 영향을 미치는 것과 같이 의사결정과 판단에도 중요한 영향을 미친다.6) 천천히 그리고 꼼꼼히(slow and precise) 결정을 할 때는 논리적이고, 빠르고 대충(quick and dirty) 결정할 때는 감성적이다.

이성 정부에서는 공직에 근무하는 관료들을 모두 합리적인 조직인으로 간주한다. 지시와 복종, 목표—수단 연계의 능률성, 규칙과 형식 존중, 비개인적 근무, 조직에 대한 충성을 전제한다. 이에 비해 감성 정부에서는 관료의 특성 상 어느 정도는 합리적 조직인관을 인정하지만 다른 한편으로 관료들도 일반인들과 마찬가지로 감성을 가진 생활인인 점을 인정하려 한다. 생활인이란 인간 본연의 욕구와 감성을 가지고 삶을 영위하는 사람을 뜻한다. 관료들과 마찬가지로 일반 국민들도 이성 정부에서는 합리적 경제인으로 간주되는데 비해 감성 정부에서는 감성적 생활인으로 간주된다.

이성 정부에서 사람들은 합리 모형에 따라 의사 결정을 하는 것으로 전제된다. 주어진 목표를, 가장 잘 달성할 수 있는 수단을 찾아내기 위해, 과학적, 통계적, 논리적 분석을 사용한다. 이에 비해 감성 정부에서는 합리적 분석의 가능성을 인정하면서도 감성이 작용하는 정치 모형, 만족 모형, 질적 분석의 가능성을 인정한다.7)

---

6) 여러 실험 결과를 보면(Dylan 2001:112-144), (실험 1) 좋은 무드에 있는 사람은 그 속에서 만난 사람을 비교적 좋게 평가하고, 나쁜 분위기일 때는 그를 비교적 부정적으로 평가했다. (실험 2) 어떤 여성이 높고 위험한 다리에서 마주친 군인들과 낮고 편안한 다리에서 마주친 군인들에게 각각 전화 번호를 주고 인터뷰 요청을 해 보았는데, 전자의 사람들이 훨씬 더 많이 응대했고, 친근감 있게 굴었다. 사람들은 불안하고 걱정스러운 분위기 일 때, 어떤 대상과 훨씬 더 친화되고 가까워진다. (실험 3) 무기 소지 억제 정책에 대해 찬성 집단과 반대 집단을 나누어 실험한 결과, 공통적으로 논리적으로 정확한 정보를 접한 집단이 더 영향을 받았다. 그러나 호의적인 분위기(예를 들어, 코메디 프로를 보여주고 난 뒤에 측정)일 경우에는 논리적으로 충실한 좋은 정보를 읽은 집단과 초보 학생이 서술한 듯한 단순한 정보를 읽은 집단 사이에 별 차이가 없었다. 그리고 단순한 정보의 효과가 호의적인 분위기일 경우에는 다른 경우보다 효과가 좋았다.
7) 최근에 영국의 한 보수 정치인이 분배적 복지 정책을 두고 '질투심의 정치'(the politics of envy)라고 표현했는데, 그 속에는 질투심은 감성이고 이는 나쁜 것이라는 생각이 자리하고 있는 것이다(Dylan 2001:64-67). 러셀(B. Russell)은 질투심이야말로 민주주의의 기본 바탕(envy is the basis of democracy)이라는 말을 남겼다. 질투심은 우리 인간의 본성인데 이를 어떻게 고려하여

감성 정부의 인간관인 '감성적 지성인'이 어떤 모습이어야 하는 가에 대해서는 정확하게 표현하기 쉽지 않다. 대체로 보편적 인간으로서의 이성을 가지고 있으면서 적절한 감성 능력을 갖춘 사람이어야 할 것이다.

감성 능력(emotional competence)에는 개인적 능력과 사회적 능력이 동시에 포함된다(Goleman, 1999:26-27). 이 중 전자는 개인적 심성 차원의 것이고, 후자는 사회 관계 차원의 것이다. 감성적 지성인은 자기 자신에 대한 긍정과 정확한 판단력, 목표를 향한 동기화가 필요하며 동시에 사회 관계에서 다른 사람과 감정 이입이 가능하면서 능숙한 인간 관계를 보일 수 있어야 한다. 공감 또는 감정 이입은 다름 사람에게 감성적 영향을 끼침으로서 상대방을 쉽게 설득할 수 있게 만든다. 어떤 사람의 마음을 바꾸기 위해서는 합리적으로 설명하는 것보다 감성적으로 호소하는 것이 훨씬 더 효과적이다. 현대의 감성적 지성인의 인기는 바로 이런 것에서부터 생겨난다(Evans, 2001:120-144).

Waldron(2000:64-82)도 감성을 관계적 현상으로 이해하면서 작업장의 관계성을 감성의 표현이라고 보았다. 그러면서 公私 관계에서의 고민에 따른 감성 작용, 관계 구조나 뜬소문에 의한 감성 전파, 충성심에 대한 갈등, 합리적 도덕성 관점에서의 감성의 책임과 의무 등을 다루고 있다. 감성 용어와 전략의 중요성에 대해 설명하고 있다.

3. 조직에 대한 이해

감성 정부의 등장은 대체로 이성 정부의 노력에 의해 충분한 경제 성장이 이루어지고 그에 따라 물질적 풍요가 도래했을 때 나타난다.[8] 그래서 이 두 정부 조직의 목표는 물질적 경제의 양적 성장과 문화적 질적 성장으로 대비된다. 빈곤의 해결, 보다 더 큰 경제력을 위해 총력 매진하는 것이 이성 정부의 목표다. 어느 국가든 경제 침체기에는 최고의 능률을 위해 관료제를 가동하고 감성을 절제하는 것이 관례다.

이성 정부는 관료제의 계층 구조를 잘 활용한다. 관료제는 구조-기능주의 원리에 따라 전문화와 분업화를 추구하고, 엄격한 규율에 따라 운영된다. 능률성, 생산성, 효과성을 최고의 관리 원칙으로 삼고 과학적 관리를 꾀한다. 생산적 능률성을 생산성이라고 부르는데 이는 投入 분의 산출을 말하는 것으로, 투입에 대비하여 산출을 최

입법화하느냐는 중요하다. 지나친 부의 불평등을 해결하기 위한 소득 재분배 정책은 질투심에 바탕을 둔 것일 수 있다.
8) 이런 전제는 논자의 국력 성장 단계설에 따른 것이다. 즉 충분한 경제 발전이 이루어진 뒤에 문화적 감성 정부가 등장하는 것이 바람직하다는 경험적, 당위적 주장이 담겨 있다.

대한 늘리는 것이다. 이 개념 속에는 양적 성장의 목표만 있을 뿐 국민들의 복지 (well-being)에 대한 고려가 없다(Buchanan, 1985:3-5). 이성 정부는 능률성과 효과성을 추구한다. 이런 전통은 관리 과학이나 OR, 체제 분석과 같은 엄밀한 과학적 접근 방법의 도움을 받는다. 몰가치적(value free)이고 어느 정도 비인간적인 관점에서 관리가 이루어진다. 이에 비해 감성 정부는 국민들의 욕구에 부합하는 대응성, 국민 친화적이고, 고객지향적인 행정을 추구한다. 이런 접근은 이성 정부의 과학적 관리 방식에 비해 좀더 민주적인 정치 작용 과정을 통해 이루어진다(Hill, 1993:12-22). 정치 작용에는 타협과 흥정, 비이성과 비인간적인 접근이 가미되

감성 정부에서는 좀 더 차원 높은 가치, 질적으로 우수한 문화를 추구한다. 조직 전체의 목표가 국력의 양적 성장에서 '진정한 행복, 복지'로 변화한다. 이런 목표 추구를 위해서는 기존의 엄격한 관료제 형태 보다는 다양한 형태의 조직, 좀 더 부드럽고 고객을 생각하는 관리로 변화한다. 감성적 관리가 등장한다.[9]

민주주의에서 활용하는 다수에 의한 제도적 결정은 개인이 낳을 수 있는 감성적 편견을 제거하고, 둘 이상의 사람들이 최종적으로는 이성적 결정을 할 것이라는 전제를 깔고 있다. 그렇지만, 시간이 급박할 경우나 아니면 그 반대로 시간이 지나치게 충분할 때는 감각적 결정을 하게 되는 수가 많다(Evans, 2001:120-144). 의사 결정에서, 정확한 결과를 필요로 할 경우에는 천천히 충분한 정보를 가지고 합리적으로 결정해야 하고, 시간과 정보가 부족하고 덜 중요한 결정일 경우에는 감각적으로 빠르게 결정하는 것이 좋다. 결혼과 같은 결정은 개인적 선호도를 계산할 수 있는 과학적 방법이 없기 때문에 대부분 감각적으로 결정된다. 어떤 대상에 대한 믿음도 마찬가지다.

합리적 결정을 논할 때 감성을 항상 나쁜 것으로 간주하는 경향이 있지만, 오히려 결정해야 할 대상의 근저에 자리하고 있는 감성을 정확히 판단할 수 있게 해주는 이점이 있다. 집합적 결정으로 의사 결정의 과학성을 높이는 경우에도, 또 한 사람의 재판관이 아닌 12명의 배심원이 판단을 하는 경우에도 이는 많은 사람들의 감성이 피고인이 그것을 더욱 정확하게 판단할 수 있기 때문인 것이다.

집단 감성은 구조적 요인뿐만 아니라 구성원들 사이의 관계에서도 비롯되고, 감성적 氣候에서도 비롯된다. 감성적 기후란 다양한 능력, 역할, 지위, 권한을 가지고

---

9) 기술적으로 놀라운 성과를 내던 IQ 높은 전문 기술자는 승진해 올라가면 갈수록 자신의 기술적 능력이 오히려 지도력 발휘에 방해가 될 수 있다. 다른 사람의 감성까지를 고려할 수 있는 역량이 부족하기 때문이다. 피터의 원리(Peter's principle)처럼 사람들은 그들의 능력이 바닥을 드러내는 수준까지 승진해 가기 때문에 결국 조직 전체로는 무능력한 지도자들이 자리를 차지하게 된다는 논리와 비슷하다.

조직 속에서 활동하는 사람들이 다양한 감성 경험을 가진 속에서 나타난다. 이것이 어떤 집단을 '집단 답게' 만든다(Barbalet, 2002:4-5). 뒤르껭(Durkheim)은 집단적 흥분이 개인의 감성적 경험이나 표현, 외부 사회에 대한 심리적 이해를 변모시킨다고 한다. 이것은 사람들 사이에서 몸짓이나 행동, 상징을 통해 전염하듯이 전파된다. 군중에 의해 촉발되고, 충격파를 내며, 사람들을 높은 심리적 흥분상태로 몰아간다. 이 감성적 에너지는 신성한 의식을 통해 숙성된다(Shilling, 2002: 15-26). 이런 흥분 상태는 매우 강력한 힘을 지녔는데, 그 에너지는 사람들의 희생을 요구하게 된다.[10] 어떤 사회 현상, 과정, 산출도 그 밑바탕에 깔린 감성 차원을 알 수 있다면 더욱 잘 이해할 수 있다. 이것이 사회적 의미와 과정을 결정해주기 때문이다(Barbalet, 2002:4-5). 정책 결정에서 직관을 사용하는 경우가 많은데 이는 단순히 '객관성을 상실한' 주관 작용을 의미하는 것이 아니라 '무의식 속의 논리적 분석'(subconscious logical analysis)에 의한 결정을 의미한다(Goleman, 1999:53-54). 직관은 머리, 가슴, 본능(gut)이 동시에 작용하는 것이다. 직관과 본능적 감각(gut feeling)은 우리 내부의 감성적 기억의 저장소와, 지혜와 판단의 보관 창고로부터 보내오는 메시지를 감지하는 능력이다.

4. 정부에 대한 이해

감성 정부가 국민들의 감성을 고려한 행정을 수행하여 만족감, 행복감을 높여주는 정부라면 이성 정부는 합리적 판단을 근거로 과학적 행정을 수행하는 정부를 말한다. 최선의 능률성을 추구하고, 국민 감정과는 달리 냉정한 판단을 전제로 반듯한 행정을 추구하는 정부가 이성 정부다. 감성 정부와 이성 정부는 반대적 개념이지만 상호보완적으로 작용하여 국민들의 삶을 개선한다.

정부는 기본적으로 이성적이어야 한다. 정부가 통치의 기본 기능을 이성적으로 충실히 이행해야만 국가가 존재할 수 있고, 국민들이 안전한 삶을 누릴 수 있다. 통치의 기본 기능이란 입법, 사법, 행정이지만 좀 더 세분하면 합리적인 법 질서, 민주적 정치, 안정된 치안과 국방, 자유 경제 활동, 최소 수준을 넘는 복지를 보장하는 것이다. 이런 기본 기능을 충실히 수행하기 위해서는 비이성적인 행위자에 대해 경계를 하고, 사악한 감정의 소유자를 멀리해야 한다. 현실적으로 이성 정부의 등장을 저해하는 요소들이 많이 있다. 미성숙하고 불완전한 이성, 감정에 치우친 주관, 합리적 목표 없는 행위, 이해 관계에 억매인 정책 판단, 완벽치 못한 정책 분석, 무분별한 다수

---

10) 오랫동안 집합적 감성(collective emotion)은 개인의 이성을 빼앗는 나쁜 것으로 연구되어 왔다. 히틀러나 무솔리니의 집단 심리(group mind)처럼(Evans, 2001:120-144).

의 횡포, 집단간 감정 대립 등등이다.

이성 정부가 제대로 작동하지 않으면 심각한 문제를 유발할 수 있다. 무능력한 행정에 의해 위험천만의 사건, 사고가 일어날 수 있다. 치안 부재, 민주 정치의 실종, 집단간 전쟁, 경제 침체, 국가 패망의 모든 일이 나타날 수 있다.

이성 정부와 감성 정부의 이분법적인 사고는 사실 현실적으로 수용하기 어렵다. 두 부분이 복합되어 있는 경우가 많고 서로 상대적으로 자기 측의 장점을 부각시키려고 할 뿐이다. 앞서 이성 정부를 정부의 기본으로 설정하고 논의를 진행했는데 이 부분도 감성과 이성이 복합되어 있다.

현대 민족 국가는 정치 제도 속에 감성을 내포시킨다. 통치권력 획득을 위한 선거전이나 주요 정책의 수행에 필요한 법규나 제도에 이성적 요소와 함께 감성적 요소를 포함시키지만, 국민들의 감성은 내, 외부 위협과 같은 위급 상황이 되기 전에는 현실화하지 않는다(Berezin, 2002:33 - 52). 감성은 정치적 의식(ritual)의 중추이다. 대중 정치 의식은 일종의 公演이고, 의도적으로 행동 방향을 유도한다.

행정의 근간을 제공하는 정치의 현대적 특징인 민주주의는 결코 이성 정부에서 주장하는 것과 같이 차분하고 일사불란하게 움직여지지 않는다. '국민대표들에 의한' '다수결'로 모든 중요 사항이 결정되는 상황에서 이것의 비이성화, 감성화를 고려하고 적절한 대응 장치를 마련할 필요가 있다.

Ⅳ. 결론: 감성 정부에 의한 완성

이성 정부에 의해 기본적인 행정이 이루어지는 것을 전제로 하면서, 진정으로 국민 행복을 완성시키기 위해서 감성 정부가 필요하다. 국민들이 선호하는 선의의 가치가 무엇인가를 파악하고, 이를 최선으로 달성할 수 있도록 하는 것이 정부가 할 일이다. 감성은 미묘하고 섬세하며, 기분 좋은 결과를 기대한다.

정책의 목표는 국민들의 기대치, 국민들이 원하는 가치를 추구하는 방식으로 수립되어야 한다. 다수 국민들이 원하는 가치를 잘 수렴하여 정책 목표로 전환하고 이를 토대로 정책이 만들어져야만 한다. 국민들이 문제로 느끼는 것이 무엇인가를 판단하기 위해서는 국민들의 감정을 잘 살펴야 한다. 문제를 정확히 알아낸 뒤에 이에 걸맞은 목표를 세우는 것이 우선 중요하다.

정책 추진 과정에서도 국민들의 감성을 잘 고려해야만 한다. '아 ~ 다르고, '어 ~ 다름을 잘 생각하여 똑 같은 내용에 대해서도 섬세한 국민 감정을 살펴야 한다. 이성

정부에 의해 냉철하게 추진되는, 정당한 정책이 국민 감정을 제대로 고려치 못하여 불집행 되게 해서는 안된다. 원자력 폐기물 처리장 건설의 경우에, 그것이 아무리 안전하고 문제 발생의 소지가 없으며, 국가 발전 상 꼭 필요한 시설이라고 하더라도 해당 지역 주민들의 감정에 거슬려서는 곤란하다. '내가 싫으니까 그냥 싫다'는 식의 감정은 언제라도 나타날 수 있다.

이성 정부에 의해 추진되는 정책, 사업 계획이 언제나 완벽하지만은 않다. 그래서 최종 집행 단계에서는 섬세한 국민 감정을 고려하여 미비점을 보완해 가야 한다. 정책 수립에 필요한 정보가 부족한 경우가 매우 많기 때문에, 정책을 함부로 강행하려 하지 말고, 정책의 미비점을 보완하는 의미에서 감성을 고려할 필요가 있다.

모든 정책, 사업의 최종 목적지는 국민이다. 국민들이 만족해하고 행복해 져야만 한다. 정부가 왜 존재하는가에 대한 최종 판단 기준은 소속 국민들의 행복 증진이다. 지방 자치 단체를 넘나들며 어디에서나 살 수 있는 것처럼 국민들은 국가 영역을 넘나들며 삶을 영위할 수 있다. 진정한 행복을 주지 못하는 정부는 해당 국민에게 敵이 될 수도 있다.

감성 정부는 총체적으로 기분 좋은 국가를 지향한다. 이성 정부에 의해 꼭 필요한 정책이 반듯하게 추진되면서 동시에 감성 정부에 의해 최고의 행복감이 충만되어야 한다.

이성 정부가 지나치게 딱딱하고 강하게 나가서만은 안 되듯, 감성 정부도 지나치게 감성에 만 치우쳐서는 안 된다. 설령 국민들이 싫어한다고 하더라도 꼭 필요한 정책이라면 정부는 이성을 가지고 냉정하게 추진해 가야 한다. 사실 정부의 많은 역할은 이런 이성적인 정책 수행이다. 국가에 꼭 필요한 이성적인 정책이 제대로 추진되고 있지 못한 상황에서 정부가 감성만을 고려한다면 이는 本末顛倒(본말전도: 근본과 변두리가 서로 어긋나 있는 것)다. 본말전도된 국가는 존재하기 어렵다. 혼란이 일어나고 패망의 기운이 자라난다.

감성 정부에 대한 고려는 국민들의 기본적인 욕구 충족이 어느 정도 이루어진, 생활 수준이 적당히 높은 수준에서 나타난다. 먹을 게 없고, 입을 게 없으며, 살 집이 적은 상황에서는 감성을 고려하기 어렵다. 그래서 경제 발전이 충분히 이루어진 상황에서 감성 정부의 의미가 돋보인다. 우리의 경우 1990년대 이후 정치 민주화가 급격히 진행되고, 21 세기 초두에 맞이할 문화 창달의 시기에 감성 정부론이 등장하고 있는 것이다.

참고문헌

酒井憲一. (1998) 「어메니티」. 김해창 옮김. 따님.

Bantock, G.H. (1967) *Education, culture and the emotions*. London:Faber and Faber.

Barbalet, J. (2002) *Emotions and sociology*. Oxford:Blackwell Publishing.

Bendelow, G. and S.J. Williams, (1998) *Emotion in Social Life*. New York:Routledge.

Buchanan, A. (1985) *Ethics, efficiency, and the market*. Oxford:Clarendon Press.

Butcher, T (2002) *Delivering Welfare*, 2nd ed. buckingham:Open University Press.

Doyal, L. and R. Harris. (1986) *Empiricism, explanation and rationality*. London:Routledge & Kegan Paul Ltd.

Evans, Dylan. (2001) *Emotion: the science of sentiment*. Oxford:University Press.

Fineman, Stephen. (1999) Emotion and organizing in S. Clegg, C. Hardy and W. Nord eds. *Studying organizations*. London:Sage.

_____. (2000) Emotional arenas revisited. S. Fineman 2nd ed. *Emotion in Organizations*. London:Sage Publications Ltd. 1−15.

Flam, H. (2002) The two traditions in the sociology of emotions. J. Barbalet ed. *Emotions and sociology*. Oxford:Blackwell Publishing. 90−112.

Goleman, Daniel. (1999) Working with Emotional Intelligence. London:Bloomsbury Pub. Plc.

Hill, M. (1993) The policy process in the modern state. Hemel Hempstead: Prentice Hall.

Holtham, G. and E. Barrett, (1996) The head and the heart:devolution and Wales, in S. Tindale eds. *The state and the nations:the politics of devolution*, London: IPPR.

Macmurray, John.(1972) Reason and Emotion. London. Faber & Faber Limited. Seidler, V. J. (1998) Masculinity, violence and emotional life. in G. Bendelow and S.J. Williams eds. *Emotion in Social Life*. New York:Routledge.

Shilling, Chris. (2002) The two traditions in the sociology of emotions. J. Barbalet ed. *Emotions and sociology*. Oxford:Blackwell Publishing. 15－26.

Waldron, V.R. (2000) Relational experiences and emotion at work. S. Fineman. *Emotion in Organizations*. London:Sage Publications Ltd.:64－82).

Weber, M., (1947) *The theory of social and economic organization*, ed. by T. Parsons, New York: The Free press.

▶ ▶ ▶ **논평**

박광국(가톨릭대학교 법정경학부 교수)

1. 들어가며

이대희 교수가 쓴 "감성 정부와 이성 정부의 비교론적 고찰"은 4차 혁명시대를 맞아 행정과 조직관리의 패러다임이 어떻게 전환되어야 하는가를 다양한 각도에서 심도있게 고찰함으로써 조직이론가나 실무자 모두에게 통찰력을 주는 유용한 논문으로 평가될 수 있다. 해방 이후, 우리나라는 전 세계가 괄목할만한 경제성장과 민주주의를 이룩했다. 하지만 문화국가의 수준에서 보면 아직도 갈 길이 멀다. 국가의 발달 단계에서 나타나고 있는 국민의 욕구수준의 변화를 보면 경제적 욕구에서 정치적 욕구를 거쳐 최종적으로 문화적 욕구로 귀결된다고 한다(박상언, 2018). 하지만 우리나라가 문화국가로 타 국가의 벤치마킹의 대상이 된다는 이야기를 들은 적이 없다. 우리나라가 소득 3만불 시대에서 더 도약하지 못하고 주춤거리는 가장 큰 이유는 '행정의 문화화'가 적극적으로 추진되지 못하고 있다는 것이다. 특히 4차 산업혁명시대에 들어와 행정환경은 급변하고 있기 때문에 이에 효과적으로 대응하기 위해서는 국민들의 욕구와 정서를 정확히 읽어내고 대처하는 감성적 이성정부로의 이행이 절실히 요구된다. 그런데 이성 정부와 감성 정부는 이분법적 사고로 접근하는 것은 위험성이 있으며 정도의 문제로 접근하는 것이 바람직하다고 본다. 스펙트럼의 양극단에 이성정부와 감성정부가 지향하는 목표가 있기에 실제 현실적으로 어느 정부도 이 두 가지의 속성을 가질 수 밖에 없다. 그래서 논평자는 현대정부가 지향해야 하는 이상형 정부를 감성적 이성정부라고 지칭하고자 한다.

2. 감성 정부 연구를 위한 이론적 모형 제시

이대희 교수의 논문은 감성 정부를 규범적 차원에서 접근하지 않고 보다 과학적이고 체계적인 연구를 위한 분석틀을 제시하고 있다. 여기에서는 이성 정부와 감성 정부가 가진 속성을 일목요연하게 비교하여 제시하고 있기 때문에 향후 연구에서는 연구 대상 국가나 조직이 어느 정도 감성적 이성 정부로서의 기능을 하고 있는가를 분석해 내는 것이 가능하다고 본다. 그가 제시하는 네 가지 차원에 대해 간략히 살펴보도록 하자.

1) 인간에 대한 이해

이성 정부와 감성 정부의 인간에 대한 이해는 크게 7개 속성 측면에서 구분해 볼 수 있다고 한다. 구체적으로 보면, 기본 인간관(이지적 합리인 vs 감성적 지성인), 이성에 대한 견해(냉철한 이성 존재만 인정 vs 이성과 감성 존재 모두 인정), 감성에 대한 견해(철저한 감성 무시 및 배제 vs 감성의 존중과 활용), 인간 행동의 이해(인과성에 바탕을 둔 과학적 접근 vs 감성과 이성의 종합적 접근), 개인적 의사결정 모형(합리모형 vs 만족 모형, 정치모형), 관료(합리적 조직인 vs 합리에 바탕을 둔 감성적 조직인), 국민(합리적 경제인 vs 합리에 바탕을 둔 감성적 생활인) 측면에서 두드러진 차이를 보이고 있다.

특히 이 교수는 '감성적 지성인'은 감성 능력을 갖추어야 한다고 보고 있으며 이를 다시 개인적 능력과 사회적 능력으로 세분화하고 있다. 구체적으로 보면 개인적 감성능력에는 자기 확신(self-awareness), 자율 규제(self-regulation), 동기(motivation)가 포함되며, 사회적 감성 능력에는 감정이입(empathy)과 사회적 기술(social skill)이 포함된다.[11]

2) 조직에 대한 이해

감성 정부의 등장은 우연히 일어나는 것이 아니고 한 국가가 충분한 경제성장을 이룩하고 난 후에 도래한다고 본다. 조직 차원에서 이성 정부와 감성 정부가 갖는 속성을 목표, 구조, 관리 원칙, 갈등 관리, 감성 통제의 5가지 측면에서 그 차이점을 보여주고 있다. 첫째, 목표 측면에서 이성 정부는 물질과 경제에 바탕을 둔 양적 성장을 지향하는 반면에 감성 정부는 가치와 문화에 바탕을 둔 질적 성장을 중시한다. 둘째, 조직구조 측면에서 이성 정부는 구조-기능주의에 입각해 전문화(수평적 분업)와 계층제(수직적 분업)를 선호하는 반면 감성 정부는 네트워크 구조를 통한 수평 조직을 중시하며 공동 생산에 초점을 둔다. 셋째, 이성 정부는 능률성과 효과성을 달성하기 위해 POSDCoRB라고 불리는 관리원칙을 신봉하는 반면 감성 정부는 대응성과 적실성의 가치를 우선하여 감성적 관리를 통한 고객지향에 방점을 둔다. 넷째, 갈등관리 측면에서 이성 정부는 엄격한 규칙 적용과 제로섬 게임을 지향하는 데 비해 감성 정부는 감정이입을 통한 설득과 이해로 비제로섬 게임을 추구한다. 마지막으로 감성통제에 있어 이성 정부는 감성에 대해 부정적 입장을 견지하면서 엄격한 규칙 적용과

---

11) Hersey와 Blanchard(1982)도 조직관리에 필요한 기술로 technical skill, human skill, conceptual skill이 있으며 최고 관리자로 올라갈수록 하위 스킬인 technical skill보다 상위 스킬인 conceptual skill이 더 요구된다고 주장한다.

일률적 통제를 주장하는데 비해 감성 정부는 상반된 시각을 견지한다.

3) 조직인에 대한 이해

앞에서 언급한 두 유형의 조직에 속해 있는 조직인들은 각기 다른 행태를 보이는 것으로 상정한다. 즉, 이성 조직 속의 구성원들은 이지적 합리인으로 능률성에 입각해 과학적이고 논리적 사고를 하는데 비해 감성 조직 속의 구성원들은 감성적 지성인으로 하버마스가 중시하는 상호주관적 담론을 선호하고 유연한 사고를 통한 문화수용적 자세를 견지한다. 이성 조직 속의 구성원들은 아폴론과 같은 강력한 남성상으로 비유되는데 비해 감성 조직 속의 구성원들은 아테나와 같은 부드러운 여성상으로 묘사된다. 이성 조직과 감성 조직은 이상적 인간형과 사고 체계의 차이 이외에도 복장, 언어, 수직·수평 관계, 근무환경 측면에서도 두드러진 차이를 보이는 것으로 가정한다. 첫째, 복장 측면에서 이성 조직은 정형화된 디자인에 바탕을 둔 유니폼을 선호하는 데 비해 감성 조직은 업무 특성에 맞는 다양한 디자인의 옷을 착용하도록 권장한다. 둘째, 언어 구사에 있어서도 이성 조직은 권위적이고 몰가치적 언어를 사용하는데 비해 감성 조직은 감정이입을 통한 고객지향적 용어를 구사하려고 노력한다. 셋째, 조직 내 수평·수직적 관계를 보면 이성 조직은 계층제, 분업을 통한 전문화로 특징지워지는데 비해 감성 조직은 하의상달, 네트워크, 공동 작업의 특성을 중시한다. 끝으로, 근무환경 측면에서 보면 이성 조직은 가정보다는 직장을 우선하고 선공후사, 업무 규칙의 준수와 신상필벌을 강조하는데 비해 감성 조직은 공사 균형, 직장과 가정의 조화, 즐거움을 통한 업무 몰입, 유연한 근무 규칙을 선호한다.

4) 정부에 대한 이해

1887년 미국정치학계간지에 Woodrow Wilson이 '행정 연구'라는 기념비적인 논문을 발표한 이후 비로소 미국 행정학은 태동하기 시작하였다. 이대희 교수가 주장하듯이, 초기 행정학은 기존의 통치 현상 속에서 가치 문제(감성 부분)를 다루는 정치의 영역은 배제하고 관리의 영역(이성 부분)에만 한정하는 정치행정 이원론을 견지했다. 특히 20세기를 풍미한 논리실증주의에 기반한 행태과학은 철저히 이성 정부의 이론적 기초를 제공함으로써 감성 정부가 행정에 들어올 수 있는 가능성을 차단시켜 놓았다. 하지만 1930년대 뉴딜 정책 이후, 행정현상이 점점 더 복잡다기화 되고 국가 운영에 있어 행정의 역할이 증대되어 감에 따라 정치행정 이원론은 그 적실성을 상실하고 행정과 정치는 유리될 수 없다는 정치행정일원론이 득세하게 되었다. 다시 말해, 정책 집행과 행정관리에만 국한되어 있던 행정이 이 시기부터 규칙 제정과 정책 형성

기능에까지 관여하게 되었다. 국민 대표들에 의한 다수결로 모든 중요한 정책결정이 이루어지는 상황에서는 민감한 국민 정서를 고려하는 부분이 대단히 중요하다. 이를 위해, 이대희 교수가 언급하는 Page(1985)의 세 가지 대안을 여기서 다시 재음미할 필요가 있다. 첫째, 정부 상층부의 정책결정 담당자들을 가능한 한 인종, 경제적 배경, 인구통계학적 배경 등을 고려하여 대표적 관료제로 충원할 필요가 있다. 둘째, 다원 민주주의에 입각해 정책담당 관료들도 이해관련 집단들과 정책과정 전반에 걸쳐 협상, 홍정, 설득, 상호조정을 통한 정치력을 발휘해야 한다. 끝으로, 제도적 관점에서 국민 대표 기관들에 의해 정책형성, 결정, 집행 전 과정이 적절히 감시되고 통제되어야 한다.

3. 감성 정부의 필요성을 위한 주요 근거들

1) 거시적 측면

(1) 사회 난제 해결을 위한 과학 · 기술과 인문학의 융합화

21세기에 들어와 국내적으로 다루기 어려운 여러 가지 사회적 난제들이 대두되고 있는데 대표적인 것으로 저성장, 소득 양극화, 초고령화와 저출산, 청년실업, 기후변화 등을 들 수 있다. 과학과 기술로 대변되는 모더니즘은 이러한 문제를 해결해 주기는커녕 시간이 갈수록 문제는 더 악화되고 있다. 이제는 이러한 문제가 왜 발생했는가에 대한 근본적 성찰을 하게끔 해 주는 철학과 윤리를 포함한 인문학에 대한 관심이 많은 주목을 받고 있다. 아이폰으로 세계문명을 바꾸었던 Steve Jobs는 내가 인문학을 접하지 않았더라면 그러한 독창적 제품을 만들 수는 없었을 것이라고 하면서 2001년 뉴스위크와의 인터뷰에서 내 모든 기술을 주어서라도 소크라테스와 오후를 함께 보내고 싶다는 명언을 남겼다. 다시 말해 현재 도저히 해결불가능하게 보이는 사회 난제들도 문화적 사고의 옷을 입힘으로써 혁신적으로 그 해결책의 모색이 가능해질 수 있다.

(2) 정치와 행정 경계의 모호성 증대

현대행정이 점점 복잡하고 다기화되어감에 따라 정치와 행정의 영역은 분리되어야 한다는 정치행정 이원론의 적실성에 대해 많은 의문이 제기되고 있다. 이제 정치가들은 입법과정에서 백지위임을 통해 행정가들에게 많은 재량권을 부여해 주고 있으며 이에 따라 어떤 행정이 좋은 행정인가에 대한 가치 문제에 행정가들은 깊숙이 관여하고 있다. 행정인들은 결정된 정책을 능률적으로 집행만 하면 된다는 사고방식은 설득력을 잃고 있다. 일찍이 고건 전 서울시장은 「행정은 예술이다」라는 책에서 행정가들은 정책을 둘러싸고 벌어지는 수많은 이해관계자들 간의 갈등을 조정하고 통합해야하기에 마치 오케스트라의 지휘자와 같은 역량을 갖추어야 한다고 역설하였다. 이러한 측면에서 볼 때 행정가들은 몰인간화를 추구하는 규칙과 규정에만 얽매인 관료제의 경직된 사고에서 벗어나 인간의 정감이나 심정이 십분발휘될 수 있는 살아 있는 행정, 즉 가슴으로 하는 행정에 익숙해져야 한다. 그럴 때만이 행정가들은 예민한 행정 감수성을 갖추고 국민의 고통을 어루만지고 국민행복을 위한 공복으로 기능할 수 있을 것이다.

(3) 국민 성숙도에 따른 행정의 분권화

Hersey & Blanchard(1982)는 국민의 의식수준이 성숙해질수록 행정운영 관리방식은 지시(telling)에서 설득(selling)을 거쳐 참여(participating)로 이행하며 마지막 단계는 위임(delegating)이 되어야 한다고 주장한다. 이렇게 진화되어야 하는 직접적인 이유는 바로 생산성과 관련되어 있다. 특히 지금과 같이 행정환경이 급변하는 상황에서 행정문제에 적절히 대응하려면 집단지성(group intelligence)을 도출하지 않으면 안 된다. 왜냐하면 국민들 속에 Steve Jobs와 같은 기발한 창의성과 아이디어를 가진 사람들이 무수히 있을 수 있기 때문이다. 이런 맥락에서 Powell(1990)은 행정이 관료제에서 네트워크 방식으로의 패러다임 전환을 모색해야 한다고 주장한다. 왜냐하면 관료제는 철저한 계층제에 입각해 상명하복의 논리를 따르지만 네트워크 조직은 상호신뢰와 협력에 기초한 느슨한 관계망을 형성하기 때문이다. 네트워크 관계가 지속적으로 유지되려면 이성보다는 감성에 기초한 행정운영 방식이 일반적으로 더 선호되고 있다.

(4) 행정서비스 질 제고

Salge & Vera(2012)에 의하면, 혁신활동에는 공급자 관점과 수요자 관점이 있을 수 있다고 한다. 어느 관점을 갖느냐에 따라 전혀 다른 결과가 나올 수 있다는 것을 경험적 연구를 통해 밝히고 있다. 즉, 공급자 관점에서는 혁신활동을 하면 할수록 국민들이 체감하는 공공 서비스의 질은 떨어지는 반면 수요자 관점에서의 혁신활동은 하면 할수록 공공 서비스의 질이 향상되는 것을 국민들은 체감하게 된다고 이들은 주장한다. 수요자인 국민의 요구를 정확하게 반영하고 있는 것이 여론이기 때문에 위정자들은 여론향방에 민감해야 한다. Habermas는 "좋은 결론은 논리적인 주장에서 나오는 것이 아니라 공감하는 대화에서 나온다."라는 유명한 명언을 남겼다. 그에 의하면, 자연과학과 달리 사회과학에서는 절대적 객관성을 확보하기 어렵기 때문에 간주관성(intersubjectivity)을 통해 주관적 객관성을 담보하는 노력이 부단히 이루어져야 하며 이를 위해 공론의 장이 활성화되는 것이 매우 중요하다고 주장한다.

2) 미시적 측면

(1) 조직관리에 있어 문화상징의 중요성

막스 베버가 관료제를 창시한 이래 20세기 조직관리에 있어 구조주의가 지배적 권위를 누렸지만 Schein(1987)이 조직문화의 중요성을 강조한 이래 조직관리에 있어 문화상징적 접근이 그 중요성을 더해 가고 있다. 김병섭 외(2008)의 주장대로 조직연구에 있어 아무리 정치한 연구라도 독립변수의 종속변수에 대한 설명력은 기껏해야 10 – 20% 수준을 넘지 못한다. 달리 말해, 아무리 인과성에 바탕을 둔 정교한 통계기법을 사용한다 하더라도 대부분의 조직현상을 설명해 낼 수 없다는 것이다. 이러한 갭을 메우기 위해서 조직관리자들은 의례, 의식과 같은 상징적 도구들을 많이 활용하여 조직 생산성 향상에 큰 성과를 거두고 있다. 재무행정의 대가인 Wildavsky(1964)도 예산과정에서 이해관계자들 간의 갈등을 최소화하기 위해서는 경제적 합리성(이성)보다는 정치적 합리성(감성)이 더 중요하다고 보았는데 감성정부와 관련하여 많은 것을 시사해 주고 있다.

(2) 무의식의 세계에 대한 관심 증대

정신분석학의 창시자인 Freud는 인간의 의식 수준을 전의식, 무의식, 의식으로 구분하고 대부분의 인간의 행동과 사고는 의식적이고 합리적이기 보다는 오히려 무의식적이고 비합리적이라고 본다. 이는 근대철학의 창시자인 데카르트가 "나는 생각한다, 고로 나는 존재한다"라는 명제를 통해 인간 의식의 중요성을 강조한 것과는 정면으로 배치되는 주장이다. 이러한 이성에 대한 과도한 믿음을 가장 통렬하게 비판한 사람은 철학자 니체이다. 그는 아리스토텔레스 이후 수많은 철학자들이 형이상학에 경도된 나머지 이성에 대한 과대평가를 해 왔다고 비판하고 이는 역사적 감각(힘에의 의지를 새로운 사유방식으로 하는 감각)에 대한 부재에서 비롯되었다고 주장한다. 4차 산업혁명에 의해 우리가 사는 현재 세계는 우리 인류가 지금껏 경험하지 못한 미래 세계로 빠르게 이행하고 있다. 이럴 때일수록 우리는 지나치게 합리적 이성에 의존하는 것보다는 예술가적인 직관과 감성을 발휘하여 다가올 새로운 세계를 긍정적으로 창조, 생성, 발전시켜 나가지 않으면 안 된다.

(3) 뇌과학의 발달과 감성영역의 역할 중요성 부각

인지심리학과 뇌신경과학의 발달로 인간의 뇌가 두 가지 유형의 사고방식을 갖고 있다는 것이 밝혀지고 있다. Thaler와 Sunstein(2008)에 의하면, 하나는 감성영역에 의존하는 자동시스템(automatic system) 유형이고 다른 하나는 이성영역에 의존하는 숙고시스템(reflective system) 유형이다. 실제로 정책이 생명력을 가지려면 정책 수요자인 국민의 감성을 읽어내고 이에 부응하는 노력을 경주하는 것이 대단히 중요하다. 현장 중심의 행정이 강조되는 것도 이런 이유에 기인한다. 지나치게 이성적 사고에만 의존하는 정책은 국민의 여론을 외면하고 이상에 치우친 내용만을 제시함으로써 그들로부터 공감대를 얻지 못하고 실패로 끝나버린 경우가 많다. 실제로 March와 Simon(1958)은 대부분의 의사결정과정이 합리모형보다는 경제적 합리성(이성)과 정치적 합리성(감성)을 모두 고려하는 만족모형을 통해 이루어지고 있다는 사실을 경험적 연구를 통해 규명하고 있다.

4. 나가며

현대 행정이 점점 복잡 다기화되어 감에 따라 이성적 영역보다는 감성적 영역에 대한 고려가 점차 그 중요성을 더해 가고 있다. 본 논평에서는 감성적 이성 정부가 왜 중요한가에 대한 논리적 근거를 거시적 측면과 미시적 측면으로 나누어 살펴 보았다. 거시적 측면에서 보면 첫째, 현대 사회에서 수많은 사회난제가 해결되기는커녕 점점 더 악화되고 있다는 사실은 현대 과학기술이 가진 한계를 극명하게 보여줌과 동시에 이의 해결을 위한 인문학적 사유 방식의 도입이 필요하다는 것을 보여주고 있다. 둘째, 현대 행정에 있어 정치와 행정 영역의 경계가 모호해짐에 따라 행정도 이제 국민들로부터 공감을 이끌어내는 것이 중요해졌고 이에 따라 공무원들의 행정 감수성 역량 제고에 대한 관심이 고조되고 있다. 셋째, 국민의 소득수준과 교육수준이 높아짐에 따라 탑-다운식의 일방적 행정보다는 파트너십에 기초한 국민과의 협업행정이 대단히 중요하게 되었다. 이때 요구되는 행정가치는 따뜻한 감성에 기초한 상호신뢰와 협력이다. 끝으로, 행정서비스의 질적 수준에 대한 관심 증대와 이의 충족을 위해서는 변화하는 국민욕구를 적기에 수렴하고 반영하는 수요자 중심의 행정이 뿌리내려야 한다. 여기에 필요한 것이 차가운 이성행정보다는 따뜻한 가슴으로 다가가는 감성행정이다.

미시적 측면에서 보면 첫째, 복잡성이 증가되는 정부조직 관리도 철저한 이성적 계획에 의거해 하는 것보다는 감성을 통한 문화상징에 의해 관리하는 것이 공무원의 조직몰입을 이끌어내는 데 보다 효과적이다. 둘째, 데카르트가 그렇게도 강조한 의식은 실제 무의식보다 개인이나 조직의 의사결정에 미치는 영향이 상대적으로 약한 것으로 수많은 경험적 연구를 통해 밝혀지고 있다. 다시 말해 인간은 감성에 기초한 비합리적 의사결정에 훨씬 더 많이 지배를 받는다는 것이다. 그렇기 때문에 이성에만 의존하고 감성을 무시한 정책은 의도한 효과를 거두기가 매우 어렵다는 사실을 직시해야 한다. 끝으로, 뇌과학의 급속한 발달로 인해 인간의 좌뇌와 우뇌가 각각 자동차의 엑셀레이터와 브레이크의 역할을 수행하는 것이 밝혀지고 있다. 다시 말해 자동차가 사고없이 의도한 목적지에 도달하려면 이 두 가지 기능을 적절히 조합시키는 것이 중요하다. 마찬가지로 정부정책도 이러한 비유를 거울삼아 이성과 감성을 적절히 조화시켜 나가야 한다. 이 점에서 아담 스미스의 「도덕감정론」이 우리에게 시사하는 바는 매우 크다고 할 수 있다.

21세기 4차산업혁명의 쓰나미가 밀려오는 급변하는 환경에서 이대희 교수의 "감성 정부와 이성 정부의 비교론적 고찰" 논문은 행정학자나 정책실무자들이 정책 효과성 제고를 위해 어떠한 방향으로 고민해야 하는가를 분명히 제시해 주었다는 점에서 큰 의의가 있다고 본다.

참고문헌

김병섭 · 박광국·조경호. (2008). 휴먼조직론. 대영문화사.

박상언. (2018). 이성정부에서 감성정부로. 이음스토리.

March, J. G. & Simon, H. A. (1958). *Organizations*. New York: Wiley.

Hersey, P. & K. H. Blanchard. (1982). *Management of Organizational Behavior: Utilizing Human Resources*. New York: Prentice—Hall.

Powell, W. W. (1990). Neither Market nor Hierarchy: Network Forms of Organization. *Research in Organization Behavior*, 12: 295−336.

Salge, T. O. & A. Vera. (2012). Benefiting from Public Sector Innovation: The Moderating Role of Customer and Learning Orientation. *Public Administration Review*, 72(4): 550−559.

Schein, E. H. (1987). Defining Organizational Culture, In J. M. Shafritz & J. S. Ott(eds.), *Classics of Organization Theory*. The Dorsey Press.

Thaler, R. H. & C. R. Sunstein. (2008). *Nudge: Improving Decisions about Health, Wealth, and Happiness*. Penguin Books.

Wildavsky, A. (1964). *The Politics of the Budgetary Process*. Little Brown & Company.

제 3 편

분권과 지방자치

주민주권론과 지방자치의 발전

주민주권론과 지방자치의 발전[*]

김순은(서울대학교 행정대학원 교수)[**]

❧ 프롤로그 ❧

1) 논문의 의의와 요점

그 동안 우리나라에서 보편적으로 사용된 개념은 주권 또는 국민주권이라는 용어이다. 대내 최고 및 대외 특성을 지닌 주권사상은 시대적 상황에 따라 상이하게 변화되었지만 현재는 국민주권(popular sovereignty)으로 발전되어 현대 모든 국가의 사상적 기초를 이루고 있다.

1948년 이후 우리나라 헌법도 국민주권을 사상적 토대로 하였다. 제헌헌법은 제2조에서 "대한민국의 주권은 국민에게 있고 모든 권력은 국민으로부터 나온다"라고 명시하였다. 국민주권의 토대 위에 수립된 우리나라의 국정체제는 중앙집권적인 것이었다. 오랜 역사 속에서 발전된 체제와 일제 강점기의 중앙집권적 체제가 지방자치의 도입에도 불구하고 답습되었다. 이후에도 국민주권은 마치 중앙집권체제를 뒷받침하는 사상으로 기능하였다.

지방자치도 지방자치의 권한을 폭넓게 인정하는 전래설보다는 제한적으로 인정하는 제도적 보장설이 다수설이었다. 헌정 초기에는 지방자치가 정권연장의 수단으로 활용되기도 하였으며 1961년부터 1991년 사이에는 지방자치가 폐지되기도 하였다(김순은, 2015).

국민주권의 사상적 토대 위에 국민의 주권은 중앙정부에 위임되어 행사되었으나 지방정부의 권한은 중앙정부가 법령으로 정한 범위 내에 한정되었다. 결론적으로 우리나라의 국민주권은 주로 중앙집권체제를 정당화하는 사상이었다.

주민주권은 주민이 주인이라는 사상으로, 국민이라는 용어가 지니는 의미

---

[*] 이 논문은 2012년 『지방행정연구』 제26권 제1호에 게재된 글을 수정·보완한 것이다.
[**] 본 논문이 게재된 시점에는 동의대학교 행정학과에 재직하였음.

와는 매우 상이하다. 국민주권은 국가의 주인은 국민이라는 사상이지만, 오랫동안 국민은 국가의 주인이기보다는 피지배인에 불과하였다. "국민학교"가 국가에 충성하는 선량한 사람을 교육하는 교육기관으로 인식되었던 것도 같은 맥락이다. 모두가 국가주의와 이에 기초한 중앙집권체제의 탓이다.

주민은 지방의 이익과 견해가 우선이라는 지방주의나 공동체주의에 기초한다. 주민은 중앙집권이 개선되어 자치분권이 강화되는 상황 속에서 지역의 주인으로서 핵심적 역할을 수행한다. "국민학교"가 "초등학교"로 명칭을 변경한 것도 이와 무관하지 않다.

국민은 대부분 대표를 통하여 주권을 행사한다. 국민의 다수는 직접 참여의 방식보다는 선거에 의한 대의제에 익숙하다. 일단 대표자를 선출한 이후에는 이들의 활동에 큰 관심을 두지 않는다. 주인-대리인의 관점에서 주인들의 무관심으로 대리인의 일탈이 번번이 발생한다. 국민은 이에 대해서도 별로 무감각하다.

국민의 직접 참여는 중요한 국가적 사안이나 헌법의 개정 등과 같은 예외적인 경우에 한정된다. 우리나라의 경우 쇠고기 파동, 국정농단, 공정성 시비 등 국가의 주요 사안에 국민의 직접 참여가 증가하였다. 생활의 비중은 매우 낮음에도 불구하고 관심도는 매우 높았다.

주민은 상대적으로 국민에 비하여 직접 참여의 기회가 많다. 주민투표, 주민소환, 주민발안, 주민감사청구, 주민소송, 주민참여예산 등 주민의 직접참정 제도는 주민의 참여를 제도적으로 뒷받침하고 있다. 중요한 현안을 주민의 투표로 결정하고 선거 후 일탈하는 선출직 공무원을 소환한다. 지방의 입법자들이 조례제정을 해태하면 주민들의 직접 조례의 발의에 나선다. 지방정부의 행·재정상 일탈이 발견되면 주민들이 나서서 감사를 청구한다. 재정적으로 손해를 끼친 공무원에 대해서는 주민들이 직접 소송을 제기한다. 집행부의 예산편성과 더불어 주민들이 정책의 우선순위를 결정하는 방식으로 예산편성에도 관여할 수 있다.

제도적 직접 참여는 물론이고 지역이나 공동체의 공통 사안을 숙의하고 결정하는 주민자치회를 통한 참여가 보장된다. 공동체의 공간과 읍·면·동의 단위에서 공동의 현안이나 마을계획을 직접 결정한다. 주민자치회의 구성을 통한 주민들의 주민자치활동은 주민들의 민주교육에도 크게 기여한다. 숙의를 하는 과정에 민주주의의 원리에 대한 이해는 물론, 양보와 타협 등 정치적 과정에 훈련도 곁들여진다. 교육, 복지, 보건, 의료 등의 사안이기 때문에 일상의 삶과 밀접하게 되어 있다.

공동주택이 일반화되면서 공동주택 내에 설치된 입주자대표회의의 주민자치기구화가 더욱 관심을 받고 있다. 공동주택의 관리기능 외에 공동체의 주민자치기구로서의 역할이 거론되기 시작하였다. 공동주택 단지 내의 육아 및 고령자 돌봄 등의 사회복지 기능, 방범, 작은 도서관 등 문화 등의 영역에까지 매우 다양한 기능이 시험적으로 운영되고 있다. 입주자대표회의 중심으로 공동주택의 공동체가 활성화된 사례가 점증하고 있다. 이에 입주자대표회의에 공적 기능을 부여하여야 한다는 주장이 제기되고 있다. 행정안전부가 국토교통부와의 협치를 통해 공동주택의 공동체 활성화에 나선다면 그 효과는 더욱 커질 것이다.

국민의 관심 대상은 국가운영체제나 사회적 가치 등 국가적 사안에 초점이 맞춰져 있다. 다분히 이념적 성격을 띠는 경향이 강하다. 반면 주민의 관심은 일상의 삶과 관련된 사항이 대부분이다. 시·도나 시·군·구의 행정서비스에 관한 사항이 대부분이다. 다분히 생활 정치의 특징을 띤다. 우리는 아래의 표와 같이 국민과 주민의 차이를 비교할 수 있게 되었다.

표 1 주민과 국민 비교표

비교항목	국민의 시대	주민의 시대
권원	국민주권	주민주권
지위	국가의 주인	지역의 주인
국가형태	집권주의(국가주의)	분권주의(지방주의), 공동체주의
정치적 가치	민주주의(대의 민주주의)	풀뿌리 민주주의(직접민주정)
특징	이념(국가의 운영) 정치	생활정치
대상	체제, 사회적 가치	일상의 삶, 공공 서비스
참여의 형태	간접참여	직접참여
생활의 비중	낮음	높음
관심의 비중	높음	낮음
폐단	수도권 집중	지역이기주의, 지역 불균형

2) 오늘날의 의미

상기와 같이 우리가 국민과 주민을 구별하여 사용할 수 있는 것은 무엇보다도 문재인 정부가 주민주권의 구현을 자치분권의 핵심전략으로 삼았기 때문이다. 문재인 정부는 기회가 있을 때마다 주민주권의 구현을 위한 다양한 노력을 기울여 왔다. 주민자치회의 제도적 근거를 지방자치법 전부 개정안에 반영하였으며 지방에서 참고자료가 될 주민자치에 관한 모델 조례를 작성하였다. 주민주권이 품고 있는 다양한 함의를 세미나, 토론회, 간담회, 설명회 등을 통하여 적극적으로 전파하였다. 이에 대하여 지난 2년 사이에 다수의 지방정부들은 주민들의 자치교육을 강화하는 등 주민주권의 확산에 손을 맞댔다.

국민은 생활의 비중이 낮은 이슈에 높은 관심으로 보인 반면 주민은 생활의 비중의 높은 이슈에 낮은 관심으로 대비를 이루었으나 점차 개선되고 있다. 국민의 시대에는 수도권 집중이라는 폐해를 낳았듯이 주민의 시대에는 지역이기주의로 몸살을 앓을 가능성도 존재한다. 지역 간의 불균형이 커질 가능성도 배제할 수 없다.

그럼에도 우리는 새로운 시대를 열고 있다. 주민들이 생활의 비중이 높은 사안에 많은 관심을 두고, 지역이기주의와 지역 간 불균형이 장애물을 슬기롭게 극복하면서 주민주권의 주민시대를 열고 있다.

3) 후속 연구 현황

외국에서는 이와 유사한 연구들이 다수 발표되고 유사한 개념도 논의되었다. 미국에서는 지방정부의 권한은 주정부의 법령 하에 있다는 딜런의 법칙(Dillon's rule)이 지배적인 이념이었으나 이후에는 주정부가 구체적으로 제한하지 않는 한 폭넓게 권한을 인정하여야 한다는 쿨리의 법칙(Cooley's law)이 설득력을 갖고 있다. 이에 기초하여 홈룰 헌장도시가 탄생되는 계기가 되었다.

일본에서는 1995년 이후 지방분권을 강력하게 추진하였다. 1999년 지방분권일괄법이 그러한 노력의 성과였다. 2009년 집권한 민주당은 기존의 지방분권 개혁에 만족하지 않고 새로운 개념을 제시하였다. 민주당은 지역주권이라는 새로운 개념을 통하여 지방정부의 권한을 강화하려는 시도를 이어갔다.

영국도 2011년 지방주의법(Localism Act)에서 다른 법령에서 구체적으로

금지하지 않으면 지방정부는 자율적으로 결정할 수 있다는 '권한 및 기능의 일반권(General power of competence)'을 규정하였다. 그동안 영국의 지방정부는 상위법령의 구체적인 위임 하에서 권한을 부여받는 '상위법령 위반 무효의 원칙' 위에 작동하였다. 새로운 변화는 모두 현장을 중시하는 지방정부의 권한을 강화하는 사상 또는 원리로서 제안됨에 있어서 주민주권의 개념과 매우 유사하다.

4) 향후 연구의 확장 가능성

우리나라에서는 아직 주민주권 사상이 보편적인 개념으로 자리잡지는 못했다. 2012년 본 연구의 발표 이후 소수의 학자와 활동가들이 관심을 보였을 뿐이다.

그런데 2018년 문재인 정부의 자문기관인 대통령 소속 자치분권위원회가 주민주권이라는 용어를 공식용어로 채택함으로써 주목을 받았다. 향후에는 지방자치와 지방분권의 발전을 위해서 더욱 활성화될 것으로 기대되고 있다. 적어도 주민주권 사상에 기초하여 주민자치가 활성화되고 있다는 것이 그러한 주장을 뒷받침하고 있다.

50%를 넘는 수도권 집중도에 대응하고 저출산·고령화 및 인구감소로 인한 지역의 위기를 극복하기 위해서는 더욱 강력한 균형발전과 자치분권 정책이 요구되고 있다. 주민주권의 개념과 사상은 새로운 차원의 균형발전과 자치분권의 이론적 토대가 될 것이다. 주민주권에 대한 연구와 실행이 더욱 강하게 요구될 것이다.

I. 서 론

지방자치가 재개된 지 20년이 경과되었다. 지방자치가 존재하지 않았던 시대와 지금의 상황을 비교하면 적지 않은 측면에서 정치와 행정의 변화를 경험하고 있다. 지역 정치인인 지방정부의 장과 지방의원을 주민이 직접적으로 선출하는 것만으로도 정치적 분권이 이루어졌다고 평가되기도 한다(Treisman, 2000). 우리나라도 지방정부의 장과 지방의원을 선거로 선출함에 따라 선거에 의한 정치와 행정이라는 변화를 달성하였다는 점에서 긍정적인 평가가 가능하다.

우리나라에서 지방자치가 재개되었던 시점을 전후하여 국·내외적으로 두드러진 현상은 지방분권이었다. 영국, 일본 등의 국가들은 지방분권을 통해 새로운 정치행정 체제를 구축함으로써 국가의 운영체제를 개선하는 노력을 지속적으로 추진하였다(김 순은, 2011a).

영국은 1997년 노동당 정부의 수립 이후 다양한 지방분권 정책을 추진하였다. 1997년 집권한 노동당은 지역분권을 실행하여 스코트랜드와 웨일즈 지역에 지역의회 를 창설하였으며 1986년 해체되었던 런던광역시(Greater London Council)을 대신하여 새로운 런던광역시(Greater London Authority)를 설치하였다. 이 외에도 정부간 관계를 획기적으로 개혁하여 지방정부를 국정의 파트너로 인정하는 노력을 보였다.

노동당은 지방분권과 더불어 지방정부의 책임성을 제고하기 위하여 다양한 평가 제도와 성과관리제도를 도입하였다. 노동당 정부의 평가와 감사 및 성과관리 제도가 지방정부의 자율을 저해하였다고 판단한 보수당은 2010년 집권과 함께 "거대사회론" 의 기치를 내걸고 새로운 차원의 지방분권을 개시하였다(김순은, 2011a). 2011년 11월 제정된 지방주의법(Localism Bill)에서 공동체의 권리를 더욱 강화하는 조치를 단행하 였다.

일본도 1995년 이후 꾸준히 지방분권 개혁을 추진하여 왔다. 1999년 지방분권일 괄법에 의한 제1차 지방분권 개혁이 마무리된 이후 2002년 개시되어 2006년 마무리 된 3위 1체의 재정개혁을 거쳐 2007년부터 지방분권개혁추진위원회의 제2기 지방분 권 개혁이 개시되어 2010년 종료되었다. 2009년 민주당 정부의 출범이후 민주당은 지역주권 개혁이라는 이름 하에 지방분권 개혁을 이어가고 있다.

지방분권의 흐름 속에서 최근에 주목을 받는 이슈가 주민주권론이다. 보통 주권 론을 논의할 때 군주주권론과 국민주권론은 매우 친숙한 개념이지만 우리에게 지역 주권 또는 주민주권론 등은 매우 생소하게 느껴지고 있다. 본 연구의 목적은 주민주 권론의 실체를 분석하고 이를 통한 지방자치의 발전방안을 모색하는 것이다. 이를 위 하여 제II장에서는 주권론을 고찰하였고 제III장에서는 주민주권론이 대두된 배경과 주민주권의 정의와 내용을 논의하였다. 제IV장에서는 주민주권과 지방자치의 관계를 분석하였으며 제V장에서는 주민주권론의 향후과제를 논의하였다.

II. 주권론의 고찰

1. 군주주권론: 절대왕정

지리적 공간에 대한 실질적 지배 및 통치권한을 의미하는 실질적 의미의 주권은 이미 소크라테스 이후 현재까지 모든 국가에서 논의되었던 정치적 주제이다. 지리적 공간 사이에 독립과 항쟁의 개념으로 사용된 개념이었다.

지리적 공간에 대한 실질적인 지배권을 주권이라는 용어로 이론적으로 체계화한 학자가 프랑스의 법학자인 보댕(Jean Bodin: 1530－1596)으로 알려져 있다. 보댕이 제기한 주권론에 따르면 주권은 단일·불가분·불가양의 절대적 권한으로서 통치권의 근간으로 파악하였다. 따라서 주권은 대내적으로 최고성과 대외적으로 독립성이라는 특징을 지닌다(구병삭, 1981).

보댕이 주장한 주권론은 군주주권론이었다. 국가의 정치와 종교는 분리되어야 하며 국가를 통치하는 근원으로서의 주권은 신으로부터 군주에게 신탁되었다는 것이 군주주권론으로서 법의 제정권, 공무원의 임명권, 사법권, 과세권 등이 주요 내용이었다. 보댕의 주권론은 절대주의 시대에 있어서 프랑스 절대왕권의 정통성을 뒷받침하는 이론이었다.

스페인의 살라만카 학파의 수아레즈(F. Suarez: 1548－1617)도 군주의 절대적 권한을 옹호하는 이론을 제시하였다. 수아레즈도 보댕과 같이 군주의 절대적 권한은 신으로부터 부여받은 것으로 이론화하면서도 주권은 군주에게뿐만 아니라 국민들에게도 평등하게 부여되었다는 것을 강조하였다.

영국의 철학자 홉즈(T. Hobbes: 1588－1676)는 그의 저서 거인(*Leviathan*)에서 군주주권론을 피력하였다. 이기적인 심성으로 인하여 자연 상태에서 인간은 투쟁으로 일관하여 사회는 혼돈의 상황으로 발전될 가능성이 매우 높다는 것을 가정하였다. 홉즈는 거인이라는 상상의 존재를 군주에 대비하여 군주야말로 인간사회의 혼돈상태를 통제할 수 있다고 주장하였다. 이 때 군주에게 신탁된 절대적이고 무제한적인 최고권한이 주권인 것이다. 보댕과 홉즈가 군주주권론을 옹호하였다는 점에서는 공통점이 있으나 보댕이 왕권신수설에 의한 군주주권론을 주장한 반면 홉즈는 사회계약에 의한 군주주권론이라는 점에서 차이가 있다. 군주주권론은 비록 절대왕정의 정통성을 옹호하기 위한 이론이었지만 절대성과 최고성을 지닌 불가분·불가양의 주권이라는 개념은 정치이론은 물론 지방자치의 발전에 크게 기여하였다.

2. 국민주권론: 자유 민주주의와 대의 민주주의

1) 국민주권론

보댕, 수아레즈, 홉즈의 군주주권론으로 개화된 주권론은 17세기 말부터 18세기에 들어 획기적으로 전환되어 국민주권론으로 발전되었다. 국민주권론은 국가의 주권이 국민에게 있다는 주장으로 국가의 정통성이 국민에게 있음을 의미한다. 국민주권론은 로크, 루소, 프랭크린 등에 의하여 발전되었다.

자유주의의 아버지로 평가되는 로크(J. Locke: 1632－1704)는 개인의 기본권인 자연권이라는 개념으로 국민주권의 단초를 제공하였다. 국민개인의 기본권을 보호하기 위하여 사회계약에 따라 국가에 자연권을 위임하였고 국가는 위임의 대가로 개인의 기본권과 자연권을 보호하여야 한다는 주장을 전개하였다. 국민이 행한 자연권의 위임이 국가의 정통성이 됨으로써 국민주권론이 태생된 것이다. 루소는 이를 더욱 발전시켜 천부인권설을 주장하였다. 루소에 따르면 모든 국민은 태어날 때부터 불가양·불가침의 기본적 인권 즉 자연권을 부여받았으며 사회계약에 따라 이러한 자연권을 국가에 위임하고 국가는 국민의 기본권을 수호할 의무를 진다는 것이다. 프랭크린은 자유국가에 있어서 치자는 국민의 공복이며 국민은 최고의 권원이라는 점을 강조하였다. 국민주권론의 영향을 받아 미국혁명과 프랑스 혁명이 발생하였다(구병삭, 1981).

국민주권론에 기초하여 수립된 대표적인 정치체제가 자유 민주주의이며 우리나라도 헌법을 통하여 주권재민사상과 자유 민주적 기본질서를 수호할 것을 천명하고 있다. 자유 민주주의를 정체로 하는 국가는 국민의 주권이 위임한 범위 안에서 통치권을 행사한다. 국민주권에 기초하여 국가에 위임한 통치권은 로크가 제시한 권력분립의 원리에 따라 수평적·수직적인 차원에서 통치권을 분할하여 위임하는 것이 일반화되어 있다.

국가의 통치권을 수직적으로 분할한 제도가 바로 지방자치이다. 미국은 연방제라는 제도하에서 수직적 권력분립을 강화하였으며 우리나라는 단방제의 헌법 하에서 지방자치제도를 통치체제의 기본요소로 도입하였다.

자유 민주주의론자들은 국민주권에 뿌리를 둔 국민의 기본권을 신장하기 위하여 지방자치의 제도적인 필요성에 대해서는 이론이 없으나 운영형태에 관해서는 의견이 양분된다. 양분된 견해는 주권과 통치권 사이의 위임방식에 대한 차이에서 발생한다. 주권이 대내적으로 절대적, 최고의, 불가양, 불가침의 권리라는 데에는 이론이 없다. 반면 국민주권으로부터 신탁된 국가의 통치권은 사회계약에 따라 형태가 다양할 수 있다는 점에서 의견이 나뉜다.

지방자치와 관련하여 국가를 중앙정부로 인식하는 견해에 따르면 국민주권에 기초한 통치권은 중앙정부에 신탁되고 지방정부의 자치권은 중앙정부의 통치권으로부터 수임받은 것으로 해석한다. 우리나라와 일본에서 논의되는 단체자치가 여기에 해당한다. 단체자치의 경우 제도적 의미를 강하게 띠며 지방자치의 범위는 중앙정부의 법령이 규정하는 범위 내에서 가능하다는 것이 일반적인 견해이다.

국가를 중앙정부와 지방정부의 통합체로 보는 관점도 국민주권을 불가분의 권한이라고 인식하는 데에는 단체자치의 견해와 동일하다. 다만 국민주권에 기초한 통치권은 중앙정부와 지방정부로 분할하여 위임할 수 있다고 해석함으로써 지방정부의 자치권을 국민주권에 기초한 권한으로 인식한다. 주민자치가 여기에 해당한다고 할 수 있다. 주민자치에 기초한 지방정부의 자치권은 정치적 의미를 강하게 띠게 됨으로써 지방자치의 외연을 정책의 형성권까지 확대시킨다.

2) 민본위민사상

동양에서는 주권이라는 용어는 사용하지 않았지만 기원전부터 민본위민사상이 제기되었다. 공자와 맹자의 유가사상으로부터 시작되어 우리나라에서도 일찍부터 민본위민사상이 논의되었다. 조선의 정치사상을 확립한 정도전(1342-1398)은 그의 저서 「조선경국전」과 「경제문감」에서 민본위민사상을 구체적으로 논의하고 있다(박봉규, 2012).

정도전은 공자와 맹자 등 유가의 사상으로부터 영향을 받았다. 맹자의 정치사상은 정도전이 조선의 창립과정에 참여하는 결정적인 계기가 되었다. 맹자의 혁명론은 정도전의 민본위민사상으로 이어졌다.

왕권은 비록 하늘로부터 받은 것(천명)이더라도 군주는 국민을 하늘로 생각하여야 하고 국민의 복지와 안위를 보호하여야 한다는 민본위민사상은 내용면에서 국민주권론의 주장과 크게 다르지 않다. 민심의 버림을 받는 군주는 천명을 잃게 되는데 이것이 혁명의 기초가 된다.

"백성들은 먹는 것이 하늘"이라는 맹자의 말대로 생명의 안위와 경제생활의 안정이 무엇보다도 중요하다. 정도전은 그의 저서 「경제문감」에서 호구지책 등 국민의 기본권을 지켜주는 것이 지방관리라고 인식하고 지방과 지방관리의 중요성을 역설하였다. 관리의 인사원칙을 운용함에 있어서도 "중외경내(重外輕內)" 원칙을 적용하여 지방관의 경력을 우대하여야 한다고 주장하였다(박봉규, 2012). 지방관리의 자질과 능력이 국민의 민생에 매우 중요하다고 주장하는 면에서 오늘날의 지방자치와의 관련성을 찾을 수 있다. 정도전의 민본위민사상은 보댕의 시대보다도 앞선 시대였음을 감안할 때 국민주권론의 주장과는 상당한 거리가 있다. 이를 비교하면 <표 1>과 같다.

국민주권론과 민본위민사상은 크게 5가지 측면에서 차이가 있다. 첫째, 권력의 원천이 상이하다. 국민주권론은 권원을 국민으로 인식하는 반면 민본위민사상은 권원을 하늘, 신이라고 인식하였다. 다만 당시의 천인합일설 또는 천인감응설에 따를 경우 양자 간에는 커다란 차이가 없을 것이다.

둘째, 국가의 정통성의 근거라는 관점에서 보면 국민주권론은 사회계약을 국가 정통성의 근거로 파악하는 한편 민본위민사상은 천명을 국가의 정통성으로 보고 있다. 천명이 민심으로 나타난다는 점에 착안한다면 이 점에서도 커다란 차이는 없는 듯하다.

국민주권론과 민본위민사상의 세 번째 차이점은 이론의 목표이다. 국민주권론이 국민의, 국민에 의한, 국민을 위한 정부라는 목표를 가진 반면 민본위민사상은 국민을 위한 정치체제에 초점을 두었다는 점이다.

네 번째의 차이점은 국민주권론이 선거와 혁명을 통하여 국민주권을 실현하는 반면 민본위민사상은 혁명을 통하여 민본위민을 구현한다는 점이다. 선거가 없었던 왕정시대를 생각하면 선거의 출현은 국민주권의 획기적인 실현수단이 되었다.

지방자치와의 관련성이 다섯 번째의 차이점이다. 국민주권론은 지방분권과 지방자치를 통하여 국민의 기본권을 신장하여야 한다고 주장하는 반면 민본위민사상은 중앙집권 및 지방관의 우대를 통하여 국민의 기본적 생활과 안정을 도모하였다. 비록 시대적 차이가 있지만 지방관을 우대하여야 한다는 점에서 공통점을 발견할 수 있다.

표 1 국민주권론과 민본위민사상의 비교

	국민주권론	민본위민사상(왕권신수설)
권력의 원천	국민	신, 하늘(天)
국가의 정통성 근거	사회계약	천명
목표	국민의, 국민에 의한, 국민을 위한	국민을 위한
구현수단	선거, 혁명	혁명
정치체제	지방분권 및 지방자치	중앙집권 및 지방관 우대

3. 지역주권론과 지방주의

1) 지역주권론과 지방주의(Localism)의 배경

현재 국민주권론이 자유 민주주의의 기본적인 토대가 된다는 것은 이론의 여지가 없다. 주권재민 사상과 국민의 기본권 보장 및 권력분립에 의한 통치구조를 규정하는 것이 자유 민주주의 헌법이 가지는 특징이다. 이러한 관점에서 1787년 제정된 미국의 헌법이 주권재민에 기초한 자유 민주주의 헌법의 시초라고 할 수 있다. 우리나라도 주권재민을 토대로 자유 민주주의의 기본 질서를 존중하고 있음을 헌법에서 규정하고 있다.

국민주권론과는 별개로 21세기 일본과 영국에서 제기된 개념이 지역주권이다. 지역주권은 2009년 9월 정권을 잡은 일본 민주당이 현재까지 추진하고 있는 지방정책의 기본골격을 이루는 개념이다. 영국의 지역주권은 "지방주의(Localism)"라고 명명되었지만 그 내용에 있어서는 지역주권과 유사하다. 어떤 측면에 있어서는 영국의 지방주의가 일본의 지역주권보다 더욱 포괄적이고 획기적인 특성을 지닌다(김순은, 2011a).

지역주권은 기존의 지방분권 정책에 대한 비판으로부터 태생되었다. 일본의 민주당 정부와 영국의 보수당 정부는 기존의 지방분권의 새로운 대안으로 지역주권과 지방주의를 천명하였다. 이전의 정부가 추진하였던 지방분권 정책이 소기의 목적을 달성하지 못했다고 분석하고 새로운 개념과 정책을 제시하였다.

일본 민주당의 지역주권론은 기존에 추진되었던 제1차 지방분권 개혁과 3위 1체의 개혁의 문제점과 매우 밀접한 관계를 맺고 있다. 1999년 지방분권일괄법의 제정으로 기관위임사무, 지방사무관, 필치규제 등이 폐지 또는 축소되었지만 불완전한 개혁이었다는 데에는 이론이 없다(西尾, 1999). 심지어 실패한 개혁으로 평가하기도 한다(伊藤, 2009). 비판적인 평가는 1999년 제도화된 지방분권 내용의 불완전성과 지방분권에 대한 실망감에 기초하였다.

지방의 관점에서 보다 비판적인 것은 2002년부터 2006년까지 추진되었던 3위 1체 개혁이었다(田中, 2011). 국고보조금의 축소, 지방세원 이양, 지방교부세 개혁을 내용으로 하였던 3위 1체 개혁으로 비록 지방정부의 재량은 다소 확대되었지만 총액 면에서 지방으로 이전되었던 재원 중 지방교부세가 5.1조엔 삭감되는 결과가 되었다. 결국 재원의 삭감으로 지방정부에게 재정적으로 어려움을 주는 지방분권 개혁이 되어 오히려 지방정부의 지방분권에 대한 기대가 불만으로 바뀌었다.

영국의 노동당 정부도 1997년 이후 지방분권 개혁에 남다른 열정을 보였다. 스코트랜드와 웨일즈로의 지역분권, 런던광역시(Greater London Authority)의 창설, 지역개발청(Regional development Agency)의 설립, 지방정부의 거버넌스 개혁, 정부간 관계의 획기적 전환을 통하여 중앙정부와 지방정부가 정책의 파트너로 발전되었다. 그러나 중앙정부가 지방정부의 성과관리와 감사 및 평가를 통하여 지방정부의 책임성을 강조함으로써 지방정부의 불만을 높였다(Department of Communities and Local Government, 2011a).

2) 지역주권론과 지방주의의 주요 내용

(1) 지역주권론의 주요 내용

2009년 9월 일본 민주당 정부가 천명한 지역주권 개혁은 "지역의 사안은 지역주민이 책임을 갖고 결정할 수 있는 여건을 조성하는 개혁"으로 정의하였다. 민주당 정부는 지역주권의 개혁내용으로 크게 4가지를 대분하여 추진하였다.

첫째의 과제가 지방정부의 권한강화와 재량권의 확대이다. 이를 위한 구체적인 방안으로 개별보조금의 일괄교부금화를 추진하였다. 도로, 하천, 농업시설정비 등에 대한 사업을 지방정부가 선택할 수 있도록 일괄교부금화하는 것이었다. 중앙정부의 특별지방행정기관을 큐슈광역행정기구나 간사이 광역연합 등에 직원과 함께 이관하는 작업, 국도와 하천의 관리권한을 희망하는 도·도·부·현에 이관하는 것도 지방정부의 재량권을 확대하는 개혁안이다. 이 외에 지방정부의 채권발행에 중앙정부의 관여를 완화하고 기타 중앙정부가 관여하던 각종 규제를 완화하는 방안이 여기에 속한다.

두 번째의 내용은 주민의 정치참여기회를 확대하여 주민자치를 강화하는 것이다. 대규모 시설건설에 주민투표제도를 도입하고 직접청구제도의 요건을 완화하는 것이다. 지역주권 개혁형 지방세제를 위하여 지방세의 틀을 재검토하는 안도 포함되어 있다.

세 번째의 방안이 지방의회를 개혁하는 것이다. 2010년 나고야시는 시의회를 해산하였고 가고시마현 아구네시는 의회를 불신하여 시의회를 개최하지 않는 사례가 발생하였다. 이같은 사태는 주민의 지방의회에 대한 불신과 불만의 결과라고 판단하는 계기가 되었다. 지방의회가 입법기능을 적절히 행사하지 않고 집행부에 대한 견제기능도 제대로 하지 못한다는 인식이 팽배하였다. 아울러 지방의회에서는 진정한 토론이 없으며 직업과 성별 등의 대표성도 크게 훼손되었다는 것도 지방의회의 개혁에 대한 단초를 제공하였다.

지방의회의 개혁방안으로는 선거제도 등의 개선과 지방의회의 회기제도를 개선

하는 것이다. 운영 면에서는 시민참여를 촉진시키고 회파제도를 폐기하고 지방의회에
서의 토론을 활성화하는 방향으로 개선을 추진하고 있다(片山, 2011).

네 번째의 방안이 전국의 자치행정체제를 개혁하는 것이다. 현재의 도·도·부·
현을 도주제로 전환하는 것이다. 9–13개의 광역 도주제를 설립하여 연방제의 주정
부에 준하는 분권을 염두에 둔 개혁이라고 할 수 있다.

(2) 지방주의(Localism)의 주요 내용

2010년 5월 출범한 캐머런 연합정부의 지방분권은 매우 획기적인 내용을 포함하
고 있다. 노동당 정부가 핵심적으로 추진하였던 지역개발청과 감사위원회 및 성과관
리제도를 폐지하였다. 이와 더불어 지방정부 특히 공동체에게 대대적인 분권을 단행
하였다.

2011년 11월 의결된 지방주의법(Localism Bill)에서 규정한 중요한 지방분권의 내용
은 지역 공동체의 권한과 권리를 강화하는 것이었다(Communities and Local Government,
2012b). 지역 공동체는 지역의 발전을 위하여 상가, 주점, 공동체 회관, 도서관 등을
보유할 권한을 부여받았으며 새로운 건물 등이 시장에 매물로 나오면 이를 구매할 수
있는 권한도 부여받았다. 이 경우 자금마련을 위해 6개월간 매매의 중지를 요구할 수
있다. 이 외에도 지역 공동체는 지역발전계획의 수립과 주택정책의 수립에 관련된
권한을 부여받았다. 지방주의법은 지방정부의 자치역량을 강화하는 내용도 포함하고
있다.

Ⅲ. 주민주권론의 배경

1. 주민주권론의 배경

상기에서 논의한 국민주권론과 지역주권론과는 별개로 주민주권론[1]이 논의되고
있다. 이에 대해서는 지역주권론과 주민주권론이 동일하다는 주장도 있지만(片山,
2011) 상이하다는 견해도 상존한다(白藤, 2011). 지역주권이 지방분권의 별칭인 반면
주민주권론은 실질적인 주민참여와 주민결정 권한을 강조한다는 점에서 후자의 관점
이 타당하다고 판단된다. 주민주권론이 대두된 배경은 크게 지속가능발전에 대한 필
요성, 주민참여와 거버넌스의 발전, 그리고 지방분권에 대한 실망이었다.

---

1) 학자에 따라서는 시민주권론이라고 표기하기도 함(神原, 2009).

1) 지속가능발전의 절박성

대부분의 국가와 도시가 추진하는 궁극의 목표는 경제발전이었다. 대부분의 경제주체들은 경제발전을 위하여 무한경쟁을 전개하여 왔다. 그 결과 사회적·환경적으로 지구가 감내할 수준을 초월하는 문제점을 야기시켰다(김순은, 2011b). 성장위주를 토대로 한 경제발전의 패러다임은 지역간, 계층간의 경제적 격차사회를 조성하였다. 국제간의 격차는 물론 국내에서도 지역간의 격차가 확대되고 있고 계층간에도 격차가 확대되어 사회의 중요한 문제로 대두되었다. 자원의 활용 및 배분과 관련하여 세대간에 발생하는 문제점도 더 이상 가볍게 생각할 수 없게 되었다. 경제발전의 패러다임은 지구의 환경적 저항력을 넘어 환경파괴로 이어졌다. 수질오염과 식수의 부족, 대기 오염과 기후의 변화 등은 더 이상 방치해서는 안 되는 국제적 이슈로 발전하였다.

1972년 유엔인구환경회의가 최초로 경제발전과 환경보호를 조화시켜야 한다는 합의를 도출한 이후 1980년 지속가능발전의 필요성이 국제사회에서 제기되었다. 경제발전과 환경보존의 필요성을 추진함과 동시에 세대간, 계층간의 격차를 해소하는 사회발전이 함께 달성되어야 한다는 지속가능발전이라는 개념이 사용되기 시작하였다. 이에 따라 국제사회도 국제기구를 통하여 지속가능발전의 중요성을 강조하기 시작하였다.

그러나 지속가능발전에 대한 국가간의 대응에는 커다란 편차가 발생하고 있다. 선진국과 개발도상국가간의 지속가능발전에 대한 인식과 대응에는 갈등의 소지마저 지니고 있다. 경제발전과 과학기술의 발전을 이룬 선진국은 지속가능발전을 향후 지구촌을 구할 수 있는 지상이념으로 인식하는 반면 개발도상국가들은 선진국의 후진국에 대한 또 하나의 통제수단이라는 인식마저 존재하는 실정이다.

이러한 상황 하에서 채택된 로컬 어젠다 21은 지속가능발전에 대한 지방정부의 목표와 비전 등을 담고 있는데 성과는 아직도 미미한 편이다. 개발도상국가의 지방정부는 물론 선진국의 지방정부에서도 지역간, 세대간의 격차해소가 중요한 정책적 이슈가 되고 있으며 환경보존과 경제발전의 조화도 미완의 과제로 남아 있다.

이러한 상황 하에서 개발지향적인 지방정부의 정책방향에 대하여 지역주민들이 지속가능발전의 중요성을 강조하는 분위기가 확산되고 있다. 지방정부가 추진하는 발전지향적인 마스터 플랜에 대하여 지속가능발전의 이념 하에 주민들의 참여와 의견개진이 증가하고 있다. 지방정부의 정책에 주민의 영향력이 증가하는 것이다.

2) 참여와 결정(주민참여론의 발전)

지방정부와 주민참여는 매우 일찍부터 논의된 주제이다. 주민참여가 지방정부의 정책과정에 매우 중요하다는 가정 하에 주민참여가 1960년대 이후 강조되었다. 미국에서는 1960년대 "위대한 사회(Great society)" 건설을 위한 다양한 프로그램의 집행과정에 주민참여가 강조되었다. 이 시기의 주민참여에 관한 연구에 따르면 주민참여는 조작적 참여, 불만치유형 참여, 일방적인 정보제공형 참여, 의견청취 및 협의형 참여, 회유형 참여, 파트너십, 권한수임형 참여, 주민통제형 참여 등 8단계로 대분되었다. 이 중에서 진정한 주민참여는 파트너십, 권한수임형 참여와 주민통제형 참여이며 그 외에는 형식적 의미의 참여에 속한다(Arnstein, 1969). 이런 관점에서 본다면 진정한 의미의 참여는 많지 않음을 알 수 있다.

1990년대 이후 본격적으로 논의된 거버넌스의 이론에서 주민참여의 중요성을 더욱 강조하고 있다. 실질적인 단계의 주민참여가 실현되면 주민들은 지방정부의 대등한 파트너로서 지방의정 및 지방행정에 참여하게 된다. 어떤 면에서는 주민들이 지방정부의 중요한 정책결정이나 집행에 결정권을 행사하게 되는 것이다. 이러한 권한을 뒷받침하는 것이 주민주권론이라고 할 수 있다.

3) 지방분권의 실망

지방분권의 궁극적 목적은 지방자치의 활성화를 통한 지역의 발전 잠재력을 극대화하여 지역발전은 물론 나아가 국가의 발전을 도모하는 것이다. 따라서 지역의 발전가능성을 극대화하는데 필요한 권한과 재원을 이양하여야 것이 타당하다. 그런데 우리나라와 일본 및 영국 등에서 실시된 지방분권은 이런 관점에서 문제점이 발견되었다.

우리나라의 지방분권은 이명박 정부 하에서 지방소비세의 도입 등으로 어느 정도 재원이전이 성과를 거두기는 하였으나 중앙행정권한의 지방이양이 주를 이루고 있는 행정분권에 초점을 두고 있기 때문에 지역에서 요구하는 지방분권의 수준에는 크게 미달하고 있다(김순은, 2010; 이창균, 2010).

일본의 지방분권은 1999년 제1차 지방분권일괄법의 제정, 2002년부터 2006년까지의 3위 1체 개혁, 2007년부터 3년간 실시된 제2차 지방분권개혁이 단행되었다. 3차례에 걸친 지방분권에 대한 평가는 비판적인 견해가 우세했다(西尾, 1999; 片山, 2011). 지방의 관점에서는 3위 1체 개혁에 대하여 특히 비판적인 견해를 제시하였다.

재원의 감축으로 지방의 발전이 저해되고 있다는 점과 단체자치에 초점을 둔 지방분권이 문제점으로 지적되었다(김순은, 2011a). 단체자치의 전통 하에서 주민들이 주권자로서 지방정부의 정책과정에 참여하여 결정권을 행사한다는 인식이 희박하였다. 지방정부의 통치권이 주민주권으로부터 신탁된 것이라는 이론적인 주장도 발견하기 어려웠다.

영국의 지방분권 경우도 유사하다. 노동당 정부는 1997년 이후 다방면에 걸쳐 지방분권 개혁을 추진하였다. 광역정부의 수립과 런던광역시의 부활, 지역개발청을 통한 지역개발의 추진, 잉글랜드 지역의 지방분권, 정부간 관계의 획기적인 실험 등이 대표적인 지방분권 개혁이었다. 그럼에도 지방정부의 책임성을 강조하기 위한 조치들이 결과적으로 지방분권의 정신에 반했다는 것이 캐머런 연합정부의 판단이었다. 우리나라, 일본 및 영국 지방분권의 조치에 대한 반작용이 새롭게 논의되는 주민주권론이 제기되는 배경 중의 하나가 되었다.

2. 주민주권의 정의와 내용

1) 주민주권의 정의

주권론과 국민주권에 관한 이슈는 앞에서 논의하였다. 본 절에서 논의하는 주민주권은 주민주권론의 배경을 고려할 때 국민주권과는 상이한 정의와 내용을 지니는 것으로 판단된다(井川, 2010).

국민주권이 대내의 최고성과 대외의 독립성을 지닌 개념이라면 주민주권은 주민의 웰빙(well-being)을 포함한 주민의 삶의 질에 관련된 사항에 관하여 의견을 개진하고 결정할 수 있는 권리라고 정의할 수 있다. 국민주권이 국체를 설명하는 거시적인 개념이라면 주민주권은 주민의 의사결정권을 지칭하는 개념인 것이다. 앞에서도 논의한 바와 같이 국민주권은 불가분의 절대적인 권한이다. 반면 국민주권으로부터 위임된 통치권은 중앙정부와 지방정부로 이원화되었다고 이론화할 수 있다. 일본이나 우리나라에서는 지방정부의 통치권이 주민들로부터 위임되었다는 명문의 규정은 없다. 따라서 주민주권이야말로 바로 지방정부에게 위임된 통치권을 뒷받침하는 개념으로 해석되어야 할 것이다.

일본과 영국의 사례를 분석해 보면 단체자치의 전통을 지닌 일본에서의 주민주권은 주민자치에 기초한 지방정부 통치권의 필요성을 뒷받침하는 주장인 반면 주민자치의 전통을 지닌 영국에서는 주민자치의 확대강화를 위한 이론이라고 할 수 있다.

영국의 지방주의는 지방분권의 관점에서는 지역주권의 성격을 띠고 있고 공동체를 통한 주민자치의 강화라는 관점에서는 주민주권의 특성을 지닌 개념으로 해석할 수 있을 것이다.

2) 주민주권의 함의

주민주권을 상기와 같이 정의할 경우 주민주권은 피상적이고 추상적인 국민주권에 일상생활의 체감도를 추가하여 국민주권의 특성을 내용적으로 보완한 개념이다. 국민주권의 특성에 주민의 일상생활과 밀접한 내용을 보완하여 생활자치의 발전을 목표로 한 개념이기도 하다.

따라서 주민주권은 지역주민이 체감할 수 있는 구체적이고 실체적인 내용을 지닌다. 여기에는 절차적인 내용과 실질적인 내용의 것이 포함되어 있다. 절차적인 내용은 지방정부의 정책과정에 주민들의 참여가 실질적으로 이루어져 주민의, 주민에 의한, 주민을 위한 정책결정과정을 의미한다. 주민들의 참여는 실질적으로 이루어지는 것을 의미하기 때문에 8단계의 주민참여 형태 중 파트너십과 권한수임형 참여 및 주민통제형 참여가 이루어짐을 의미한다. 일본에서는 주민참여, 주민주도의 계획작성, 주민협동을 통하여 주민주권의 실현이 이루어지고 있다(提中, 2010; 井川, 2010).

절차적인 권리와 관련하여 행정정보공개청구권도 주민주권의 주요한 내용에 속한다. 주민들이 지방정부에의 참여를 제고하기 위한 전제조건으로 지방정부가 행정정보를 공개하는 것이 무엇보다도 중요하다. 지방정부에 관한 정보가 없으면 지방정부의 사무에 관하여 관심을 가질 수 없기 때문이다. 행정정보의 공개정도가 지방정부의 공개성과 투명성을 높여 주민이 참여하는 거버넌스의 질을 높인다는 주장도 주민주권론과 맥을 같이하고 있다.

주민의 기본적 권리를 보호하고 신장하는 것이 주민주권의 내용적인 함의이다. 무엇보다도 자유 민주주의의 기본이념인 주민의 생명권, 행복추구권, 재산권 신장 등이 주민주권이 지향하는 기본적 목표라고 할 수 있다. 일본에서는 이를 통합적으로 지방정부의 헌법이 보장하는 생활권이라고 칭한다. 다음에서 논의할 일본의 자치기본조례를 지방정부의 헌법이라고 부른다. 주민주권에 기초하여 주민의 기본적 권리를 보장하는 구체적인 사례가 미국의 홈룰, 일본의 자치기본조례, 영국의 공동체 권리 등이라고 할 수 있다.

Ⅳ. 주민주권론과 지방자치

1. 홈룰(Home rule)

1) 홈룰의 정의와 기원

홈룰은 국가에 따라 상이한 개념으로 사용되고 있다. 영국이나 인도에서 사용되는 경우에는 영국제국 하에서 식민지의 자율성을 보장하기 위한 제도로 논의되었다. 아일랜드 홈룰이나 인도의 홈룰이 대표적인 예이다.

그 외 홈룰은 중앙정부의 헌법이나 법률에 의하여 지방정부가 행정구역 내에서 자율적으로 정치와 행정을 수행할 수 있는 권한을 말한다. 미국은 주헌법에서 홈룰에 관한 사항을 규정한다. 홈룰이 인정되는 경우에는 규정된 권한 내에서 지방정부는 주민주권에 기초한 통치권을 발휘할 수 있다. 본 연구에서는 지방정부와 관련된 미국의 사례를 분석하였다.

2) 미국의 홈룰

(1) 워싱턴 특별구의 홈룰

미국의 홈룰은 주정부가 헌법이나 법률에 의하여 지방정부에게 부여한 권한과 연방정부가 연방정부의 수도가 소재한 워싱턴 특별구(Washington, DC)에 부여한 홈룰로 대분하여 논의할 수 있다. 워싱턴 특별구가 창설될 때에는 연방헌법 제1조 제8항에 의하여 워싱턴 특별구는 연방의회의 전속관할 하에서 연방의회가 특별구를 직접 관리하였다. 연방헌법의 제정에 관한 헌법회의가 진행되는 동안 헌법의 창시자 중의 한명인 제임스 매디슨은 워싱턴 특별구도 지방정부로서 자치권이 부여될 수 있음을 피력하였다(Madison, 1788).

워싱턴 특별구에 자치권이 부여되는 홈룰이 규정된 것은 1973년에 이르러서였다. 1973년 이후 연방의회는 워싱턴 특별구의 자치권을 부여하는 홈룰법을 제정하여 특별구의 정부를 워싱턴 시민에 의하여 구성하게 하였다. 워싱턴 특별구 홈룰법에 따라 시장과 시의원을 시민들이 직접 선거에 의하여 선출하게 되었다. 시의회[2]는 워싱턴 특별구에 적합한 조례를 제정할 수 있게 되었으며 시의회가 제정한 조례는 연방의회의 승인을 받는다. 자치사법권도 2008년 이후 인정되어 시검사가 선거로 선출되기 시작하였다.

---

2) 13명으로 구성된 시의회는 소선거구에서 8명, 도시 전체를 선거구로 하는 대선거구에서 5명을 선출함.

워싱턴 특별구의 자치권은 연방의회의 엄격한 통제를 받고 있으며 연방의회에 의하여 언제든지 취소될 수 있다. 이러한 특별한 지위를 감안하여 워싱턴 특별구는 연방의회에 하원의원 등 대표를 파견하지 못한다. 워싱턴 특별구의 홈룰은 연방정부의 수도라는 특성으로 자치권의 제약이 인정된다는 점이 특징이다.

(2) 미국 주정부의 홈룰

본 연구에서 주민자치를 위한 홈룰은 워싱턴 특별구의 홈룰보다 주정부의 홈룰이 보다 적합한 형태이다. 미국의 주는 <표 2>에서 보는 바와 같이 홈룰의 유형과 특징이 매우 다양하다.

미국 홈룰의 첫 번째의 유형은 일반 홈룰이다. 일반 홈룰은 주정부의 헌법이나 법률로 해당 주의 관할 내의 모든 지방정부에게 자율적인 조례를 제정할 수 있는 권한을 부여하는 형태이다. 일반 홈룰이 인정되는 주의 지방정부는 연방헌법이나 주헌법에 위배되지 않는 범위 내에서 자율적으로 지방정부의 통치에 관한 사항을 조례로 정한다. 지방정부의 재량이 가장 넓게 인정되는 유형으로서 주민주권의 신탁에 의한 지방정부의 통치권이 인정된 형태라고 할 수 있다. 미국 50개 주에서 알래스카, 아이오와, 매사추세츠, 몬태나, 플로리다 등 5개주가 여기에 속한다.

두 번째의 유형은 제한적인 홈룰과 딜런의 원리가 병용되는 경우이다. 제한적인 홈룰은 주 관할 내의 모든 지방정부에게 홈룰을 부여하는 것이 아니라 특정 지방정부에만 부여하며 이 때에도 헌법적 보장이 주어지지는 않고 주법의 개정에 따라 지위가 변경된다. 그 외의 지방정부는 딜런의 원리가 적용된다. 두 번째의 유형에는 아칸소, 조지아, 일리노이, 인디애나, 캔자스, 켄터키, 위스콘신, 뉴저지, 노스캐롤라이나, 오

표 2	홈룰 주정부의 유형과 특징		
유형		특징	비고
홈룰	일반 홈룰	모든 지방정부에게 폭 넓은 재량권 부여	5개 주
	제한 홈룰과 딜런의 원리	제한적인 지방정부에게 홈룰 적용 그 외는 딜런의 원리 적용	13개 주
	제한적인 홈룰만 인정	제한적인 홈룰만 인정, 딜런의 원리는 비적용	2개 주
	홈룰과 딜런의 원리 병용	헌법이나 법률에서 규정하는 분야 홈룰 인정 기타 딜런의 원리 적용	19개 주
딜런의 원리		딜런의 원리를 폭 넓게 인정	10개 주
특례		홈룰도 딜런의 원리도 적용이 안됨	뉴멕시코

하이오, 오리건, 로드 아일랜드, 텍사스 등 13개의 주가 포함된다.

세 번째의 형태는 홈룰과 딜런의 원리가 병용되는 유형으로서 홈룰은 주헌법이나 법률에서 명시되는 분야에 적용되며 주헌법이나 법률에서 명시하지 않은 분야에는 딜런의 원리가 적용되는 형태이다. 애리조나, 캘리포니아, 콜로라도, 코네티컷, 하와이, 아이다호, 루이지애나, 메인, 미시간, 메릴랜드, 미네소타, 노스다코타, 미주리, 뉴욕, 펜실베이니아, 사우스다코타, 테네시, 버지니아, 워싱턴 등 19개 주가 이 유형에 속한다.

네 번째의 유형은 홈룰이 인정되지 않고 딜런의 원리만이 적용되는 형태이며 앨라배마, 델라웨어, 미시시피, 네브래스카, 네바다, 뉴햄프셔, 오클라호마, 버몬트, 웨스트버지니아, 와이오밍 등 10개 주가 여기에 속한다. 그 외에 뉴멕시코는 홈룰도 딜런의 원리도 적용되지 않는 유형이며 딜런의 원리는 적용되지 않고 제한적인 홈룰이 인정되는 주로서 사우스캐롤라이나와 유타가 있다. 이를 종합적으로 분석하면 미국 50개 주에서 39개의 주에서 지방정부에게 주민주권에 기초하여 폭 넓은 재량권을 부여하고 있음을 알 수 있다(Wikipedia, 2012).

지방정부의 홈룰이 인정되면 지방정부는 지역의 사정에 따라 지방정부의 헌법이라고 할 수 있는 도시 헌장을 제정하게 된다. 결과적으로 홈룰이 인정되면 지방정부 구조와 기능 등을 규정하는 도시 헌장이 시민들의 투표로 최종 결정된다. 미국의 경우 지방정부의 형태가 다양한 것은 홈룰에 의한 지방정부의 재량권이 보장되고 주민의 의사가 반영되기 때문이다. 홈룰은 주민주권에 기초한 지역의 통치권을 인정한 사례라고 할 수 있다.

2. 자치기본조례

단체자치의 전통이 강한 일본에서는 지방분권 개혁도 단체자치의 관점에서 추진되었음은 앞에서 논의하였다. 지방정부와 지역주민들의 지방분권 개혁에 대한 실망감을 토대로 민주당은 지역주권론을 주장하였고 학자와 지역주민들은 현재 주민주권론을 주장하고 있다. 전자의 지역주권론은 지방분권의 별칭으로 평가된 반면 주민주권론은 일본의 주민자치를 강화시키는 계기가 되고 있다(片山, 2010; 提中, 2010).

국가의 헌법에서 중앙정부의 통치권이 국민주권으로부터 신탁된 것임을 규정하듯이 지방정부의 통치권도 주민주권으로부터 위임받았음을 지방정부의 헌법에서 규정하여야 한다는 주장이 일본에서의 주민주권론이다. 일본의 학자 중에는 주민주권을 시민주권이라고 명기하기도 한다(神原, 2009).

주민주권론에 따르면 "주민은 지방정부의 주권자이며 주체적으로 지방의정 및 행정에 참여가 보장된다." 주권자인 주민은 지방정부에 지역 만들기 등 통치권을 신탁하고, 위탁을 받은 지방정부는 정책을 결정·집행하게 된다. 일본에서는 주민주권을 자치기본조례에 명시적으로 규정하며 이러한 추세가 강화되고 있다. 국가의 헌법은 국민주권이 신탁한 결과이며 자치기본조례는 주민주권의 신탁이 명기된 결정체이다(神原, 2009).

일본의 자치기본조례는 주민주권에 기초한 지방정부의 헌법으로서 행정기본조례, 시정기본조례, 지역 만들기 조례 등 다양한 명칭으로 불리고 있다. 1997년 오사카부 미노오시(箕面市)가 채택한 이후 많은 지방의회가 자치기본조례를 제정하였다(竹下, 2010). 일본에서는 이외에도 주민주권의 이념을 실현하기 위하여 지방의회기본조례, 주민참가조례, 주민협동조례, 환경보호기본조례 등이 연이어 제정되고 있다.

자치기본조례가 주민주권에 기초하고 있다는 것은 다음과 같은 조례에서 구체적으로 확인할 수 있다. 나바리시(名張市), 키시와다시(岸和田市), 젠츠지시(善通寺市), 히라츠카시(平塚市), 다지미시(多治見市), 미타카시(三鷹市) 등의 자치기본조례에서 주민주권을 명시하고 있다. 이 중에서 다지미시와 미타카시의 자치기본조례를 분석하면 아래와 같다.

일본의 도시 중 「다지미시 시정기본조례(多治見市市政基本條例)」와 「미타카시 자치기본조례(三鷹市自治基本條例)」의 예를 보면 다음과 같다. 다지미시 시정기본조례 제2조와 미타카시 자치기본조례 제5조는 다음과 같이 규정하고 있다.

제2조(시민주권)
보다 바람직한 지역사회 만들기를 위한 주체는 시민이다.
시민은 시정의 주권자이며 보다 바람직한 지역사회 만들기를 위해 일부의 통치권을 시에 신탁한다.
시민은 시정의 주권자로서 시의 정책을 결정할 수 있는 권리가 있으며 이로부터 발생하는 이익은 시민이 향유한다.

제5조(시민주권)
시민은 시정의 주권자이며 시정에 참가하는 권리를 갖는다.

주민주권에 기초한 주민자치는 주민이 시의 정책의 입안, 실시, 평가 등의 각 단계에 주민의 의견을 개진함으로써 시의 의사결정에 주체적으로 참여하는 것을 의미한다. 이것은 자신의 의사와 책임의 소재 위에 시정을 시행하는 것뿐만 아니라 지역의 공공적 활동을 스스로 담당하여 주체적으로 지역 만들기를 추진하는 것을 의미한다.

주민주권에 기초한 주민들의 참여방식은 매우 다양한다. 심의회 등 위원회의 시민공모, 공공 콤멘트제도(public comments), 시민설명회, 시민정책제안절차, 공동연구, 시민위원회 등이 주민참여의 형태이다. 시민공모, 시민정책제안, 공동연구 등은 파트너십 형태의 주민참여이며 시민위원회는 종종 권한수탁형 참여가 되기도 한다. 주민들로부터 공모된 위원으로 구성된 시민위원회는 시민과 지방정부와의 공동 연구를 통하여 시정에 정책제안을 하기도 한다.

3. 영국의 공동체 권리와 공동체 예산

일본의 주민주권론과 유사한 개념이 2010년 5월 출범한 이후 개시된 영국 캐머런 연합정부의 지방주의론(localism)이다. 앞에서 언급하였듯이 주민자치의 강화라는 관점에서 지역 공동체의 권한과 권리를 강화하려는 캐머런 연합정부의 지방분권 정책은 주민주권론의 주장과 유사하다. 이와 같은 주장은 공동체 권리의 강화를 규정한 지방주의법과 공동체 예산정책으로부터 유추할 수 있다(Department of Communities and Local Government, 2011b, 2011c; HM Government, 2011).

1) 공동체 권리

캐머런 연합정부가 추진하는 지방분권의 특징은 주민들의 일상적인 삶과 긴밀한 관계를 맺고 있는 공동체의 권리를 강화한다는 점이다. 영국의 지방정부도 지역 주민의 의사를 수렴하고 반영하는 정책을 수행하는데 중요한 기관이지만 지방정부보다는 주민의 의사수렴과 요구를 수용한다는 면에서는 공동체 정부가 보다 우위에 있다는 것이 캐머런 연합정부의 정책적 가정이다. 주민의 의견수렴과 의사반영이 강조되는 캐머런 연합정부의 공동체 사상이 주민주권론과 유사하다고 할 수 있다.

2011년 11월 입법화된 지방주의법이 공동체 권리를 구체적이고 명시적으로 강화하였다. 지방주의법에 의하여 규정된 공동체 권리는 공동체의 구매청구권(community rights to buy), 공동체의 공공 서비스 참여권(community rights to challenge), 공동체의 건축권(community rights to build)이다. 공동체의 구매청구권은 공동체 내에 소재하는 건물 가운데 공공회관, 공공청사, 역사를 지닌 상점 및 점포 등이 공동체의 편의시설이나 발전에 도움이 된다고 판단되면 공동체 유산으로 지정할 수 있다. 아울러 그러한 물건이 매물로 나오면 공동체가 공동체의 발전을 위하여 공동체의 명의로 구매청구를 할 수 있는 권리를 의미한다. 역사적인 유산들이 공동체의 명의로 보존되는 것을 용이하게 하기 위하여 구매청구가 행해지면 매매기간이 6개월 연장되어 공동체로 하여금 매물의 대금을 준비할 시간을 허락하는 제도이다.

공동체의 서비스 참여권은 지방정부나 기타의 주체가 제공하는 공공 서비스에 대하여 공동체가 해당 공공 서비스에 대하여 기존의 행위주체보다 효율적이고 공정하게 실시할 수 있다고 판단되면 해당 공공 서비스에 대한 시행권의 이전을 요구할 수 있는 권리를 말한다. 여기에서 공동체에는 자원봉사단체, 지역 공동체 조직, 패리쉬 카운슬, 지방정부의 직원도 포함된다. 공동체의 건축권은 공동체의 주민투표를 통하여 주택, 상가, 공공시설 등의 건설이 지역 공동체의 발전을 위하여 필요하다는 합의가 이루어지면 공동체는 도시계획의 과정을 거치지 않고 바로 새로운 주택, 상가 및 공공시설을 신축할 수 있는 권리를 의미한다. 지역 공동체가 자발적으로 스스로의 책임 하에 지역 공동체의 발전을 추진할 수 있도록 부여된 공동체 권리는 주민의 의사에 따른 발전을 지향한다는 점에서 주민주권론의 주장과 매우 유사하다(Department of Communities and Local Government, 2011c).

2) 공동체 예산

2010년 5월 출범한 캐머런 연합정부는 노동당 정부의 다각적인 노력에도 불구하고 공공 서비스의 양과 질이 자유·공정·사회통합의 사회를 건설하는데 적절치 않다고 판단하였다. 종전의 중앙정부가 지도하고 통제하는 방식의 공공 서비스 생산과 전달방식은 교육, 보건, 복지, 경찰 등의 공공 서비스에 있어서 지역간, 계층간의 편차를 가중시켰다. 이를 해결하는 방식으로 서비스의 생산 및 전달기능을 주민의 수요와 의사가 반영될 수 있는 수요자 맞춤형으로 전환되어야 한다는 점을 캐머런 연합정부는 강조하였다. 공공 서비스의 생산과 전달도 공공 서비스의 다양한 주체에게 공개되어 공정한 경쟁을 통하여 이루어져야 한다는 점도 공공 서비스 개혁의 중요한 사항이다(HM Government, 2011). 중앙정부의 권한을 서비스의 수요자인 주민으로부터 가까운 곳으로 이양하고 주민의 의사와 수요에 부응하는 공공 서비스 개혁은 바로 앞에서 논의한 주민주권 사상과 매우 유사하다.

수요자 맞춤형 공공 서비스의 제공을 위한 구체적인 기준으로 5가지를 천명하였다. 첫째의 기준이 선택권의 확대이다. 가능한 한 서비스 수요자의 선택권을 확대하는 것이 공공 서비스의 효율적, 질적인 향상을 위하여 준수되어야 할 첫 번째의 목표이자 기준이다.

두 번째의 기준이 지방분권이다. 가능한 한 수요자에게 가까운 곳에 권한을 부여하여 수요자의 요구에 부응하는 서비스를 제공하여야 한다는 점도 강조되었다.

셋째의 기준은 다양성의 존중이다. 공공 서비스의 생산과 제공은 다양한 주체를 통하여 이루어져야 한다는 점이다. 독점을 지양한 자유로운 경쟁체제가 수요자 맞춤형의 공공 서비스 전달에 유익하다는 판단이다.

넷째의 기준이 공정성의 확보이다. 모든 수요자가 공정하게 공공 서비스의 혜택을 받을 수 있어야 한다. 수요자의 거주지와 특정한 상황과는 무관하게 공평하고 공정한 공공 서비스의 접근이 가능하여야 한다.

끝으로, 책임성의 확보이다. 공공 서비스의 주체는 공공 서비스의 수혜자는 물론 납세자에게 책임성을 보여야 한다. 공공의 재원을 이용하여 공공 서비스가 생산·제공되기 때문에 공금사용에 대한 책임성 확보는 매우 중요한 항목이다(Department of Communities and Local Government, 2011b).

상기에서 논의한 5개의 기준을 충족시키는 정책방안이 바로 지방분권인 것이다. 두 번째의 기준으로 제시된 지방분권은 기준이면서 동시에 기준을 달성하는 정책방안이다. 캐머런 연합정부는 공공 서비스와 관련된 권한을 수요자로부터 가까운 지방 정부와 공동체로 이양하기 시작하였다. 이와 더불어 도입한 제도가 공동체 예산제도(Community budget)이다.

공동체 예산제도는 공공 서비스의 재원과 권한을 지역 공동체로 이양하여 지역 공동체가 수요자의 요구에 일치하는 공공 서비스를 제공하게 함으로써 공공 서비스의 다양성과 효율성 및 공정성을 높이려는 제도이다. 공공 서비스의 생산·제공의 과정에는 다양한 지역 공동체의 주체들이 참여한다. 지역의 공공 서비스 전문가, 다양한 공공 서비스 생산·제공자, 지역 공동체 등이 파트너십을 형성하여 공정하고 효율적인 공공 서비스의 생산과 제공에 참여한다.

공동체 예산은 세분화되었던 예산을 지역 공동체 단위로 포괄화한다는 것이 중요한 특징이다. 공동체 예산제도는 공공 서비스의 생산·제공과 관련된 주체들에게 보다 강화된 재량권을 부여하여 파트너십을 통한 효율적인 공공 서비스의 생산·제공이 가능하도록 함으로써 재원의 낭비와 공공 서비스의 중복을 방지하고 수요자 중심의 맞춤형 공공 서비스를 제공하는 것이 정책의 기본목표이다. 수요자 중심의 맞춤형 공공 서비스가 강조된다는 점에서 주민주권론의 이념과 유사하다.

V. 주민주권론의 시사점과 향후과제

1. 미 · 영 · 일의 주민주권론의 차이점

미국의 홈룰제도와 영국의 지방주의는 명시적으로 주민주권이라는 용어를 사용하지 않았다. 주민주권은 주로 일본의 학자들 사이에서 사용되고 있다. 그럼에도 불구하고 미국의 홈룰제도와 영국의 지방주의는 일본에서 논의되는 주민주권의 내용과 매우 유사함을 앞에서 논의하였다. 그러나 주민주권의 실현에는 상당한 차이점이 발견되었다.

미국의 홈룰제도와 영국의 지방주의는 주헌법과 법률에 의하여 제도적으로 보장된 제도이다. 따라서 미국의 주 가운데에도 홈룰제도가 인정된 주정부가 있는 반면 홈룰제도가 제한적으로 인정되거나 인정되지 않는 주도 있다. 영국은 캐머런 연합정부가 지방주의법을 입법화하기 전에는 공동체의 권리가 현재와 같지 않았다. 반면 일본에서의 주민주권 논의는 지방정부 수준에서 지방정부가 자발적으로 실현하고 있는 제도이다. 지방정부가 자치기본조례나 의회기본조례 내에서 주민주권을 명시적으로 규정하고 있다. 이런 차이점이 현재 근린자치 등 공동체 권리를 강조하는 우리나라에 다음과 같은 시사점과 과제를 안겨주고 주고 있다.

2. 주민주권론의 시사점

본 연구는 영국과 일본을 중심으로 지방분권의 최근 동향을 주민주권의 관점에서 분석하였다. 역사가 오래된 미국의 홈룰제도도 지역에 따라 매우 다양하게 적용되고 있음을 보았다.

영국은 정치적 분권과 지방정부의 성과관리를 동시에 강조하였던 지방분권의 틀을 지방주의로 전환하면서 공동체의 권리를 강화하였다. 노동당 정부가 지방분권과 책임성을 강조한 반면 캐머런 연합정부는 공동체 권리와 예산권을 포함하는 주민자치의 전통을 강화하면서 실질적인 정책을 추진할 수 있게 되었다. 캐머런 연합정부의 공동체 권리 강화는 주민주권의 사상과 매우 흡사하다.

일본은 1999년 제1차 지방분권의 개혁 이후 3위 1체 개혁, 제2차 지방분권개혁을 거치면서 중앙정부의 지방분권에 대한 지역의 실망감이 컸다. 3위 1체 개혁의 결과 지방재원의 실질적인 감소로 기존의 지방분권에 대하여 배신감마저 느끼게 되었다. 민주당 정부는 새로운 관점에서 지역주권을 강조하였으며 지방정부는 여기서 나아가 주민자치의 틀을 완성하는 주민주권을 강조하는 상황에 이르게 되었다. 지방정부가 자발적으로 도입하고 있는 자치기본조례, 의회기본조례 등이 대표적으로 주민주권을 구현하는 수단이 되었다.

미국의 홈룰제도는 주에 따라 매우 상이하게 적용되고 있음을 보았다. 주정부의 상황에 따라 일반적으로 적용되는 홈룰, 특정한 도시에게만 인정되는 제한 홈룰, 홈룰이 인정되지 않는 주도 존재함을 보았다. 홈룰이 인정되는 경우에는 지방정부에게 높은 수준의 재량권을 부여하고 있으며 반드시 홈룰은 주민투표에 의하여 결정된다는 점을 특히 유의할 필요가 있다.

영국과 일본 및 미국의 사례는 단체자치의 전통 위에 자치제도를 운영하고 있는 우리나라에 다음과 같은 시사점을 던져주고 있다.

제도적인 측면에서 단체자치는 중앙정부가 지방정부에 이양하는 권한의 범위 내에서 지방정부는 자율성을 갖는다는 것을 의미한다. 행정적인 성격이 강하기 때문에 행정분권이라고 부르며 주민들이 느끼는 지방분권의 체감도는 매우 낮다는 것이 우리나라가 보여주는 실증적인 예이다. 비록 참여정부가 출범한 이후 주민투표, 주민소환, 주민소송, 주민참여예산제도 등 주민의 참여를 촉진시키는 제도적 기반을 형성하였으나 주민참여가 자발적으로 활발하게 이루어지는 주민자치로 이어졌다고는 보기 어렵다. 속칭 우리나라의 지방자치는 아직도 "그들만의 리그"로 남아 있다고 할 수 있다.

지방자치가 실질적으로 주민들의 생활 속에 자리를 잡기 위해서는 우리도 주민자치의 활성화를 꾀할 필요가 있다. 소위 지방정부가 대표자의, 대표자에 의한, 대표자를 위한 지방자치로부터 주민의, 주민에 의한, 주민을 위한 지방자치로 발전된다면 지역사회가 안고 있는 문제점은 지역 공동체 단위에서 효율적이고 공정한 방식으로 처리될 수 있다.

주민자치의 활성화를 위하여 우리도 주민주권의 개념을 활용할 필요가 있을 것이다. 주민주권에 대한 합의가 이루어진다면 그 동안의 법체계에 다음과 같은 변화가 예상된다. 국민주권은 국가의 정체를 위한 개념으로 이론화하고 주민주권은 지방정부의 통치권에 대한 개념으로 이론화할 수 있을 것이다.

주민주권에 기초한 지방정부는 주민의 실질적인 참여와 결정을 통하여 주민의, 주민에 의한, 주민을 위한 자치를 구현할 수 있을 것이다. 현재는 종래와는 달리 교통·통신의 발달로 주민의 직접참여가 다양한 방식으로 가능하게 되었다. 인터넷의 블로그와 사회적 네트워크(SNS) 등을 통한 주민의 참여는 눈부시게 확대되고 있다. 이런 점들이 지역 공동체에 접목하여 주민주권에 기초한 주민자치를 구현할 수 있다면 지역 공동체의 발전은 새로운 국면을 맞을 수 있다.

국민주권론이나 민본위민사상은 국민의 기본적인 권리의 보호를 목적으로 태생된 개념이나 국민의 기본권을 실현하는 방식은 추상적인 성격을 띠고 있다. 반면 주민주권론은 주민의 기본권을 보장하기 위한 보다 구체적인 방식을 제공하고 있다고 할 수 있다. 아울러 주민주권론은 지방정부의 통치권을 뒷받침하고 나아가 주민자치의 활성화를 추진할 수 있는 주장이 되었다. 주민주권의 정착을 위하여 몇 가지 향후 과제를 논의하면 아래와 같다.

3. 주민주권론의 향후 과제

1) 보완성의 원리와 하위 지방정부 및 지방분권

주민자치의 구현은 보완성의 원리로부터 파생된다. 우리는 정치주체를 지역 공동체를 시작으로 기초 지방정부, 상위 지방정부, 초광역 지방정부, 그리고 중앙정부 등으로 구분할 수 있다. 역사적으로 보면 정치주체는 적은 규모의 공동체에서 도시국가를 거쳐 국민국가로 발전하였다. 따라서 서로 다른 수준의 정부간에 역할과 기능을 배분할 때 주민들로부터 가까운 정부를 우선적으로 고려하여 기능을 배분하여야 한다는 보완성의 원리는 지극히 당연한 자치의 논리이다.

종전의 프러시아, 일본, 우리나라에서 적용되었던 단체자치는 극히 예외적이고 상황적인 정치의 산물이라고 할 수 있다. 19세기말 유럽의 국민국가가 대세를 이루자 통일국가를 이루기 위해 비스마르크 총리가 프러시아에 도입한 제도가 단체자치이다. 단체자치는 이토히로부미(伊藤博文)에 의하여 일본으로 전수되었고 일본의 의해 우리나라에 도입되었다. 비교적 단기간 내에 국가의 통일과 안정을 추구하지 않으면 안되었던 특수한 상황 하에 지방정부의 자율권을 최대한 억제하고 중앙정부의 정책을 효과적으로 추진할 수 있는 체제가 단체자치의 구상이다. 따라서 통일국가의 구축과 안정이 성취되면 지방의 자율성이 인정되는 주민자치의 강화로 전환되어야 한다는 점은 인간의 기본권 사상에서 구할 수 있다. 인간의 다양성으로 인간의 이익은 다양하고 다양한 이익의 충족은 다양성이 존중되는 지방정부가 통일성이 강조되는 중앙정부보다 유리한 입장에 있기 때문이다. 지역 공동체의 레벨에서는 공동체의 다양성이 더욱 존중될 수 있다.

주민주권에 기초하여 지역의 다양성이 존중되는 주민자치를 용이하게 구현하기 위해서는 보완성의 원리에 기초한 지방분권이 추진되어야 한다. 특히 하위 지방정부가 실행할 수 있는 기능은 과감하게 하위 지방정부로 정치·행정권한을 이양하여야한다. 하위 지방정부가 지역주민의 일상생활과 긴밀한 공공 서비스를 제공하는 주체이기 때문이다. 하위 지방정부로 하위 지방정부가 처리가능한 기능을 과감히 이양하면 할수록 주민주권에 기초한 주민자치의 실현은 용이할 것으로 믿는다. 지역주민들과 지리적으로 근접한 하위 지방정부에서 지역주민들의 참여를 통한 의사결정이 용이하기 때문이다.

2) 공동체 권리의 확대

보완성의 원리는 정부간의 권한과 기능의 배분에 관한 것으로 주로 하위 지방정부의 권한과 기능을 강화하여 지역주민에게 시의적절한 공공 서비스를 제공함을 목표로 하고 있다. 지역주민들로부터 지리적으로 가까운 하위 지방정부가 지역주민의 행정수요에 대한 욕구를 상위의 지방정부나 중앙정부보다 정확히 파악하고 있기 때문이다.

공동체 권리는 여기서 더욱 나아가 지역 공동체의 권리를 강화하여 근린단위가 근린단위의 문제를 해결하고 공동체의 발전을 모색하는 방안이다. 영국의 사례에서 논의하였듯이 공동체가 발전계획을 수립하면 지방정부의 도시계획의 내용에도 불구하고 공동체 계획이 우선적으로 실행될 수 있도록 공동체에 제도적 권한이 부여된다면 근린자치에 보다 많은 주민들의 관심과 참여가 이루어질 것이다. 아울러 지방정부를 대신하여 공동체 단위 또는 민간조직이 지방정부보다 더욱 효율적이고 공정하게 공공 서비스를 제공할 수 있다면 공동체 단위가 공공 서비스의 제공에 참여하는 것도 좋은 대안이 될 수 있을 것이다. 공동체의 권리가 강화된다면 주민주권의 뒷받침 하에 주민, 주민단체, 행정, 의회, 기업 등이 협력하여 공동체의 특성에 따른 발전과 정책개발에 효율성과 공정성을 높일 수 있을 것이다.

3) 주민참여와 주민결정의 제도적 보장(자치기본조례와 의회기본조례의 제정)

상기에서 공동체의 권리가 확대되면 근린단위에 다양한 주체가 참여하게 됨을 논의하였다. 그 중에서도 주권자인 주민의 참여가 매우 중요하다는 데에는 이론의 여지가 없다. 주민참여의 성격이 단계별로 8단계로 대분되어 실질적인 비참여와 형식적인 참여가 존재하지만 실질적인 의미의 주민참여야말로 주민주권의 구현이라고 할수 있다.

미국, 영국, 일본 및 우리나라의 법률에서 주민참여의 다양한 방식을 규정하고 있다. 우리나라는 주민투표, 주민소환, 조례제·개정청구, 주민감사청구, 주민참여예산제도, 주민소송 등 다양한 주민의 직접참정제도를 규정하였다. 이러한 제도는 지방정부의 주요 정책과정에 주민들의 참여를 보장하는 제도이지만 실질적인 활용도는 높지 않다. 예시한 제도들은 대의 민주주의를 보완하는 2차적인 장치이기 때문일 뿐만 아니라 제도의 운용에 엄격한 요건이 부착되어 있기 때문이다. 제도적 요건이 엄격할 경우 형식적으로 존재의 의미만을 갖는 경우도 있다.

반면 상기에서 논의한 공동체의 권리 등은 주권자인 주민의 의사결정권이 훨씬 실질적으로 활용될 수 있는 사례이다. 일본의 지방정부가 도입하고 있는 자치기본조례나 의회기본조례에서 규정하고 있는 주민참여의 방식들은 활용적인 면에서 더욱 효과적이다. 지방정부가 추진하는 정책에 대한 공공 콤멘트 제도, 각종 위원회의 시민공모제도, 자유롭게 개진하는 주민정책제안제도, 주민과 직원이 함께하는 공동연구제도, 공모에 의한 주민들로 구성된 주민위원회 제도 등은 법률에서 규정하는 직접참정제도보다 더욱 효과적으로 공동체 단위 또는 지방정부의 레벨에서 활용될 수 있다. 주민자치를 활성화시킬 수 있는 구체적인 제도이기 때문이다. 이런 점을 참고로 우리나라도 지방정부의 단위에서 주민들이 실질적으로 지역의 문제에 참여하여 지방정부와의 공동협력을 바탕으로 지역의 문제를 해결하는 주민자치를 모색하여야 할 것이다. 주민자치의 활성화를 위한 제도적 바탕으로 우리도 자치기본조례나 의회기본조례의 제정을 적극적으로 검토하여야 할 것이다.

Ⅵ. 결 론

국민주권은 국민-국가를 형성하는데 사상적 기초가 되었다. 국민주권의 사상 하에 권력분립, 견제와 균형, 사법심사의 제도를 통한 자유 민주주의의 정체가 구축되었고 국민의 기본권을 보호하는 정치가 발전하게 되었다. 국민주권은 주로 국가의 단위에서 국민의 기본권과 권력분립에 기초한 통치구조를 뒷받침하는 이론이다.

주민주권의 실체적인 의미는 미국의 홈룰 제도에서도 찾을 수 있지만 주민주권이라는 용어는 20세기 말에 일본을 중심으로 본격적으로 사용되기 시작하였다. 우리나라와 같이 단체자치의 기초 위에 설립된 일본에서는 국민주권은 단체자치와 밀접한 관련성을 맺어 지방자치의 활성화를 위해서는 이와는 다른 개념의 필요성이 제기되었다. 여기에 덧붙여 지속가능발전의 중요성과 지방분권의 실망감이 더하여 주민의 실질적인 참여를 전제로 주민들이 스스로의 책임 하에 지역의 문제를 결정하는 주민자치의 체제를 희망하게 되었다. 이와 같은 배경을 토대로 주민주권론이 대두되었다. 거창하지는 않지만 지방정부의 레벨에서 특히 공동체의 레벨에서 실질적인 주민의, 주민에 의한, 주민을 위한 지방정부의 구현을 위한 사상적 토대가 주민주권론이다. 따라서 주민주권론이 활성화된다면 지방자치의 발전에 크게 기여할 것으로 기대된다.

참고문헌

구병삭. (1981). 「헌법학」. 서울: 박영사.

김순은. (2010). 참여정부와 이명박정부의 지방분권 비교·분석. 한국지방정부학회 추계학술대회발표논문.

김순은. (2011a). 영국과 일본의 지방분권 개혁 비교분석: 거대사회론과 지역주권론을 중심으로. 「지방정부연구」, 15(2), 73-96.

김순은. (2011b). 지속가능한 발전과 로컬 거버넌스. 「자치행정」, 4월호.

김순은. (2011c). 일본의 로컬거버넌스와 주민참여: 주민투표제도를 중심으로. 「한국지방자치학회보」, 23(2): 187-214.

박봉규. (2012). 「조선최고의 사상범 정도전」. 서울: 인카운터.

이창균. (2010). 이명박정부의 지방분권방향과 성과 및 과제. 한국지방자치학회 하계학술대회 발표논문.

Arnstein, S. (1969). A Ladder of Citizen Participation. *JAIP*, 35: 216-224.

Department of Communities and Local Government. (2011a). Decentralization. http://www.clg.gov.uk(2012. 2. 4)

Department of Communities and Local Government. (2011b). *Community Budget Prospectus*. London: HMSO.

Department of Communities and Local Government. (2011c). *Localism Bill*. London: HMSO.

Communities and Local Government. (2012b). Local Government. http://communities.gov.uk(2012. 2. 11)

HM Government. (2011). *Open Public Services*. London: HMSO.

Madison, J. (1788). *Federalist, No. 43*.

Treisman, D. (2000). Decentralization and the Quality of Government.

Wikipedia. (2012). Home Rule in the United States.
　　http://www.enwikipedia.org(2012. 3. 2).

井川博. (2010). 住民の意思を反映した自治を目指して. 「自治體國際化フオラム」,
　　2010. 11号: 2−5.

伊藤敏安. (2009). 「地方分權の失敗: 道州制の不都合」. 東京: 中央精版印刷株式會社.

片山善博. (2011). 地域主權と地方自治. 게이오대학 세미나 발표자료.

神原勝. (2009). 「自治・議會基本條例」. 東京: 公人の友人.

白藤博行. (2011). 地域主權の改革の法理. 渡名喜庸安・行方久生・晴山一穗, 編, 「地
　　域主權と國家・自治體の再編」. 東京: 日本評論社.

竹下讓. (2010). 「地方議會: その現實と改革方向」. 東京: イマシン出版.

田中聖也. (2011). 第2次 地方分權の動向. 慶應大學 Korea Research Institute for
　　Lcoal Administration Joint Symposium 發表論文.

提中富和. (2010). 自治體住民の主權者の確立と條例法務. 「地域主權時代の政策法務」.

西尾 勝. (1999). 「未完の分權改革」. 東京: 岩波書店.

▶ ▶ ▶ **논평**

채원호(가톨릭대학교 법정경학부 교수)

한국에서 주민주권론은 2012년 「지방행정연구」에 실린 김순은 교수의 논문에서 처음으로 제기되었다. 지방분권의 흐름 속에서 '주민'주권을 주장한 선구적인 논문인 점에서 주목할 가치가 충분하다. 그는 주민주권의 실체적인 의미를 미국의 홈룰 제도에서 찾고 있으며, 주민주권이라는 용어는 20세기 말에 일본을 중심으로 본격적으로 사용되기 시작했다고 주장한 바 있다. 단체자치의 기초 위에 설립된 일본에서 국민주권은 단체자치와 밀접한 관련성을 맺고 있어 지방자치의 활성화를 위해서는 이와는 다른 개념적 필요성이 제기되었기 때문이라고 한다. 여기에 덧붙여 지속가능발전의 중요성과 지방분권의 실망감이 더하여 주민의 실질적인 참여를 전제로 주민들이 스스로의 책임 하에 지역의 문제를 결정하는 주민자치 체제를 희망하게 되었다는 것을 주민주권론 대두의 배경으로 지목했다.

주민주권론은 한편으로 문재인 정부 '자치분권' 정책의 이론적 기초를 제공하고 있는 것으로 보인다. 현 정부가 추구하는 자치분권의 핵심은 주민을 지역사회의 주인으로 참여할 수 있도록 주민의 대표기구인 주민자치회를 활성화하고, 주민 직접 참여 제도를 확대해 자치분권의 최종 지향점인 주민 참여권을 대폭 강화하는 것을 주요 골자로 하고 있기 때문이다. 주민주권론의 이론적 설계자가 실천적 행정기구의 수장(자치분권위원회 위원장)을 맡고 있는 셈이다. 향후 어떤 성과를 낼지 귀추가 주목된다.

이하에서는 주민주권론이 대두된 배경을 세 측면에서 검토해 보고자 한다. 첫째는 '**한국의 지방자치 발전사**'라고 하는 발전사적 맥락이다. 이 맥락은 서구나 일본의 역사적 발전 경로도 함께 검토할 것이다. 둘째는 지역주권과 주민주권론을 대비시켜 검토하고자 한다. 세 번째로는 주민주권 대(對) 시민주권, 나아가서는 공민(共民)의 가능성에 대해서 검토하고자 한다.

근대 이후 세계 역사에서 보듯이 시민사회는 한 국가의 정치에서 중요한 축을 담당하고 있다. 유럽에서는 절대왕정의 붕괴, 산업 자본주의 확대, 부르주아 세력의 부상 등으로 국가와 사회가 분화하는 과정을 겪었다. 이 과정에서 시민사회는 국가의 공적인 권위에 대항하여 자율성을 가지는 영역으로 인식되기 시작했다.

　　프랑스의 정치사회학자 Pierre Birnbaum은 그의 저서 「국가사회학」에서 국가를 서구사회의 특이한 역사 발전과정의 소산으로 파악한다(B. Badie & P. Birnbaum, 1979). 그는 프랑스, 독일, 영국, 미국 그리고 스위스 등 서구 여러 나라를 예로 들면서 「국가」, 「정치중심」, 「시민사회」의 상호관련 속에서 유형 분류를 시도한 바 있다. 이러한 시각에 의하면 중앙집권적 행정관료 조직의 「제도화」와 이 관료제의 시민사회로부터의 「분화」 내지 「자율화」라는 기준에서 가장 현저한 발전을 이룩한 나라가 프랑스다. 국가 모형의 전형인 프랑스와 대조적인 모형으로는 「시민사회에 의한 자기통치형」으로 영국이나 미국을 들 수 있다. 다시 말해 서구 선진자본주의 국가는 시민계층이 사회적 우위를 확보하면서 주체가 된 영국의 경우와 전근대적인 요소의 완고함으로 인하여 시민계층의 독자적인 역량만으로는 국가형성이 어려웠기 때문에 일정한 강제나 타협에 의존했던 프랑스나 독일의 경우로 구분할 수 있다. 그러나 서구의 시민사회가 본질적으로는 국가와 사회를 중심축으로 하는 사회구성체의 내재적 변동에 의해 형태나 기능이 결정되었다는 측면에서는 공통적이다.

　　김순은도 비슷한 맥락에서 한국의 지방자치 발전에 대해 논급하고 있다. 우리나라의 헌법이나 지방자치법에서는 지방자치의 본질에 관하여 별도로 정의하고 있지 않지만, 지방자치는 단체자치와 주민자치의 요소로 구성되어 있다는 것이 일반적 해석이다. 그중 단체자치는 중앙정부와 분리된 단체가 스스로의 의사와 책임을 가지고 행하는 자유주의적·지방분권적 요소를 의미한다. 이는 국가통치형 정치체제로서 프랑스, 프로이센, 스페인, 이탈리아 등에서 채택하고 있다. 반면, 주민자치는 주민의 의사에 기초하여 이루어지는 민주주의적 요소를 의미하며 시민사회의 자기통치형 정치체제를 의미한다. 주민자치는 지역주민의 의사에 따라 운영되는 지방정부의 형태로서 미국과 영국에서 발전했다. 우리나라의 지방자치는 단체자치의 요소가 두드러진 가운데 주민자치의 요소를 발전시키고 있다. 지방의 정치·행정주체를 지방정부라고 명명하지 않고 지방자치단체라고 부르는 데에는 전통적인 단체자치의 관점이 영향을 미쳤다고 할 수 있다. 따라서 우리나라의 지방자치는 지방자치단체의 자치를 의미하는 경향이 강했고 중앙정부와 지방자치단체 간 권한의 재배분이 지방분권과 관련된 중요한 이슈였다. 압축적 경제성장을 위하여 자원의 효율적 배분을 강조하였던 시대적 상황이 단체자치의 강화와 밀접하게 관련되어 있었던 것이다. 이로 인해 한편으로는 지역주민의 지방자치에 대한 관심과 참여 수준이 저조한 상태로 머무르는 문제가 있었다(김순은, 2012).

　　본래 주민자치와 단체자치는 동전의 앞뒤면처럼 분리해서 논하기 어려운 개념이다. 지방정부 → 지역공동체로의 수권(授權)＝분권 없는 주민자치는 공허하고 주민참여 없는 분권은 관치의 폐해에 노출되기 쉽기 때문이다. 최근 분권 담론과 분리해서 논의하기 어려운 보충성원리도 주민주권론과 밀접한 관련 속에서 이해되어야 한다.

보충성의 원리(Principle of Subsidiarity)란 기본적으로 개인이나 소규모 집단이 할 수 없는 것에 한하여 정부가 개입한다는 사고방식이다. 이러한 원리의 기저에는 「개인의 존엄」이 있으며, 국가나 정부는 개인에게 봉사하는 존재로 본다. 따라서 보충성원리는 개인이나 개인으로 구성되는 작은 집단(가족, 교회, 자원봉사그룹)의 자발성·주도성을 중시한다.

보충성 원리의 기원은 가톨릭의 사회교설, 구체적으로는 1891년 5월 15일 교황 레오 13세의 회칙(回勅) 「레룸 노바룸」(Rerun Novarum)에서 비롯한다. 이 회칙은 가톨릭교회가 사회문제, 노동문제에 관해 정식으로 언급한 최초의 것이다. 라틴어 「레룸 노바룸」은 「새로운 사태에 관하여」를 의미하며 「자본과 노동의 권리와 의미」라는 표제가 붙어 있다. 「레룸 노바룸」은 정부가 모든 것을 통제해서는 안되며, 그렇다고 개인에게 모든 것을 맡겨서도 안 되는 중도(中道)의 정부를 이상적인 것으로 보았다. 이 교설은 가톨릭교회의 기본적인 국가관이 되는데, 이는 다시 비오 11세((Pius XI)의 「콰드라게시모 안노, 사회경제질서재건안」(Quadragesimo Anno)(1931년)에 의해 발전하게 된다.[1] 이후 사회교설은 미국 사교단(司敎團)에 의한 성명 「만인을 위한 경제적 정의」(1985년)에서 구체화하게 된다.

이와 같은 보충성 원리는 유럽지방자치헌장과 세계지방자치헌장에 반영되어 있다. 세계지방자치헌장은 유엔인간거주센터(UNCHS)와 도시·지자체세계조정협회(WACLAC)가 공동 작성하여 1998년 5월에 제1차 초안으로 공포한 바 있다. 이 초안에는 인민의 의사는 시민으로부터 가장 가까운 지자체인 기초 지자체에서 가장 효과적으로 실현할 수 있기 때문에 보충성 원리가 불가결한 원칙으로 제시되어 있다.

주민주권론 대 지역주권론

주민자치의 이념과 기본철학은 김순은의 지적처럼 주민주권론 주권론은 군주주권론과 국민주권론으로 대분되어 논의되었다. 국민주권론에 기초하여 민주주의라는 정치체제가 발전되었으며 우리나라 헌법도 주권재민에 기초한 자유민주적 기본질서

[1] 콰드라게시모 안노(Quadragesimo Anno)는 40년 후라는 뜻으로, 교황 비오 11세가 1931년에 교황 레오 13세의 노동 회칙 공포 40년을 기념하여, 사회질서 재건에 관해 발표한 회칙 제목의 첫 대문의 말이다.

를 수호하고 있다. 국민주권론에 따를 경우 단체자치와 주민자치의 이념은 국가의 구성체를 무엇으로 규정하는지에 따라 상이하다. 중앙정부를 국가로 보는 경우 지방정부의 자치권은 국민주권에 기초한 중앙정부의 통치권을 수탁받은 것이다. 이를 전제로 할 때 단체자치의 이념은 중앙정부 규정 범위에서 주민복리와 행복을 증진하는 것이다. 국가를 중앙정부와 지방정부의 통합체로 볼 경우 국민주권에 기초한 통치권은 중앙정부뿐만 아니라 지방정부에 직접 위탁할 수 있으므로 지방정부의 자치권은 국민주권의 수임체가 된다. 주민자치가 여기에 해당하며 주로 주민의 참여와 지역의 민주주의가 중요한 이념이 된다. 21세기에 들어 저출산·고령화 및 인구감소사회를 맞이하면서 주민자치의 전통이 강했던 영국은 물론 단체자치의 전통이 두터운 일본에서조차 주민자치의 중요성이 재차 강조되고 있다.

국민주권이 민주주의와 불가분의 관계에 있다는 것은 부정할 수 없다. 국민주권의 중요성을 인정하면서 이를 보완하는 철학으로서 일본에서는 지역주권이, 영국에서는 지방주의가 논의되었다. 지역주권과 지방주의는 표제는 상이하지만 추구하는 내용은 유사하다. 지역주권은 2009년 출범한 일본의 민주당 정부가 지방분권의 필요성과 철학적 기초를 더욱 강조하기 위하여 도입한 개념이다. 1995년 이후 진행된 일본의 지방분권이 단체자치의 틀을 벗어나지 못한다고 비판하면서 지방분권의 새로운 대안으로서 지역주권이 제안되었다. 민주당 정부는 지역주권을 "지역의 사안은 지역 주민이 책임을 갖고 결정할 수 있는 권한"으로 정의하였으며, 보다 구체적으로는 주민들이 지방정치에 참여하는 기회를 증진하여 주민자치를 강화하자는 내용이 포함되었다.

김순은의 논문에 의하면 국민주권론과는 별개로 21세기 일본과 영국에서 제기된 개념이 지역주권이다. 지역주권은 2009년 출범한 일본의 민주당 정부가 지방분권 의 필요성과 철학적 기초를 더욱 강조하기 위하여 도입한 개념이다. 1995년 이후 진행된 일본의 지방분권이 단체자치의 틀을 벗어나지 못한다고 비판하면서 지방분권의 새로운 대안으로서의 지역주권이 제안되었다. 민주당 정부는 지역주권을 "지역의 사안은 지역 주민이 책임을 갖고 결정할 수 있는 권한"으로 정의하였으며, 보다 구체적으로는 주민들이 지방정치에 참여하는 기회를 증진하여 주민자치를 강화하자는 내용이 포함되었다. 영국의 캐머런 정부는 2011년 일본의 지역주권과 유사한 '지방주의(Localism)'를 제창하였다. 영국의 지방주의는 강력하고 포괄적인 것으로 지방에 대한 통제와 지도를 폐지하고 지방의 자율성을 최대한 확대하는 것을 목적으로 하였다. 권한이양의 대상을 지역주민으로부터 지리적, 심리적으로 가장 가까운 공동체로 설정하였다는 데에는 커다란 의의가 있었다. 지역 공동체는 주택계획을 포함하여 지역공동체발전계획을 수립할 권한을 가짐과 동시에 직접 예산을 배정받아 집행주체가 될 수 있었다. 주민주권론은 지역주권과 지방주의의 이념을 뒷받침하는 철학적 기초라는 측면에서 논의할 수 있다. 주민주권론이 대두된 배경은 크게 지방분권 개혁의 내용에 대한 실망, 지속가능발전의 필요성, 주민참여에 의한 거버넌스의 필요성이었다.

지역주권이 상대적으로 분권을 강조한 개념이라면 주민주권론은 주민자치를 강조하고 있는 듯하다. 실제로 일본에서는 지역주권론이 도주제 등 분권 담론의 이론적 기초로 활용되었다. 영국의 '지방주의(Localism)'는 주민주권과 지역주권 양자를 포괄하고 한편으로 지역사회 거버넌스까지를 아우르는 실천전략까지 제시하고 있다. 그러나 주민주권론과 지역주권론은 길항(拮抗)하는 개념으로 보기보다는 상호보완적으로 이해해야 하며 이론에 머무르는 것이 아니라 실천전략까지를 포괄하는 관점으로 이해할 필요가 있다.

주민주권, 시민주권, 공동체 그리고 공민(共民)

주민주권론은 다른 맥락에서 제기되는 시민주권론과 관련하여 논의할 필요가 있다고 생각한다. 김순은의 주민주권론에서는 지난 20세기 크게 발전한 시민사회의 의미가 그다지 수용되어 있지 않은 것 같아 아쉽다. 한국이나 일본에서는 주민주권과 다소 다른 맥락에서 시민주권론에 관한 논의가 엄연히 존재한다. 지역사회에 존재하는 국민은 주민이기도하지만 시민이기도한 이중적 의미의 존재이기 때문이다.

한국에서 주민의 이미지는 과거 오랜 세월 행정의 '객체'로서의 의미가 강했다. 그러나 어느 순간 시민사회는 권위주의적인 정권과 독점 자본에 대한 대항 세력으로 나타나게 되었고, 민주화 과정에 중요한 역할을 담당했다. 시민사회단체의 상당 수가 중앙에 집중함으로써 지방이 상대적으로 취약한 한계도 있었으나, 시민단체를 중심으로 한 사회운동은 한국 사회의 민주화와 경제 발전에 지속적으로 영향을 미치는 중요한 요인으로 작용하였다.

한국의 경우 일제 강점기에 YMCA, 신간회 등의 시민사회 조직운동을 통해 사회단체가 독립운동에 앞장섰고, 엄혹했던 군부독재 시절에도 민주화운동을 주도하는 등 주요한 역사적 순간마다 역사의 변혁을 이끌었다. 1987년 이전의 시민사회는 억압적 군사 정권 하에 활발한 발전을 이루어내지 못했지만, 전두환 정권 말기 유화 국면을 분기점으로 변화를 꾀하게 되었다.

1987년 민주화 이후 시민운동의 주 내용은 환경, 평화, 소비자 주권, 인권, 불평등, 국가 분쟁, 건강, 보건 등과 같은 삶의 질에 관한 것이다. 이전의 운동이 노동자와 자본이라는 계급적 구도에서 이루어졌다면 시민 사회의 운동은 초국가적, 범인류적 가치를 포함하고 있다는 점에서 차이가 있다. 일종의 신사회 운동인 셈이다. 물론 이전의 민주화 운동, 노동 운동이 시민운동에 기초적 토양이 되었다는 점은 분명한 사실이다. 새로운 시민운동은 자발성과 전문성에 기초하여 동원의 대상이 아닌 '주체적인 동력'을 갖추게 된 것이다. 비근한 예가 '광장'의 시민 권력이고, '원탁회의'의 시민들이다. 이들은 탄핵을 주도했고 에너지정책에서 민주화에 기여했다.

그런데 최근 정부, 시장, 시민사회의 3자 섹터 간에 변화의 흐름이 감지되고 있다. 앞으로 시민사회가 정부, 기업과 분리되어 최소한의 상호작용 속에 섹터 내에서 활동을 했다면 최근에는 사회문제 해결을 위해 정부, 시장, 시민사회가 접촉면을 늘려가며 협력활동을 증대시키고 있다(<그림 1> 참조). 즉, 섹터 간 교섭(교집합) 영역이 늘어나면서 전통적인 역할은 희미해지고 새로운 하이브리드 조직이 나타나고 있다. 섹터 간 상호작용의 결과 협업, 파트너십, 혁신의 새로운 모델이 탄생하기도 한다. 그런 사례로 '사회적 가치를 구현하는 사업모델'이나 '시장행위자로서의 시민사회' 모델 등이 등장하고 있다.

그림 1 정부, 시장, 시민사회의 역할 변화와 새로운 패러다임

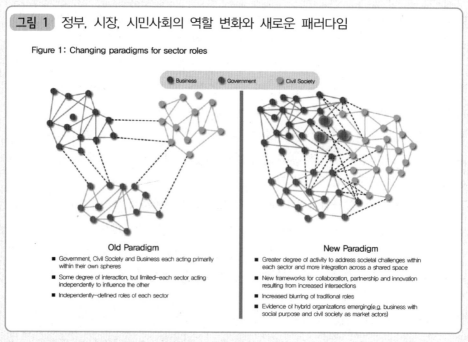

Figure 1: Changing paradigms for sector roles

■ Business   ■ Government   ○ Civil Society

Old Paradigm

- Government, Civil Society and Business each acting primarily within their own spheres
- Some degree of interaction, but limited—each sector acting independently to influence the other
- Independently-defined roles of each sector

New Paradigm

- Greater degree of activity to address societal challenges within each sector and more integration across a shared space
- New frameworks for collaboration, partnership and innovation resulting from increased intersections
- Increased blurring of traditional roles
- Evidence of hybrid organizations emerging(e.g. business with social purpose and civil society as market actors)

Sourse: World Economic Forum/KPMG

향후 지역사회에서 주민자치(또는 시민운동)의 모델은 정부, 시장, 시민사회 영역의 교섭(교집합)이 증가하면서 정부혁신, 기업혁신, 사회혁신이 호응하고 선순환하는 과정에서 새로운 역할 모형을 찾아야 할 것이다. 특히 향후 우리 사회는 저출산·고령 사회의 영향으로 경제활동인구가 급격하게 감소하여 총부양률이 급격하게 높아질 것이다. 총부양률의 급격한 증가와 저성장으로 인한 재정절벽 현상 심화는 지역 사회에도 영향을 줄 것이다. 그렇게 되면 지역에서는 보충성 원리의 적용과 사회혁신 생태계 조성을 통해 주민들이 서로 돕는 상생협력과 공동체 문화 복원이 필요하게 된다. 공동체의 주민이나 시민사회의 시민이 공민(共民, Mitbürger)[2]으로 진화할 필요성이 제기되는 까닭이다.

이러한 맥락에서 문재인 정부에서 강조하고 있는 주민자치회의 성공은 영국의 빅 소사이어티(Big Society) 담론에서서 보듯이 커뮤니티 권능 강화(community empowerment)가 필수적이다. 이 때문에 빅 소사이어티 담론은 권력을 중앙에서 지방으로, 정부에서 커뮤니티로 이전시키는 지역수권=자치분권화를 적극 추진한다. 한국의 주민자치회도 커뮤니티의 권능강화와 더불어 '지역 공동체의 부활'과 '참여'가 담보될 때 성공적인 달성이 가능하다. 주민주권론이 이론적으로나 제도적·실천적으로 한층 진화하길 기대해본다.

---

2) 송호근은 독일어 Mitbürger는 공민(共民)으로 번역한다. '더불어 사는 시민', '공동체의식을 내면화한 시민'이란 뜻이다(출처: 김우창외, 2017. 「한국사회, 어디로?」. 아시아.).

단일중심주의와 규모정치

단일중심주의와 규모정치*

안성호(한국행정연구원 원장)

∽ 프롤로그 ∽

2005년 이후 지방자치체제 전면 개편을 둘러싸고 진행되어온 논쟁은 헌정질서에 대한 단일중심주의(monocentrism) 패러다임과 다중심주의(polycentrism) 패러다임 간의 대립으로 해석될 수 있다. 한국보다 먼저 두 패러다임 간 격돌을 경험했던 미국은 전문가집단의 권고와 주민투표의 결과로 지방정부의 대대적 합병을 포기한 결과 오늘날 전형적 다중심거버넌스체제를 이루고 있다. 여느 선진국들도 오랜 세월에 걸쳐 간간이 기초정부의 합병이 이루어졌지만 대체로 다중심거버넌스체제를 유지하고 있다.

그러나 한국은 달랐다. 해방 후 한국의 지방자치체제는 줄곧 단일중심주의적 합병으로 치달았다. 1961년 5·16군사정부에 의해 읍·면자치가 일거에 군자치로 개편되었고, 1990년대 중반 대폭적인 시·군 합병이 단행되었다. 2005년 이후부터 정치권과 정부는 시·군·자치구 합병과 읍·면·동 폐지, 시·도 광역정부의 약화 내지 파괴를 골자로 하는 지방자치체제 개편을 획책했다. 정치권과 정부의 단일중심주의적 지방자치체제 개편의지는 시·군자치 폐지 또는 시·군 합병으로 이미 부분적으로 관철되었다. 2006년 4개 시·군이 2개 행정시로 강등된 제주특별자치도가 출범했으며, 2010년에는 마산·창원·진해가 '통합창원시'로 합병되었고, 세종특별자치시는 기초지방자치단체를 갖지 않는 광역시로 결정되었다.

2009년 노벨경제학상 수상자인 Elinor Ostrom은 지방정부 합병이 효율성을 높일 것이라는 "통념의 위험성"을 경고했다. 그녀는 노벨상 수상강연에서 수십 년 동안 "자신과 동료의 경험적 연구가 대도시 개혁론자의 지방정부 합병

---

* 이 논문은 2010년 『지방정부연구』 제14권 제1호에 게재된 글을 수정·보완한 것이다.

논거를 기각해 왔으며, 대도시지역 다중심거버넌스의 복잡성은 혼돈이 아니라는 것이 분명히 입증되었다."고 강조했다. 그동안 국내외 연구들은 통념과 달리 크고 작은 수많은 일반목적·특별목적 지방정부들이 중층적으로 존재하는 다중심거버넌스체제가 단일중심체제보다 오히려 효율적임을 밝혀왔다.

Elinor Ostrom과 남편 Vincent Ostrom은 이와 같이 통념과 정반대의 연구결과가 밝혀진 까닭은 다중심거버넌스체제가 고무하는 경쟁, 발언권, 공공혁신가정신, 공동생산, 가외성에 기인하는 "민주적 효율성(democratic efficiency)" 때문이라고 설명했다. 나아가 Vincent Ostrom은 "방관자와 관객으로 전락한 시민은 다중심적 헌법질서에서 자치체험을 통해 공공혁신을 촉진하고 능동적 시민정신을 실천하는 주권자로 거듭날 수 있다. 국가만능의 관념은 시민의 열린 공공영역, 즉 공화정(res publica)을 가로막는다."고 역설했다. Vincent Ostrom의 이런 관점은 「미국 민주주의」(1840)의 저자 Alexis de Tocqueville의 통찰과 일맥상통한다. Tocqueville은 뉴잉글랜드를 여행하면서 "자유로운 국민의 힘이 타운십(township)에 있음"을 목격했다. 당시 타운십의 평균인구는 약 2천 명에 불과했다. 그는 이어서 "타운집회와 자유의 관계는 초등학교와 학문의 관계와 같다. 타운집회는 자유를 시민의 손에 쥐어주고, 시민이 자유를 평화로운 목적으로 활용하고 누리는 방법을 가르쳐 준다."고 썼다.

본 논문은 정치권의 단일중심적 지방자치체제 개편안을 비판적으로 검토하고, 그 대안으로서 다중심적 지방자치체제 개편방안을 모색한다. 이를 위해 지방자치구역 및 계층의 현황과 정치권 개편안의 특징을 살펴보고, 정치권 개편안의 문제점을 규모와 효율성·민주주의의 관계 측면에서 논의한다. 이어서 정치권의 도 지역정부의 폐지 내지 약화 기도를 국제동향에 비추어 점검한 다음, 정치권 개편안의 규모정치 폭력성과 빗나간 벤치마킹을 비판한다. 끝으로, 향후 지방자치체제를 개편할 때 고려해야 할 절차적 유의사항을 논의한다.

Ⅰ. 서 언

2005년 이후 지방자치체제 전면 개편을 둘러싸고 진행되어온 논쟁은 헌정질서에 대한 단일중심주의(monocentrism) 패러다임과 다중심주의(polycentrism) 패러다임 간의 대립으로 해석될 수 있다. 한국보다 먼저 두 패러다임 간 격돌을 경험했던 미국은 전문가집단의 권고와 주민투표의 결과로 지방정부의 대대적 합병을 포기한 결과 오늘 날 전형적 다중심거버넌스체제를 이루고 있다. 여느 선진국들도 오랜 세월에 걸쳐 간 간이 기초정부의 합병이 이루어졌지만 대체로 다중심거버넌스체제를 유지하고 있다.

그러나 한국의 사정은 다르다. 해방 후 한국의 지방자치체제는 줄곧 단일중심주 의적 합병으로 치달았다. 1961년 5·16군사정부에 의해 읍·면자치가 일거에 군자치 로 개편되었고, 1990년대 중반 대폭적인 시·군 합병이 단행되었다. 2005년 이후부터 정치권과 정부는 시·군·자치구 합병과 읍·면·동 폐지, 시·도 광역정부의 약화 내 지 파괴를 골자로 하는 지방자치체제 개편을 획책해왔다. 정치권과 정부의 단일중심 주의적 지방자치체제 개편의지는 시·군자치 폐지 또는 시·군 합병으로 이미 부분적 으로 관철되었다. 2006년 4개 시·군이 2개 행정시로 강등된 제주특별자치도가 출범 했으며, 2010년에는 마산·창원·진해가 '통합창원시'로 합병되었고, 세종특별자치시 는 기초지방자치단체를 갖지 않는 광역시로 결정되었다.

2009년 노벨경제학상 수상자인 Elinor Ostrom은 지방정부 합병이 효율성을 높 일 것이라는 "통념의 위험성"을 경고했다. 그녀는 노벨상 수상강연에서 수십 년 동안 "자신과 동료의 경험적 연구가 대도시 개혁론자의 지방정부 합병논거를 기각해 왔으 며, 대도시지역 다중심거버넌스의 복잡성은 혼돈이 아니라는 것이 분명히 입증되었 다."고 강조했다. 그동안 국내외 연구들은 통념과 달리 크고 작은 수많은 일반목적· 특별목적 지방정부들이 중층적으로 존재하는 다중심거버넌스체제가 단일중심체제보 다 오히려 효율적임을 밝혀왔다.

Elinor Ostrom과 남편 Vincent Ostrom은 이와 같이 통념과 정반대의 연구결과 가 밝혀진 까닭은 다중심거버넌스체제가 고무하는 경쟁, 발언권, 공공혁신가정신, 공 동생산, 가외성에 기인하는 "민주적 효율성" 때문이라고 설명한다. 나아가 이들은 "다중심적 헌법질서에서 방관자와 관객으로 전락한 시민은 자치체험을 통해서 공공 혁신을 촉진하고 능동적 시민정신을 실천하는 주권자로 거듭날 수 있다. 국가만능의 관념은 시민의 열린 공공영역, 즉 공화정(res publica)을 가로막는다."고 역설한다. 이 들의 관점은 「미국 민주주의」(1840)의 저자 Alexis de Tocqueville의 통찰과 일맥상 통한다. 토크빌은 뉴잉글랜드를 여행하면서 "자유로운 국민의 힘이 타운십(township) 에 있음"을 목격했다. 당시 타운십의 평균인구는 약 2천 명에 불과했다. 그는 이어서 "타운집회와 자유의 관계는 초등학교와 학문의 관계와 같다. 타운집회는 자유를 시민 의 손에 쥐어주고, 시민이 자유를 평화로운 목적으로 활용하고 누리는 방법을 가르쳐 준다."고 썼다.

　본 논문은 정치권의 단일중심적 지방자치체제 개편안을 비판적으로 검토하고, 그 대안으로서 다중심적 지방자치체제 개편방안을 모색한다. 이를 위해 지방자치구역 및 계층의 현황과 정치권 개편안의 특징을 살펴보고, 정치권 개편안의 문제점을 규모와 효율성·민주주의의 관계에 대한 논의를 통해 진행한다. 이어서 정치권의 도 지역정부의 폐지 내지 약화 기도를 국제동향에 비추어 점검한 다음, 정치권 개편안의 규모정치 폭력성과 빗나간 벤치마킹을 비판한다. 끝으로, 향후 지방자치체제를 개편할 때 고려해야 할 절차적 유의사항을 논의한다.

Ⅱ. 정치권의 단일중심주의 지방자치체제 개편안

1. 한국 지방자치구역 · 계층 현황과 국제동향

　<표 1>은 우리나라 기초정부의 수·인구·면적을 주요 선진국 기초정부의 수·인구·면적과 비교한 것이다. 한국의 기초정부 수는 226개, 기초정부 당 평균인구는 225,664명, 평균면적은 444㎢다. 우리나라 기초정부의 구역이 얼마나 대규모로 설정되어 있는지 선진국의 자치구역과 비교해보면 한눈에 알 수 있다.

표 1　주요 선진국과 우리나라 기초정부의 평균 규모

구 분	기초정부 수(개)	기초정부 평균인구(명)	기초정부 평균면적(㎢)
프 랑 스	36,763	1,743	15
스 위 스	2,222	3,825	16
스 페 인	8,109	4,998	62
독 일	14,805	5,452	24
미 국	39,006	6,623	240
이탈리아	8,104	7,040	37
핀 란 드	416	12,620	713
스 웨 덴	290	31,240	1,417
덴 마 크	98	56,127	433
일 본	1,772	67,313	210
영 국	433	128,061	560
한 국	226	210,870	444

출처: 필자가 각국 CIA의 The World Factbook 자료로 계산해 작성한 것임.

남유럽국가들과 미국의 기초정부 평균 인구는 1만 명을 넘지 않는다. 남유럽국가들과 미국에서 기초정부의 평균 인구는 고작 수천 명에 불과하다. 프랑스·스위스·독일·스페인의 대다수(84-95%) 기초정부 평균 인구는 우리나라 면의 평균 인구인 5천 명 미만이다.

북유럽국가들은 1970년대와 1990년대 이후 기초정부의 구역을 확대했다. 그 결과, 기초정부의 평균 인구는 핀란드 12,620명, 스웨덴 31,240명, 덴마크 56,127명이다. 일본은 기초정부의 평균인구가 6만7천여 명, 영국은 무려 128,061명에 달한다. 일본과 영국의 기초정부 평균 인구가 남유럽국가와 미국보다 월등히 크지만, 우리나라 기초정부의 평균 인구 225,664명에 비하면 매우 작은 편이다.

국토면적이 좁아 조밀하게 사는 우리나라의 기초정부 평균면적은 영국 다음으로 넓다. 우리나라 기초정부의 평균면적은 광활한 국토를 갖는 미국 기초정부의 평균면적보다도 1.85배나 넓다.

2. 국제비교를 통해본 정치권 개편안의 특징

2009년 국회의원들이 국회에 제출한 7개 법률안은 2005년 양당 대표들이 여의도 모 식당에서 만나 시·군·자치구를 평균 인구 70만 명 내외의 70여 개 광역시로

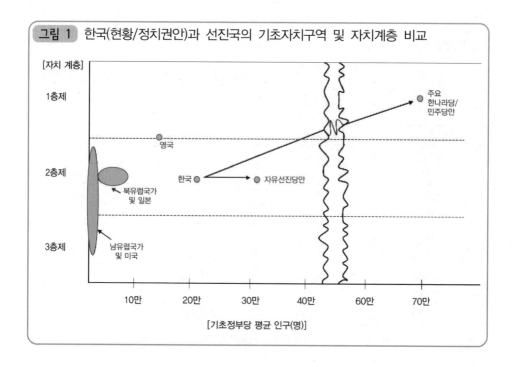

그림 1 한국(현황/정치권안)과 선진국의 기초자치구역 및 자치계층 비교

단층화하기로 합의한 개편안에 기초한 것이다. 다만 당시 제3당인 자유선진당은 광역시·도를 통합해 6-7개의 연방주(聯邦州)로 만들고 그 산하에 시·군·구를 120-200개로 묶은 광역시를 두는 2층제로 개편하는 법률안을 제안했다.

우리나라의 현행 2자치계층(시·군·자치구-시·도)은 대다수 국가들이 2자치계층을 채택하는 세계적 경향과 일치한다. 룩셈부르크(인구 40만 명)와 같은 도시국가들과 영연방국가로서 영국의 영향을 많이 받아온 소국 뉴질랜드(인구 430만 명)를 제외하면, 선진국가들 중 오직 1자치계층만으로 이루어진 나라는 없다.

<그림 1>은 기초자치구역의 인구규모와 자치계층 수를 기준으로 그동안 정치권이 제시해온 개편안을 주요 선진국 사례와 비교한 것이다. 정치권이 선진국의 일반적 동향과 얼마나 동떨어진 단일중심주의 개편안을 제시해왔는지 한눈에 알 수 있다.

III. 규모와 효율성, 규모와 민주주의

1. 규모와 효율성의 관계: 규모경제의 허실

정치권은 현행 시·군·자치구의 작은 규모 때문에 발생하는 규모불경제(diseconomy of scale)를 해소하기 위해 이들을 몇 개씩 묶어 광역시를 만들어 규모경제의 이점을 살려야 한다고 주장해왔다. 그러나 '규모경제' 개념의 공공부문 적용에는 많은 문제가 있다. 더욱이 기초정부의 규모와 효율성 관계에 관한 경험적 연구는 규모경제에 대한 정치권의 주장이 그릇된 것임을 보여준다.

1) 공공부문에서 '규모경제' 논리 적용의 문제점

통합론자들이 신봉하는 규모경제 원리의 타당성은 노동집약적 공공서비스 부문에서 이론적으로나 경험적으로 거의 인정받지 못해왔다. '규모경제' 개념은 공공영역에 적용되는 경우에 다음과 같은 문제를 야기한다(Bennet, 1989: 56-57). 첫째, 정부가 수행하는 기능들은 기술적으로 경제성을 나타내는 인구 및 구역의 규모가 다를 뿐만 아니라 각 기능분야마다 상이한 기술적 경제성 규모를 갖는 하위기능들로 이루어져 있다. 둘째, 규모경제 비용곡선에서 명백한 분절점을 찾기 어려울 뿐만 아니라 유사한 기능들의 덩어리를 찾는 것도 거의 불가능하다. 셋째, 규모경제의 기준은 생산국면에만 적용될 수 있다. 그러나 지방정부가 서비스를 제공하기 위해 반드시 서비스를 생산해야 하는 것은 아니다. 위탁이나 협약 등의 협력방식을 통해 서비스를 생산하여 제공하는 것이 얼마든지 가능하다. 넷째, '규모경제' 개념은 서비스 질에 대한 고려를 무시한다. 규모효율(scale efficiency)은 서비스의 질 향상을 전혀 담보하지 못한다.

많은 경험적 연구들은 규모경제 개념이 함축하는 '큰 지방정부가 효율적'이라는 가정의 오류를 밝혀왔다. 미국과 캐나다 등에서 수행된 공공부문의 규모경제에 관한 34편의 경험적 연구들을 점검한 J. Byrens & B. Dollery(2002)는 "34편 중 39%에서 1인당 비용과 규모 간에 통계적으로 유의미한 관계를 찾을 수 없었고, 29%에서는 'U자형' 비용곡선의 증거를 확인했다. 심지어, 24%에서는 규모불경제가 나타났다. 오직 8%에서만 규모경제가 확인되었다."고 분석했다. 이들은 이어서 호주의 지방 공공서비스들을 분석한 9편의 경험적 연구들을 검토한 후 "그동안 지방 공공서비스의 규모경제에 관한 연구들은 지방정부의 규모를 키우면 행정효율이 제고된다는 통합논자들의 주장이 확고한 경험적 기반을 갖지 못한 편견임을 입증했다."고 결론지었다(Byrens & Dollery, 2002: 405). 호주의 지방정부 합병사례를 분석한 B. Dollery & L. Crase(2004: 22)도 지방정부에서 규모와 경제적 효율성 사이에 체계적 연관이 없음을 확인했다.

2) 공공선택론의 이론적 가정과 경험적 증거

지방정부의 효율성에 관한 공공선택론의 기본가정은 지방정부들 상호 간, 지방정부−광역정부−중앙정부−민간부문 간에 작동하는 경제적·정치적 경쟁이야말로 정부시스템의 효율성을 높이는 유력한 힘이라는 것이다. 이런 정치적 경쟁은 지방정부로 하여금 주민의 욕구와 요구에 민감하게 반응하게 하며, 정책실험과 쇄신을 유도한다. 더욱이 소규모의 지방정부에서 주민의 효능감은 커지고 공공문제에 대한 참여동기가 강해져 공공재에 수반되는 무임승차 문제도 크게 해소된다. 결국 공공선택론의 명제는 수많은 소규모 지방정부들로 이루어진 '분절된' 자치체제가 소수의 대규모 지방정부들로 이루어진 합병된 자치체제보다 더 효율적이라는 것이다.

이제까지 많은 경험적 연구들이 공공선택론의 명제를 지지해왔다. G. A. Boyne(1998: 252)은 많은 경험적 연구들을 검토한 후 "선행연구는 일반적으로 분절된 자치체제가 통합된 자치체제보다 더 효율적임을 밝혀왔다."고 결론지었다. 그는 이런 연구결과가 도출된 것은 "합병된 자치체제에서 흔히 합병논자들이 주장하는 규모경제와 범위경제(economy of scope)를 통해 얻는 기술적 편익보다 경쟁제한으로 인한 재정이주(fiscal migration) 유인의 상실, 공적 감시의 약화 등과 같은 정치·경제적 비용이 훨씬 더 크기 때문"이라고 설명했다. A. Sancton(2000: 75)도 더 광범위한 선행연구를 점검한 후 "한 도시지역 내에 수많은 지방정부들이 존재하는 것이 낭비적 중복을 야기한다는 주장은 경험적으로 확고하게 입증되지 않은 합병론의 단일중심주의 편견에서 비롯된 것"이라고 비판했다.

3) '역 U자형 비용곡선'과 노동집약적 서비스

많은 경험적 연구들이 기초정부의 규모와 효율성 사이에 '역U자형 비용곡선' 관계가 있음을 확인해왔다. 마침내 미국 연방정부 정부간관계자문위원회(ACIR)의 1987년 보고서는 선행연구들에 기초해 "1인당 서비스 비용이 일반적으로 2만5천 명 규모가 될 때까지 감소하고, 2만5천 명에서 2십만 명에 이를 때까지는 거의 변동이 없다가, 2십5만 명 이상이 되면 크게 증가"한다고 결론지었다(Holzer et al., 2009: 7). 그동안 지방정부의 합병사례를 분석한 대다수 연구자들은 기초정부의 서비스와 활동의 약 80%가 2만 명 이상의 인구규모에서는 규모경제를 나타내지 않는 점에 동의해왔다.

선행연구에 의해 확인된 또 하나의 중요한 사실은 규모와 서비스의 관계가 자본집약적 서비스와 노동집약적 서비스에 따라 다르다는 것이다. 선행연구가 상하수도 등과 같은 공익사업이나 공공투자사업은 규모가 증가할수록 효율성이 높아지는 경향이 있지만, 교육·소방·경찰·문화·사회복지서비스 등 노동집약적 서비스는 규모가 커질수록 효율성이 떨어지는 것을 확인했다. Bish(2001)는 선행연구를 검토한 후 "지방정부 서비스의 80% 가량을 차지하는 노동집약적 서비스가 인구 1만−2만 명이 넘으면 규모경제가 전혀 나타나지 않는다."고 결론지었다.

4) 8만7천 개의 지방정부로 분절된 미국 지방자치체제

무려 8만7천 개의 지방정부를 갖고 있는 미국에서조차 통합적 정부구조를 주장하는 사람들은 거의 없다. 1966년 미국 대기업 대표들로 구성된 경제발전위원회(CED)가 지방정부의 세분화로 인한 행정의 비효율을 해결하기 위해 지방정부 수를 80% 정도 감축하여야 한다고 주장(Committee for Economic Development, 1966)한 바 있다. 그러나 학계의 반대 중론에 직면해 1970년 당초의 주장을 수정하고 대도시지역의 2자치계층을 인정한 보고서를 발표했다. 1987년 미국의 정부간관계자문위원회(ACIR)는 종래 통합론을 지지하던 입장을 철회하고 소규모 지방정부들로 이루어진 분절적 정부구조를 옹호하는 입장을 천명했다. 그 결과, 현재 미국은 8만7천여 개의 복수목적 및 단일목적의 지방정부들로 이루어진 고도로 분절된 정부구조를 이루고 있다. 이런 분절적 정부구조에서 지방정부에서 제공되는 절반 이상의 공공서비스들이

정부 간 계약, 공사파트너십, 민간기업, 비영리조직, 자원봉사자, 바우처 등에 의해
제공되고 있다.

5) 국내의 경험적 연구와 효율성 측정의 문제

1990년대 중반 추진된 시·군 합병의 효과를 탐구한 국내연구도 합병과 행정효율
의 명확한 관련성을 찾지 못한 경우가 많다. 유재원·손화정(2009: 285 – 306)은 시·군
합병 효과에 관한 국내의 경험적 연구 16편을 검토한 결과 합일된 결론에 이르지 못
했음을 확인했다. 행정비용 절감효과가 있다는 연구가 4편, 그렇지 못하다는 연구가
8편이었다. 규모경제 효과가 있다는 연구가 2편, 부정하는 연구가 3편이었다. 그리고
경제성장 효과를 인정하는 연구와 부정하는 연구가 각각 1편이었다. 이어 연구자들은
짧은 연구대상기간, 준거집단의 결여, 평균비교분석의 문제 등 선행연구 분석방법의
한계를 극복하기 위해 24년(1984년 – 2006년) 간의 관련 통계자료를 이용해 시계열분
석을 시도했다. 분석 결과, 시·군 합병으로 인한 행정적 효율성과 재정적 효율성 및
경제성장과 관련한 8개의 가설이 모두 기각되었다. 이들은 "시·군 통합이 지방정부
의 효율성 향상과 경제발전에 이바지할 수 있다는" 통념이 "실증적 근거가 없는 신화
에 가깝다."고 결론지었다(유재원·손화정, 2009: 301).

일부 시·군 합병의 성과를 긍정적으로 평가한 연구결과들이 있지만 분석방법과
해석에 문제가 있는 것으로 보인다. 이시원·민병익(2006: 45 – 62)은 시·군 합병이 규
모효율성을 제고하지는 못했지만 관리효율성을 높이는 데 기여한 것으로 해석했다.
그러나 이 같은 해석은 매우 자의적이라는 비판을 면키 어렵다. 무엇보다, 이 연구는
개별 서비스의 성과를 측정한 것이 아니라 주민 1인당 일반행정비·경제개발비 등 총
괄적 세출액을 성과로 측정했다는 점에서 논란의 여지가 있다. 서비스에 대한 1인당
비용은 다른 요인들의 왜곡효과 때문에 효율성 또는 성과 측정치로서 적절하지 못하
다고 본다. Ammons & Rivenbark(2008: 312)은 '1인당 비용'을 과연 효과성 척도로
삼을 수 있는지 의심스럽지만, 그렇게 부르는 경우에도 "극단적으로 조잡한 효과성
척도"에 불과하다고 지적한다. 게다가 이 연구는 개별 서비스의 비용 대 편익을 계산
하지 않았으며, 서비스의 질과 배분효율도 고려하지 않았다. 그 동안 합병된 시가 중
앙정부로부터 받아온 재정적 혜택도 성과측정에 반영되지 않았다. 더욱이 이 연구는
정책 및 조세경쟁을 할 만큼 상당한 수준의 자치권을 누림으로써 재정연방주의가 상
정하는 관리효율을 높일 수 있는 시·군과 비교한 것이 아니다. 시·군 통합의 규모경
제 효과를 지지한 국내의 다른 연구들도 이런 방법론적 한계를 공유한다.

2. 규모와 민주주의의 관계: 규모 확대로 인한 민주주의 후퇴

정치권과 정부의 지방자치체제 개편안은 2007년 UN-Habitat이 채택한 지방분권국제지침의 첫 규정, 즉 "정치적 지방분권은 대의민주주의와 참여민주주의의 적절한 조합을 이루어야 한다."는 규정과도 배치된다. 정치권과 정부의 의도대로 지방자치체제 개편이 이루어진다면, 우리나라 민주주의는 심각한 퇴보를 면치 못할 것이다.

1) 대의민주주의의 파괴

정치권의 지방자치체제 개편안의 심각한 문제점은 지방민주주의의 파괴다. 시·도 자치정부를 폐지하는 대신 중앙정부의 일선기관으로 국가지방광역행정청을 설치하려는 정치권의 개편안은 민주화 투쟁의 값비싼 대가를 치르고 쟁취한 광역지방자치단체의 대의민주주의를 일거에 파괴하는 결과를 초래한다.

정치권의 단일중심주의 개편안을 지지하는 사람들은 "신설될 통합광역시 대표들로 구성되는 준(準)의회적 성격의 지방광역행정심의회를 두어 국가광역지방행정청을 '준국가, 준자치단체적' 성격을 갖도록 하고, 국가지방광역행정청과 광역대도시 간에 권한과 기능을 분리하여 상호 대등한 협력관계를 정립"함으로써 대의민주주의 파괴 문제가 발생하지 않도록 할 것이라고 주장한다. 이는 영국 잉글랜드의 런던지역을 제외한 나머지 8개 지역의 행정계층을 모방해 대의민주주의 파괴에 대한 비판을 모면하려는 것으로 보인다. 지방광역행정심의회와 국가광역지방행정청은 각각 영국 잉글랜드의 8개 지역의 지역협의회(RA)와 지역개발청(RDA)을 연상케 한다. 영국정부가 2002년 백서에서 "유럽에서 민주적 거버넌스체제를 갖추지 못한 유일한 지역"임을 자인한 잉글랜드 8개 지역의 행정체제는 벤치마킹할 우수사례가 아니라 반면교사로 삼아야 할 실패사례다.

정치권 개편안의 대의민주주의 파괴 문제는 도 자치정부 폐지에만 국한되는 것이 아니다. 정치권과 정부의 의도대로 합병광역시가 설치되는 경우에 합병광역시의 청사 소재지 이외의 시·군·구에는 거의 예외 없이 출장소 등 하급행정기관이 설치될 것이다. 이는 곧 시·군·자치구의 대의민주주의 파괴를 의미한다.

2) 대의민주주의의 결손

시·군·자치구의 통합과 기존 광역시와 도의 폐지로 인한 직선 지방자치단체장 및 지방의원 수의 감소가 초래할 대의민주주의의 결손도 예사로운 문제가 아니다. 정

표 2	지방의원 총수와 1인당 대표하는 주민 수	
국 가 명	지방의원 총수(명)	지방의원 1인당 주민 수(명)
프랑스	515,000	118
오스트리아	40,570	201
스페인	65,000	623
독일	198,000	418
이탈리아	97,000	597
그리스	18,600	573
핀란드	12,400	418
벨기에	13,000	800
덴마크	4,700	1,161
스웨덴	46,240	195
네덜란드	9,600	1,713
영국	22,268	2,712
한국	3,626	13,378

출처: (Wilson & Game, 2008: 337)에서 발췌한 자료에 한국의 통계를 추가한 것임.

치권의 의도대로 지방자치체제가 개편되는 경우, 지방자치단체장과 지방의원의 정수가 대략 4분의 1로 줄어들 것이다. 지방자치단체장은 현재 246명에서 60−70명으로, 지방의원 역시 현재 3,626명에서 몇 분의 1로 크게 격감할 것이다.

선출직 공무원 수의 격감은 재정부담을 줄여주는 대신, 정책의 공정하고 신중한 심의·결정, 다양한 주민이익의 고른 대변, 주민참여의 기회 확대, 광범위한 민의 반영, 행정의 민주화 등 대의민주제의 본래적 가치를 실현하기 어렵게 만든다.

우리나라에서는 선출직 공무원의 감축을 정치개혁으로 여기는 경향마저 있다. 우리나라는 소의회제를 채택하여 지방의원 수가 다른 나라에 비해 현저히 적지만, 정치개혁의 명분으로 지방의원 수를 계속 감축해왔다. 그 결과, 1995년 5,756명이던 지방의원 정수가 2009년 3,626명으로 무려 2,130명이나 격감했다.

우리나라의 지방의원 정수는 이미 주요 선진국의 지방의원 정수에 비해 지나치게 적다. 지방의원 한 사람이 대표하는 주민 수는 그 실상을 여실히 보여준다. 우리나라의 지방의원 한 사람은 주민 1만3천여 명을 대표한다. 주요 선진국 중 어느 나라도 지방의원 한 사람이 이렇게 많은 인구를 대표하지 않는다. 우리는 <표 2>를 통해서 많은 나라에서 한 명의 지방의원이 1천 명 미만의 주민을 대표함을 알 수 있다.

프랑스에서는 지방의원 수가 무려 52만 명에 달해 지방의원 1인당 기껏해야 118명의 주민을 대표한다. 비교적 큰 규모의 기초지방정부를 갖는 대다수 북유럽국가들도 지방의원 1인당 1천~2천 명의 주민을 대표한다. 예외적으로 큰 지방정부를 갖는 영국의 경우에도 지방의원 총수가 22,268명으로 지방의원 한 사람이 2,712명의 주민을 대표할 뿐이다.

3) 참여민주주의의 손실

만일 시·군·자치구를 몇 개씩 묶어 60-70개 합병광역시를 설치하면, 기초정부와 주민의 거리는 더욱 멀어지고 참여민주주의의 실현은 더욱 어려워진다. 지금도 시·군·자치구의 평균인구가 22만5천여 명에 달해 주민참여 활성화에 애로를 겪고 있는 형국에, 인구규모를 60~70만 명으로 늘리겠다는 구상은 풀뿌리민주주의를 구현할 기초자치를 사실상 포기하는 것이다.

많은 경험적 연구들은 기초정부의 규모가 커질수록 주민참여가 감소하는 경향이 있음을 밝혀왔다. 소규모 정체(政體)는 큰 정체가 경쟁할 수 없는 높은 수준의 시민참여를 달성할 가능성을 내포한다. 따라서 참여민주주의는 주민이 지방정부의 운영에 영향을 미칠 수 있다고 느끼는 소규모 지역사회에서 가장 효과적으로 실현될 수 있다. 소규모 지역사회 수준의 참여민주주의는 지역사회 사정을 소상히 아는 주민의 참여 촉진을 통해 의사결정의 질을 향상시키고, 자원봉사와 같은 사회적으로 유익한 주민활동을 고무하며, 주민의 민주적 역량 함양에도 기여한다.

4) 규모와 민주주의에 관한 Robert A. Dahl의 연구

규모와 민주주의의 관계에 대해 Robert A. Dahl보다 더 깊이 천착한 연구자를 찾기 어렵다. 그는 1967년 미국정치학회에 발표한 논문에서 과학기술과 커뮤니케이션의 발달로 21세기의 적정 민주주의 단위가 5만~20만 명 규모의 도시가 될 것으로 예견했다(Dahl, 1967: 960).

그러나 1973년 Dahl은 「규모와 민주주의」에서 "시민효과성(citizen effectiveness)과 체제역량(system capacity)이라는 두 가지 목적을 동시에 달성하는 유일한 정치체제나 적정규모의 민주주의 단위"를 단정하기는 어렵다고 보았다(Dahl & Tufte, 1973: 138). 왜냐하면 민주주의 단위의 인구규모가 작을수록 정치적 결정통제력 행사에서 시민효과성은 더 커지지만, 소규모 정체는 공동체의 주요 이슈를 다루기 위해 필요한 문제해결 역량을 갖추지 못할 수 있기 때문이라는 것이다.

328 | 제3편 분권과 지방자치

Dahl은 1982년 발간된 저서에서 대규모 민주주의체제 내에서 소규모 민주주의체제의 중요성을 역설하면서 소규모 민주주의의 상한선을 "10만 명을 상회하지 않는 인구를 가진 단위"로 조심스럽게 가정했다(Dahl, 1982: 14). 그는 이것도 소규모 민주주의를 옹호하는 사람들이 볼 때에는 너무 거대한 규모의 상한선임을 인정했다. 어쨌든, 이는 Dahl이 1967년 21세기 민주주의의 적정 도시규모로 추정했던 상한선을 20만 명에서 1982년 10만 명으로 축소한 것으로 볼 수 있다.

Dahl은 「민주주의」(1999)라는 책에서 민주주의 단위의 규모와 관련한 시민효과성과 체제역량 사이의 딜레마를 다시 언급하면서 이 딜레마를 다루는 현실적 방안은 민주국가 내에 중층적·다원적 자치정부를 두는 것이라고 역설했다.

Ⅳ. 민주적 지역정부 강화의 국제동향

세계화시대의 지방자치체제는 지역정체성과 지역경쟁력 강화를 부추기는 지역주의 요구에 부응하기 위한 적정 규모의 민주적 지역정부(regional government)와 광역협력제도를 필요로 한다. 선진국들이 앞 다투어 세계화시대의 지역주의 요구에 부응하기 위해 지역정부를 설치하고 다양한 광역협력제도를 활용하고 있다. 이에 반해, 우리나라 정치권은 이미 존재하는 도 자치정부를 강화하기커녕 약화시키거나 전면 폐지하여 지방자치계층을 단층화하려고 획책해왔다.

1. 지역정부의 범세계적 강화추세와 한국의 현황

지난 수십 년 동안 수많은 국가들이 세계화시대의 지역주의(regionalism) 요구에 부응해 지역정부의 역할과 기능을 증대시켜왔다. 세계에서 가장 지방분권적인 나라로 알려진 스위스와 독일도 각각 2004년과 2006년 주정부의 권한을 강화하는 조치를 취했다. 공산당 일당지배의 중국조차 모택동 사후 시장경제의 도입과정에서 성(省)정부의 역할과 위상이 신장되었다.

Marks 등(2008: 161-181)의 연구에 의하면, 1950년에서 2006년까지 42개 민주국가 내지 준(準)민주국가에서 추진된 384건의 지역정부 관련 구조개편 중에서 89%인 342건이 지역정부를 강화하는 것이었다. 지난 50여 년 동안 대다수 국가들에서 편차는 크지만 지역정부가 괄목할 정도로 신장된 것이다. 아울러, 총 384건 중 75%인 289건이 대의민주제의 확충과 과세권을 비롯한 행·재정권의 확대 등의 자치권(self-rule) 신장과 관련된 것이었고, 25%인 95건이 국정참여 등 공치권(shared rule)

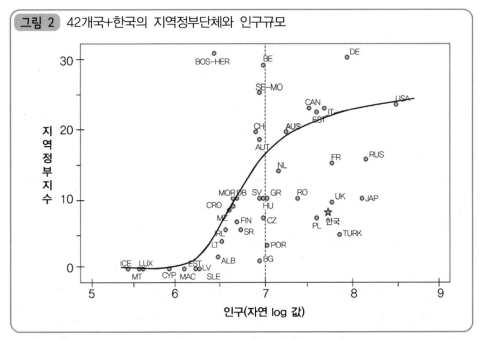

그림 2 42개국+한국의 지역정부단체와 인구규모

범례: 인구의 자연Log값: 5=10만 명; 6=100만 명; 7=1,000만 명; 8=1억 명; 10=10억 명
BOS–HER(Bosnia and Herzegovina), BE(Belgium), DE(Germany), SE–MO(Serbia and Montenegro), CAN(Canada), USA(United States), CH(Switzerland), AUS(Australia), IT(Italy), EST(Estonia), AUT(Austria), NL(Netherlands), FR(France), RUS(Russian Federation), NOR(Norway), CRO(Croetia), DK(Denmark), SV(Slovenia), GR(Greece), UK(United Kingdom), JAP(Japan), HU(Hungary), FIN(Finland), NZ(New Zealand), IRE(Ireland), SR(Slovak Republic), CR(Czech Republic), PL(Poland), TURK(Turkey), LT(Lithuania), ALB(Albania), RO(Romania), CYP(Cyprus).

출처: (Marks et al. 2008:174)의 〈그림 3〉에 필자가 한국을 포함시킨 것임.

신장과 관련된 것이었다. 그리고 공치권 강화는 오직 강한 자치권을 갖는 지역들에서만 이루어졌다.

　<그림 2>는 Marks 등이 42개 국가의 인구 자연로그(natural log) 값과 '지역단체지수(regional authority index)' 값을 표시한 그림에 필자가 우리나라의 인구 자연로그 값과 지역단체지수 값을 계산하여 추가한 것이다. 우리는 <그림 2>를 통해 인구 1,000만 명 이상의 나라들, 즉 그림의 중간에 세로로 그어진 점선의 오른 쪽에 위치한 나라들 중에서 포르투갈, 터키, 폴란드를 제외한 나머지 나라들이 모두 우리나라보다 높은 지역단체지수 값을 나타낸다는 사실을 알 수 있다. 4,000만 명 이상의 나라들 중 우리나라 광역지방자치단체보다 빈약한 자치권을 부여하는 나라는 오직 터

키뿐이다. 이는 우리나라 시·도의 권한과 위상이 국제비교의 관점에서 매우 낮은 상태에 있음을 의미한다.

<그림 2>가 보여주는 또 하나의 중요한 사실은 지역정부의 편익이 250만 명 수준부터 나타나기 시작해 급증하다가 2,000만 명을 기점으로 완만한 곡선을 이루는 것으로 분석되었다. 이를테면, 250만 명 미만의 소국에서는 지역정부가 존재하지 않고, 300만~2,000만 명 구간의 국가들에서 지역단체지수가 크게 높아지는 경향을 보인다. 그리고 2,000만 명 이상의 민주국가들은 모두 상당한 권한을 갖는 지역정부를 두고 있는 것으로 나타났다. 가장 낮은 지역단체지수를 보인 터키의 지역정부조차 도로·병원·교육 등에 관해 자치권을 행사하며, 주민직선의 지역의회를 가지고 있는 것이다.

2. 영국과 프랑스의 지역정부 강화

자치계층 단층화를 주장하는 사람들은 종종 그 성공사례로서 영국의 자치계층 감축사례를 거론한다. 그러나 이는 오해에서 비롯된 것이다. 과거 보수당 정부 시절의 자치계층 감축시도를 자치계층 단층화의 본보기로 단정하는 것은 1997년 노동당 집권 이후의 변화를 무시한 것이다. 영국은 노동당 집권 후 스코틀랜드·웨일스·북아일랜드와 런던대도시에 각각 민주적 지역정부가 설치·부활됨으로써 현재 잉글랜드의 일부 도시지역을 제외한 나머지 지역이 모두 2자치계층을 이루고 있다. 스코틀랜드·웨일스·북아일랜드의 지역정부는 종래 중앙정부를 대표하던 지역장관을 통해 행사된 중앙통제를 완화하고 광역행정수요에 부응하고 전략적 지역발전을 도모하는 데 기여한 것으로 평가되고 있다. 평균인구 280만 명의 우리나라 도(道) 폐지를 주장하는 사람들은 인구 500만 명의 스코틀랜드, 290만 명의 웨일스, 168만 명의 북아일랜드의오랜 숙원이던 민주적 광역지방정부 창설이 가져온 이런 긍정적 효과를 간과해서는 안 된다.

런던광역시의 부활 역시 도 폐지를 주장하는 사람들이 주목해야 할 사례다. 1986년 3월 보수당정부에 의해 6개 대도시카운티의회(Metropolitan County Councils)와 함께 폐지되었던 런던광역의회(Greater London Council)는 2000년 5월 시장과 시의원들이 선출됨으로써 런던광역시(Greater London Authority)로 부활되었다. 1986년 런던광역의회가 해체된 후 런던의 광역행정서비스를 중앙정부, 중앙정부가 임명한 기관, 중앙정부가 규제하는 민간기관, 합동기관(Joint Board), 합동위원회(Joint Committee), 런던의 구(區)정부가 담당하게 됨으로써 런던 광역행정에 대한 중앙정부의 관여와 통제가 증가했는가 하면, 런던을 대표할 지역정부의 부재로 인해 광역적 교통·경제개발·

경찰·소방 등의 전략적 업무 수행에 많은 어려움을 겪었다. 마침내 1997년 런던광역시 부활을 공약한 노동당이 집권함으로써 2000년 영국 최초의 직선 시장을 갖는 런던광역시가 설치되었다.

물론 런던대도시권을 제외한 잉글랜드의 8개 지역이 아직 민주적 지역정부를 갖추지 못한 것은 사실이다. 그러나 영국의 식자들은 이런 불균형 상태가 항구적으로 지속될 수 없다는 것을 잘 알고 있다. 이 문제를 해결하기 위해 2004년 시범 실시된 주민투표가 부결됨으로써 이들 지역에 민주적 지역정부의 설치가 지연되고 중앙집권적 지역통치가 지속되고 있다. 잉글랜드 8개 지역의 민주적 지역정부 설치는 영국이 풀어야 할 국가적 숙제다.

도 자치정부 폐지를 주장하는 사람들은 1982 기존의 3단계 자치·행정계층(2자치계층+1행정계층)에 우리나라 도와 비슷한 규모의 레지옹(région)을 제3의 광역자치계층으로 승격시킨 다음 2003년 개헌으로 헌법에 기초한 자치계층으로 격상시킨 프랑스 사례를 눈여겨보아야 한다. 프랑스의 자치계층은 1982년 지방분권법에 따라 26개 레지옹이 지역정부로서 승격되어 2계층(commune – département)에서 3계층(commune – département – région)으로 늘었다. 여기에 코뮌과 데파르트망 중간에 행정계층인 아롱디스망(arrondissement)까지 고려하면, 프랑스의 자치·행정계층은 무려 4계층이다. 프랑스에서 레지옹 광역자치계층이 추가된 까닭은 평균인구 61만 명의 데파르트망 지방정부로는 광역행정수요에 적절히 부응하고 전략적 지역발전을 추진하기 어렵다고 판단했기 때문이다. 레지옹은 그 동안 광역자치계층으로서 제 기능을 성공적으로 수행함으로써 국민의 두터운 신뢰를 받아왔다. 공교롭게도, 데파르트망의 평균인구 61만 명은 요즘 정치권이 구상하는 통합광역시의 평균인구규모와 비슷하다. 그리고 4개 해외영토 레지옹을 제외한 22개 레지옹의 평균인구 266만 명 역시 정치권이 없애려는 우리나라 도의 평균인구 280만 명과 큰 차이가 없다.

V. 규모정치의 폭력성과 빗나간 제도동형화

정치권과 정부가 이처럼 문제가 많은 지방자치체제 개편을 강행하려는 것은 자치단위의 규모 변경을 통해 자신들의 정치적 이익을 도모하려는 '규모정치(politics of scale)'의 유혹과 이런 유혹에 이끌리는 자신들의 행위에 정당성을 부여한다고 여기는 1979년 이후 영국 보수당정부의 단일중심주의 지방자치체제 개편사례를 모방하려는 심리, 이른바 빗나간 '제도동형화(institutional isomorphism)'에 기인한 것으로 보인다.

1. 규모정치의 폭력성

정치권은 시·군·자치구를 몇 개씩 묶어 평균인구 60만~70만 명의 통합광역시를 만들고, 도 자치정부를 폐지하는 대신 전국을 몇 개의 권력으로 구분해 국가광역행정기관을 설치함으로써 행정효율과 국제경쟁력을 높일 수 있다고 주장해왔다. 그러나 정치권이 지방자치체제를 개편하려는 내밀한 동기는 미래의 정치적 경쟁자들인 시장·군수·구청장과 시·도지사를 제거하려는 의도와 긴밀히 연관되어 있다는 관측이 유력하다. 다른 사안에 대해서는 심한 대립과 갈등을 빚어온 여야 정치인들이 지방자치체제 개편에 대해서는 언제나 한목소리를 내는 것은 정치적 이해관계가 일치하기 때문이라는 관측에 설득력을 더한다.

정치권의 지방자치체제 개편안을 거들어온 청와대와 행정안전부의 고위공무원들도 이해당사자의 범주에 포함된다. 주류 정치권의 의도대로 시·군·자치구의 합병이 이루어져 도 자치정부가 유명무실하게 되면, 결국 도 자치정부가 폐지되고 국가광역행정기관이 설치될 경우, 이들이 가장 유력한 인사수혜자들이 될 것이기 때문이다. 청와대와 행정안전부가 정치권의 단일중심주의적 지방자치체제 개편안의 관철에 적극적으로 협조해온 동인에는 이런 관료적 이해관계가 자리 잡고 있다.

정치권과 중앙관료들의 의도대로 정치적 경쟁자들이 감축되는 경우, 정치인들의 공익실현 가능성은 희박해지고, 정치와 행정의 대응성은 크게 저하될 수밖에 없다(Schattschneider, 1960: 140). 단일중심주의 규모정치의 폐해가 분명함에도 불구하고, 한국은 중앙집권 권력정치의 정글법칙에 의해 지방자치체제가 왜곡될 심각한 위기상황에 직면해왔다.

규모정치의 폭력성은 정치권의 개편안 작성과 정부의 추진과정에서 여실히 드러났다. 지방자치체제 개편안을 마련하는 과정에서 전문가들의 체계적 연구와 자문이 무시되었다. 전문가들은 단지 정치권이 만든 개편안에 대해 의견을 제시할 뿐이었다. 전문가들과 정치권의 역할이 뒤바뀐 것이다. 고도의 전문지식을 필요로 하는 지방자치체제 개편 문제를 직접 이해당사자인 정치권이 개편방향을 정해 추진하기로 결정하고 정부가 이를 적극 지원하는 방식으로 진행되었다. 전문가 의견청취는 단지 요식절차로 이루어졌다. 대다수 전문가들의 강한 반대에 직면하자, 찬성자들과 반대자들을 절반씩 참여시킨 세미나와 토론회 등을 열어 마치 전문가들 사이에 찬반의견이 팽팽히 맞서고 있다는 인상을 주었다.

규모정치의 폭력성은 합병 유인책 제공에서도 확인된다. 행정안전부는 "지역주민의 의사를 존중해" 시·군·자치구의 "자율통합"을 유도한다고 표방하면서 통합광역시에 향후 10년 동안 1,000억~4,000억 원과 정책특혜의 제공을 약속했다. 합병을 거부하는 지방자치단체에게는 그만큼 불이익을 주겠다는 것이다. 자율을 빙자한 강요가 아닐 수 없다.

2. 빗나간 제도동형화

시·군·구를 몇 개씩 묶어 광역시로 만들고, 도 자치제를 폐지하자고 주장하는 사람들은 종종 영국사례를 거론한다. 이들은 의도적이든 의도적이 아니든 규모정치의 유혹에 끌려 움직이는 자신들의 행위에 정당성을 부여하는 논거를 애타게 갈망하는 정치권과 정부 관계자들에게 마치 구원투수의 역할을 하는 셈이다.

영국의 지방자치체제 개편사례는 닮아야 할 성공사례가 아니라 반면교사로 삼아야 할 실패사례다. 1979년부터 1997년까지 보수당정부는 시장화 정책과 함께 "잔인한" 중앙집권화를 도모하면서 런던광역의회를 비롯한 7개 대도시의회를 폐지하는 등 자치구역의 광역화와 자치계층의 단층화를 단행했다. 그 결과, 영국은 기초정부의 평균인구규모가 무려 13만 명으로 여느 나라 기초정부의 몇 배 내지 몇 십 배에 달하고, 총인구의 70%가 사는 잉글랜드 8개 지역은 민주적 지역정부를 갖지 않는 나라가 되었다. 1997년 노동당정부의 집권 이후에 런던광역정부가 부활되고 스코틀랜드·웨일스·북아일랜드에 민주적 지역정부가 설치되어 2자치계층으로 환원되었지만 잉글랜드의 8개 지역은 아직 "EU에서 민주적 거버넌스구조를 갖지 못한 유일한 지역"으로 남아 있다.

노동당정부는 2002년 백서를 통해 잉글랜드 8개 지역에 직선 지역의회를 설치하는 계획을 발표했다. 그러나 2004년 시범 실시된 주민투표는 정부계획을 무산시켰다. 의외의 주민투표 결과는 민주적 광역정부에 대한 거부라기보다 정치인들에 대한 불신, 직선 지역의회가 누릴 미약한 권한, 막대한 소요비용에 대한 불만이 반영된 것이다. 영국정부는 주민투표 결과에 따라 직선 지역의회의 설치 계획을 중단했다. 이어 각 지역에 지역장관을 임명해 파견하고, 국회에 관련 지역위원회를 설치했다. 이 와중에 잉글랜드 지방정부들은 시티리전(City Region)이나 다구역협정(Multi-Area Agreement) 등을 통한 광역협력을 도모해왔다. 따라서 당분간 잉글랜드 8개 지역은 국회의 중앙집권적 통치와 지방정부들의 자율적 광역협력이 혼재하는 가운데 민주적 광역정부의 창설로 이어지기 전 다소 혼란스런 과도기를 겪을 것으로 예상된다.

불문헌법국가인 영국에서 지방자치는 헌법의 보호를 받지 못하고 오직 집권당의

결정에 따라 좌우된다. 이로 인해 영국의 지방자치는 정권이 바뀔 때마다 요동쳐왔
다. 오늘날 영국의 지방자치는 중앙집권적이고 취약하며 불안정하다. 다행히 노동당
이 집권한 후 과거 보수당 시절의 중앙집권화 추세가 다소 완화됐지만, 중앙권력이
압도하는 지방관리 기조는 지속되고 있다.

Ⅵ. 이해당사자의 편견억제와 전문가 · 시민의 역할

1. 이해당사자인 대리인의 편견억제

직접적 이해당사자들인 국회의원들이 지방자치체제 개편을 주도하는 것은 '편견
억제'라는 절차적 정의의 원칙에 위배된다. 통합광역시 설치와 도 폐지로 두려운 경
쟁자들인 시장 · 군수 · 구청장의 수를 일거에 4분의 1로 줄이고, 잠재적 대권 경쟁자
들을 제거해 자신들의 정치적 영향력을 크게 증대시킬 대안에 강한 유혹을 느끼는 국
회의원들이 지방자치체제 개편을 주도하는 것은 적절치 않다.

지방자치체제 개편과정에서 이해당사자들의 편견을 억제하는 방안은 이들의 역
할을 최소화하는 것이다. 캐나다 브리티시 콜롬비아 주는 선거법 개정안을 마련하는
시민위원회를 구성할 때 정치인들을 아예 배제시켰다. 시민위원회는 유권자명부에서
무작위로 선정된 사람들로 구성되었고, 시민위원회가 작성한 선거법안이 주민투표에
회부되기 전 정부는 이에 대해 아무 의견도 제시할 수 없도록 조치했다. 이처럼 극단
적인 방법은 아닐지라도, 지방자치체제 개편절차는 중앙정치인의 이해관계와 권력정
치의 정글법칙에 의해 왜곡되지 않고 "상이한 이익들 간 대화와 타협을 유도하도록"
신중히 설계되어야 한다(Simeon, 2009: 253).

2. 개헌을 통한 대리인의 편견억제

지방자치체제 개편이 이해당사자들인 국회의원들은 지방자치체제 개편에 관해
사실상 독점적 입법권을 행사한다. 입법과정에서 전문가와 시민사회의 의견은 무시되
기 일쑤다. 예컨대 2005년 국회는 시장 · 군수 · 구청장협의회와 시 · 군 · 구의회의장협
의회의 극렬한 항의집회와 지방자치연구자들의 반대 및 국민 65% 이상의 반대의사
에도 불구하고 이들이 한목소리로 요구한 기초지방단체장 후보의 정당공천제를 폐지
하기는커녕 오히려 기초지방의원 후보까지 정당공천을 확대하는 공직선거법 개정을
강행했다. 몇 년 동안 지방정치인들과 전문가 및 시민사회가 전개한 정당공천제 폐지
를 위한 입법투쟁은 무위로 끝나고 말았다.

이 문제에 대한 근본적인 해법은 개헌을 통해 지방자치체제 개편에 대한 국회의원들의 입법권을 제한하는 것이다. 개헌의 방향은 두 가지 측면에서 강구될 수 있다. 첫째 방안은 헌법 제117조 제2항, 즉 "지방자치단체의 종류는 법률로 정한다."는 규정을 개정하여 지방자치단체의 종류를 헌법에 명시하는 것이다. 이로써 도와 자치구를 폐지해 현행 2자치계층을 1자치계층으로 전환하려는 정치권의 유혹을 원천 봉쇄할 수 있다. 둘째 방안은 법률에 대한 입법권을 국회와 국민이 공유하는 것이다. 이를테면 국회가 의결해 공포한 법률에 대해 공포한 날로부터 100일 이내에 10만 명의 국민이 개정을 요구하는 경우에 국민투표에 회부하여 결정하는 것이다. 정치권의 '대리인 지대추구' 문제를 해결하는 첩경은 모든 정부 수준에서 국(주)민발의와 국(주)민투표를 광범위하게 인정하는 것이다(안성호, 2018: 187-230). 개방적 국(주)민발의제와 국(주)민투표제가 도입되는 경우, 의회는 국(주)민의 다수의 의사에 반하는 결정이 국(주)민발의와 국(주)민투표로 도전 받게 될 것을 우려하여 국(주)민의 의사에 더욱 민감하게 반응한다. 이런 의미에서 직접민주주의 확충은 대의민주주의의 결함을 보완한다. 직접민주주의로 대의민주주의의 결함을 보완하는 스위스민주주의는 헌법개혁의 모범사례를 보여준다.

3. 전문가의 사명과 역할

지방자치체제를 포함한 헌정질서를 설계할 때 전문가들이 수행해야 할 사명은 직접 이해당사자인 정치인이 준수해야 할 "규범적 표준"을 제시하는 것이다(Simeon, 2009: 245). 연구자가 별 고민 없이 이해당사자의 주장에 장단을 맞추거나 부화뇌동하게 되면 바람직한 헌법질서의 설계를 위한 합리적 논의는 설자리를 잃고 권력정치의 정글법칙에 함몰되고 만다.

2009년 9월 14일 145명의 지방자치 연구자들이 정치권과 정부의 지방자치체제 전면 개정 움직임에 대해 반대성명서를 발표한 것은 "규범적 표준"을 제시해야 할 전문가의 사명을 수행한 것으로 볼 수 있다. 그러나 현행 지방자치단체 수의 3분의 2 이상을 파괴하려는 지방자치의 심각한 위기상황에 직면해서도 관련 학회가 능동적으로 분명하게 대처하지 못하고 있는 것은 유감이 아닐 수 없다.

자치구역 및 자치계층 문제는 연구자들조차 오랜 시간 깊이 탐구하고 철저하게 검토하지 않으면 올바른 판단을 내리기 힘든 전문분야다. 국회의원들이 반드시 특정 분야의 전문가일 필요는 없다. 마치 '안락사' 문제를 다룰 경우에 뇌신경학자·법의학자·심리학자·윤리학자·종교인 등의 자문을 받는 것처럼, 국회의원들은 지방자치체제를 개편하면서 관련 전문가들의 도움을 받아야 한다.

그러나 그동안 정치권은 헌법질서의 근간을 형성하는 지방자치체제 개편을 시도하면서 전문가위원회를 구성한 바 없고, 정치인들이 제시한 개편안에 대한 공론화절차도 거치지 않았다. 2005년 어느 날 정당대표들이 여의도식당에서 만나 지방자치체제 전면 개편에 합의한 후 국회의원들은 중구난방으로 자신들의 입맛에 맞는 법안들을 발의해왔다.

4. 공개 숙의토론을 거친 주민투표

전문가들의 도움은 향후 지방자치체제 개편의 최종 결정권을 행사해야 할 주민에게도 반드시 필요하다. 그 동안 정치권이 공개 숙의토론을 거치지 않은 상태에서 실시된 주민의견조사 결과에 고무되어 대다수 전문가들이 심각하게 우려하는 개편안을 관철시키려는 것은 주민의 알 권리를 소홀히 여기는 처사다. 헌법질서의 중추를 구성하는 지방자치체제의 개편은 주민투표가 실시되기 전 적어도 1~2년 간 공개 숙의토론을 거쳐야 한다.

공개 숙의토론은 직접민주주의의 영혼이다. 주민에게는 지방자치체제 개편을 논의하는 전문가토론회, 입법공청회 및 주민회의 등에 참여하여 판단에 필요한 정보를 얻고 의견을 개진할 수 있는 충분한 기회가 제공되어야 한다. 주민투표에 부쳐진 사안에 대한 정당과 정부 및 지방자치단체의 의견 표명도 허용할 필요가 있다. 이 때 언론의 역할은 매우 중요하다. 언론은 다양한 견해를 균형 있게 전달하여 주민의 합리적 판단을 도와야 한다.

행정안전부는 지방자치체제 개편을 추진하면서 시·군·구 합병을 독려하면서 지방자치단체의 법인격 폐지 여부를 일부 주민의 의견조사 결과와 지방의회 의결로 결정하겠다는 방침을 정한 바 있다. 이 방침에 따라 마산·창원·진해의 통합이 결정되었다. 그러나 주민의견조사는 주민투표와 본질적으로 다른 것이며, 지방의회 의결이 주민투표를 대신할 수 없다. 시·군·구 합병과 같이 주민에게 중대한 영향을 미치는 사안에 대해 주민투표를 실시하지 않는 것은 주민투표법의 제정정신에 배치된다.

지방자치체제 개편안을 국민투표에 부치는 방안을 주장하는 사람들도 있다. 일견 국민의 의사를 묻는다는 점에서 타당한 주장처럼 보이지만, 일부 지방자치단체에 한정된 지방자치체제 개편과 관련해서는 그렇지 않다. 법인격을 지닌 지역정부의 문제를 다른 지역의 주민이 결정하는 결과를 초래할 수 있기 때문이다. 실제로 2006년 제주특별자치도가 출범하기 직전에 제주 전역을 대상으로 실시된 주민투표에서 제주 4

개 시·군의 투표결과와 달리 시·군자치제 폐지에 반대한 투표자들이 많았던 서규포시와 남제주군이 폐지되었다. 4개 시·군의회가 권한재의심판 헌법소원을 제기했지만, 헌법재판소가 4개 시·군의 폐지를 합번으로 결정했기 때문이다. 독자적 법인격을 갖는 소규모 지방정부의 폐지가 해당 주민의 의사에 반하여 다수결로 결정되는 사태가 야기된 것이다. 자치정부 존폐의 운명은 오직 해당 주민 다수의 의사에 따라서 결정되는 것이 지방자치를 규정한 헌법정신에 부합한다.

아울러 주민투표를 통한 자치체제의 결정이 정당성을 지니려면 공정한 주민투표운동이 보장되어야 한다. 용어의 선택 같이 사소한 일도 주민투표운동의 공정성을 크게 해칠 수 있다. 정치권의 개편안이 지칭하는 '통합광역시'라는 용어는 중소도시와 농촌지역 주민으로 하여금 광역시로 합병되면 기존의 '광역시'로 승격되는 것으로 오해하게 만든다. 그 동안 읍이 시로, 시는 광역시로 승격되어 신분상승을 학습해온 사람들에게 광역시 편입은 큰 선물이 아닐 수 없다. 그래서 정치권은 지방자치체제 개편과 관련해 '합병' 대신 '통합'이라는 말을 즐겨 사용해왔다. '통합'이란 단어가 '분열'과 대비되어 풍기는 긍정적 어감을 주기 때문이다. 이런 교묘한 술책은 제주 시·군자치제 존폐를 묻는 주민투표에서 시·군자치제 폐지안을 '혁신안'으로, 시·군자치제 유지안을 '점진안'으로 호칭하는 방식으로 악용되었다. 이런 명명방식은 제주주민에게 시·군자치제 폐지를 혁신으로, 시·군자치제 유지를 반(反)혁신으로 믿도록 오도했다.

참고문헌

안성호 (2018). 「왜 분권국가인가: 리바이어던에서 자치공동체로(개정판)」. 서울: 박영사.

유재원·손화정. (2009). 시군통합의 효과에 대한 경험적 분석: 단절적 시계열모형 (ARIMA)의 적용. 「한국행정학보」. 43(4): 285－306.

이시원·민병익 (2006). 시·군통합의 재정적 효과분석. 「지방정부연구」. 10(3): 45－62.

Ammon, D. N. & W. C. Rivenbark. (2008). Factors Influencing the Use of Performance Data to Improve Municipal Services: Evidence from the North Carolina Benchmarking Project. *Public Administration Review*. 68(2): 304－318.

Bennet, R. (1989). Assignment of Competency and Resources. In R. Bennett (ed.). *Territory and Administration in Europe.* London Printer Publishers.

Bish, R. (2001). Local Government Amalgamations: Discredited Nineteenth Century Ideas Alive in the Twenty−First. *Communiqué:* C.D. Howe Institute.

Boyne, G. A. (1998). *Public Choice Theory and Local Government.* Basingstoke: Macmillan,

Byrnes, J. D. & B. E. Dollery (2002). Do Economies of Scale Exist in Australian Local Government?: A Review of the Research Evidence. *Urban Policy and Research.* 20(4): 391−414.

Committee for Economic Development. (1966). *Modernizing Local Government.* New York: Committee for Economic Development.

Committee for Economic Development. (1970). *Reshaping Government in Metropolitan Areas.* New York: Committee for Economic Development.

Dahl, R. A. (1967). The City in the Future of Democracy. *American Political Science Review.* 61(4): 953−970.

_____. (1982). *Dilemmas of Pluralist Democracy: Autonomy vs. Control.* New Haven: Yale University Press.

_____. (김왕식 등 역). (1999). 「민주주의」. 서울: 동명사.

_____. & E. R. Tufte. (1973). *Size and Democracy.* Standard: Standard University Press.

de Tocqueville, A. (2003). *Democracy in America and Two Essays on America.* Translated by G. e. Bevan. New York: Penguin Books.

Dollery, B. & L. Crase. (2004). Is Bigger Local Government Better?: An Evaluation of the Economic Case for Australian Municipal Amalgamation Programs (Working Paper Series in Economics). University of New England, School of Economics.

Holzer, M. et al. (2009). Literature Review and Analysis Related to Optimal Municipal Size and Efficiency. (the School of Public Affairs and Administration at Rutgers University).

Jeffery, C. (ed.). (1997). *The Regional Dimension of the European Union: Toward a Third Level in Europe?* London: Frank Cass.

Katsuyama, B. (2003). Is Municipal Consolidation the Answer? http://www.mrsc.org/Publications/mrnews/mrnews0603.aspx>.

Marks, G. et al. (2008). Patterns of Regional Authority. *Regional and Federal Studies*. 18(2−3): 167−181.

Ostrom, E. (2009). Beyond Markets and States: Polycentric Governance of Complex Economic Systems (Paper for the Nobel Foundation's Yearbook *Les Prix Nobel*).

Ostrom, V. (2008). *The Intellectual Crisis in American Public Administration (3rd edition)*. Tuscaloosa: The University of Alabama Press.

Sancton, A. (2000). *Merger Mania*. McGill−Queens University, Montreal.

Schattschneider, E. E. (1960). *The Semisovereign People: A Realist's View of Democracy in America*. New York: Holt, Rinehart & Winston.

Simeon, R. (2009). Constitutional Design and Change in Federal Systems: Issues and Questions. *Publius*. 39(2): 241−261.

Willson, D. & C. Game. (임채호 역). (2008). 「영국의 지방정부」. 서울: 박영사.

▶ ▶ ▶ **논평**

곽현근(대전대학교 행정학과 교수)

　　이명박 정부와 18대 국회가 추진한 지방자치체제 개편의 골자는 시·군·자치구를 통합해 60~70개의 광역시로 재편하고 광역도를 폐지함으로써 1계층의 자치체계를 만드는 것이었다. 광역도 대신 전국을 몇 개의 권역으로 묶어 국가광역행정기관을 설치하는 계획도 포함한다. 정치권의 개편 추진을 위한 다양한 논거에도 불구하고, 당시 과도한 시군통합과 광역자치단체 폐지가 가져올 지방자치의 후퇴에 대한 학계의 우려가 이어졌다. 시·군·자치구 통합의 원리로 내세운 행정 효율성이 단순한 1차원적 해석과 구조적 처방만으로 다루어질 수 있는 문제가 아닐 뿐만 아니라 지방자치의 또 다른 원리인 지방민주주의의 후퇴 가능성과 연관해 비판의 목소리가 높았다. 정치권이 무리하게 자치계층 단층화와 시·군의 임명제 전환을 추진하는 배경에는 대권의 잠재적 경쟁자인 시·도지사뿐만 아니라 시장·군수·구청장을 견제하고 제거하려는 국회의원들의 불순한 의도가 깔려 있음을 의심하지 않을 수 없었다.

　　안성호 교수의 위 논문은 이명박 정부 당시 정치권의 지방자치체계 개편의 부당한 논리를 불식시키고 시대착오적인 선택의 길로 들어서는 것을 막는 데 가장 큰 영향력을 보여준 논문으로 꼽힌다. 안교수는 논문을 통해 정치권의 지방자치체제 개편안의 빈약한 논리를 체계적인 이론과 설득력 있는 경험적 자료의 조합을 통해 조목조목 반박하고 있다. 물론 위 논문이 시간을 가로질러 지방자치학계를 대표하는 한 편의 고전으로 간주될 수 있는 것은 단순히 특정 정부에서 추진된 제도의 한계를 지적하고 비판하는 수준에 머무르지 않기 때문이다. 당시 안교수가 내린 대한민국 지방자치의 근본적인 문제에 종합적인 진단과 처방은 10년이 지난 지금도 여전히 미완의 숙제로 남아 있으면서 성숙한 지방자치를 향한 나침판이 되고 있다.

　　안성호 교수의 논문은 모두 7장으로 구성되어 있다. 연구의 배경과 목적을 다룬 Ⅰ장에 이어 Ⅱ장에서는 한국 지방자치 구역 및 계층의 현황 분석과 국제적인 비교를 통해 정치권 개편안이 무리한 선택임을 가시화하여 보여주고 있다. 통계자료를 통해 우리나라의 현행 2차치계층이 대다수의 선진국의 제도적 경향과 일치함에도 불구하고, 이미 기초정부의 관할구역이 상대적으로 매우 큰 단위에서 획정되면서 평균인구가 선진국과 비교할 때 최고 수준임을 확인시켜준다. 또한 국제비교를 통해 주류 정치권의 개편안대로 시·군·자치구의 통합 또는 자치구 의회의 폐지가 추진되는 경우 전 세계에서 가장 기형적 규모의 지방정부를 가지게 될 위험성을 도표를 통해 경고하고 있다.

논문의 III장 1절에서는 정치권 통합광역시로의 전환의 주요 논리인 행정효율의 문제점에 대해서 날카로운 비판의 날을 세우고 있다. 우선 규모의 경제라는 생산의 효율성과 관련된 1차원적 개념이 그대로 적용되기에는 공공부문이 가지는 서비스의 특징과 공급방식의 다양성을 간과하고 있음을 지적하고 있다. 또한 정치권의 행정효율성의 단순한 논리는 행정학의 주요 패러다임인 공공선택론이 제시한 "'분절된' 자치체제가 소수의 대규모 지방정부들로 이루어진 '통합된' 자치체제보다 더 효율적"이라는 강력한 이론적·경험적 연구결과를 고려하지 못한 발상이다. 이어 해외의 경험적 연구결과를 통해 기초정부의 서비스를 특징짓는 노동집약적 서비스의 경우 규모의 경제가 2만 명 수준에서 달성된다는 사실을 밝힘으로써 시군구 통합이 행정효율을 가져올 것이라는 막연한 논거의 신뢰성을 여지없이 해체시키고 있다. 그 연장선상에서 우리나라에서 추진된 지방정부 통합과 행정효율에 대한 연구결과가 일치된 결론에 도달하지 못하고 있을 뿐만 아니라 시군통합의 긍정적 성과를 확인한 연구의 경우도 방법론상의 한계로 인하여 타당성에 문제가 있음을 지적하고 있다.

한편, III장 2절에서는 정치권의 의도대로 지방자치체제 개편이 이루어지는 경우 우리나라 민주주의가 심각하게 퇴보할 것을 크게 우려하고 있다. 우선 개편안대로 대의민주주의 관점에서 광역지방자치단체를 없애고 대신 중앙정부의 일선기관으로 국가지방광역행정청을 설치하는 것은 "민주화 투쟁의 값비싼 대가를 치루고 쟁취한 광역지방자치단체의 대의민주주의를 일거에 파괴하는 결과를 초래"하는 것이다. 또한 통합광역시의 1계층 자치제가 실시되는 경우 통합광역시 청사 소재지 이외의 시군구에는 하급행정기관이 설치될 가능성이 높으면서 시군자치구의 대의민주제의 직접적인 파괴를 동반하게 된다.

이미 우리나라 지방의원 정수는 선진국의 지방의원 정수에 비해 지나치게 적으면서 지방의원 한 사람이 1만 명이 넘는 주민을 대표하고 있다. 이런 상황에서 자치 1계층으로의 전환은 다양한 민의를 지방정부에 반영하는 대의민주제의 기능과 역할을 더욱 제약하게 될 것이다. 뿐만 아니라 기초지방정부를 없애고 60~70개의 통합광역시를 설치하는 것은 지방정부의 물리적 거리가 멀어지면서 참여를 통한 주민의사의 투입과 행정통제의 가능성이 그만큼 줄어들게 된다. 구체적으로 의회제 대의민주제를 비판하고 일반주민의 정치참여를 강조하는 풀뿌리민주주의(grass-root democracy) 관점에서 바라볼 때 "인구규모를 60~70만 명으로 늘리겠다는 구상은 풀뿌리주민자치를 구현할 기초자치를 사실상 포기하는 것"으로 안교수는 결론짓고 있다. 정치권과 정부가 추진하는 통합광역시의 구상은 민주주의 이론의 석학으로 알려진 R. Dahl 교수가 제시하고 있는 21세기 적정 민주주의 인구규모 5~10만 명과도 현격한 차이를 보여주는 것이다. 물론 작은 인구규모가 가져다주는 시민영향력의 효과성에도 불구하고, 소규모의 공동체가 가지는 문제해결 자원과 역량 부족의 딜레마가 발생할 수 있다. 하지만 안성호 교수는 이러한 딜레마에 대한 처방으로 모든 민주국가에서 중층적·다원적 자치정부가 강조되는 상황에서 단층제로의 개편방향이 얼마나 시대착오적인 발상인지를 상기시켜주고 있다.

Ⅳ장에서는 다분히 신지역주의(New Regionalism)의 관점에서 적정규모의 민주적 지역정부와 광역협력제도의 필요성을 강조하고, 도 자치정부의 폐지가 세계화에 대응하는 선진국가의 전략과는 상반되는 방향임을 역설하고 있다. 아이러니하게도 세계화는 지역정체성의 재발견과 지역결속의 중요성을 강화시키면서 지역주의의 동인으로 작용하고 있다. 지역주의에 부응해 세계의 많은 국가들이 경제성장과 지역정체성을 견인하는 광역정부의 역할과 기능을 강화시켜왔다. 안교수는 Marks 등(2008)이 수행한 42개 국가의 비교연구결과를 통해 2천만 명 이상의 인구를 가진 민주국가들은 모두 상당한 권한을 가진 광역정부를 두고 있을 뿐만 아니라 4천만 이상의 인국 국가 중 우리나라 광역자치단체보다 빈약한 자치권을 부여하고 있는 나라는 터키뿐이라는 사실을 확인하고 있다. 광역지방정부의 창설 또는 자치계층에의 추가를 통해 전략적 지역발전을 도모하고 있는 영국과 프랑스의 사례 역시 도 자치정부를 폐지하고 통합광역시의 1자치계층으로의 전환을 주장하는 사람들이 주목할 필요가 있음을 강조하고 있다. 프랑스, 독일, 일본 등 초광역 행정수요에 부응하기 위해 기존 광역정부의 구역을 확대하는 움직임이 확인되는 상황에서 인구 60~70만 명의 단층제 지방정부로의 전환은 시대의 요구를 거스르는 선택임을 명확히 하고 있다.

Ⅴ장에서는 이명박 정부 당시 정치권과 정부가 많은 문제점을 안고 있는 지방자치체제개편을 강행하는 이유를 두 가지 차원에서 분석하고 있다. 첫째, 주류 정치권과 중앙관료들이 자치정부 규모의 전환을 통해 자신들의 이해관계를 관철시키려는 내밀한 의도가 다분히 깔려져 있다. 주류정치권은 통합광역시로의 전환을 통해 미래의 정치적 경쟁자인 시장·군수·구청장과 시·도지사를 제거하려는 동기를 의심하지 않을 수 없다. 뿐만 아니라 청와대와 행정안전부의 입장에서도 도 자치정부가 폐지되고 국가광역행정기관이 설치되는 경우 가장 큰 인사상의 수혜자가 될 수 있다는 점에

서 주류정치권과의 이해관계가 맞아 떨어졌다는 것이다. 안성호 교수는 자치단위의 규모 변경을 통해 자신들의 정치적 이익을 도모하려는 주류 정치권과 정부의 추진 동기를 "규모정치의 폭력성"으로 규정짓고, 이후 요식절차로 전락한 추진과정과 정책특혜의 제공을 빌미로 거의 강요에 가까운 시군자치구의 통합과정을 고발하고 있다.

둘째, 지방자치체제 개편에 있어 결코 모범사례가 될 수 없는 영국의 사례에 근거해 지방자치체제 개편의 정당성을 제공하는 일부 학계의 논리 제공 때문이다. 안교수는 영국의 보수당 정부가 추진한 자치구역의 광역화와 자치계층의 단층화를 통한 중앙집권적 지방자치체제 개편사례를 맹목적으로 추종하는 학자들이 "주류 정치권과 정부 관계자들에게 마치 구원투수의 역할을 하는 셈"이라고 통렬한 비판의 날을 세운다. 유럽국가 중에서도 가장 "중앙집권적이고 취약하며 불안정한" 지방자치제도를 가진 국가로 평가받는 영국을 벤치마킹해서 자치체제개편을 추진하는 것은 '빗나간 제도동형화'(aberrant institutional isomorphism)의 길을 가는 것이라고 단언한다.

Ⅵ장은 바람직한 지방자치체제 개편의 방향을 네 가지 관점에서 제시하고 있다. 첫째, 직접적 이해 당사자인 국회의원들이 지방자치체제 개편을 주도하는 것은 '편견의 억제'의 관점에서 매우 불공정한 방식이다. 따라서 되도록 중앙정치인의 이해관계에 의해 왜곡되지 않은 개편절차와 제도적 틀을 갖출 필요가 있다. 이를 위해서는 둘째, 헌법 개정을 통해 지방자치체제 개편에 관한 국회의원들의 입법권을 제한하고 견제할 필요가 있다. 구체적으로 지방자치단체의 종류를 헌법에 명시하거나 국민투표 또는 국민발의와 같은 제도의 도입을 통해 법률에 대한 입법권을 국회와 국민이 공유하도록 함으로써 국민의 의사에 대한 대의민주주의의 민감성을 근본적으로 강화할 것을 처방으로 제시하고 있다. 셋째, 지방자치 연구자들은 이해관계자인 정치인들이 넘어서는 안 될 "규범적 표준"을 제시하기 위해 노력해야하는 반면, 정치인들은 관련 전문가들의 의견을 충분히 수렴하고 제도에 반영하려는 적극적인 자세를 갖춰야 한다. 넷째, 자치체제개편의 구체적인 내용을 설계하고 결정하는 과정 전반에 주민이 참여할 수 있는 토론과 여론수렴의 장을 열고, 시·군·구 통합 또는 자치정부의 존폐 여부와 같은 사안에 대해서는 공론화 과정을 거쳐 주민투표를 통해 결정되어야 한다. 주민투표를 통한 결정이 공정한 선택이 되고 정당성을 갖추기 위해서는 정부 스스로 왜곡된 언어(프레임)의 선택을 통해 주민들을 오도하는 일이 없어야 한다. 또한 '주민투표토의'(referendum discussion)의 촉진과 열린 공론장의 형성을 위해서는 다양한 견해를 균형 있게 전달하는 언론의 기능과 역할도 필수적임을 지적하고 있다.

Ⅶ장에서는 논문을 마무리 지으면서 졸속으로 추진되는 지방자치체제개편의 위

험성을 다시 한 번 경고하고, "국가 통치구조의 기본 골격을 재편성하는 백년대계로서 헌법개정과 함께 4~5년 동안 충분한 연구와 공론화과정을 거쳐 신중하게 추진"될 필요성을 역설하고 있다. 특히 이명박 정부 당시 대통령제의 문제점을 해결하기 위한 개헌 논의에서 '지방분권 원리의 헌정화(constitutionalization)' 논의가 배제되고 있는 부분에 대한 아쉬움을 피력하면서 지방자치체제의 개편논의가 지방분권형 개헌 논의의 큰 틀 안에서 추진되어야 할 당위성을 상기시켜주고 있다.

지방행정체제개편의 정치권과 정부의 논리를 반박하는 논문을 읽으면서 우리는 안성호 교수의 지방자치분야에 대한 해박하고 깊은 지식을 확인하게 된다. 이론적이고 규범적인 논의를 넘어서서 다루는 주제 각각에 대하여 경험적이고 종합적인 논거를 제시하는 수준이 놀랍기만 하다. 자기만의 방식으로 정리된 꼼꼼한 실증자료에 기초한 도표방식의 증거는 대한민국의 기형적 자치체계의 모습을 가장 효율적이고 설득력 있게 묘사하고 있다. 뿐만 아니라 지방자치정부에 요구되는 효율성과 민주성의 하위차원들에 대하여 포괄적이고 촘촘한 증거를 제시함으로써 정치권과 정부의 개편 논리의 빈약성을 여지없이 드러내고 있다. 각각의 장과 절에서 다루고 있는 개별 주제와 논점은 그 자체로서 별개의 연구과제 성과로 평가될 수준의 깊이를 보여주고 있다.

위 논문은 지방자치를 연구하는 후학들에게 학자로서 갖추어야 할 자세를 제시하면서 논문 그 자체로서 모범을 보여준다. 안성호 교수는 본문에서 일부 연구자들이 "깊은 연구와 고민 없이 이해당사자들의 주장에 장단을 맞추거나 부화뇌동하게 되면 합리적 논의는 설자리를 잃고 권력정치의 정글법칙에 함몰되기 쉽다"고 지적한다. 일부 행정학자 또는 지방자치학자들이 정부의 '팔 길이'(arm-length)에 머무르면서 정부행위를 합리화하고 정당성을 뒷받침해주는 보조역할에 그치고 있는 세태를 날카롭게 꼬집고 있는 것이다. 안교수의 논문은 정부의 잘못된 선택에 대하여 학자적 양심으로부터 우러나온 독립적이고 비판적인 성찰과 접근의 전형을 보여준다.

안성호 교수는 단순히 상아탑에 머물지 않고 실천하는 지식인으로서 우리나라 지방자치 제도사에 큰 족적을 남긴 대표적인 학자이다. 노무현 정부 시절 '제주특별자치도지원특별위원장' 직을 통해 지방자치의 실험장으로 주목받고 있는 제주특별자치도의 산파 역할을 했다. 문재인 정부 들어서도 대통령소속 정책기획위원회의 분권발전분과위의 위원장을 맡으면서 지방분권형 개헌안 준비를 진두지휘한 학자이기도 하다. 지방분권국민운동 공동대표를 역임하면서 그가 보여준 지방자치에 대한 신념과 열정은 많은 이에게 큰 울림으로 다가오면서 지방분권과 자치를 향한 실천공동체 형성의 구심점과 주춧돌이 되었다. 이러한 안성호 교수가 자신의 철학과 우리나라 지방자치에 대한 진단과 처방을 집대성한 저서가 2016년 발간한 「왜 분권국가인가: 리바이어던에서 자치공동체로」이다. 2010년 논문은 바로 이 저서의 예고편에 불과한 것으로, 좀 더 완결된 안교수의 관점을 확인하고 민주주의와 지방자치에 대한 지평을 넓히기를 원하는 후학들에게 해당 도서의 필독을 권한다. 지방자치에 대한 그의 문제의식과 해법은 기존의 문헌에서 접해보지 못한 깊이와 논리를 경험하면서 지방자치에 대한 신선한 세계가 열리는 기쁨을 선사할 것을 믿어 의심치 않는다.

주민자치회의 제도화 방안과 발전방향에 관한 연구

주민자치회의 제도화 방안과 발전방향에 관한 연구[*]

심익섭(동국대학교 행정학과 명예교수)

∽ 프롤로그 ∽

　민주주의의 추상성을 구체적으로 보여주는 것이 바로 지방자치요, 그래서 현대 민주국가는 지역경쟁력이야 말로 곧 국가경쟁력임을 늘 천명하고 나선다. 나아가 현대 지방자치의 핵심은 단체자치보다 주민자치에 집중하고 있다는 점에서, 한국의 주민자치 실질화를 위한 국민적 염원은 당위성 차원을 넘어 국격(國格)은 물론 민주주의 수준과 직결되는 화두(話頭)이다. 이를 직시하여 지난 1990년대 이후 본격적인 민주화 시기의 역대 정권들은 지방자치 중에서도 주민자치 활성화를 위해 나름대로 노력해 왔다.

　구체적으로는 김대중 정부 때 읍·면·동에 주민자치센터와 주민자치위원회를 설치한 것이 대표적인 주민자치를 위한 제도화요 구체적인 정치적 결실이었다. 그러나 주민자치위원회 제도 도입 20년이 지난 지금도 제도 자체에 대한 미흡함 지적은 물론 운용상의 문제에 대한 비판이 끊이지 않고 이어져 왔다. 이에 따라 주민자치를 실질화하기 위한 학계의 논의와 정책적 대안들이 지속적으로 제기되어 왔으며, 결국 이명박 정부 때 국회의 특단 조치에 의거하여 설치된 대통령위원회에서 '주민자치회'라는 주민자치 실질화를 위한 새로운 제도화를 구체적으로 제안하는 결실을 보기도 했다.

　본 논문은 '지방행정체제 개편에 관한 특별법'에 근거하여 설치된 대통령소속 「지방행정체제개편추진위원회」에서 마련한 주민자치를 위한 새로운 개념의 '주민자치회'에 관한 정책적 대안 논의를 다루고 있다. 지금까지의 한국 지

* 이 논문은 2012년 12월 『지방행정연구』(한국지방행정연구원) 제26권 제4호에 게재된 글을 일부 수정·보완한 것이다.

방자치가 단체자치에 몰입하면서 나타난 문제점을 주민자치의 실질화를 통하여 해결해야 한다는 대전제 하에, 그동안의 '주민자치위원회(주민자치센터)' 제도운영을 반성하고 대통령위원회가 제시하고 있는 세 가지 주민자치회 모델을 분석적으로 비교·평가하여 한국적 주민자치회를 위한 논의의 활성화를 지향하고자 하였다.

지방행정체제개편추진위원회는 미래 주민자치회 모형으로 협력형, 통합형, 주민조직형이라는 세 가지 모델을 제시하고, 각 모형들에 대한 시범실시와 비교평가를 통하여 가장 바람직한 '한국형 주민자치회 모델'을 도출할 것을 제안하였다. 생각건대 「협력형」으로는 현재의 주민자치센터 모형과 큰 차이가 없어 주민 만족 차원에서 약할 것 같고, 읍·면·동행정이 철수하고 주민자치위원회가 주도하는 「주민조직형」은 이론적으로는 이상적이나 실현가능성이 희박하다는 점에서, 그 둘의 장점들을 모은 중간 수준의 「통합형」이 우선은 바람직하다고 판단되나 이 역시 주민의 선택으로 결정되어야 한다는 점을 고려하였다.

궁극적으로 이는 한국 민주주의도 주민조직형을 바탕으로 한 진정한 풀뿌리 민주주의를 지향할 것이라는 참여민주주의를 향한 단계별 접근전략이라고 판단된다. 그러나 지난 2012년 주민자치회가 처음 제안된 이후 두 번의 정권교체까지 일어났음에도 장기간 제도화가 표류하고 있는 것이 현실이다. 특히 '촛불혁명'으로 탄생한 문재인 정부는 스스로 '국민주권시대'를 열겠다고 선언하면서 '연방제에 준하는 분권국가'를 국정운영의 지표로 제시하여 지방자치와 주민자치를 염원하는 국민적 기대를 모으는데 성공하였다.

그러나 대통령 임기 절반을 넘긴 지금도 주민자치 제도화는 물론 제대로 된 분권형 지방자치조차 답보 상태를 벗어나지 못하면서 새로운 '주민자치회'를 통한 직접민주주의와 주민참여에 대한 기대감은 점점 약해지고 있고 오히려 제도의 왜곡을 걱정하는 단계까지 이르고 있다. 한국 민주주의의 미래를 위해서는 지방자치가 필수이고, 그 지방자치는 지금까지의 단체자치가 아니라 주민자치 중심으로 바뀌어야 한다는 대명제하에서, 주민자치의 실질화는 특정 정권차원과는 별개로 포기할 수 없는 화두임이 분명하다.

이처럼 본 논문은 한국지방자치를 위해서는 주민자치가 중심이 되어야 한다는 점에서 단순한 '주민자치회' 논의의 활성화만이 아니라 법적·제도적으로 뒷받침 받는 주민자치의 진정한 실질화를 기대하고 있다. 특히 대통령위원회의 3유형 제안이후 8년이라는 시간이 흐르고 그 사이에 정권교체까지 이루어지다 보니, 기득권의 저항과 관련 주체들의 정치적인 이해관계 등이 복잡하게 얽히면서 본래의 제안 모델들은 변질되고 왜곡된 채 제도화가 이루어지는 우를 또다시 반복할 것 같은 위기감마저 드는 현실에서 다시 초심으로 돌아갈 것을 강력하게 권고하고자 하는 의미도 있다.

정치권의 야망과 관료들의 기득권, 그리고 시민사회의 몰이해와 무력감에서 그나마 한국민주주의를 위한 제대로 된 주민자치회를 안착시키기 위한 마지막 보루가 학계라고 할 수 있는데, 유감스럽게도 오늘의 현실은 학계마저도 본연의 목소리를 내고 있지 못한 것은 아닌지 더욱 안타까운 마음이다. 20년 가까운 주민자치센터(주민자치위원회)를 넘어서는 새로운 '주민자치회' 제도화마저 또다시 풀뿌리 민초들과는 거리가 먼 '그들만의 주민자치'로 마무리된다면, 앞으로 지역주민들의 '지방자치 무용론'이 더욱 거세질 것이라는 점을 겸허하게 반성하며 이 논문을 작성하였음을 밝힌다.

I. 문제제기

1991년 지방자치 부활이후 지배적인 제도적 틀을 구성했던 광역지방자치단체(시·도)와 기초지방자치단체(시·군·구) 수준의 지방정치나 지방행정이 나름대로 주목을 받으면서 발전해왔던 반면, 주민중심의 진정한 풀뿌리 차원에서의 자율성 또는 주민자치는 제대로 된 공간을 확보하지 못한 채 여전히 답보상태를 벗어나지 못하고 있다. 지방자치 논거를 기관이나 단체 중심의 단체자치 논리가 압도하면서, 정작 지방자치의 또 다른 핵심인 주민자치 담론이 제대로 형성조차 못하였음을 뜻한다. 당위성 차원에서 주민참여의 중요성이 강조되고 주민자치의 이론적 정당성이 확립되었음에도 불구하고, 이를 실제 적용할 수 있는 제도화나 운영활성화에 대한 노력은 매우 취약했다는 것이다.

이런 상황에서 지난 제18대 국회에서 여·야 합의로 '지방행정체제개편에 관한 특별법'(2010년)이 만들어진 것은 그 자체로서도 큰 의미가 있었던 사건이었다. 이 특별법에 근거하여 지난 2011년 미래지향적 한국지방자치제도를 논의할 대통령소속 '지방행정체제개편추진위원회'가 본격 가동되면서, 관련 읍·면·동 주민자치회 구성을 위한 규정에 따라 그동안 미흡했던 근린자치를 되살리기 위한 새로운 개념의「주민자치회」제도화 방안 및 운영 방향을 놓고 논의가 가열되었다.[1] 실제 특별법은 지방행정체제 개편만이 아니라 근린자치를 위한 구체적인 대안으로서 새로운 '주민자치회'를 출범시키는 것을 명시하고 있다.

지방자치의 제도적 성숙이 지방의 혁신으로 이어지지 못했고, '그들만의 권력'(단체자치)이 '주민들의 권리'(주민자치)를 무시하고 있는 상황에서, 희망과 기대로 이어졌던 한국지방자치 부활 30년을 반성하고, 이제는 타성으로 관행화 되고 있는 지방자치의 기득권 구조를 타파할 때가 되었다. 주민자치 없는 지방자치는 더 이상 풀뿌리인 국민을 감동시킬 수 없고, '그들만의 자치'가 더 이상 용납되어서도 안 된다는 기본 전제를 직시해야 하는 중요한 시점이다. 그나마 행정적·제도적 차원에서 근린에 초점을 두고 시행된 유일한 제도적 개혁 방안으로서 존재했던 주민자치센터와 주민자치위원회의 경험을 바탕으로 '주민자치회'라는 새로운 변화에 대한 논의가 필요하다는 것이다(심익섭, 2012).

본 연구는 이러한 복잡한 여건과 변수들을 감안하여 지방자치 선진국에서 논의되고 있는 근린거버넌스 관점을 고려하고 특별법이 초점을 두고 있는 읍·면·동 주민자치회가 어떤 방향에서 추진되어야하는가를 감안하여, 경험적·규범적·처방적 차원에서 우리의 주민자치를 진단하고 구체적인 정책대안을 담론화 차원에서 제시하고자 한다. 특히 이곳에서는 그동안의 주민자치센터 및 주민자치위원회를 회고해 보고, 이를 토대로 특별법에서 제시하고 있는 새로운 '주민자치회'의 적용 가능한 모델들을 비교·분석해볼 것이다.

특히 차기 지방선거까지 치열한 논의를 통해 한국 실정에 적합한 '주민자치회'를 제도화하고 실천하는 것이 시급한 과제임을 직시하여, 본 논문은 이론적인 논의구조보다는 주민자치 담론화를 위한 구체적인 제도화 문제제기의 차원임을 미리 밝힌다.

---

1) 지난 18대 국회에서 여야 합의로 지방행정체제 개편에 관한 특별법이 제정되었고(2010. 9.16, '10.10.1 시행), 2011년 2월 16일 대통령소속 지방행정체제개편추진위원회가 출범하였다. 당연직 3명(기획재정부장관, 행정안전부장관, 국무총리실장) 이외의 위촉직 24명은 대통령 추천 6명, 국회의장 추천 10명, 지방 4대협의체 대표자 추천 8명 등으로 구성되었다. 그리고 위원회는 '주민자치회'를 다루는 근린자치분과위원회와 함께 구역분과위원회, 기능분과위원회 등 3개의 분과위원회 중심으로 운영되어 왔다.

Ⅱ. 근린자치와 '주민자치회'의 논거

1. 주민자치와 단체자치

현대 지방자치가 탄생한 유럽에서는 국가마다 역사적 배경의 차이로 "국가－지방－시민(Staat-Kommunen-Buerger)"의 연관관계를 보는 시각이 매우 다양하다. 독일어의 '자치행정(Selbstverwaltung)'을 영어로는 '자치정부(Self-Government)'로 이해하듯이, 영미국가에서는 일반화 된 '지방정부'라는 용어를 대륙계 국가에서는 '지방자치단체'로 이해하는 것과 같은 맥락이다(Knemeyer, 1997: 203). 지방자치의 양대 이론인 주민자치와 단체자치의 조화가 요구되듯이, 실제 지방자치에서는 어느 하나만을 강조할 수는 없다. 따라서 한국에서 논의되고 있는 읍·면·동의 주민자치에 관한 논의도 단체자치의 장·단점과 민주화의 흐름이나 맥락에서 크게 벗어날 수는 없다.

인간의 사회적 결사체 형성과정이나 현대 민주주의는 단체자치 전통과 주민자치 전통의 장단점을 구분하여 설명이 가능하다. 무엇보다도 민주주의의 가장 큰 덕목은 개인의 '책임'과 '권한'을 일치시키고, 사회적 결사체의 자유로운 조직, 민주제도의 관리비용과 편익을 연동시키는 데 있다(심익섭, 2001: 21). 결국 민주주의를 위한 진정성 있는 지방자치라면 두 논리의 연계와 승화가 가장 중요하다는 것이다.

이처럼 지방자치제도는 크게 단체자치와 주민자치라는 내용으로 구성된다. 개인으로부터 상향적 의사결정 과정을 중시하는 지방자치의 이론 또는 전통을 주민자치(Buergerliche Selbstverwaltung)라고 하며, 강력한 통치권을 가진 국가(중앙정부)로부터 일정한 자치권을 부여받아 지방자치를 실시하는 전통(이론)을 단체자치(Koerperliche Selbstverwaltung)라 한다(최창호, 2009: 85). 즉 단체자치가 중앙집권적 권한의 일부를 지방자치단체가 행사토록 하는 것이라면, 주민자치는 그 나누어진 권력의 주체로 주민을 상정한다는 의미이다.

주민자치에 대한 관점은 민주주의를 어떻게 바라보는가와 밀접한 관련이 있다는 점에서 주민자치 정당성에 대한 철학적·규범적 기반을 마련하기 위해서는 다양한 민주주의의 성격과 특성, 그리고 시민참여와의 관계에 대한 연구가 필요하다. 주민근접 행정으로서의 주민자치나 로컬거버넌스는 지역 하위수준에서의 집합적 의사결정이나 공공서비스 전달을 위한 장치들 또는 주민들이 자신의 지역에서 어떤 일이 이루어져야 하는가에 대한 의사결정에 참여하는 과정으로 이해되기 때문이다.

한국 지방자치의 전개과정을 보면 단체자치에 일방적으로 매몰되어 왔다. 지방차원의 거버넌스 개념이 강조되고, 특히 <표 1>에서 보듯이 단체자치와 대등하게 주

| 표 1 | 주민자치와 단체자치의 개념 비교 | |

구 분	주민자치	단체자치
1. 자치의 의미	정치적 의미	법률적 의미
2. 자치권 근거학설	지방권설, 고유권설	국권설, 수탁설
3. 대표 국가	영국, 미국	독일, 프랑스, 일본
4. 자치권의 인식 (자치권 인정주체)	자연적, 천부적 권리 (주민)	국가에서 전래한 권리 (국가/중앙정부)
5. 자치의 중점	지방정부와 주민과의 관계	중앙과 지방단체와의 관계
6. 추구이념	민주주의	지방분권
7. 사무의 중심 (국가-자치사무구분)	고유사무 (미구분. 불문법적 특성)	고유사무와 위임사무 (엄격구분. 법률적 열거주의)
8. 수권방법	개별적 수권주의	포괄적 수권주의
9. 중앙-지방관계	기능적 협력관계	권력적 감독관계
10. 중앙통제방법	입법적, 사법적 통제(통제 弱)	행정적 통제(통제 强)
11. 조세제도	독립세	부가세
12. 자치단체의 지위	단일적 성격 (주민대표기관)	이중적 성격 (중앙대리기관, 주민대표기관)
13. 중시하는 권리	주민의 권리	지방자치단체의 권리
14. 기관구성	기관통합형 선호	기관분립형 선호

* 자료: 심익섭(2011).

민자치의 논리가 지방자치에 수용되어야 함에도 불구하고 지방자치제에서 주민의 실
질적인 위상을 제대로 자리매김하지 못했다는 것이다. 로컬거버넌스는 정치적 또는
관리적 권한이 근린수준에까지 위임되는 것뿐만 아니라 지역수준 행위자들의 임파워
먼트(Empowerment)와도 관련된다.

　　이때 권한을 누가 얼마만큼 갖는가는 권한위임의 목적과 설계에 따라 달라지기
때문에 일률적인 제도화의 위험성이 상존하게 된다. 나아가 역량강화를 위한 제도적
차원에서도 로컬거버넌스는 단순한 의사소통이나 주민과의 상담 수준을 넘어 숙의적
포럼(Deliverative Forum), 협의민주주의(Konkordanzdemokratie)등 주민의 직접통제
(Citizen Control)에 이르기까지 다양한 형태를 취할 수 있다(심익섭, 2001: 92).

2. 시민참여와 근린자치

참여의 중요성은 주민자치나 지방자치 때문만이 아니라 그 자체가 현대 민주주의에서 핵심적인 키워드이기 때문이다(Alford, 1969: 21). 이러한 시민참여는 비참여(Nonparticipation) 단계로부터 소극적 참여(Tokenism) 단계를 넘어 적극적 참여(Citizen Power) 단계까지 크게 3단계로 구분하고 세부적으로는 8단계로 나눌 수 있다(Arnstein, 1969: 216). 조작이나 선동 등의 비참여는 논외로 하고, 형식적 참여인 소극적 참여에는 다시 정보제공, 자문과 상담, 설득과 회유 등이 포함되며, 실질적 참여단계인 3단계에는 파트너십과 협동, 권한이양, 시민통제 등의 참여방식들이 있다.

지역사회발전을 위한 매개변수로서 거버넌스(Governance)는 이러한 시민참여와 주민자치의 전통으로부터 비롯되는 것이다. 지역민을 공공재의 공동생산자로 이해할 때 정의사회가 구현될 수 있는 토대가 형성되는 것이며, 이는 바로 시민참여가 가능할 때 주민자치를 통한 지역사회발전과 국가경쟁력 강화로 승화시킬 수 있다는 것이다.

세계화와 지방화를 뜻하는 '世方化'(Glocalization)가 이 시대의 화두가 된지 오래다. 국경을 통해 거래관계가 통제되던 시대가 지나고 바야흐로 세계표준에 합당한 인적·물적 자원이 국경을 자유롭게 이동할 수 있는 시대가 되었다는 것이다. 이러한 시대상황에서 국가는 상대적으로 할 일이 줄어들고, 국경은 자국의 인적·물적 자원을 보호하고 외국의 그것을 배척하는 역할을 제한적으로만 할 수밖에 없게 되었다.

이로부터 WTO 등의 세계화와 EU로의 통합 과정에서 강조된 것은 국가가 아니라 지역사회(Local Community)의 중요성이었다. 그리고 구체적인 세방화 전략은 시민참여 강화를 통한 주민자치 활성화로부터 시작되었다. 전통적인 관료제적 지방정부 패러다임이 세방화 시대를 맞아 로컬거버넌스 패러다임으로 변화되고 있다는 것이다(Heinelt, 2012). 로컬거버넌스 패러다임을 지방정부 패러다임과 개념적으로 비교해 보면 <표 2>와 같이 요약할 수 있다.

현대 국가에서 지역사회는 자연적으로 주어진 것이 아니라 대부분 제도적인 것임은 분명하다(Lueder, 1997: 344). 일정한 지리적 영역 안에 거주하는 지역의 구성원들로 하여금 목적과 가치를 공유할 수 있는 여건을 만들고, 그러한 목적을 달성할 수 있는 사회적 역량을 구축해나가는 일련의 조직화된 활동으로 이해되기 때문이다. 물론 학술적 의미의 지역사회는 시민사회를 대표하는 영역으로서, 특정 지역 안에서 상

표 2	로컬거버넌스 패러다임과 지방정부 패러다임

로컬거버넌스 패러다임	지방정부 패러다임
국가와 시민사회	국가 중심
공공부문, 민간부문, 제3부문	공공부문 중심
제도와 과정	제도 중심
정책, 산출, 결과	조직구조
조정하기, 촉진하기	노젓기, 공급하기
유도, 협력, 홍정	명령, 통제, 지휘
네트워크, 파트너십 관계	계층제, 권위 관계

* 자료: 심익섭(2012).

호간에 사회적이고 심리적인 유대를 가진 사람들로 이해할 수 있다.

거버넌스 관점에서 강조되는 시민사회(Civil Society)가 공적기관(국가)과 재생산을 위한 사적단위(기업과 가족)로부터 상대적으로 자율적으로 조직된 중간매개집단을 의미한다고 볼 때, 지역사회야말로 시민사회를 구성하는 중요한 영역이라고 말할 수 있기 때문이다. 이러한 지역사회의 의미를 현실사회에서 구현해야할 바람직한 가치의 관점에서 수용하면 지역사회는 우리가 지향해야할 민주시민운동(Movement)의 성격을 띠게 되는데, 이 때 서구국가들의 커뮤니티재생에서 보듯이 공식화된 정책들로 승화될 수 있게 되는 것이다.

3. 근린거버넌스

일반적으로 지방자치는 정부의 관점에서 정의된다. 예를 들면, 지방자치는 '상위정부들의 제약에 의해 구속받지 않은 채 행동할 수 있는 지방정부의 능력', '해당정부 관할구역 주민들 복지에 독립적 영향을 미칠 수 있는 능력', '지방정부가 주어진 권한 안에서 관할구역에 따라 차별화된 정책들을 혁신적으로 고안해내고, 실험하며, 발전시키는 능력' 등으로 다양하게 정의된다(심익섭, 2011). 이러한 개념들은 특정 행위주체인 지방정부에 부과된 속박(제약)의 부재라는 '소극적 자유'(freedom to)로서의 의미를 강조하고 있다. 이러한 관점에서 지방자치는 지방정부가 중앙정부 또는 상위정부로부터의 제약으로부터 상대적으로 자유로울 뿐 아니라, 지방정부가 특정 정책을 주도하여 자신의 지역에 차별화된 결과를 만들고 중앙정부에도 영향을 미칠 수 있는 역량을 가지고 있음을 의미한다.

하지만 지방정부조직의 중앙정부에 대한 상대적 자유와 역량이라는 해석을 넘어서 지방자치를 상향적 관점에서 바라보면, 해당지역의 정치적·사회적 상호작용을 통하여 '장소의식'(Sense of Place) 또는 '지역정체성'(Local Identity)을 반영하고 발전시키는 자유 또는 역량의 의미를 갖는다. 즉, 지방자치는 지방정부 재량에 관한 것일 뿐만 아니라, 한 지역사회 안에서 일어나는 광범위한 사회적·정치적 관계에 관한 것으로 지역사회 스스로 민주적 정치제도들을 마련하고 참여하며 역량을 강화하는 과정을 통해 다른 지역과 차별화된 장소의식과 지역정체성을 형성하는 것을 뜻한다.

이러한 지방자치 관점이야말로 지역사회 문제는 그 지역주민의 참여하에 스스로 결정하고, 처리하며, 결과에 대해 책임지는 방식으로서 '주민자치' 개념과 일치한다. 지방자치를 상향적 관점에서 바라보게 될 때, 지방수준에서의 대의민주제도와 참여민주주의를 통한 시민들의 훈련과 경험이 국가 전체의 민주주의에 기여할 가능성이 높아지면서 '풀뿌리민주주의'(Grassroots Democracy)의 본질적 가치를 되찾게 된다(Okamoto, 2012).

영국을 비롯한 많은 유럽의 국가들에서 근린단위 차원의 제도 실험은 근린거버넌스(Neighbourhood Governance) 관점에서 전개되고 있다. 거버넌스는 공공문제 해결을 위하여 정부·시장뿐만 아니라 과거 우리가 크게 관심을 두지 않았던 시민사회 영역에까지 주목하고, 이들 세 부문 사이의 견제와 균형, 협력을 통한 문제해결을 강조한다. 같은 맥락에서 근린거버넌스는 과거 정부서비스의 객체로만 여겨졌던 시민사회의 대표영역인 지역사회를 더 이상 수동적 방관자가 아닌 공공문제 해결의 주체 또는 파트너로 이끌어내기 위한 가장 유효한 공간단위가 근린이라는 철학을 반영한다(Wollmann, 2009: 123).

이 관점에서 근린은 장소에 기초한 정책을 수행하기에 적정한 공간단위 또는 구체적으로 통합된 행위자를 위한 중요한 사회·공간적 환경으로 인식된다. 또한 민간부문과 정부부문이 파트너십을 형성하며, 중앙 및 지방정부의 서비스를 혁신적으로 개선할 수 있는 기회의 장소일 수도 있다. 더불어 근린은 보다 많은 시민참여 및 정부의 책임성을 실현할 수 있는 민주적인 혁신을 위한 최적의 장소일 뿐만 아니라 지방자치체계의 현대화를 위한 각종 제도 실험의 중심에 놓여 있는 것이다(지방행정체제개편추진위원회, 2011).

지방자치에 대한 상향적·적극적 관점에서 근린자치는 '주거지 주변의 공간단위를 매개로 해당지역 정부와 주민, 그리고 이해당사자들이 자율성을 가지고 지역문제 해결과 공공서비스를 위한 집합적 의사결정 과정과 생산행위에 참여하면서 지역정체성과 장소의식을 형성하는 것'으로 해석할 수 있다. 이때 근린자치는 통치조직으로서의 정부가 아닌, 통치과정 또는 통치방식을 의미하는 거버넌스의 맥락에서 논의가 가능해진다.

근린거버넌스는 근린이라는 지역적 하위수준에서의 공동체적 의사결정이나 공공서비스전달을 위한 장치들 또는 근린주민들이 자신의 지역에서 어떤 일이 이루어져야 하는가에 대한 의사결정에 참여하는 과정이라고 할 수 있는데(Wollmann, 2009), 이 말은 한 지역을 중심으로 리더십을 형성하고, 공유된 가치와 비전을 발전시키며, 그 지역에 영향을 주는 결정에 영향력을 행사하고, 의사결정을 내릴 뿐만 아니라, 그 결정의 수행과 성과까지도 모니터하는 실천방식과 장치들의 총체로 이해된다. 결과적으로 근린자치는 근린거버넌스의 설계와 실험을 통해 달성된다고 볼 수 있으며, 이런 점에서 '주민자치회' 논의는 선진 지방자치를 지향하는 관문이기도 하다.

Ⅲ. 주민자치센터(주민자치위원회)의 회고

주민자치의 중요성을 인식하여 지난 1998년 대통령에게 읍면동에 대한 주민자치센터로의 기능전환이 보고된 이후, 1999년 일선 지방행정조직의 근간을 이루는 동기능전환 1단계 사업이 추진되었다(1,654개 동 대상). 이후 2000년에는 1,858개 읍면동을 대상으로 한 2단계 기능전환이 추진되었는데, 현재는 3,477개 주민자치센터 설치대상(215개 읍, 1,201개 면, 2,061개 동) 중 75%에 이르는 2,605개(124 읍, 526 면, 1,955 동)에 설치가 완료된 상태이다. 이미 1991년 지방자치가 부활된 이후 단체자치에만 몰입해오다가 읍·면·동사무소의 기능전환에 따른 유휴시설의 활용차원에서 주민자치센터를 도입한 것이 그나마 행정·제도적 차원에서 주민자치에 초점을 두고 시행된 유일한 제도적 개혁이었다는 점에서 주민자치센터와 그를 이끌어 온 주민자치위원회는 그 시행착오를 넘어 대단히 중요한 의미를 갖고 있다(심익섭, 2001).

특히 본격 시행 1년 후인 2001년도부터는 「열린사회시민연합」이 중심이 되어 중앙정부(행정안전부) 및 지방자치단체와 함께 전국주민자치박람회를 이어오면서 주민자치 정착을 위해 노력한 결과 오늘에 이르고 있다. 지난 20여 년 간 이어져 온 전국주민자치박람회의 주제(슬로건)를 통해 그간의 주민자치 이슈변화를 살펴볼 수 있는데, 박람회개최 지역을 포함하여 정리해보면 아래와 같다(열린사회시민연합, 2019).[2]

- 2001년(제1회): 주민자치센터, 주민 손으로 만들어가요!(서울특별시)

---

2) 2001년(제1회)–2007년(제7회)까지는 '주민자치센터 박람회'로 부르다가 2008년 제8회부터 '전국주민자치박람회'로 명명하여 이어지고 있다. 그리고 2013년 제12회부터는 '대한민국 지방자치박람회'와 동시 개최하여 오늘에 이르고 있다.

- 2002년(제2회): 지지와 격려, 그리고 나눔(경기도 성남시)
- 2003년(제3회): 주민자치로 지역의 미래를 준비한다!(충청북도 청주시)
- 2004년(제4회): Partnership – Governance – Innovation(제주도 제주시)
- 2005년(제5회): 주민의 힘으로 자치시대를 열자!(경상남도 진주시)
- 2006년(제6회): 주민자치센터 제2도약을 준비한다(전라북도 익산시)
- 2007년(제7회): 주민자치센터가 함께하는 행복한 마을만들기(강원도 속초시)
- 2008년(제8회): 마을자치로 지역의 희망을 만들자!(경기도 시흥시)
- 2009년(제9회): 자치와 함께 소통의 미래로(인천광역시 남구)
- 2010년(제10회): 근린자치, 함께 만드는 우리 마을(경상남도 진주시)
- 2011년(Review박람회): 풀뿌리 주민자치의 새로운 변화를 모색하는 찾아가는 주민자치박람회
- 2012년(제11회): 주민참여로 발전하는 지방자치(광주광역시 동구)
- 2013년(제12회): 함께하는 주민, 함께하는 자치, 건강한 공동체(울산광역시 북구)
- 2014년(제13회): 함께 만드는 지방자치, 우리 모두의 행복(대구광역시)
- 2015년(제14회): 자치와 공동체로 행복한 마을(세종특별자치시)
- 2016년(제15회): 자치의 토양에서 자라나는 공동체(부산광역시)
- 2017년(제16회): 주민이 대한민국입니다(전라남도 여수시)
- 2018년(제17회): 자치분권 새바람, 주민이 함께 만들어갑니다(경상북도 경주시)
- 2019년(제18회): 제7회 지방자치박람회와 동시개최(경기도 수원시)[3]

본래 주민자치센터는 읍면동사무소 여유 공간을 활용해 주민참여를 이끌어내어 자치의식과 지역공동체 형성의 구심체 역할을 기대했다. 그러나 현재 상황은 여유 공간에서 문화·복지프로그램을 제공하는데 그쳐, 주민자치센터가 그 기능을 제대로 하는가에 대한 문제제기가 계속되고 있다. 이는 행정주도적인 설치로 주민참여가 부족하고 주민요구 반영에는 소홀한 점 등 여러 요인들이 복합적으로 작용한 결과라고 본다. 지난 2002년 제정된 '주민자치센터 설치 및 운영조례'를 보면 주민자치센터의 기능을 다음 여섯 가지로 제시하고 있다:[4]

- 주민자치기능(지역현안문제 토의, 동네환경 개선, 자율방재 등)

---

3) 경기도(수원시) 주관 제18회 전국주민자치박람회는 경기 북부지역의 아프리카돼지열병(ASF) 창궐로 대중이 모이는 전시행사는 취소되고 시상식만 이루어짐.
4) 지난 2002년 제정된 '주민자치센터 설치 및 운영조례'에 근거한 주민자치센터의 주요 기능임.

- 문화여가기능(지역문화행사, 취미교실, 체육활동, 전시회 등)
- 시민교육기능(교양강좌, 청소년교실, 시민대학, 동네문화연구회 등)
- 주민편익기능(생활정보제공, 알뜰매장, 회의장 등)
- 지역복지기능(건강증진, 청소년공부방, 마을문고 등)
- 지역사회진흥기능(집 앞 청소, 이웃돕기, 청소년지도 등)

이외에도 행정·제도적 차원을 벗어나 지역사회형성(Community Building) 관점에서 '살기 좋은 도시만들기', '살기 좋은 마을만들기'와 같은 근린단위의 사업들이 정부주도로 시도되었지만 사회전반으로 확산되는 효과를 보지는 못한 것으로 평가된다. 이는 근본적으로 지방자치행정 개혁의 일환으로 지역의 특성이나 자율성을 무시한 채 주민자치마저도 획일적으로 제도화하면서 나타난 필연적인 결과로 보인다. 물론 민주주의도 결국은 제도화가 전제되지 못할 때 실현 불가능한 것은 당연하나, 아무리 좋은 제도도 어떠한 과정과 절차를 거치느냐가 현대 민주주의에서는 매우 중요한 성패요인이라는 점도 간과해서는 안 될 것이다.

주민자치센터에 관한 학술적 분석 자료는 그동안 광범위하게 축적되어 왔으며, 실제로 외형상으로 보면 주민자치를 위한 가장 빠른 시간 안에 제도를 정착시키고 있는 것으로 평가되고 있다. 제도적 차원에서 볼 때 주민자치센터 및 주민자치위원회야 말로 한국 근린자치의 현 주소라는 점에서 그 의미가 크다는 것이다. 주민자치위원회를 중심으로 한 주민자치센터 운영 성과를 미시적 제도 측면과 함께 행태적 측면에서 분석하여 새로운 '주민자치회'로 승화시켜야 하는 시점에 와 있다. 그동안 주민자치박람회를 통해 나타난 '살기 좋은 지역(마을)만들기' 사업뿐만 아니라 커뮤니티비즈니스, 도시재생과정에서의 지역사회형성사업, 근린조직을 활용한 공공서비스 생성 사례 등을 바탕으로 한국지방자치 발전의 초석으로 승화시킬 방법부터 모색하는 것이 중요하다는 것이다(심익섭, 2011).

사실 주거단주위의 근린자치를 활성화한다는 지방행정체제개편의 기본방향에도 불구하고, 2011년 지방행정체제개편의 주요과제에서는 '풀뿌리 자치의 활성화와 민주적 참여의식 고양을 위하여 읍·면·동에 주민자치회를 둘 수 있다'는 정도의 언급만이 나와 있다. 실제 대통령위원회의 역할도 읍·면·동 주민자치기구의 설치에 초점이 맞추어져 있다. 지방행정체제개편을 통해 달성하려는 것이 단순히 현존하는 주민자치센터를 보완하는 정도의 개선안을 마련하려는 것인지, 아니면 좀 더 장기적인 철학적 담론과 비전속에서 광범위한 제도적 개혁의 기회로 삼을 것인지에 대한 충분한 논의가 필요한 이유이다(한국자치학회, 2012). 이러한 논의구조를 통해 기존의 주민자치센터의 경험을 바탕으로 현 지방행정체제 개편안에 담을 주민자치(근린자치)의 성격이 분명히 규정되어야할 것이다.

주민자치센터 관련 조례나 그의 도입 및 발전과정과 지금까지의 전국주민자치박람회 결과를 종합해 볼 때 앞으로 탄생할 새로운 '주민자치회'를 위한 정책형성 또는 제도채택 과정에서 시민사회의 제 주체들이 보다 적극적으로 참여하여 제대로 된 주민자치를 위한 합리적인 제도화를 이끌어내야 한다. 중앙이건 지방이건 정부정책에 대한 국민의 참여 기회가 항상 주어지는 것이 아니라고 볼 때, 이 번 지방행정체제개편추진위원회를 통하여 우리사회에서 주민자치 강화를 위한 좀 더 광범위한 제도개혁의 기회로 삼아야 한다는 것이다. 주민자치센터를 회고해 보면 지금까지의 단체자치 중심 지방자치를 조금이라도 풀뿌리 쪽으로 무게중심이동, 즉 주민자치 쪽으로 끌어오는 계기로 만드는 것이 중요하다고 판단된다.

IV. 「주민자치회」의 제도화 방안

1. 지방행정체제개편특별법의 규정

지난 2010년 9월 16일 제정되어 10월 1일부터 시행된 '지방행정체제 개편에 관한 특별법'(이하 '특별법')에는 시·군통합의 기준 및 개편, 자치구 개편 및 대도시 특례, 도의 지위와 개편 등의 개편 내용들과 함께 주민자치회 설치 및 운영 등에 관한 구체적인 규정이 들어 있다. 이에 따라 국회의 입법조치로 설치된 대통령소속 '지방행정체제개편추진위원회'는 2012년 6월말 '주민자치회'와 관련된 개편의 기본계획과 추진방안들을 대통령과 국회에 보고하였다.[5]

우선 특별법상 지방행정체제개편의 기본방향을 보면 다음과 같다(제3조 참조):

---

5) 특별법이 제시하고 있는 주요 개편 대상(과제)은 다음과 같다:
  - 특·광역시의 자치구와 군 개편(제12-13조)
  - 도의 지위 및 기능 재정립(제14조)
  - 시·군·구의 통합(제15-19조)
  - 읍·면·동의 주민자치(제20-22조)
  - 통합 지자체 특례(제23-32조)
  - 대도시에 대한 특례(제33-36조)
  - 특별지방행정기관 이양(제39조)
  - 교육자치 통합 및 자치경찰 실시(제40조)
  - 기타 개편추진위원회 의제(제6조)

- 지방자치 및 지방행정계층의 적정화
- 주민생활 편익증진을 위한 자치구역 조정
- 지자체 규모와 자치역량에 부합하는 역할·기능부여
- 주민단위의 근린자치 활성화

이를 바탕으로 주민자치에 토대를 둔 '주민자치회' 설치를 위한 기본 방향으로는 다음과 같은 것을 제시할 수 있을 것이다:(심익섭, 2011)

- 효율성과 민주성, 통합과 분권의 조화
- 주민참여와 주민의 책임성 강화
- 지역사회발전을 통한 국가경쟁력 강화
- 공공재의 공동생산 또는 생산경로의 적정화
- 지역사회 발전과실의 공정한 배분

특별법 제4장(지방행정체제 개편의 기준과 범위) 제4절에서는 '읍·면·동 주민자치'라는 제목 아래에 제20조부터 제22조까지 주민자치회에 관한 규정을 두고 있다(<표 3>

표 3 지방행정체제개편에 관한 특별법상의 규정

- 제20조(주민자치회의 설치) 풀뿌리자치의 활성화와 민주적 참여의식 고양을 위하여 읍·면·동에 해당 행정구역의 주민으로 구성되는 주민자치회를 둘 수 있다.
- 제21조(주민자치회의 기능)
  ① 제20조에 따라 주민자치회가 설치되는 경우 읍·면·동의 행정기능을 지방자치단체가 직접 수행하되, 관계 법령, 조례 또는 규칙으로 정하는 바에 따라 지방자치단체사무의 일부를 주민자치회에 위임 또는 위탁할 수 있다.
  ② 주민자치회는 다음 각 호의 업무를 수행한다.
  1. 주민자치회 구역 내의 주민화합 및 발전을 위한 사항
  2. 지방자치단체가 위임 또는 위탁하는 사무의 처리에 관한 사항
  3. 그 밖에 관계 법령, 조례 또는 규칙으로 위임 또는 위탁한 사항
- 제22조(주민자치회의 구성 등)
  ① 주민자치회의 위원은 조례로 정하는 바에 따라 지방자치단체의 장이 위촉한다.
  ② 주민자치회의 설치시기, 구성, 재정 등 주민자치회의 설치 및 운영에 관하여 필요한 사항은 따로 법률로 정한다.
- 부칙 제4조(읍면동 주민자치회의 시범실시) 행정안전부장관은 주민자치회의 설치 및 운영에 참고하기 위하여 주민자치회를 시범적으로 설치·운영할 수 있으며, 이를 위한 행정적·재정적 지원을 할 수 있다.

참조). 그런데 특별법에서 규정하고 있는 읍·면·동 주민자치는 향후 '주민자치회'를 설치할 수 있다는 방향성만을 제시하고 있다. 제20-22조에서는 주민자치회의 설치, 기능, 구성 등에 대한 기본적인 사항만을 규정한 채 구체적인 주민자치회의 설치시기, 구성, 재정 등 그 설치 운영에 관해서는 별도의 법률로 제정하도록 유보하고 있다. 이러한 특징을 보이는 것은 시군구의 통합을 추진하는 과정에서 발생하는 통합자치단체의 규모 그리고 일괄적인 통합인지 아니면 자율적인 통합인지에 따른 통합자치단체의 수 등 여러 가지의 불완전한 요인들과 관련해서 차후 확실한 주민자치회 설치를 보장하기 위한 조치인 것으로 판단된다.

읍·면·동 주민자치회와 관련하여 개편추진위원회를 중심으로 2012년까지 추진된 구체적인 내용들을 요약하면 다음과 같다(지방행정체제개편추진위원회, 2012-1).

- 주민자치회 설치·운영 등을 포함한 모델 개발
- 주민자치회 관련 토론회, 공청회 등을 통한 국민적 공감대 마련
- 주민자치회 모델을 '기본계획'에 반영하여 대통령 및 국회에 제출
- 주민자치회의 시범 실시 방안
- 주민자치회 설치·운영에 관한 법률안 마련 등 입법 추진

결국 읍·면·동의 '주민자치회'는 전체적인 지방행정체제개편 방향과 연동될 수밖에 없는 상황이다. 그러나 여기서 중요한 점은 광역이나 기초자치단체의 개편에 따라 읍·면·동이 종속되는 것이 아니라, 오히려 풀뿌리 자치의 장(場)인 읍·면·동 중심의 주민자치가 어떻게 정립되느냐에 따라 시·군·구나 시·도 개편방향의 기본 틀이 바뀔 수 있다는 점이다. 21세기는 단체자치가 아니라 주민자치가 지방자치의 성패를 좌우하는 핵심이기 때문에, 궁극적으로는 새로운 주민자치회가 제대로 안착하느냐에 따라 미래 한국지방자치가 평가될 수 있기 때문이다. 이처럼 특별법은 그동안의 민선 지방자치 실시 이후 학계와 시민단체 및 지방자치단체 등에서 지속적인 주민자치 강화를 위한 제도적 보완책 요구를 수용한 것이라고 할 수 있다. 이에 따라 개편추진위원회는 풀뿌리 자치를 활성화하고 민주적 참여의식을 고양하기 위하여 주민자치회 설치 및 운영방안을 마련하여 국회와 대통령에게 보고한 것이다.

2. 주민자치회 설치·운영을 위한 3모델[6]

이론적인 근린자치의 중요성을 넘어 한국지방자치에서 현실적으로 새로운 모형의 주민자치회 필요성은 다음과 같이 요약할 수 있다.

- 주민 중심의 근린자치 활성화
  - 주민의 지역 소속감과 주민 화합 및 지역발전을 위한 자발적인 노력 확대
  - 행정기관의 동원에 의한 소극적·제한적인 참여를 탈피하고 지역 내 직능조직·단체 등과의 연계 관계 구축

- 행정과 주민 간 협력을 통한 효과적인 행정기능 수행
  - 지방자치단체와 주민 간의 유기적인 협력 관계를 확대하여 현장 중심의 행정 서비스 공급
  - 능동적인 주민의 참여를 통해 지방행정체제 개편에 따른 민주성 보완

주민자치회의 추진방향은 특별법에 따라 읍면동 단위로 해당 행정구역 내 주민으로 구성되는 주민자치회를 설치·운영하는데 초점을 두고 있다. 특히 주민자치회 권한을 법적으로 보장할 수 있도록 관련 법령 제정을 동시에 추진하며, 아울러 시범실시를 통해 사전 보완대책을 강구함으로써 시행착오를 최소화 하도록 준비하고 있다(특별법 부칙4조). 이를 토대로 대통령위원회는 주민자치회 설치와 운영을 위한 세 가지 모델을 준비하였는데, 우선 제시된 설계 모델 3가지에는 공통적으로 다음과 같은 방향성을 갖고 있다:

  - 지역대표성, 자발성 및 전문성 등이 확보되도록 주민대표 선출
  - 지역공동체 형성, 행정지원기능, 기타 수익사업 등 다양한 활동이 가능하도록 기능을 포괄적으로 규정
  - 모델(안)에서는 주민자치회 설치에 대한 기본방향을 제시하고, 구체적인 사항은 지역 특성을 감안하도록 자율성 부여

(1) 협력형

협력형은 현행 주민자치센터와 주민자치위원회 제도를 보완·발전한 점진적인

---

6) 이하 내용은 지방행정체제개편추진위원회(2012) 자료를 기본 토대로 한 것으로서, 이는 시범실시를 위한 본 위원회의 의결사항으로, 앞으로 정부의 시범실시와 추가적인 위원회 논의를 거쳐 2014년 실시를 목표로 최종 모델을 결정하기 위하여 추진 중인 내용임을 밝힌다.

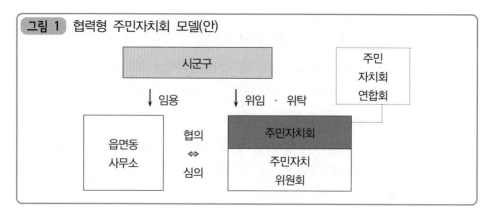

그림 1 협력형 주민자치회 모델(안)

모델로 읍·면·동사무소와 주민자치회가 대등하게 병렬적으로 설치되는 형태이다. 즉 읍면동사무소는 존치하고 현행 기능을 수행하게 되며, 이때 주민자치회는 주민자치기능, 위임·위탁사무 처리기능과 읍·면·동 행정기능 중 주민생활과 밀접한 관련이 있는 사항에 대한 협의·심의기능 등을 수행하게 된다.[7] 현 주민자치위원회와 읍면동사무소와의 관계, 그리고 그 역할 등은 유사하나, 읍·면·동 행정기능에 대한 협의·심의권을 부여하여 권한을 강화하고 주민자치위원 선출방식을 변경하여 주민대표성과 전문성을 확보한다는 점에서 점진적인 변화모형이라고 할 수 있다.

설치단위는 현행 제도와의 정책적 연계 및 조기정착을 도모하고 운영상의 효율성 확보를 위해 읍·면·동 단위로 1개의 주민자치회를 설치토록 하고 있는데, 다만 특별한 경우 예외적으로 분회를 둘 수 있도록 하였다.[8] 한편 주민자치회를 실제 운영하기 위해 주민대표로 구성되는 협의·심의기구(주민자치위원회)를 설치·운영토록 하고 있는데, 주민자치위원회 운영지원을 위하여 유급사무원 또는 자원봉사자를 둘 수 있도록 했으며, 필요시 지방자치단체에 공무원 파견 요청도 가능토록 하였다. 무엇보다도 중요한 것은 주민자치회의 기능인데, 이를 위하여 특별법에 근거한 다음과 같은 기능들을 명시적으로 제시하고 있다:

- 읍면동 행정기능 중 주민생활과 밀접한 관련이 있는 사항의 협의·심의권 부여
- 주민자치기능, 위임·위탁사무 처리기능 수행[9]

---

7) 현행 읍면동 사무중 예를 들면 지역개발, 생활안전, 복지, 금전적 부담, 편의시설 운영 등에 관한 사항 등.
8) 공간적 거리감이 큰 섬이나 산간지역 등 인구가 적고 산재한 지역, 지리적으로 교통이나 통신이 불편한 지역 등은 분회의 설치, 구성 및 운영 등을 주민자치회가 판단하여 결정할 수 있도록 함.
9) 주민자치기능은 특별법 §21② 제1호의 사무(주민화합 및 발전을 위한 사항)를 의미하며, 위임·위탁사무 처리기능은 특별법 §21② 제2호, 제3호의 사무(지방자치단체, 관계 법령, 조례, 규칙

(2) 통합형

통합형은 주민대표로 구성되는 의결기구(주민자치위원회)와 그 소속 하에 공무원으로 구성되어 집행기능을 담당하는 사무기구(기존 읍·면·동사무소)를 통합한 형태를 말한다(<그림 2> 참조). 이 모형에서는 지방자치단체장이 사무기구의 조직·인사권을 갖게 되나, 사무기구의 長(새로운 형태의 읍·면·동장, 사무장 등으로 명칭전환 모색 중) 임용시 주민자치위원회와의 협의를 거치도록 하고 있다. 중요한 것은 앞의 협력형(<그림 1>)처럼 그대로 유지되는 읍·면·동사무소와 주민자치회가 수평적 관계가 아니라, 통합형에서는 주민자치위원장이 소속 직원의 업무·복무에 대한 지휘·감독권을 가진다는 점에서 차이가 있다.10)

읍·면·동마다 하나를 원칙으로 하는 설치 단위나 주민자치위원회 구성 방식 등은 앞의 협력형과 유사하나, 기능에 있어서는 읍·면·동 행정기능과 주민자치기능, 위임·위탁사무 처리기능 등을 포괄적으로 주민자치회 중심으로 수행토록 강화하고 있다. 한마디로 통합형은 지방자치 선진국처럼 완전한 주민중심의 주민자치회까지는 현실적으로 어렵다고 보고, 그렇다고 해서 현행 주민자치센터와 크게 차이를 보이지 않는 협력형으로는 근린자치를 하기에는 약하다고 판단하여, 그 중간 정도 수준의 강도를 지닌 근린거버넌스 모형이라고 할 수 있다.

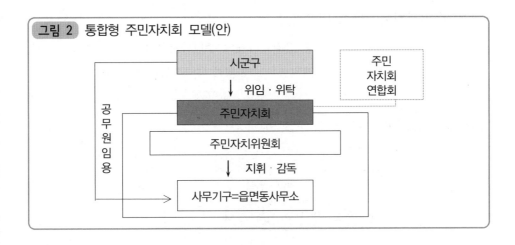

그림 2 통합형 주민자치회 모델(안)

등으로 위임 또는 위탁한 사항)를 뜻한다.
10) 통합형에서는 주민자치회를 지원하는 새로운 형태의 읍면동사무소로 전환되어, 엄밀하게 말하면 현행 읍면동사무소는 특별법 규정대로 기능은 기초자치단체로 넘어가기 때문에 폐지되고 새로운 사무장 개념으로 이해할 수 있다.

(3) 주민조직형

주민조직형은 주민자치 중심이라는 측면에서 가장 충실하게 주민 입장을 반영한 모형인데, 이는 한마디로 주민대표가 주민자치회 사무를 직접 결정할 뿐만 아니라 집행하는 형태이다. 특히 특별법의 규정을 충실하게 해석하여 읍·면·동 행정기능은 지방자치단체에서 직접 수행하도록 한 것인데, 이 말은 행정기능이 약화된 현재의 읍·면·동사무소를 폐지하고 순수한 주민 중심의 근린자치 요람으로 만들자는 것이다. 이를 위해 구체적으로는 주민대표로 구성되는 의결·집행기구(주민자치위원회)를 설치·운영하게 되며, 주민자치위원회의 운영지원을 위하여 유급사무원 또는 자원봉사자로 구성되는 사무기구를 둘 수 있고, 필요하다면 지방자치단체에 공무원 파견의 요청이 가능하도록 하고 있다.

이처럼 주민조직형은 순수한 주민자치 및 근린자치라는 측면에서 가장 이상적인 모델이라고 하겠다. 특히 교통·통신의 발달과 첨단 정보사회에 부응하여 행정계층으로 존재했던 읍·면·동사무소를 폐지한다는 혁신적인 안이기도 하다. 다만 주민들이 느낄 수 있는 행정서비스 결여라는 문제점 해소를 위해 주민조직형에서는 대폭적인 주민자치 기능은 물론 필요시 일부 행정기능을 위임·위탁 받아서 '주민자치회'가 독자적인 처리권한을 행사토록 명시하여 그 위상과 기능을 강조하고 있다.

3. 주민자치회 3유형 비교평가

세 가지 모델 모두 읍·면·동 단위로 1개의 주민자치회 설치를 원칙으로 하되, 도서·산간지역 등 특별한 경우 예외적으로 분회를 둘 수 있도록 설치단위의 유연성

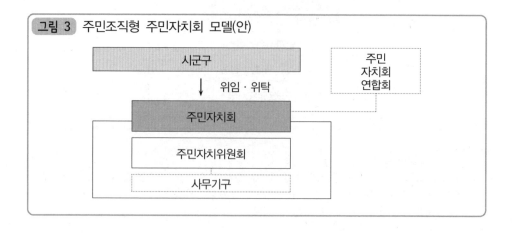

그림 3 주민조직형 주민자치회 모델(안)

을 갖고 있으며, 주민자치위원들은 2년 임기(연임 가능)의 무보수 명예직 봉사자(회의 참석 등에 따른 수당 지급)로 20~30명의 범위 내에서 조례로 규정토록 하고 있다.[11] 위원의 자격요건은 당해 읍·면·동에 주민등록이 되어 있는 주민이거나 지역 내 소재한 사업장 또는 단체 근무자들로 하였으며, 선출방식이나 구성 비율의 결정, 선거관리 등 위원 선출 관리를 위해 읍면동 단위로 9명 내외의 '위원선정위원회'를 구성·운영토록 하였다.[12] 선출방식은 지역대표와 일반주민, 직능대표 등 분야별로 아래와 같이 달리할 수 있도록 했는데, 공개모집으로 선출된 위원이 주민자치위원회 전체를 구성할 수 없도록 제한함과 동시에 성·연령·소득수준 등을 고려하여 계층별로 균형 있게 구성하도록 다음과 같이 규정하고 있다.

ㄱ 지역대표 선출: 주민총회(읍·면·동 단위, 위원선정위원회 주관)에서 선출하거나 통·리장 중 선출(호선 또는 순번제)

ㄴ 일반주민 공개모집: 공개모집 후 추첨 또는 위원선정위원회에서 선정

ㄷ 직능대표 공개모집: 전문가, 직능단체 대표 등을 공개모집한 후 위원선정위원회에서 선출

표 4   주민자치회 3모델의 비교

구분	통합형	협력형	주민조직형
구성	주민자치위원, 공무원	주민자치위원	
권한	주민자치기능 및 행정지원기능 수행 읍·면·동 행정기능 수행	주민자치기능 및 행정지원기능 수행 일부 읍면동 행정기능 협의·심의	주민자치기능 및 행정지원기능 수행
주민자치 위원의 역할	주민자치기능 및 읍면동 행정기능에 대한 결정(의결기능)	주민자치기능 결정 및 집행 행정기능 협의·심의	주민자치기능 결정 및 집행
읍면동 사무소	주민자치회 사무기구로 전환	존치(행정기능 유지)	읍면동 행정기능을 지방자치단체 직접수행
지방자치단체와의 관계	시군구의 하부 행정기관 성격	읍면동과 연계·협력(협의·심의사항에 대한 이행요구 등)	시군구와 연계·협력(주민의견 제출 등)
사무기구	공무원	주민(공무원 파견 요청 가능)	

11) 단, 인구규모가 적은 지역의 경우 20명 이하로도 구성 가능토록 하고 있다.
12) '위원선정위원회' 위원들은 시군구청장, 시군구의회 의장, 교육장, 당해 읍면동 주민자치위원장 등으로부터 각각의 추천을 받아 읍면동별로 구성한다.

지금까지 설명한 세 가지 모델 중심의 새로운 주민자치회 기능 등을 요약·비교하면 <표 4>와 같다.

주민자치위원의 위촉은 특별법에 따라 시·군·구 조례에 의거 지방자치단체장이 위촉하며, 임원이나 분과위원회 등 하부기관 구성과 회의 개최시기, 개최요건, 의사결정 방식 등 회의운영에 필요한 구체적인 사항은 지역특성을 반영, 지방자치단체 조례로 정하도록 하였다. 그리고 재정에 대하여는 각 모델별로 자체재원(회비, 사업수입, 사용료 등), 의존재원(보조금 등), 기타재원(기부금 등)으로 구성토록 명시하였다. 단, '통합형'은 독립적인 재정운영을 위해 별도의 특별회계를 두며 지방자치단체 회계기준에 관한 규칙, 행정감사규칙 등 관련 규정을 준용토록 했다.

그동안의 주민자치센터 운영 경험상 하부조직이나 연합조직의 중요성이 강조되어 왔던바, 주민자치회는 필요시 통·리 단위의 주민총회를 구성할 수 있도록 했으며(하부조직), 나아가 법령상 시·군·구 단위의 임의단체로 연합회를 둘 수 있도록 했다(연합조직). 또한 국가 및 지방자치단체는 주민자치회에 재정, 정보, 기술 등을 지원하고, 교육과 연수 기회를 제공해야 하며, 주민자치회는 현 주민자치위원회의 권리·의무를 승계하고, 주민자치센터는 주민자치회의 자치활동을 위한 공간으로 활용토록 하였다.

V. '주민자치회'의 발전방향과 전망

1. 검토과제와 쟁점 분석

특별법 상의 규정만이 아니라 주민자치를 위한 기구로 읍·면·동에 주민자치회를 설치하는 것에 정치권이 합의하고 있고 사회적으로도 그 방향에 공감한다는 점은 매우 고무적이다. 다만 전국적으로 동시 실시가 어렵기 때문에 여건이 형성되는 자치단체부터 점진적 또는 단계적으로 추진하는 것이 바람직할 것이다. 주민자치회가 설치되더라도 주민 혼란을 미연 방지하기 위하여 읍·면·동의 행정기능 및 주민자치회 지원기능은 상당기간 유지시키는 것이 바람직하다. 물론 장기적으로는 주민복지와 주민편의 등 주민자치 기능들은 주민자치회에 위임·위탁하고, 나머지 기능은 지방자치단체가 직접 수행하는 것이 주민자치 이상에 부합한다고 할 수 있다.

특별법에 따라 지방행정체제개편추진위원회(2012-1)가 보고한 기본계획에서 담고 있는 내용을 중심으로 앞으로 주민자치회의 제도화 및 실시와 관련하여 검토되어야 할 과제와 추가적인 내용들을 쟁점별로 요약해 본다.

① 주민자치회의 구성 방식

특별법의 입법취지를 고려할 경우 주민자치회는 시·군·구의 통합에 따른 주민 자치기능을 보강하기 위한 것으로서 읍·면·동을 기본 단위로 하고 있다. 그러나 읍 ·면·동 주민들이 자율적으로 선택하는 것이 바람직한데, 이를 위해 주민자치회에 대한 기본구조를 법률적으로 명확히 해야 하고, 특히 주민자치회의 자치기능을 지금 의 주민자치센터보다 더 강화해야 할 것이다. 만일 획일적으로 모든 시·군·구에서 주민자치회를 선택하도록 강요한다면, 이는 궁극적으로 '주민자치'를 위한다는 입법 취지에도 부합되지 않을 것이다. 다양한 구성 방식을 놓고 주민들이 자율적으로 선택 하여 구성단계부터 진정한 자치를 체험하는 것이 중요하다.

② 주민자치회의 성격

주민자치회의 법인화 여부가 성격을 규정하는 핵심인데, 법인·비법인에 따라 장 ·단점이 다르기 때문이다. 특별법의 취지도 그렇고 특히 재정관리 측면에서 볼 때, 그리고 주민자치센터의 경험상 법인화가 설득력이 크다고 하겠다. 주민자치회는 임의 적인 순수자치기구적 성격과 행정지원적 성격을 모두 갖게 되는데, 실질적인 주민자 치 활성화를 도모하고 주민자치회의 재정문제 해결을 위해서는 행정지원적 성격이 중요하다. 법인단체의 경우는 물론 비법인단체(사단)의 성격으로 결정될 경우에도, 내 부의 의사결정구조 혹은 구성원의 자격 등을 명시하는 주민자치회의 규약은 반드시 존재해야 한다.

③ 주민자치회의 설치단위 및 수

특별법은 주민자치회의 설치단위로 읍·면·동을 명시하고 있다(제20조). 그러나 단수냐 복수냐에 따라 장단점이 다르게 나타날 수 있기 때문인데, 하나 이상도 설치 할 수 있도록 하는 것이 주민자치활성화 차원에서 유리할 수 있다. 물론 이는 어디까 지나 전통적인 농어촌지역의 현존하는 리단위 자치나, 잘 운영되고 있는 아파트근린 자치 등을 고려한 것으로 기본단위는 어디까지나 읍면동의 주민자치회가 중심임을 명시할 필요가 있다. 즉 가장 바람직한 설치단위는 지금의 주민자치센터처럼 읍면동 차원의 지배적인 중추적 주민자치회가 되어야 혼란을 최소화할 수 있을 뿐 아니라, 주민자치센터의 연장선에서 지속적인 발전가능성이 있다는 것이다.

④ 주민자치회의 사무(기능)와 사무위탁

순수자치기구와 행정지원기구로서의 주민자치회는 주민대표기능(주민의견 수렴 및 전달, 행정참여 등)과 주민공동체기능(친목도모, 문화·복지서비스 활동, 소규모 마을사업추진, 마을경제 및 소득사업시행 등) 이외에 행정보조기능(민원서류대행, 위탁사무 처리, 시설물관리 등) 등을 수행할 수 있다. 주민자치회는 현재의 주민자치센터에서 수행하는 각종 주민교육프로그램 기능들을 담당하고, 나아가 시군구의 사무나 소규모 사업들을 직접 위탁 수행하는 기능을 수행하게 된다. 주민자치회 기능부여와 관련해서는 포괄적 기능 수여 또는 부분적 선택 기능 수여 등의 있는데 보충성의 원리에 입각하여 논의가 필요하다.

⑤ 주민자치회의 위원선출 방법과 운영

특별법의 규정상 주민자치위원들은 시·군·구의 장이 위촉하여 운영토록 하고 있다. 여기서 중요한 점은 주민자치위원의 시·군·자치구청장의 위촉에 따른 주민대표성 약화 문제인바, 그 구성과 운영부분은 주민자치회 구성에 관한 법률제정 내용과도 연계되어 논의되어야 한다. 위원선출 방법과 임원회의 등 내부 기관구성 및 위원회 운영 방안들의 논의도 중요하다. 경우에 따라 자치단체 내 집행기구로서의 주민자치회가 될 수도 있고, 지자체의 심의기구나 의사결정기구에 주민자치회 대표가 참여할 수도 있기 때문이다. 결국 위원선출이 가장 중요한바, 직선에 준하는 선출방식의 도입은 필연적이라고 할 수 있다.

⑥ 주민자치회의 운영 재원

기존 읍·면·동의 운영 재원을 유지·적용한다는 전제아래, 광역자치단체와 시·군·구의 재원, 중앙정부의 특별지원기금과 함께 주민자치회 경영수익 사업들이 운영재원이 될 수 있다. 즉 주민자치회의 재원은 자체재원(수강료 수입, 사용료, 자체수익사업 수입, 시군구 위탁사업 수행), 보조금(시군구 마을만들기 사업, 주민자치회 운영 보조금), 기금(주민자치기금 조성), 기부금 등으로 충당한다. 특히 법인격을 가질 경우 직접 예산이 투입될 수 있다는 점에서, 주민자치회는 철저한 회계관리 및 책임과 함께 자체감사, 시군구감사를 받을 수 있음을 직시해야 한다. 주민자치회 재정운영은 현 주민자치센터와는 근본적으로 다른 차원에서 접근해야 할 것이다.

⑦ 주민자치회와 주민자치센터 등과의 관계

새로운 개념의 주민자치회와 다른 조직과의 관계 중 핵심은 기존의 주민자치센터 및 주민자치위원회를 이어받는 것이다. 그동안 주민자치센터 법제화의 실패를 감안하고, 주민자치를 위하여 그나마 유일하게 제도적으로 운영되었던 주민자치센터의 경험과 노하우를 무시해서는 안 되기 때문이다. 아울러 주민자치회는 주민자치센터(위원회) 만이 아니라 해당 자치단체(시·군·구), 읍·면·동, 지방의회, 특히 지역주민 등과의 지역사회내 원만한 네트워크관계 설정이 중요하다는 점을 직시해야 한다. 특히 다른 주민조직들과의 네트워크 형성이 중요한데, 그 과정에서 수평적·수직적 관계 분류를 고민해야 한다.

⑧ 주민자치회 시범실시와 향후일정 및 발전전략

주민자치회는 특별법에 따른 지방행정체제개편 후 새로운 지방정부가 출범하게 되면서 본격 추진하게 된다. 이를 위해 주민자치회는 지방행정체제개편추진위원회(2012-1)의 기본계획에 따라 앞서 제시된 세 가지 모델의 시범실시를 먼저 거치게 된다. 이는 대통령위원회가 조정하고, 행정안전부가 총괄지휘하며, 시군구가 책임지고 주관하는데, 중요한 것은 시범실시의 주체·시기·방법·내용 등 정밀한 프로그램 개발이 필요하다는 것이다. 시범대상 읍·면·동의 선정, 추진조직체의 구성, 추진내용의 홍보, 관련법령의 정비, 행·재정적 지원방안, 그리고 시범사업에 대한 평가 및 환류 등 많은 조치가 필요하다는 점을 직시해야 한다. 나아가 주민자치회의 점진적·단계별 실시를 전제로 할 경우, 주민자치회의 중·장기적인 또는 미래지향적인 발전전략을 분명히 확립하는 것도 중요하다.

2. '주민자치회'의 발전 전망

21세기 국가혁신을 위한 전 세계적인 정치·행정적 개혁방향은 효율성을 지향하는 통합과 민주성을 추구하는 분권이라는 두 가지를 함께하는 경향을 보이고 있다. 복지국가를 요구하면서 지방분권을 강요하고 있고, 단체자치를 용인하면서도 주민자치를 포기하지 못하는 이율배반적 상황에 처해 있다는 것이다. 지난 30년간 단체자치를 실험한 한국의 경우 읍·면·동의 주민자치 강화를 위한 방향정립 및 지역 실정에 맞는 주민자치 모델을 개발하는 것은 그 정당성이 충분하다. 주민참여 및 접근성을 보완함으로써 풀뿌리 민주주의 활성화와 민주적 시민참여의식을 고양하는 것이 지금 우리의 최대 과제이기 때문이다. '그들' 중심의 단체자치 약점을 보완하기 위한 주민자치를 접목시키는 민주주의 정착작업이라는 차원에서 '주민자치회'를 구상하고 현실화시켜야 하는 이유이다.

이를 감안할 때 주민자치회 설치의 원칙으로 새로운 형태의 근린자치 조직 지향, 정치성을 배제한 순수 주민자치조직 지향, 법적 기구화와 법인격의 확보, 설치단위의 주민근접성 확보, 주민자치회 성격의 제도적 명확화, '한국적 주민자치기관' 지향 등을 제시할 수 있다. 새로 탄생하는 주민자치회는 강제가 아닌 주민 자발적으로 설치(주민선택권) 되어야 하고 순수 주민 자치기구적 성격과 단체자치에 대응하는 주민자치 기구라야 한다는 것이다. 이때 주민자치회의 기능은 주민대표 기능, 지역공동체 기능(근린자치), 행정지원(보조) 기능 등이 혼재하고 있다고 하겠다. 이러한 기능을 수행하기 위해서는 구성 방식이 중요한데, 조례에 의거한 지방자치단체장 임명의 타당성 문제와 주민대표성 확보방안(무보수·명예직 확립)을 명확히 하고 주민자치센터(위원회)의 경험사례를 타산지석으로 삼을 필요가 있다.

주민자치회 운영과 관련해서는 그의 기관구성(주민자치위원회, 주민총회 등)이 중요하다. 특히 운영활성화를 위해서는 재정이 필수인 바, 현재의 읍·면·동 재정구조를 전제로 주민자치회의 재정자주도는 그 이상이 되어야 할 것이다. 동시에 법인격 없는 주민자치회(민법상 사단)와 법인격 있는 주민자치회(사단법인) 등 주민자치회의 법인화 문제도 정리해야할 과제이다.13) 주민자치회의 대외관계 또한 주요 이슈가 될 전망인데, 주민자치회와 지방자치단체(지방정부, 지방행정), 주민자치회(위원)와 지방의회(지방의원), 시민사회단체(NPO, 지역NGO)와의 관계 등이 그것이다.

특별법에 따르면 시행착오를 줄이기 위해 시범실시를 할 수 있도록 하고 있는데, 현재 위원회가 제시한 세 가지 모델 중 '협력형'은 언제라도 시범실시가 가능하나 다른 두 가지 모형(통합형, 주민주도형)의 경우는 관련법 개정이 전제되지 않고는 시범실시 자체가 어렵다는 점이 한계로 등장하고 있기도 하다.14) 그럼에도 불구하고 협력형

---

13) 주민자치회가 특별법 및 별도 법률에 근거할 경우 법인이 아니더라도 자치사업수행과 사회적 활동이 가능하기 때문에 '법인격 없는 주민자치회'가 문제없다는 것인데, 다만 이는 위임 위탁 사무 수행으로 기능이 확대될 경우 재정 및 회계관리 등에서 어려움이 예상된다. 주무관청의 허가나 설립등기가 필요한 '법인격 있는 주민자치회'의 경우 사회적 공신력 획득, 정부로부터의 재정지원 및 세제지원 혜택, 기부자 모금 기능 등의 장점이 있는 반면 상급기관으로부터의 통제가 가능하다는 점에서 자율성과의 조화문제가 야기되기도 한다. 결국 법인화 문제는 별도 법률에 의해 구체적으로 규정하는 것이 무엇보다도 중요하다.

14) 시범실시를 위해 지방행정체제개편추진위원회는 근린분과위원회를 중심으로 특별법 등 개정을 위한 TF를 가동하였다.

| 표 5 | 주민자치센터(주민자치위원회)와 「주민자치회」의 비교 |

구분	주민자치센터(현행) 주민자치위원회	주민자치회(미래) 주민자치위원회
법적 근거	없음	특별법제20-22조, 주민자치회구성과운영에 관한법률(안, 입법예정)
위원 위촉권자	읍면동장	시군구청장
대표성	미약(지역 유지 중심)	주민 대표성, 전문성 등 확보
구성단위	읍면동	읍면동
형태/기능	읍면동 행정의 자문기구 (읍면동장 견제기능 미약)	읍면동 주민자치기구 (읍면동장 견제기능 강화)
활동내용	문화여가활동, 사회복지 /자원봉사 활동 중심	주민화합과 지역발전, 지방자치단체의 위탁/위임사무
지방자치단체 와의 관계	대부분 읍면동구조로 운영 (읍면동시설 활용)	읍면동사무소와 별개 구조 (파트너십의 구조적 특성)
지역사회 연계망	직능단체 중심으로 운영, 시민단체 등과의 연계활동 미약	다양한 지역사회 단체와의 연계

으로는 현재의 주민자치센터 모형과 큰 차이가 없어 주민 만족 차원에서 약할 것 같고, 읍면동행정이 철수하고 주민자치위원회가 주도하는 주민조직형은 이론적으로는 이상적이나 실현가능성이 희박하다는 점에서, 그 둘의 장점들을 모은 중간 수준의 통합형이 바람직하다고 판단된다.

결국 가장 현실적인 주민자치회 도입 방안은 기존의 읍·면·동 주민자치센터(주민자치위원회)로부터 대안을 찾아보는 것이라고 할 수 있다. 예를 들어 주민자치위원회 구성과정에서 주민대표성 확보와 분야별 전문성 및 여성 참여 등을 평가해 본다면 좋은 발전방안들이 나올 수 있기 때문이다. 당연히 위원에 대한 주민 직선이 가장 이상적인 방식이겠으나, 선거에 대한 시민의 피로감이나 정치화 등 문제점을 감안하여 '직선에 준하는' 위원선출 방식을 만들어 내는 것이 중요하다.

중장기적으로는 주민자치위원회를 주민의 의사를 반영하는 근린의회에 버금가는 위상과 역할을 부여하는 방향을 모색해야 한다. 이 때 주민자치위원들의 정당가입 및 특정 정당을 위한 활동을 금지시키고 주민의 직접 참여를 더욱 확충함으로서 미래지향적 '주민자치회'로 이어질 수 있는 역량강화가 요구된다고 하겠다. 궁극적으로 읍면동의 근린자치 정착을 통하여 주민자치를 안착시켜야 할 것이다.

결국 주민참여와 주민자치를 현실화하기 위해서는 이를 제도화하는 것이 중요한데, 한마디로 이제는 (가칭)'주민자치기본법'을 제정하여 주민자치회의 설치와 운영에 관한 의지를 강화하는 것이 중요하다.[15] 이 법률을 기초로 구체적으로 실천하기 위해 시·도별 및 시·군·구별로 '주민자치지원조례'(가칭) 등이 제정된다면 현재의 주민자치센터 및 주민자치위원회의 형식적인 역할과는 다른 차원으로 발전할 수 있는 계기가 될 수 있을 것이다.[16] 한마디로 기초자치단체와 주민자치사업들이 직결되어 있는 것은 분명하나, 주민자치를 지원하는 시스템의 구성 주체는 국가(중앙정부), 광역자치단체(시·도), 기초자치단체(시·군·구) 등의 네트워킹이 중요하다. 기초자치단체만의 주민자치회가 아니라 국가 및 광역정부의 주민자치 지원시스템이 동시에 작용해야 제대로 주민참여 및 주민자치가 가능하기 때문이다.

VI. 결 어

1991년 지방자치의 부활은 70-80년대 민주화 열기의 연장선상에서 한국 민주주의를 마무리하는 하나의 사건이었으나, 우리 스스로 지방자치 자체를 목적으로 착각한 것은 아닌지 반성하게 된다. 특히 '그들만의 단체자치'에 매몰되는 바람에 지방자치의 피로감을 넘어 지방자치 무용론까지 등장한 것은, 지방자치가 궁극적으로 시민참여를 지향해야 하고 주민의 삶의 질과 직결되어 있음을 간과했다는 것이다. 시민참여와 주민자치를 등한시하고 단체자치에만 매달려 '풀뿌리 민주주의' 문제를 풀려는 안일한 생각으로 한국지방자치의 가치가 하향조정 당하는 결과를 초래하고 말았다. 지방자치의 제도적 성숙이 곧바로 '민주화 이후의 민주주의'로 이어지지 않음은 관공서간 분권, 잘해야 정부 간 분권으로는 '세방화' 시대를 살고 있는 시민들의 욕구

---

15) (가칭)주민자치기본법을 위한 '주민자치회 설치·운영에 관한 표준조례'(안)에서는 주민자치회와 주민자치위원회의 개념을 분명히 정의하면서, 특히 주민자치회의 구성(설치, 사무, 회원 등), 주민자치회의 기관(주민자치위원회, 사무기구, 하부조직 및 연합회 등), 주민자치위원에 관한 규정, 지방자치단체와의 관계 등이 명시됨으로서 새로운 주민자치회가 제대로 능력 발휘할 수 있는 토대를 마련하고 있다.

16) 그동안 주민자치사업은 주로 읍면동 이하 단위에서 이루어져서 읍면동을 관리하는 시군구의 사무로 인식하여 광역자치단체들이 크게 신경 쓰지 않은 것이 사실이다. 그러나 현재 제주특별자치도에 '제주특별자치도 주민자치센터 설치·운영조례'가 제정되어 있고, 서울특별시에 '서울특별시 마을공동체 만들기 지원조례'가 있으나 다른 곳은 없는 상태인데, 이를 중앙정부가 구상중인 '주민자치회'와 연계시켜 '주민자치지원조례'(가칭)을 제정한다면 바람직한 방향으로 주민자치가 발전 가능할 것이다.

를 만족시킬 수 없음을 이제는 직시해야 한다.

오랜 시간을 두고 근린거버넌스에 대한 학술적 논의와 정책실험을 해온 선진국들과 비교해볼 때 현재 한국에서 진행 중인 근린자치에 관한 논의는 여전히 피상적이고 일차원적이다. 특히 근린자치와 거버넌스에 대한 철학적·이론적·경험적 연구에 대한 폭넓은 검토와 이해 없이 특정 국가의 모형을 한국에 적용하려는 움직임이 있는 것도 사실이다. 무엇보다도 '지방행정체제개편에 관한 특별법'에 따라 구체적으로 '주민자치회' 실시를 명시함으로서 조속한 모델 설계와 발전방향 마련이 시급한 상황에서 주민자치 실질화를 위한 치열한 담론화는 대단히 중요하다. 민주적 참여의식의 고양과 풀뿌리 자치의 강화를 위한 주민 참여의 구심체로서 주민자치회 설치는 곧바로 지역공동체 활성화와 직결되어 한국지방자치 발전의 근간이 되기 때문이다(지방행정체제개편추진위원회, 2012-1).

지금까지의 주민자치센터(주민자치위원회)가 잘해야 관리주의모형 차원이었다면 새로운 주민자치회는 최소한 파트너십모형, 나아가 주민자치모형으로 발전해야 한다. 지방행정체제개편추진위원회는 관리 수준의 '협력형', 파트너십을 중시하는 '통합형', 그리고 주민자치를 강조하는 '주민조직형' 등 세 가지를 동시에 제시하였다. 이 3모형을 중심으로 이제 이상과 현실을 조화시키면서 가장 합리적인 대안을 선택하는 시점에 돌입했다. 새로운 주민자치회는 문화·여가나 단순한 주민편의 차원으로부터 시민참여를 고려한 민주시민교육, 민관협력 네트워크구축, 근린의제설정 및 의사결정 차원으로 승화되어야 한다는 점에서 지금의 제도화 논의과정이 대단히 중요하다고 판단된다. 단순한 고객으로서의 지역주민이 아니라 공동생산자와 동반자, 나아가 소유자로서의 시민으로 거듭날 수 있느냐 하는 전환점이기 때문이다. 특별법까지 마련된 절호의 기회를 맞아 주민자치와 근린자치를 성공적으로 안착시키는데 총력을 기울여야 할 때이다.

참고문헌

곽현근. (2012). 읍·면·동 근린자치의 방향과 과제. 「지방행정체제개편추진위원회 학술세미나자료집」. 지방행정체제개편추진위원회.

김순은. (2012). 한국의 주민자치센터의 구성과 운영. 「행정자치연구」. 4(1): 9-16.

김필두·류영아. (2008). 「읍·면·동 중심의 주민자치 강화방안」. 한국지방행정연구원

(연구보고서).

박세정. (2008). 주민참여 관점에서 본 주민자치센터: 현실과 향후과제. 「경성대학교 사회과학연구」. 24(2): 135-151.

박응격. (2012). 「현대지방자치론」. 서울: 신조사.

소진광 외. (2011). 읍·면·동 주민자치회 설치방안 연구. 「한국지방자치학회 발표논문집」. 한국지방자치학회.

심익섭 외. (2017). 「전환기 지방자치론」. 서울: 청목출판사.

심익섭. (2012). 주민자치와 마을공동체. 「서울시 주민자치아카데미 자료집」(주민자치위원 중견과정). 서울특별시·(사)한국자치학회.

심익섭. (2011). 「주민자치회」의 제도화 전망과 쟁점. 「제1차 주민자치포럼자료집」. 열린사회시민연합(2011.7.19.).

심익섭. (2001). 주민참여 활성화를 위한 제도화와 민주시민교육. 「한국민주시민교육학회보」. 8(1): 85-101.

심익섭·심화섭. (2016). 마을 만들기 연구경향의 분석과 과제. 「국가정책연구」. 30(1): 29-47.

심익섭·문황진. (2015). IAD분석을 통한 읍면동 주민자치센터의 발전방안 연구: 주민자치센터와 주민자치위원회에 대한 분석을 중심으로. 「지방정부연구」. 19(1): 147-172.

안청시 외. (2002). 「한국지방자치와 민주주의 10년의 성과와 과제」. 서울: 나남출판사.

열린사회시민연합. (2019). 주민자치박람회 홈페이지 (http://partner.or.kr/expo).

오수길. (2008). 주민참여제도의 활용과 효능감 분석: 시민사회단체의 경험과 인식을 중심으로. 「한국행정논집」. 20(4): 1179-1207.

이규환. (2011). 「한국지방행정학」. 파주: 법문사.

이달곤 외. (2012). 「지방자치론」. 서울: 박영사.

이성근. (2011). 근린주민자치와 지역사회발전. 「지방행정」. 60(696): 10-13.

이승종. (2005). 「지방자치론」. 서울: 박영사.

임승후·김병섭. (2010). 주민참여통로의 효과성 연구: 광주광역시 북구청의 주민참여예산제도를 중심으로. 「한국행정학보」. 44(3): 61-86.

유재원. (2006). 한국 지방자치의 특색과 과제. 「월간 자치행정」. 214: 35-39.

장인봉. (2013). 동주민센터 자매결연지 도농교류 활성화 방안. 「의정부시 행정혁신위원회 연구과제보고서」. 2013 상반기.

정세욱. (1998). 「지방행정학」. 서울: 법문사.

정연정. (2011). 주민참여제의 문제점, 그리고 발전 방안. 「시민사회와 NGO」. 9(2): 167–194.

정윤수. (2000). 지방자치와 주민참여. 「동서연구」. 12(1): 115–131.

지방행정체제개편추진위원회. (2012). 「읍·면·동 주민자치회 설치·운영방안 및 향후 추진계획(안)」. 2012.9.21.

지방행정체제개편추진위원회. (2012–1). 「지방행정체제 개편 기본계획」. 2012.6.

지방행정체제개편추진위원회. (2011). 「읍면동 주민자치회 모델개발 연구」. 2011.12.

지방행정체제개편추진위원회. (2011–1). 「근린자치분과위원회 현장방문 관련 자료」.

최재송. (2007). 근린 주민조직의 특성에 관한 연구: Oregon주 Eugene시의 Neighborhood Association 사례. 「지방행정연구」. 21(2): 95–115.

최창호. (2009). 「지방자치학」. 서울: 삼영사.

한국자치학회. (2012). Global Forum 풀뿌리 인도주의, 자치를 통한 인도적 활동. 「주민자치」. 2012.9월호.

한상일. (2003). 미국 근린참여제도의 유형별 분석과 한국의 주민참여에 대한 함의. 「한국행정학보」, 37(3): 159–180.

www.clar.go.kr (지방행정체제개편추진위원회 홈페이지).

Alford, Robert R. (1969). *Bureaucracy and Participation*. New York: Rand Mcnally and Co.

Arnstein, Sherry R. (1969). A Ladder of Citizen Participation. *Journal of the American Institute of Planners*. 35(4): 216.

Heinelt, Hubert. (2012). Community Center and Citizens' Participation in the Context of Reforms at the Local Level. *Grassroots Democracy and the Role of Community Center*. Hanyang University & Friedrich Naumann Stiftung. Seoul (Oct. 25, 2012).

Knemeyer, Franz–Ludwig. (1997). Verfassung der kommunalen Selbstverwaltung. Koenig·Siedentopf. (1997: 203–234).

Koenig, Klaus & Heinrich Siedentopf, Hrsg. (1997). *Oeffentliche Verwaltung in Deutschland*. Baden–Baden: Nomos.

Lueder, Klaus, Hrsg. (1997). *Staat und Verwaltung*. Berlin: Duncker & Humblot.

Okamoto, Mitsuhiko. (2012). Neighbourhood Association and Community Centres in Japan. *Grassroots Democracy and the Role of Community Center.* Hanyang University & Friedrich Naumann Stiftung. Seoul (Oct. 25, 2012).

Stober, Rolf. (1996). *Kommunalrecht in der Bundesrepublik Deutschland.* Stuttgart u.a.: Verlag W. Kohlhammer.

Verba, Sidney. (1967). Democratic Participation. *The Annuals of the American Academy of Political and Social Science,* 53−78.

Wollmann, Helmut Hrsg. (2009). *Local Governance Reforms in Global Perspective.* Wiesbaden: VS Verlag.

Zimmerman, Joseph F. (1994). *Participatory Democracy: Populism Revived.* New York: Praeger.

▶ ▶ ▶논평

장인봉(신한대학교 행정학과 교수)

1. 서 론

대한민국은 민주공화국이다. 대한민국의 주권은 국민에게 있고, 모든 권력은 국민으로부터 나온다. 헌법 1조의 내용이다. 이러한 민주공화국을 실현하고 국민이 권력의 주체라는 것을 확실하게하기 위해 필요한 제도가 바로 자치와 분권을 기반으로 하는 지방자치이다.

대한민국 정부 수립이후의 지금까지의 정치와 행정의 역사는 바로 이것을 확인해 오는 과정이었다고 해도 과언이 아니다. 정부 수립 후 지난 60년대에서 70년대까지 경제발전이라는 산업화의 대전환기를 거치고, 80년대부터 90년대까지 정치발전이라는 민주화의 대전환기를 거쳤다면, 2000년대인 지금은 바로 자치발전이라는 지방화의 대전환기를 거치고 있다고 생각한다.

그러한 맥락에서 지난 1990년대 이후 민주화라는 대전환기에 역대 정권들은 모두 지방자치 특히 주민자치를 강화하기 위한 많은 노력을 기울여 왔으며, 그 중심에 어떻게 주민 중심의 자치와 분권을 실현할 것인가 하는 화두가 있어 왔다.

특히 주민 중심의 자치와 분권에 대한 본격적인 논의는 김대중 정부 때 하급행정기관인 읍·면·동에 주민자치센터를 설치하고 주민자치위원회를 구성하여 운영한 것이 그 시작이라고 할 수 있다. 그러나 주민자치위원회 제도 도입 이후 지금까지 제도 자체의 미흡함에 대한 지적은 물론 운영상의 문제에 대한 비판이 끊이지 않고 이어져 왔다. 이에 따라 주민자치를 실질화하기 위한 학계의 논의와 정책적 대안들이 지속적으로 제기되어 왔으며, 결국 이명박 정부 때 국회의 특단 조치에 의거하여 설치된 대통령위원회에서 '주민자치회'라는 주민자치 실질화를 위한 새로운 제도화를 구체적으로 제안하는 결실을 보기도 했다(심익섭, 2012).

이 논문은 지금까지의 한국 지방자치가 단체자치에 몰입하면서 나타난 문제점을 주민자치의 실질화를 통하여 해결해야 한다는 대전제 하에, 그동안의 '주민자치위원회(주민자치센터)' 제도운영을 반성하고 지방행정체제개편추진위원회(이하 대통령위원회)가 제시하고 있는 세 가지 주민자치회 모델을 분석적으로 비교·평가하여 한국적 주민자치회를 통한 자치와 분권을 실현하기 위한 정책제언을 하고 있어 주민자치회 활성화를 위한 기념비적인 논문이라고 할 수 있다.

2. 논문의 개요와 최근 실태분석

이 논문은 지금까지의 한국 지방자치가 단체자치에 몰입하면서 나타난 문제점을 주민자치회의 실질화를 통하여 해결해야 한다는 대전제 하에, 주민자치센터(주민자치위원회)를 회고해 보고, 대통령위원회가 제시하고 있는 세 가지 주민자치회 모델을 분석적으로 비교평가해 보고, 한국적 주민자치회를 위한 논의의 활성화를 지향하고 있다.

1) 주민자치센터(주민자치위원회)의 회고

저자께서는 1991년 지방자치가 부활된 이후 단체자치에만 몰입해오다가 읍·면·동사무소의 기능전환에 따른 유휴시설의 활용차원에서 주민자치센터를 도입한 것이 그나마 행정·제도적 차원에서 주민자치에 초점을 두고 시행된 유일한 제도적 개혁이었다는 점에서 주민자치센터와 그를 이끌어 온 주민자치위원회는 그 시행착오를 넘어 대단히 중요한 의미를 갖고 있다(심익섭, 2001)고 지적하고 있다.

실제로 한국에서 주민자치센터가 설치되게 된 배경에는 주민자치에 대한 주민의 강력한 요구와 이에 대응하는 방향으로 행정기능이 재편될 필요가 있었기 때문이다. 또한 지역사회에서 주민이 주체가 되어 지역의 다양한 문제를 함께 고민하고 처리하는 외국의 '커뮤니티 센터'도 참고하였다. 당시 행정자치부에서 발표한 조례준칙에서도 "주민들의 자치력 강화와 주민공동체 형성에 기여한다"고 함으로써 주민자치센터의 설치목적을 명시하고 있다.

이렇듯이 주민자치센터는 김대중 정부가 '작지만 효율적인 정부'를 위하여 추진한 '새정부 100대 국정개혁과제' 중의 하나인 읍·면·동 기능전환정책의 산물로 탄생한 것으로 1999년 7월 전국의 278개동에서 시범적으로 개소하였고, 2019년 현재 설치현황은 <표 1>과 같다. 외국의 커뮤니티 센터들이 50년 이상의 충분한 역사를 통해 발전되어왔음을 감안한다면 우리나라는 실로 20년 만에 매우 빠른 성장을 이루었다고 할 수 있다.

표 1 주민자치센터 설치 현황(2019.1.1. 현재)

구분	주민자치센터 설치 읍·면·동 수				명칭사용실태(단위: 개소)						
	계	읍	면	동	계	주민자치센터	자치회관	주민자치회	자치센터	주민회관	기타
계	2,994	170	797	2,027	2,994	2,329	403	177	6	0	79

자료: 행정안전부(2019), 주민자치센터현황 및 운영현황

또한 주민자치센터는 주민자치를 통한 주민들의 자발적이고 적극적인 참여를 위해 주민자치위원회를 구성하여 운영하고 있는데 주민자치위원 현황을 보면 <표 2>에서 보는 바와 같이 2009년에 비해 2019년에 1,653명이 증가하였다. 2019년 기준으로 전국적으로 67,088명인데 직종별 구성을 보면 자영업이 35.7%로 가장 많고 전체적으로 2009년에 비해 지방의원은 0명이고, 직능, 민간단체는 비율이 줄어든 반면 다른 직종은 전체적으로 고르게 증가되어 그 구성에 있어 다양성이 개선되고 있다.

표 2 주민자치위원 직종별 구성 분포 (단위: 명, %)

연도	계	지방의원	통리반장	직능, 민간단체	회사원	전문직	자영업	농어업	기타
2009	65,435 (100%)	1,843 (2.8%)	4,395 (6.7%)	9,697 (14.8%)	3,058 (4.7%)	3,117 (4.8%)	23,611 (36.1%)	6,377 (10%)	13,337 (20.1%)
2019	67,088 (100%)	0 (0%)	4,567 (6.8%)	8,315 (12.4%)	4,916 (7.3%)	3,312 (9.9%)	23,950 (35.7%)	9,658 (14.4%)	12,675 (18.9%)

주: 기타는 주부, 무직, 목사, 공무원 등임
자료: 행정안전부(2009, 2019), 주민자치센터현황 및 운영현황

그러나 많은 학자와 전문가들은 시민사회 특히 주민의 자치역량이 부족하다는 것을 인정하면서도 주민자치센터의 문제점으로 다음의 두 가지를 공통적으로 지적하고 있다. 하나는 행정당국의 추진방법이 자율성과 창의성 그리고 지역적합성 등을 기반으로 하기 보다는 여전히 행정 편의주의와 관료주의에서 벗어나지 못하고 있다는 점이다. 다른 하나는 지역사회 거버넌스의 다양한 참여자들 간의 네트워크 구축이 부족하고, 그로인해 다양한 자원들의 활용이 어렵고 주민자치센터의 기능과 프로그램 등이 제한될 수밖에 없다는 것이다(장인봉, 2017).

이러한 맥락에서 저자께서는 제도적 차원에서 볼 때 주민자치센터 및 주민자치

위원회야말로 한국 근린자치의 현 주소라는 점에서 그 의미가 크므로 주민자치위원회를 중심으로 한 주민자치센터 운영 성과를 미시적 제도 측면과 함께 행태적 측면에서 분석하여 새로운 '주민자치회'로 승화시켜야 하는 시점에 와 있다고 진단한다.

2) 주민자치회의 제도화 방안과 발전방향

저자께서는 논문에서 이론적인 근린자치의 중요성을 넘어 한국지방자치에서 현실적으로 새로운 모형의 주민자치회에 대해 특별법 상의 규정만이 아니라 주민자치를 위한 기구로 읍·면·동에 주민자치회를 설치하는 것에 정치권이 합의하고 있고 사회적으로도 그 방향에 공감한다는 점은 매우 고무적이라고 평가하고 있다. 다만 전국적으로 동시 실시가 어렵기 때문에 여건이 형성되는 자치단체부터 점진적 또는 단계적으로 추진하는 것이 바람직할 것이고, 주민자치회가 설치되더라도 주민 혼란을 미연 방지하기 위하여 읍·면·동의 행정기능 및 주민자치회 지원기능은 상당기간 유지시키는 것이 바람직하며, 장기적으로는 주민복지와 주민편의 등 주민자치 기능들은 주민자치회에 위임·위탁하고, 나머지 기능은 지방자치단체가 직접 수행하는 것이 주민자치 이상에 부합한다고 할 수 있다고 분석하고 있다.

특히, 주민자치회의 제도화 및 실시와 관련하여 검토되어야 할 과제와 추가적인 내용들을 쟁점별로 요약하여 다음과 같이 제시하고 있다.

첫째, 주민자치회의 구성 방식이다. 주민자치회에 대한 기본구조를 법률적으로 명확히 해야 하고, 특히 주민자치회의 자치기능을 지금의 주민자치센터보다 더 강화해야 할 것이며, 다양한 구성 방식을 놓고 주민들이 자율적으로 선택하여 구성단계부터 진정한 자치를 체험하는 것이 중요하다.

둘째, 주민자치회의 성격이다. 특별법의 취지도 그렇고 특히 재정관리 측면에서 볼 때, 그리고 주민자치센터의 경험상 법인화가 설득력이 크다고 하겠다. 법인단체의 경우는 물론 비법인단체(사단)의 성격으로 결정될 경우에도, 내부의 의사결정구조 혹은 구성원의 자격 등을 명시하는 주민자치회의 규약은 반드시 존재해야 한다.

셋째, 주민자치회의 설치단위 및 수이다. 단수냐 복수냐에 따라 장단점이 다르게 나타날 수 있는데, 가장 바람직한 설치단위는 지금의 주민자치센터처럼 읍·면·동 차원의 지배적인 중추적 주민자치회가 되어야 혼란을 최소화할 수 있을 뿐 아니라, 주민자치센터의 연장선에서 지속적인 발전가능성이 있다는 것이다.

넷째, 주민자치회의 사무(기능)와 사무위탁이다. 이와 관련해서는 포괄적 기능 수여 또는 부분적 선택 기능 수여 등이 있는데 보충성의 원리에 입각하여 논의가 필요하다.

다섯째, 주민자치회의 위원선출 방법과 운영이다. 여기서 중요한 점은 주민자치위원의 시·군·자치구청장의 위촉에 따른 주민대표성 약화 문제인데, 결국 위원선출이 가장 중요한바, 직선에 준하는 선출방식의 도입은 필연적이라고 할 수 있다.

여섯째, 주민자치회의 운영 재원이다. 기존 읍·면·동의 운영 재원을 유지·적용한다는 전제아래, 광역자치단체와 시·군·구의 재원, 중앙정부의 특별지원기금과 함께 주민자치회 경영수익 사업들이 운영재원이 될 수 있다. 즉 주민자치회 재정운영은 현 주민자치센터와는 근본적으로 다른 차원에서 접근해야 할 것이다.

일곱째, 주민자치회와 주민자치센터 등과의 관계이다. 새로운 개념의 주민자치회와 다른 조직과의 관계 중 핵심은 기존의 주민자치센터 및 주민자치위원회를 이어받는 것이다. 아울러 주민자치회는 주민자치센터(위원회) 만이 아니라 지역사회내 관련 단체 및 기관과의 원만한 네트워크관계 설정이 중요하다는 점을 직시해야 한다.

3. 논문의 학문적 기여와 정책적 시사점

1) 학문적 기여

저자께서도 논문에서 밝혔듯이, 우리나라의 지방자치는 그 제도적 성숙이 지방의 혁신으로 이어지지 못했고, '그들만의 자치'(단체자치)가 '주민들의 권리'(주민자치)를 무시하고 있는 상황에서, 희망과 기대로 이어졌던 한국지방자치 부활 30년을 반성하고, 타성으로 관행화 되고 있는 지방자치의 기득권 구조를 타파할 때가 되었다. 주민자치 없는 지방자치는 더 이상 풀뿌리인 국민을 감동시킬 수 없고, '그들만의 자치'가 더 이상 용납되어서도 안 된다는 기본 전제가 중요한 시점이다. 그나마 행정적·제도적 차원에서 근린에 초점을 두고 시행된 유일한 제도적 개혁 방안으로서 존재했던 주민자치센터와 주민자치위원회의 경험을 바탕으로 '주민자치회'라는 새로운 변화에 대한 논의가 필요하다는 것이다(심익섭, 2012). 그리고 저자께서는 그러한 관점에서 주민자치회에 대한 논의에 있어서 수반되는 이러한 복잡한 여건과 변수들을 감안하여 지방자치 선진국에서 논의되고 있는 근린거버넌스 관점을 고려하여 논의를 전개함으로써 주민자치회의 논리적인 타당성을 제시하는 학문적인 기여를 하고 있다.

정치는 본질적으로 지역(Demos)에 기반하고 있는 것이며, 그렇기 때문에 민주주의도 본질적으로 데모스 민주주의인 것이다. 즉, 지역으로부터 참여한 사람들에 의한 의사소통과 숙의 그리고 그 과정에서 대리인으로 위임된 자들에 의한 법과 제도의 마련 및 운영 등 민주주의는 본질 상 지역에 기반한 민주주의이다. 그러므로 지역발전을 위한 매개변수로서 거버넌스(Governance)는 이러한 참여와 소통의 전통으로부터 비롯되는 것이다. 즉, 거버넌스는 공공문제 해결을 위하여 정부·시장뿐만 아니라 과거 우리가 크게 관심을 두지 않았던 시민사회 영역에까지 주목하고, 이들 세 부문 사이의 견제와 균형, 협력을 통한 문제해결을 강조한다. 같은 맥락에서 근린거버넌스는 과거 정부서비스의 객체로만 여겨졌던 시민사회의 대표영역인 지역사회를 더 이상 수동적 방관자가 아닌 공공문제 해결의 주체 또는 파트너로 이끌어내기 위한 가장 유효한 공간단위가 근린이라는 철학을 반영한다(Wollmann, 2009: 123).

지방자치에 대한 상향적·적극적 관점에서 근린자치는 '주거지 주변의 공간단위를 매개로 해당지역 정부와 주민, 그리고 이해당사자들이 자율성을 가지고 지역문제 해결과 공공서비스를 위한 집합적 의사결정 과정과 생산행위에 참여하면서 지역정체성과 장소의식을 형성하는 것'으로 해석할 수 있다. 이때 근린자치는 통치조직으로서의 정부가 아닌, 통치과정 또는 통치방식을 의미하는 거버넌스의 맥락에서 논의가 가능해진다.

그러한 맥락에서 근린거버넌스는 근린이라는 지역적 하위수준에서의 공동체적 의사결정이나 공공서비스전달을 위한 장치들 또는 근린주민들이 자신의 지역에서 어떤 일이 이루어져야 하는가에 대한 의사결정에 참여하는 과정이라고 할 수 있는데(Wollmann, 2009), 이 말은 한 지역을 중심으로 리더십을 형성하고, 공유된 가치와 비전을 발전시키며, 그 지역에 영향을 주는 결정에 영향력을 행사하고, 의사결정을 내릴 뿐만 아니라, 그 결정의 수행과 성과까지도 모니터하는 실천방식과 장치들의 총체로 이해된다. 결과적으로 근린자치는 근린거버넌스의 설계와 실험을 통해 달성된다고 볼 수 있으며, 이런 점에서 '주민자치회' 논의는 선진 지방자치를 지향하는 관문이기도 하다.

2) 정책적 시사점

이 논문의 정책적 시사점은 주민자치회의 운영모형을 분석하고 그 문제점들을 검토한 후에 구체적인 실천방안들을 분야별로 제시함으로써 각 읍·면·동 차원에서 선택적으로 실시할 수 있는 다양한 유형들을 그 지역의 여건이나 상황에 맞게 취사선택할 있도록 선택지와 대안들을 제시하고 있다는 것이다. 그리고 그 기본방향으로 위원회가 제시한 세 가지 모델 중 협력형으로는 현재의 주민자치센터 모형과 큰 차이가 없어 주민만족 차원에서 약할 것 같고, 읍·면·동 행정이 철수하고 주민자치위원회가 주도하는 주민조직형은 이론적으로는 이상적이나 실현가능성이 희박하다는 점에서, 그 둘의 장점들을 모은 중간 수준의 통합형이 가장 바람직하다고 제시하고 있다.

이처럼 이 논문은 한국지방자치를 위해서는 주민자치가 중심이 되어야 한다는 점에서 단순한 '주민자치회' 논의의 활성화만이 아니라 법적·제도적으로 뒷받침 받는 주민자치의 진정한 실질화를 기대하고 있다. 특히 대통령위원회의 3유형 제안이후 많은 시간이 흐르고 그 사이에 두 번에 걸친 정권교체까지 이루어지다 보니, 기득권의 저항과 관련 주체들의 정치적인 이해관계 등이 복잡하게 얽히면서 본래의 제안 모델들은 변질되고 왜곡된 채 제도화가 이루어지는 우를 또다시 반복할 것 같은 위기감마저 드는 현실에서 다시 초심으로 돌아갈 것을 강력하게 권고하고있어 이번 문재인정부가 참고할 만한 내용들도 함께 제시하고 있다.

4. 결론: 향후 연구를 위한 제언과 정부 차원의 역할

아직은 무기력하지만 주민자치회의 소기의 성과는 지역주민들이 스스로 우리가 살고 있는 지역(마을)을 위해 무언가 할 수도 있다는 긍정적이고 적극적인 인식이 생겨나기 시작했다는 것일 것이다. 그러므로 이제는 이 인식이 더욱 확대되고 지역주민 모두에게 일반화되도록 하는 일이 중요하며 그런 측면에서 모든 주민에게 공정한 참여기회를 보장하고 동시에 투명하게 운영하는 것이 필요하다. 장기적으로는 지방정부와 건전한 동반자로서의 파트너십을 형성하기 위해서는 주민이 참여할 수 있는 사업을 지속적으로 발굴하고, 특히 재정자립을 위한 기반을 마련해야 한다.

저자께서는 궁극적으로 이는 한국 민주주의도 주민조직형을 바탕으로 한 진정한 풀뿌리 민주주의를 지향할 것이라는 참여민주주의를 향한 단계별 접근전략이라고 판단하면서도 지난 2012년 주민자치회가 처음 제안된 이후 두 번의 정권교체까지 일어났음에도 장기간 제도화가 표류하고 있는 것이 현실이라는 문제 지적도 함께 하고 있다. 특히 '촛불혁명'으로 탄생한 문재인 정부는 스스로 '국민주권시대'를 열겠다고 선언하면서 '연방제에 준하는 분권국가'를 국정운영의 지표로 제시하여 지방자치와 주민자치를 염원하는 국민적 기대를 모으는데 성공[1]하였으나, 대통령 임기 절반을 넘

---

1) 물론 현재 행정안전부는 2020년 중점추진과제로 '주민자치회 활성화'를 선정하고, 행정의 최일선인 읍·면·동에서부터 '주민자치'와 '주민참여'를 통해 성숙한 풀뿌리 지방자치가 구현될 수 있도록 주민자치회 관련 제도 정비 등 다양한 노력을 추진할 방침이다. 특히, 시범실시 지역을 600개 이상 읍·면·동으로 확대하고 주민자치회 위원 자격요건을 개선하여 그동안 주민참여 주체로서 참여하지 못하던 청소년·외국인주민에게도 주민자치회 위원으로 참여할 기회를 보장하기로 하였으며, 편리한 참여여건 조성과 주민자치회가 지역사회에서의 주민참여 네트워크 허브로 기능할 수 있도록 다른 주민참여기구와의 연계 강화를 추진하고 있으며 이러한 주민자

긴 지금도 주민자치 제도화는 물론 제대로 된 분권형 지방자치조차 답보 상태를 벗어나지 못하면서 새로운 '주민자치회'를 통한 직접민주주의와 주민참여에 대한 기대감은 점점 약해지고 있고 오히려 제도의 왜곡을 걱정하는 단계까지 이르고 있다고 진단하고 있다. 한국 민주주의의 미래를 위해서는 지방자치가 필수이고, 그 지방자치는 지금까지의 단체자치가 아니라 주민자치 중심으로 바뀌어야 한다는 대명제하에서, 주민자치의 실질화는 특정 정권차원과는 별개로 포기할 수 없는 화두임이 분명하다.

결국, 일부 정치인의 야망과 공무원들의 기득권 그리고 일부 과두화 된 시민사회 세력 등의 잘못된 결탁과 그로인한 근린거버넌스의 오작동 등으로 인해 20년 가까운 주민자치센터(주민자치위원회)를 넘어서는 새로운 제도인 '주민자치회'마저 또다시 풀뿌리 민주주의와는 거리가 먼 '겉모습만 주민자치'로 진행된다면, 앞으로 학계와 실무계의 '지방자치 무용론'이 더욱 거세질 것이라는 점을 이 논문은 강력하게 경고하고 있다.

그러므로 이제 주민자치회의 활성화를 위해 주체로서의 주민이 어떻게 소극적·피동적인 참여를 넘어 적극적·능동적인 자치를 추구할 수 있는 지에 대해 구체적으로 논의해야 한다. 즉, 주민자치회와 지방정부간에 건전한 동반자 관계를 구축하기 위한 파트너십을 형성하기 위해서는 저자께서도 강조하듯이 기존 지방의회(기초와 광역 포함)와의 관계정립을 넘어서 시민사회와 함께하는 근린거버넌스로 확대 발전시켜야 한다는 정부 차원의 근본적인 주민자치회 관련 패러다임의 전환이 필요하고, 사회·정치적으로도 이를 강제할 수 있는 수준의 사회적 약속과 실천이 필요하며 그를 위한 학계와 실무계에서의 다양한 이론적, 실천적 논의의 장이 마련되어야 하며 앞으로 이를 기대해 본다.

참고문헌

심익섭. (2012). 주민자치회의 제도화 방안과 발전방향에 대한 연구. 「지방행정연구」. 26(4): 57-84.

_____. (2012). 주민자치와 마을공동체. 「서울시 주민자치아카데미 자료집」(주민자치위원 중견과정). 서울특별시·(사)한국자치학회.

치회의 전면시행을 위해 지난 2019년 지방자치에 대한 기본법인 '지방자치법 전부개정안'에 주민자치회 근거를 반영하여 국회에 제출했으며 지방자치법 개정안이 국회에서 의결될 수 있도록 최선을 다하고 있는 등의 긍정적인 노력은 평가할 만 하나 구체적이고 가시적인 성과는 아직 조금 더 지켜보아야 할 것이다.

_____. (2011). 주민자치회의 제도화 전망과 쟁점. 「제1차 주민자치포럼자료집」. 열린 사회시민연합(2011.7.19.).

_____. (2001). 주민참여 활성화를 위한 제도화와 민주시민교육. 「한국민주시민교육학 회보」. 8(1): 85 – 101.

장인봉(2017). 주민자치센터(주민자치위원회) 평가와 과제. 「지방행정」. 2017년 4월호.

지방행정체제개편추진위원회. (2012). 「읍 · 면 · 동 주민자치회 설치 · 운영방안 및 향후 추진계획(안)」. 2012.9.21.

_____. (2012 – 1). 「지방행정체제 개편 기본계획」. 2012.6.

_____. (2011). 「읍 · 면 · 동 주민자치회 모델개발 연구」. 2011.12.

행정안전부. (각 년도). 주민자치센터현황 및 운영현황.

Wollmann, Helmut Hrsg. (2009). Local Governance Reforms in Global Perspective. Wiesbaden: VS Verlag.

행정학의 신패러다임으로서 신공공관리 모형의 적실성에 관한 연구
−한국 지방자치단체의 적용사례를 중심으로−

행정학의 신패러다임으로서
신공공관리모형의 적실성에 관한 연구
-한국 지방자치단체의 적용사례를 중심으로-*

김태룡(상지대학교 행정학과 교수)

❧ 프롤로그 ❧

행정이 출발한 때부터 행정개혁 또한 시작되었으니 행정과 행정개혁은 불가분의 관계를 맺고 있다. 역사상 행정개혁은 정치지도자의 의지나 환경 변화 그리고 시대적 사조 등 다양한 이유들로 단행되어 왔다. 그러면서 행정개혁을 정당화하기 위한 나름대로의 이유나 정당성을 구축해 왔다. 예컨대 조선시대 태종이 단행했던 육조 직할제는 왕권을 강화하기 위한 개혁이었던 반면, 한국 정부에서 신설된 국민권익위원회는 시민들의 권리를 강화하기 위한 개혁이었다. 1960년대 박정희 정부에서 신설된 경제기획원은 경제개발이라는 시대적 흐름을 반영한 조직개혁이었던 반면, 김영삼 정부에서에서 이를 폐지한 것은 경제개발이 이제는 민간주도로 바뀌어야 한다는 환경 변화를 반영한 개혁이었다.

수없이 많은 행정개혁이 행정의 발달과정에서 실시되었지만, 20세기 후반에 등장한 신공공관리모형(new public management model)처럼 행정개혁에 끼친 영향력이나 범위가 큰 패러다임도 흔치는 않다. 영미국가들이 처한 재정적자와 행정의 비효율성을 극복하기 위해, 신자유주의에 기저해 출발한 신공공관리모형은 선진국은 물론이고 아프리카 국가들을 포괄하는 개발도상국에 이르기까지 영향력과 확산은 실로 광범위하다. 한국의 경우도 예외없이 김대중 정부 때부터 심대한 영향을 미치기 시작한 이 모형은 이후, 노무현 정

---

* 본 논문의 출처는 『한국행정학보』, 제34권 제1호, (한국행정학회, 2000), pp.1-20. 이다.

부에 이르러서는 아예 대통령 소속으로 신설된 정부혁신지방분권위원회에서 이 모형에 따른 개혁수단들을 강제화하기에 이르렀다.

다양한 평가가 수반될 수는 있겠지만 단적으로 이 모형은 행정의 경영화와 함께 행정의 정체성을 모호하게 만든 신테일러주의(new taylorism) 내지 신관리주의(new managerialism)에 불과한 것이었는데도, 거의 무비판적으로 준강제적인 방식으로 한국행정에 이식되기 시작했다. 이런 흐름에 대한 비판이 없었던 것은 아니지만, 수적으로 많지도 않았던 비판들 조차도 대체로 이론적·당위적 측면에서 제기된 것들이 주를 이루었을 뿐 실제로 진행된 개혁에 대한 구체적인 내용이나 효과성이나 적실성에 대한 실증적인 논의는 전무했다.

연구자는 본 연구를 수행하기 이전부터 행정의 경영화내지 신공공관리모형에 기저한 행정개혁의 적실성에 회의적인 입장이었다. 특히 행정의 경영화지향과 함께 신자유주의에서 강조하는 지나친 효율성 개념이 행정이 추구하는 민주성과 공공성 가치를 훼손할 수 있다는데 심각한 우려가 있었다. 그래서 본 연구를 수행하기 이전부터 특히 90년대 들어 지방자치가 실시되면서 확산되기 시작한 경영수익사업의 효과성 평가를 통해 행정의 경영화에 따른 문제점을 지적하였다. 이어 한국과 미국에서 진행되고 있는 신공공관리모형에 기초한 행정개혁의 문제점을 발표하였다.

이런 측면에서 볼 때 본 연구는 신자유주의에 기저한 행정개혁의 가속화가 초래하는 행정의 경영화내지 정체성의 위기를 심각하게 인식한 결과의 연장선상에서 출발한 연구였다. 연구자는 당시 한국행정에 거의 무비판적으로 도입되는 신공공관리론적 모형에 기저한 행정개혁수단들을 지켜보면서, 과연 이 모형이 한국행정의 개혁모형으로서의 적합성이 이들의 주장처럼 높을 것인가에 대한 회의와 함께 이에 대한 적실성을 체계적으로 검증해 보고자 하는데서 출발하였다.

본 연구는 이에 따라 신공공관리모형이 지향하는 이론의 정체를 규명해 보고, 한국행정에 도입된 개혁수단들의 유형, 그리고 이들의 적실성 내지는 효과성을 행태적 측면에서 규명해 보고자 했다. 이론적 논의에서는 신공공관리모형에서 추구하고 있는 개혁모형을 영미형으로 유형화하고 그에 따른 구체적인 개혁수단들을 고찰하면서, 모형의 적실성을 정치철학적 관점과 정향성이라는 측면에서 타당성을 살펴보았다. 이어서 한국행정에 도입된 개혁모형들에 대한 실태와 이들의 적실성과 효과성을 행태적 관점에서 분석하였다. 분석 결과 개혁수단 가운데 효과가 있는 것들이 있기는 했지만, 전체적으로 볼 때 개혁에 따른 효과성은 부정적인 것으로 나타났다.

행정의 경영화 경향에 대한 연구는 이전에도 자치단체들에서 시행 중인 경영수익사업에 대한 평가를 시도해 본 바, 역시 많은 문제점이 있음은 물론 그 효과성에서도 의문의 여지가 많았는데 본 연구에서의 결과도 유사한 경향이었다. 본 연구와 유사한 관점에서 확장된 연구로는 광역자치단체들을 대상으로 행정개혁에 대한 평가연구와 특히 노무현 정부에서 무비판적으로 확산된 팀제에 대한 적실성을 평가한 연구로 이어졌다.

본 연구는 이후 행정개혁 분야에서 신공공관리모형에 기초한 개혁모형의 평가와 그에 따른 적실성평가를 촉진하는 계기를 가져왔으며, 이 모형에 기저한 개혁모형에 대한 성찰을 강화하는 계기를 마련하는데 촉매 역할을 담당했다. 시차적인 차이가 있기는 하지만 행정의 과도한 경영화에 대한 경고와 함께 행정개혁의 새로운 기준으로서 민주성, 공익성, 지역공동체정신 등과 같은 개념들을 포괄하는 광의의 맥락에서 공공성을 부활하는데 초석을 마련하기도 하였다.

본 연구자는 십여년에 걸쳐 행정의 경영화와 신자유주의적 개혁모형의 부작용을 강조하면서, 행정개혁의 새로운 방향을 모색하고자 했다. 이 같은 맥락에서 본 연구도 공공성의 훼손과 행정의 지나친 경영화로 인한 행정의 정체성 상실을 우려하는 연구자의 고뇌를 반영했던 결과물이기도 하다.

I. 서 론

행정학에서 한 세기에 걸쳐 지배적인 패러다임의 위치에 있던 관료적 패러다임은 70년대 후반부터 심각한 도전에 직면해 있다. 환언하면 민주적 제도들에 대한 책임성을 확보하기 위해 진보주의 시대에 도입되었던 관료적 패러다임은, 70년대 후반부터 대두하기 시작한 반정부·반관료주의·반조세로 특징 지워지는 신관리주의나 후기 관료적 패러다임 또는 기업가적 패러다임 등의 도전에 직면하게 되었다.[1] 이에 따라 과연 행정학에서 이런 조류들이 관료적 패러다임을 대체할 정도의 새로운 패러다임이 될 수 있겠는가의 문제와 그에 따른 적실성과 효과성을 둘러싼 논쟁이 중요한 이슈로 등장하고 있다.

신자유주의에 기반을 두고 집권하게 된 보수적 정부들과 학자들에 의해 제기된 새로운 조류는 취약한 이론화의 수준에도 불구하고 변화를 향한 잠재적인 힘은 대단히 크다. 영국을 중심으로 한 신관리주의(new managerialism)와 미국 중심의 기업가적 정부모형(entrepreneurial government model)으로 대별되는 이 같은 흐름은, 경쟁적 시장 메카니즘과 유사한 방식으로 그리고 대중주의적 접근방식을 통해서 효율성과 대응성이라는 행정의 근본적 가치를 달성하려고 하는데 특징이 있다. 실무적인 측면에서도 전문적인 행정학자 외에 시장 메카니즘에 익숙한 실무자들이 이론형성에 참여했다는 측면과 이를 개혁과정으로 전환하는데 필요한 지도자들의 강력한 지지가 중요한 몫을 차지했다. 우리의 경우 90년대 초부터 이에 대한 도입의 필요성이 학계에서 강조되기 시작했고, 실무계에서는 지방자치의 실시 이후부터 자치단체를 중심으로 유행처럼 확산되기 시작했다. 이에 더해 김대중 정부는 출범과 동시에 행정의 주된 운영원리와 개혁의 준거모형으로 소위 국정관리(governance)적 측면에서 신공공관리모형을 채택하겠다고 선포하였다(김태룡, 1999a: 7~8).

정부의 심각한 재정적자와 행정의 비효율성의 치유를 위한 대안으로 경쟁 지향적·성과 지향적·고객 지향적인 시장모형을 근간으로 한 신공공관리모형에 대한 긍정적 성과와 평가에도 불구하고 이 모형에 대한 논쟁과 비판은 종식되지 않고 있다. 예컨대 논쟁과 비판의 요체로는 모형이 추구하는 가치들이 민주적 가치와 양립이 가능한가와 같은 정치철학적 문제부터 이론적 독창성 그리고 성과에 대한 논쟁에 이르기까지 매우 다양하다. 그럼에도 이처럼 논쟁의 여지가 종식되지 않은 모형이 우리의 행정환경에서 중요한 자리를 차지해 가고 있음을 부인할 수는 없다. 그러나 다행스러운 것은 이러한 조류가 아직은 파급단계의 초기에 있다는 점에서 학계와 실무계의 이론적 논의와 검증을 통한 사려 깊은 수용과 확산을 시도할 필요성이 있다. 그것은 이 모형의 발생동기나 적용대상으로서의 행정환경과 정부모형이 이 국가들과는 여러 부분에서 다르고 정치적 사조나 행정의 역할이라는 측면에서도 현격한 차이를 보이고

---

[1] OECD에서는 이 같은 조류들을 묶어 신공공관리(new public management)라는 용어로 사용하고 있다. 본 연구에서는 OECD의 용례에 따라 신공공관리모형이라는 통일된 용어를 사용하고자 한다.

있기 때문이다. 따라서 이 모형의 효과를 극대화하고 부작용을 최소화하려면 우리의 행정환경에 적합한 모형으로 수정·발전시켜 도입해야 한다.

본 연구는 이와 같은 문제인식 하에 연구의 목적을 다음과 같이 설정하고자 한다. 첫째, 신공공관리모형에 대한 유형적 특성을 중심으로 이 모형의 한국행정에의 적용 가능성과 적합성에 대한 이론적 논의를 시도하고자 한다.[2] 둘째, 김대중 정부의 출범 이후 개혁의 준거모형으로 채택된 신공공관리모형의 실태와 적실성을 조사하고 그에 따른 효과성을 평가하고자 한다. 끝으로 지방자치단체에 대한 분석을 중심으로 새로운 패러다임으로서의 적실성과 효과성을 평가해 한국행정 전반으로의 확산에 따른 문제점과 대안을 모색하고자 한다.

II. 신공공관리모형에 대한 이론적 논의

1. 신공공관리모형의 유형과 수단

신공공관리모형은 영연방 중심의 신관리주의와 미국의 기업가적 정부모형으로 대별된다. 이 중 영국을 중심으로 한 신관리주의(new managerialism)는 신우파의 사고에 기초해 시장적 개인주의(market individualism)가 내재된 기업모형을 공공부문의 핵심적 가치에 이식시키거나 이와 일치시키려는 조류로 볼 수 있다(Self, 1993: 1~20; Mascarenhas, 1993: 320~321; Hood, 1995: 129). 신관리주의가 사용하고 있는 주요 개혁수단들을 살펴보면 구조개혁수단으로는 민영화, 인력감축, 재정지출억제, 책임집행기관, 규제완화 등이, 인사개혁수단들로는 권한위임, 고위직 근무평정 및 성과급제도, 임용권한의 위임 및 사무차관 등을 포함한 고위직 임용계약제 등을 들 수 있다. 재정개혁수단들로는 운영예산제, 연도말 이월, 다년도 예산, 발생주의회계 등을, 서비스와 성과관리를 위한 개혁수단들로는 서비스기준제도, 성과협약, 전략계획 등을 들 수 있다(김번웅, 1997: 46~51; 총무처, 1997: 58~59; Mascarenhas, 1993: 323).

미국을 중심으로 한 기업가적 정부모형은 정치적 이념과 전략적 차이에 따라 세 유파로 나누어진다. 이 중 최소국가이론(the minimal state theory)은 정부의 목적을 공공재의 공급이라는 측면에만 한정해야 하며 행정의 성격이라는 것에 대해 부정적인 입장을 견지했다. 행정의 속성에 대해서는 합리적이기는 하지만 이기적으로 자신의 이익과 조직의 예산 극대화를 추구하는 것으로 간주했다. 따라서 행정을 시장과 같은

---

2) 본 연구의 목적을 이와 같이 한정하는 이유는 신공공관리모형에 대한 일반론적인 논의들이 국내외의 행정학자들에 의해 많이 이루어졌기 때문에 기술에 따른 중복을 피하기 위해서이다.

경쟁적인 조직으로 탈바꿈시켜야 하며 이를 위한 접근방식으로 비용최소화전략과 소비자 중심적인 관리방식으로 전환해야 하는 것을 제시했다. 이에 반해 1989년에 작성된 Volcker 보고서에 그 방향이 총체적으로 요약되어 있는 규제완화학파(deregulating government)는 민영화와 규제완화로 대표되는데 세 학파 중에서 가장 정교한 이론을 구축하고 있다. 이 학파는 정부의 가장 주된 목적을 공공문제의 해결에 두었다. 선호하는 조직형태로 느슨한 계층제를 제시하고 있으며, 관리 정향으로는 중재자의 입장에서 통제와 유연성간의 균형을 강조하고 있다(DiIulio, 1994: 12~36; Dubnick, 1994: 249~287; Kettl, 1996: 175~197).

가장 최근에 등장한 정부재창조 모형(reinventing government)은 이론의 부족을 앞의 두 이론에 근거하고 있다는 약점에도 불구하고 실무자의 경험을 통한 살아 있는 개혁방안을 제시하고 있다는데 장점이 있다. 이 모형이 취하고 있는 조직의 유형으로는 적합한 조직형태를 추구하며 관리양태로는 조장적인 것을 강조한다. 이와 같이 미국에서 대두된 신공공관리모형은 내용 면에서 약간씩 차이를 보이고는 있으나 대체적으로 시간의 흐름에 따라 세 모형의 특성들이 혼합적으로 결합해 작동하는 양상을 보이고 있다. 미국을 중심으로 한 기업가적 정부모형이 사용하고 있는 개혁수단들은 영국과 거의 유사한데 다만 차이를 보이고 있는 것들로는 구조개혁수단에서 부처통폐합 등을 거의 채택하지 않았으며, 인사개혁수단에서는 정원통제권이나 보수결정권의 위임 등을 채택하지 않았다. 재정개혁수단들에서는 영국과 달리 산출예산제도나 다년도 예산의 채택에 소극적인 입장이었으며, 서비스와 성과관리를 위한 개혁수단들에서는 성과협약 등에 소극적인 차이를 보이고 있다(김태룡, 1999a: 11; 총무처, 1997: 57~58). 그러나 신공공관리모형을 구축하는데 기여한 양 유형은 90년대에 이르러서는 혼재되어 그 구별이 모호해지는 양상을 보이고 있으며 모형이 추구하는 방향도 경쟁지향성·성과지향성·고객지향성에 모아지고 있다.

이 같은 신공공관리모형은 우리의 경우 90년대 초부터 경쟁력 강화를 위해 도입되어 오다가 김대중 정부에 이르러서는 개혁의 준거모형으로 활용되고 있는 실정이다. 개혁의 수단들로는 구조개혁에서 조직개편을 강력한 수단으로 활용한 면과 재정개혁에서 별 수단을 도입하지 않았다는 측면 그리고 성과 관리적 측면에서 수단들이 별로 개발되지 않았다는 면을 제외하고는 여러 부분에서 이들 나라들과 유사한 면을 보여주고 있다.

2. 신공공관리모형의 적실성과 효과성

영국과 미국의 문화에 기초해 발달해 온 신공공관리모형은 긍정적 요소와 기여에
도 불구하고 이론적 발전과 실무적인 적용과정의 흐름에 따라 이 모형의 적실성과 효
과성의 결과에 대한 논쟁 또한 가열되고 있는 실정이다(Frederickson, 1997: 88;
Sundquist, J. L., 1995: 398~399). 우리의 경우도 이 모형에 대한 적극적 수용론의 관점
에서부터 비판적 수용에 이르기까지 그 스펙트럼은 다양한 실정이다. 본 연구에서는
이 모형의 도입에 따른 한국적 적실성이라는 관점에서 다음과 같이 살펴보고자 한다.

1) 정치철학적 적실성

신공공관리모형의 정치철학적 적실성과 효과성에 대한 논의로서 민주적 가치와의
양립 가능성에 대한 논쟁이 한 부류를 형성하고 있다(Bellone, 1992: 130; Rosenbloom,
1994: 535~537). 이 논쟁의 요체는 민주적 가치를 실현해야 할 의무를 가지고 있는
행정체제에 기업에서 활용되고 있는 방식을 도입할 경우 극단적으로는 문제를 해결
하는 것이 아닌 또 다른 문제를 야기하는 시발점이 될 뿐만 아니라 행정이 추구하는
가치와의 양립 가능성도 별로 없다는데 모아지고 있다. 이와 함께 행정과 기업간의
차이 그리고 정치와 행정간의 문제 등에 대한 논쟁, 즉 기업적 관리방식을 도입하는
것이 비효과적이라는 논쟁과 함께 행정이 지나치게 정치로부터 분리되는 것 등에 대
한 논쟁이다(Ingraham and Romzek, 1994: 1~14; Moe, 1994: 118). 이들의 주장도 앞의
비판과 유사하게 환경이 전혀 다른 행정체제에 무비판적으로 기업가적 경영 방식을
도입할 경우, 전통적으로 행정이 소중히 고려해 온 형평성이나 정직성의 문제 등 공
직 가치관에 부정적 영향을 미친다는 점을 강조하고 있다.

정치철학적 관점에서 이 모형에 대한 또 다른 논쟁은 이 모형이 기저하고 있는
신자유주의에 대한 입장이다. 신자유주의의 적극적 수용론자들이 주장하는 논거의 핵
심은 신자유주의가 대체로 공동체 윤리를 존중하는 동시에 정부의 소극화와 핵심적
인 기능의 강화를 가져온다는데 있다. 신자유주의 노선이 채택하는 개혁수단들로는
민영화, 재정개혁, 공공지출의 축소, 비효율적인 생산자들에 대한 보조금 폐지 등과
같은 정부개혁과 거시경제의 균형유지 그리고 규제완화와 노동시장의 유연화와 같은
시장 지향적 개혁 그리고 무역자유화와 해외자본의 유치 등과 같은 세계경제로의 편
입 등이다(Williamson, 1990: 7~38). 그러나 이 같은 신자유주의적 정치철학에 대한 반
대론도 만만치 않은 실정이다. 비판의 요체란 국가경쟁력 강화를 위해 특정계층의 권

리가 유보되고 권위주의적 통치행태가 합리화되는 상황이 되어서는 아니 된다는 점에서 신자유주의의 문제가 있다는 것이다.3) 신자유주의에서 추구하는 경쟁력강화란 극단적으로 기업의 경쟁력강화가 종국에 가서는 국민의 생활을 개선시켜 준다는 전제하에서만 존재의 의미를 지닌다. 이런 점에서 경쟁 지향적인 시장에 대한 무조건적 신봉이 정치적 민주화를 포함한 모든 문제를 해결해 줄 수 있는지를 고려해 볼 필요가 있다는 것이다.4)

끝으로 정부관에 대한 논쟁으로 이 모형은 정부를 다양한 이익을 지닌 시민들에 의해 만들어져 집단적 선택을 요구하는 실체로 인정하는 대신 최근 기업의 재구조화나 재창조 등으로부터 차용한 기법과 개념을 통해 향상시킬 수 있는 서비스의 제공자로 인식한다는 것이다(Arnold, 1995: 414). 그 결과 이 모형이 지니고 있는 정부관으로 인해 공익을 수행해야 하는 관료들의 충성심과 책임성은 약화되고 있으며, 국가의 탈정치화의 가속은 정치적 통합마저 위태롭게 할 수 있다는 비판이 그것이다(Cook, 1998: 225~230; Kettl, 1994: 179~180).5)

---

3) 신자유주의적 개혁양식은 강력한 세계자본주의 경제의 구조적 변화가 가져오는 구조적인 힘과 압박에 의해 채택되게 되는데, 이 과정에서 구조적 압력이란 지구화로 요약되는 세계자본주의 경제의 변화를 의미한다. 이런 관점에서 IMF가 한국에 제시한 구조조정 프로그램은 정리해고 → 비용절감 → 경제성장 → 빈곤해결이었다. 그러나 IMF의 신자유주의적 구고조정을 제대로 수행한 한국은 오히려 빈곤이 심화되었고, 소위 자기방식대로 구조조정을 실시한 태국이나 인도네시아는 전체인구 중 빈곤층의 비율이 소폭만 증가했다고 유엔개발계획기구(UNDP)가 실시한 「외환위기 후 한국의 빈곤실태와 빈곤감시시스템」 보고서는 밝히고 있다(중앙일보, '99. 11. 11. 자).

〈표 1〉 구조조정국가의 빈곤층 비율 (단위: %)

	한국	태국	인도네시아
1997년	8.6	11.4	11.0
1998년	19.2	12.9	19.9
1999년	18.8		

자료: 세계은행. 빈곤경향 1999년 6월.
주 : 빈곤선의 경우 인도네시아는 하루 1달러, 태국은 2달러, 한국은 4달러 기준.

4) 국세청 세수에서 직접세가 차지하는 비중은 지난해에 비해 크게 떨어진 반면 간접세의 비중은 높아지고 있는 것으로 나타났다. 따라서 이들의 비판은 이 같은 조세형평의 문제가 신자유주의적 관점에서 해결될 수 있는가 하는 것이다.

〈표 2〉 직접세와 간접세의 비율

	'94	'95	'96	'97	'98
직접세	53.8	54.7	52.9	50.7	55.2
간접세	46.2	45.3	47.1	49.3	44.8

자료: 국세청 통계자료 1999.

5) 비판론자들의 공격은 신공공관리모형처럼 정부를 단순한 서비스의 제공자로 인식하게 된다면

2) 정향성과 수단의 적실성

신공공관리모형이 지향하는 정향성 내지는 접근양식에 대한 적실성, 예컨대 고객이나 성과 또는 경쟁 지향성의 개념이라든지 시장 지향적인 인센티브제도와 같은 것들에 대한 논쟁들이다(Schachter, 1995: 530~537; Frederickson, 1997; 박천오, 1997: 2~3). 이들의 비판의 요체는 대체로 정부조직의 특성을 고려하지 않고 검증되지 않거나 또는 행정환경에 적합하지 않은 기법들을 단순히 기업경영기법이 행정의 그것보다 우월할 것이라는 기대 하에 적용한 결과 많은 부분에서 부작용이 발생하였다는 것이다. 공무원의 사기저하와 공직경험의 이탈 등을 예로 들면서 서비스의 질이 반드시 높아진다는 주장에 비판적인 입장을 취하고 있다. 특히 고객이나 성과측정 등과 같은 개념이나 척도 등에 대한 비판은, 과연 이런 개념들이 행정의 공평한 서비스나 공익의 실현이라는 관점에서 적합한 것이냐에 모아지고 있다.

우선 이 모형이 지향하고 있는 성과지향적 정향과 이와 관련된 수단들에 대한 논쟁으로, 정부조직의 경우 대체로 목표가 불분명하고 독점적이어서 시장이나 가격기구의 적용이 곤란해 성과를 평가하기가 현실적으로 어렵다는 점이다. 집행과정에서 직면하는 어려움은 기준이 적합하다고 알려져 있다 하더라도 기관의 장들은 기준에 따라 행동할 자유와 인센티브를 결여하고 있어 고객 우선주의로부터 의미있는 재정적 보상을 받을 것이 별로 없다는데 문제가 있다는 것이다(Wilson, 1994: 41~42). 또한 문화적 차이로 인해 우리와 같은 집단주의문화에서는 개인별 성과가 부정되고 시민문화의 기본구조가 약한 경우 능률의 원리는 국민의 권리를 침해하거나 정당한 절차를 어길 가능성마저 높다는 것 등이 그것이다(김병섭, 1996a: 24~25; 이종범, 1995: 22~45).

이런 측면에서 성과를 높이려는 수단으로 단행된 인력감축(downsizing)은 성과에 대한 실증적인 근거를 제공해 준다는데 의미가 있어 공무원을 감축하는 것이 보다 정치적으로 받아들여지는데 활용되고 있기는 하지만, 급격한 인력감축에 따른 공동국가 (hollow state)화는 정부의 능력과 효과성이라는 면에서 심각한 감소를 가지고 올 위

시민의 집합적 선택을 요구하는 중요한 국가적 과제는 정부의 역할에서 배제될 가능성이 높다는데 있다. 따라서 집단이나 계층 또는 지역의 이해관계와 결부된 정책결정과 같은 유형은 이 모형에서 별다른 해답을 찾을 수 없다는 것이다. 예컨대 우리의 경우 국가적 과제임에도 결론을 보지 못하고 있는 정책이슈로 로스쿨도입, 사법시험정원증원, 위천공단설립, 동강댐건설, 핵폐기물처분장건설, 새만금간척, 경찰수사권독립 등과 같은 문제들에 대해 이 모형은 전혀 기여를 하지 못하고 있다.

험이 있다는데 문제의 심각성이 있다(Frederickson, 1996: 267~268). 특히 우리의 경우 국가의 발전단계로 보아 정부규모를 축소하기가 쉬운 일이 아닌데 감축의 정확한 기준이 설정되지 않은 채, 단순히 총량적 개념에 입각해서 행해지는데 대한 비판도 만만치 않은 실정이다. 이와 함께 성과지향성은 경쟁을 유발할 수 있는 인센티브와 사기 진작이 병행되지 않으면 성과를 거둘 수 없다는 한계가 문제이다. 경쟁적인 보수제도를 도입하기 위해서는 평가기준과 운영과정의 객관성이라는 필요조건 외에도 우리의 문화가 직장 이동의 가능성이 적다는 점과 개개인의 개성보다는 부서를 중심으로 한 집단 사기를 우선시하는 문화라는 사실을 고려해야 하기 때문이다. 이외에도 경쟁력과 성과를 높이기 위해 성과계약에 의존한 기업가적 리더에 의해 지휘되는 책임운영기관 같은 독립기관 또한 중앙의 조정과 통제를 어렵게 할 가능성이 크다는 비판에 직면해 있다(Cohn, 1997: 5).

경쟁지향성에 대한 비판으로 이 정향이 정부의 비효율성에 대한 대안적 성격을 지니고 있어 경쟁을 통한 생산성과 반응성을 확보하려는데 목적을 두고는 있지만 반드시 긍정적인 효과만을 창출하지는 않는다는데 있다. 즉, 정치적 임명직의 확장과 성과평가 그리고 완화된 해고 절차의 도입과 경쟁의 가속화를 통해 공무원을 통제하려는 인사정책들은 오히려 공무원들을 공중과 대통령으로부터 소외시켰을 뿐만 아니라 사기 또한 저하되었고 이로 인해 공무원의 질과 통합마저 훼손하고 있다는 것이다(Balfour, 1997: 459~462). 이런 점에서 개방형 임용제도의 경우 역기능을 방지할 수 있는 제도적 장치를 마련하지 않는 경우 엽관제에 따른 비난과 함께 행정조직에 대한 통합과 통제력에 심각한 방해요인으로 작용할 가능성이 높다.[6] 특히 성과지향적 경향과 경쟁지향적 분위기에 힘입어 가속화된 자치단체들의 경영수익사업은 통계상 세외수입의 확충에 2% 정도의 기여도가 있는 것으로 나타나기는 했지만 기업문화의 이식이라는 관점에서 이 사업의 효과성은 거의 전무했던 것으로 나타나 기업문화의 이식이라는 측면에서 우리의 경우는 상당한 문제가 있는 것으로 보인다(김태룡, 1998: 161~178).[7]

---

6) 예컨대 이와 같은 엽관적 예들로는 지자체에서 실시 중이거나 추진 중인 지방공기업이 퇴직 공무원들의 임원 자리로 악용되고 있다는데서 찾을 수 있다. 강남구의 도시관리공단, 도봉구의 주식회사 도봉, 종로구의 시설관리공단, 강북구의 도시관리공단, 마포구의 마포개발공사, 송파구의 송파개발공사 등은 이사장이나 이사 또는 사장 등에 이들을 임명하고 있어 심각한 문제를 야기하고 있는 실정이다. 따라서 이 같은 엽관적인 인사원칙으로 인해 공직사회의 구조조정이나 경영 마인드는 오히려 그 성격이 왜곡되고 있다. 그런데 문제는 이런 상황에서도 나머지 자치구들도 새로운 공사 설립을 강행하고 있다는데 있다(중앙일보, 99. 10. 16. 자).

고객 지향적 정향이나 수단들을 둘러싼 논쟁으로는, 이 모형 자체가 소유주로서 시민을 가정하지 않는 경향과 행정가들이 공공서비스를 개선해 주기를 바라는데 그치는 수동적인 시민의 역할만을 가정하고 있다는 문제에 모아지고 있다. 이와 동시에 고객의 범위가 어디까지이며 고객 지향적 행정의 구체적 의미가 무엇인지 그리고 고객이 원하는 바를 정확히 파악하기가 현실적으로 어렵기 때문에 이의 실천은 불가능할 수밖에 없다는 것도 논쟁의 중요한 부분을 차지하고 있다. 특히 기업가적 정부에서 내세우는 시민 아닌 고객의 강조는 시민의 정치적 성격을 심각하게 훼손하고 있다는 비판에 직면해 있다(김병섭, 1996a: 22; 박천오, 1997: 2~3).

Ⅲ. 접근모형과 연구설계

1. 접근모형

신공공관리모형에 대한 이론적 논의를 중심으로 모형의 한국적 적실성과 도입에 따른 효과성 등을 분석하는데 고려해야 할 문제는 연구의 대상이 지닌 속성에 관한 문제이다. 이론적 논의에서도 언급했듯이 모형에 대한 개념이나 범위 등이 기존의 관료적 패러다임에서 주장하는 것들과 혼재되어 있는 경우도 있고, 수단의 적실성이나 또는 효과성에 영향을 미치는 독립변인과 그에 따른 효과성 평가와 같은 분석도 준거기준이 거의 없는 상황에서 변수설정과 가치의 개입 등으로 인해 측정에 대한 타당성이 높지 않을 수 있다는 것이다.[8] 본 연구에서는 신공공관리모형의 적실성과 효과성

---

7) 행정자치부의 집계에 따르면 '99년 6월말 현재 각 지자체의 부채는 총 16조 8,360억 원으로 이는 지난해 지자체 예산 50조 654억 원의 33.6%에 해당하는 것이다. 부채가 반드시 수익사업을 집행하다가 발생한 빚이라고 볼 수는 없지만 이런 상황에서 무리한 경영수익사업은 오히려 지자체의 부채를 보다 악화시킬 개연성이 높다. 표에서 보듯이 본 조사의 대상인 강원도의 경우 부채 총액은 6,089억 원으로 나타나 있는데, 이는 강원도의 군의 1년 일반회계예산이 대략 1천억 원 내외임을 고려해 본다면 6개 군의 일반회계예산을 합한 규모에 해당한다.

〈표 3〉 지방자치단체별 채무현황 (단위: 억 원)

	서울	부산	대구	인천	광주	대전	울산	경기	강원	충북	충남	전북	전남	경북	경남	제주
광역	12125	19749	15956	10702	8410	6989	3502	4409	1685	809	2919	1083	705	2253	406	2055
기초	293	438	619	218	231	164	3	22862	6089	4346	4192	6470	6168	9033	10390	3087
합계	12418	20187	16575	10920	8641	7153	3505	27271	7774	5155	7111	7553	6873	11286	10796	5142

자료: 행정자치부 내부자료. 1999년 6월 말 현재.

8) 본 연구에서 독립변수와 종속변수와의 관계모형을 설정하는데 따른 한계는 이와 관련된 선행 연구들이 거의 없다는데 있다. 우리의 경우는 신공공관리모형에 대한 소개나 도입의 당위성 등을 거론하는 수준이고, 외국의 경우 또한 본 연구와 같이 접근한 연구를 별로 찾아볼 수가 없다. 다만 개별 개혁수단들에(예컨대 TQM이나 MBO 등) 대한 효과성평가 정도가 있는 실정이

을 분석하는데 있어 이 같은 한계 하에 다음과 같은 조작적 정의와 접근모형을 택하고자 한다. 독립변인으로서 개혁변인의 개념과 범주로는 지방자치단체에서 채택한 행정개혁의 수단들을 의미하며 이에는 구조적 개혁수단·재정적 개혁수단·인적 개혁수단·서비스 개혁수단 등이 포함된다. 효과성에 대한 개념과 범주로는 신공공관리모형이 제시하는 개혁수단이 의도하였던 경쟁지향적·성과지향적·고객 지향적 목표의 달성 정도를 의미한다. 다음으로 접근방법으로는 첫째, 구조개혁, 재정개혁, 인사개혁, 서비스개혁 등에 대한 지방자치단체의 통계에 대한 내용분석을 의미하는 제도적 접근과 둘째, 개혁수단들에 대한 집행을 담당하는 공무원들을 대상으로 설문지조사를 통한 인식이나 태도를 추론하는 것을 의미하는 행태적 접근방법을 택하고자 한다.[9] 이상과 같은 접근방법에 따라 분석을 위한 개념적 준거모형을 설정하면 다음과 같다.

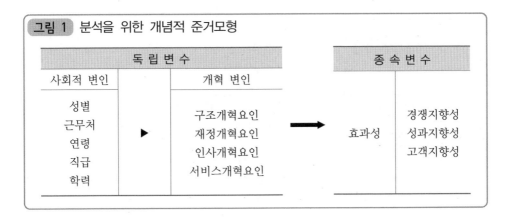

그림 1 분석을 위한 개념적 준거모형

독 립 변 수			종 속 변 수
사회적 변인		개혁 변인	
성별 근무처 연령 직급 학력	▶	구조개혁요인 재정개혁요인 인사개혁요인 서비스개혁요인	효과성　경쟁지향성 성과지향성 고객지향성

2. 연구설계

신공공관리모형의 적실성을 분석하기 위한 구체적인 분석단위로 제도적 접근의 경우는 자치단체의 통계와 관련 담당자와의 면담을 중심으로 구조개혁, 재정개혁, 인사개혁, 서비스개혁으로 설정하였다.[10] 이 통계자료들은 18개의 자치단체를 직접 방

다(김태룡, 1999b: 79−103).

9) 신공공관리모형의 적실성을 조사하기 위해 본 연구에서 접근방법으로 택한 공무원을 대상으로 한 주관적인 의견조사인 행태적 접근은 통계 중심의 제도적 접근이 지니는 한계를 보완하고자 채택되었다. 그럼에도 이러한 행태적 접근에 대한 적실성과 심층성을 높이기 위해서는 개혁의 수혜 대상인 시민들에 대한 조사도 함께 이루어져야 했음에도 그렇지 못했던 것은 본 연구의 한계로 지적할 수 있다.

10) 본 연구에서 특히 요인구성과 자료수집과정에서 면담에 참여한 담당공무원들은 주로 각 자치단체의 기획실, 총무과, 자치행정과 등의 과장과 주무 계장들이었다

표 4 요인분석을 통한 변수와 측정지표의 내용구성

변수		측정지표	Alpha	
독립 변인	구조개혁요인	① 민간이양의 적실성 ② 민간위탁의 적실성 ③ 인력감축의 합리성 ④ 조직축소의 합리성 ⑤ 규제완화의 적실성 ⑥ 공무원 총정원제의 적실성 ⑦ 행정팀제 도입의 적실성	.81	.80
	재정개혁요인	① 특별회계 및 기금정비의 적실성 ② 경영수익사업의 합리성 ③ 예산감축의 합리성	.80	
	인사개혁요인	① 성과급제의 합리성 ② 개방형 인사제의 적실성 ③ 권한위임의 합리성 ④ MBO의 적실성 ⑤ TQM의 적실성	.80	
	서비스개혁요인	① 행정서비스헌장의 적실성 ② 고객만족도조사의 합리성	.80	
종속 변인	효과성 요인 경쟁지향성	① 사기의 증가 ② 경쟁력 향상 ③ 통합성의 제고 ④ 통제력의 제고 ⑤ 기업문화의 정착	.83	
	성과지향성	① 인력감축의 효과 ② 예산감축의 효과 ③ 업무효율성의 향상 ④ 직무만족의 증가	.79	
	고객지향성	① 신뢰회복의 향상 ② 대응성의 증가	.74	

문해 수집·분석하였다. 행태적 분석의 경우는 요인분석을 통해 <표 4>와 같이 변수와 측정지표를 설정하였다. 독립변수의 경우 네 개의 요인으로 구성해 모두 17개의 측정지표를 선정하였다. 그리고 종속변인은 세 개의 요인으로 구성되었으며 11개의 측정지표를 선정하였다. 구성된 설문지의 각 문항에 대한 내용별 Cronbach's Alpha 를 살펴본 결과 대체로 .8089 이상으로 나타나 사용하는데 무리가 없는 것으로 나타

났다. 설문지의 각 문항은 Likert 5점 척도로 구성하였으며(전혀 적실성이 없다, 전혀 합리적이지 않다, 전혀 바람직하지 않다의 경우 1점을, 대단히 적실성이 높다, 대단히 합리적이다, 대단히 바람직하다의 경우 5점 척도로 평가), 수집된 자료는 SAS/pc+를 사용해 분석하였다. 그리고 설문지에 대한 구체적인 분석방법으로는 상관관계분석, 요인분석, 분산분석(ANOVA), t검증, Chi-square 검증, 다중회귀분석, signed-rank test를 사용하였다.

본 연구의 조사대상기관의 선정과 설문조사방법을 살펴보면 첫째, 행태적 분석을 위한 대상기관은 강원도의 18개(7개의 시와 11개의 군) 기초자치단체의 공무원들을 선정하였다.[11] 둘째, 설문지조사의 표본추출방법은 할당표출방식을 취해 본 연구에 대해 인지도가 있는 공무원들만을 주로 조사대상으로 선정하였다. 이에 따라 설문조사 대상자의 절반은 각 시·군의 기획실이나 총무과 등에서 선정되었으며, 나머지 절반은 실제 집행기능을 주로 담당하는 부서에서 선정하였다. 셋째, 설문자료의 경우 1999년 10월 4일부터 7일에 예비조사를 실시한 후, 본 조사는 1999년 12월 16일부터 2000년 1월7일에 걸쳐 진행되었다. 그 결과 배포된 총 설문지는 305매였는데 회수된 설문지는 254매로서 설문지 회수율은 83.6%로 나타났으며, 유효 설문지 244매가 분석되었다. 설문지의 배포와 회수는 연구자와 강원도의 협조로 진행되었다.

3. 가설설정

연구의 목적과 이론적 논의를 중심으로 본 연구에서 설정한 가설의 의미는 신공공관리모형이 제시하고 있는 개혁수단들의 적실성과 효과성을 둘러싸고 학자들간에 상이한 평가가 이루어지고 있는 점과, 효과성에 대한 제도적 평가와 행태적 평가간에 어떠한 차이가 있는가를 규명하고자 하는데 있다. 또한 효과성에 영향을 미치는 개혁수단들과의 상관성 내지는 효과성에 대한 개혁수단들의 영향력을 추론해봄으로서 개혁수단들의 적실성을 평가하고자 하는데 있다. 환언하면 이러한 가설을 통해 신공공관리모형이 제시하고 있는 개혁수단들의 적용에 따른 효과성을 측정해 보고 이어서 이들 개혁수단들의 한국적 적실성을 분석하고자 한다.

가설 1: 신공공관리모형이 제시하고 있는 개혁수단요인들과 개혁의 효과성 변인들과의 상관성은 상이할 것이다.

---

11) 본 연구에서 조사대상의 표본을 강원도 내의 18개 기초자치단체로 한정하게 된 주된 이유는 연구기간과 비용의 제약 그리고 자료수집에 따른 비협조 등으로 인한 접근성의 문제였다.

가설 2: 신공공관리모형의 적용에 따른 효과성에 영향을 미친 개혁수단요인들간
에는 영향력의 차이가 있을 것이다.
　　　가설 2-1: 구조개혁요인은 개혁의 효과성에 영향력이 있을 것이다.
　　　가설 2-2: 재정개혁요인은 개혁의 효과성에 영향력이 있을 것이다.
　　　가설 2-3: 인사개혁요인은 개혁의 효과성에 영향력이 있을 것이다.
　　　가설 2-4: 서비스개혁요인은 개혁의 효과성에 영향력이 있을 것이다.
가설 3: 신공공관리모형의 효과성에 대한 제도적 분석과 행태적 분석간의 결과와
는 차이가 있을 것이다.

Ⅳ. 신공공관리모형에 대한 분석결과

1. 제도적 분석

1) 구조개혁의 분석

자치단체에서 공통적으로 채택하고 있는 구조개혁수단으로는 민간이양, 민간위
탁, 인력감축, 조직축소, 규제완화, 행정팀제 등이 있는데 이들에 대한 실태를 분석하
면 <표 5>로서 이를 수단별로 살펴보면 다음과 같다.

첫째, 자치단체가 경쟁력이 없거나 행정비용을 절감하기 위해 도입한 민간이양의
경우 군의 경우에만 3건이 있으나 민간위탁의 경우는 10개의 자치단체에서 모두 28
건으로 비교적 활발하게 이루어지고 있다. 둘째, 구조개혁수단으로 가장 많이 활용되
는 인력감축의 경우 시(13.1%)와 군(12.9%)이 비슷한 비율로 총 1,766(13.0%)명이 감
축되었다. 그러나 인원감축의 내용을 계급별로 보면 우선 4급에서 9급까지 감축한 인
원과 기타직렬에서 감축한 인원이 거의 비슷하다. 따라서 임시직 등에 집중된 감축전
략으로 인해 구조개혁이 실제로 의도된 효과를 가져왔는지는 의문이다. 셋째, 인력감
축과 함께 구조개혁의 양 축으로 활용된 조직축소의 경우를 보면 시의 경우는 국의
축소율이 가장 높고 군의 경우는 과가 가장 높았다. 기초자치단체에서 핵심적인 부서
인 과의 경우 자치단체별로 4.3개가 축소된 것으로 나타났다.

표 5	구조개혁에 대한 분석						(단위: 개, 명, %)
	민간이양	민간위탁	조직축소		인력감축		
시	0	17	국 과 계	11(39.3) 30(17.9) 42(6.1)	4-5급 6-7급 8-9급 기 타		81(19.5) 310(10.9) 135(7.9) 413(18.7)
군	3	11	과 계	47(40.5) 122(12.3)	4-5급 6-7급 8-9급 기 타		53(17.5) 140(5.4) 173(10.6) 361(18.9)
합계	3	28	국 과 계	11(39.3) 77(23.3) 164(9.7)	4-5급 6-7급 8-9급 기 타		134(18.6) 450(8.3) 308(9.2) 774(18.8)

자료: 각 시 · 군의 통계연보, 내부자료 그리고 면접자료에 의거 재작성(이하 동일).
주: 분석기간은 1998년과 1999년 간의 2년이다.

2) 재정개혁의 분석

자치단체에서 공통적으로 채택하고 있는 재정개혁수단으로는 특별회계 및 기금정비, 경영수익사업, 예산감축 등을 들 수 있는데 실태분석의 결과는 <표 6>과 같다.[12]

첫째, 경제성이라는 측면에서 경직성 경비의 비율이 시나 군 모두에서 증가하고 있는 실정으로 경직성 경비의 증가율이 IMF구조상황인데도 자치단체 전체로는 2.5%나 되고 있다. 이러한 현상은 방만성이라는 측면에서도 유사하게 나타나고 있는데 기금의 규모가 매년 증가하고 있는 것이 그것이다. 둘째, 팽창성을 분석하는데 기준이 되는 예산증가율의 경우 시는 감소하였지만 자치단체 전체적으로는 증가하였다. 따라서 자치단체들의 경우 재정개혁이라는 측면에서 예산의 감축이나 경제성에서 별 의미를 찾을 수가 없는 실정이다.

---

12) 본 연구에서 재정개혁수단의 일종인 경영수익사업에 대한 분석 결과는 김태룡(1998)의 연구와 거의 유사하였기에 생략하였다.

| 표 6 | 재정개혁에 대한 분석 | | | | | | (단위: %) |

	경제성			방만성			팽창성
	경직성 경비 비율		경직성 경비 증가율	기금의 규모		기금 증가율	예산 증가율
	1998년	1999년		1998년	1999년		
시	17.7	19	1.3	0.7	3.1	2.4	−8.9
군	11.8	15.1	3.3	0.7	0.9	0.2	16.2
전체	14.7	17.2	2.5	0.7	2.1	1.4	1.4

주: 경직성경비=(인건비+기관운영비)÷(일반회계예산+특별회계예산총액)×100
　　경직성경비 증가율='99년도 경직성경비의 비율-'98년도 경직성경비의 비율
　　기금의 규모=(관리기금총액÷일반회계 및 특별회계예산총액)×100
　　기금의 증가율='99년도 기금규모-'98년도 기금규모

3) 인사개혁의 분석

자치단체에서 공통적으로 채택하고 있는 인사개혁수단으로는 개방형 인사제도, 성과급제, MBO, 권한위임, 행정팀제 등이 있는데 이들에 대한 실태분석은 <표 7> 과 <표 8>과 같다.

첫째, 자치단체의 인사개혁 중 주로 경쟁지향성을 강화하기 위해 실시한 개방형 인사제도의 실태를 살펴보면 2년간 채용한 실적은 불과 6명에 불과하다.[13] 유사한

| 표 7 | 인사개혁에 대한 분석(개방형인사 · 성과급 · MBO) |

	개방형 인사제도				성과급		MBO
	1998년		1999년		총예산액	총지급액	
	지정직위수	실제채용수	지정직위수	실제채용수			
시	0명	5급(2명)	6급(1명)	6급(2명) 7급(1명) 9급(1명)	200천만	0원	4개
군	0명	0명	0명	0명	57천만	0원	5개
합계	0명	2명	1명	4명	257천만	0원	9개

---

13) 본 연구에서 개방형 인사제도라는 수단의 기준은 논란의 여지가 있다. 엄밀한 의미에서 개방형인사제도가 요구하는 여러 요소를 갖추고 있지 못하고 있기 때문이다. 그러나 문제가 있음에도 불구하고 자치단체에서 전문성과 능력을 갖춘 인사를 계약제로 채용하고 있다는 점에서 넓은 의미의 개방형 인사제도에 포함하였음을 밝혀둔다.

표 8	인사개혁에 대한 분석(권한위임)					(단위: %)	
	시				군		
	시장	부시장	국장	과장	군수	부군수	과장
1998년	12.0	13.9	24.2	49.9	15.4	26.0	58.6
1999년	10.9	13.3	21.4	54.4	14.9	25.4	59.7

관점에서 성과급제도의 실태 또한 성과급을 책정만 해 놓았을 뿐 집행된 액수는 거의 없는 실정이다. MBO의 경우는 중앙정부에서 이의 실시를 요구하고 있음에도 불구하고 이를 제도화한 곳은 9개의 시·군에 불과하다. 그러나 이 또한 실시계획에 불과한 곳이 대부분으로 실제로 MBO를 규정대로 실시하고 있는 곳은 한 곳에 불과했다.

둘째, 하위직 관료들의 재량권을 넓혀 고객에 대한 대응성을 증가시키고 경쟁력을 강화하기 위해 실시한 권한위임의 분포도는 <표 8>이다. 표에서 보듯이 시의 경우는 권한위임이 어느 정도 이루어지고 있으나 군의 경우는 큰 변화를 찾아 볼 수 없다.

4) 서비스개혁의 분석

자치단체에서 공통적으로 채택하고 있는 서비스개혁수단으로는 행정서비스헌장제도, 고객만족도조사, 정보공개제도 등이 있는데 이들에 대한 실태분석은 <표 9>와 같다.

첫째, 서비스개혁수단으로서 행정서비스헌장제도는 중앙정부의 요구가 있어서인지 모든 자치단체가 제정하였다. 그리고 현재 이에 대한 내용분석과 수정내용을 한국행정연구원에서 주관하고 있다. 행정서비스헌장제도와 유사한 기능을 하기는 하지만 이와 약간 다른 차원에서 고객만족도조사를 거의 모든 자치단체에서 시행하고 있다. 둘째, 정보공개제도의 실태를 살펴보면 강원도 전체의 경우 전부 공개된 정보공개건수가 98.7건, 부분 공개된 건수가 7.8건으로 아직은 그 수가 미미한 실정이다. 다만 처리일수가 평균 3.3일 밖에 소요되지 않는다는 점에서 민원서비스의 처리속도가 빠른 편에 속한다고 평가할 수 있다.[14]

---

14) 정보공개제도를 서비스개혁수단으로 간주하는데는 약간의 무리가 있다. 그것은 이 제도가 정보공개법에 의해 추진되는 강제사항이기 때문이다. 그러나 본 연구에서 이 제도를 서비스개혁의 차원에서 접근한 것은 이 수단을 자치단체에서 중요한 서비스영역으로 담당자들이 간주하고 있기 때문이다.

표 9	서비스개혁에 대한 분석		(단위: 건, 일)		
	행정서비스헌장	고객만족도조사	정보공개제도		
시	7	6	전부공개	125	
			부분공개	13.3	
			처리일수	2.8	
군	11	10	전부공개	82	
			부분공개	4.3	
			처리일수	3.6	
합계	18	16	전부공개	98.7	
			부분공개	7.8	
			처리일수	3.3	

2. 행태적 분석

1) 개혁수단과 개혁의 효과성과의 상관분석

신공공관리모형이 제시하고 있는 개혁수단들과 그에 따른 개혁의 효과성과의 상관관계를 분석한 결과, 독립변인들인 네 개의 개혁요인들과 효과성요인으로 제시한 세 개의 종속요인들과의 상관관계는 <표 10>과 같이 상관성의 차이가 있어 가설 1은 유의미한 것으로 나타났다. 즉, 이러한 결과는 독립변인인 개혁수단들의 적실성과 종속변인으로서의 효과성요인과는 선형적 관계를 형성하고 있는 것으로 나타났다. 효과성요인 중에서 경쟁지향성과 성과지향성은 인사개혁요인이, 고객지향성요인은 재정개혁요인이 상대적으로 높은 상관성을 나타내고 있다. 그리고 전체 개혁의 효과성 또한 개혁수단요인 중 인사개혁요인과 상대적으로 높은 상관성을 보이고 있다.

표 10	개혁수단요인과 개혁의 효과성과의 상관분석			
		구조개혁요인	재정개혁요인	인사개혁요인	서비스개혁요인
효과성요인	경쟁지향성	0.4458	0.5006	0.5135	0.4199
	성과지향성	0.4340	0.4614	0.5067	0.4340
	고객지향성	0.3888	0.4173	0.3797	0.3629
총 효과성		0.4752	0.5205	0.5319	0.4536

* $p<0.01$

2) 개혁수단과 개혁의 효과성과의 회귀분석

개혁의 효과성에 영향을 미치는 요인들의 영향력과 설명력(R-square)과의 관계를 표준화된 회귀계수를 통해 개혁수단인 독립변수들의 상대적 중요성을 살펴본 결과 가설 2는 유의미한 것으로 <표 11>은 보여주고 있다. 개혁수단인 독립변수들의 상대적 중요성을 효과성요인별로 살펴보면 첫째, 경쟁지향성에서는 인사개혁요인이 가장 큰 것으로 나타났고 다음이 재정개혁요인으로 나타났다. 그러나 구조개혁요인은 가장 영향력이 낮은 것으로 나타났다. 둘째, 성과지향성의 경우 인사개혁요인이 가장 영향력이 큰 것으로 나타났으며 다음으로는 서비스개혁요인으로 나타났다. 구조개혁요인의 경우는 역시 가장 영향력이 낮은 것으로 나타났다. 셋째, 고객지향성에서는 재정개혁요인이 가장 영향력이 큰 것으로 나타났으며 다음으로는 서비스개혁요인으로 나타났다. 그러나 인사개혁요인은 가장 영향력이 낮은 것으로 나타났다. 대체적으로 개혁수단들은 개혁의 효과성에 대해 상대적 중요성 내지는 영향력이 높다고는 볼 수 없지만 있는 것으로 평가할 수 있다.

표 11 개혁수단요인과 개혁의 효과성과의 회귀분석

독립변인	경쟁지향성		성과지향성		고객지향성	
	표준화된 회귀계수	P값	표준화된 회귀계수	P값	표준화된 회귀계수	P값
구조개혁요인	0.163	0.0063	0.168	0.0059	0.177	0.0078
재정개혁요인	0.238	0.0001	0.185	0.0028	0.201	0.0031
인사개혁요인	0.276	0.0001	0.277	0.0001	0.152	0.0208
서비스개혁요인	0.184	0.0009	0.216	0.0002	0.182	0.0035

주: 경쟁지향성의 경우 결정계수(R-square)=0.4111, 성과지향성은 결정계수=0.3922, 고객지향성은 결정계수=0.4039이고, P값=0.0001임.

이러한 결과를 다시 개혁수단과 개혁의 전체 효과성과의 회귀분석을 통해 살펴보면 <표 12>와 같다.

표 12 개혁수단요인과 개혁의 전체 효과성과의 회귀분석

독립변인	표준화된 회귀계수	P값
구조개혁요인	0.185	0.0013
재정개혁요인	0.238	0.0001
인사개혁요인	0.274	0.0001
서비스개혁요인	0.212	0.0001

주: 결정계수(R-square)=0.4541, P값=0.0001임.

개혁의 전체 효과성에 대한 독립변수들의 상대적 중요성은 인사개혁요인이 가장 큰 것으로 나타났고, 재정개혁요인, 서비스개혁요인 그리고 구조개혁요인의 순으로 나타났다. 개혁수단들이 비록 높은 영향력을 행사한다고 할 수는 없지만, 개혁의 효과성에 긍정적인 영향력을 행사하고 있다. 상대적 중요도라는 측면에서 볼 때, 구조개혁요인이 상대적 중요성이 가장 낮다는 점에서 인력감축이나 조직축소와 같은 개혁수단들이 개혁의 효과성에 큰 영향력을 행사하지 못하고 있음을 유의할 필요가 있다. 따라서 개혁요인들 중 인사개혁요인과 재정개혁요인들이 비교적 개혁의 효과성에 영향력이 있다는 점에서 이들 수단들에 대한 집중적인 효율화 방안이 강구되어야 할 것으로 보인다. 즉, <표 13>에서 보듯이 인사개혁요인의 경우 권한위임이나 개방형 인사제도 등의 개혁수단들은 강화할 필요성이 있는 반면, 성과급제나 MBO, TQM 등과 같은 개혁수단들에 대해서는 보다 신중한 접근이 필요한 것으로 보여진다.

표 13 인사개혁요인들간의 신뢰구간

인사개혁변인	N	Mean	StDev	혼합표본에서의 표준편차에 기초한 신뢰구간
성과급제	243	2.407	1.097	(*)
개방형인사제	241	3.003	1.161	(*)
권한위임	243	3.698	0.992	(*)
MBO	243	2.313	0.959	(*)
TQM	237	2.649	0.905	(*)
				2.00 2.50 3.00 3.50

또한 재정개혁요인의 경우도 방만하게 운영되고 있는 특별회계 및 기금들의 정비를 통한 개혁이 효과성이 높다는 점에서 이에 대한 과감한 정비를 가속화할 필요가

있다. 그러나 예산감축과 같은 획일적인 개혁수단은 별 효과성이 없다는 점에서 신중한 주의가 요구된다.

표 14 재정개혁요인들간의 신뢰구간

재정개혁변인	N	Mean	StDev	혼합표본에서의 표준편차에 기초한 신뢰구간
기금정비	242	3.463	0.991	(*)
경영수익사업	241	3.254	1.132	(*)
예산감축	243	2.729	0.972	(*)
				—+————+————+————+—
				2.40 2.70 3.00 3.30

3) 개혁에 따른 효과성

개혁에 따른 효과성에 대한 분석결과는 <표 15>와 같은데, 가설 3은 부분적으로 유의미한 것으로 나타났다.[15] 개혁에 따른 효과성에 대한 제도적 분석에서는 개혁의 효과성이 약간의 의미가 있는 것으로 나타났으나, 설문조사를 통한 인식적 측면은 모두 부정적인 것으로 나타났다. p값이 0.05 이하에서 차이의 방향이 양수(+)로 나

표 15 신공공관리모형의 효과성분석

종속변인	Signed Rank	P값
관료의 사기 증가	−9157.5	0.0001
공무원의 경쟁력 향상	−4150.5	0.0001
공무원의 통합성 제고	−6506.5	0.0001
공무원에 대한 통제력 제고	−4103.5	0.0001
관료사회에 기업문화의 정착	−4456.5	0.0001
예산감축의 효과	−2068.5	0.0001
관료의 업무효율성 향상	−3580.5	0.0001
관료의 직무만족 증가	−6310.5	0.0001
행정에 대한 신뢰성 증가	−2472.0	0.0001
관료의 대응성 향상	−131.0	0.8103
효과성의 총계	−9353.5	0.0001

---

15) 본 연구에서 효과성분석을 위해 사용된 기호순위검증방법(the Wilcoxon matched-pair signed-rank test)은 비모수적 통계방법으로, 두 종속표본과의 차이의 방향과 크기(magnitudes)를 밝혀 주는 검증방법이다. 이 방법은 t 검증방법과 비교할 때 95.5%의 검증력을 갖는다.

타난 변수가 전혀 없다는 점에서 인식적 측면에서 신공공관리모형은 거의 효과성이 없는 것으로 보인다. 즉, 이 모형이 가장 강조하고 있는 효과성 측면이기도 한 성과나 경쟁력의 강화라는 측면에서도 그렇고 사기의 증가를 통해 고객에 대한 대응성이나 반응성의 증가라는 면에서도 거의 변화를 가져온 것이 없는 것으로 나타났다. 특히 가시적인 예산감축에 대한 효과성에 대해서도 별 효과가 없는 것으로 보고 있다.

V. 결 론

1. 내용의 요약

한국행정에의 신공공관리모형의 적용 가능성과 적합성을 중심으로 이의 실태와 영향요인 그리고 그에 따른 효과성을 분석한 결과를 요약하면 다음과 같다. 첫째, 구조개혁의 경우 제도적 분석에서는 특히 조직과 인원에 감축이 있었으나 특히 인력감축의 경우 거의 절반이 임시직이나 기능직에 집중되었다. 따라서 행태적 관점에서 구조개혁요인은 영향력이 다른 수단들에 비해 가장 낮게 나타났다. 둘째, 재정개혁의 경우 경제성이나 방만성이 개선되지 않고 오히려 증가하고 있었으며 단지 팽창성에서만 시에서 감소추세를 보였다. 그러나 행태적 분석에서는 효과성 중 고객지향성 요인에서 가장 영향력이 있는 것으로 나타났으며, 전체 효과성에서는 인사개혁요인 다음으로 영향력이 있었다. 셋째, 인사개혁요인의 경우 제도적 분석에서는 개방형이나 성과급제도 등이 거의 실시되지 않는 실정이었으며 MBO의 경우는 절반 정도가 시행되고 있었다. 권한위임의 경우 과거보다는 위임의 정도가 향상된 것으로 볼 수 있다. 이에 대한 행태적 분석의 경우를 보면 특히 경쟁지향성과 성과지향성에서는 가장 영향력이 높은 것으로 나타났으나 고객 지향적 요소에서는 가장 영향력이 낮은 것으로 나타났다. 그러나 전체 효과성에서는 가장 영향력이 있는 것으로 나타났다. 따라서 이는 제도적 분석의 결과와 관계없이 실제적으로 심리적 영향을 가장 많이 받는 부분으로 추정된다. 넷째, 서비스개혁요인의 경우 정보공개제도의 실적이 미미한 상태이고 행정서비스헌장제도의 경우도 수립 정도에 머물러 있는 실정이다. 다만 고객만족도조사의 경우는 거의 대부분의 자치단체들이 실시하고 있는 것으로 나타났다. 이에 대한 행태적 분석의 경우 성과 지향성과 고객지향성에서 두 번째로 영향력이 있는 것으로 나타났으며, 전체 효과성에서는 세 번째로 영향력이 있는 것으로 나타났다. 따라서 이 요인은 아직은 시행 초기라서 그런지 큰 효과성을 보이지는 않고 있다. 끝으로 신공공관리모형의 적용에 따른 효과성은 전무한 것으로 나타났다.

2. 정책적 함의

신공공관리모형의 적실성과 효과성에 대한 제도적·행태적 분석에 따른 결과를 중심으로 모형의 효과성을 제고하기 위한 정책적 함의를 모색해 보면 다음과 같다.

첫째, 신공공관리모형의 도입 시기가 짧거나 시행 중이기에 효과성은 미미한 수준이지만 효과성에 영향력을 행사하고 있다는 사실은 이 모형이 개혁수단으로서 어느 정도 의미가 있다는 사실이다. 따라서 효과성에 상대적 중요성이 높은 요인들은 보다 개발하고 그 중요성이 낮은 것은 배제하는 방식으로 개혁수단들을 적용한다면 이 모형의 적실성은 보다 높아질 것이다.

둘째, 효과성에 영향력이 상대적으로 높은 변인들이 주로 인사개혁수단과 재정개혁수단이라는 측면에서 이의 적실성을 보다 높이는 방안이 강구되어야 한다. 따라서 개방형 제도와 권한위임의 확대 등이 요구되며 기금정비 등을 통한 재정개혁이 보다 가속화될 필요가 있다. 그리고 서비스개혁요인들의 경우 역시 고객지향성이나 성과지향성에 효과가 있다는 점에서 보다 실질적으로 이 제도들이 작동할 수 있도록 적실성 있는 모형이 개발되어야 할 것이다.

결론적으로 자치단체를 분석대상으로 하여 신공공관리모형의 한국적 적실성을 고찰한 결과 아직은 시행 초기라서 효과성이라는 면에 문제가 있기는 하지만, 효과성에 긍정적 영향력을 행사한다는 측면에서 비록 높지는 않지만 적실성은 있다고 보여진다. 특히 인사와 재정개혁요인들이 경쟁지향성과 성과지향성을 높이는데 다른 요인들에 비해 영향력이 상대적으로 높았다는 사실은 상당히 시사하는 바가 있다. 신공공관리모형의 신패러다임으로서의 대체 가능성 또한 효과성에 영향력이 있다는 측면과 양자가 상관성을 보인다는 점에서 그 가능성이 있다고 볼 수 있다. 따라서 연구의 결과 인사와 재정개혁요인들이 의미 있는 것으로 나타났다는 관점에서 이에 대한 보다 심층적인 분석이 있어야 할 것으로 보인다. 이와 함께 본 연구가 지니고 있는 심층성의 한계라든지 공무원에 대한 주관적인 측면에 중점을 둔 연구과정 등도 향후에 보완되어져야 할 것으로 생각된다.

참고문헌

김만기 편. (1998). 「2000년대에 대비한 정부조직의 혁신」. 서울: 대영문화사.

김번웅. (1997). 한국행정개혁의 새로운 비전: 개방과 경쟁의 패러다임. 김번웅 외 3인. 「한국행정개혁론」. 서울: 법문사.

김병섭. (1996a). 기업가적 정부혁신의 길: 그 의미와 한계. 「한국정책학회보」. 5(2).

_____. (1996b). 행정조직의 레드테이프: 민간조직과의 비교. 「한국행정학보」. 30(3).

김태룡. (1998). 한국지방정부의 경영수익사업. 「한국행정학보」. 32(3).

_____. (1999a). 한국과 미국의 행정개혁에 대한 비교―체제론적 관점에서 기획예산위원회와 NPR의 개혁활동을 중심으로―. 「한국행정학보」. 33(1).

_____. (1999b). 기업가적 정부모형의 한국적 적실성에 대한 비판적 고찰. 「최신 행정이론의 조명」. 서울행정학회 1999년도 하계학술대회.

김판석. (1997). 지방자치단체의 조직관리 개선. 김번웅 외 3인. 「한국행정개혁론」. 서울: 법문사.

박세정. (1998). 지방자치단체의 TQM 도입실태, 문제점, 그리고 향후방향. 「한국행정학보」. 32(4).

박천오. (1997). 고객지향적 행정: 실천상의 의문점과 한국관료의 시각에 관한 탐색적 연구. 「한국행정학보」. 31(2).

_____. (1998). 고객지향적 행정과 한국관료제의 대응성. 「한국정치학회보」. 32(3).

이성우. (1998). 정부기능의 민간위탁 확대방안. 「한국정책학회보」. 7(3).

이종범. (1995). 기업형 정부의 구축방안. 「한국행정연구」. 4(1).

총무처. (1997). 「신정부혁신론」. 서울: 동명사.

Arnold, Peri E. (1995). Reform's Changing Role. *Public Administration Review*. 55(5).

Balfour, Danny L. (1997). Reforming the Public Service: The Search for a New Tradition. *Public Administration Review*. 57(5).

Bellone, Carl J, and Goerl, George Frederick. (1992). Reconciling Public Entrepreneurship and Democracy. *Public Administration Review*. 52(2).

Caiden, Gerald E. (1994). Administrative Reform: American Style. *Public Administration Review*. 54(2).

Cohn, Daniel. (1997). Creating Crises and Avoiding Blame: the Politics of Public Service Reform and the New Public Management in Great Britain and the United States. *Administration & Society*. 29.

Cook, Brian J. (1998). Politics, Political Leadership, and Public Management. *Public Administration Review*. 58(3).

DiIulio, John, Jr. (ed.). (1994), *Deregulating the Public Service: Can Government Be Improved?*. Washington, D.C.: The Brooking Institution.

Dubnick, Melvin J. (1994). A Coup against King Bureaucracy. in John DiIulio, Jr. (ed.). *Deregulating the Public Service: Can Government Be Improved?*. Washington, D.C.: The Brooking Institution.

Frederickson, G. (1996). Comparing the Reinventing Government Movement with the New Public Administration. *Public Administration Review*. 56(3).

_____. (1997). *The Spirit of Public Administration*. San Francisco: Jessey－Bass Pub.

Hood, C. (1995). Emerging Issues in Public Administration. *Public Administration*. 73.

Ingraham, Patricia W. and Romzek, Barbara S. (1994). *New Paradigms for Government: Issues for the Changing Public Service*. San Francisco: Jessey－Bass Pub.

Kettl, Donald F. (1994). Deregulating at the Boundaries of Govermnent: Would It help?. in John DiIulio, Jr. (ed.). *Deregulating the Public Service: Can Government Be Improved?*. Washington, D.C.: The Brooking Institution.

_____. (1995). Building Lasting Reform: Enduring Questions, Missing Answers. in D. Kettl and John DiIulio, Jr. (ed.). *Inside the Reinvention Machine: Appraising Governmental Reform*. Washington, D.C.: The Brooking Institution.

_____. (1996). Governing at the Millenium. in James L. Perry (ed.). *Handbook of Public Administration*. San Francisco: Jessey－Bass Pub.

Lan, Zhigong and Rosenbloom, David H. (1992). Public Administration in

Transition?. *Public Administration Review*. 52(6).

Mascarenhas, R. C. (1993). Building an Enterprise Culture in the Public Sector: Reform of the Public Sector in Australia, Britain, and New Zealand. *Public Administration Review*. 53(4).

Moe, Ronald. (1994). The 'Reinventing Government' Exercise: Misinterpreting the Problem, Misjudging the Consequences. *Public Administration Review*. 54(2).

OECD. (1995). *Governance in Transition: Public Management Reforms in OECD Countries*.

Rosenbloom, D. (1994). *The Government Performance and Results Act: Early Implementation, The Context of Management Reforms. Post Symposia Information*. Washionton, D.C.: Institute for Effective Public Management, Washington Public Affairs Center, School of Public Administration, University of Southern California.

Schachter, Hindy Lauser. (1995). Reinventing Government or Reinventing Ourselves: Two Models for Improving Government Performance. *Public Administration Review*. 55(6).

Self, Peter. (1993). *Government by the Market: The Politics of Public Choice*. London: The Macmillan Press.

Sundquist, James L. (1995). The Concept of Governmental Management: Or What's Missing in the Gore Report. *Public Administration Review*. 55(4).

Swiss, James E. (1992). Adapting Total Quality Management(TQM) to Government. *Public Administration Review*. 52(4).

The Volcker Commission Report. (1989). *Leadership for America: Rebuilding the Public Service*. Lexington. MA.: Lexington Books.

Williamson, John. (1990). What Washington, D.C., Means by Policy Reform. in J. Williamson. (ed.), *Latin American Adjustment: How Much Happened?*. Washington, D.C.: Institute for International Economics.

Wilson, James Q. (1994). Can the Bureaucracy Be Deregulated? Lessons from Gevernment Agencies. in John DiIulio, Jr. (ed.). *Deregulating the Public Service: Can Government Be Improved?*. Washington, D.C.: The Brooking Institution.

▶ ▶ ▶ **논평**

은재호(한국행정연구원)

1. 연구 개요와 문제틀

김태룡 저, "행정학의 신패러다임으로서 신공공관리모형의 적실성에 관한 연구"
는 20세기 후반 세계 행정학계를 풍미했던 신공공관리(New Public Management, 이하
NPM) 모형의 적실성과 한국 내 도입에 따른 효과성을 분석하는 데 목적이 있다. 이를
위해 이 연구는 첫째, NPM 모형의 유형적 특성을 고찰하고 이 모형의 이론적 정향을
추적하며, 그를 둘러싼 선행연구와 주요 논점을 검토한다. 둘째, 김대중정부 출범 이
후 한국 정부 개혁의 준거 모형으로 채택된 NPM 모형의 적용 실태와 현장 적실성을
강원도 기초자치단체를 대상으로 조사하고 그에 따른 효과성을 평가한다. 그리고 이
를 바탕으로 한국 행정개혁 패러다임으로 NPM 모형의 확산 가능성을 검토한다.

이를 위한 이론적 검토를 위해 저자는 신관리주의와 최소국가이론, 정부 재창조
모형 등 신자유주의로 통칭할 수 있는 이념적 정향이 전통적 관료제의 민주적 가치와
양립 가능한가에 대한 논쟁을 소개하며 NPM 모형의 정치철학적 적실성과 효과성에
대한 논의를 살펴본다. 이어서 이 모형이 지지하는 고객, 성과, 경쟁지향성, 시장지향
적 인센티브 등의 개념이 공공서비스 생산과 전달을 목표로 하는, 정부라는 공조직의
존재론적 당위에 조응하는 개념인지 살펴보며 NPM 모형이 지향하는 실천적(전략적)
정향 내지는 접근양식의 적실성을 비판적으로 검토한다.

여기에서 NPM 모형에 대한 이론적 검토는 분석모형과 연구절차를 설계하는데
필요한 저자의 문제틀(Problematics)[1]을 구성하며 분석 변수들을 획정하는 인식 도구

---

1) 문제틀이란 Bachelard에 이어 Foucault와 Althusser 등이 주로 사용한 인식론적 개념으로서 어
떤 문제를 제기할 수 있도록 해주는 이론적 조건들의 특정한 집합을 의미한다. 이들은 특정 현
상에 대한 과학적 문제 제기 즉, 연구 대상의 선택은 물론 가설과 연구 방법의 설정 등 연구의
기본틀을 획정하는 것은 단순히 현상에 대한 직접적인 관찰에서 기인하는 것이 아니라 그보다
넓은 이론구조 즉, 더 큰 인식적 얼개에 좌우된다고 주장한다(Bachelard가 문제틀이라고 명명
한 이 이론구조 또는 인식적 얼개를 일컬어 Foucault는 특별히 인식소 épistémè라 칭했고 Kuhn
은 패러다임 paradigm이라고 표현했다). 중요한 것은 이 이론구조 혹은 인식적 얼개가 사물의
개념과 분석 원칙을 규정할 뿐 아니라 연구자가 처한 시점에서 생각(상상)할 수 있는 것과 그
렇지 않은 것의 경계를 나누기도 한다는 현실적인 의미다. 연구자가 특정 현상이나 문제를 이
해하는 방법도 이러한 인식의 한계 내지 가능성의 조건에 따라 달라진다는 것이다. 특히

로 활용된다. 즉, 독립변인으로서 구조적·재정적·인적 개혁수단과 서비스 개혁수단 등 4개 요인 17개 측정지표를 선정하고 이것이 경쟁·성과·고객지향적 목표의 달성 정도 등, 3개 요인 11개 측정지표(종속변수)에 미치는 효과와 강도를 측정함으로써 소 기의 연구 목적을 달성하고자 한다.

2. 첫 번째 기여와 한계: 방법론적 엄격성

이 연구의 가장 큰 미덕은 무엇보다도 방법론적 엄격성(methodological rigour)에 있다. 그것은 분석방법의 정교함 즉, 저자의 부지런함에서 단적으로 드러난다.

이 연구는 설문조사를 실시하고 이를 SAS/pc+를 사용해 분석했는데, 구체적인 분석방법으로는 상관관계분석, 요인분석, 분산분석(ANOVA), t검증, Chi-square 검 증, 다중회귀 분석, signed-rank test를 사용했다. 지금은 대용량 빅데이터도 빠르게 처리할 수 있을 만큼 컴퓨터 처리속도가 발달했고 통계분석 프로그램의 분석 가능 범 위가 확장되었지만 20년 전에는 용량 부족, 처리속도 저하, 오류 빈발('삑사리'와 '버 그') 등으로 인해 이 연구가 꽤 고된 작업이었을 것이 분명하다(2000년도 컴퓨터 성능 은, 정말이지 요즘 말로 '안습[2]'이다!).

게다가 이 연구는 이론형성의 기초이자 핵심요소인 데이터 생성과 수집을 위해 각별한(매우 정직한!) 노력을 기울인다. 설문조사를 위해 강원도 18개(7개 시와 11개 군) 기초자치단체의 응답자(공무원)들을 선정하면서 절반은 각 시·군의 기획실이나 총무과 등에서, 나머지 절반은 실제 집행기능을 주로 담당하는 부서에서 할당표출방 식으로 선정했다. 이는 현장에서 NPM 모형의 의미를 체감했을 개연성이 높은 응답 자들을 선정하기 위해 노력했다는 방증이자 응답의 적실성을 높이기 위한 사전 작업 에 충실했음을 의미한다.

이러한 노력은 그 당시에 이루어진 대부분의 한국 행정학 연구와 달리 양적 분석 과 질적 분석을 조화시키기 위한 여러 가지 시도에서도 명확하게 드러난다. 예를 들

Althusser는 이 가능성의 조건들이 탈시간적인 것이 아니고 어떤 역사적 순간에 낡은 문제틀이 새로운 문제틀에 밀려나는 '결렬'과 '단절'의 과정 속에서 우리의 인식도 변화하고 확장된다고 주장했다. Marx의 문제틀은 Hegel 문제틀과의 단절에서 나왔다는 주장, young Marx와 old Marx의 인식론적 단절이 대표적이다. 그렇다면 20년 전에 쓰인 논문을 현 시점에서 다시 읽어 본다는 것은 이 논문의 외연을 획정한 인식구조 또는 인식의 얼개를 해부하고 그것을 가능하 게 했던 기술적·사회적·과학적 조건의 변화를 살펴보는 것을 의미한다고 하겠다.

2) '안구에 습기 찬다'의 준말. '눈물 없이 못 본다'는 뜻으로 밀레니얼-Z 세대가 창안한 3세대 고 대역폭 메모리 HBM2E D램급 초고속 한국어. 저들은 이 말뜻을 쉽게 이해하지 못하는 사람들 을 일컬어 '늙다리 틀딱'이라고 부른다. '라떼는 말이야~'(Latte is horse)라는 인싸 용어도 있다.

어 이 연구는 '통계 중심의 제도적 접근이 지니는 한계를 보완하고자 (...) 공무원을
대상으로 한 주관적인 의견조사인 행태적 접근'을 채택했다(각주 9, 8쪽). 그러나 또한
이와 동시에 '연구의 적실성과 심층성을 높이기 위해서는 (...)시민들에 대한 조사도
함께 이루어져야 했는데 그렇지 못했던 것은 본 연구의 한계'라고 고백하는 한편(각주
9, 8쪽), '공무원의 주관적인 측면에 중점을 둔 연구 과정'의 필요성을 지적하며 이를
향후 과제로 제시한다(17쪽). 이런 자기 한계의 고백과 정성·정량적 연구 방법을 교
차하려는 방법론적 시도는 좀 후한 평가이긴 하지만, 방법론적 다각화(methodological
triangulation)를 통해 현실(the real)에 대한 설명력을 높이고자 하는 현대 사회과학의
문제의식을 담보하는 것이라고 평가할 수 있다.

　　꽤 많은 통계분석이 데이터의 생성과 표집을 게을리 한 나머지 데이터가 오염된
줄 알면서도 마감 시간에 쫓겨 이를 그대로 사용하거나, 이렇게 엉성하게 수집한 '무
의미한[3]' 숫자를 바탕으로 해석(interpretation) 단계에서의 '현상학적 검증'을 생략한
채 성급한 일반화의 함정에 빠지는 경우가 종종 있다. 주로 대학원 학습과정에서 일
어나는 일이지만 누구에게나 한번쯤 있었을 법한(어쩌면 필자에게만 있었을지 모르는...
!) 이러한 경험을 반추해보면 이 연구가 보여준 것처럼 '현실에 가장 근접한' 데이터
를 얻기 위한 지난한 노력이야말로 우리가 가장 주목해야 할, 그러나 또 너무 자주
외면하는 연구자의 미덕이다. 또 이 데이터를 해석하는 연구자의 주체에 대한 반성적
성찰('현상학적 검증')은 대상에 더 가깝게 다가가기 위해 꼭 필요한, 선택이 아니라 필
수다. 이 방법론적 정교함은 곧 연구자의 부지런함을 의미하며 이 부지런함이 없을
때 모든 과학적 발견의 논리가 허구임을, 우리 모두는 명심해야 한다.[4]

---

3) '숫자는 거짓말을 하지 않는다. 그러나 거짓말쟁이들은 숫자를 이용할 궁리를 한다'(Figures
don't lie, but liars can figure). 한국 통계학계에서 가장 많이 회자되는 마크 트웨인의 직설이
다. 이를 유럽에서 자주 들었던 표현으로 바꾸면 이런 말이 될 것이다. '숫자는 스스로 말하지
않는다. 숫자는 연구자가 말하라는 대로 말한다.' '대상은 스스로 말하지 않는다. 내가 말을 거
는 방식대로 말한다.'
4) 미래의 행정학도들을 위해 굳이 밝히자면 통계 방법론의 관점에서 이 연구에 아쉬움이 전혀
없는 것은 아니다. 분명히 지면 제약 때문이었겠지만 요인분석, 분산분석(ANOVA), t검증,
Chi-square 검증을 시행했다고 함에도 이에 대한 별도의 언급이 없다. 또 응답 평균이나 표
준편차와 같은, 기초통계치에 대한 정보가 없다. 이것이 남아있었다면 후학들이 그 당시 공무
원들의 인식을 더 정확히 이해하는 근거자료가 되었을 것이다. 또 당시의 통계 패키지가 제공
하는 분석 프로그램의 미비 때문이겠지만 동일 응답자로부터 데이터를 수집한 만큼 응답자가
각 변수들을 구분해서 인식하고 있는지를 확인했더라면 하는 아쉬움이 남는다. 예를 들어 응
답자들이 재정·인사개혁 요인과 성과지향성을 구분하고 응답했는지, 독립변수와 종속변수를
구분해서 인식하고 있는지 확인할 길이 없다. 즉, 이 연구가 확인적 요인분석을 했더라면 그

3. 두 번째 기여와 한계: 이론화를 위한 시도

이 연구의 두 번째 미덕은 이론을 끊임없이 구체적인 맥락 속에 던져 넣으며 이론의 적실성을 탐색하는 한편, 한국사회의 맥락 속에 주어진 현실 문제들을 설명할 수 있는 이론형성(theory-building)을 추구한다는 점이다. 여기에서 NPM 모형이 던져진 구체적 맥락이란 이 연구가 분석대상으로 설정한 한국의 정치·행정 시스템과 공무원들의 행태(행위체계와 상호작용 양태), 그리고 그를 둘러싼 물적 기반 등을 총칭한다.

이 연구는 '적실성'을 총 48회, '효과성'을 총 76회 언급한다. 또 '우리의 경우', '우리의 환경' 등 '우리'를 가리키는 표현이 총 11회 등장하고, '한국의 경우', '한국의 적실성' 등, '한국'이라는 단어가 총 13회 등장한다. 이러한 관찰이 시사하는 바는 두 가지다.

첫째, 2000년에 발행된 한국 논문에서 NPM 모형의 적실성과 효과성을 논하는 것은 당시의 세계 행정학 연구 동향에 견주어도 결코 철 지난 유행가가 아니다. NPM 모형의 부작용과 한계를 보완하기 위한 반작용적(reactive) 또는 사전적(proactive) 조치들을 개념화하는 시도로서 공공봉사 동기(Perry & Wise 1990), 공적 가치(Moore 1994), 신공공행정(Frederickson 1996), 신공공서비스(Denhardt 2000), 탄력적 관료제(Gay et al. 2005) 등의 대안적 개념들이 출현하고, 이러한 대안적 개념들이 후기신공공관리(Post-NPM)로 정식화된 것은 아무리 빨라도 1990년대 중·후반부터였다(변혜옥·은재호 2016:69-70)[5]. 특히 NPM 개혁에 적극적이었던 나라들에서조차 공공지출과 국가부채 문제가 해결되지 못하자 NPM 모형의 적실성에 의문이 제기되어 OECD가 그에 대한 최초의 검토 보고서를 제출한 해가 2013년임을 기억하면 2000년의 한

분석 결과의 타당성(validity)을 더 명확하게 웅변할 수 있었을 터이다. 그것이 아니라면 상관분석 결과에서라도 7개 요인의 상관을 제시했더라면 좋았을 것이다. 왜냐하면, 그 결과를 통해 각 변수가 구분되는 개념이라는 것을 유추할 수 있었을 것이기 때문이다. 이 논문에서는 독립변수와 종속변수의 상관만 제시되어 변수 간 관계에 대한 의문이 여전히 남는다. 종속변수의 경우 세 가지로 구분한 후, 전체 효과성으로 다시 묶은 것도 이해하기 어렵다. 이들을 하나의 전체 효과성으로 볼 수 있다면 요즘 분석방법으로 말하자면 구조방정식 모형 등을 통한 분석이 가능했을 것이다.

5) 후기 신공공관리(Post-NPM)에 대한 논의는 Christensen and Lægreid가 2006년 편집한 『자율과 규제(Autonomy and Regulation)』, 2007년의 『신공공관리를 넘어(Transcending New Public Management)』가 출판되면서 본격화되었다(이종수 2010: 33). 유사한 용어로 초월적 신공공관리(transcending New Public Management)라는 용어가 사용된 것은 1998년으로 거슬러 올라간다(Minogue, Polidano & Hulme, 1998).

국 사회에서 진행된 NPM 모형의 적실성과 효과성에 대한 연구는 국내는 물론 국외에서도 가히 선구적인 연구라고 할 수 있다.

그런데, 우리가 이 연구에서 주목할 부분은 정작 따로 있다. 기실 이 연구의 기저에는 무분별한 외국 이론의 수입과 무책임한 확산에 제동을 걸고(2쪽 인용문), 학문적 주권을 회복하자는 보다 깊은 제안이 잠복해 있다(7쪽 인용문). 앞서 언급했던바, 이론과 맥락을 오가는 연구자의 부지런함이란 귀납과 연역을 오가는 성찰의 진정성에 다름 아니며 이는 곧 한국 행정학의 서구 종속성을 극복하기 위한 서사(narrative)이기도 하다. 논문 발간 이후 20년이 지난 이 시점에서도 이 연구가 가지는 가장 큰 의미는 이것이다.

'이처럼 논쟁의 여지가 종식되지 않은 모형이 우리의 행정환경에서 중요한 자리를 차지해 가고 있음을 부인할 수 없다. (…) 학계와 실무계의 이론적 논의와 검증올 통한 사려 깊은 수용과 확산을 시도할 필요성이 있다. 그것은 이 모형의 발생동기나 적용대상으로서의 행정환경과 (한국의) 정부모형이 이 국가들과는 여러 부분에서 다르고 정치적 사조나 행정의 역할이라는 측면에서도 현격한 차이를 보이고 있기 때문이다. 따라서 이 모형의 효과를 극대화하고 부작용을 최소화하려면 우리의 행정환경에 적합한 모형으로 수정·발전시켜 도입해야 한다.'(2쪽)

신공공관리모형에 대한 이론적 논의를 중심으로 모형의 한국적 적실성과 도입에 따른 효과성 등올 분석하는데 고려해야 할 문제는 연구의 대상이 지닌 속성에 관한 문제이다. 이론적 논의에서도 언급했듯 이 모형에 대한 개념이나 범위 등이 기존의 관료적 패러다임에서 주장하는 것들과 혼재되어 있는 경우도 있고, 수단의 적실성이나 또는 효과성에 영향을 미치는 독립변인과 그에 따른 효과성 평가와 같은 분석도 준거기준이 거의 없는 상황에서 변수설정과 가치의 개입 등으로 인해 측정에 대한 타당성이 높지 않을 수 있다는 것이다(7쪽).

한국 사회과학의 서구 종속성과 서구 종속성의 재생산은 어제오늘의 일이 아니다. 주로 2차 문헌에 의지해 표절에 가까운 요약으로 외국 이론을 소개할 뿐 그것이 역사적으로 구조화되고 사회적으로 조건 지어진 저들의 생활 현장에서는 물론 한국 맥락에서 어떤 의미가 있고, 어떻게 해석해야 하며, 어떻게 적용 또는 변형시켜야 하는지에 대한 논의가 부족했거나 거의 없었던 현실은 부끄럽다 못해 참혹하다. 그런 의미에서 이 연구는 무척 조심스러운 한걸음이지만 '지식의 수입상'이 되기를 거부하고 이론과 맥락을 접목해 새로운 지식을 창출하려는 신선한 시도였다.

그렇다고 이 연구가 '한국적 이론'의 기치와 '자율성'의 미명 아래 글로벌 지식장의 게임 규칙과 재화를 외면한 채 '한국화'의 독단적인 담론에 빠진 것도 아니다. 이 연구는 NPM과 Post-NPM이라는 서구의 개념적 자원을 풍성하게 가져다 쓰되, 각 개념이 한국적 맥락에서 어떻게 재해석되고 전유[6]되는지 끊임없이 추적한다. <표 1>에서 <표 3>, <표 5>에서 <표 9>에 이르는 풍부한 현장 데이터와 5번부터 14번까지 이어지는 세밀한 각주들이 그 예다. 여기에서 서구의 개념적 도구들을 한국적 맥락에 충실하게 대입하며 그 개념적 적실성을 검증하는 치열한 지적 실험에 동참할 수 있는 것은 이 논문을 읽는 독자들만이 누릴 수 있는 배타적 특권이다.

그럼에도 불구하고 이 연구가 NPM 모형의 한국적 전유에 필요한 이론적 개념화에 성공했는지, 또는 그에 필요한 이론적 정초에 성공했는지는 매우 회의적(懷疑的)이다. 이 연구는 앞서 언급했듯이 이론과 맥락을 접목시켜 새로운 지식을 창출하려는 '무척 조심스러운 한걸음'에 멈춰있을 뿐, 본격적인 이론화로 나아갈 수 있는 지적 전복을 보여주지 않기 때문이다. 이 연구는 서구의 개념적 장치에서 한 걸음 더 나아가 한국적 맥락에서 잉태될 수 있는 새로운 개념적 장치나 한국의 특수한 맥락을 국제 학계에서 보편적으로 이해시킬 수 있는 장치로서의 은유(metaphor)가 존재하지 않는다. 서구의 개념적 자원을 수용하되 글로벌 지식장에서 통용될만한 독창적인 이론을 자생적으로 만들어내는 것이야말로 서구 종속성을 타파할 수 있는 방법임에 동의한다면 이 연구가 목표로 하는 'NPM 모형의 적실성 검토'는 지나치게 소극적이다.

이러한 한계에 배경이 없지는 않다. 그리고 그 배경을 이해하기 위해서는 저자의 개인 민속지(ethonography)를 이해해야 한다. 저자는 순수한 국내파 학자다. 저자에게는 영어, '그 빌어먹을' 언어의 장벽이 글로벌 지식장에의 접근을 원천적으로 가로막는 거대한 장벽이었다[7]. 게다가 한국 사회과학의 서구 종속성을 가속화하는 일등공

---

6) 전유(專有 appropriation)는 기존 사회에 지배적으로 존재하는 텍스트나 이미지를 독자적으로 해독함으로써 수용자가 그것을 새롭게 재구성하는 것을 의미한다. 수용자의 능동적 역할에 주목하는 전유 개념은 텍스트 해독의 행위 자체가 결국 개인적인 자아의 인식 과정임을 지칭하고 있다. 특히 후기 구조주의의 전통에 충실한 John Fiske는 '기호학적 민주주의'라는 개념을 사용해, 텔레비전·영화·소설 등 대중문화 텍스트의 의미부여 혹은 의미 창출의 주체는 텍스트 제작자가 아니라 개별 소비자들 자신이라는 주장을 발전시켰다. 해외 이론의 수용 역시 단순한 변환(transformation)이 아니라 이같은 전유의 과정을 거친다고 볼 수 있다(은재호 2009: 71).
7) 물론 해외 유학파라고 해서 언어 장벽에서 기인하는 주변부 지식인의 한계를 모두 극복했다는 것은 아니다. 이 글의 필자를 비롯해 유학파임에도 불구하고 해당 국가의 지식장이나 글로벌 지식장에 성공적으로 동화되지 못해 치열한 이론형성의 장에서 활동하지 못하는 연구자들이 태반이다. 또 여기에서 언어의 장벽은 단순히 듣고, 말하고, 쓰는 의사소통의 기능성만을 의미하지는 않는다. '내 언어의 한계가 내 세계의 한계'라는 Wittgenstein의 명제를 기억하자.

신이었던 '해외파' 학자들의 저렴한 패거리 문화는 종종 '토종' 학문과 '토속' 학자들의 성장을 체계적으로 방해하는 제도적 토양이 되기도 했다.

주요 선진 자본주의 국가들의 행정현장에서 개발된 NPM 모형을 한국 맥락에서 재해석하며 적실성과 효과성을 평가하고자 한 저자의 연구가 20년이 지난 시점에 남기는 교훈과 도전은 전혀 가볍지 않다. 첫 번째 교훈이자 도전은 국내파든 해외파든, 이제 중요한 것은 어디에서 공부했느냐가 아니라, 글로벌 지식장에 내놓을만한 독창적인 '우리 이론'을 만들기 위해 얼마나 노력하고 있느냐는 질문이다. 두 번째 교훈이자 도전은 과학적 이론의 형성과 적용을 위한 개인적·집단적 노력은 지금까지 많은 해외파 연구자들이 그랬던 것처럼 해외 이론의 맹신과 소개에 그쳐서도 안 되지만, '한국적 이론'을 지향하는 대부분의 토착 이론이 그런 것처럼(김경만, 2015) 한국적 맥락에서의 적실성을 방패 삼아 서구 이론과의 본격적인 경쟁을 회피해서도 안 된다는 것이다.

참고문헌

김경만(2015), 「글로벌 지식장과 상징폭력 – 한국 사회과학에 대한 비판적 성찰」, 문학동네.

변혜옥·은재호(2016), 후기 신공공관리(Post – NPM)와 관료제: 프랑스 지방직 고위공무원단의 인사관리전략을 통해 본 관료제의 탄력성, 「한국비교정부학보」 제20권 제4호(2016. 12): 67 – 87

은재호(2009), 프랑스 복지행정의 이념과 실용주의: 신자유주의의 수용과 전유를 통한 대안적 모델의 건설과정, 「한국행정학보」, 제43권 제1호(2009): 69~96

이종수(2010). 탈신공공관리(Post – NPM) 개혁 전략의 모색. 「한국사회와 행정연구」, 21(1): 29 – 47

Christensen T. et Laegreid P. (2011). Complexity and Hybrid Public administration: theoretical and empirical challenges. *Public Organizational Review*, 407 – 423.

Denhardt R. et Denhardt J.V. (2000). The New Public Service: Serving Rather than Steering. Public Administration Review, 60(6).: Dunleavy P. & Hood Ch., 《From Old Public Administration to New Public Management》 in Public money and management, july – september 1994, pp. 9 – 16.

Frederickson H. G. (1996). Comparing the Reinventing Government Movement with the New Public Administration. *Public Administration Review*, 56(3): 263−270.

Gay P. (2005). Alvesson M. & Armbrüster T., The values of bureaucracy, Oxford.

Minogue, M., Polidano, C., and Hulme, D. G., (1998). 'Beyond the New Public Management: Changing Ideas and Practices in Governance', in the series 'New Horizons in Public Policy', Edward Elgar, Cheltenham

Moore M .H. (1994). Public Value as the Focus of Strategy. *Australian Journal of Public Administration*, 03136647, 53.

Perry J.L. & Wise L.R. (1990). 《The Motivational Bases of Public Service》, in Public Administration Review, may/june 1990: 367−373.

지방자치단체 세출변화의 요인과 추이 분석

지방자치단체 세출변화의 요인과 추이 분석[*]

손희준(청주대학교 사회과학부 교수)

∾ 프롤로그 ∾

1. 연구의 배경과 의의

지방자치가 재도입한 지 30여년이 되었지만, 아직도 우리 사회문화와 사람들의 뇌리 속에 깊숙이 박혀있는 중앙집권과 수도권 집중현상 등을 당연시하는 인식과 경제효율 제일주의는 쉽게 변하지 않고 있다. 특히 재정분권(fiscal decentralization)과 관련된 논의는 당연히 예산권력(budget power)과 직결되어 있어, 결코 쉽지 않다. 국가재원의 배분을 책임지고 있는 기획재정부 등 중앙부처는 아직까지도 지방의 재정역량은 매우 부족하고, 인구 감소와 세계경제 침체에 따른 세수(稅收) 감소 등 거시경제 요인을 감안하면. 재정분권은 아직도 시기상조이며, 지방은 항상 방만하게 재정을 사용하고, 무분별한 행사와 축제 등 낭비사례가 많다면서 재정분권에 반대하고 있다. 또한 지방 역시 재정분권을 무조건적인 재원확보 수단으로 인식하여, 재정분권에 따른 자신들의 유불리만을 따져 일치된 의견을 내지 못하고 있는 실정이다.

이러한 상황 속에서 재정분권을 위한 대부분의 지방재정 논의와 연구는 세입과 재원 확충 등 세입(revenue) 측면에만 집중되어 왔다. 물론 간간이 지방 세출에 관한 연구가 있어 왔지만, 이 역시도 정책학 분야의 정책 결정요인론(policy determinants studies)에 의해(Fabricant, 1952; 남궁근·노화준 외, 1993 등), 지방정부의 세출예산을 정책 산출(policy out)로 파악하고, 이에 정치적 요인(political variables)과 사회경제적 요인(socio-economic variables) 및 점증요인(incremental variables)과 보조금 및 공무원 수 등 행·재정적 요

---

[*] 이 논문은 청주대학교 사회과학연구소의 『한국사회과학연구』, 제40권 2호(2019)에 발표한 것을 일부 수정하였음.

인(administrative & fiscal variables) 등이 어떤 영향을 미치는지를 실증적으로 분석하는 것이었다. 하지만 이러한 연구결과에 대한 통계적 유의성은 충분히 수용할 수 있지만, 이러한 실증연구의 전제라고 할 수 있는 지방재정 세출에 대한 지방정부와 단체장들의 예산 자율성과 세출에 대한 독자적인 결정권 여부에 대해서 필자는 평소에 의구심을 가지고 있었다.

따라서 이 연구는 지방자치 제도도입 이후 지방 세출에 영향을 끼쳤으리라 예상되는 세출부문의 변화와 세출예산 분류체계 등 보다 기저적인 요인들에 대한 실태파악과 전반적인 추세분석 등이 선행되어야 한다고 판단하여 시도한 것이다. 물론 제한된 지면에 방대한 제도 변화와 내용을 충분히 담지는 못했지만, 지방 세출의 중요한 변화요인과 추이 등을 파악한 후, 그러한 변화에 대한 이해를 전제로 지방재정 세출에 대한 결정요인을 추출해야 더욱 의미 있는 연구결과를 도출할 수 있으리라 본다.

2. 연구내용의 요약

이 연구는 지방자치단체의 세출결산 자료를 활용하여, 시계열적으로 각 연도별 변화 및 특징을 파악하고, 그러한 변화를 야기한 제도 및 구조적 요인 등을 확인하고자 하였다. 따라서 연구의 내용을 요약하면 다음과 같다.

첫째, 지방자치단체 세출 예산 및 결산자료를 분석하기 위한 최근까지의 분류체계 변화내용을 파악하였다. 즉, 회계별, 기능별, 성질별 분류체계 등으로 구분하여 개편 내역과 개편의 배경과 목적 등을 분석하였다.

둘째, 지방 세출결산의 통계자료를 이용하여, 현재까지의 세출 변화와 추이를 분석하였다. 회계별로는 지방공기업 특별회계와 기타특별회계보다는 일반회계의 규모와 비중이 점점 확대되고 있는 것을 확인하였고, 기능별로는 과거 경제개발비가 주도적이던 것이 사회개발비로 대치되었으며, 2008년 이후에는 사회복지비의 증가율이 상대적으로 매우 높아 복지관련 재정수요가 증가하고 있다. 성질별 분류는 이전경비 특히 민간이전경비의 규모와 비중이 1995년 민선 시대의 도래와 함께 급증하였고, 이에 따라 자본지출의 비중이 감소하고 있음을 알 수 있다.

셋째, 지방 세출의 특징을 요약하면, 우선 지방재정의 규모는 지속적으로 증가하고 있으나, 세입구조와의 비교를 통해 지방교부세와 보조금 등 의존재원의 증가율이 자체재원의 증가율을 압도하여 구조적으로는 재정의 의존성이 확대되고 있다. 또한 재정관련 법령의 제·개정이 빈번하고, 국가정책과 제도변화에 따른 영향이 막대하다는 것이다. 비록 2014년에 산식(算式)의 변경이 있었지만, 지방자치가 지속될수록 지방재정자립도가 낮아지고 있는 점은 지방자치의 근간을 훼손하고 있다. 특히 1997년 IMF 사태 이후부터 영유아 보육수당과 기초연금 및 아동수당 등 정치권에서의 대규모 사회복지정책 도입에 따른 지방의 부담이 급증하여 지방재정의 건전성과 자율성을 위협하고 있다.

넷째, 지방 세출의 구조적 측면에서 지방정부의 자체사업보다는 민간이전경비가 급증하여, 결국 지방 스스로도 지방재정 주권을 포기하는 듯 보인다. 이에 행정안전부에서는 '지방보조금'이란 명칭으로 예산과목을 변경하여 관리를 강화하여, 중앙과 지방 간 나타나는 부담의 전가(轉嫁)가 지방에서도 지자체와 지역 내 민간영역에서도 재생·반복되는 것 같다.

결국 이러한 지방 세출에서의 전반적인 시계열적 변화와 추세를 확인한 후, 개별 단체나 지역별 또는 분야별 지방 세출에 대한 개별적인 경험적 실증분석이 시도되어야 할 것으로 생각된다.

3. 후속 연구의 기대

지금까지 대부분의 지방재정 관련연구는 지방세와 세외수입 등 자체재원과 지방교부세 제도 및 국고보조금과 지방채 등 세입구조를 중심으로 문제점과 개선방안 등에 집중되어 왔으나, 앞으로는 지방 세출에 대한 연구가 풍성해지길 바란다.

그 동안 지방세출 관련 연구도 시계열 자료(time-series data)와 지방자치단체별 횡단면 자료(panel data)를 통합하여 다중회귀분석(pooled regressional analysis)을 시도해서 회귀계수의 유의성을 판별하는 방법론이 주를 이루었다. 이러한 통합 회귀분석 결과는 통계적으로 매우 의미 있으나, 분석결과에 대한 해석에 있어서는 많은 주의가 필요하다.

따라서 앞으로 지방재정 세출분석과 관련해서는 통계숫자 너머에 존재하는 의미와 구조적인 문제 등을 충분히 이해하고 분석하여 그 결과를 해석하고 활용하기를 기대해 본다.

물론 지방자치단체의 통계기반도 점점 발전하고 있으며, 활용 가능성 등을 염두에 둔 데이터 세트를 사용자와 연구자들에게 직접 제공하기도 한다. 하지만 보다 정교한 시계열 분석(time-series analysis)을 위해서는 통계자료의 일관성과 안정성 등이 담보되어야 할 것이다. 따라서 전반적인 지방자치단체의 세출환경 변화에 대한 이해와 탐구가 선행되어야 할 것이며 그렇게 되리라 기대한다.

동시에 지방재정 관련 연구와 분석이 세입부문에만 집중되고 있는 현실이 점점 지역주민들의 직접적인 요구와 수요를 반영하기 위한 각 지방정부별로 보다 독특하고 특수한 세출전략과 정책이 많이 개발되기를 희망하는 바이다.

I. 서 론

지방자치제도가 재도입된 지 이미 30여 년이 지났지만, 아직까지 지방재정은 재원확충이나 세입확보 등 세입분야에 치우쳐 있다. 문재인 정부도 출범초기 그 어느 때보다 강력한 재정분권을 국정과제[1]로 제시하여 그 기대가 매우 크며, 과거 참여정부도 '지방분권'과 '정부혁신'을 국정과제로 삼았지만 지방분권의 실제 성과는 미미했다. 현 정부 역시 다시 '자치분권'을 내세워, 마치 '분권(分權)'이 정권에 따라 반복되는 듯하다.

특히 중앙재원의 배분과 동시에 세입과 세출권한의 대폭적인 이양을 의미하는 재정분권(fiscal decentralization)은 중앙부처의 강력한 저항에 부딪쳐 자칫 구두선(口頭禪)에 그칠 수 있다. 왜냐하면 기획재정부를 비롯한 중앙정부는 재정분권이 단순한 지방으로의 재원이전은 안 되며, 반드시 중앙으로부터 기능과 사무이양에 따른 재원배분이어야 하고, 지방의 재정역량은 부족하고 인구변화 등을 감안하면 아직은 시기상조라고 주장하기 때문이다. 또한 지방 역시 재정분권을 무조건적인 재원증가로 인식하여, 재정분권에 의한 자신들의 유불리만을 따져 일치된 목소리를 내지 못해 좀처

---

1) 문재인 정부는 '지방재정 자립을 위한 강력한 재정분권'을 국정과제로 제시하면서, 국세와 지방세의 구조개선을 위해 현행 국세와 지방세 비율을 명시하여 7대 3을 거쳐 장기적으로 6대 4 수준까지 개선하겠다고 하였다.

럼 해결되지 않고 있다.

이처럼 지방재정을 주로 세입(revenue) 측면에만 치중하여, 재정분권에 따른 세출권한의 확대에 따라 지방이 스스로 주민들의 재정수요를 어떻게, 얼마나 수용할 것인지에 대한 관심은 거의 없는 수준이라고 할 수 있다. 따라서 이 글은 지방자치제 도입이후 세출의 전반적인 추세(trend)와 변화(change)를 분석하고자 하였다.

그러나 각 시기별로 수많은 재정제도 변화가 세입과 세출에 크게 영향을 미쳤음에도 불구하고 이러한 변화와 추세를 무시한 채, 대부분의 선행연구는 지방 세출이 지방정부의 자율적인 선택과 판단에 의해 결정되었다고 전제하여, 다양한 결정요인(determinants)들이 세출에 어떤 영향을 주었는지 파악해 왔다. 그러나 이러한 실증분석을 위해서는 기초 연구로서 지방재정 세출의 변화와 추이를 먼저 분석해야 한다고 본다.

실제로 세출추이와 변화를 분석하기 어려운 이유는 자료와 분석수준 및 대상의 일관성과 통일성을 확보하기 어려운데, 왜냐하면 분석기간 동안 분류체계의 변동 및 시군 통합 등 제도변화에 따라 동일한 자료가 생산되지 않기 때문이다. 이러한 점을 감안하여, 이 글 역시 2016년 결산 기준으로 지방자치제 재도입 이후의 자료를 활용하였다.

II. 지방세출의 의의와 선행연구 검토

1. 지방세출의 의의

지방세출(local expenditure)은 지방자치단체가 공적인 활동을 수행하는데 필요한 물적 자원, 즉 재화를 지출하는 것을 의미한다(손희준 외, 2011).[2] 따라서 지방세출을 단순히 지방자치단체가 행정목적을 달성하기 위해 1회계연도 내에 행하는 모든 경비의 지출을 말한다(김동기, 2008: 205)고 정의하기도 한다.

지방정부는 지역주민의 공적인 수요를 충족하기 위해 지방공공재를 생산·공급하게 되는데, 이를 위한 필요 경비가 세출이어야 하며 행정목적과 관계없는 세출은 엄격한 의미의 세출이라고 할 수 없다.

따라서 지방세출은 정치적으로는 지방정부가 행정목적을 달성하기 위해 지방공무원을 고용하고 필요한 물품을 구입하는 수단적 성격을 띠며, 경제적으로는 지방정

---

2) 일정한 회계연도를 기준으로 정의하는 경우, 지출보다는 세출(歲出)이어야 하고, 과거에는 지출보다도 단순한 소요 재원을 의미하는 경비(經費)라고 표현하기도 하였다(이상희, 1992).

부로부터 민간부문으로 경제적 재화를 이전하는 순환과정으로, 세출예산이라는 형식에 의해 세출예산과목 구분에 따라 편성하여 이에 따라 세출예산을 심의하고 경제적 작용 등을 분석하게 된다.

2. 지방세출의 특징

지방세출은 해당 지방정부가 수행하고자 하는 모든 행정기능과 업무를 금전(金錢)으로 표시한 것이기 때문에, 지방세출이야말로 지방재정 활동의 본질이며, 궁극적인 목표라고 할 수 있다. 그렇지만 대부분의 지방재정이 주로 세입확대에만 치중되어 있어 재정의 본질인 "양출제입(量出制入)"3)의 원칙이 제대로 반영하지 못하고 있는 것이 현실이다.

1) 다양성(多樣性)과 경직성(硬直性)

지방세출의 규모와 내용은 모든 지방정부별로 다르고, 또한 각 지방정부가 처해 있는 상황이 달라 각 지역의 행정수요가 상이하고, 그 행정수요에 대응하기 위한 지방세출도 다양할 수밖에 없다.

그럼에도 불구하고 지방세입을 주로 보조금과 지방교부세 등 의존재원을 통해 조달하기 때문에, 재원의 사용 용도가 지방의 자율보다는 중앙과 광역에 의해 타율적이고, 특히 시·군·자치구 등 기초정부는 인건비와 물건비 등 경직성 경비비율이 매우 높다. 또한 보조금에 수반되는 지방비 부담이 과중하여 지방세출의 경직성을 초래한다.

2) 지역성(地域性)과 한계성(限界性)

중앙정부의 세출은 전국적인 데 비해, 지방세출은 그 지역주민 생활과 직결되는 지역적 한계성을 가질 수밖에 없다. 하지만 오늘날 지방의 사무와 기능이 점점 확대되어 지역적인 한계성이 약해지고 전국적 또는 광역적 성격이 강화되고 있다 이에 따라 지방경비와 국가경비의 구분과 한계가 모호해지고 있다.

---

3) 세출을 고려하여 세입을 통제한다는 원칙으로, 민간기업은 수입범위 안에서 지출을 도모하여 이윤을 극대화하지만, 공공재정은 지출을 우선하고, 조세를 통한 수입을 적절히 통제해야 한다는 전통적인 재정원칙이다.

3) 중앙의존성(中央依存性)

국가경비는 궁극적으로 국가 자신의 권위와 신용에 근거하여 자급자족되는 데 반해, 지방세출은 원칙적으로 지방에 의해 지출되지만, 실제로는 그 상당한 부분이 중앙 또는 광역자치단체로부터의 지원에 의하여 지출되어 의존성을 갖는다. 특히 오늘날에는 지방세출의 역외 확산 경향, 중앙과 지방의 보완 내지 조정의 필요성, 지역 간 재정력 격차해소의 필요성 등으로 인해 지방세출의 의존성이 더욱 가속화되고 있다.

3. 지방세출 관련 선행연구

지방자치제 실시 이후 각 지방정부는 지역 주민의 욕구를 반영하고, 지역특성에 맞는 공공서비스를 제공하기 위한 노력을 계속해 왔다. 이러한 노력의 결과가 지방세출로 나타나야 하나 지방재정 현실은 그렇지 않다.

공공지출(public expenditure)과 예산이 무엇에 의해 결정되는 지에 대한 연구[4]는 1952년 S. Fabricant(1952)의 효시적인 연구로부터 시작되었다. 이러한 공공지출 관련 선행연구는 지방정부의 공공지출에 영향을 미치는 결정요인에 관한 연구(Fisher, 1991; Dawson & Robinson, 1963; Nathan & Adams, 1976; 남궁근, 1994)와 지방재정 지출이 지역경제에 미치는 영향에 관한 연구(노근호, 1994; 오병기, 2002, 2006; 조동근·김종백, 2005) 및 지방자치 실시 이후 사회복지지출이나 지역발전지출 등에 미치는 영향요인에 관한 연구(신희권, 1994; 손희준, 1999; 강윤호, 2001; 이승종 외, 2001; 강혜규, 2005; 김병규 외, 2009) 등이 대부분을 이루었다.

이러한 선행연구는 지방정부 공공지출의 결정요인을 크게 사회경제적(socio-economic) 요인과 정치적(political) 요인으로 구분하는데, 사회경제적 요인은 인구밀도, 1인당 소득, 1인당 지방세부담액, 산업종사자수, 도시화율, 자동차보유대수 등을 선정하고, 정치적 요인으로는 선거주기, 투표율, 득표율, 자치단체장의 정치적 성향 등을 주로 검증하였다. 특히 지방정부의 세출은 공공정책과 사업이 재정지출을 수반하고 있기 때문에 지방정부의 전반적인 기능과 활동 수준을 파악하기도 한다(남궁근, 1994; 한원택·정헌영, 1994; 유병욱, 1990).

그러나 이러한 선행연구는 대부분 지방정부가 지방세출에 대한 자율성을 전제로, 사회경제적 요인이나 정치적 요인 또는 재정자립도와 보조금 등 행·재정적 요인이

---

4) 공공지출과 예산을 정책의 산출(out)로 이해하여, 어떤 결정적인 요인이 예산과 지출에 영향을 미치는지를 분석한 예산결정요인론 또는 정책결정요인론 등으로 발달해 왔다.

세출을 결정하는 요인으로 예상하는데, 무엇보다 이러한 전제조건을 확인하기 위해서는 실제 지방재정의 세출변화와 추이분석을 먼저 시도하는 것이 필요하다.

따라서 본 연구는 지방자치 실시 이후 지방의 세출규모와 구조가 어떻게 변화되어 왔는지 와 관련하여 지방재정 제도변화의 영향을 파악하고자 한다.

Ⅲ. 지방세출의 분류체계 및 변화

1. 지방세출의 분류체계

1) 회계별 분류

지방세출[5]은 회계별로 구분할 수 있다. 현행 「지방재정법」에 의하면 지방자치단체의 회계는 일반회계와 특별회계로 구분하며, 특별회계는 「지방공기업법」에 따른 직영기업이나 그 밖의 특정 사업을 운영할 때 또는 특정 자금이나 특정 세입·세출로서 일반세입·세출과 구분하여 회계 처리할 필요가 있을 때에만 법률 또는 조례로 설치할 수 있다고 규정하고 있다(지방재정법 제9조).[6]

일반회계는 일상적인 정부의 유지·관리를 위해 조세수입을 주된 재원으로 하여 보편적인 공공 서비스를 공급하는 회계인 반면, 특별회계는 지방공기업 특별회계와 기타 특별회계가 있는데, 지방공기업 특별회계는 「지방공기업법」에 의해 지방이 직접 설치·경영하는 지방 직영기업과 간접 경영방식인 법인을 설립하여 경영(지방공단과 지방공사)하는 방식이 있다. 기타 특별회계는 지방이 설치·운영하는 특별회계 중 지방공기업 특별회계와 지방교육비 특별회계를 제외한 다른 모든 특별회계를 말하며, 여기에는 개별 자치단체별로 의료급여, 광역교통시설, 농어촌개발기금, 균형발전특별회계 등 매우 다양한 형태가 존재한다.

또한 통합재정규모를 산출하면서, 2017년부터는 과거 지방공기업 특별회계로 운영하던 지역개발기금을 지방기금으로 전환하기도 하였다.

---

5) 지방세출을 제대로 파악하기 위해서는 결산자료를 사용해야 한다.
6) 2014년에 개정된 법률에 의하면 이에 부가하여, "다만, 목적세에 따른 세입·세출은 다른 법률에 특별한 규정이 있는 경우를 제외하고는 특별회계를 설치·운용하여야 한다"고 규정하였으나, 아직까지 목적세에 의한 특별회계는 보편적으로 운용되고 있지 않고 있다. 또한 3항에서는 "지방자치단체가 특별회계를 설치하려면 5년 이내의 범위에서 존속기한을 해당 조례에 명시해야 한다"고 규정하여 특별회계의 일몰규정(sunset)을 두었다.

2) 기능별 분류

지방세출의 기능별 분류(classification by function)는 지방정부의 활동 내용과 성격을 파악하는 데 매우 유용하다. 왜냐하면 지방정부가 어떠한 사무를 얼마만큼 수행하고 있는지를 잘 보여 주기 때문이다.[7]

현행 지방세출의 기능별 분류는 1991년 지방의회를 구성하면서 일반행정비에서 의회비를 구분하였고, 1995년 민선시대가 출범하면서 1996년부터는 분류체계를 변경하여 대분류를 적용하였고, 2008년부터 사업예산(program budget)을 도입하면서, 분류를 대폭 변경하였고, 여기에 덧붙여 2014년에는 '기타' 항목을 인력운영비와 기본경비 등으로 세분하였다.[8]

2008년 이후의 기능별 세출 분류체계는 종전의 품목별 예산제도의 5장 16관에서 국제기준(UN COFOG) 및 중앙정부 예산기준과 동일하게 13개 분야 52부문으로 개편하였으며 중기지방재정계획과 통합재정분석 간 기능분류를 일원화 하였다.

과거 1970년대부터 지금까지 지방세출의 기능별 분류체계 변화는 다음 <표 1>과 같다.

1996년까지는 그나마 유사하지만, 2008년도의 변화는 전면적이었다. 또한 2014년부터는 「지방세외수입금의 징수 등에 관한 법률」 제정 및 「지방재정법」의 대폭적인 개정에 따라, 전입금 등의 내부거래와 잉여금(불용액과 초과세입 등)이 세외수입으로 간주되어 예산관련 법률에서 정한 항목과 상충되고[9], 재정통계를 왜곡시킨다고 하여, 예산과목에서 행정운영경비 등을 기타(900) 분야로 우선 처리하고, 향후 원가시스템에서 단위사업에 배분하여 해당 단위사업에 따라 분야와 부문을 재결정하게 하였다.

이처럼 시간이 경과하면서 기능별 분류체계가 계속 변화하여, 기능별 분류체계에 의한 정교한 시계열 분석(time series analysis)과 비교 등은 사실상 매우 힘들게 되었다.

---

7) 일반적으로 기능별 분류를 이해하기 쉽고, 일 중심으로 구분하여 '시민을 위한 분류'라고 한다(신무섭, 2014).
8) 2014년의 제도변화는 매우 큰 의미를 갖는데, 이는 과거 적용했던 지방재정자립도의 산식변화에 의해서 야기된 것으로 볼 수 있다. 즉, 지방 세외수입 항목에서 재무적 재원변동이라고 할 수 있는, 이월금과 잉여금을 어떻게 처리할 것인가에 의해 결국 세출항목의 변화도 초래되었다.
9) 2014년 이전의 세외수입 항목 중에서 잉여금, 이월금, 전입금, 예탁금 및 예수금, 융자금원금수입 등 임시적 세외수입을 '보전재원 및 내부거래(700)'로 별도의 세입예산 과목구분을 적용하였다. 이로 인해 재정자립도 산식에서 이러한 항목이 제외되어 재정자립도가 자동적으로 낮아지는 현상이 발생하였다.

표 1   지방세출 기능별 분류체계의 변천

1970년대	1975년부터	1986년부터	1988년부터	1996년부터	2008년부터
일반행정비 공익사업비 산업경제비 사회복리비 지원제비	일반행정비 공익사업비 산업경제비 사회복리비 민방위운영비 지원제비	일반행정비 사회복지비 산업경제비 지역개발비 문화체육비 지원및기타	<u>의회비</u> 일반행정비 사회복지비 산업경제비 지역개발비 문화및체육비 지원및기타	일반행정비 사회개발비 경제개발비 민방위비 지원및기타	일반공공행정 공공질서및안전 교육 문화 및 관광 환경보호 사회복지 보건 농림해양수산 산업·중소기업 수송 및 교통 국토및지역개발 과학기술 예비비 기타

주: * 2014년부터 과거의 '기타'가 인력운영비와 기본경비 등으로 세분화 되었음
자료: 해당 지방재정연감 및 지방자치단체 예산편성지침서.

결국 이러한 변화를 통해 2018년 현재의 지방세출 기능별 분류는 다음 <표 2>와 같다.

즉 일반공공행정, 공공질서 및 안전, 교육, 문화 및 관광, 환경보호, 사회복지, 보건, 농림해양수산, 산업·중소기업, 수송 및 교통, 국토 및 지역개발, 과학기술, 예비비, 기타 등 총 13개 분야와 52개 부문으로 구분하고 있다.

이는 국가의 기능분류 중에서 고유분야인 통일·외교, 국방, 통신과 국정운영, 정부자원관리, 법원 및 헌법재판소, 법무 및 검찰, 해경, 공적연금, 건강보험, 철도 등을 제외한 것이다.

표 2 현행 기능별 분류체계

분야	부문	명 칭	분야	부문	명 칭
010		일반공공행정(4)		089	사회복지일반
	011	입법 및 선거관리	090		보건(2)
	013	지방행정·재정지원		091	보건의료
	014	재정·금융		093	식품의약안전
	016	일반행정	100		농림해양수산(3)
020		공공질서 및 안전(2)		101	농업·농촌
	023	경찰		102	임업·산촌
	025	재난방위·민방위		103	해양수산·어촌
050		교 육(3)	110		산업 · 중소기업(6)
	051	유아 및 초중등교육		111	산업금융지원
	052	고등교육		112	산업기술지원
	053	평생·직업교육		113	무역 및 투자유치
060		문화 및 관광(5)		114	산업진흥·고도화
	061	문화예술		115	에너지 및 자원개발
	062	관광		116	산업·중소기업일반
	063	체육	120		수송 및 교통(5)
	064	문화재		121	도로
	065	문화 및 관광일반		123	도시철도
070		환경보호(6)		124	해양·항만
	071	상하수도·수질		125	항공·공항
	072	폐기물		126	대중교통·물류 등 기타
	073	대기	140		국토 및 지역개발(3)
	074	자연		141	수자원
	075	해양		142	지역 및 도시
	076	환경보호일반		143	산업단지
080		사회복지(8)	150		과학기술(3)
	081	기초생활보장		151	기술개발
	082	취약계층지원		152	과학기술연구지원
	084	보육·가족 및 여성		153	과학기술일반
	085	노인·청소년	160		예비비(1)
	086	노동		161	예비비
	087	보훈	900		기타*
	088	주택			합 계

3) 성질별 분류

지방세출의 성질별 분류는 지방정부가 구매하는 재화와 서비스에 대한 정보를 제공하기 위한 지출 단위로 나타내, 품목별 분류라고도 한다(손희준 외, 2011). 즉 성질별 분류는 경비의 경제적 성질에 따라 분류하는 것으로 행정서비스의 인적, 물적 및 금전적 요소에 대응하는 경비의 구성을 나타내며, 경비의 사용된 용도와 국민경제에 기여한 정도를 파악하는데 유용하다.

지방자치단체 예·결산의 분석에 가장 기초적으로 사용되는 과목의 구분이 바로 경비의 성질별 분류로, 인건비, 물건비, 이전경비, 자본지출비, 융자 및 출자, 보전재원, 내부거래, 예비비 및 기타로 구분한다.

2008년 사업예산(program budget) 제도가 전면 시행됨에 따라 세출예산의 사용 목적과 성질에 따라 편성 목(目)으로 분류하고, 하위에 통계 및 내부관리를 목적으로 통계 목(目)을 두고 있다. 따라서 성질별 분류는 그나마 세출항목의 변화가 크지 않아, 연도 간 비교분석이 용이한 분류체계라 할 수 있다.

2. 지방세출의 변화 실태와 추이

1) 회계별 분류

지방자치단체의 세출결산 규모를 회계별로 파악하면, 다음 <표 3>과 같다.

2016년도 결산 총계는 264조 97억 원으로 1990년 21조 7,681억 원의 12배가 넘게 증가하였으며, 이 중에서 일반회계는 14.6배 증가하였고, 공기업특별회계는 5.2배 증가한 반면, 기타 특별회계는 7.4배 증가하여, 전체 세출결산 증가는 일반회계가 주도한 것이다.

세출총액에서의 회계별 비중을 보면, 일반회계는 1992년 64.0%에서 2016년에는 84.6%로 증가하였고, 공기업특별회계는 1992년 16.0%이던 것이 2016년 6.3%까지 낮아졌고, 기타특별회계도 1992년 20.0%이던 것이 9.1%로 절반 이상 감소하였다.

이러한 회계별 변화는 지방정부가 주로 경상적이며 일상적인 행정서비스 공급에 주력하는 반면, 수익성을 지향하는 지방의 경영화 전략은 축소된 것이라 보인다. 지방자치제 도입 초기, 제3섹터의 활성화 및 경영수익사업을 모색하였으나, 지역경제 구조와 지역시장 규모의 열세에 따라 수익성이 확보되지 않아, 축소된 것으로 보인다. 동시에 1997년 IMF의 여파에 따른 지방재정의 위축과 2008년 세계경제 위기에

표 3	회계별 지방세출 결산(총계) 추이						(단위: 억 원, %)	
연도	합계		일반회계		공기업특별회계		기타 특별회계	
	금액	비중	금액	비중	금액	비중	금액	비중
1990	217,681	100.0	153,206	70.4	31,937	14.7	32,536	14.9
1992	344,552	100.0	220,407	64.0	55,268	16.0	68,876	20.0
1994	424,832	100.0	303,404	71.4	53,454	12.6	67,972	16.0
1996	580,494	100.0	429,346	74.0	71,688	12.3	79,460	13.7
1998	674,693	100.0	515,205	76.4	71,298	10.5	88,190	13.1
2000	749,861	100.0	578,145	77.1	67,250	9.0	104,465	13.9
2002	1,008,557	100.0	803,151	79.6	84,295	8.4	121,110	12.0
2004	1,195,030	100.0	967,640	81.0	91,108	7.6	136,282	11.4
2006	1,377,895	100.0	1,109,479	80.5	105,548	7.7	162,867	11.8
2008	1,668,018	100.0	1,366,250	81.9	113,764	6.8	188,002	11.3
2010	1,865,004	100.0	1,541,773	82.7	132,141	7.1	191,089	10.2
2012	2,064,707	100.0	1,713,678	83.0	143,161	6.9	207,867	10.1
2014	2,254,612	100.0	1,892,980	84.0	149,674	6.6	211,957	9.4
2016	2,640,097	100.0	2,233,513	84.6	165,216	6.3	241,367	9.1

자료: 행정안전부, 「지방재정연감」, 매연도 및 지방재정365(http://lofin.mois.go.kr/)

따른 지방예산의 조기집행 등 거시경제의 영향도 무시할 수 없다.

그러나 이러한 거시적인(macro) 요인들의 영향을 배제한 채, 지방세출 변화를 몇 가지 결정요인만으로 분석하는 것은 상당한 한계를 가지는 것이나, 대부분의 선행연구는 이러한 변화추이를 감안하지 않아, 연구결과의 해석에는 유의할 필요가 있다.

2) 기능별 분류

분류체계의 변화로 우선 2007년까지의 기능별 세출내역은 다음 <표 4>와 같다.

2007년까지 기능별 세출결산 규모는 1991년 21조 8,501억 원이던 것이 2007년 150조 7,893억 원으로 6.9배 증가하여, 16년 동안 연평균 43.1%의 높은 증가율을 나타냈다.

지방의회가 구성된 1991년부터의 가장 큰 특징은 사회개발비와 경제개발비의 역전현상으로 1997년에는 40% 내외로 거의 비슷하다가, 이후 사회개발비의 비중이 지속적으로 증가하여, 2007년에는 51.2%로 세출의 절반 이상을 차지하게 되었다.

| 표 4 | 기능별 지방세출 추이(2007년까지) | | | | | | (단위: 억 원, %) | | |

구 분	1991	1993	1995	1997	1999	2001	2003	2005	2007
합 계	218,501	288,745	366,642	509,589	539,793	675,048	821,860	955,835	1,507,893
	(100.0)	(100.0)	(100.0)	(100.0)	(100.0)	(100.0)	(100.0)	(100.0)	(100.0)
일반행정비	34,405	45,269	72,185	89,846	88,898	113,093	134,379	165,707	196,503
	(15.8)	(15.7)	(19.7)	(17.5)	(16.5)	(16.8)	(16.4)	(17.3)	(13.0)
사회개발비	29,487	45,631	58,224	200,293	232,210	323,029	376,090	468,640	771,593
	(13.5)	(15.8)	(15.9)	(39.3)	(43.0)	(47.9)	(45.8)	(49.0)	(51.2)
경제개발비	141,923	189,689	225,141	202,771	198,455	213,071	280,707	287,285	412,126
	(64.9)	(65.7)	(61.4)	(40.0)	(36.8)	(31.6)	(34.2)	(30.0)	(27.3)
민방위비	3,874	4,941	6,329	11,294	10,253	12,793	17,096	20,013	23,189
	(1.7)	(1.7)	(1.7)	(2.2)	(1.9)	(1.9)	(2.1)	(2.0)	(1.5)
지원 및 기타	8,802	3,210	4,758	5,383	9,977	13,061	13,586	14,188	104,480
	(4.1)	(1.1)	(1.3)	(1.0)	(1.8)	(1.9)	(1.6)	(1.4)	(6.9)

주: 1997년의 의회비는 일반행정비에, 사회복지비와 문화 및 체육비는 사회개발비에, 산업경제비와
지역개발비는 경제개발비에 합산했음.
자료: 행정안전부, 『지방재정연감』, 각 연도.

관련하여 일반행정비는 1991년 15.8%를 차지하던 것이 지속적으로 낮아져 2007
년에는 13.0%를 차지하고 있으며, 지원 및 기타는 1991년 4.1%이던 것이 2005년까
지 1%대로 낮아졌다가 2007년에는 다시 6.9%로 증가하였다.

2008년 이후 변경된 기능별 세출추이를 예산을 기준으로 파악하면 다음 <표
5>와 같다.

2009년의 최종 예산규모 156조 7,028억 원이 2010년의 당초예산 141조 393억
원보다 15조 6,635억 원 더 많다. 이러한 현상은 지방재정에서의 당초예산은 큰 의미
가 없다는 것을 입증하고 있다. 왜냐하면 지방예산 규모는 추가경정예산을 빈번히 활
용하여 최종예산규모가 비정상적으로 커지기 때문이다. 예산을 기준으로 파악할 때는
이 점을 감안해야 한다.

2011년을 기준으로 2018년의 세출예산 규모는 210조 6,784억 원으로 거의 1.5배
정도로 확대되었다.

이 기간 동안 가장 큰 변화는 사회복지지출로서 2011년 20.1%이던 것이 2018년
에는 27.1%로 7%나 증가하였고, 규모면으로도 28조 4,632억 원이던 것이 57조 1,293
억 원으로 2배 이상 증가하였다. 이러한 사회복지지출의 급증은 거의 모든 세출항목
의 비중축소로 이어졌다. 예를 들어, 사회복지비 다음이던 수송 및 교통도 2009년 최

종예산에서는 14.0%이었으나, 2018년에는 8% 수준으로 낮아졌고, 특히 국토 및 지역개발과 농림해양수산, 산업·중소기업 등 주로 지역경제개발과 지방의 사회간접자본(SOC) 관련 세출이 축소되었다.

표 5 기능별 지방세출 예산순계(일반회계+특별회계) (단위: 억 원, %)

구 분	2009년 (최종)	2011년	2013년	2015년	2016년	2017년	2018년
합 계	1,567,028 (100.0)	1,410,393 (100.0)	1,568,887 (100.0)	1,732,590 (100.0)	1,845,825 (100.0)	1,931,532 (100.0)	2,106,784 (100.0)
일반공공행정	118,293 (7.5)	125,034 (8.8)	129,895 (8.2)	142,136 (8.2)	154,040 (8.3)	118,834 (6.2)	126,003 (6.0)
공공질서 및 안전	26,516 (1.6)	23,366 (1.6)	28,862 (1.8)	30,438 (1.8)	34,484 (1.9)	34,356 (1.8)	37,318 (1.8)
교 육	83,366 (5.3)	90,143 (6.4)	100,180 (6.3)	101,299 (5.8)	106,714 (5.8)	116,795 (6.0)	129,396 (6.1)
문화 및 관광	83,535 (5.3)	69,872 (4.9)	78,408 (4.9)	86,489 (5.0)	90,403 (4.9)	98,145 (5.1)	102,866 (4.9)
환경보호	168,942 (10.7)	150,305 (10.6)	157,925 (10.0)	170,868 (9.9)	181,578 (9.8)	191,119 (9.9)	208,324 (9.9)
사회복지	291,648 (18.6)	284,632 (20.1)	349,921 (22.3)	440,629 (25.4)	466,075 (25.3)	494,509 (25.6)	571,293 (27.1)
보 건	24,264 (1.5)	20,082 (1.4)	23,323 (1.4)	26,935 (1.6)	29,122 (1.6)	31,505 (1.6)	35,217 (1.7)
농림해양수산	109,547 (6.9)	97,944 (6.9)	108,898 (6.9)	114,575 (6.6)	117,648 (6.4)	122,738 (6.4)	132,074 (6.3)
산업·중소기업	41,631 (2.6)	30,437 (2.1)	32,213 (2.0)	32,439 (1.9)	35,056 (1.9)	39,831 (2.1)	45,237 (2.1)
수송 및 교통	220,058 (14.0)	151,118 (10.7)	154,683 (9.8)	156,332 (9.0)	164,560 (8.9)	172,689 (8.9)	182,878 (8.7)
국토 및 지역개발	166,516 (10.6)	116,385 (8.2)	122,118 (7.7)	114,570 (6.6)	123,919 (6.7)	131,627 (6.8)	141,816 (6.7)
과학기술	7,670 (0.4)	3,293 (0.2)	6,254 (0.3)	5,426 (0.3)	4,798 (0.3)	4,801 (0.2)	4,685 (0.2)
예비비	19,841 (1.2)	23,125 (1.6)	31,038 (1.9)	34,180 (2.0)	44,674 (2.4)	49,054 (2.5)	50,801 (2.4)
기 타	205,193 (13.0)	224,657 (15.3)	245,168 (15.6)	276,273 (16.0)	292,752 (15.9)	325,829 (16.9)	338,875 (16.1)

자료: 행정안전부, 「지방재정연감」, 매연도.

3) 성질별 분류

지방자치제 재도입 이후 민선 6기인 2015년까지 성질별 세출결산의 추이를 파악하면 다음 <표 6>과 같으며, 성질별 분류체계는 크게 변하지 않아 전반적인 추세를 파악할 수 있는데, 1991년 21조 8,501억 원이던 총액이 2015년 말 175조 3,338억 원으로 8배나 증가하였다.

각 항목별 변화추이를 보면, 우선 인건비와 물건비 등 경직성 경비는 지속적으로 감소하였다. 그러나 이전경비의 증가폭이 매우 커서, 1991년 6.3%에 불과하던 비중이 2015년 39.2 %로 32.9%나 증가하였고, 이전경비의 규모 역시 1조 3,716억 원이던 것이 68조 8,398억 원으로 50배 이상 급증하였다. 이러한 이전경비의 급증현상은 중앙정부에 의한 대규모 사회복지보조금의 확대에 따른 현상이지만, 이에 대해 행정안

표 6 성질별 지방세출 결산순계 추이(일반회계+특별회계) (단위: 억 원, %)

구 분	의회	민선1기		민선2기		민선3기		민선4기		민선5기	민선6기
	1991	1995	1997	1999	2001	2003	2005	2007	2009	2011	2015
합계	218,501 (100.0)	366,642 (100.0)	509,589 (100.0)	539,793 (100.0)	675,048 (100.0)	821,860 (100.0)	1,033,038 (100.0)	1,507,893 (100.0)	1,496,588 (100.0)	1,412,334 (100.0)	1,753,338 (100.0)
인건비	27,543 (12.6)	47,598 (13.0)	59,167 (11.6)	59,205 (11.0)	67,349 (10.0)	80,523 (9.8)	134,051 (12.9)	139,267 (9.2)	175,000 (11.7)	165,072 (11.6)	199,672 (11.3)
물건비	24,131 (11.0)	45,078 (12.3)	60,374 (11.8)	64,788 (12.0)	71,115 (10.5)	82,622 (10.0)	71,803 (6.9)	77,179 (5.1)	91,630 (6.1)	100,587 (7.1)	117,538 (6.7)
이전경비	13,716 (6.3)	41,585 (11.3)	63,192 (12.4)	97,641 (18.1)	136,067 (20.2)	155,569 (18.9)	270,621 (26.2)	507,417 (33.7)	419,701 (28.0)	485,177 (34.3)	688,393 (39.2)
자본지출	131,905 (60.4)	204,182 (55.7)	281,019 (55.1)	265,571 (49.2)	304,388 (45.1)	384,784 (46.8)	430,623 (41.7)	554,621 (36.8)	665,979 (44.5)	501,855 (35.5)	522,244 (29.7)
융자 및 출자	6,262 (2.9)	5,993 (1.6)	10,546 (2.1)	9,395 (1.7)	12,594 (1.9)	11,630 (1.4)	13,354 (1.3)	35,114 (2.3)	17,866 (1.2)	13,031 (0.9)	14,122 (0.8)
보전재원	8,817 (4.0)	15,060 (4.1)	16,417 (3.2)	25,078 (4.6)	25,797 (3.8)	18,848 (2.3)	26,379 (2.5)	32,541 (2.2)	21,208 (1.4)	36,340 (2.5)	57,874 (3.3)
내부거래	3,292 (1.5)	6,583 (1.8)	15,986 (3.1)	15,855 (2.9)	5,4775 (8.1)	84,437 (10.3)	81,474 (7.9)	15,514 (10.2)	94,289 (6.3)	103,727 (7.3)	133,973 (7.6)
예비비 및 기타	2,832 (1.3)	560 (0.2)	2,885 (0.6)	2,257 (0.4)	2,960 (0.4)	3,443 (0.4)	4,730 (0.5)	6,607 (0.4)	10,911 (7.3)	6,542 (0.4)	19,518 (1.1)

주: 결산 순계 규모임(일반회계+특별회계)
자료: 행정안전부, 「지방재정연감」, 매연도.

전부는 2014년 「지방재정법」 개정을 통해 '지방보조금'으로 변경하여 관리를 강화하였다.[10]

이전경비의 증대는 타 지출항목에도 막대한 영향을 끼쳐, 특히 자본지출은 1991년 전체 세출의 60.4%를 차지하던 것이 2015년에는 30%에도 못 미치는 29.7%를 기록하였다. 또한 이전경비의 증가는 내부거래 역시 확대시키는 견인차 역할을 해, 1991년 1.5%에 불과하던 것이 2015년에는 7.6%로 증가하였다.

Ⅳ. 지방 세출변화의 특징과 주요 요인

1. 지방 세출규모의 급증

지방자치제의 도입이후 지방재정은 규모 면에서 크게 확대되었다. 세출(expenditure) 결산규모는 1995년 36조 6,642억 원이던 것이 2016년 264조 97억 원으로 7.2배 증가하였다. 반면에 세입(revenue) 규모는 1995년 36조 6,671억 원이던 2016년 세입예산은 184조 5,825억 원으로 5.0배 증가한 것에 비해 세출결산 규모의 증가 폭이 훨씬 큰 것을 알 수 있다.

이처럼 세입예산 규모의 증가추세보다 세출결산 규모의 증가율이 더 큰 것은 앞에서도 언급했다시피, 당초예산의 규모와 내역은 실제보다 과소(過少) 추정되었기 때문이다. 왜냐하면 지방재정에 있어서 당초예산은 중앙정부로부터 이전되는 의존재원인 국고보조금과 지방교부세의 실제 규모를 지방이 자율적으로 결정할 수 없기 때문이며, 동시에 지방세수입과 세외수입 등 자체재원 역시 예산편성 당시에는 규모를 보수적으로 추정하는 행태적인(behavioral) 요인에 의해 영향을 받는다고 할 수 있다.

비교를 위해 참고로 지방세입의 규모와 내역을 파악하면 다음 <표 7>과 같다.

1991년부터 2017년까지 세입예산은 지방세와 세외수입 등 자체재원의 비중이 지속적으로 감소하여 지방자치의 의미를 무색하게 만들고 있다. 반면, 의존재원인 지방교부세는 일정한 비중을 유지하고 있지만, 보조금이 1991년 9.0%이던 것이 2015년 24.1%, 2017년 22.8% 등 2배 이상 증가하였고 증가추세도 계속 이어지고 있어, 지방세입의 의존성이 확대되고 있는 것을 알 수 있다.

---

10) 2014년 행정자치부는 「지방재정법」 제32조의 2~제32조의 10을 신설하여, 기존의 제17조 제1항 및 제23조 제2항에 의한 보조금을 "지방보조금"으로 규정하고, 이에 관한 관리대책을 강구하였다. 또한 관련하여 시행령을 개정하고, 지방자치단체가 조례제정을 통해 지방보조금심의위원회 구성과 운영, 보조금의 예산편성에 관한 내용을 규정하고, 2015년 1월 1일부터 적용하는 행정자치부 예규 제6호 "지방보조금 관리기준"을 마련하였다.

| 표 7 | 세입예산(일반회계+특별회계) 순계추이 | | | | | | | | | | | (단위: 억 원, %) | |

구 분	부분	민선1기		민선2기		민선3기		민선4기		민선5기		민선6기	
	1991	1995	1997	1999	2001	2003	2005	2007	2009	2011	2013	2015	2017
합 계	199,035	366,671	507,649	537,724	715,088	781,425	923,673	1,119,864	1,375,349	1,410,392	1,568,887	1,732,590	1,931,532
	(100.0)	(100.0)	(100.0)	(100.0)	(100.0)	(100.0)	(100.0)	(100.0)	(100.0)	(100.0)	(100.0)	(100.0)	(100.0)
지방세	80,350	153,169	184,977	185,685	266,397	288,165	336,952	380,732	470,670	497,434	537,470	594,523	711,891
	(40.4)	(41.8)	(36.4)	(34.5)	(37.3)	(36.9)	(36.5)	(34.0)	(34.2)	(35.3)	(34.2)	(34.3)	(36.8)
세외 수입[1]	60,716	90,324	166,917	157,593	183,375	200,363	233,769	278,509	337,708	296,349	334,124	356,094	418,827
	(30.5)	(24.6)	(32.9)	(29.3)	(25.6)	(25.6)	(25.3)	(24.9)	(24.6)	(21.0)	(21.2)	(20.5)	(21.6)
지방 교부세	34,524	56,713	70,298	69,187	123,499	115,196	172,047	214,083	265,081	274,085	314,600	315,849	337,384
	(17.3)	(15.5)	(13.8)	(12.9)	(17.3)	(14.7)	(18.6)	(19.1)	(19.3)	(19.4)	(20.0)	(18.2)	(17.4)
지방 양여금	5,570	18,701	28,763	29,061	46,281	48,504	–	–	–	–	–	–	–
	(2.8)	(5.1)	(5.7)	(5.4)	(6.5)	(6.2)							
보조금[2]	17,875	32,189	43,331	78,912	90,387	106,663	152,813	211,590	265,004	305,528	341,732	417,917	440,673
	(9.0)	(8.8)	(8.5)	(8.5)	(12.6)	(13.6)	(16.5)	(18.9)	(19.3)	(21.7)	(21.8)	(24.1)	(22.8)
지방채	–	15,575	13,361	17,286	8,146	22,639	28,092	34,950	36,886	36,996	40,960	48,207	22,757
		(4.2)	(2.6)	(2.6)	(1.1)	(2.9)	(3.0)	(3.1)	(2.7)	(2.6)	(2.6)	(2.8)	(1.1)

주: 1) 2001년부터 조정교부금, 재정보전금 포함.
　 2) 2014년부터 항목변경에 따른 보전수입 등 내부거래를 세외수입에 합산.
자료: 행정안전부, 「지방자치단체예산개요」, 각 연도.

그동안 보조금 확대에 따른 지방비부담액(matching fund)의 증가는 지방재정의 경직성과 불건전성을 초래하는 요인으로 지적되어 왔다(서정섭, 2013; 이재원, 2013; 손희준, 2014 등).

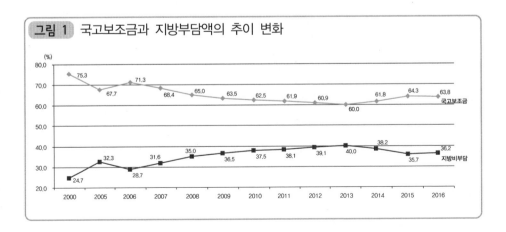

그림 1　국고보조금과 지방부담액의 추이 변화

<그림 1>과 같이 국고보조금에 대한 지방매칭비가 2000년 24.7%에 불과하던 것
이 2013년 40%까지 급증하여 지방재정의 경직성을 가중시키게 되다 보니, 중앙정부는
2013년 9.25대책으로 지방소비세를 기존의 5%에서 6%p 추가 증액하고, 무상보육사업
등 일부 국고보조사업의 보조율을 늘려 이후 지방의 매칭비가 다소 감소하게 되었다.

2. 제도적 변화 요인

지방재정의 변화는 무엇보다 관계 법령과 국가정책의 개편 등에 의한 영향이 매
우 크다고 하겠다. 그러나 그럼에도 불구하고 대부분의 분석적인 연구가 지방재정의
자율성과 안정성을 전제로 분석하다 보니 한계가 있을 수밖에 없다.

특히 2014년의「지방재정법」전면 개정과「지방세외수입금의 징수 등에 관한 법
률」의 제정 등은 지방재정 세출과 세입측면에서 매우 큰 변화를 초래했다. 세외수입
항목의 개편에 따라 2014년부터 과거에 사용했던 지방재정자립도의 산식(算式)을 변
경하여[11] 지방재정자립도가 과거에 비해 낮아지는 현상이 나타났다.

민선자치제가 도입된 1995년 재정자립도가 63.5%이던 것이, 보조금 등 의존재원
의 규모가 상대적으로 더 커지면서 지속적으로 낮아져 2018년에는 과거의 산식에 의
해서는 53.4%, 새로운 산식으로는 46.8%에 불과하다.

표 8　지방 재정자립도 추이

연 도	1995	1997	1999	2002	2004	2006	2008	2010	2011	2012	2013	2014	2015	2016	2017	2018
평 균	63.5	63.0	59.6	54.8	57.2	54.4	53.9	52.2	51.9	52.3	51.1	44.8 (50.3)	45.1 (50.6)	44.6 (52.5)	47.2 (53.7)	46.8 (53.4)
특광역시	97.3	98.1	81.8	79.8	81.4	78.5	71.8	68.3	68.6	69.1	66.8	61.5	61.2	62.3	63.4	62.1
도	46.7	42.5	38.3	34.6	41.3	36.1	34.8	31.6	33.0	34.8	34.1	29.0	30.3	31.9	33.7	34.2
시	53.7	53.3	52.0	40.2	38.8	39.4	40.7	40.0	38.0	37.1	36.8	31.7	31.1	32.1	33.3	32.3
군	23.8	21.2	23.4	17.4	16.6	16.1	17.2	18.0	17.0	16.4	16.1	11.4	11.6	12.0	12.3	12.2
자치구	54.3	51.6	52.3	45.1	42.6	40.5	37.1	35.4	36.6	36.0	33.9	27.2	25.8	26.0	25.9	24.7

주: 일반회계 당초예산 기준으로, 전국평균은 예산순계, 단체별은 예산총계 기준임

---

11) 재정자립도의 산식은 일반회계를 기준으로(지방세＋세외수입)/자치단체 예산규모로 산출하
　　였으나, 2014년부터는 잉여금과 이월금, 전입금 등 과거의 임시적 세외수입을 "보전수입 및
　　내부거래"의 별도 예산항목으로 분리하다 보니, 자연스럽게 재정자립도가 낮게 계산되고 있
　　다. 이에 행정안전부에서는 과거의 산식과 현재의 산식 2가지를 병행하여 공개하고 있다.

물론 2014년 50.3%까지 낮아졌다가 최근 다시 향상되기는 하였지만, 이러한 변화는 2014년부터 적용된 지방소비세의 인상과 지방소득세의 개편 및 부동산경기 활성화에 따른 재산과세의 증가 등에 의한 것이라고 할 수 있다.

따라서 분석대상 기간 동안에 도입된 긴급 재정관리단체의 지정이나 사전위기 경보시스템의 도입, 지방교부세의 감액제도 개편 등 다양한 재정관리 제도의 변화에도 유의해야 하며(손희준, 2012), 이러한 제도적 개편에 따른 세출 변화를 결코 간과해서는 안 된다.

3. 사회복지지출의 급증

지방자치단체 세출변화의 가장 큰 특징이 사회복지지출의 급증 현상으로 이는 지방재정 운용에 막대한 부담으로 작용하고 있다.

이미 1997년부터 사회개발비의 비중이 증가하기 시작하였는데, 보다 다양한 사회복지 프로그램의 도입은 지방자치단체의 자체적인 결정보다는 주로 중앙정부의 정책변화와 대통령 선거 공약사업으로 추진되어 지방재정의 부담으로 작용하고 있어 문제이다.

현 문재인 정부 이전의 각 정권별 복지정책 도입에 관한 정책변화를 요약하면 다음 <표 9>와 같다.

2013년 무상보육 대란사태에서 알 수 있듯이, 국회와 정치권에서 선심 쓰듯이 무수히 많은 복지관련 정책을 결정하면서, 지방자치단체의 의견을 전혀 수렴하지 않고 일방적으로 채택하고 있다. 영유아 보육제도는 2012년에 과거 소득 하위 70%에게만 지급하던 보육료를 소득수준과 관련 없이 전액 지원하기로 결정하고, 2013년부터는 5세까지 확대하기로 하였는데, 영유아 인구가 상대적으로 많은 강남구와 서초구 등 서울시의 일부 자치구는 수도권이라는 지역적 특성으로 인해 차등 보조율을 적용받아 실질적인 부담은 자치구가 떠안게 되면서 크게 반발하게 되었던 것이다(손희준, 2013).

실제로 2018년 4월부터 기초연금 인상, 7월부터 아동수당 지급 등 중앙정부의 사회복지 사업 확대 및 신설 등으로 지방자치단체의 부담이 더욱 증가하였는데, 이로 인해 지방이 부담해야 할 지방비는 기초연금 인상으로 6,000억 원, 아동수당 신설로 4,000억 원 정도를 추가로 부담해야 했다.

2018년 기준으로 지방의 세출현황을 파악해 보면, 특히 사회복지 지출은 다음과 같이 자체사업보다는 보조사업이 약 90%를 차지할 정도로 지방의 세출 자율성을 제약하고 있다.

| 표 9 | 과거 정부별 주요 복지정책 도입 시기 |

정부별	사회보험			공공부조	사회서비스
국민의 정부(1998-2002)	• 산재/고용보험 적용 확대('00-'05)	• 건보통합(조직재정-'03)	• 전국민 국민연금 기반 구축('99)	• 경로연금('98) • 국민기초생활 보장제도('00)	• 장애인복지 5개년 계획('98)
참여정부 (2003-2007)			• 국민연금법 개정(급여인하, '07)	• 차상위계층지원 (의료, 자활, '04) • 장애수당 확대('05) • 노령연금법('07)	• 보육확대('04) • 사회서비스일자리('04) • 저출산고령화사회 본격 대응('05) • 다문화가족지원센터('06)
이명박정부 (2008-2012)		• 노인장기요양보험('08)		• 기초노령연금('08) • 장애인연금('10)	• 적극적 노동시장 정책('08) • 5세아 누리과정, 0-2세 무상보육('12)
					<교육비 지원> • 학자금대출('10) • 국가장학금('12) <조세지출> • 근로장려세제
박근혜정부 (2013-)				• 기초연금('14) • 맞춤형 개별급여 체계 도입 • 4대 중증질환 의료보장 강화	• 0-5세 무상교육('13)→누리과정 통합

자료: 최병호 외(2013: 35), 관계부처 합동회의(2014)를 참고하여 작성.

| 표 10 | 지방자치단체 세출의 기능 배분(2018) | | | | | (단위: %, 억 원) | |

구 분		지방정부		정책사업		행정운영경비	재무활동
		합계(부문)	합계(경비)	보조사업	자체사업		
일반관리	일반공공행정	22.1	100.0	1.8	28.8		4.7
	공공질서및안전	1.8	100.0	42.7	44.3		13.0
	소계	23.8	100.0	4.9	29.9		5.3
사회개발	교육	6.1	100.0	4.1	95.6		0.2
	문화및관광	4.9	100.0	38.7	58.4		2.9
	환경보호	9.9	100.0	31.5	64.2		4.3
	사회복지	27.1	100.0	89.5	10.1		0.4
	보건	1.7	100.0	70.7	29.1		0.2
	소계	49.7	100.0	61.8	36.8		1.4
경제(지역)개발	농림해양수산	6.3	100.0	68.8	30.1		1.1
	산업 · 중소기업	2.1	100.0	39.4	51.8		8.8
	수송 및 교통	8.7	100.0	21.5	73.1		5.4
	통신	–	–	–	–		
	국토 및 지역개발	6.7	100.0	28.5	67.1		4.4
	과학기술	0.2	100.0	17.9	80.5		1.6
	소계	24.1	100.0	37.4	58.4		4.3
기타	예비비	2.4	100.0	0.8	99.1		0.2
합계		100.0	100.0	40.9	41.9	14.3	3.0
금액 규모			2,106,782	860,788	882,274	300,771	62,949

주: 1) 일반회계+특별회계 당초예산 순계.
　　2) 기타에 분류된 인건비 및 운영비는 일반공공행정 항목과 통합.
자료: 행정안전부(2018). 「2018 지방자치단체 통합재정개요(상)」

4. 이전경비의 급증

지방 세출의 성질별 추이에서 가장 두드러진 특징은 다음 <그림 2>와 같이 이전경비의 지속적인 증가현상이다.

지방 역시 중앙의 지속적인 부담전가에 따라 민간사회단체와 산하단체 등으로 사업을 이전하고 관리하려는 경향이 농후해졌기 때문이다.

<그림 2>를 보면 지방 세출에서 민간이전경비의 규모와 비중이 지속적으로 증가하고 있는데, 증가추세는 2005년 이후 더욱 가파르게 나타나다가 2009년 감소하였

그림 2 민간이전경비의 추이

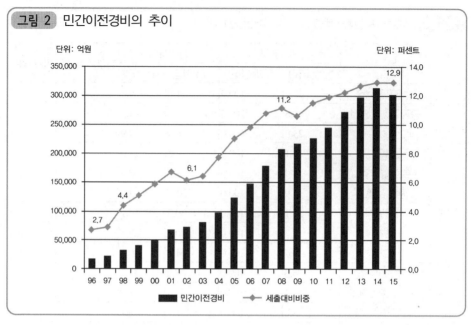

주: 1) 일반회계+특별회계, 총계예산, 예산 목(307) 민간이전 기준
    2) 2014년까지는 최종예산, 2015년은 당초예산

지만 2015년은 전년도에 비해 다소 주춤하였다. 2009년은 2008년 세계경제 위기에
따른 지방재정감축 효과로 보이지만, 2015년은 행정안전부가 예규(例規)로서 「지방보
조금 관리기준」을 마련하여, '지방자치단체가 민간 등이 자율적으로 수행하는 사업에
대해 개인 또는 단체 등에 지원하거나, 시·도가 정책상 또는 재정사정상 특히 필요
하다고 인정할 때 시·군·구에 지원하는 재정상의 원조'를 "지방보조금"으로 정의하
고, 지방보조금 총액한도제와 지방보조금심의위원회의 설치 등을 요구하는 등 관리를
철저히 하도록 하였기 때문이다.

지방보조금의 종류는 다음과 같고, 지방보조사업자의 선정과 지방보조사업의 이
력관리, 정산 및 법령 위반자에 대한 제재와 보조사업 성과평가 등을 의무화하였다.

표 11 지방보조금의 분류

구 분	지방보조금의 종류
대상별	• 공공단체 보조: 자치단체, 공기관, 교육기관 등에 대한 보조 • 민간 보조: 법인 또는 단체, 개인에 대한 보조금
내용별	• 경상보조: 보조사업자의 경상적 사업경비의 지급을 위한 보조 • 자본보조: 보조사업자의 자본형성을 위한 보조

V. 결 론

지방재정과 관련된 연구주제가 주로 지방세수 확충이나 국세의 지방세로의 이양과 신세원 도입 등 세입 측면에서 이루어져 왔고(서정섭, 2005), 아직까지 대부분을 차지하고 있다.

그러나 공공부문(public sector) 본연의 기능과 재정의 본질이라는 측면에서 지역주민들의 공적인 요구(public needs)와 재정적 수요에 대응하기 위한 세출 결정과 이에 따른 일부 부문의 신축적인 감축 등 조정은 앞으로 매우 중요하다고 판단된다.

그러나 이미 수많은 선행연구들은 이러한 지방재정 세출이 중앙정부의 정책과 국정방향과는 상관없이, 각 지방의 독특한 재정수요와 지방정부의 독자적인 결정에 의할 것이라고 가정하여, 세출변화에 직접적인 영향을 주는 변수와 요인을 찾기 위해 시도되어 왔다. 하지만 보다 본질적으로 과연 지방 세출이 지방 스스로 자율적으로 결정하고 작동되어져 왔을까 라는 근본적인 질문에서 이 논문은 작성되었다.

지방자치제도의 재도입 이후 지방 세출변화와 추이를 분석하고, 핵심적인 특징을 잡아 그 배경과 요인(factor)이 무엇이었는지를 추론해 보고, 이러한 측면에서의 변화를 제거하거나 통제한 후 세출의 결정요인이나 영향요인을 분석해야 한다고 생각된다.

지금까지 지방 세출은 주로 일반회계를 중심으로, 지역경제 성장이나 개발보다는 사회복지지출이 집중되고 있는데, 그것을 지방이 스스로 결정한 것이 아니라, 중앙정부의 정책변화와 국회의원 및 대통령 등 정치인들의 선거공약 실천을 위한 보조사업 추진에 의한 지방비 부담으로 나타나고 있다는 점을 직시해야 할 것이다. 또한 지방도 중앙의 행태를 보고 배워, 자체사업보다는 민간경상 보조나 사회단체 보조사업 등 지방보조 사업을 지속적으로 확대하고 있어, 이러한 이전경비에 대한 효과적인 관리방안이 요구된다고 할 수 있다.

지방자치와 지방분권의 핵심이 지방의 자율과 이에 따른 책임이라면, 대규모 보조사업의 결정에 지방이 직접 참여하여 의견을 개진하고, 이를 통해 재정을 분담하게 하는 체계가 정착되어야 한다. 물론 현재에도 총리실 산하에 '지방재정부담심의위원회'가 있지만, 중추적인 역할과 기능을 기대하기에는 제약이 있다.

따라서 보다 진보된 형태의 자치분권과 지역주권을 위한 세출의 자율성 확보 및 이에 따른 책임성 확대에 대한 논의가 활성화되길 기대하는 바이다.

참고문헌

강윤호. (2001), 지방정부 재정지출의 특성, 「한국정책학회보」, 제12권 1호.

강혜규. (2005), 지방정부 사회복지 지출 결정요인: 기초자치단체 세출예산의 규모와 구조를 중심으로, 연세대학교 박사학위논문.

김동기. (2008), 「한국지방재정학」, 법문사.

남궁근. (1994), 우리나라 지방정부 지출수준의 결정요인 분석; 시·군·자치구의 기초자치단체를 중심으로, 「한국행정학보」, 제28권 3호.

노근호. (1994), 한국의 지역경제성장에 있어서 지방재정지출의 역할, 청주대학교 박사학위논문.

배인명. (2000), 지방정부 자치재정력의 지방세출구조에 대한 효과분석; 시정부를 중심으로, 「한국행정학보」, 제34권 2호.

서정섭. (2013), 국고보조사업 개편방안, 지방재정전략회의 및 토론회 발표논문.

_____. (2005), 지방자치제 도입이후 지방재정 세입변화와 추이분석, 한국지방재정학회, 「한국지방재정논집」, 제10권 2호.

손희준. (2014), 중앙·지방간 합리적 재정관계 구축방안, 안전행정부, 지방재정전략회의발표논문.

_____. (2013), "사회복지보조금의 중앙·지방간 분담체계에 관한 연구", 「지방자치학회보」, 통권 83호.

_____. (2012), 건전성과 책임성 확보를 위한 재정관리 제도의 개선방향, 「지방재정」, 3호.

_____. (1999), "지방자치제 실시에 따른 지방재정지출의 결정요인 분석", 「한국행정학보」, 제33권 1호.

손희준 외. (2011), 「지방재정론」, 대영문화사.

신무섭. (2014), 「재무행정학」, 대영문화사.

신희권. (1994). 우리나라 지방정부 복지지출의 사회경제적 요인분석, 「한국사회와 행정연구」, 제5권 1호.

오병기. (2002), 우리나라 지방재정지출의 시차분석, 「재정정책논집」, 4(1): 22-43.

_____. (2006), 비도시지역 경제개발비가 지역경제 성장에 미친 영향에 관한 연구, 「국토연구」, 제50권.

유병욱. (1990), 지방정부에 있어서 정책산출의 결정요인 연구, 「지역사회개발논총」, 제1집.

이상희. (1992), 「지방재정론」, 계명사.

이승종 외. (2001), 지방자치와 지방정부의 복지정책정향, 「한국행정학보」, 제34권 4호

이재원. (2013), "자치구 복지재정 부담과 정책과제. 새 정부의 지방재정 운용방향에 대한 시군구의 과제와 대응", 지방재정 정책세미나 발표자료. 한국지방재정학회.

조동근·김종백, (2005), 지방재정 지출이 지역경제성장에 미치는 영향분석; 강원도 18개 시·군을 중심으로, 「재정정책논집」, 제7권 2호.

최병호 외. (2013), 국고보조사업의 국가·지방간 재원분담체계 개선. 한국지방재정학회

한원택·정헌영. (1994), 지방자치실시에 따른 지방정부 재정지출의 변화 및 원인, 「지방자치연구」, 제6권 2호.

국가통계포털(http://kosis.kr/)

지방재정365(http://lofin.mois.go.kr/)

행정안전부, 「지방자치단체 통합재정 개요」, 매연도.

_____. 「지방재정연감」, 매연도.

Dawson, R.E. & J.A. Robinson(1963), Interparty competition, economic variables and welfare policies in the American state, The Journal of Politics, vol.25.

Fabricant, S. (1952), "Trend of Government Activity in the United States Since 1900" New York: National Bureau of Economic Research, Inc.

Fisher, G. (1961), "Determinants of State and Local Government Expeditures: A Preliminary Analysis", National Tax Journal, vol.14.

Nathan, R.P. & Charles A.(1976), Understanding Central City Hardship, Political Science Quarterly, vol.91. No.1.

Peterson. P.E. (1981). City limits. Chicago: University of Chicago Press.

► ► ► 논평

라휘문(성결대학교 행정학과 교수)

1. 서론: 논문의 의의와 시사점

　1991년, 우리나라는 그동안 중단하였던 지방자치제를 재실시하였다. 왜 지방자치제가 재실시 되었는지를 생각하기보다는 지방자치제가 재실시 되었다는 점에 의미를 부여하고 싶다. 지방자치제가 재실시 된지 30여 년의 시간이 경과되었으니 성년의 나이를 훌쩍 넘어섰다고 볼 수 있다. 30살이 되는 동안 지방자치단체는 신생아기, 영아기, 유아기, 아동기, 청소년기를 지나 성인기가 되었다. 성인이 되면 민법상으로는 독립적인 법률행위를 할 수 있다. 즉, 자율적으로 행동하고 자신의 행동에 책임을 질 수 있어야 한다. 지방자치단체는 독립적인 법률행위를 할 수 있을 정도의 자율성을 가지고 있을까? 그리고 스스로 책임을 질 수 있을까?

　이와 관련된 답을 찾고자 많은 연구들이 수행되었다. 특히, 지방자치단체의 자율성제고를 위해서는 중앙권한의 지방이양이 필요하다는 인식하에 분권과 관련한 다수의 연구가 수행되었다. 지방재정과 관련한 연구 역시 자율성 확보를 위해서는 충분한 양의 재정을 확보하여야 한다는 인식 하에 재정확충대안을 마련하는데 초점이 맞추어져 있었다. 반면 지역주민의 재정수요를 어떻게, 얼마나 수용할 것인지에 대한 관심, 즉 세출자율성과 관련된 연구에는 관심이 많지 않았던 것이 현실이다. 세출자율성에 대한 연구를 위해서는 그 동안 지방자치단체의 세출변화에 영향을 미친 요인들이 무엇이고 세출추이는 어떻게 변화되어 왔는지를 분석하는 작업이 선행될 필요가 있을 것이다.

　이러한 배경 하에 작성된 손희준교수의 "지방자치단체 세출변화의 요인과 추이분석"이라는 논문은 4가지 측면에서 그 중요성을 확인할 수 있다. 첫째, 지방재정분야에서 그동안 주도적으로 연구되고 있었던 세입중심의 연구경향에서 과감하게 탈피하여 세출변화의 요인과 추이를 분석하고 있다는 점이다. 지방재정을 확충할 수 있는 대안이 아니라 확충된 지방재정을 어디에 활용할 것인지에 초점을 맞추었다는 점이다. 지역의 주민들은 다양한 재정수요를 표출하고 있고 지방자치단체는 주민들의 수요를 예산체계에 반영하여야 하기 때문에 세출연구는 매우 중요하다. 이러한 점에서 볼 때 손희준교수의 연구가 주는 의의는 매우 크다고 볼 수 있다.

둘째, 기존에도 지방세출에 대한 연구는 존재한다. 그러나 기존의 많은 연구들은 지방 세출이 지방정부의 자율적인 선택과 판단에 의해 결정되었다고 전제한 후 다양한 결정요인들이 세출에 어떤 영향을 미치고 있는지를 파악하고자 하는데 초점을 두고 수행되었다. 지금까지의 연구가 정당성을 가지기 위해서는 '지방 세출이 지방정부의 자율적인 선택과 판단에 의해 결정된다'는 전제가 성립되어야 한다. 이 연구는 기존 연구의 전제를 검증하기 위한 첫 번째 작업이라고 볼 수 있기 때문에 아주 중요한 의의를 가진다.

셋째, 지방재정에 대한 연구는 동태성을 확보하는 것이 매우 중요하기 때문에 시계열자료를 활용하는 것이 일반적이다. 그동안 지방세출에 대한 연구가 소홀한 이유 중에 하나는 세출분류체계의 변화로 인하여 일관적인 자료의 확보가 용이하지 않기 때문이다. 자료의 일관성 확보를 위해서는 변화된 분류체계를 수회에 걸친 가공작업을 통하여 일치시키기 위한 작업을 하여야 하는데, 이 과정이 쉽지 않다. 따라서 지방세출분야에 대한 다수의 연구가 축적되어 있지는 않은 것이다. 이 연구는 그 동안 변화된 지방세출의 분류체계를 전부 검토하고 동일한 분류기준에 의거하여 자료를 재분류함으로써 자료의 일관성을 확보한 후 분석을 실시하고 있다. 지방세출분야를 연구하고자 할 때 이 연구에서 제시한 세출분류체계의 변화내용, 자료의 재분류방법, 분석 후 해석 등이 참고 될 수 있을 것으로 보인다. 이러한 점에서 이 연구의 공헌도는 크다고 볼 수 있다.

넷째, 세출규모를 일정한 기준에 의거하여 추이를 분석하면 특징을 발견할 수 있을 것이다. 왜 그와 같은 현상이 발생하고 있는지를 파악하면 지방세출의 특징은 쉽게 드러날 수 있을 것이다. 이러한 연구는 세출의 자율성 등에 대한 논의를 가능하게 한다는 점에서 높은 공헌도를 보이고 있다고 해석된다.

2. 논문의 주요내용과 최근의 상황

1) 논문의 주요내용

이 논문은 지방세출의 개념과 특징으로부터 논의를 시작하고 있다. 지방세출은 해당 지방정부가 수행하고자 하는 모든 행정기능과 업무를 금전으로 표시한 것이기 때문에, 지방세출이야말로 지방재정 활동의 본질이며, 궁극적인 목표라고 할 수 있다. 그러나 대부분의 지방재정이 주로 세입확대에만 치중되어 있어 양출제입(量出制入)의 원칙을 제대로 반영하지 못하고 있다. 이는 세출을 고려하여 세입을 통제한다는 원칙으로, 민간기업은 수입범위 안에서 지출을 도모하여 이윤을 극대화하지만, 공공재정

은 지출을 우선하고, 조세를 통한 수입을 적절히 통제해야 한다는 전통적인 재정원칙
이다.

다음으로 이 논문은 다양성과 경직성, 지역성과 한계성, 중앙의존성이라는 특징
을 가지고 있는 지방세출의 분류체계를 회계별, 기능별 그리고 성질별로 살펴보면서
그동안 변화가 있었다는 것을 밝히고 있다. 회계별 분류를 보면 일반회계와 특별회계
를 유지하다가 2017년 통합재정규모를 산출하면서 지방공기업특별회계로 운영하던
지역개발기금을 지방기금으로 전환하였다는 사실을 밝히고 있다. 기능별 분류를 보
면, 1970년대에는 일반행정비, 공익사업비, 산업경제비, 사회복리비, 지원제비, 1975
년에는 1970년의 분류체계에 민방위운영비가 추가되었고, 1986년에는 일반행정비,
사회복지비, 산업경제비, 지역개발비, 문화체육비, 지원 및 기타와 같이 변화가 있었
으며, 1988년에는 1986년의 분류체계에 의회비가 추가되었고, 1996년에는 다시 일반
행정비, 사회개발비, 경제개발비, 민방위비, 지원 및 기타로 축소 조정되었다가 2008
년부터 일반공공행정, 공공질서 및 안전, 교육, 문화 및 관광, 환경보호, 사회복지, 보
건, 농림해양수산, 산업·중소기업, 수송 및 교통, 국토 및 지역개발, 과학기술, 예비
비, 기타와 같이 세분화하였고 2014년에는 기타를 다시 인력운영비, 기본경비 등으로
구분하였다는 것을 확인하였다. 성질별 분류는 인건비, 물건비, 이전경비, 자본지출
비, 융자 및 출자, 보전재원, 내부거래, 예비비 및 기타로 구분하고 있다. 2008년 사
업예산(program budget) 제도가 전면 시행됨에 따라 세출예산의 사용 목적과 성질에
따라 편성 목(目)으로 분류하고, 하위에 통계 및 내부관리를 목적으로 통계 목(目)을
두고 있는 것으로 나타났다는 것을 제시하였다. 이와 같은 분류체계의 변화로 인해
세출결산규모를 일관성있게 분석하는 것은 쉽지 않다.

필자인 손희준교수는 변화내용을 일정한 기준에 의거하여 통일한 후 지방세출결
산을 분석하고 있다. 이와 같은 분석은 지방세출의 변화요인이 무엇인지를 파악할 수
있게 하고 어떤 변화를 하였는지를 알 수 있게 한다는 점에서 매우 중요하다. 지방세
출결산을 회계별, 기능별, 성질별로 분석하였다. 회계별 분석결과를 보면 일반회계의
증가율이 특별회계의 증가율보다 높은 수준을 보이고 있는바 이 논문에서는 지방자
치단체의 경우 주로 경상적이며 일상적인 행정서비스 공급에 주력하는 반면, 수익성
을 지향하는 지방의 경영화 전략이 축소되었다고 해석하고 있다. 기능별 분석결과를
보면, 사회복지비가 다른 어떤 기능보다 급증한 것으로 나타났다는 것을 지적하고 있
고, 성질별로 보면 이전경비의 비중이 급증하였는데, 이는 사회복지보조금의 확대로
인해 발생한 것이라고 밝히고 있다.

또한 이 논문은 지방세출이 어떻게 변화되고 있는지 추이를 분석하고 있다. 세출규모를 기준으로 보면 매우 빠르게 증가하고 있는 것으로 나타난다. 그런데 세부내역을 보면 국고보조금에 따른 지방매칭비의 급증에 기인하고 있는바 지방재정의 경직성은 더욱 가속화되고 있다는 것을 지적하고 있다. 또한 시계열자료를 가지고 지방세입과 세출규모의 변화가 발생하는데, 이는 긴급재정관리단체의 지정이나 사전위기 경보시스템의 도입, 지방교부세의 감액제도 개편 등과 같은 제도적 변화요인에 의한 것일 수 있기 때문에 단순 수치로만 의미를 파악하는 것은 바람직하지 않다는 점을 제시하고 있다.

2) 최근의 상황

문재인정부는 2단계에 걸쳐 재정분권을 추진하기 위하여 노력하고 있다. 1단계 재정분권(2019~2020년)에서는 지방세 확충(국세인 부가가치세수의 11%인 지방소비세율을 2019년 15%, 2020년 21%로 인상), 소방안전교부세 인상((담배분 개별소비세의 20%→2019년 35%→2020년 45%로 인상), 재정격차 완화(지방소비세 지역별 가중치 적용 및 지역상생기금 출연), 지방교육재정 교부율 인상 등을 추진한다. 2단계 재정분권(2021~2022년)에서는 지방재정제도 혁신, 추가적인 지방세수 확충(지방소득세, 교육세 등), 지방교육재정교부금 제도 개편 등을 추진한다.

살펴본 것처럼 가장 최근의 재정분권의 내용을 보면 지금까지의 지방재정관련 연구와 마찬가지로 세입에 초점을 맞추고 있다. 즉, 지방재정을 주로 세입 측면에만 치중하여, 재정분권에 따른 세출권한의 확대에 따라 지방이 스스로 주민들의 재정수요를 어떻게, 얼마나 수용할 것인지에 대한 관심은 거의 없는 수준이라고 할 수 있다.

지방세입이 충분히 확보되면 지방재정과 관련하여 지방자치단체가 가지고 있는 많은 문제가 해결된다고 볼 수 있을까? 물론 없는 것보다는 있는 것이 좋을 수 있을 것이다. 그러나 만약 해당 지방자치단체나 지역의 다수 주민이 원하는 사업이나 기능을 수행하기 위하여 지출하는 것이 아니라 중앙정부의 필요에 의하여 수행되어야 하는 사업이나 기능의 수행에 필요한 재원부담(주로 보조사업에 대한 매칭비)을 위하여 지출하여야 한다면, 지방세입의 확보가 가지는 의미는 무엇일까? 실제로 2018년 4월부터 기초연금 인상, 7월부터 아동수당 지급 등 중앙정부의 사회복지 사업 확대 및 신설 등으로 지방자치단체의 부담이 더욱 증가하였는데, 이로 인해 지방이 부담해야할 지방비는 기초연금 인상으로 6,000억 원, 아동수당 신설로 4,000억 원 정도를 추가로 부담해야 했다. 2018년 기준으로 지방의 세출현황을 보면, 사회복지지출은 자체사업보다 보조사업이 약 90%를 차지할 정도로 지방의 세출 자율성을 제약하고 있다.

이와 같은 여건임에도 불구하고 여전히 지방세출에 대한 관심도는 높지 않은 것이 현실이다. 세출자율성의 확보 등 다양한 관심도 제고노력이 필요하다고 볼 수 있다.

3. 향후 연구를 위한 제언

지방자치단체는 지역주민의 공적인 요구와 재정수요를 파악하여 반영할 수 있도록 노력하여야 한다. 지역주민의 요구는 예산사업의 형태나 비예산사업의 형태로 나타나게 될 것이고, 예산사업의 형태를 종합한 것이 지방세출이다. 따라서 지방세출에 대한 관심도가 높아야 할 것이고 이 분야의 연구 역시 충분히 축적될 필요가 있다. 즉, 공공부문이 추구하고 있는 가치, 지방재정이 가지고 있는 특성 등을 고려하면 지역주민들의 공적인 요구와 재정수요에 대응하기 위한 세출 결정과 조정 등 지방세출 관련 연구는 향후 더욱 더 중요해질 것이다. 그러나 지방재정 관련 연구주제의 대다수는 세입(국세의 지방세이양, 신세원발굴 등)과 관련되어 있다. 그리 많지 않은 지방세출 관련 연구들의 경우에도 지방세출이 각 지방의 독특한 재정수요와 지방정부의 독자적인 결정에 의할 것이라고 전제 한 후 세출변화에 직접적인 영향을 주는 변수와 요인을 찾기 위해 시도되어 왔다. 즉, "지방 세출이 지방 스스로 자율적으로 결정하고 작동되어져 왔을까?"라는 전제의 타당성을 검증하지는 않고 있다.

그러나 이 연구를 통하여 나타난 것처럼 즉, 지방 세출은 주로 일반회계를 중심으로, 지역경제 성장이나 개발보다는 사회복지지출이 집중되고 있는데, 그것을 지방이 스스로 결정한 것이 아니라, 중앙정부의 정책변화와 국회의원 및 대통령 등 정치인들의 선거공약 실천을 위한 보조사업 추진에 의한 지방비 부담이라는 것처럼 당연한 것으로 설정한 전제가 타당하지 않을 수 있다는 점이다.

이러한 점을 토대로 하면 지방자치제도의 재도입 이후 지방 세출변화와 추이를 분석하고, 핵심적인 특징을 잡아 그 배경과 요인이 무엇이었는지를 추론해 보고, 이러한 측면에서의 변화를 제거하거나 통제한 후 세출의 결정요인이나 영향요인을 정교한 분석기법 등을 활용하여 지속적으로 분석해볼 필요가 있다고 생각한다.

제 4 편

정책학의 진화

동북아 국제관계의 전망 및 국토정책의 방향과 과제

동북아 국제관계의 전망 및 국토정책의 방향과 과제*

박우서(연세대학교 행정학과 명예교수)

∾ 프롤로그 ∾

1. 논문의 의의

미래학자들의 "태평양 시대"도래 예견은 우리에게 중요한 점을 시사하고 있다. 우리가 미래를 위한 준비를 하든지, 못 하든지 태평양 연안의 국가들이 21세기에는 중추적인 역할을 하게 된다는 점이다. 이러한 관점에서 본 논문은 동북아시아 지역 국가들의 현재 여건이 21세기에는 어떻게 변할 것인가를 예측하고 이에 대응하기 위한 우리의 가능한 대처방안을 제시해 보고자 노력하였다.

따라서 본 논문의 의의는 21세기를 준비해야 하는 우리의 노력에 보탬이 되고자 하는 데 있다. 프랑스의 작가 생떽쥐베리는 "계획이 뒷받침되지 않은 꿈은 한낱 허상에 불과하다"라고 말하여 인간의 미래준비를 위한 계획의 필요성을 강조하고 있다. 따라서 미래를 살아가야 하는 오늘의 젊은이들이 계획의 필요성을 인식하고 이를 위한 노력을 미리 해야 함을 강조하고 있다.

2. 요점

본 논문은 동북아 국제관계의 변화전망을 두 가지 측면에서 분석하였다. 첫째로 거시적 관점에서 동북아 지역의 국제관계 변화를 토대로 21세기를 조망하고 있다. 둘째로 미시적 관점에서 이러한 변화요인을 받아들일 우리의 미래계획에서 고려해야 할 점들을 정리하였다.

---

* 이 논문은 1998년 『사회과학논집』 제29권에 게재된 글을 수정·보완한 것이다.

첫째 지금까지 동북아 국제관계를 이해하려고 할 때 BESETO(북경−서울−동경)의 관계를 토대로 분석하려는 노력이 주를 이루고 있었다. 그러나 본 논문은 21세기에 있어서 이 지역의 국제관계는 지금보다 더 복잡하게 전개될 것을 예견하고 있다. 따라서 이 지역의 미래변화요인을 이해하기 위해서 BESETO에 상해와 하바롭스크까지를 포함하여 접근해야 할 필요성을 제기하고 있다. 동북아 지역의 지역적 특성을 Doxiadis의 세계도시분류체계에 근거하여 개념화한다면 Megalopolis에 해당하게 된다. 그러나 여기서는 이를 확대 해석하여 "범세계도시권(International Megalopolis)"으로 이해할 필요성을 강조하고 있다.

이러한 개념화 과정에서 후쿠오카대학 공학부의 요시다 노부오 교수가 제기하고 있는 "한일해저 터널" 구상을 함께 고려한다면 21세기에 이 지역을 International Megalopolis로 개념화 할 수 있는 가능성은 커진다. 그러므로 동북아 지역의 International Megalopolis에는 북경＋서울＋동경＋하바롭스크＋상해(BESETOKHASHA)등의 도시가 포함될 수 있다. 지도상에서 이 도시들을 직선거리로 연결하면 한반도가 이 X축의 중심에 위치함을 알 수 있다. 따라서 본 논문은 서울이 동북아 지역에서 중심기능을 발휘할 수 있도록 우리의 21세기 국토개조전략을 준비해야 할 필요성을 강조하고 있다.

둘째 미시적 관점에서 논의하고 있는 점은 우리의 국토계획에서 다루어야 할 내용에 관한 점이다. 즉 국토−도시정책 방향을 제시하는 데 있어서 국토개발연구원이 발표한 "21세기 국토 구상안(1998)"에서 덜 강조되고 있는 부분을 중점적으로 논의하였다는 점이다. 국토개발연구원은 국토교통부의 국토계획안을 마련하는 국책연구원이다. 본 논문은

1) 국토−도시정책 방향과 2) 삶의 질에 관한 부문으로 나누어 내용을 제시하였다. 특히 대내적인 요인의 변화로 높은 삶의 질(QOL)의 수요가 증가함을 본 논문은 예견하고 있다. 소득수준의 향상으로 높은 생활환경과 주거수준을 요구하게 된다. 이러한 삶의 질에 대한 수요의 증대로 시민들은 수요 충족을 위하여 목소리를 높이게 된다. 이러한 시민 활동의 성공적인 사례의 하나로 미국 오레곤 주의 "시민 천 명의 모임(A Thousand Friends of Oregon)"을 소개하고 있다. 이 모임은 환경보존을 위한 적극적인 시민 활동

을 해오고 있어 다른 지역이 유사한 시민 활동을 조직하는데 본이 되고 있다. 이 오레곤 주의 사례는 우리에게 많은 교훈을 주고 있다. 앞으로 우리에게도 높은 생활의 질에 대한 욕구를 충족하기 위해서 활발한 시민 활동을 펼 때 도움이 될 것이다. 이런 점에서 미래계획은 인간중심의 계획, 젠더와 연령층을 고려한 계획, 적정한 주거기준을 제시하는 계획, 분산형 교통망 체계와 시민 활동을 지원하는 계획이 되어야 함을 강조하고 있다.

마지막으로 우리의 계획적 노력의 한계로 지금은 미시행되고 있는 광역 행정체계의 확립, 지방자치단체의 국제 경쟁력 강화 및 이를 위한 중앙정부의 적극적인 재정 지원의 필요성 등을 지적하고 있으며 이를 위한 꾸준한 대처 노력이 필요함을 강조하고 있다.

3. 오늘날의 의미

본 논문이 예측하는 BESETOKHASHA의 범세계적 도시권의 형성과 한일 해저터널의 건설은 아직 가시화되고 있지 않다. 그러나 이 지역 내의 국제도시 간 교류는 예전보다 더욱 활발하게 진행되고 있다. 이러한 관점에서 21세기에 진행될 수 있는 변화요인을 살펴보면

- 시베리아횡단철도(TSR)와 중국횡단철도(TCR)의 국내철도와의 연결
- 한일 해저터널의 건설
- 위의 변화요인을 토대로 한 International Megalopolis의 등장 등을 생각할 수 있다.

따라서 미래를 살아가야 할 우리는 이러한 변화요인에 적극적으로 대처해야 할 필요성이 제기된다.

4. 후속연구현황

환일본경제연구소는 ERINA REPORT라는 보고서를 정기적으로 발간하고 있다. 본 연구소는 1994년 이후 계속해서 동북아 지역 도시들의 변화를 구체적으로 분석하여 발표해 오고 있다. 국내에서는 국토연구원(구 국토개발연구원)이 국토계획 차원의 "21세기 국토 구상안(1998)"을 발간하고 있다. 학계에서도 관심 있는 학자들이 이 분야의 연구를 지속해 오고 있다. 그 예로 국토

계획학회에서 발간하고 있는 영문 저널인 Asian Pacific Planning Review (APPR)와 국토연구지에 꾸준히 연구논문들을 기고하고 있다. 그 예로 필자가 2003년에 APPR지에 기고한 "Formulating a Model for Economic Ties between World Class Cities in the Northeast Asian Region"을 들 수 있다.

5. 향후 연구의 확장 가능성

위에서도 언급했듯이 미래를 준비하는 노력으로서의 계획 활동은 항상 진행되어야만 한다. 생떽쥐베리의 말같이 계획이 뒷받침되지 않은 꿈은 허상에 불과하다. 그러므로 미래를 살아가야 할 지금의 젊은이들은 항상 미래를 예비하는 노력인 계획 활동을 게을리해서는 안 된다. 이러한 관점에서 볼 때, 향후 본 논문과 같은 미래 조망에 관한 연구는 계속해서 진행되어야 한다. 그러므로 연구의 확장 가능성은 크다고 본다.

다만 미래를 맞이할 준비를 하는 노력을 위해서 꾸준한 자료의 축적과 분석이 요구된다. 그러므로 지금의 젊은이들은 거시적 관점에서 동북아 지역에 관련된 자료의 축적과 이들에 대한 분석 활동을 꾸준히 해야만 한다. 동시에 누구를 위한 계획인가를 다시 한번 생각하며 계획의 요소 중의 하나인 사람에 관한 요소를 더욱 중요하게 다루어야 함을 강조하고 싶다.

I. 서 론

그동안 제기되었던 미래 학자들의 "태평양 시대"의 도래 예견은 한국을 포함한 동북아 지역 국가들을 흥분의 도가니로 몰아넣었고 「아시아의 기적」[1]이라고 추켜세웠다. 이러한 흥분이 가시기도 전에 IMF 한파가 몰아 닥쳐 21세기의 환상은 사라진 것처럼 보인다.

그럼에도 불구하고 연표에 의한 21세기는 하루하루 우리 앞으로 다가오고 있기에 태평양시대가 도래하던 안하던 미래를 위한 준비를 게을리 해서는 안 된다. 지금으로부터 100년 전을 회상하면 우리의 선조들이 개국이냐 쇄국이냐를 놓고 고민하던

---

1) Woo—Suh Park, Eric J. Heikkaila, Koichi Mera, "Evolving Property Markets in East Asia:An Overview" LUSK Review, University of Southern California, Spring/Summer, 1998, p118.

심정을 이해할 수 있을 것 같다. 결론을 쇄국으로 내렸기에 한반도는 값비싼 대가를 치를 수밖에 없었다.

이제 100년 후인 지금 우리도 같은 문제로 고민하고 있다. 21세기를 준비함에 있어 우리의 선조가 범한 역사적 우를 어떻게 하면 다시 범하지 않을 수 있을까를 걱정해야 한다.

본 논문은 동북아의 여건이 어떻게 변할 것인가를 예견해 보고 이에 대처할 수 있는 우리의 과제가 무엇인가를 밝힘으로써 미래를 준비하는 노력에 보탬을 주고자 한다. 한 가지 아쉬운 것은 연구 자료가 넉넉지 못하고, 제한된 지면 관계로 구체적인 미래예측을 하기가 어렵다는 점과 우리의 당면과제를 다 망라할 수 없었다는 것이다. 본 논문에서는 미래전망에 따른 중요과제만을 제시해 보기로 한다.

II. 동북아 국제관계의 21세기 전망

1. 환경적 요인에 의한 동북아 국제관계의 변화와 전망

동북아 지역에서 한·중·일은 물론 러시아의 극동지역과의 관계가 전보다 훨씬 더 강화되리라 예상된다. 중국은 지속적인 개방화 정책의 실시로 외국인 투자를 적극 유치하여 자본집약적 산업에서 기술 및 자원개발을 추구하는 산업으로 탈바꿈하는 노력을 펴게 될 전망이다. 특히 북경과는 달리 중국경제의 견인차 역할을 담당해 온 상해가 지속적으로 중심지 역할을 수행하리라 본다.

일본은 탈구환아(脫歐還亞)를 통해 아시아 경제를 무대로 재도약의 노력을 도모하리라 예상된다. 일본은 인구와 산업이 태평양벨트에 집중되어 있는 현재의 구조를 개편하기 위하여 새로이 설정한 4개의 국토축 중 서부연안의 「일본해 국토축」을 육성하여 환동해권 진출의 중심축으로 삼으려는 노력을 구체화하고 있다.[2]

한편 러시아는 블라디보스톡, 나후드카 등지의 경제특구의 성장을 추진하게 되리라 전망 되며,[3] 하바로브스크가 러시아 극동지역의 중심지가 될 것이다. 이를 뒷받침할 수 있는 자료는 다음의 표에서 볼 수 있다.

러시아의 극동지역에 대한 관심은 90년대로 접어들면서 빠른 속도로 증대되고 있다. <표 1>에서 보는 바와 같이 95년도 일본의 무역투자액은 전체 극동지역의 투자액 중 32.6%를 점하고 있다. 미국은 95년도에 투자액을 92년 투자액의 4.6배나

---

2) 국토개발연구원, 「21세기 국토구상(안)−대통합을 향한 국토비전」, 1998.9, 17면.
3) 국토개발연구원, 상게서, 18면.

증대시켜 597.2백만 달러를 투자하고 있다. 한국도 92년 투자액의 거의 2배나 증대시켜 465.7백만 달러를 투자하고 있다. 따라서 러시아 극동지역에 대한 투자증대는 이 지역의 중요도를 반증하고 있다.

표 1 극동지역의 국가별 무역투자액과 비율 (단위:100만달러, %)

무역국가	1992년	1993년	1994년	1995년
일본	960.6(35.2)	1,100.2(36.2)	1,105.1(49.0)	1,361.3(32.6)
중국	984.1(36.0)	1,188.3(39.1)	250.6(11.1)	328.0(7.9)
한국	247.6(9.1)	188.5(6.2)	261.9(11.6)	465.7(11.1)
미국	106.5(3.9)	104.1(3.4)	176.0(7.8)	597.2(14.3)
극동지역전체	2,728.9(100)	3,042.4(100)	2,254.0(100)	4,180.2(100)

자료: 環日本海 경제연구소, 「ERINA REPORT」, 1998년 2월.

표 2 하바로브스크 지방에 대한 국가별 투자액(100만 달러)

국가	1988-1992	1993-1996	합계
일본	17.64	3.94	21.58
중국	7.15	5.16	12.31
미국	17.75	24.92	42.67
한국	0.53	23.72	24.25

자료: 環日本海 경제연구소, 「ERINA REPORT」, 1997년 12월.

표 3 극동지역 사회·경제적 지표

	하바로브스크 Kral(지역)	연해주 Kral(지역)	모스크바 Oblast(주)
인구(천명)	1,608	2,287	6,644
실업자(천명)	60.0	61.4	180.7
실업률(%)	7.4	5.5	6.1
월 평균임금(루블)	92,338	84,305	48,441
무역(백만루블)	123,311	123,985	88,434
자본투자(백만루블)	1,416.3	1,008.8	3,623.8

* 단위: (   ) 안에 지표별로 나타남.
자료: 통계청. 「러시아 주요 경제사회지표」, 1994, 279-384쪽에서 재구성

특히 <표 2>에서 보는 바와 같이 한국은 하바로브스크에 대한 투자를 계속 증대시키고 있어 96년 현재 24.25백만 달러를 투자하여 일본보다 더 많은 투자를 하고 있다. 또한 <표 3>에서 볼 수 있는 바와 같이 월평균 임금이 모스크바보다 거의 2배 가까이 높으며, 월평균 임금이 연해주보다도 높은 점과 자본투자액도 연해주보다도 높은 점을 감안하면 하바로브스크는 러시아 극동지역의 중심기능을 담당하는 곳으로 평가된다. 특히 하바로브스크는 러시아 극동지역의 교통요충지 역할을 하고 있다. 즉, 국제항공 연결이 이 지역을 중심으로 이루어지고 있어 중심지로서의 위상을 쉽게 확인할 수 있겠다. 이에 따라 러시아는 21세기에 접어 들어서도 하바로브스크를 중심으로 한 경제성장 노력을 계속 추진하게 될 것으로 보인다.

이러한 전망을 토대로 볼 때 21세기 초반까지는 BESETO[4]의 역할이 부각되겠으나 점차 이 지역의 국제도시간의 관계는 BESETO의 범위를 훨씬 초월한 새로운 관계로 확대되리라 본다.

이를테면 상해와 하바로브스크와의 교류가 점차 증대되어 BESETO에 하바로브스크(Khabarovsk)와 상해(Shanghai)를 포함한 BESETO-KHA-SHA의 관계로 발전하리라 본다. 이런 관계는 Doxiadis의 분류에는 포함되어 있지 않으나 구태여 그의 개념을 원용한다면 Megalopolis의 세계화된 개념으로 생각하여 International Megalopolis로 개념화할 수 있다. 이 개념을 번역한다면 "범세계 도시권"으로 번역할 수 있다.[5] 따라서 동북아 지역에 있어서 이들 5개 도시간의 교류관계는 전보다 훨씬 더 강화될 것이다(지도참조).

여기서 또 한 가지 고려해야 할 변수는 현재 후쿠오카대학 공학부의 요시다노부오(吉田信夫) 교수의 제안이다. 요시다 교수는 1993년에 한일해저터널 프로젝트에 대한 발표를 통하여, 한일해저터널의 사회·경제적 파급효과를 분석하고 그 경제성을 주장하였다. 그에 의하면 "한일해저터널은 교통의 하드웨어적인 부분뿐만 아니라 인프라의 정보, 문화 등의 소프트한 정비까지를 앞당겨 한일·한규(한국-규슈)의 시간적 거리를 짧게 한다. 그리고 양국의 민족성 차이에 의한 문화적 거리, 기업이나 개인의 소득격차에 의한 경제적 거리를 단축할 수 있다"[6]고 강조하고 있다.

---

4) 서울대학교 환경대학원의 최상철 교수가 정립한 개념.
5) Doxiadis의 도시체계 분류 중 Megalopolis와 Urban Continent의 중간 정도에 해당하는 개념으로 범세계 도시권(International Megalopolis)으로 개념화할 수 있다. 특히 이 개념이 검증되면 세계도시는 7개 정도의 범세계도시권으로 구성될 수 있겠다.
6) 요시다 노부오, 「한일해저터널 프로젝트에 대한 파급효과의 평가와 과제」, 연세대학교 도시문제연구소 제4차 Colloquium 발표논문, (1994. 10. 31).

결국 요시다 교수의 제안을 통하여 21세기 판 일본의 대륙진출 의도를 읽어볼 수 있다. 즉, 시베리아횡단철도(TSR: Trans-Siberia Railway)와 중국의 횡단철도(TCR: Trans-China Railway)의 활용으로 유럽과의 거리를 단축할 필요성을 강조하고 있다. 따라서 BESETO-KHA-SHA와 요시다 교수의 제안을 접목시키면 21세기에는 동북아 지역의 범세계 도시권으로서 BESETO-KHA-SHA의 위상이 부상되리라 본다. 이러한 관점에서 보면, 동북아의 중심기능을 담당할 수 있도록 한반도의 기능이 재편되는 국토개조전략이 준비되어야 한다.

2. 행정체제적 요인에 의한 삶의질(QOL)의 수요증대

작년까지만 하더라도 소득 만 불 정도의 생활수준을 경험했고 소비행태 또한 만 불 이상의 수준을 경험했던 터에 IMF 한파가 몰아 닥쳤다. 그러나 21세기에 이 수준을 다시 회복할 수 있으리라 생각하면, 우리의 삶의 질에 대한 수요는 점증하리라 예견된다. 특히 지방자치제가 실시되면서부터 그동안 동면 중이었던 주민의 납세자로서의 목소리가 살아나기 시작하였고 이러한 주민 의식은 각종 시민단체의 활동을 활발하게 하는 기폭제 역할을 하였다. 한 예로 지방자치제가 실시되자마자 처음으로 노출된 문제는 김포 쓰레기 매립지에 젖은 쓰레기 반입을 거부하는 문제였다. 이 문제는 한편으로는 지역이기주의의 발로라고 할 수도 있으나 주민의식에 의거한 삶의 질에 대한 권리주장이라고도 볼 수 있다.

미국 오레곤주에는 「시민 천명의 모임(A Thousand Friends of Oregon)」이라는 모임이 시작되어 환경보호운동, 개발권역 조정문제 등 각종 정책 결정에 영향력을 행사하여 삶의 질을 높이려는 노력을 펴고 있다. 이러한 노력의 결과 「오레곤주 계획목표 및 작성지침」의 제1목표로 시민참여를 명문화하여 계획의 작성단계에서부터 내용의 확정, 수정 및 집행단계에 이르는 전 과정에 시민참여가 보장되며, 이를 위하여 주정부가 예산지원까지 하도록 규정하고 있다.[7] 이러한 자발적인 시민의 노력은 상당한 파급효과를 보이고 있어, 여타 주도 비슷한 조치를 취하고 있으며, 삶의 질 추구에 지대한 공헌을 하고 있다. 삼성경제연구원의 조사에 의하면[8] 아시아의 14개 도시, 북미대륙의 8개 도시, 유럽의 8개 도시를 포함한 총 30개 도시 중 삶의 질 측면에서 서울이 30위, 인천이 29위, 부산이 28위, 대구가 26위인 것으로 보고되었다. 세계 30개

---

7) Department of Land Conservation and Development, Oregon's Statewide Planning Goals & Guidelines, (State of Oregon, 1995), pp. 1-2.
8) 삼성경제연구원, 「세계 도시경쟁력 비교」, 1996.12.

그림 1 BESETOKHASHA

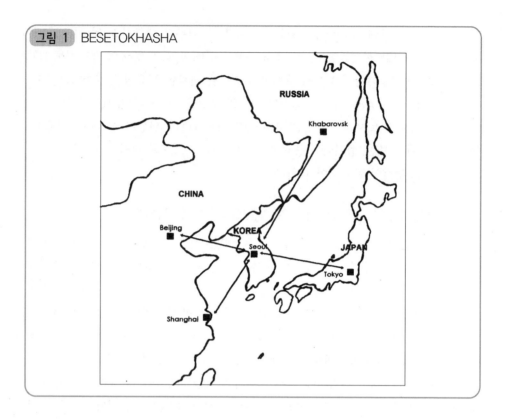

도시 중 우리 도시들이 최하위를 차지하고 있는 것은 상당히 부끄러운 일이며, 또한 반성할 바가 많은 점을 시사해 준다.

과거 경제성장기에는 불편함을 인내로 참아달라고 하던 관행을 보편적으로 받아들였다. 그러나 인내만을 요구하던 관행은 더 이상 실효성이 없을 것이고 보다 적극적으로 삶의 질 추구에 대한 목소리가 높아지리라 생각된다. 따라서 이제는 새로운 행정수요를 수용하는 공공부문의 정책 또한 절실히 요구되어진다.

Ⅲ. 21세기 국토·도시정책 및 행정체계의 방향

전술한 바와 같이 BESETO−KHA−SHA의 개념과 요시다 교수의 건의를 묶어서 고려하면, 한반도는 새로운 세기에 있어서 동북아의 중심기능을 담당하게 되리라 본다. 이러한 전제하에서 보면 이제는 한반도의 국토개조전략이 신중하고 단계적으로 준비되지 않으면 안 된다. 여기서는 이러한 준비과정에 고려되어야 할 주요과제만을 중심으로 국토·도시정책적 측면, 삶의 질의 측면과 행정체계적 측면에서 논의해 보고자 한다. 그리고 21세기 초기의 우리의 미래상을 담은 제4차 국토종합개발계획을 실질적으로 작성할 국토개발연구원이 최근 실시한 심포지움을 통해 제시한 "21세기 국토구상(안)"[9]을 토대로 논의를 전개하고자 한다. 한 가지 분명히 하고자 하는 점은 본 논문에서는 국토구상안의 내용을 일일이 평가할 생각은 전혀 없다. 단지 국토구상 안에서 간과하고 있거나, 다루고 있으나 덜 강조된 점을 중심으로 중요한 것만을 선별해서 논의해 보고자 한다.

1. 국토 · 도시정책적 방향

국토개발연구원의 국토구상안은 다음과 같은 4개항의 계획목표를 제시하고 있다.

① 신개방 국토의 조성으로 「동북아의 교류중심국가」로 도약
② 지방분산과 지방분권을 확대하여 국민통합과 성장에너지를 유발하는 「균형된 국토」를 형성
③ 환경과 개발이 조화되는 「녹색자원국토」를 창조
④ 남북한 협력기반강화로 「남북통합국토」를 유도

이상과 같은 기조나 목표를 근거로 볼 때, 계획목표의 방향은 전술한 21세기의 전망과 맥을 같이하고 있다고 본다. 따라서 시대적 변화를 예견하여 변화요인을 반영하였다고 보여진다.

다만, 문제가 되는 점은 이를 계획으로 확정하여 집행하는 데는 여러 가지의 계획외적인 변수의 영향을 고려하지 않으면 안된다. 이를테면 세계경제여건변화, 남북통일, 동북아 관계의 변화 등이 계획외적인 변수이다.

계획을 공부하는 사람이라면 누구나 동의할 수 있는 바와 같이 계획내용이 잘못되어 예상했던 결과가 얻어지지 못하기보다는 계획외적인 변수(exogenous variable)의 영향으로 계획집행의 차질이 유발되는 경우가 다반사이다. 부족한 재원을 효율적으로 활용하기 위하여 계획을 수립하고 집행하는데 세계무대의 환경변화는 집행 자체를 어렵게 하기도 한다. 제2차 국토계획을 수립한 연후에 '88서울 올림픽유치가 결정되어 수도권 분산을 통한 지역균형발전을 달성하겠다는 계획목표 자체를 흔들어 놓은 예에서도 쉽게 확인할 수 있다.[10]

9) 국토개발연구원은 1998년 9월에 개최한 「21세기 국토구상」 심포지움에서 "21세기의 국토구상(안)-대통합을 고려한 국토비젼"을 발표한 바 있다. 국토개발연구원. 전게서. 24면.
10) 국토개발연구원, 「제2차국토종합개발계획(1982-1991)」 1981. 2, 6면.

여기서 논의하고자 하는 바는 이들 계획외적인 변수를 하나하나 열거하여 그 대처방안을 강구하자는 의도는 아니다. 다만 계획외적인 변수의 영향을 어떻게 최소화하여 계획의 실효성을 높일 수 있겠느냐 하는 점에 비중을 두고 논의해 보기로 한다.

국토계획의 실효성 측면에서 본다면, 크게 두 가지 전제를 고려하여야 한다. 즉, Glocalization의 수용이 그 첫째이고, 남북관계개선이 두 번째이다.

Glocalization의 경우, 「21세기의 국토구상(안)」의 두 번째 계획목표에서 언급하고 있다. 즉, 지방분산과 지방분권을 확대하여 국민통합과 전국의 성장에너지를 유발하는 「균형된 국토」를 형성하겠다고 하였다. 그러나 이러한 계획목표가 달성되기 위해서라면 계획수립과정의 수정이 전제되지 않으면 안된다. 현재의 상의하달식의 계획수립과정이 아니라 사고의 전환을 통하여 하의상달식의 계획과정이 수립되어야 한다. 즉 단순히 "각계각층의 의견을 광범위하게 수렴"[11]하여 계획을 수립하는 것만으로는 부족하다. 오히려 지방자치단체와 지방도시가 지역사정과 여건을 고려하여 각계각층의 의견을 수렴하고 이를 토대로 동북아지역 도시들과의 교류관계 등을 고려하여 지역계획을 수립하는 것이 바람직하다. 이러한 지역계획을 중앙정부차원에서 조장하며 여기에 국가차원의 계획의지를 담아 국가계획으로 발전시키는 과정으로 발전시켜야 한다. 그렇게 해야만 지방도시나 자치단체는 경쟁력을 확보하게 되어 전술한 BESETO-KHA-SHA와의 연계체계를 강화할 수 있게 된다.

그러므로 지방자치단체나 지방도시의 세계화와 국제경쟁력 확보가 시급하다. 이를 위하여 국가는 전국단위의 사회간접시설을 조속히 제공해야 한다. 이를테면 고속전철의 건설과 영종도 국제공항의 건설을 예정대로 추진하여 자치단체의 경쟁력 확보를 적극 지원해야 한다. 또한 지방자체단체의 정보화 사업이 완료되어 자치단체간과 국제도시들과의 정보교류가 원활히 이루어져야만 경쟁력을 높일 수 있다. 따라서 조속히 자치단체들의 정보화사업 추진을 중앙정부가 적극 지원하여 Intelligent City화 할 수 있도록 유도해야 한다. 이것이 바로 Glocalization에 있어서 중앙정부와 자치단체가 분담해야 할 기능이라고 본다.

둘째 전제로 남북관계의 개선 문제를 살펴보자. 전술한 「21세기의 국토구상(안)」의 네 번째 목표로 「남북 통합 국토」를 유도하겠다는 점을 밝히고 있다. 특히 남북한 교류사업의 내용으로 ① 북한과 단절된 도로·철로를 우선 회복하고, 해로·항공로 개설도 추진, ② 북한지역의 투자촉진, ③ 금강산-설악산의 연계 관광지 개발, ④

---

11) 국토개발연구원, 전게서, 55면.

남북한 교류·협력타운 건설, ⑤ 통일 국토계획 수립을 위한 공동의 노력 유도 등을 제시하고 있다.12)

모두 바람직한 정책대안들이다. 다만 문제가 되는 것은 현실적으로 가능한가 그리고 언제 가능할까 하는 점이다. 일례로 「제3차 국토계획(1992－2001)」에서 제시한 「평화시」구상도 계획 기간이 거의 만료되고 있는 이 시점에서, 이룬 것이 무엇인가 하는 의구심을 불러일으키고 있다. 의도는 좋았으나 계획의 현실성이 없었다고 생각된다.

마찬가지로 남북한 교류협력타운 건설이라는 제안도 현실성의 문제가 제기된다. 따라서 「남북한 통합국토」구상을 실현시키기 위해서는 오히려 현실성이 높은 대안부터 단계적으로 추진함이 바람직하다.

이를테면 비무장지대 서쪽 끝에 남북 「평화공단」을 구상함이 어떨지? 평화공단하면 우리는 흔히 경제 논리를 적용하여 우리의 자본과 기술을 북한의 저렴한 노동력과 연결하여 생각하게 된다. 그러나 어느 단계에서는 이것도 가능하겠으나 현 시점에서 가능하지 못한 이유는 무엇이겠는가? 북의 지도층이 가장 꺼리는 점은 바로 남북의 민간인의 자유로운 만남일 것이다. 이것이야말로 북측의 체제를 위협하는 근본적인 문제이기 때문이다. 따라서 평화공단을 판문점 근처에 설립하되 우리는 자본과 기술을 제공하고, 공장가동을 위한 최소한의 기술인력만을 파견한다. 그리고 북측의 노동력을 활용하되 우리의 임금수준으로 보상하는 방안을 생각할 수 있다. 이렇게 하면 민간인의 접촉을 최소화하고 북의 자존심을 세워주므로 현실성이 훨씬 높아지게 된다. 이러한 가능한 대안을 우선 현실화시킴으로써 BESETO－KHA－SHA의 기능을 수행할 수 있도록 단절된 대륙연결 철도를 회복할 수 있으며, 통일국토계획 수립을 위한 공동노력도 가능하게 될 수 있을 것이다. 다만 이때에도 철도이용권만 확보하도록 노력하면 가능한 대안이 될 수도 있겠다.

2. 삶의 질에 관한 방향

계획의 근본적인 문제로 "누구를 위한 계획인가"에 대한 점을 생각해볼 필요가 있다. 즉 계획의 대상이 되는 시민의 복지 수준이 계획 집행을 통해 얼마나 향상되고 개선될 수 있는가 하는 문제를 짚고 넘어가야 한다. 그러나 우리의 경험을 비추어 보건데 우리는 이 점에 관한 한 너무 소홀했었던 점이 많다. 세계 30개 도시 중 서울의

---

12) 국토개발연구원, 상게서, 49면.

삶의 질 수준이 최하위라고 한다면 그동안 3차에 걸친 국토계획과 수차에 걸친 도시계획을 통하여 무엇을 했는가를 반성하지 않으면 안 된다. 이러한 점에서 여기서는 우리가 반성해야 할 몇 가지 사항을 제의해 보고자 한다.

1) 인간중심의 계획

도시의 고층건물이나 고속도로가 도시의 기능을 수행하기 위해서 존재하기보다는 시민을 위해서 존재해야만 한다. 경제성장기에 우리는 누구를 위한 계획인가라는 면보다는 어떤 기능의 도시를 만들어 낼 것인가에 몰두한 나머지 기능적인 측면만을 너무 강조해 오지 않았나 하는 반성을 하게 된다. 도심 속에서 호젓이 걸을 수 있는 보행자 전용 공간이나 휴식공간 하나 제대로 갖추지 못한 채 천만 인구를 수용하는 거대도시로 탈바꿈한 것은 문제가 있다. 따라서 이제는 인간성 회복을 위한 쾌적한 도시공간 확보를 위해 노력하지 않으면 안 된다.

2) 성(Gender)과 연령층을 고려한 계획

이 문제에 관한 한 자신 있게 이런 것이 있다고 말할 사람은 없을 것이다. 물론 성차별이라는 관점에서 논의될 것은 아니고 오히려 성의 차이라는 관점에서 고려될 문제이다. 성에 따라 필요공간이 다를 수도 있다고 보면, 계획적 측면에서도 이를 고려해야만 한다. 예를 들어, 안전을 위한 전용주차공간, 육아시설확보, 사회복지적 차원의 공간 확보 등을 들 수 있다.

특히 고령화 사회로 접어들게 될 우리의 사회구조를 보면 노인정과 경로우대증만으로 노년층에 대한 배려를 충분히 했다고 할 수 없다. 따라서 성별·연령별 계층에 따라 사회참여가 이루어질 수 있도록 배려하지 않으면 안 된다. 그리고 향후 수립될 국가계획이나 도시계획에서는 이 점을 간과하지 않기를 기대해 본다.

3) 주거기준의 확립

주거기준이란 국가가 일정 수준의 주거환경 기준을 정하고 그 이하로 국민의 주거수준이 떨어지는 것을 막으려고 하는 최소한의 기준을 말한다. 이런 관점에서 본다면 우리는 주거기준이 없다고 해도 과언이 아니다. 소득수준의 향상으로 국민의 주거에 대한 기대도 같이 상승하였기에 늦은 감이 있으나 주거기준을 확립하여 분명한 삶의 수준을 높이겠다는 국가적 의지의 표현이 필요하다.

문제도 많았지만 「주택 200만호 건설」은 나름대로 부족했던 주택의 양적인 해소

방안으로서의 기여는 있었다고 본다. '90년을 전후해서 우리도 서구의 교외화 현상이 수도권 내의 5개 신도시를 중심으로 나타나고 있다.[13) 따라서 주택의 양적인 공급뿐 만 아니라 질적인 수준을 높이기 위해서라도 신도시 건설이 여타 지역에도 이루어져 야 한다고 본다. 이 과정에서 주거기준 개념을 확립하여 주택 단지를 조성하되 단순 한 주택단지만 있는 신도시가 아니라 업무, 휴식, 문화기능을 포괄적으로 수용하는 신도시 건설이 이루어져야 한다.

동시에 기존도시의 활성화를 위하여 주택개량, 보수를 통한 기존주택의 활용방안 도 함께 추진되어야 한다.

4) 분산형 교통망 체계

전통적으로 "아들을 낳으면 한양으로 보내고, 말이 태어나면 제주도로 보내라" 하는 관습이 유지되어 우리의 교통망은 수도권 집중형 교통망 체계였다. '구마고속도 로', '88고속도로'나 '중앙고속도로' 정도가 예외이나 이들은 최근에 개통되었거나 아 직 공사 중에 있다. 따라서 지방 도시의 육성과 대도시 주변의 신도시 건설을 촉진하 기 위해서라도 순환도로(Ring Road)의 건설과 동서통합 교통망의 건설이 시급하다.

이러한 분산형 교통망을 통하여 지방자치단체나 지방 도시들은 물류비용의 절감 으로 경쟁력을 얻을 수 있으며, 지방주민들의 교통 수요에 부응할 수 있기에 삶의 질 향상에 보탬이 된다. 특히 동북아의 중심기능을 우리가 맡게 된다면, 필수적으로 해 결해야 될 과제가 바로 이 점이다. 다만 한 가지 고려해야 할 점은 개발권역의 평면 적 확산(urban sprawl)문제이다. 다행히 우리는 개발제한구역이라는 제도가 있어 개발 제한선(Growth Boundary)[14)의 기능을 해주고 있다.

그러나 최근 들어 "정부는 그린벨트 중 대지(나대지 포함)를 가장 먼저 해제 대상 에 올려 전면적으로 해제할 방침"[15)을 발표하고 있어 우려가 되고 있다. 그린벨트 내 에서의 토지투기는 물론이고, 개발권역의 평면적 확산도 우려되는 점이다. 이 모두가 당해 지역주민의 삶의 질을 향상시키는 결과를 가져오기는 하겠으나, 전제적 토지이 용 측면에서 신중하게 고려해야 할 사안이라고 본다.

---

13) 박우서, "수도권지역의 인구이동방향과 그 특성에 관한 연구", 「연세행정논총」 21집, (연세대 학교 행정대학원, 1996), 95–110면.

14) Department of Land Conservation and Development, op. cit., pp. 3–5.

15) 「경향신문」, 1998. 10. 20.

5) 시민참여

삶의 질과 관련해 한 가지 간과할 수 없는 점은 수혜자인 시민의 태도이다. 우리 시민의 태도는 수혜자의 입장으로 수동적으로만 남을 것이 아니라 공급자의 태도 변화를 위해서라도 적극적으로 바뀌어야 한다.

과거 재개발 지구의 세입자들처럼 실력행사를 통해 철거를 막을 것이 아니라, 체계적인 시민운동으로 전환되어 건전한 시민참여가 이루어져야 한다. 이러한 과정에 시민교육프로그램[16]은 상당히 중요한 의미를 갖는다. 이를테면 공교육을 통해 봉사활동을 하게 하여 건전한 시민운동이 무엇인지를 어려서부터 교육하여 시민참여가 자연스럽게 몸에 밸 수 있도록 기회를 부여함이 바람직하다. 이러한 체계적으로 조직된 시민참여로 보다 적극적으로 삶의 질 추구의 수준을 높일 수 있다.

Ⅳ. 21세기 국토·도시정책의 추진을 위한 행정체계상의 과제

21세기 국토·도시정책의 성패는 행정체계의 개혁에 달려 있다고 해도 과언이 아니다. 여기서 논의하고자 하는 바는 행정체계 전반에 걸쳐 논의되는 점을 망라할 생각은 없다. 다만 이미 학자들 간에 논의되었던 사항 중에서 21세기를 준비하기 위하여 특히 강조할 부분만을 선별적으로 논의하고자 한다.

1) 광역행정체계의 정착

광역행정체계구축의 필요성은 "제3차 국토종합개발계획"에서도 "광역행정체계를 통한 집행의 효율화"[17]라는 주제로 다루고 있다. "특히 직할시(현재는 광역시) 및 특별시의 경우 인접 도와 광역도시계획의 수립을 의무화함"[18]이라고 서술하고 있어 대도시에 있어서의 광역행정체계의 수립을 강조하고 있다. 이러한 계획 의지는 의도대로 현실에 반영되지 못하고 유리되고 있는 실정이다. 그 이유로 몇 가지를 들 수 있겠다.

첫째, 상의하달식의 계획의 한계성이다. 지방도시나 도의 현실을 무시하고 만들

---

16) Edwin S. Mills, "Market-oriented Local Government Policies to Improve Real Estate Productivity", Edwin S. Mills & John F. Mcdonald(eds.) Sources of Metropolitan Growth(NJ: Rutgers, 1992), p. 104.
17) 건설부. 국토개발연구원. 「국토계획의 효율적 집행」 1991. 24–26면.
18) 건설부. 상게서. 24–26면.

어진 상위계획은 집행단계에서 현실성이 희박하게 된다.

둘째, 지방자치제도의 한계이다. 자치단체장의 입장에서 보면 광역행정체제구축이 필요하다고는 인정되나, 그 노력의 결과는 10년 후에나 나타난다. 그러나 자치단체장의 임기는 4년으로 한정되어 있어서 장기 계획적 노력이나 광역적 협력 구축에는 관심이 떨어지고 단지 재임기간 중에 성과를 얻을 수 있는 사업에만 치중하게 된다.

셋째, 비용부담의 한계성이다. 어떤 지역개발사업이건 간에 투자재원이 필수적인데, 관련된 자치단체나 도시가 여럿일 경우, 지역이기주의적 이유가 아니더라도 투자재원마련에 어려움이 따르게 된다.

넷째, 보다 현실성 있는 대안제시의 한계성이다. 제3차 국토개발계획은 불란서식의「계획협약제도」[19]의 도입을 검토하고 있으나 아직까지 이렇다 할 성과가 없다.

따라서 우선 가능한 대안부터 고려해야 한다. 예를 들면, 계약도시제도를 들 수 있다. 대도시와 주변에 있는 도시들 간의 서비스공급계약을 체결하여 적은 비용으로 양질의 서비스를 제공받을 수 있다면 적은 비용으로 작은 정부를 유지하면서 광역행정체계의 수립이 가능하게 된다.[20] 특히 재정력이 취약한 우리의 자치단체가 자주재원을 확보하는데 기여하는 바도 클 것이다. 제3의 정부형태의 특별구(special district)를 만드는 방법이 있겠으나, 정치적으로 수용가능성이 적고, 또 하나의 정부형태를 유지하기 위한 과비용의 문제로 어려움이 있다. 한 예로 수도권 교통문제해결을 위해 수도권 교통청의 설립을 주장하는 학자들도 있으나 아직도 현실화되지 못하고 있다. 따라서 우선은 효과성 면에서 아주 크지는 않더라도 광역행정체계 구축을 위한 시험무대로서 가능한 대안을 제시함이 바람직하다.

그러한 예로 고려할 수 있는 대안은 독일의 루르(Ruhr) 지방의 53개 지방정부가 광역적으로 처리할 문제를 해결하기 위해 만든 루르지방의 지방정부간 협력체제(KUR : Kommunalverband Ruhrgebiet, Association of Local Authorities in the Ruhr)모형이다.[21] 1920년경부터 시작된 루르지방 정부간 협력체제는 공통의 지역 문제를 해결하기 위하여 정부 간 협력이라는 방식으로 해결방안을 모색하였다. 이러한 협력의 대상은 쓰레기 처리, 위락시설 유치, 부동산 조사, 지적 관리, 공공토목사업, 환경보존 등

---

19) 건설부. 상게서. 24-26면.
20) 박우서, "미국의 광역정부 유형",「지방자치시대의 도시행정」, (서울: 나남, 1992), 211-212면. 대표적인 예는 캘리포니아 주의 Lakewood시로 모든 서비스 공급을 County 정부와 계약을 통해 공급하였다. 그 결과 인구 5만의 도시가 공무원 단 11명으로 운영되었고 동일규모의 다른 시와 비교하면 30% 정도의 예산절감효과가 있었다.
21) Kommunalverband Ruhrgebiet, The Ruhr(1990), pp.2-17.

을 포함한다. 현재 530만의 인구를 가지고 있는 루르지방은 세계적으로 가장 오래된 산업단지, 상업 및 무역중심지의 하나로 명성을 얻고 있다.

2) 인센티브제도와 계획집행의 평가제도

한편 중앙정부의 역할변화 또한 생각해 볼 가치가 있다. 계약도시이건 혹은 루르지방 모형이건 이를 수용하는 자치단체와 다른 자치단체와의 차별성을 위해서라도 인센티브제도의 도입이 필요하다.

즉, 광역행정제도를 수용한 자치단체에게 특별보조금을 수여하여 권장하는 방안을 생각할 수 있다. 동시에 장기 계획적 노력을 무시하는 폐해에 대해서도 중앙정부의 노력이 필요하다. 즉, 장기계획의 집행을 아예 의무화하던가 아니면 계약도시제도처럼 인센티브를 줌으로써 권장할 수 있을 것이다. 현재로서는 집행·평가제도의 불비로 미집행 사항에 대해 아무런 제재를 가할 수도 없게 되어 있다. 따라서 계획집행의 평가제도(Monitoring System)의 확립도 필요하다.

3) 자치단체의 국제경쟁력 강화

지금까지 자치단체의 국제교류관계는 자매결연단계를 벗어나지 못하고 있는 수준이다. 1996년 12월 현재 광역자치단체의 자매결연 사례는 모두 81건으로 서울이 15건(18.5%)으로 가장 많고 다음이 부산으로 12건(15%)수준이다. 지역별로는 미국이 18건(22%)으로 가장 많고 다음이 14건(17%)으로 중국이며 일본이 11건(14%) 순으로 되어있다.22) 따라서 자매교류관계도 특정국에 지나치게 집중되어 있으며 교류내용도 자매결연 정도로 그치고 있다. 여기서 카나다 뱅쿠버시의 노력에서 교훈을 얻을 수가 있겠다.23) 뱅쿠버의 캠벨시장은 과거의 자매결연 관계를 지양하고 구체적인 경제교류를 시도하려는 노력을 전개해 상당한 효과를 거두었다. 마찬가지로 우리도 이제는 단순한 자매결연에서 경제교류와 문화교류가 가능한 국제교류로 한 단계 발전시킬 필요가 있겠다.

이를 위해서는 무엇보다도 전문가의 확보가 관건이다. 현직공무원으로서는 전문적 협상기술이 결여되어 있어 이 부문의 전문가를 민간부문에서 또는 필요한 외국인으로도 충당하여야 한다. 그렇게 되기 위해서는 계약직 공무원의 개념을 확대 적용할

---

22) 지방자치단체 국제화재단, 「자치단체자매교류현황」, 1996. 12, 10—12면.
23) 박우서, "외국 지방자치단체의 국제화 시책 사례", 「자치단체 국제교류」, 지방자치단체 국제화재단, (1997), 12—38면.

필요가 있다. 계약직 공무원 제도를 통하여 민간전문가를 활용하고, 그들의 전문성에 상응하는 보수도 책정되어야만 한다.

둘째로 전문인력의 양성을 들 수 있다. 단기적으로는 외부 전문가를 활용하고 장기적으로는 전문인력으로 활용할 사람을 채용하여 장기간의 훈련과 교육을 통하여 협상요원으로 활용할 수 있다. 특히 대학에 특례입학제도를 통하여 입학한 외교관, 또는 주재원의 자녀들을 졸업 후 채용하여 그들의 언어구사력을 십분 활용한다면 교육·훈련비의 절감효과도 기대할 수 있겠다. 다만, 보수·처우 문제와 채용문제가 현재로서는 용이하지 않을 수 있으나 미래를 준비한다는 차원에서 긍정적으로 고려할 필요가 있겠다.

셋째로, 작은 정부의 실현 노력이 필요하다. 자치단체가 경쟁력을 갖추기 위해서는 무엇보다 먼저 건실한 재정이 확보되어야 한다. 그러나 우리의 현실은 자주 재정 기반이 지극히 약하여 공무원의 보수지급 등의 일반행정비 지출조차도 어려운 자치단체가 많다. 따라서 이제는 가능한 한 많은 행정기능을 다른 자치단체나, 민간에게 위탁 관리하여 경제성과 효과성을 높일 필요가 있다.

다른 자치단체와의 서비스공급계약을 체결하면 계약도시형태가 될 것이고 민간과 계약을 하면 Out Sourcing이 될 것이다. 어떠한 형태이든 직접 공급기능을 축소하여 작은 정부를 실현하고 자주 재정 기반을 높이는 노력이 필요하다.

4) 중앙정부의 지원 및 조정

이미 위에서도 언급했던 바와 같이 자치단체가 경쟁력을 확보하기 위해서는 국가는 자치활동을 지원·조장하는 기능을 확대하여야 한다. 특히 남보다 차별성이 있는 노력을 하고 있는 자치단체에게는 인센티브제도를 적용하여 자치단체 간의 경쟁이 이루어져 국제경쟁력의 상승효과를 얻을 수 있다. 따라서 과거의 조정·통제기능에서 벗어나 지원·조장기능을 확대하여 자치단체의 경쟁력을 높이는 데 관심을 가져야 한다. 다만, 전혀 국제교류기능을 감당할 능력이 없는 자치단체를 위해서는 「지방자치단체 국제화재단」을 통하여 필요한 교류 활동이 가능하도록 국제화재단의 기능 또한 확충 지원될 필요가 있다.

V. 결 론

21세기를 맞이할 준비는 대외적으로 미래전망에 따라 한반도가 BESETAO−KHA

-SHA의 중심기능을 담당하게 된다는 가정 하에 이루어져야 한다. 그러므로 대륙과의 연계강조와 일본 또는 환태평양 국가와의 연계강화를 통하여 이 지역의 범세계 도시권화를 형성하는 준비를 해야 한다. 대내적으로는 이러한 대외적인 변화요인을 수용할 수 있는 물적·인적기반을 충실히 구축해야 하는데 특히 강조될 부분은 삶의 질의 개선 노력이 이루어져야 한다는 점이다. 대외적으로 극동지역이 범세계 도시화권의 중심기능을 담당하게 되는데 대내적으로 이를 미처 수용할 태세가 안 되어 있을 경우 결국 "갓 쓰고 자동차를 운전"하는 꼴이 되기 때문이다. 따라서 이러한 개선 노력은 지방자치단체나 지방 도시의 육성을 통하여 이들로 하여금 국제경쟁력을 높일 수 있도록 중앙정부는 지원하며, 이 과정에 건전한 시민참여가 이루어져 명실상부하게 전국 어느 곳에서나 비슷한 수준의 향상된 삶의 질을 향유할 수 있게 되어야 한다. 따라서 앞으로 대내외적으로 미래를 준비하는 개선의 노력이 동시에 이루어질 수 있기를 기대해 본다.

참고문헌

건설부·국토개발연구원. 「국토계획의 효율적 집행」, 국토개발연구원, 1991.

국토개발연구원. 「21세기 국토구상(안): 대통합을 통한 국토비전」, 국토개발연구원, 1998.

국토개발연구원. 「제2차 국토종합개발계획」, 국토개발연구원, 1998.

吉田信夫. 한일해저터널 프로젝트에 대한 파급효과의 평가와 과제, 연세대학교 도시문제 연구소 제4차 Colloquium 발표논문, 1994.

박우서. "미국의 광역정부유형", 「지방자치시대의 도시행정」, 나남, 1992.

박우서. "수도권 지역의 인구이동 방향과 그 특성에 관한 연구", 「연세행정 논총」, 연세대학교 행정대학원, 1996.

박우서. "외국지방자치단체의 국제화 시책 사례", 「자치단체 국제교류」, 지방자치단체 국제화재단, 1997.

삼성경제연구원. 「세계 도시경쟁력」, 1996.

지방자치단체 국제화재단. 「자체단체 자매교류현황」, 1996.

Department of Land Conservation and Development, *Oregon's Statewide Planning Goals & Guidelines*, State of Oregon, 1995.

Kommunalverband Ruhrgebiet, *The Ruhr*, Paris, 1990.

Mills, Edwin S. *Market−oriented Local Government Policies to Improve Real Estate Productivity*, Sources of Metropolitan Growth, 1992.

Park, Woo−Suh · Heikkaila, Eric J. & Mera, Koichi, "Evolving Property Markets in East Asia: An Overview", *LUSK Review*, University of Southern California, 1998.

▶ ▶ ▶ 논평

이종수(연세대학교 행정학과 교수)

Ⅰ. 국토계획의 가치 갈등

국토와 도시계획을 연구하는 사람이나 실제 수행하는 사람처럼 이중성을 보유해야 하는 사람도 드물다. 계획이라는 이름으로 정치적 비합리성을 완충하며 견제해야하고, 전문적인 통찰을 일상의 언어로 순화하여 관료와 대중을 설득하여야 한다. 한편으로는 자본과 시장의 힘을 읽어야 하며, 다른 한편으로는 공공성의 요구에 충실해야 한다. 이 과정에서 대립되는 두 가지의 필요성은 끊임없이 이들을 괴롭힌다. 예를들면, 현재와 미래, 기능과 이해관계, 실체적 접근과 절차적 접근, 사익과 공익, 정책과 설계, 계획가의 창의성과 수요자의 요구, 광역적 계획과 지역계획을 동시에 만족시켜야 하는 숙명이 그것이다.

박우서 교수님의 <동북아 국제관계의 전망 및 국토정책의 방향과 과제>라는 논문은 정책과 국제관계 그리고 미래의 측면에서 한국의 국토계획을 조망한 보기 드문 논문이다. 우선 국토계획을 중장기적 국제관계의 전망과 분석 속에서 담아내는 글이 흔치 않다. 이 논문이 집필되던 시점은 국내에서 주변-중심부 시각에 대한 논의가 한창이었고, 국제적으로는 계획의 정치경제학을 논하는 입장이 확장일로에 있던 때였다. 이러한 시류에 휩쓸리지 않고 계획의 논리로 언어로 일관성을 유지하는 것은 치열한 연구자의 자세가 아니면 어려운 일이었다.

위 논문에서 저자는 "동북아의 중심 기능을 담당할 수 있도록 한반도의 기능이 재편되는 국토개조 전략이 준비되어야 한다"고 전제한다. 이 전제를 바탕으로 제시한 필자의 통찰을 1998년 집필 후 22년이 지났으나, 지금도 많은 공감을 얻고 있다. 지능도시 계획, 자치단체의 세계 경쟁력 확보, 남북 철도와 도로의 연결, 남북한 교류협력 타운 건설은 지금도 동일한 관심과 타당성을 확보하고 있다.

개인적으로 평자는 위 논문을 읽은 후 몇 년이 지나 Ian Richard Gordon(2002)의 *Global cities, internationalisation and urban systems*을 읽은 적이 있다. 이 글의 저자는 '세계도시화(globalcityisation)'라는 개념을 사용하여 자본과 인력의 흐름을 분석하고 런던의 미래를 조망하고 있었다. 박우서 교수님은 도시와 국토계획을 주로 정책적 시각에서 접근하는 편이었고, 고든은 자본과 인력의 흐름이라는 관점에서 도시

계획과 정책을 논하고 있었다. 두 글의 대조와 보완이 이상적으로 다가오던 느낌을 지금도 나는 그대로 기억하고 있다.

박우서 교수님은 위 논문에서 동북아의 거대한 도시기능 재편 중심을 BESETO +SHA(상하이)+KHA(하바롭스크) 축에서 논하고 있다. 베이징, 서울, 도쿄 그리고 하바롭스크와 상하이 사이의 연계와 기능재편을 살피며, 이것이 한국의 세방화 시대에 어떻게 반영되어야 할지를 역설한 내용이다.

결국 국토계획의 실효성을 높이기 위해서는 거시적 환경변화를 고려한 정책적 판단이 기능적 계획의 단계에 반영되어야 함을 필자는 시사하고 있다. 글로컬라이제이션과 남북통일의 변수를 고려해야 국토계획의 실효성 측면에서 타당성을 제고할 수 있다는 내용이다. 이러한 주장은 내용적으로 타당하고, 국토계획의 과정이 성공적으로 진행되기 위한 시사점을 제공한다고 볼 수 있다.

II. 논문의 기여와 남겨진 과제

국토 공간계획의 수립과정을 하나의 순환적인 수정 과정으로 파악하는 것은 필자가 이 논문에서 설명한 매우 독특한 통찰이었던 것으로 판단된다. 아젠다를 관리하고 행정과정을 주도하며, 정책을 결정하는 체계를 새로운 요구에 부합하도록 수정하지 않으면, 계획의 내용은 항상 필요에 못 미치는 결과를 낳기 때문이다. '각계각층의 의견을 광범하게 수렴하는 것으로는 부족하다'는 주장은 박우서 교수님의 일상적 지론과 연구 스타일을 요약하여 보여준다. 각 자치단체와 도시가 지역의 여건과 수요를 수렴하여 계획을 결정하는 과정에 참여하고, 중앙정부는 거시적 시야에서 새로운 내용을 더하고 조정하는 역할을 해야 한다는 것이다. 필자의 이러한 주장은 지금도 동일하게 타당하며, 지금은 이러한 주장이 반영되어 한국사회에 많은 개선이 나타났다고 볼 수 있다.

또, 일정한 지역에서의 국제화와 연담화, 그리고 기능재편에 따라 지역계획이 변모해야 하는 필요성을 상기시킨 것도 이 논문의 돋보이는 특징이었다. 연구자의 거시적인 안목과 세계적인 호흡이 없이는 불가능한 기여인 셈이었다. 이러한 관심은 논문이 출판된 시점 이후 빠른 속도로 세계화와 지역계획의 연동 측면으로 관심을 옮겨갔다. 예컨대, Serape Kayasu의 <세계화 시대의 지역계획> 같은 시각이 그것이다. 일정한 국가 내로 국한된 시각은 지역계획과 국토계획을 더 이상 효과적인 것으로 만들지 못한다. 이것은 저자가 끊임없이 글에서 논증한 주장이기도 하다.

가장 궁극적으로 삶의 질을 위하여 계획의 기여가 무엇인지 묻고 사유하는 차원이 돋보인다. 국토와 공간의 계획이 누구를 위한 계획인지, 그리고 그것이 인간중심의 계획이 되고 있는지, 성(gender)과 노인층 등 연령대 별 필요공간과 배려가 반영되는지 진단하는 것은 매우 앞선 내용이었다. 한국 사회에서 삶의 질과 성, 노령인구에 대한 관심이 폭증하였고, 서서히 공간계획에서 중요한 요인으로 자리잡아 왔다. 위 논문이 분석적이거나 실증적인 자료를 집중수집하여 분석한 성격의 것이 아니라, 기초적인 자료와 사실 확인을 기초로 직관적 판단을 활용하여 정리한 내용이었는데, 이러한 방식의 장점을 충분히 활용한 문제제기였다고 볼 수 있다.

이제는 국토와 지역계획이 공간과 시설에 대한 설계를 넘어 사회 및 경제계획을 포함해야 하고, 궁극적으로는 인간의 삶의 질을 향상시키기 위한 문제해결을 해야 한다는 데에 이의를 제기하는 사람이 없다. 시설과 공간의 설계를 인간의 삶의 질과 결합시키고, 기능적 측면을 공공의 정책적 측면과 결합시키고자 노력한 연구자들이 기여한 덕분으로 생각된다.

이 글을 읽으면서 다시금 드는 생각은 국토계획이 요구하는 장기적 시계이다. 박우서 교수님의 논문은 제4차 국토종합개발계획의 작성을 앞둔 시점에서 집필된 것이지만, 글에서 주장된 대안과 미래는 아직도 현재 진행형인 요소들이 많다. 22년이 지난 지금도 평화시 건설 같은 경우는 아직 시작하기도 어려운 상황이다. 개성공단이 가동된 바 있으나, 평화시의 구상과 계획에는 못 미치는 수준이고, 2020년 현재는 그마저도 철거하는 과정에 있기 때문이다.

저자는 존재론적으로 한국의 개발연대가 분배 패러다임으로 넘어가며 이른바 세방화의 흐름을 동시에 맞이하는 복합적 전환의 시대를 대표하는 계획가이자 학자였다. 본격적인 세계화와 공동체의 회복에 기여하는 공간계획을 추구하고, 지능도시의 개념이 실제적인 스마트 도시로 거듭나며, 남북한 사이에 평화시(平和市)를 건설하는 것은 후세대 학자와 실무가들의 몫으로 남겨진 과제라 하겠다.

문화정책의 가치론적 접근

문화정책의 가치론적 접근[*]

정홍익(서울대학교 행정대학원 명예교수)

∾ 프롤로그 ∾

얼마 전 모 대학에서 별안간 박사학위 논문심사를 해 달라는 의뢰가 왔었다. 주제가 문화정책 분야이기는 하였으나, 논문 작성자는 물론 지도교수, 심사위원장도 일면식 없던 분들이었고 사전에 연락도 없었던 터라 의아했던 심사위촉 경위는, 심사 첫 날 논문 작성자의 설명을 듣고 밝혀졌다. 바로 여기 게재하는 필자의 논문을 읽고 연구주제를 결정하게 되었다는 것이었다. 행정학 분야에 문화정책 연구가 많은 것은 아니지만, 거의 30년이란 세월이 지난 후에도 박사 학위논문 작성의 동기가 되었다고 하니 그래도 쓸모없는 글은 아니었던 모양이다.

<문화정책의 가치론적 접근(이하 가치론적 접근)>이 발표된 1993년은 필자가 서울대 행정대학원에서 문화정책론 과목을 개설한 다음 해였던 것으로 기억된다. 당시 전국 대학의 행정학과 중 문화정책 과목이 개설된 곳은 거의 없었던 것으로 생각되며, 필자 역시 진땀을 흘리면서 생소한 과목 준비를 하였다. 문화정책이라는 표제가 있는 외국 서적들마저도 교과서로 사용하기에는 대부분 내용이나 체계가 매우 미흡하여, 학기 중에도 늘 백방으로 교재를 보충하지 않으면 안 되었다. 어느 정도 체계화된 교재들이 마련되기 전까지 수강한 학생들에게는 미안한 일이 아닐 수 없다.

생소한 문화정책을 시작하면서, 학문적 성립을 위해 무엇보다 먼저 필요하다고 필자가 느낀 과제가 이 분야의 이론 개발이었다. 서구 선진국에서는 문화, 예술 전담 행정조직이 설립된지 오래고 한국도 1990년에 문화부가 발족되었기 때문에 문화행정, 정책에 관한 자료는 계속 생산되고 있었고 이에 관

---

[*] 이 논문은 1993년 『문화정책논총』 제5권에 게재된 글을 수정·보완한 것이다.

한 실증적인 연구도 누적되고 있었다. 그러나 그때까지 예술이나 인문학을 전공한 분들이 이 분야의 학술적 연구를 주도하고 있었기 때문에, 행정학이나 인접 사회과학 연구에 적합한 이론을 찾기가 어려웠다.[1] 그리하여 문화정책 연구에 필요한 이론적 기초 또는 패러다임을 찾기 위하여 시작한 연구 결과를 몇 편의 논문으로 발표하였는데, 여기 게재되는 <가치론적 접근>이 그 중의 하나며, "문화정책의 역사적 분석(한국행적정학회 연례학술대회 발표논문집, 1991)", "문화행정 연구: 개념틀과 분석(한국행정학보, 1992)", "문화정책 연구의 영역과 접근방법(한국문화정책개발원 연구보고서, 1997)"도 같은 취지로 작성된 논문들이다.

<가치론적 접근>은 이론적이며 觀念的인(theoretical and idealistic) 논문이다. 그 목적이 실제 사례를 분석하는 대신, 장차 사례분석에 적용될 이론적 분석틀을 개발하는 것이라는 점에서 "이론적"이다. 또 價値를 문화정책 과정에 작동하는 중요한 결정요인이라고 전제하고 있다는 점에서 "觀念的" 논문이다. 가치 말고도 우연, 환경, 이익추구, 경제, 학습, 전통 등 여러 가지 다른 중요한 요인들도 있는 것은 물론이다.

내용면에서 이 논문은 (1) 연구의 배경 (2) 기초 개념의 정리 (3) 문화정책 이념과 가치의 종류와 분류 (4) 가치론 적용의 예시 (5) 결론으로 구성되어, 기승전결의 고전적 논문구조를 따르고 있다. 기초개념 정리는 이론적인 연구가 일천한 당시 상황에서 선제적으로 필요한 과제라고 보았다. 다음에, 인접학문과 행정학의 전통이론을 참고해서 나름대로 문화정책에 적절한 이념과 가치를 제시하려고 하였으나, 지금 보면 이념과 보편적 가치, 쟁점 가치의 차이에 대한 설명이 미흡하고 서로 중첩되는 부분도 있어 보인다. 이때 제시된 가치체계가 문화정책을 분석하는 이론적 분석틀로서 얼마나 유용한가에 대해서는, 필자를 비롯하여 그 후 다른 이들의 실증적 연구 사례를 참고하여 가늠할 수 있겠으나, 물론 지금 보면 개선의 여지가 많이 있음은 더 말할 필요가 없다.

지난 30여 년간 한국의 문화정책, 행정은 많이 성장하고 변화했다. 올해 (2020) 문화예술산업 World Cup의 우승이라고 할 수 있는 아카데미 영화작품상을 비영어권 작품으로는 한국영화가 최초로 수상한 쾌거는 분명 우리 모

---

[1] 다만, 사회과학 중 일부 경제학자들은 일찍이 문화, 예술연구에 참여하여 선도적인 역할을 하였다.

두가 열광한 문화발전의 중요한 이정표다. 그러나 지난 십오륙 년을 돌이켜 보면, 한국 문화행정은 양적 성장에는 성공하였으나 그에 걸맞는 질적 성장은 부족한 듯하다. 내적 성장에 따른 질적 발전보다는 오히려 바뀌는 정권의 요구에 따라 정책이 짜깁기되는 일이 많았다. 이러한 현실 하에서 문화정책 연구도 정권의 이해관계, 이념, 가치관을 적절하게 반영할 수 있는 이론을 개발해야 할 것이며, 문화정책에 대한 보다 정치하고 체계적인 이념과 가치관들도 이 과정에서 발견될 수 있을 것이다.

좋은 논문, 연구란 무엇인가? 혹자는 Mozart 음악처럼 완벽한 작품이어야 한다고 할 것이고, 또 다른 이는 폐부를 찌르고 시공을 초월하여 만인에게 감동을 주는 Beethoven의 음악에 비유할 수도 있을 것이다. 학위를 위한 작업이든 전문 연구논문이든, 내가 떠난 후에도 오늘 이 논문이 오랫동안 남을 것을 생각하면, 누구나 더 숙연한 마음으로 논문 하나하나에 정성을 쏟지 않을 수 없다.

I. 연구의 목적

베버는 社會政策과 價値問題의 관계에 대하여 언급하면서, "사회정책은 단순히 기술적인 분석만으로는 충분히 평가할 수 없다. 사회정책의 문제는 文化的價値의 영역에 속하는 것이기 때문에 규범기준으로서 價値의 문제가 논쟁의 대상이 될 수 있을 뿐만 아니라 반드시 논의되어야 한다(Weber, 1949: 54)."라고 말하였다. 이 주장은 사회과학 방법론에 대한 베버의 평소 신념에 기초한 것으로, 사회정책을 연구할 때는 비용이나 효용에 대한 기술경제적인 분석만이 아니라 정책이 산출된 배경이나 집행과정, 결과에 대해서 특정한 가치들이 어떻게 관련되어 있는가라고 하는 價値의 觀點(value perspective)에서의 분석이 필요하다는 점을 역설한 것이라 할 수 있다. 이는 사회정책뿐만 아니라 모든 정책연구에 해당된다고 할 수 있으며, 그 중에서도 특히 문화정책을 분석하는데 필요한 메타 방법론을 제시하고 있다고 하겠다.

문화는 의미의 체계이며, 의미의 부여나 구성은 가치를 기본요소로 하고 있기 때문에 가치에 대한 이해 없이 문화의 본질을 파악했다고 할 수 없다. 문화 중에서도 특히 규범문화가 가치를 핵심요소로 하고 있으나 심미적 문화나 인지적 문화에서도 가치는 매우 중요한 위치를 차지하고 있다. 더욱이 정책을 도구 합리성(instrumental rationality)의 시각에서만 보려고 하는 현대 사회과학의 경향에 비추어, 가치의 관점에서 문화정책에 접근하는 것은 그 의의가 크다고 하겠으며 특히 문화정책의 새로운 방향을 모색하는 시점에서 정책이념과 가치와 문화정책의 관계를 이해하는 것은 매우 필요한 작업이라 하겠다.

문화정책에 대한 가치론적 논의는 그 필요성에도 불구하고 지금까지 활발하게 전개되지 못했는데, 그 이유는 여러 가지이겠지만 그동안 정책담당자, 예술인 그리고 학자들 등 관련인사들 사이에 이 문제를 논의하는 방법론에 대한 공통 인식이 없었다는 것이 매우 중요한 원인이라고 생각된다. 이러한 공통인식은 學問 또는 硏究의 定石(paradigm)의 일부에 해당되는 것인데, 연구의 중요성, 대상, 방법, 개념의 외연과 내포, 개념들 간의 관계, 인식론적 목적 등이 定石의 구성요소에 포함된다. 이 요소들 중에서 여기에서는 개념과 개념의 관계, 그리고 인식론적 목적 등 극히 기본적인 사항에 한하여 논의하고자 한다.

Ⅱ. 개념의 뜻과 관계

지금까지 문화정책에 대한 가치론적 논의는 대부분 정책적, 실천적 차원에서 理念, 價値, 政策基調, 政策方向, 政策目標를 主概念으로 사용하여 왔으나 이념과 가치가 혼동되기도 하고 때로는 가치나 이념이 정책방향이나 목적과 같이 쓰이기도 하는 등 이들 개념의 의미나 상호관계에 대한 오해가 적지 않았다. 예컨대 지역문화 활성화는 정책의 목표임에도 불구하고 이것이 이념으로 간주되기도 하다.

원래 理念은 학자에 따라 다양한 의미로 사용되기는 하지만, 대체로 "인간이나 사회의 기본적 성격 또는 원리에 대한 특정한 시각 또는 집단의 體系化되고 認知的이며 道德的인 사상" 혹은 보다 구체적으로 "개인이나 집단이 직면하고 있는 사회정치적 상황을 특정한 방향으로 이해시키고 결정내리도록 유도하기 위하여 복잡한 사회현상을 단순하게 설명하는데 사용되는 신념이나 개념의 체계"(Gould & Kalb, 1964: 315)라고 정의되고 있다.

여기에서 理念은 몇 가지 특징을 가지고 있는 것을 알 수 있는데, 첫째는 事實性의 원리에 기초를 둔 과학적 지식과 달리 특정한 견해나 집단의 이익을 옹호하기 위한 지식의 체계라는 것이다. 따라서 과학적 이론은 내용의 진실성이 평가의 기준이 되지만 理念은 특정한 목적에 얼마나 도움이 되는가 하는 효용성이 평가의 기준이 된다. 둘째로 理念은 사실에 대한 信念과 道德的 判斷, 즉 認知的 측면과 規範的 측면 둘 다를 포함하고 있다. 이 두 가지 요소는 상호의존적인 관계에 있으며 동일한 요소라고 할지라도 認知的으로 이해될 수도 있고 規範的으로 이해되는 경우도 있다. 셋째로 정도의 차이는 있지만 理念은 단편적인 개념이 아니라 틀이 짜여진 체계적인 사상이다. 체계적 사상이기 때문에 한편으로는 구성요소들 사이에 내적인 일관성이 있으며, 다른 한편으로는 그 적용범위가 비교적 광범위하다는 특징이 있다. 예컨대 민주주의, 자유주의, 사회주의, 공산주의 등 대표적인 이념들은 교육이나 종교, 또는 정치 등 어느 한 가지 제도에만 적용되는 것이 아니고 사회제도 전반에 적용되는 理念이다.

일반적으로 價値는 개인이나 집단이 가지고 있는 바람직한 것, 소망스러운 것에 대한 개념이라고 정의되며, 개인이나 집단의 행동이나 판단의 준거가 되고 삶의 목표를 제시해 주는 이정표와 같은 역할을 한다. 이러한 기능을 하는 價値(values)는 價値觀이라고 칭하기도 하는데 양자를 구별해서 사용하기는 하지만 실제 의미는 동일하다. 價値는 理念의 구성요소다. 價値들과 그들 사이의 관계가 理念을 형성하고 있으며 價値는 이념의 단편 또는 특정 측면을 나타낸다. 그러나 정책분석에서는 양자를 구별하지 않고 쓰는 것이 관례화되어 있다. 예컨대 민주성, 효과성, 효율성 등은 가장 대표적인 행정의 이념으로 정책평가의 기준으로 사용되고 있는데 이들은 이념이 아니고 이념에 내포되어 있는 가치다. 그러나 이념요소와 이념을 구별하지 않고 사용해 왔기 때문에 일반적으로 가치라고 부르지 않고 이념으로 통용되고 있다.

政策은 정부의 행동계획이나 지침이라고 간단하게 말할 수 있으며, 이 정책은 정부가 당면하고 있는 문제에 대한 여러 가지 가능한 대책, 즉 代案들 중에서 선택되어 일정한 조건하에서 현재와 미래의 정부행동에 대한 지침이 된다(Gilbert & Specht, 1974: 4). 정책형성에 있어서 이념이나 가치의 역할은 여러 가지 정책대안들 중에서 특정한 대안을 선택하는 기준을 제공하는 것이다. 이 중에서 이념은 보다 일반적인 선택 기준을 제공하고 가치는 상대적으로 구체적인 선택기준을 제공한다.

그리고 이념과 가치는 정책과정상 선행단계인 정책의제를 설정하는 데에도 준거가 된다. 즉 여러가지 사회문제 중에서 어떤 것이 정책의 대상으로 선정되는가 하는 데에도 이념이나 가치는 중요한 작용을 하는데, 이 기능은 정책대안 중에서 선택의 기준이 제공하는 기능과 유사한 기능이다.

이념과 가치는 이 밖에도 직접·간접적으로 정책과정과 관련된 몇 가지 중요한 기능을 한다. 직접적인 기능으로 이념과 가치는 먼저 정책평가의 기준이 된다. 즉 정책의 효과를 평가하는 일차적인 기준이 정책목표에 대한 달성도라고 한다면 정책이념이나 가치는 선정된 목표 자체의 적절성에 대한 판단을 포함하는 보다 상위의 정책평가기준을 제공함으로써 정책의 타당성과 효과에 대한 본질적인 평가를 가능하게 한다. 이념과 가치는 이러한 정책판단의 기준을 제공할 뿐만 아니라 행동의 동기를 부여하기도 한다. 즉 이념이나 가치는 정책의 수립이나 집행을 담당하고 있는 사람들에게 정책의 당위성에 대한 신념을 갖도록 함으로써 정책수행에 헌신하도록 한다.[2] 어떤 면에서 이념과 가치의 이러한 동기화 기능은 가치판단을 촉진하는 인식적 기능보다 더 중요하다고 할 수 있다.

Ⅲ. 문화정책의 이념

1. 개인주의와 집단주의

그러면 문화정책에 대한 정책이념과 가치는 어떤 것들이 있는가? 정책이념으로 가장 포괄적인 이념을 들자면 민주주의, 사회주의, 민족주의, 공산주의 등을 들수 있을 것이다. 이들은 모든 정책영역에 걸쳐 정책목표를 결정하고, 목표달성을 위한 대안을 선택하며, 결과를 평가하고, 정책수행동기를 촉진하는 기능을 할 수 있다. 그러나 이 이념들은 모든 정책영역에 적용될 수 있는 포괄성을 가지고 있는 대신 그만큼 문화정책의 특성에 대한 適實性은 부족하다고 할 수 있다. 이들에 비해서 상대적으로 덜 포괄적이고 체계화의 정도도 낮기는 하지만 역시 대부분의 정책영역에 관련된다고 할 수 있는 정책이념으로 개인주의(individualism)와 집단주의(collectivism)를 들 수 있다. 이들은 체계적 사상을 의미하는 '주의'로 부르기는 하지만 실제로는 이념의 일부인 특수한 가치유형이라 할 수 있다. 개인주의의 경우는 자유주의(liberalism) 또는 민주주의의 핵심적 가치이며, 집단주의는 사회주의 또는 전체주의의 핵심적 가치로 볼 수 있기 때문이다. 위에서 밝힌 바와 같이 이념에 따라 정책의 목표나 내용이 달라지기 때문에 정책이념이 개인주의인 경우의 문화정책은 집단주의가 정책이념인 경우와 크게 차이가 날 것이다. 개인주의는 사회의 실체를 개인으로 보고 사회의 원동력이 개인활동에서 나온다는 입장이기 때문에 개인의 자유와 권리의 보호, 그리고 개인들간의 공정한 경쟁을 보장하는 것이 국가의 가장 중요한 기능이 된다. 각 개인은 능력에 따라 보상받고 자신의 행위에 대한 책임을 질 의무를 지니게 되기 때문에

---

2) 정책촉진기능을 하는 것은 체제유지적 이념이며, 혁명적인 이념은 이와 반대의 기능을 한다.

자원의 배분과 업적에 대한 보상이 가장 공정하고 효율적으로 일어나는 곳은 市場이며 시장은 여기에 참여하는 개인들간의 교환을 통해서 전체의 사회적 목적을 동시에 달성하게 된다. 여기에 대해서 집단주의는 개인 이상의 사회 실체성을 인정하고 사회 성원들의 운명공동체적 성격을 강조한다. 집단주의에서는 개인은 사회를 떠나서 존재할 수 없고 사회 안에서만 자유와 권리가 보장된다고 주장하고 따라서 개인의 자유, 권리, 책임은 사회적으로 공유되어야 한다고 말한다. 개인의 이기심은 사회의 분열과 혼란을 가져오고 자유경쟁은 사회적으로 자원의 낭비와 불평등을 심화시켜 결국 자유와 복지는 소수의 전유물이 되고 만다는 것이다. 물론 개인주의와 집단주의는 이념이기 때문에 이들의 상반된 주장 중 어느 편이 옳고 어느 편이 틀렸다고 객관적 검증을 통하여 판단하는 것은 별로 의미가 없다. 이념의 효과는 받아들이는 사람의 신념에 달려 있는 것이다.

　　정책이념이 개인주의일 때와 집단주의일 때의 문화정책의 차이를 비교하면 정책과 이념의 관계를 좀 더 구체적으로 알게 된다. 우선 개인주의가 정책이념일 때 선정되는 문화정책은 자유주의 유형의 문화정책이라고 그 특성을 말할 수 있다. 자유주의 문화정책은 무엇보다도 명시적인 정책이 없다는 점이 가장 큰 특색이다(김여수, 1988: 23). 개인주의는 민간활동에 대한 정부의 간섭은 최소화되어야 한다는 것을 원칙으로 하고 있을 뿐만 아니라 문화예술에 대해서는 특히 개인의 주관적 판단만이 이를 평가하는 기준이 될 수 있다고 보기 때문에, 국가가 문화예술의 발전 목표를 설정하고 이를 집행한다는 것에 대해서 부정적이다. 문화예술은 창작자들이 외적 조건에 구애받지 않고 순수하게 각기 자신의 내적 창조욕구를 표출하는 과정에서 생성되고 시민들은 각자의 기호에 따라서 개별적으로 이를 수용하는 것이 문화예술의 바람직한 사회제도라고 보기 때문에, 개별 수요와 공급이 자유롭게 만나는 시장이 문화예술의 가장 효율적인 활동장소가 되는 것이다. 따라서 국가는 문화예술의 시장이 외적 제약 없이 작동할 수 있도록 보장하는 수동적 역할에 그쳐야 한다는 것이 개인주의의 입장이다. 이러한 이념 하에서 자유주의 문화정책은 문화예술인의 표현의 자유를 법적으로 보장하는 것을 일차적인 목표로 하고, 그 다음에 문화예술 시장이 제 기능을 다하지 못하는 경우가 발생할 때는 부득이 정부가 이를 지원하여 원활한 기능을 회복하도록 한다는 것을 이차적인 목표로 하고 있다. 자유주의 유형의 문화정책은 국가단위의 문화발전 목표를 설정하지 않고 있으며 또 정책수립이나 집행을 정부기구가 하지 않고 공익민간기구가 이를 담당하고 있는 것이 특징이다. 오랜 개인주의 전통을 가지고 있는 다원주의 국가인 미국이나 영국은 전형적인 자유주의 문화정책을 채택하고 있는 나라들이다.

한편 집단주의가 정책이념일 때 문화정책은 구성주의 유형이 된다. 창작이거나 소비거나 문화활동은 개인의 자유로운 행위로만 그치는 것이 아니고 사회적 권리와 의무가 수반되는 행위라는 것이 집단주의의 문화관이기 때문에 문화의 사회적 창작과 소비를 위하여 정부는 포괄적이고 치열한 정책을 수립하여 추진할 의무를 진다. 구성주의 문화정책은 문화예술 전 영역에 걸쳐 창작활동을 적극적으로 지원하되 문화예술인들에 대해서 문화정책에서 설정한 목표와 수단에 따라 활동하도록 요구하며 이를 위반하는 경우에는 지원을 거부할 뿐만 아니라 엄격한 제재를 가한다.

예술론의 관점에서 보면 개인주의 이념은 순수예술론과 일치하는 이념이고 집단주의는 예술사회론의 입장과 일치하는 이념이다. 따라서 이념으로서 개인주의와 예술론으로서의 순수예술론 그리고 정책유형으로서 자유주의 문화정책이 같은 맥락에 있으며 그와 대조적으로 집단주의 −예술사회론− 구성주의 문화정책이 맥락을 같이 한다.

2. 제도론과 파생론

개인주의와 집단주의도 문화정책의 정책이념으로 유용하기는 하지만 문화정책의 특성에 보다 적합한 정책이념으로 제도론과 파생론을 상정할 수 있는데, 이들은 문화예술의 사회적 가치에 대한 상반된 견해를 나타낸다. 제도론은 문화예술을 개인의 타고난 욕구를 충족시키고 사회의 기본적인 기능을 수행하는 기본적인 활동, 즉 사회적 기능요건이라고 보는데 대해서 파생론은 문화예술은 기본적인 기능이 아닌 보조적 기능을 하는 활동이라고 보는 입장이다. 모든 사회에는 사회의 유지를 위해서 필수적으로 수행해야 하는 보편적 기능이 있다고 할 수 있는데 이들을 사회의 기능적 요건이라고 한다. 기능적 요건은 필수적일 뿐만 아니라 지속적으로, 그리고 대체로 체제 전반에 걸쳐 보편적으로 수행되어야 하기 때문에 사회마다 이 기능들을 수행하기 위한 일정한 방법과 절차, 그리고 조직들이 형성되는데 이것들을 제도라고 한다. 제도는 사회적으로 중요한 기능을 수행하는 일반화된 사회관계 체제로 그 중요성 때문에 사회구조의 중심축이 된다. 무엇을 사회적 기능으로 보느냐 하는 것은 학자들에 따라 달라서 인구확보, 사회화, 생산, 통합이라고 하기도 하고, 또는 사회와, 사회통합, 생산−소비분배, 사회통제, 상부상조라고 하는 사람도 있다. 그리고 Parsons의 널리 알려진 도식에 의하면 기능적 요건은 적응(adaptation), 목적달성(goal−attainment), 통합(integration), 유형유지(pattem maintenance)의 네 가지이다. 適應은 사회가 주변의 환경조건을 받아들이고 환경을 적극적으로 이용하여 체제유지에 필요한 물적 수단을 확보하는 기능, 즉 생산－소비－분배에 관한 기능이며, 目的達成은 사회체제가 환경과의 관계에서 적절한 산출목적을 설정하고 구성원을 동원하여 체제 목표를 달성하기 위하여 조정·통제하는 기능을 말한다.

統合은 체제의 구성요소들의 관계를 원만하게 유지하고 조정하여 체제의 내적 결속을 도모하는 기능이며, 類型維持는 문화체제를 유지·보존하며 이를 개인에게 전달하여 필요한 동기를 부여하고 사회의 핵심적 가치와 질서 등 그 원형을 보존하는 기능이다. 이 중에서 적응기능을 주로 수행하는 제도는 기업을 주축으로 하는 경제제도로서 그 밖에 재화와 용역의 생산, 유통, 소비에 관한 활동을 하는 개인이나 종교나 정부, 또는 연구교육도 여기에 포함된다. 체제의 목표설정과 달성기능을 주로 담당하고 있는 제도는 정치지만 가족이나 문화조직들도 여기에 참여하고 있다. 통합기능은 지역공동사회가 주로 맡아서 하고 있으나 각종의 사회단체, 직능단체, 종교단체, 가족도 이 제도의 중요한 부분들이다. 끝으로 유형유지 기능은 문화예술제도가 가족, 종교, 교육제도와 함께 담당하고 있다.

이러한 구조기능적인 맥락 안에서 문화예술은 유형유지라는 사회의 생존에 불가결한 기능을 수행하는 기본적인 제도로서, 정치나 경제, 그리고 교육과 마찬가지로 사회구성의 기본축의 하나라는 것이 문화예술에 대한 제도론적인 이념이다. 이들은 정서표출의 욕구는 인간의 기본적인 욕구이며 오늘날 거의 모든 사회에서 문화예술은 독립된 제도로 그 영역이 확장되고 있다는 사실에 의거하여 문화예술이 사회의 기본제도라는 자신의 주장을 뒷받침하고 있다. 한편 파생론은 문화예술이 사회의 보편적인 활동이나 기능이라는 점은 인정하지만 기능적 중요성에 있어서 정치나 경제, 종교, 가족 등 일차적인 기능을 하는 과정에서 파생된 이차적인 기능을 한다는 시각이며, 유형유지를 하기 위해서 필요한 가치나 규범의 설정이나 전달은 문화예술제도보다 가족이나 교육, 그리고 종교에서 주로 담당하며 정서표출 기능을 하는 예술의 효과는 부차적이라는 것이다. 그리고 문화예술제도를 사회의 기본제도로 보기에는 가족이나 경제와 같이 사회 전체에 보편화되어 있지 않고 극히 일부분만을 차지하고 있다는 것이다. 문화예술, 특히 예술이 하나의 사회제도로 서구사회에서 독립된 것은 19세기 후반부터로서 본래 종교나 가족 등 일차적 제도 안에서 행하여졌던 것이며, 오늘날에도 생산, 사회화, 목표달성과 같은 활동을 하고 난 후에 하는 여가활동으로, 일차적 활동의 준비기능을 하는 것이 문화예술활동의 기능이라는 것이 파생론의 입장이다. 파생론의 입장에서 보면 문화예술은 여유가 있을 때 추구하는 도락적인 활동이다.

제도론과 파생론 어느 것이 정책이념이 되느냐에 따라서 문화정책은 대조적인 특징을 갖게 될 것이다. 제도론을 따르는 사람들은 적극적인 문화정책을 지지할 것이며 문화예술에 대한 사회적 투자를 대폭 확대하여 건설, 교육, 상품생산, 사회복지, 과학기술에 대한 투자수준에 버금갈 수 있도록 해야 한다고 주장할 것이고, 문화정책이나 행정을 담당할 전문행정직을 설치하고 전문가들을 양성하는 프로그램도 정책에 포함시키려 할 것이다. 파생론 이념 하에서는 이와 반대되는 정책이 선정되어, 예산 투자는 타부분에 필요한 투자를 우선적으로 한 후에 여유 자금에서 투자수준이 결정될 것이며 정부에서 예산절감을 할 경우에는 문화정책 예산은 일차적으로 불요불급한 예산으로 삭감대상이 될 것이다.

Ⅳ. 문화정책의 가치

1. 보편적 가치

문화정책에 관련된 가치는 정책목적과 관련된 가치와 내용에 관련된 가치의 두 가지 차원으로 나누어 볼 수 있다. 목적 차원의 가치는 이념이나 기타 정책 환경에 관계없이 문화정책이 일반적으로 추구해야 하는 가치들이기 때문에 보편적 가치라고 부를 수 있는 가치들이다. 이 차원의 가치들을 알아보기 위해서는 문화정책의 일반적인 목적이 어떤 것들인지 알아야 한다.

문화정책은 대체로 네 가지의 목적을 가지고 있다고 볼 수 있는데, 첫째는 공동체의식의 함양이다. 공동체의식은 국가가 그 체제를 유지하기 위해서 필요한 전제조건으로 모든 국가는 국민들의 연대의식을 강화하여 국가의 기반을 튼튼히 하고자 노력한다. 사회성원들의 연대의식은 기능적 상호의존성에 기반을 둔 공리적인 것일 수도 있으나 궁극적으로는 뒤르껨(Durkheim)이 주장한 바와 같이 동질성에 기초한 정적인 일체감에 의존하게 되는데 이 동질성의 기반이 바로 문화이다. 같은 언어를 사용하고 같은 사고방식을 가지고 있고 의식주의 양식이 같다는 것은 곧 "우리"라는 일체감의 인식적 기반이기 때문이다. 그러므로 문화정책은 국민 공동의 문화를 보존하고 발전시키고 또 이를 모든 국민이 고르게 향수하도록 하여 문화적 동질성을 높임으로써 국민의 공동체의식을 배양하는 것을 목적으로 한다. 그러면 공동체의식이라는 목적이 지향하는 가치는 무엇인가? 이것은 주체성으로 여기에는 민족의 독립, 자유, 주권이라는 가치가 농축되어 있다.

둘째로 문화정책은 또 국민의 정서적 욕구의 충족을 목적으로 한다. 개인에 따라

기호의 차이는 있지만 모든 사람은 감정을 표출하려 하고 심미적 충동을 만족하고자 하는 정서적 욕구가 있고 이러한 욕구는 인간의 활동 영역 중 문학과 미술, 음악, 연극, 조형 등 예술에 농축되어 나타날 뿐만 아니라, 의상, 주택, 식사 등 인간생활의 모든 영역에 직접·간접적인 방법으로 나타난다. 이러한 국민의 보편적 욕구가 행정수요가 되어 정부는 문화정책을 통하여 이를 충족하고자 하는 것이다. 이 목표는 흔히 문화향수권의 보장이라고 표현되고 있는데 이 정책목표를 추구하는데 가장 중요한 준거는 경제적, 지리적, 교육적 차이에 관계없이 모든 국민이 고르게 문화예술에 접할 수 있도록 하는 것이다. 따라서 정서적 욕구충족 목표가 지향하는 정책가치는 평등일 수밖에 없다. 평등은 이때 문화 예술을 향수할 권리의 평등, 기회의 평등을 의미할 뿐이지 문화예술에 대한 개인의 선택의 자유가 무시되고 모든 사람이 동일하게 취급된다는 획일성의 개념을 내포하고 있는 것은 아니다.

셋째로 문화정책이 추구하는 목표는 국민의 정서를 순화하여 가치관을 바람직한 방향으로 계도하는 것이다. 이 목표는 자칫하면 과거 전체주의 국가에서 그랬던 것처럼 정권을 장악한 소수집단이 그들의 정치적 목적을 위하여 선전, 사상교육 등을 통하여 언론을 탄압하고 국민의 자율적 판단을 흐리게 하여 맹목적으로 특정이념을 신봉하는 인간으로 만드는 쪽으로 왜곡될 수도 있다. 민주국가에서 추구하는 가치관은 이와 반대로 정직, 친절, 우애, 평화, 근면, 신뢰와 같은 개인과 집단의 복지를 위한 보편적인 가치에 한정되어야 하며, 여기에서 나아가 국민적 합의에 의해서 설정한 국체에 관한 이념, 즉 민주주의 또는 사회주의, 공화국 또는 입헌군주제 등을 수호하고자 하는 가치 이상이어서는 안된다. 나라에 따라 체계화의 정도나 특수성의 정도는 다르지만 모든 국가는 일정한 가치체계, 이념체계의 기반 위에 존재하고 있으며 그러한 가치나 이념의 공감대를 국민들 사이에 넓고 확고하게 정립하려고 노력하는 것은 정부 문화행정의 기본적인 목표이다. 민주주의 국가에서는 대체로 문화정책을 통하여 간접적인 방법으로 이러한 목표를 달성하고자 하는데, 시민들이 좋은 문학이나 예술 작품에 대한 접촉이나 직접 문화예술활동에 참여할 기회를 확대해 줌으로써 정서가 순화되고 바람직한 가치관이 형성될 수 있도록 하는 것이다.

끝으로 문화정책은 예술 그 자체의 발전이라는 목표를 가지고 있다. 순수예술론의 관점에서 볼 때 예술의 가치는 미를 추구하는 인간의 역량이 얼마나 완전하게 또 독창적으로 표현되었는가에 의해서 평가된다. 이러한 예술활동에 내재된 원리에 따라 문화정책은 사회경제적 효능과 관계없이 예술을 위한 예술의 발전을 지원하는 것을 또 하나의 목적으로 하고 있다. 이 정책목표가 지향해야 할 가치는 창의성이라고 하겠다. 예술은 정서라고 하는 주관적 동기의 표현으로서 고유한 개성의 표현에 의해서 지배되며 창의성이 없이는 발전할 수 없기 때문이다. 개인적 차원에서 독창적 예술은 국가적 차원에서는 고유한 민족문화에 해당되며 따라서 국가마다 자국의 문화예술을 발전시키고자 정책적으로 뒷받침하는 것이다.

2. 선택적 가치

앞에서 언급한 바와 같이 정책의 내용은 여러 가지 대안 중에서 선택된 대안으로 결정되는데, 선택적 가치는 이 대안 선정의 기준이 되는 가치를 말한다. 선택적 가치는 앞에서 논의한 주체성, 평등, 효용을 포함해서 자유, 형평, 책임, 보편성, 자율 등 매우 다양하며 정책과 대안에 따라 관련 가치도 달라진다. 문화정책과 관련된 선택적 가치 역시 구체적인 정책과제나 정책대안에 따라 상이할 것인데, 여기에서는 창작지원정책의 경우에 어떤 선택적 가치가 어떻게 작용하는지 예시적으로 보기로 한다. 문화정책에는 지원정책 외에도 규제정책이나 조성정책도 있으나 가장 중요한 기능을 하는 것은 지원정책이므로 다른 정책보다 지원정책을 사례로 보는 것이 적절할 것이다. 지원정책은 정책대안에 대한 네 가지 선택 차원으로 형성되는 정책이라고 할 수 있는데, 첫째는 지원대상자의 선발에 관한 차원이고, 둘째는 지원수단에 관한 차원이며, 셋째는 관리방식에 대한 결정 차원이고, 넷째는 재원조달방법에 대한 결정 차원이다. 여기에 시행시기나 절차 등 여기에 포함되지 않은 부분도 있겠지만 이러한 네 가지 차원에 대한 여러 가지 대안을 고려한 후에 각 차원마다 필요한 대안을 선택하면, 즉 누구에게 무엇으로 얼마나 누가 어떤 재원으로 지원할 것인가가 결정되면 그것으로 지원정책의 기본적 골격은 정해진다.

먼저 지원대상자의 선정 차원에 적용되는 가치를 예시적으로 들자면 우수성과 필요성의 두 가지가 있다. 이 측면에서 정책가치가 우수성에 있으면 우수한 작품이나 뛰어난 창작능력을 발휘한 사람을 지원대상자로 규정할 것이다. 반대로 필요성이 더 중요한 가치라고 볼 때는 흥행성이 없거나 경제적으로 자립할 수 없는 사람을 지원대상자로 하고 시장수요가 많거나 경제적으로 넉넉한 예술인들은 지원대상자에서 제외할 것이다. 다음에 지원수단 선택 차원에 관련된 가치로 소비자 주권과 창작의 자유, 두 가지를 생각할 수 있다. 이 차원에서 소비자 주권을 정책가치로 추구하게 되면 정부는 도서관의 서적 구입 지원, 대형 건물에 대한 예술전시장 설치 의무화, 예술품 구입에 대한 세제상의 우대 등 시장에서의 시민의 문화소비를 지원하는 간접방식의 지원정책을 채택하게 될 것이다. 반대로 창작의 자유가 정책가치인 경우는 창작의뢰를 한다거나 창작수입에 대해서 세제상 혜택을 주거나 공연지원금을 제공한다거나 원고료를 지원하는 등 직접 예술인들을 지원하는 수단을 택하게 될 것이다.

관리방식의 선택 차원에 관련된 대조적인 가치는 행정의 책임성(accountability)과 문화예술의 자율성이라 할 수 있다. 문예진흥에 사용되는 공공재원이 낭비됨이 없이 본래의 목적대로 사용되도록 보장하는 것은 공무원들의 책임이다. 이 책임을 강조하면 지원금 관리를 정부기관에서 직접하는 방식이 채택될 것이다. 그러나 정부기관의 관리방식은 지원과 동시에 간섭을 하게 될 소지가 많이 있다. 이것이 심각한 문제라고 생각하는 사람들은 창작자들의 자율성이 제한되지 않기 위해서 정부에서 지원을 하더라도 지원자의 선정이나 지원의 방법을 결정하고 집행하는 주체는 예술가들의 대표로 구성된 독립단체여야 한다고 주장한다. 예술가들이 관리를 하는 경우에 물론 예술가들의 자율성은 보장되겠지만 이들은 예술의 발전이 곧 국민 전체의 공익이라는 예술위주의 편견을 가지고 정책 판단을 할 소지가 많이 있다. 재원조달은 중앙정부의 통제가 중요하다고 볼 경우에는 중앙정부가 재원을 조달하여 지원자금으로 사용할 것이고 반대로 각 지역의 자결권이 중요하다고 볼 때는 재원을 지방에 이양하거나, 교부금을 통해서 자금을 지원하거나, 지역의 예산에서 필요한 재원을 마련하게 될 것이다.

이상에서 지원정책을 형성하는 네 가지 선택의 차원에 대해서 한쌍씩의 대조적인 가치를 예시적으로 제시하고 이들이 정책결정에 미치는 영향을 살펴 보았다. 여기에서 제시된 가치는 대체로 개인주의와 집단주의 이념 중 하나에 포함된다고 볼 수 있으므로, 이 관계와 앞에서 언급한 지원정책의 선택차원을 다음 표로 정리할 수 있다.

표 1 지원정책의 형성과 가치지향

개인주의	선택의 차원	집단주의
우수성	대상자 선발	필요성
창작의 자유	지원 수단	소비자 주권
예술의 자율성	관리 방식	행정 책임권
중앙 통제	재원 조달	지역 자치

V. 예상되는 가치의 쟁점

사회과학자는 정책담당자와 달리 정책에 대한 가치판단, 즉 어떤 정책이 더 좋다든지 나쁘다든지 하는 판단을 꼭 내려야 할 필요는 없다. 나아가 논리적 실증주의 시각에서 보면, 이러한 판단은 주관적 가치판단이 필연적으로 개재되기 때문에 과학적인 평가를 할 수 없는 문제이다. 그러나 논리적 실증주의를 따른다고 해서 가치문제가 과학적 분석의 대상이 아니라는 것은 아니다. 정책과 관련해서 가치(또는 이념)에 대한 과학적 분석은 두 가지 차원에서 가능하고 또 매우 중요하다.

첫째는 가치(또는 이념)에 포함된 인식적 언명이나 함축에 대한 실증적 평가이다. 예컨대 음악에 대한 선호(고전음악 대 대중음악 등)는 개인의 주관적 판단, 즉 가치관의 문제이기 때문에 어느 한 편이 선호하는 것이 더 좋은지 아닌지는 과학적으로 평가할 수 없지만, 이러한 가치판단에 흔히 내재되어 있는 사실적 전제 —예를 들면 대중음악을 많이 들으면 불량 청소년이 되기 쉽다는 등은 적어도 논리적으로는 과학적 평가가 가능하므로 이 평가의 결과는 가치평가에 영향을 줄 수 있다. 둘째로 가치와 정책과의 관계, 그리고 가치들 사이의 내적 일관성에 대한 논리적 분석이 가능하다. 예컨대 민주주의를 신봉하면서 소수의 의견을 무시하는 정책을 지지한다면 양자 사이에는 논리적으로 모순이 있는 것이기 때문에 둘 다 사실일 수 없다는 것은 지적할 수 있다. 또 두 가지 이상의 가치나 정책 간의 조화나 통일이 필요하다고 역설하는 경우거나 이념체계 내에 전제, 명제, 정리들이 있는 경우는 그들 사이에 모순이 있는지 논리적인 분석을 할 수 있다.

이 두 가지 가치분석에 대한 접근방법 중 여기에서는 후자의 방법을 통해서(아직 수립되지 않은 미래의 정책을 논의하므로) 앞으로 우리나라 문화예술에 대한 정책대안을 선정하는 데 있어서 예상되는 중요한 가치쟁점들을 몇 가지 논의해 보기로 한다.

1. 보편성 대 주체성

과거에도 그래 왔지만 앞으로 개방화의 추세가 계속되면서 문화에 있어서 보편성(universalism) 대 주체성의 상대적 중요성에 대한 논란은 정책의 목표나 내용을 결정하는 데 많은 영향을 주게 될 것이다. 동서의 이념적 장벽이 없어지고 경제에 있어서 세계화가 지속되고 있을 뿐만 아니라 정보통신기술의 발달로 문화의 국경이 없어지는 지구마을의 시대가 우리들 목전에 등장하고 있다는 사실에서 보면 우리가 지향해야 할 문화는 보편적 가치를 지닌 문화이다. 문화개방을 적극적으로 추진하여 보편적 문화를 우리 문화로 소화하지 않으면 국제사회에서 낙오하게 된다고 볼 수 있기 때문이다.

그러나 문화개방의 압력이 커지고 국제화 과정에서 선진국의 문화침투가 높아지기 때문에 민족문화를 수호하여 문화주체성을 지켜야 할 필요성이 더 있다고도 할 수 있다. 꼭 같은 상황에 대해서 이처럼 이해를 상반되게 하고 정책대안도 정반대로 선택할 수 있기 때문에 문화의 보편성과 주체성에 대한 논쟁은 쉽게 조정되기 어려울 것이다. 물론 실제 문화정책은 이 두 가지 가치를 다 어느 정도 구현하려고 하겠지만, 마이클 잭슨의 서울공연 허가에 관한 시비에서 나타났듯이 이 두 가지 가치를 동시에 수용하지 못하고 하나만 선택해야 하는 경우에는 가치에 따른 정책대립이 일어날 것이다.

2. 탁월성 대 일반성

탁월성 대 일반성의 논쟁은 문화정책의 오래된 쟁점 중의 하나로, 탁월성을 지지하는 입장은 예술활동의 궁극적인 목표를 탁월성(excellence)을 추구하는 것으로 보고 예술을 평가하는 유일한 기준은 작품의 우수성이어야 한다는 것이다. 탁월성의 가치를 이렇게 중시하면, 바람직한 문화정책은 소수정예주의 원칙에 입각한 정책이라고 판단하게 되고 따라서 소수의 우수한 작가나 작품을 집중적으로 지원하는 방향으로 정책을 추진하게 된다.

여기에 대해서 일반성(generality)을 지지하는 입장은 탁월성이 중요한 가치라는 것을 부인하지는 않지만 그것만이 유일한 기준은 아니며 다른 가치들 예컨대 교육적 효과, 청소년에 미치는 영향, 지역사회에 대한 기여, 시대정신의 표현, 문화전통의 전승 같은 가치들도 예술활동이나 결과를 평가하는데 반영되어야 한다는 것이다. 이렇게 종합적인 평가를 하면 작품의 우수성에 대하여 소수의 주관적인 판단에 의존함으로써 발생하는 오류를 어느 정도 줄일 수 있다. 이 입장에서 바람직한 문화정책은 소수정예주의 대신 문화의 평균적 질을 높이는 것이다. 따라서 한정된 재원이라도 될 수 있으면 골고루 많은 예술인들에게 혜택이 돌아가도록 분배하는 것이 정책의 효율성을 높이는 방법이라고 보게 된다. 또 이 입장에서는, 정부의 문화정책은 문화예술 활동 자체를 진작하는 것뿐만 아니라 문화예술인들의 후생을 위한 복지적 기능을 한다는 점도 간과되어서는 안 된다고 보게 된다.

3. 규범지향성 대 규범중립성

예술의 규범지향성이 바람직한 것인가 아닌가 하는 문제는 1930년대 일제시대에 이미 제기되었던 문제로 70년대 80년대에 와서 민중문학, 노동예술 등을 표방하는 진보적인 인사들에 의해서 재연되었으며 앞으로도 문화정책의 쟁점이 될 것으로 보인다. 정통적인 예술관은 순수예술론으로 정치적 이념은 물론 그 밖에 교육이나 종교적 목적을 위한 수단으로도 문학이나 예술이 이용되는 것에 반대하고 예술은 규범적으로 중립을 지키고 심미적 가치만을 추구해야 한다는 입장이었다. 이러한 정통 예술관은 인간의 경험이나 의식은 그의 물적 삶의 조건에 의해서 결정된다고 하는 사회주의 사상에 의해서 정면으로 부정되었고, 소련을 필두로 등장한 공산국가에서는 예술의 가장 중요한 기능은 계급적 목적을 위한 수단으로 규정되었다.

순수예술론에 대한 비난과 부정은 좌익의 전유물은 아니어서 1차 대전 이후 독일, 이태리, 일본에 등장한 우익 독재정권 하에서는 짓밟힌 예술의 순수성 대신 국가적 목적을 위한 도구로서 문화예술의 역할이 공식적으로 요구되었다. 한편 마르크스와 프로이드의 영향을 받은 프랑크푸르트 학파, 그리고 70년대의 신마르크스 학파에서는 자본주의 예술이 비이념성을 표방하면서 실제는 자본주의를 맹종하는 인간을 만들어 내는 도구라고 격렬하게 비판하였다. 오늘날 진보주의적 인사들은 '예술을 위한 예술'이 아니고 '민중을 위한 예술'이라는 프락시스(praxis)의 바탕 위에 예술이 정립되어야 한다고 주장하고 있고, 한편으로 우익진영에서는 국민정신의 개혁, 국가발전의 동기부여를 문화예술이 선도해야 한다고 질타하고 있다.

4. 공익성 대 자율성

다른 정책과 달리 문화정책은 정부가 지원은 하되 간섭은 않는다는 원칙이 보편화되어 있을 정도로 문화의 자율성이 중요하다는 인식이 확립되어 있다. 그러나 문화정책을 담당하고 있는 행정은 공익성을 기본적인 가치로 지향하지 않으면 안 되기 때문에 자율성과 공익성 간에 갈등이 일어나게 된다.

전술한 바와 같이 자유주의 문화정책을 추구하고 있는 국가에서는 정부의 간섭을 예방하고 문화의 자율성을 보장하기 위하여 정부기관에서 문화지원을 관리하지 않고 전문 예술가들을 대변하는 비정부 공익단체에서 관리를 맡도록 하고 있다. 우리나라에서도 이러한 취지를 어느 정도 살리기 위해 정부기관 밖에 한국문화예술진흥원을 설립하여 문화지원업무를 전담하도록 하고 있으나, 진흥원은 사업, 예산에서 임원 인사에까지 문화체육부의 승인과 감독을 받아서 업무를 수행하도록 되어 있기 때문에 자율성이 제한되어 있으며, 원래의 설립취지와는 달리 전문예술가들보다는 정부의 입장을 대변하는 준 관료조직으로 운영되고 있다. 뿐만 아니라 언론, 출판, 전시, 공연 등에 아직도 정부가 심사나 허가를 해 주거나 등록을 받도록 규정하고 있어서 문화 자율성이 실질적으로 많이 제한받고 있는 실정이다. 물론 문화예술계가 독자적으로 활동할 수 있는 재정적인 기반이 취약하기 때문에 정부의 지원을 필요로 하고 또 자율적으로 공익을 보장할 수 있을 만큼 문화예술계의 활동이 아직 제도화되어 있지 않은 단계이므로 외부 공익기관의 개입이 필요한 경우가 있는 것은 사실이며 이 결과로 문화예술계의 자율성이 제약받을 수밖에 없는 것은 사실이다. 그리고 연극, 음악, 무용 등 공연예술 뿐만 아니라 문학, 미술, 출판 등 각 분야에서 정부의 계속적인 지원을 요청하고 있는 한 공익성을 표방하는 정부의 개입 요구와 문화의 자율성 원리 간의 갈등은 앞으로 상당 기간 해결할 수 없는 긴장 관계로 남아 있을 것이다.

5. 제도론 대 파생론

문화예술을 경제나 교육과 같은 기본적인 제도로 보느냐, 아니면 오락이나 여가활동 차원의 부차적인 제도로 보느냐 하는 가치관의 대립은 주로 문화예술계와 주위 환경 사이에 일어나는 현상으로서 효과적인 문화정책의 지원을 좌우하는 문제이다. 장기적으로는 시민들이 이 두 가지 견해 중 어느 것을 지지하느냐 하는 것이 결정적인 요인이 되겠지만 단기적으로 더 중요한 것은 정부 내 인사들, 즉 정책담당자들이 갖는 시각이다. 정부 내 관계 인사들 특히 예산배정에 영향력이 큰 고위 정책결정자들이 문화예술에 대하여 제도론적 가치관을 가지고 있느냐 파생론적 가치관을 가지고 있느냐에 따라 문화정책에 배정되는 예산의 규모와 성격은 크게 좌우될 것이기 때문이다.

제도론과 파생론은 가치의 문제이기 때문에 어느 견해를 따르느냐 하는 것은 궁극적으로는 개인의 주관적인 판단에 달린 문제이겠지만 사회적 상황이나 집단적 반응과 같은 객관적인 조건도 매우 중요한 결정요인이 된다. 앞으로 경제사회발전이 지속되고 기술발전이 정보사회를 재촉하는 방향으로 진행된다면, 개인 생활이나 사회과정에서 문화예술이 차지하는 비중은 증가할 것이며 이러한 변화와 함께 문화예술에 대한 지금까지의 파생론적 시각은 제도론적으로 전환될 가능성이 크다.

VI. 결 론

우리나라에서 문화정책이 본격적으로 실시된 것은 1974년 제1차 문예중흥 5개년 계획의 시작과 함께라고 말할 수 있겠는데 그 이래로 문화정책의 이념이나 가치관도 몇 차례 변화해 왔다. 1차 5개년계획은 전통문화를 계승하고 그 바탕 위에 새로운 문화를 창조하는 것을 정책기조로 하고, 첫째 올바른 민족사관을 정립하고 새로운 민족예술을 창조하며, 둘째 예술의 대중화로 국민의 문화수준을 높이고, 셋째 국제적으로 한국문화의 국위를 선양하는 것을 정책목표로 한다고 하였다. 이념이나 가치라는 용어를 사용하지 않았지만 여기에서 당시 문화정책이 지향했던 우선적인 정책가치는 주체성, 즉 문화의 주체성 확립이었음을 알 수 있다. 이 당시는 유신시대로서 유신을 정당화하기 위해서 주체성이 강조되던 시기다. 이를 위해서 3, 4공화국 기간 중 문화예산의 대종이 문화재 발굴, 보존, 진흥에 투입되었다.

제5공화국의 문화정책은 1983년도에 발로된 제5차 경제사회발전 5개년 수정계획에 처음으로 포함된 문화부문계획에서 알 수 있다. 이 계획은 3대 정책목표로서, 1) 문화시설의 확충과 지방문화 육성으로 국민이 모두 문화를 향수할 기회를 갖게 한다. 2) 전통문화유산의 개발과 창작여건의 개선으로 문화의 주체성을 확립하여 가치관의 혼란을 막고 건전한 사회발전의 기초를 마련한다. 3) 86, 88 게임을 계기로 민족문화의 우수성을 국제적으로 선양한다는 것이었다. 1차 계획과 비교해서 세가지 정책목표는 유사하지만 1), 2)의 목표간에 순위가 바뀌어 여기에서는 문화향수권의 보장이 제1의 목표로 선정되었고, 따라서 정책이념도 평등이 우선하게 되었다. 이러한 목표에 따라 5공화국 기간 동안 전국적으로 지방문화의 육성을 위한 시설투자가 대폭 늘어났으며 당시 정권이 필요로 하던 국민의 지지를 확보하기 위한 효과적인 수단이 되었다.

노태우 정권의 6공화국의 문화정책은 1991년 작성된 7차 5개년계획 문화부문 안에 나타나 있는데, 1) 문화창조력의 제고, 2) 문화 매개기능의 확충과 문화향수 확대, 3) 지방문화의 활성화, 4) 국제문화교류의 증진의 네 가지가 정책목표로 제시되었다. 5공화국과 다른 점은 문화창조력이 첫째 목적으로 제시되었다는 점과 전통문화에 대한 독립된 목표가 설정되어 있지 않다는 점이다. 이러한 점에서 이 시기의 문화정책 이념으로 상대적으로 부각된 것은 예술가에 대한 지원을 중시하는 창작의 이념이라고 하겠다. 민주화의 흐름과 문화부의 출범과 맥을 같이 하여 순수예술의 가치가 높게 평가된 것으로 볼 수 있다.

김영삼 정부의 문화정책을 논하기는 아직 시기적으로 이르지만 금년 7월에 문화체육부에서 작성한 새 문화·체육·청소년진흥 5개년계획에서 그 면모를 부분적으로 읽을 수 있다. 여기서는 정책이념을 기본이념이라는 제목으로 계획의 머리 부분에서 밝히려고 하고 있으나 명확한 논리적 흐름이 없어 내용이 제대로 전달되지 않고 있다. 그러나 이 중에서 국가사회적 발전의 총체를 문화적 차원에서 파악한다는 것과 국민의 평균적인 삶의 충실화와 삶의 개성적 선택과 창조를 추진한다는 것이 강조되고 있는 것은 알 수 있다. 전자는 문화예술에 대한 제도론적 가치관을 지향하겠다는 의지의 표명인 데 대해서, 후자는 대체로 문화향수권의 보장을 새로운 시각에서 추진하겠다는 뜻으로 이해된다. 그리고 다섯 가지 정책기조로, 1) 규제에서 자율로, 2) 중앙에서 지역으로, 3) 창조계층에서 향수계층으로, 4) 분단에서 통일로, 5) 보다 넓은 세계로를 제시하고 있다. 이 정책기조 아래 제시되고 있는 정책목표는, 1) 민족정기의 확립, 2) 지역문화 활성화와 문화복지 균점화, 3) 문화창조력 제고와 문화환경 개선, 4) 문화산업 개발, 5) 한겨레 문화조성과 세계화의 다섯 가지이다. 전 정권과의 차이는 문화산업 개발이 독자적인 분야로 등장한 점이 가장 주목할 만하고 그 밖에 통일에 관한 정책이 전보다 부각되었다는 점이며, 전통문화에 관한 정책이 민족정기 회복이라는 목표 아래 제시된 것은 대통령이 구 총독부 건물 철거를 지시한 것을 부각하기 위한 것으로 보인다.

이상과 같은 개괄적인 자료를 통해서 우리나라 문화정책과 정책이념, 가치와의 관계에 대해서 몇 가지 사실을 발견할 수 있다.

첫째, 정권이 바뀔 때마다 정책도 새로 작성되는 경향이 있다. 정책환경이나 수요, 그리고 통치이념이 변화했기 때문이기도 하겠지만 단지 새 정책을 개발했다는 인상을 위해서 그렇게 하는 면도 없지 않다. 정책 내용은 대체로 대동소이하다.

둘째, 정책이념이나 가치가 정립되어 있지 않다. 오히려 통치자의 정치적 수요를 이념화하여 앞세우려는 경향이 있다.

셋째, 정책이념이 형식적이다. 대체로 논란의 소지가 적은 보편적이고 당위성이 높은 이념이나 가치가 정책이념(가치)으로 제시되고 있으나, 정책이념은 명목적일 뿐 실제 정책목적을 설정하거나 대안을 개발하거나 대안중에서 정책 내용을 선정하는 것은 제시된 정책이념과 상관없이 이루어지는 경향이 있다. 제시된 정책이념이 정책결정자나 집행자의 신념과 접합되어 있지 않기 때문에 성공적인 정책추진에 필요한 동기 제공을 정책이념이 못하고 있다.

넷째, 정책이념이나 가치와 정책기조, 목표 등이 논리적으로 연결되어 있지 않다. 우선 개념들을 구별하지 않고 방만하게 사용하고 있으며 정책이념이나 뚜렷한 가치의 기반 위에 정책이 개발되고 있지 못하다. 지방문화의 육성이나 세대 간 상충되는 문화의 조화 등은 정책의 목표나 기조인데도 이념이나 가치처럼 쓰이기도 한다.

정책과정에서 이념이나 가치는 정책목표의 준거를 제공해 주고 정책평가의 기준을 제시해 줄뿐만 아니라 정책 담당자가 장애를 극복하고 적극적으로 정책을 추진할 수 있는 신념을 제공해 준다. 우리나라의 문화정책은 지금까지 이러한 이념이나 가치의 이점을 활용하지 못하고 수행되어 온 면이 많이 있다. 과거 정통성이 의문시되었던 군사정권 아래에서는 관료들이 소신을 가지고 행정을 할 수 없었기 때문에 상부의 지시에나 충실할 수밖에 없었으나 이제 문민정부의 정책 담당자들은 확고한 이념과 가치의 기반 위에 정책을 수립하고 집행하도록 노력할 수 있을 것이다.

참고문헌

김여수 (1988). 문화정책의 이념과 방향. 「문화예술논총」, 제1집, 19－32.

Gilbert, N. & Specht, H. (1974). *Dimensions of Social Welfare Policy.* Englewood Cliffs, N. J.: Prentice－Hall.

Gould, J. & Kalb, W. (1964). *A Dictionary of the Social Sciences* (Edition). New York: Free Press.

Weber, M. (1949). Objectivity in Social Science and Social Policy. In Edward A. Shills and Henry A. Finch (trans. and eds.), *The Methodology of The Social Sciences.* New York : Free Press.

▶ ▶ ▶논평

임학순(가톨릭대학교 미디어기술콘텐츠학과 교수)

Ⅰ. 문화정책의 가치론적 접근: 비판적 성찰과 총체성의 회복

정홍익 교수는『문화정책의 가치론적 접근』논문에서 문화정책은 의제설정, 형성, 집행, 효과 등 정책 과정 전반에 걸쳐서 가치의 관점(value perspective)이 필요하다고 제시하고, 문화정책의 이념과 가치를 분석하는 개념적 틀과 쟁점 이슈를 논의하고 있다. 이 논문에서는 가치의 관점이 필요한 이유를 '문화'의 특성에서 찾고 있다. 정홍익 교수는 문화를 "가치"를 내포하고 있는 "의미체계"로 이해하고, 문화정책은 이러한 문화의 특성을 고려해야 한다고 지적하고 있다.[1] 문화의 특성과 중요성에 대한 국가와 사회의 인식 또한 문화정책에 영향을 미친다. 이런 측면에서 문화정책에 대한 가치론적 접근은 문화정책의 본질적 영역이라고 할 수 있는 문화에 대한 탐구에서부터 출발한다고 볼 수 있다. 정홍익 교수는 가치론적 접근을 통해 문화정책의 이념과 가치가 무엇이고, 이러한 이념과 가치가 문화정책 실천 현장에서 어떻게 구현되고 있는가를 총체적으로 이해할 수 있는 틀을 제시하고 있다.

이러한 가치론적 접근은 이 논문이 발표된 1993년이라는 시대적 맥락에서 비판적 성찰과 희망의 메시지를 동시에 담아내고 있다. 1990년대에 들어와서 문화정책은 전통문화와 순수예술 영역을 넘어 문화생활, 지역문화, 국제교류 영역으로 확대되었다. 문화부는 1990년에 "문화발전 10개년계획"을 발표하고, "문화주의"를 표방하였으며, 김영삼 문민정부는 1993년에 "문화창달 5개년 계획"을 발표하였다.[2] 정홍익 교수의 가치론적 접근은 이러한 문화정책의 팽창 상황에 대한 비판적 성찰을 담고 있다. 정홍익 교수는 논문에서 우리나라 문화정책이 도구적 합리성과 정치성의 함정에 빠져 혼란을 겪고 있으며, 이념, 가치, 목적, 수단의 연계체계를 구축하지 못하고 있다고 진단하고 있다. 이러한 문제의식을 바탕으로 정홍익은 문화정책의 가치론적 접

---

1) 정홍익은 1992년에 한국행정학보에 발표한 "문화행정연구: 개념틀과 분석"논문에서도 문화행정은 가치에 대한 이해가 필요한 분야라고 지적하고, 한국 문화행정의 목적들(국민정서욕구 충족, 민족의식 배경, 가치관 계도, 예술발전)에 상응하는 가치로 평등, 주체, 효용, 창의 등을 제시하고 있다.
2) 1973년에 "1차 문예중흥5개년 계획" 발표 이래 1980년대까지 문화정책을 경제발전과의 관계에서 계획을 발표해왔다.

근을 통해 이념, 가치, 목적, 수단을 총체적 관점에서 이해할 수 있는 틀을 정립하고, 정책 실천 현장에서 정책 선택의 기준을 제시하고자 하였다.

다른 한편으로 이 논문에는 권위주의 정부의 "팽창" 기반 문화정책 패러다임을 "가치" 기반 문화정책 패러다임으로 전환하여 문화정책의 새로운 지평을 열어가기를 바라는 희망의 메시지가 담겨있다. 가치론적 접근은 문화정책의 판단 기준을 제공할 뿐 아니라 문화정책 실천 현장의 문화행정가들에게 "행동의 동기"를 부여할 수 있기 때문이다. 정홍익 교수는 논문에서 "이념이나 가치는 정책의 수립이나 집행을 담당하고 있는 사람들에게 정책의 당위성에 대한 신념을 갖도록 함으로써 정책 수행에 헌신하도록 한다"고 밝히고 있다. 이것은 문화정책 담당자의 신념과 열정이 가치인지 감수성과 밀접하게 연관되어 있음을 의미한다고 볼 수 있다. 또한 정홍익 교수는 논문에서 "가치나 이념의 공감대를 국민들 사이에 넓게 확보하고 정립하려고 노력하는 것은 문화행정의 기본적인 목표이다"고 제시함으로써 문화정책 가치의 공유체계를 강조하고 있다.

II. 문화정책의 이념과 가치 쟁점

1. 문화정책의 이념 유형에 대한 논의

문화정책의 이념은 문화정책이 지향하는 세계관이나 사상체계를 의미하기 때문에 국가 문화정책 원형의 형성과 지원철학과 밀접하게 연관되어 있다. 이러한 이념에는 국가 및 사회가 문화 및 문화정책에 대해 갖고 있는 태도와 신념이 내포되어 있다. 그 동안 문화정책학에서는 문화정책 이념을 주로 비교문화정책 연구 차원에서 고려하여 왔다. 예컨대, Mulcahy(2003)은 문화정책의 지향성을 정치문화(political culture)로 정의하고, 국가주의(nationalism, 프랑스), 사회민주주의(social-democracy, 노르웨이), 자유주의(liberalism, 캐나다) 자유지상주의(libertarianism, 미국)로 구분한다. Rosenstein(2018)은 문화(culture)에 대한 신념을 문화이념(cultural ideologies)으로 정의하고, 집합주의(Collectivist), 국가주의(Nationalist), 연방주의(Commonwealth), 시장주의(Market), 다원주의(Pluralist) 등으로 구분하고 있다. McGuigan(2005)는 신자유주의 이념과 문화정책의 관계를 다루고 있다.

정홍익 교수는 문화정책 이념을 개인주의와 집단주의, 제도론과 파생론으로 구분하여 논의하고 있다. 개인주의는 자유주의, 시장과 경쟁, 순수 예술론을 강조하고, 집단주의는 사회주의, 구성주의, 예술사회론을 강조한다. 제도론과 파생론은 문화와 사회의 관계에서 문화를 사회구성의 본질적 요소로 인식하는가, 보조적 요소로 인식하는가에 따른 구분이다. 이러한 문화정책 이념 구분은 문화의 특성과 가치를 바라보는 시각이 국가에 따라 차이가 있을 수 있다는 점을 제시함으로써 문화정책 모델의 비교 준거로 작용할 수 있다는 점을 보여주고 있다.

이러한 문화정책 이념 유형에 관한 논의는 앞으로 우리나라 문화정책 이념의 특성을 이해하는 중요한 분석 준거로 작용할 수 있다. 국가 주도의 문화정책 계획과 문화관련 법을 살펴보면, 집단주의와 제도론의 특성이 많이 나타나지만, 실제 문화에 대한 정책적, 사회적 인식은 집단주의와 개인주의, 제도론과 파생론의 특성이 혼재되어 있는 측면이 있다. 지역 문화정책 현장에서는 여전히 문화예산이 불확실하고, 왜 문화정책이 필요한가에 대한 설득과 좌절이 반복되고 있다. 아직까지 우리나라 문화정책 이념의 특성과 유형에 관한 연구는 미흡한 실정이다.[3]

2. 문화정책의 가치 쟁점 논의

정홍익 교수는 문화정책 현장을 가치 선택의 장으로 바라보고 있다. 문화정책 담당자들은 어떤 가치를 선택하고, 결정해야 할 것인가에 대해 고민해야 하는 상황에 직면하게 된다. 가치 선택 상황은 가치들의 갈등과 충돌이 나타나는 현장이기도 하다. 이와 같이 가치론적 접근은 문화정책을 동태적이고 복잡 다양한 세계로 인식하고 있다고 볼 수 있다. 이것은 문화정책을 "생태학적 복잡성(ecological complexity)으로 이해하고, 문화정책 가치 이슈를 논의한 Mulcahy(2006)와 일맥상통한다고 볼 수 있다.[4]

정홍익 교수는 문화정책의 가치를 보편적 가치(목적 차원의 가치)와 선택적 가치(대안 선정 기준의 가치)로 구분하고 있으나 그 경계를 명확하게 설정하기는 쉽지 않다. 이것은 아마도 시대적 맥락이나 문화정책 가치에 대한 합의 수준에 따라 보편적 가치와 선택적 가치의 내용이 변화할 수 있다는 것을 나타내고 있다고 볼 수 있다. 정홍익 교수는 가치의 쟁점 이슈를 보편성과 주체성, 탁월성과 일반성, 규범지향성과 규범 중립성, 공익성과 자율성, 제도론과 파생론 등으로 구분하여 논의하고 있다. 보편성과 주체성 이슈에서는 문화정책의 국제적 환경을 고려하고 있다는 점에서 문화정책의 가치 논의를 국내 차원에서 국제 차원으로 확장하고 있다고 볼 수 있다. 탁월성과 일반성, 규범지향성과 규범 중립성 이슈는 탁월성과 접근성(excellence vs access), 엘리트주의와 민중주의(elitism vs populism), 문화의 민주화와 문화민주주의

---

3) 그동안 문화정책 이념에 관한 학문적 연구는 주로 이념 유형보다는 정책 목적에 한정되어 있다.
4) Mulcahy(2006)은 문화의 민주화(democratization of culture)와 문화민주주의(cultural democracy), 민중주의와 엘리트주의(populism vs elitism), 문화적 공리주의(cultural utilitarianism), 문화와 창조 도시(culture and creative cities) 가치에 대해 다루고 있다.

(democratization of culture vs cultural democracy) 이슈와 연관되어 있다. 공익성과 자율성 이슈는 문화정책의 공공성과 책임성, 예술의 자율성 이슈를 다루고 있다.

이와 같이 정홍익 교수는 가치와 가치의 관계에 관한 쟁점 이슈를 고찰함으로써 2020년 현재까지 우리나라 문화정책의 가치 연구에 중요한 영감을 불어넣고 있다. 임학순(2001)은 문화산업 영역과 예술영역에 대한 정책 가치의 양립 가능성을 사용가치와 교환가치, 문화정체성 가치와 문화의 국제화 가치, 문화복지 가치와 문화산업 가치의 관계를 중심으로 논의하고 있다. 김정수(2006)는 문화행정의 이념적 딜레마를 엘리트주의와 민중주의, 표현의 자유와 사회적 법익의 보호, 창작자 권리보호와 소비자 접근 기획 확대, 문화주권과 문화교류 가치의 충돌 쟁점을 중심으로 다루고 있다. 그리고 장석류(2020)는 자율성과 책임성, 형평성과 효율성 가치의 충돌 문제를 행정인, 기획인, 예술인 인식을 중심으로 실증적으로 다루고 있다.

III. 결론: 미래 문화정책학의 가치론적 접근 활성화되어야

정홍익교수의 『문화정책의 가치론적 접근』 논문은 문화정책 연구의 지평을 문화정책의 내부 체계에서 문화정책 존재와 연관된 맥락으로 확대하여 문화정책을 총체적으로 이해할 필요가 있다는 점을 제시하고 있다. 정홍익 교수는 이미 1992년에 『문화행정 연구: 개념틀과 분석』 논문에서 문화행정 영역을 사회발전 맥락에서 설정해야 하며, 문화행정 변동 요인으로 사회경제 환경, 정치 환경, 국민 수요 등을 제시하고 있다. 같은 맥락에서 Mulcahy(2006)는 문화정책의 근본적인 선행 조건(fundamental preconditions)에 관심을 가질 필요가 있다고 제시하고 있다.

앞으로 문화정책의 가치들은 미래 문화정책 맥락과의 관계에서 다양한 형태로 생성, 변화할 것이다. 문화권(cultural rights)과 문화다양성(cultural diversity) 가치들은 문화정책의 보편적 가치로서 합의가 형성되고 있다. 문화의 민주화(democratization of culture)와 문화민주주의(cultural democracy), 엘리트주의(elitism)와 민중주의(populism)의 가치 논쟁이 지속되고 있다.[5] 문화적 형평성(cultural equality) 가치에 관한 논의는 문화와 사회관계 차원에서 문화와 기술 관계 차원으로 확대되고 있다. 창의성(creativity) 가치는 창의적 소비자, 주체적인 문화 활동, 학교 예술교육이 부각되면서 그 중요성이 커지고 있다. 그리고 문화 창조도시, 지역재생, 콘텐츠산업 등에 대한 문화정책의 관심이 확대되면서 문화의 경제적 가치와 문화공리주의(cultural utilitarianism) 가치에 대

---

5) Street(2011)은 문화정책의 수월성과 다양성 가치를 자유민주적 정치체계 맥락에서 논의하고 있다.

한 관심 또한 커지고 있다. 또한 정책 현장에서는 문화행정의 공공 책임성과 예술 자율성의 가치가 여전히 쟁점 이슈로 제기되고 있다.

이러한 문화정책의 가치 이슈는 미래 문화정책 연구에서도 중요하게 고려될 필요가 있다. 우리나라에서 문화정책에 대한 학문적 연구는 1980년대 중반 이후부터 시작되었지만, 1990년대 초까지만 해도 연구 논문, 연구 인력, 연구 커뮤니티 측면에서 매우 취약한 실정이었다. 문화정책 사업이 확대되고 있음에도 불구하고, 문화정책의 이념과 가치에 대한 연구는 없었다. 정홍익 교수는 1993년에 『문화정책의 가치론적 접근』을 발표하여 문화정책의 개념, 이념, 가치에 관한 연구 틀을 제시함으로써 문화정책 이념과 가치 연구의 중요한 토대로 작용하여 왔다. 이 논문은 발표된 지 27년이 지났음에도 불구하고, 여전히 현재와 미래 문화정책의 가치를 이해하는데 중요한 기반으로 작용하고 있다. 앞으로 문화정책의 가치와 맥락의 관계, 그리고 미래 문화정책의 가치에 관한 연구가 활발하게 이루어질 필요가 있다.

참고문헌

김정수(2006), 문화행정의 이념적 딜레마, 『한국공공관리학보』 20(1), 175 – 191

임학순(2001), 문화산업 영역과 예술영역에 대한 정책 목표들 양립가능성 연구, 『문화정책 논총』 13: 279 – 300.

장석류(2019), 문화행정의 가치 충돌에 관한 실증 연구: 행정인, 기획인, 예술인에 대한 비교분석, 성균관대학교 국정전문대학원 박사학위논문.

정홍익(1992), 문화행정연구: 개념틀과 분석, 『한국행정학보』, 25(4), 229 – 245.

정홍익(1993), 문화정책의 가치론적 접근, 『문화정책 논총』 5: 46 – 68.

McGuigan, J.(2005), Neo–liberalism, culture and policy, International Journal of Cultural Policy, Vol. 11, No. 3, pp. 229 – 241.

Mulcahy, Kevin V.(2003), "Comparing Cultural Patronage: Traditions and Trends," in Valerie Morris and David Pankratz, eds., *The Arts in a New Millennium: Research and the Arts Sector*, pp. 95 – 108. New York: Praeger.

Mulcahy, Kevin V.(2006). "Cultural Policy: Definitions and Theoretical Approaches, *Journal of Arts Management, Law and Society* 35(4): 319 – 330.

Rosenstein, Carole(2018), *Understanding Cultural Policy*, New York and London: Routledge, 195 – 226.

Street, J. (2011), The popular, the diverse and the excellent: political values and UK cultural policy, International Journal of Cultural Policy, Vol. 17, No. 4. 380 – 393.

환경정책원칙의 구성요소와 상호관계

환경정책원칙의 구성요소와 상호관계*

이시경(계명대학교 행정학과 교수)

⚭ 프롤로그 ⚭

환경정책원칙에 관한 선행연구는 주로 국제환경법 또는 환경협약에서 보편적으로 인정된 개별 원칙의 내용을 소개하고 있다. 환경정책원칙에 대한 연구에서 구성개념과 이들이 환경정책에 어떻게 적용되는가에 대한 논의는 부족하다. 또한 환경정책에 대한 보편적 원칙이 정립되어 있지 않고, 원칙 간 상호 관계에 대한 논의는 거의 찾아볼 수 없다. 환경정책원칙을 구성하는 핵심 개념과 원칙 간 상호관계를 탐구하는 것은 새로운 연구영역이 될 수 있다.

이 글에서 선행연구를 토대로 환경정책원칙을 선정하고, 개별원칙의 구성요소와 상호 관계의 특성을 살펴보았다. 환경정책원칙은 환경정책과정에서 일관되게 지켜야 하는 기본적인 규칙이나 법칙을 의미한다. 구성요소는 원칙이 담고 있는 핵심 개념과 원칙을 적용하기 위한 조건을 의미한다. 원칙 간 상호관계에서 구성요소 간 관계의 특성과 주요 개념의 중복 여부를 살펴보았다. 환경정책원칙을 이념적 원칙과 수단적 원칙으로 구분하고, 이념적 원칙은 지속가능한 발전과 순환으로, 수단적 원칙은 사전예방, 오염자부담, 통합으로 구성해 보았다. 지속가능한 발전은 다른 원칙의 상위원칙으로의 영향력이 커져가고 있다. 순환도 폐기물관리에 국한된 원칙에서 자원과 물질순환으로 적용영역이 확대되고 있다. 사전예방과 오염자부담은 환경정책의 핵심 원칙으로 정착되고 있다. 환경문제의 복잡성과 상호관련성이 증가하면서, 통합은 환경정책원칙으로서의 적용범위가 확대되고 있다. 이념적 원칙인 지속가능한 발전과 수단적 원칙 간 상호연계성이 점차 높아지고 있다. 이 글은 환경정책의 바람직한 목표를 설정하고 효율적인 수단을 선택하며 양자 간 인과성을 높이는데

---

* 이 논문은 2018년 『정책개발연구』 제18권 제1호에 게재된 글을 수정·보완한 것이다.

기여할 수 있다. 정책원칙에 대한 구체적인 이해는 정책과정 설계에 도움을 줄 수 있다. 본 연구에서 제시한 이념적 원칙과 수단적 원칙 간 인과관계의 틀을 활용한다면, 정책의 일관성과 효율성을 향상 시킬 수 있을 것이다.

　본 연구의 부족한 측면을 보완하고 다음과 같은 후속 연구과제가 필요하다. 첫째, 환경정책원칙의 구성요소에 대한 명확한 개념정의가 필요하다. 지속가능한 발전의 구성요소에서 형평성이 환경정의에 포함되는 개념으로 볼 것인지? 아니면 다른 개념으로 볼 것인지? 분명하지 않다. 순환원칙에서 순환의 주요 대상인 자원과 물질에 대한 구체적인 개념정의가 필요하다. 사전예방원칙에서 위험과 불확실성의 개념과 유형에 대한 심층적인 논의도 필요하다. 오염자부담원칙에서 오염원인자, 수혜자, 능력자, 공동부담자의 구체적인 범위를 규정해야 한다. 둘째, 지속가능한 발전 개념의 정체성을 확립해야 한다. 지속가능한 발전은 논자에 따라 구성 개념에 큰 차이가 있다. 지속가능한 발전의 구성요소로 통합, 환경정의, 거버넌스 등이 포함되면서, 개념의 정체성 문제가 제기된다. 구성개념이 확대되면서 본 연구에서 제시한 수단적 원칙과의 관계도 재정립해야 한다. 지속가능한 발전의 구성요소를 환경을 제약조건으로 경제, 사회와 통합적인 개념을 구성할 것인지? 아니면 환경, 경제, 사회 간 대등한 입장에서 지속가능한 발전의 개념을 구성할 것인지? 가 쟁점이다. 셋째, 환경정책원칙의 실효성을 높여야 한다. 국내 환경법에서 선언적으로 규정된 환경정책원칙이 실제 환경정책의 원칙으로 효력을 발휘하기 어려운 경우가 많다. 환경법에 규정된 원칙들이 실제 환경정책의 원칙으로 실효성을 가지려면, 개별법령에 의무조항을 두어야 한다. 지속가능한 발전, 사전예방, 통합의 원칙은 환경정책기본법에 선언적으로 규정되어 있을 뿐, 개별 법령에서 실행 규정이 없기 때문에 적용가능성이 낮다.

　본 연구에서 환경정책원칙의 선택과 유형구분에서 이론적 근거가 부족하다. 환경정책원칙의 구성요소와 상호관계에 대한 논의에서 경험적 근거가 보완되어야 한다. 앞으로의 연구과제는 환경정책원칙의 구성요소에서 환경법의 법리 논쟁을 충실히 반영하고, 원칙이 정책에 구체적으로 어떻게 적용되었는지를 경험적으로 밝히는 것이다. 이 글은 환경정책의 핵심적인 원칙을 선정하고, 구성요소와 상호관계에 대한 탐색적 연구로서 후속연구의 토대가 되기를 기대한다.

I. 서 론

환경정책원칙에 관한 선행연구는 주로 국제환경법 또는 환경협약에서 보편적으로 인정된 개별 원칙의 내용을 소개하고 있다. 정책원칙의 구성요소에 관한 연구에서 원칙을 구성하는 개념과 이들이 환경정책에 어떻게 적용되는지에 대한 논의가 부족하다. 또한 환경정책에 대한 일반적인 원칙이 정립되어 있지 않고, 원칙 간 상호관계에 관한 논의는 거의 찾아볼 수 없다. 보편적인 환경정책원칙을 정립하기 위해서는 환경정책원칙을 구성하는 주요 개념이 정책에 어떻게 적용되는지 살펴볼 필요가 있다. 정책원칙을 구성하는 개념과 원칙 간 상호관계의 특성을 살펴보는 것은 환경정책원칙에 대한 새로운 연구영역이 될 수 있다.

이 글에서는 우리나라 환경정책원칙의 구성요소를 재검토하고 원칙 간 상호관계의 주요 특성을 살펴보고자 한다. 환경정책원칙은 정책을 형성하고 집행하는데 적용되는 기본적인 규칙이나 법칙을 의미하며, 정책의 목표설정과 수단선택 그리고 정책평가의 준거가 된다. 보편타당한 환경정책원칙은 정책의 일관성을 유지하고, 정책목표와 정책수단 간 인과관계의 수준을 높이며, 정책참여자 간 갈등을 줄이는데 도움을 준다. 환경문제는 다른 공공문제와 비교해 내용이 복잡하며, 문제의 원인과 해결 방안을 찾기 어려운 경우가 많기 때문에, 환경정책원칙은 이런 현상을 해결하는데 기여할 수 있다.

II. 환경정책원칙에 관한 선행연구의 검토

1. 환경정책원칙의 의의

환경정책원칙은 판례에 의해 축적된 행정법의 일반원칙과 달리 환경 정책적 차원에서 구성되어 왔다. 환경법 원칙은 환경법영역을 형성하고 지탱하며 정책의 방향을 설정하고 정책수단 선택의 기준이 된다(김환학, 2012: 226-227). 환경정책원칙은 환경정책에 관한 기본 명제를 의미한다. 환경정책 원칙은 환경정책의 목표설정과 수단선택 및 환경정책 전반에 작용한다. 환경정책원칙은 환경윤리나 환경법의 영향을 받는다. 국가나 시대의 지배적인 환경윤리가 환경정책원칙에 영향을 미치고, 환경법이 규정한 주요 원칙은 환경정책의 원칙이 되기도 한다. 또한 국제환경회의에서 선언적으로 규정한 원칙이나 규칙은 개별국가 환경정책의 원칙으로 수용되기도 한다. 이런 경우 국가 간 환경에 대한 합의규정이 법률에 반영되어 환경법의 주요 원칙 이 되고, 이런 환경법의 원칙은 환경정책의 핵심적인 기준이 된다. 지속가능한 발전이나 오염자부담원칙 등은 이런 경우에 해당된다. 원칙은 시간이 지남에 따라 규칙이 되어 구체적인 정책을 결정하고 평가하는 기준이 된다(Jobodwana, 2011: 710).

2. 선행연구의 주요 내용

정선양(1999)은 환경정책원칙을 대원칙과 소원칙으로 구분하였다. 순환과 지속가능성을 대원칙으로, 예방과 오염자부담원칙을 소원칙으로 분류하여, 대원칙과 소원칙 간 계층이 존재한다고 보았다. 다른 연구자와는 달리 순환을 환경정책의 대원칙으로 보았으며, 사전예방, 오염자부담, 통합을 기본원칙으로, 공동부담, 중점, 보충을 부수원칙으로 분류하였다. 윤영채(2007)는 사전예방과 오염자부담 등을 환경정책의 주요 원칙으로 제시하고, 각각의 원칙이 정책사례에 어떻게 적용되는지 분석하였다. 윤영채(2007)와 김환학(2012)은 지속가능한 발전을 환경정책의 이념 또는 가치로 보고, 기본원칙에 포함시키지 않았다. 환경정책기본법에서 지속가능한 개발, 사전예방, 오염원인자 책임, 순환, 경제·환경통합, 협력을 들 수 있다. 지속가능한 발전은 환경정책의 기본이념으로 제시하였기 때문에, 환경정책의 이념 또는 핵심 가치로 볼 수 있다. King & Mori(2007)와 Jobodwana(2011)는 환경정책원칙에 법원칙뿐만 아니라 환경윤리와 환경정책수단을 포함시키고 있다. King & Mori(2007)가 제시한 인간중심과 참여는 환경윤리의 주요 명제이며, Jobodwana(2011)의 환경영향평가는 환경 정책수단이다. 이들은 환경윤리가 환경정책 원칙으로 적용될 수 있고, 때로는 환경정책 수단이 정책원칙의 역할을 할 수 있다고 본 것이다.

3. 본 연구의 시각

선행연구에서 지속가능한 발전은 환경정책의 원칙이면서 다른 원칙의 상위 원칙으로 보고, 다른 원칙과 계층 구조를 인정하였다. 사전예방과 오염자부담의원칙은 국제환경법과 국가 간 환경협약에서 보편적으로 인정된 원칙으로 국내법에 규정되어 있다. 공동부담, 협력, 중점, 보충 등의 원칙은 환경정책의 기본원칙 이라기보다 부수적 원칙으로 보는 것이 타당하다. 공동부담원칙은 오염자부담원칙을 적용하기 어려운 경우에 활용가능하다. 협력은 독일을 중심으로 한 EU 국가의 환경법원칙으로 우리나라 환경정책기본법에도 규정되어 있다. 협력이 환경정책원칙으로 작동할 수 있는 법적 요건을 갖추었지만, 실제 환경정책에 적용하는 데는 한계가 있다. 환경정책과정에서 국가가 정책참여자 간 협력을 강제할 수단이 없는 경우가 많다. 다른 정책과정에도 협력이 중요한데, 협력을 환경정책만의 원칙으로 볼 수 있는가? 하는 것에 대한 논란이 제기될 수 있다. 중점, 비례는 지구환경문제를 중심으로 국제법상 인정된 환경정책원칙으로 보는 것이 타당하다. 반면 순환은 환경정책의 원칙으로 구체화되고 있다. 우리나라는 환경정책기본법에 순환을 폐기물관리의 원칙으로 규정하였고, 더 나아가 생태계 내에서 물과 대기 등의 건전한 순환을 위한 정책수단을 도입하고 있다. 우리나라 환경정책기본법에 환경과 경제의 통합관리를 규정하고 있다. 최근 환경문제를 해결하기 위해 통합오염허가제를 비롯한 통합관리 방식의 적용을 확대하고 있다. 따라서 본 연구에서 환경정책원칙으로 지속가능한 발전, 순환원칙, 사전예방원칙, 오염자부담원칙, 통합원칙으로 선정하였다. 다섯 가지의 환경정책원칙은 선행연구자들이 공통적으로 중요한 환경정책 원칙으로 제시하였다. 또한 이러한 원칙들은 실제 환경정책의 목표설정이나 수단선택의 준거로서의 적용 영역이 증대되고 있다. 선행연구에서 환경정책원칙을 대원칙과 소원칙으로 구분하거나 지속가능한 발전을 이념적 원칙으로 보았다. 이를 토대로 환경정책원칙 간 계층을 전제하여, 이념적 원칙과 수단적 원칙으로 분류하였다.

Ⅲ. 환경정책원칙의 구성요소와 적용정책

아래에서는 지속가능한 발전, 순환원칙, 사전예방원칙, 오염자부담원칙, 통합원칙의 구성요소와 이들 원칙이 우리나라 환경정책에 어떻게 적용되는지를 살펴보고자 한다.

1. 지속가능한 발전

1) 지속가능한 발전의 의의

지속가능한 발전이란 일반적으로 '미래세대의 필요를 충족시킬 수 있는 능력을 훼손하지 않는 범위 내에서 현재 세대의 필요를 충족시키는 개발'로 정의된다. 이는 자연자원과 생태계의 자정능력의 한계를 인정하면서 그 한계 안에서 인류의 기본적인 필요를 충족시키는 발전을 의미한다. 지속가능한 발전은 1972년 스톡홀름의 국제연합인간환경회의, 1992년 리우환경회의, 2002년 요하네스버그의 지속가능발전정상회의, 2012년 리우정상회의(Rio + 20)를 통해 국제사회 전반에 걸쳐 국가발전의 보편적 이념이 되었다. 지속가능한 발전은 규범적 성격이 강하다. 환경과 개발에 관한 리우선언은 세계 각국의 정상이 서명한 것이므로 약한 구속력을 갖는 일종의 정부 간

합의문서에 해당한다. 이 개념은 윤리적, 사회적, 경제적, 문화적 등 다양한 의미를 내포하고 있다(한면희, 2008: 78). 지속가능한 발전의 정의와 구성내용을 둘러싼 논쟁이 경제와 환경의 이분법적 대립구조를 완화하고, 전통적 환경주의가 다루지 못한 환경정의(이덕연, 2013: 137), 통합, 거버넌스의 논의를 유발시켰다. 지속가능한 발전은 다양한 정책영역에 적용되면서 끊임없이 변천해 왔다. 지속가능한 발전이 추구하는 정책목표와 적용범위가 확대되고 있다.

2) 지속가능한 발전의 구성요소

지속가능한 발전을 위해서는 다음과 같은 구성요소가 필요하다. 첫째, 환경기준이나 환경용량을 초과하지 않는 범위 내에서 발전을 해 나가야 한다. 특히 기업이 환경기준을 초과하면 값비싼 대가를 치르는 경우가 많다. 둘째, 발전과 환경의 조화가 아니라 환경을 제약조건으로 한 발전을 이루어야 한다. 셋째, 지속가능한 발전은 인간과 자연 간, 현 세대 구성원 간, 현 세대와 미래 세대 간 공생, 환경적·경제적·사회적 지속가능성을 추구한다. 지속가능한 발전은 인간을 포함한 모든 생명체의 지속가능성을 토대로 경제적 효율성과 사회적 형평성이 동시에 실현되는 상태를 의미한다. 지속가능한 발전을 위해서는 환경, 경제, 사회라는 세 요소 간 조화가 필요하다. 일반적으로 지속가능한 발전의 구성요소를 환경, 경제, 사회, 거버넌스로 구분하여 측정할 수 있지만, 정책의 유형과 내용에 따라 구성요소별 지표는 많은 차이가 있다. 지속가능한 발전은 환경적 안정성의 유지, 관리된 경제성장, 사회적 형평성의 증대를 통합적으로 고려하는 개념으로서, 목표달성을 위해서는 이해 관계자의 참여와 사회 각 부문 간 통합을 전제로 한 협력적 거버넌스의 구축이 필요하다.

3) 지속가능한 발전의 적용

지속가능한 발전은 환경법의 제정·개정과 해석·적용뿐만 아니라 환경정책의 결정과 집행의 지침이다. 환경법에 규정된 사전예방의 원칙, 오염원인자책임의 원칙, 협력의 원칙 등은 지속가능한 개발을 실현하기 위한 수단적 성격을 띤 원칙으로 볼 수 있다. 따라서 지속가능한 발전은 환경법의 기본원칙 간 충돌이 발생하는 경우 문제해결을 위한 지침으로 작용할 수 있다(박경철, 2006: 72-73). 지속가능한 발전은 환경정책의 방향설정과 정책수단 선택의 기준이라 할 수 있다. EU를 중심으로 한 선진국에서는 지속가능한 발전이 환경정책의 영역에 한정 되지 않고 국가발전의 이념적 원칙이 되고 있다. 우리나라 법률에도 지속가능한 발전을 법의 기본 이념으로 규정하는 사례가 증가하고 있으며, 환경정책 수행에서 지속가능한 발전의 적용 영역이 점차 증가하고 있다.

2. 순환원칙

1) 순환원칙의 의의

생태계의 지속가능성을 유지하기 위해서는 물질, 에너지, 자원이 변화하면서 끊임없이 순환해야 한다. 자원순환사회의 이념적 배경은 1972년 로마클럽보고서 성장의 한계에서 출발하였다. 지구의 물질과 에너지는 인간에게 해를 주지 않을 만큼의 자원을 만들어내는데 한계가 있고, 물질과 에너지가 쓰임으로 인해 배출되는 오염물질을 다시 지구로 흡수하는 수용능력의 한계가 있다(한상운 외, 2014: 23). 순환은 주기적으로 되풀이하여 돎 또는 그런 과정을 의미한다. 환경정책기본법에도 규정되어 있듯이 현재 환경정책에서 순환은 주로 폐기물 정책의 핵심적인 원칙이다. 그러나 환경정책에서 순환가치는 경제시스템과 환경시스템 간 물질과 에너지 순환을 추구하는 방향으로 영역을 넓혀 나가야 할 것이다.

2) 순환원칙의 구성요소

순환원칙의 구성요소를 파악하기 위해 지구순환의 원리와 생태계 법칙을 살펴보고자 한다. 지구순환의 첫 번째 구성요소는 지구상의 폐열을 처리하여 생명이 살 수 있도록 하는 기능이다. 대기와 물의 순환에 의해서 지표의 과도한 열이 대기 밖으로 배출하는 기능이다. 대기와 물 순환은 지표에 존재하는 여분의 열을 우주에 버리고 지표의 열오염을 낮게 유지하여 생명을 지원하는 기능을 한다. 대기는 지표에서 태양광에 의해 평균 섭씨 15도의 열을 흡수하고 가벼워지면 저기압이 된다. 상승기류는 고도가 올라가면 기압이 떨어지게 되어 단열 팽창되고 온도가 내려간다. 그 결과 대기는 차가워져서 무겁게 되어 고기압이 되어 지표로 내려오면서 단열 압축되어 온도가 오르게 된다. 대기 순환에 의해 지구는 여분의 열을 우주로 버린다. 물의 순환은 대기 순환과 연관되어 있는데, 고기압에서 하강한 대기는 건조한 상태여서 물은 상온열을 얻어 대기 속 수증기로 증발한다. 수증기는 상승기류를 타고 상승하지만 대기온도의 저하에 따라 응결되어 비와 눈이 되어 지표로 하강하여 물 순환을 이룬다. 대기 순환은 이 수증기가 비와 눈이 되었을 때 발생하는 열도 우주에 버린다. 둘째 지구상의 생명체들은 태양열을 받아 식물이 수행하는 광합성을 하는 먹이 사슬을 통해 에너지를 전달하여 생존한다. 생태계를 통한 영양물질의 순환과정이 지구상의 물질 엔트로피를 낮추는 역할을 한다(정회성·안형기, 2008: 36). Commoner(1971)가 제시한 생태계 법칙은 순환원칙을 구성하는 이론적 준거로 볼 수 있다. 그는 생태계를 끊임없이 순환하는 닫힌 원으로 비유했고, 거기서 인간은 상호작용하면서 균형을 이룬다고 보았다. 그는 산업사회의 환경 위기가 과학기술 문명과 자본주의 시스템이 생태계의 순환 고리를 파괴했다고 주장한다. 인간이 다시 자연과 균형을 이루는 상태로 전환해야, 원은 다시 닫힐 수 있다고 보았다.

3) 순환원칙의 적용

자원순환은 재화나 서비스의 생산·유통·소비 과정에서 발생 하는 부산물을 최소화하고, 다시 재생산·재유통·재소비 과정에 투입하는 것을 의미한다. 여기서 부산물의 최소화는 폐기물 발생억제를, 재생산·재유통·재소비는 폐기물의 재사용 및 재활용을 의미한다. 자원순환에서 자원은 자연 상태로 존재하는 자원 자체가 아니고 생산과 유통 및 소비의 경제활동에 사용된 물질이다. 따라서 자원순환은 제품이 생산·유통·소비되는 과정에서 발생한 부산물이 환경에 부담을 최소화하면서 활용 가능한 최적의 기술에 따라 재활용되거나 다시 생산에 투입되는 과정이다. 자원순환과정은 '자원투입 → 제조 → 유통판매 → 소비 → 수집·회수 → 재생 → 제조단계 재투입'으로 요약할 수 있다(전재경, 2008: 618). 우리나라에서 순환원칙은 주로 폐기물 정책에서 논의하고 있다. 폐기물 종량제, 폐기물 부담금과 예치금 그리고 생산자 책임재활용제도는 자원순환에 중점을 둔 폐기물 정책이라 할 수 있다. 최근 환경정책에서 정책적 관심을 두는 순환의 대상이 확대되고 있다. 예를 들면, 도시의 대기오염을 줄이기 위해 바람 길을 확보하고 건축규제를 강화하거나 녹지축을 구성하는 것이다. 수변구역을 설정하는 것도 물과 자연 생태계 간 순환을 위해서다. 환경규제에서 통합, 총량, 전과정평가의 적용이 증가하는 것도 자원의 바람직한 순환을 확보하기 위해서다.

3. 사전예방원칙

1) 사전예방원칙의 의의

정책실행의 시기를 기준으로 환경정책의 원칙을 사전예방과 사후규제로 구분할 수 있다. 환경정책의 수단선택에서 효율성과 집행가능성을 높일 수 있는 사후 규제가 주류였으나 최근 사전예방의 정책수단도 점차 증가하고 있다. 사전적 환경 정책 수단이 정당화되기 위해서는 환경오염으로 발생하는 위험과 오염의 원인과 결과 간 인과

관계에 대한 과학적인 지식이 축적되어야 한다(Gardiner, 2006). 사전예방원칙을 적용하면 환경에 대한 부담이나 위험의 발생가능성이 불충분하더라도 사전에 환경영향을 고려하는 행동을 통해 이를 회피하거나 최소화하게 된다. 사전예방이 환경정책의 중심원칙이 된 이유는 환경과 관련한 피해에 대한 다양한 경험에서 찾을 수 있다. 환경오염으로 인한 피해는 광범위하고 장기 간 나타나고 불가역적인 경우가 많아 사후처리로는 환경오염에 대처할 수 없다(김환학, 2012: 227). 1990년 이후 사전예방은 환경정책의 중요한 원칙이 되어 왔다. 1992년 리우환경회의에서 사전예방이 환경정책의 기본원칙으로 명문화된 이후, 지구 환경보존에 영향을 미치는 다수의 국제적인 협약과 선언 그리고 국제관습법에 그 내용이 반영되었다. 환경정책에서 사전예방원칙을 적용할 때, 환경문제를 둘러싼 위험평가와 위험의 불확실성에 대한 깊은 성찰이 필요하다(Tisdell, 2010: 335).

2) 사전예방원칙의 구성요소

환경정책에서 사전예방 원칙을 적용하기 위해서는 다음과 같은 요건이 필요하다(박규환, 2009:11; 이시경, 2016; Gardner, 2006:36−37; Beder, 2007:63−64). 첫째, 원칙의 적용은 가능한 폭 넓은 과학적 평가에 근거해야 한다. 이 경우 과학적 불확실성의 정도를 구분하여 단계를 설정해야 한다. 과학적 평가 자료는 축적된 시계열자료에 근거하고, 정책수단을 변경하기 위해서는 객관적인 자료 분석이 뒷받침되어야 한다. 둘째, 환경문제에 대한 사전적 개입의 여부에 앞서 위험정도와 발생 가능한 결과를 과학적으로 평가해야 한다. 무엇보다 앞으로 다가올 환경 문제의 위험 정도를 가능한 한 과학적 방법으로 예측하고, 사전적 예방조치를 취한 경우와 그렇지 않는 경우 나타날 위험의 차이를 밝혀야 한다. 셋째, 과학적 평가나 위험평가의 결과가 제출 된 후, 모든 관련 당사자들은 다양한 위기관리의 방법을 선택하는 과정에 참가해야 하고, 이런 절차는 투명하게 진행하고, 위험을 예방하는 사전적 조치의 정도나 주요 내용은 충분한 시간을 두고 이해관계자에게 공개해야 한다. 넷째, 사전적 대응과정에서 차별을 금지해야 한다. 차별의 수단은 위험 정도에 따른 정책의 강도뿐만 아니라 정책수단의 유형에 대해서도 적용할 수 있다. 환경오염에 대한 위험의 정도가 유사한 것으로 판단되는 상황에서는 사전예방조치가 가급적 동일하게 적용 되어야 한다. 다섯째, 비례의 원칙으로, 환경문제에 대한 대응조치는 예기된 위험의 정도에 비례해야 한다. 위험을 지나치게 과장하거나 과소평가해서 문제해결과 상반된 대응조치를 해서는 안 된다.

3) 사전예방원칙의 적용

우리나라 환경정책기본법에서 환경법의 기본원칙으로 사전예방원칙을 규정하고 있다. 환경정책기본법에 규정된 사전예방원칙은 지방자치단체 환경조례에도 반영되어 있다. 이런 규정이 권고규정으로 되어 있는데 정책집행의 실효성을 담보하도록 강제규정으로 전환하는 노력이 필요하다. 사전예방의 적용기준과 한계를 조례에 구체적으로 규정하고 지역의 환경정책에 의무적으로 적용한다면 국가 환경정책을 선도하는 조례가 될 수 있다(박규환, 2009: 16-17). 사전예방원칙 하에서 국가나 지방자치단체 또는 사업자는 환경조성의무를 가진다. 환경조성의무는 건강하고 쾌적한 환경을 조성해야 하는 의무이다. 국가는 환경정책을 통해 국민이 건강하고 쾌적한 환경에서 살 수 있도록 보장하며, 사업자는 사업 활동과정에서 나타나는 오염물질 배출을 줄이는 노력을 해야 한다. 이런 책무는 환경정책의 다른 기본원칙인 오염자부담의 원칙, 협동의 원칙에서도 발생할 수 있다(구지선, 2012: 283).

4. 오염자부담원칙

1) 오염자부담원칙의 의의

우리나라 환경정책기본법에 오염자부담원칙을 규정하였고, 수질 및 수생태계 보전에 관한 법률과 대기환경보전법 등 개별법은 배출부과금제도를 도입하여 오염자부담원칙을 구체화하고 있다(박병도, 2012: 353-354). 오염자부담원칙은 국가 간 환경오염문제에서 공정성을 유지하고, 비용의 내부화를 통해 경제적 통합을 달성하며, 지역 간 또는 국가 간 오염비용의 공정한 배분을 달성하는 근거가 된다(Beder, 2007: 37-39). 오염자부담원칙은 누가 환경오염의 방지와 제거, 그리고 손해배상에 대해 책임을 질 것인지의 기준이 된다. 이 원칙에서는 오염발생의 원인을 제공한 자가 오염의 방지·제거에 대해 책임을 져야 함은 물론 환경피해를 구제하는데 필요한 비용도 부담한다고 본다. 이 원칙은 비용을 원인자에게 부담시켜 사회적 비용으로 전가되지 않도록 하려는 경제적 측면과 타인에게 손해를 끼친 자는 책임을 져야 하는 윤리적 측면을 포괄한다. 오염자부담원칙이 도입될 당시에는 환경오염 방지비용을 분담하고 자원배분을 극대화하는 것에 주목하였으나, 최근에는 환경오염의 방지·제거를 위해 오염원인자에게 일정한 작위 또는 부작위의 의무를 부과하는 것까지 포함하는 실질적 책임을 강조한다(구지선, 2012: 284-284).

2) 오염자부담원칙의 구성요소

오염자부담원칙을 구체적으로 이해하기 위해서는 첫째, 누가 오염자인가? 둘째, 부담해야 할 비용은 어느 정도인가?를 파악해야 한다. 누가 오염자인가라는 문제에 대하여 유럽연합이사회는 직접 또는 간접으로 환경에 위해를 입힌 자 또는 그러한 위해를 야기하는 조건을 만드는 자 혹은 오염행위에 대한 책임이 있는 자로 오염물질의 배출활동을 관리하는 자로 정의한다(Beder, 2007: 36). 오염자부담원칙을 적용하는 과정에서, 누가 무엇에 대한 오염자이고, 그가 얼마의 비용을 부담해야 하는지를 결정하기가 쉽지 않다. 오염자부담 의무의 범위와 관련하여 어떤 비용을 어느 정도 부담해야 하는가에 대해서는, 오염의 예방 및 규제 비용에 한정한다는 견해와 이런 비용뿐만 아니라 유발된 오염의 제거 비용 및 제도의 운영비용, 오염피해에 대한 배상까지도 포함해야 한다는 견해가 있다. 일반적으로 국제사회에서는 후자를 지지하고 있다(박병도, 2012: 336－337). 특히 오염원이 이동하거나 제품의 생애주기에 관련된 사람들이 오염에 어느 정도 기여했는지 정확히 파악하기 어렵다. 때로는 오염자부담원칙의 적용과정에서 오염원인자가 집단적으로 설정되기도 한다. 측정 불가능한 오염에 대한 사전예방이나 회복은 국가의 보조금 또는 기타 환경세 등에 의해 이루어진다. 오염원인자를 확정할 수 없거나, 환경손실을 예측할 수 없는 경우, 오염원인자 에게 비용부담을 지우는 것이 과도한 경우에는 공동부담의 원칙이나 집단적 원인자 책임의 원칙을 적용한다(구지선, 2012: 285).

3) 오염자부담원칙의 적용

환경정책기본법 7조에서 오염원인자에게 오염방지와 제거를 위한 비용부담의 의무를 부여하고 있다. 동 법 5조에서 오염원인자가 단순히 비용부담만이 아니라 환경의 오염과 훼손에 대한 실질적인 회복책임의 의무가 있는 것으로 해석할 수 있다(구지선, 2012: 284－285). 환경정책기본법 5조는 사업자에게 환경오염의 예방에 필요한 비용의 부담의무를 부과하는데 그치지 않고 환경오염에 대한 포괄적인 책임을 부담시키는 근거가 된다. 환경정책기본법 7조는 수질 및 수생태계 보전에 관한 법률과 폐기물관리법의 배출부과금과 해양환경관리법의 환경개선비용부담금 부과의 근거 조항이다. 수질 및 수생태계 보전에 관한 법률은 수질오염물질로 인한 수질오염 및 수생태계 훼손을 방지하기 위해 배출부과금을 부과하도록 규정하고 있다. 폐기물관리법은 사업자에게 여러 가지 의무를 부과하고 있다. 해양환경관리법도 해양환경 및 해양생태계에 현저한 영향을 미치는 일정한 행위에 대하여 해양환경개선부담금을 부과하고 있다(박병도, 2012: 350－353). 생산자책임재활용제도에서 제품의 생산자를 오염원인자로 본다. 그 생산자가 결정하는 제품의 생산방식, 사용원료, 포장방법 등이 환경에 많은 영향을 미친다고 보고 오염원인자인 생산자가 제품의 생산으로부터 폐기에 이르는 전 과정에 걸쳐서 발생하는 모든 환경오염비용을 부담해야 한다(Beder, 2007: 44－45).

5. 통합원칙

1) 통합원칙의 의의

오염 매체, 환경문제와 다른 정책문제, 지역을 통합적으로 관리할 것인가? 아니면 개별적으로 관리 할 것인가에 대한 것이 환경정책의 주요 쟁점으로 대두되고 있다. 환경문제는 기본적으로 문제 간 상호관련성이 높고 광역적으로 파급되는 특성이 있기 때문에 문제해결을 위해 오염 매체 간, 지역 간 통합적인 정책관리가 필요하다. 통합성을 추구하는 환경정책은 매체 간, 기관 간, 이해관계자간 상호관계의 최적화를 시도하여 환경에 미치는 오염물질의 영향을 최소화할 수 있는 방안을 찾는다(이시경, 2004: 313－314). 우리나라 환경관리 체계는 주로 대기, 수질, 토양, 폐기물 등의 매체별로 배출행위를 관리하는 방식을 선택하고 있다. 즉 매체별로 개별법을 제정하여 배출시설의 설치를 허가 또는 인가하고, 이들 시설이 오염물질의 배출허용기준을 지키도록 한다. 매체별 환경관리로는 총체적인 환경정책의 효율성을 높이는데 어려움이 있다. 하나의 매체를 관리함으로서 나타나는 환경오염의 감소가 다른 매체에서 환경오염을 증가시킬 수 있기 때문이다.

2) 통합원칙의 구성요소

환경정책에서 통합원칙을 적용하기 위해서는 다음과 같은 구성요소가 필요하다(김기성, 2010; 환경부, 2015; Slocombe, 1998). 첫째, 정책통합은 통합적 환경관리의 실현할 수 있는 중요한 수단이다. 정책통합에서는 두 가지 이상의 정책을 동시에 추진하여 다른 부작용 없이 특정 정책목표를 최대한 달성하거나, 두 가지 이상의 정책목표를 동시에 달성하도록 유도한다. 정책통합의 대상은 환경정책과 경제정책의 통합뿐만 아니라, 국토개발정책, 산업정책, 문화정책, 복지정책 등으로 영역이 확대되고 있다. 둘째, 통합원칙을 적용하기 위해서는 먼저 기관 간 협력 체제를 구축해야 한다. 여기서 협력체제는 기관 간 공동의 환경문제를 해결하기 위한 규칙이나 조직구성을 의미한다. 이런 의미의 통합관리는 기관 간 협상을 통한 공동정책결정과 집합 행동을 통해 이루어진다. 셋째, 통합요건으로서 관리지침의 결정이나 집행에 관련된 다양한 기관과 이해 관계자의 참여가 전제되어야 한다. 통합관리의 성공여부는 다양한 정책 참여자의 이해관계와 정책수단을 적절하게 통합해야 한다. 이런 목표를 달성하기 위해서는 이해관계자 간 정책인식의 차이를 줄이고 기관 간 갈등을 최소화하는 방안을 마련해야 한다. 넷째, 바람직한 통합관리를 추진하기 위해서는 오염물질의 배출경로와 오염정도에 대한 생애주기평가(Life Cycle Assessment)가 필요하다.

3) 통합원칙의 적용

1991년 OECD가 통합오염관리제도의 이행권고안을 제시한 이후 EU를 중심으로 통합적 환경관리제도의 정착을 위해 노력해 왔다. EU 회원국들은 통합오염관리 (Integrated Pollution Prevention and Control)의 지침에 따라 자국의 실정에 맞는 제도를 마련하고 있다. 1990년 후반부터 EU국가를 중심으로 통합오염허가제와 같은 통합성을 추구하는 환경정책 수단이 도입되기 시작하였다. 현재 우리나라에도 이러한 제도가 도입되어 시행되고 있다. 예를 들면, 광역 수계관리에서 지역 간 협력체계를 모색하기 위한 제도나 폐기물 처리시설의 지역 간 공동이용, 환경영향평가를 통한 환경정책과 개발 정책 간 조화방안의 모색 등이 있다.

오염원의 통합관리란 대기, 수질, 폐기물별로 독립된 모니터링, 허가제도, 또는 환경감시 프로그램을 시행하기보다는 어떤 오염원에서 배출되는 모든 배출물질을 통합하여 관리하는 방식이다. 오염원을 통합 관리하는 대표적인 정책수단은 통합허가제 (Integrated Permitting System)이다. 통합허가제를 오염을 발생시키는 원천에 대한 배출기준과 시설기준 등을 매체별로 허가하지 않고 통합적으로 허가하는 제도이다. 이런 허가방식이 필요한 이유는 매체별 중복 허가로 인해 동일한 서류를 중복 작성하여 허가기관별로 제출하도록 하고 있어 절차가 복잡하고 행정비용이 과다하게 소요되기 때문이다 (환경부, 2015). 지역의 통합관리는 특정한 지역을 선정하여, 환경에 영향을 줄 수 있는 모든 생산·소비 활동을 총체적인 환경영향의 관점에서 평가하고 분석한다. 이러한 방법이 시행되고 있는 지역은 대규모 강과 같은 광역 수계(水系), 주요 공업단지를 중심으로 한 오염지역, 이상적인 기후변화, 황사 등으로 인한 오염지역, 토양·호수의 부영양화와 산성화된 지역 등이다. 통합 환경관리는 이미 우리나라의 환경관리에서도 부분적으로 시행되고 있지만, 제도의 당위성과 필요성에도 불구하고 정책효과는 낮다. 환경에 관한 법과 행정체계가 기본적으로 개별적인 관리를 지향하고 있으며, 관련 기관과 이해관계자간의 협력체제가 구축되어 있지 않기 때문이다.

IV. 환경정책원칙 간 상호관계

주요 환경정책원칙의 구성요소와 정책(법률)에 적용된 내용을 요약하면 다음의 <표 1>과 같다.

표 1 환경정책원칙의 구성요소와 적용정책의 요약

구분	구성요소	적용정책	근거법(제정년도)
지속가능한 발전	경제성장과 환경보전의 조화, 지역·세대·생물종 간 형평성, 환경정의, 정책통합, 환경·경제·사회부문 간 통합, 참여, 책임, 거버넌스, 환경용량유지, 생물다양성보전	환경정책, 국토관리를 비롯한 다양한 국가정책에 적용확대	환경정책기본법(1990), 지속가능발전법(2007)
순환 원칙	성장한계, 순환사회, 생태계법칙(Commoner), 자원순환, 자원의 재생산·재유통·재소비, 생애주기평가	폐기물부담금·예치금 제도, 생산자책임재활용제도, 물, 대기 정책으로 적용이 확대됨	환경정책기본법(1990), 자원의절약과재활용촉진에관한법률(1992), 전기전자제품및자동차의자원순환에관한법률(2007), 자원순환기본법(2016)
사전 예방 원칙	위험과 불가역성의 과학적 평가, 불확실성의 고려와 최소화, 사전예방조치의 차별금지, 사전예방의 비례적 적용, 비용편익분석	환경계획, 환경영향평가, 배출시설인허가, 환경개선부담금, 배출권거래제도, 환경라벨링제도 등	환경정책기본법(1990), 환경영향평가법(1993),
오염자 부담 원칙	원인자부담, 오염원인자확인, 오염비용부담범위, 수혜자·능력자·공동부담원칙과의 조화, 과실 책임	수질·대기·폐기물 등 관리의 비용부담원칙으로 적용	환경정책기본법(1990), 대기환경보전법(1990), 수질 및 수생태계보전에관한법률(1990), 환경개선비용부담법(1991)
통합 원칙	통합환경관리, 정책통합, 오염물질(매체 내, 매체 간)의 통합, 오염원의 통합, 오염지역의 통합, 거버넌스, 생애주기평가, 최적가용기술	통합오염허가제, 유역관리, 영향권별 정책관리	환경정책기본법(1990), 환경오염시설의통합관리에관한법률(2015)

　　지속가능한 발전은 환경정책의 기본원칙이면서 목표 또는 이념이라 할 수 있다. 지속가능한 발전 개념의 내포와 외연은 계속 확대되고 있다. 지속가능한 발전의 구성요소가 환경보전과 경제성장의 조화에서 사회부문이 추가되고, 부문 간 통합, 형평성, 책임 공유, 거버넌스로 확대되고 있다. 이 원칙은 환경정책의 목표설정과 정책수단 선택의 기준이 되며, 최근 국토개발 정책 등의 주요 원칙으로 적용되기도 한다. 자원이나 물질의 순환은 생태계를 유지하는 필수조건이다. 순환의 이론적 배경은 성장한계론, 순환사회, 코머너의 생태계법칙, 열역학 법칙 등이다. 특히 코머너의 생태계 법칙은 환경정책에서 왜 순환이 필요한가를 설명하고 있다. 우리나라 환경법은 폐기물, 일상적으로 소비하는 자원의 순환의무를 규정했지만, 물질의 순환에 관한 규정은 찾아보기 힘들다. 우리나라 환경정책에서 순환원칙의 주요 적용대상은 자원이지만, 최근 물, 대기와 같은 매체로 확대하고 있다. 자원의 재활용과 관련된 부담금, 예치금, 생산자책임을 부여하는 법률규정을 통해 순환원칙을 정책에 적용하고 있다. 순환원칙이 폐기물정책에서 물과 대기, 수자원과 자연생태계 등으로 확대 적용될 가능성이 높다. 사전예방과 오염자부담은 환경정책원칙으로서 확고한 지위를 가진다. 두 원칙은 EU 국가를 중심으로 탄탄한 법적 근거가 있고, 국가 간 환경협약과 대부분 선진국의 환경법에도 근거조항이 있다. 사전예방을 환경정책원칙으로 적용하기 위해서는 위험과 불확실성에 대한 과학적 판단이 필요하고, 사전예방 실행단계에서 차별금지와 비례원칙이 지켜져야 한다. 위험에 대한 과학적 판단을 위해 비용편익분석이 유용할 수 있다. 환경영향평가는 환경오염의 사전예방을 실현할 수 있는 효율적인 정책수단이다. 환경오염의 사전예방을 유인하는 제도로서 부담금과 환경표지 제도도 적절하게 활용한다면 효과적인 정책수단이 될 수 있다. 오염자부담원칙을 적용하기 위해 먼저 오염자를 확인하고 부담의 내용과 범위를 확정해야 한다. 오염자를 확인하기 어려운 경우, 수혜자, 능력자, 공동부담의 원칙이 적용된다. 그러나 보편적으로 오염자부담이 주가 되고, 이들 원칙은 부수적으로 적용된다. 오염자부담원칙은 수질, 대기, 폐기물 등으로 적용범위가 확대되어 환경정책원칙으로 정착되었다고 볼 수 있다. 환경정책은 타 정책보다 참여자 간 또는 부분 간 통합의 필요성이 높다. 통합원칙은 법 규정을 통해서 보다는 환경정책을 수행하는 과정에서 그 필요성이 부각되었다. 환경정책은 타 정책에 비교해, 이해관계자가 많고, 복잡하며, 상호관련 요소 간 갈등의 가능성이 높기 때문이다. 바람직한 통합을 이루기 위해서는 파트너십, 협력, 신뢰에 바탕을 둔 협력적 거버넌스가 구축되어야 한다. 환경 정책에서 통합대상은 오염매체, 오염원, 지역, 정책 등으로 구분할 수 있고, 오염매체에서 오염원과 지역, 정책으로 통합의 대상이 확장되고 있다. 환경 분야는 적정 기술이 필요한 대표적인 영역이다. 통합환경관리의 효과성과 실현가능성을 높이기 위해서는 최적가용기술(Best Available Technology)의 적용이 필요하다. 최적가용기술이란 기술적·경제적으로 적용가능하면서도 오염물질의 배출을 효율적으로 줄일 수 있는 환경기술을 말한다. 최적(best)은 일반적으로 높은 수준의 환경여건을 달성하기 위한 가장 효율적인 기술을, 가용(available)은 비용과 편익을 고려한 경제적·기술적 집행가능성을 의미한다.

2. 환경정책원칙 간 계층과 관계

환경정책이 발전함에 따라 원칙 간 중복되는 요소가 많아지고 있다. 원칙 간 구성 요소의 중복정도를 분석함으로써 원칙 간 상호관계의 특성을 파악할 수 있다. 아래에서 정책원칙의 지위와 상호 관계에 대해 기술하고자 한다.

1) 환경정책원칙 간 계층(이념적 원칙과 수단적 원칙)

환경정책원칙을 이념적 원칙과 수단적 원칙으로 구분할 수 있다. 이념적 원칙은 환경정책과정 전체를 지배하지만, 주로 정책목표 설정의 기준이 되며, 정책수단을 선택하거나 평가의 근거가 된다. 반면 수단적 원칙은 주로 정책수단의 선택과 평가의 기준이 된다. 지속가능한 발전은 중앙정부 또는 지방정부의 환경정책의 목표가 될 수 있다. 지속가능한 발전의 구성요소와 정책 적용면에서 환경정책의 이념적 원칙이 되고, 순환도 이념적 원칙으로 분류할 수 있다(정선양, 1999). 순환은 본래 자원의 재활용과 재사용이 아니라 물질 또는 경제와 환경 시스템의 연결을 의미하는 개념이다. 순환은 지속가능한 발전과 같이 규범적인 개념이며, 구성요소가 지속적으로 확대되고 있다. 따라서 순환은 환경정책의 수단적 원칙이라기보다 이념적 원칙으로 분류하는 것이 타당하다. 사전예방원칙, 오염자부담원칙, 통합원칙은 수단적 원칙이라 할 수 있다. 세 가지 원칙은 정책목표의 설정보다 주로 정책수단의 선택과 평가의 기준으로 적용되기 때문이다.

2) 지속가능한 발전과 수단적 원칙 간 관계

OECD를 중심으로 한 대부분의 선진국은 지속가능한 발전을 환경정책의 이념적 원칙으로 채택하고 있다. 지속가능한 발전을 추구하는 국가는 사전예방, 통합, 공동책임의 원칙을 준수하고 있다. 지속가능한 발전은 환경정책과 경제정책 간 통합, 환경·경제·사회 부문 간 통합을 유도하고, 사후관리보다 사전에 오염을 예방하는 정책을 선택한다. 특히 정책수단의 선택과 평가에서 지역 간, 세대 간, 소득수준 간 형평성이 중요한 기준이 된다. 약한 지속가능한 발전에서 강한 지속가능한 발전으로 진행될수록, 원인자 책임보다는 공동책임으로 오염비용부담을 결정하고, 환경개선 유인을 위한 기술혁신과 협력적 거버넌스를 중요하게 생각 한다. 지속가능한 발전은 사전예방과 통합원칙의 상위원칙이다. 통합은 지속가능한 발전을 구성하는 핵심요소이기 때문에 통합은 지속가능한 발전을 실현하는 중요한 하위원칙이 된다. 오염자부담과 공동부담 중 어느 원칙을 적용하는 것이 지속가능한 발전에 더 크게 기여하는지에 대한 논의는 부족하다.

3) 순환과 수단적 원칙 간 관계

환경문제의 발생은 많은 부분 자원과 물질의 순환과 관련되어 있다. 코모너의 생태계 법칙이나 열역학 법칙은 순환 원칙의 이론적 토대가 될 수 있지만, 순환원칙의 구성요소로 이들 법칙을 어떻게 적용할 지에 대한 논의는 부족하다. 우리나라는 자원순환을 폐기물 정책의 주요 원칙으로 규정하고 있다. 자원순환은 폐기물 정책의 목표설정과 수단선택의 중요한 기준이다. 환경정책에서 관심을 갖고 있는 순환의 대상이 폐기물에서 대기, 물, 경제시스템과 환경 시스템 간, 인간과 자연 간으로 확장되고 있어, 순환은 환경정책의 이념적 원칙으로서 발전할 것이다. 순환은 수단적 원칙인 사전예방원칙, 통합원칙의 상위원칙으로 작용한다. 자원과 물질의 바람직한 순환을 위해, 생애 주기적 관점에서 환경오염에 대한 사전예방과 자원 순환의 각 단계 간 절차적, 기술적 통합이 필요하다. 자원과 물질의 순환과정에서 여러 단계 간 조화와 균형 및 협력이 필요하기 때문에 통합을 추구할 가능성이 높다.

4) 수단적 원칙(사전예방원칙, 오염자부담원칙, 통합원칙) 간 관계

사전예방과 통합은 환경정책과정에 전체적으로 적용될 수 있는 원칙인 반면, 오염자부담원칙은 환경오염으로 인한 비용 또는 책임의 분배와 관련된 정책이다. 전자가 후자보다 적용범위가 넓다. 사전예방원칙은 정책수단의 선택뿐만 아니라 정책목표의 설정에도 작용한다. 사전예방이 환경정책의 이념이나 가치가 될 수 있기 때문이다. 사전예방과 같이 통합도 환경정책과정 전반을 지배하는 원칙이 될 수 있다. 정책관리에서 통합의 대상은 정책수단뿐만 아니라 정책목표, 정책결정, 정책집행으로 확대할 수 있다. 반면, 오염자부담원칙은 오염에 따른 비용과 책임의 분배원칙으로, 사전예방과 통합원칙과 비교해서 원칙의 적용범위가 제한적이다. 사전예방원칙과 통합원칙 간 구성개념의 유사성이 있다. 환경정책에서 사전예방과 통합은 인과관계라기보다 상관관계로 보는 것이 타당하다. 환경오염의 사전 예방을 위해 오염물질이나 오염지역의 통합관리를 선택하게 되고, 장기적으로 통합오염관리의 효율성을 높이기 위해서는 사후관리보다 사전예방을 선호하게 된다. 사전예방과 통합원칙을 적용하기 위해서는 공통적으로 생애주기에 걸쳐서 오염의 정도나 피해에 대한 과학적 분석이 필요하다. 이들 원칙에 따라 선택한 환경 정책수단은 법적 강제보다 경제적 유인에 의한 것이 많은 반면, 오염자부담원칙을 적용한 정책수단은 경제적 유인보다 법적 강제에 의한 것이 많다고 볼 수 있다(정선양, 1999: 143).

V. 결 론

본 연구의 의의는 보편적으로 적용되는 환경정책원칙의 구성요소와 적용정책을 체계적으로 정리하고 상호관계의 특성을 기술한 것이다. 앞서 살펴본 원칙의 개념적 구성요소는 원칙에 대한 이해와 정책과정 설계에 도움을 줄 수 있다. 이념적 원칙과 수단적 원칙 간 밀접한 상호관련성을 가지며, 이념적 원칙인 지속가능한 발전은 환경정책 원칙으로서 적용범위가 확대되고 수단적 원칙에 미치는 영향도 커져가고 있음을 확인할 수 있었다. 이념적 원칙과 수단적 원칙 간 인과관계의 틀을 활용하면, 정책의 일관성과 효율성을 향상시킬 수 있을 것이다. 본 연구의 부족한 측면을 보완하고 환경정책원칙 연구의 발전을 위해서는 다음 과 같은 후속 과제가 필요하다. 첫째, 환경정책원칙의 구성요소에 대한 명확한 개념정의가 필요하다. 지속가능한 발전의 구성요소에서 형평성이 환경정의에 포함되는 개념으로 볼 것인지? 아니면 다른 개념으로 볼 것인지? 분명하지 않다. 순환원칙에서 순환의 주요 대상인 자원과 물질에 대한 엄격한 개념정의가 필요하다. 사전예방원칙에서 위험과 불확실성의 개념과 유형에 대한 보다 구체적인 논의를 해야 한다. 오염자부담원칙에서 오염원인자, 수혜자, 능력자, 공동부담자의 구체적인 범위에 대한 법 규정이 있어야 한다. 둘째, 지속가능한 발전 개념의 정체성을 확립해야 한다. 지속가능한 발전은 규범적인 성격이 강하여 논자에 따라 구성 개념에 큰 차이가 있다. 지속가능한 발전의 구성요소를 환경, 경제, 사회, 거버넌스로 구분하였지만, 환경을 제약조건으로 경제, 사회와의 통합적 개념을 구성할 것인지? 아니면 환경, 경제, 사회 간 대등한 입장에서 지속가능한 발전의 개념을 구성할 것인지? 가 쟁점이 될 수 있다. 셋째, 환경정책원칙의 실효성을 높여가야 한다. 환경법 규정이 환경정책의 원칙으로 실효성을 가지려면, 개별법령에 구체적인 의무조항을 두어야 한다. 일부 자원의 순환의무나 수질, 대기 등의 오염자부담 의무는 환경법에 구체적으로 규정되어 있다. 그러나 지속가능발전, 사전예방, 통합의 원칙은 환경정책기본법에 선언적으로 규정되어 있을 뿐, 실행 규칙에 관한 법 규정은 없기 때문에 원칙의 적용가능성이 낮아질 수 있다. 본 연구에서 환경정책원칙의 선택과 유형구분에서 이론적 근거가 부족한 것이 한계라 할 수 있다. 또한 환경정책원칙의 구성요소와 상호관계에 대한 논의에서 경험적 근거가 보완되어야 한다. 앞으로의 연구과제는 환경정책원칙의 구성요소 에서 환경법의 법리 논쟁을 충실히 반영하고, 원칙이 정책에 구체적으로 어떻게 적용되었는지를 경험적으로 밝히는 것이다.

참고문헌

구지선(2012). 잠재적 오염원인자의 환경책임에 관한 법적 검토. 「환경법연구」, 34(2): 271-300.

김기성(2010). 독일의 지속가능한 발전과 환경정책통합. 「사회과학논집」, 41(2): 61-81.

김환학(2012). 환경행정법의 기본원칙에 대한 재검토, 「공법연구」, 40(4): 219-248.

박경철(2006). 환경법의 근본이념과 기본원칙. 「강원법학」, 22: 61-94.

박규환(2009). 유럽연합의 환경보호정책-사전배려원칙을 중심으로. 「유럽헌법학회연구논집」, 5: 1-20.

박병도(2012). 국제환경법상 오염자부담원칙의 우리나라 환경법에의 수용. 「환경법연구」, 34(1): 331-359.

윤영채(2007). 환경정책의 기본원칙과 관련사례 연구. 「사회과학연구」, 18(가을호): 67-91.

이덕연(2013). 환경정의 개념의 외연과 내포-헌법해석론 및 환경법적 함의. 「환경법연구」, 35(2): 133-176.

이시경(2004). 통합환경관리의 시론적 모형. 「한국사회와 행정연구」, 15(1): 313-332.

이시경(2016). 「환경정책가치론」, 대구: 계명대학교 출판부.

전재경(2008). 폐기물 순환자원의 법적 개념의 변화와 적용. 「환경법연구」, 30(3): 609-627.

정선양(1999). 「환경정책론」, 서울: 박영사.

정회성·안형기(2008). 자원순환사회를 향한 환경정책 과제와 방향. 「한국정책과학학회 학술대회논문집」, 33-50.

한면희(2008). 환경정책철학의 원리와 한국의 환경정책. 「환경정책」, 8: 65－97.

한상운 외(2014). 「자원순환형사회를 위한 법체계 정비방안 연구」, 한국환경정책평가연구원.

환경부(2015). 「통합환경관리제도」.

Beder, Sharon(2007). *Environmental Principles and Politics: An Interdisciplinary Introduction*. Australia: Earthscan from Routledge.

Commoner, Barry(1971). *The Closing Circle: Nature, Man and Technology*. New York: Knopf.

Gardiner, Stephen M.(2006). A Core Precautionary Principle. *The Journal of Political Philosophy*, 14(1): 33－60.

Jobodwana, Z. Ntozintle(2011). Integrating International Environmental Principles and Norms Into The South Africa Legal System And Policies. *US－China Law Review*, 8: 701－723.

King, Peter N. & Mori, Hydeiuki(2007). Policy Selection and Diffusion Theory. *International Review for Environmental Strategy*, 7(1): 17－38.

Slocombe, D. Scott.(1998). Defining Goals And Criteria For Ecosystem－Based Management. *Environmental Management*, 22(4): 483－493.

Tisdell, Clem(2010). The Precautionary Principle Revisited: Its Interpretations and Their Conservation Consequences. *The Singapore Economic Review*, 55(2): 335-352.

> ▶ ▶ ▶ 논평

김창수(부경대학교 행정학과 교수)

I. 연구의 배경과 주요내용

환경정책이란 환경정책의 목표를 설정하고 이를 달성하기 위한 수단을 발굴하고 선택해서 집행함으로써 국민들에게 편익을 제공하는 정부의 활동이다. 환경정책은 문제의 원인과 해결방안의 인과관계를 찾아내기가 매우 복잡한 영역이다. 환경문제의 원인은 다양하게 얽혀 있기 때문에 매우 복잡하며(complex), 정보가 불충분해서 원인과 결과의 연결고리를 정확하게 알기 어려운 불확실성(uncertainty)이 존재한다. 환경정책을 추진할 때는 경제정책과 사회정책과의 조율이 필요하기 때문에 더욱 힘든 상황에 처하게 된다. 시간이 변하면서 환경문제는 더욱 복잡한 양상을 띠기 때문에 정책의 일관성(consistency)을 유지하기는 더욱 어렵다.

이시경교수의 고민은 환경정책의 일관성을 유지하고, 정책목표와 정책수단 간의 인과관계 수준을 높이고자 하는데 있었으며, 「환경정책원칙의 구성요소와 상호관계」의 결론이 환경정책원칙의 범위를 5가지로 정하고 원칙간의 상호관계를 규명하는 것이었다.

첫째, 그는 선행연구의 체계적인 검토를 통하여 이념적 원칙으로 지속가능한 발전과 순환의 원칙을 설정하였다. 수단적 원칙은 사전예방원칙, 오염자부담원칙, 통합원칙으로 설정하여 위계를 정함으로써 환경정책추진의 일관성을 유지하도록 하였다. 둘째, 5가지 환경정책원칙의 구성요소를 체계적으로 논의하고 구체적으로 적용함으로써 후속적인 실증연구의 가능성을 제시하였다. 셋째, 이념적 원칙인 지속가능한 발전과 수단적 원칙 간의 상호연계성을 제안함으로써 환경 철학과 이론 그리고 실천적 적용에 이르는 전체 정책과정을 이끌어가도록 시금석을 제공한 것으로 평가된다.

II. 학문적 기여

첫째, 환경 철학과 이론의 측면에서 수준 높은 기여를 한 점이다. 많은 학자들이 그 동안 환경정책원칙을 대소원칙으로 구분하고 계층을 짓기도 하고, 환경정책의 법원칙과 환경윤리 그리고 환경정책수단을 파편적으로 논의하기도 하였지만 이념적 수준과 수단적 수준의 원칙을 구분하고 구성요소가 실제 환경정책에 어떻게 적용되는

지 구체화한 연구는 거의 없었다.

둘째, 이념적 원칙과 수단적 원칙을 실제 환경정책추진과정에서 어떻게 적용해야 할지를 사례를 중심으로 풍부하게 적용하고 논의함으로써 실천적인 적용에 기여를 한 점이다. 지속가능한 발전과 순환의 원칙을 상위원칙에 놓고 사전예방과 비용부담 그리고 통합의 원칙을 적용하여 일관되게 환경정책을 추진할 수 있도록 지지한다는 것이다.

Ⅲ. 향후 연구에 대한 제언

첫째, 후학들은 먼저 환경정책의 개별원칙들이 어떻게 구성되는지 체계적으로 이해한 다음 구체적으로 개별정책에 적용하는 후속연구를 지속할 필요가 있다. 예를 들면, 지속가능한 발전의 경우 구성요소간의 충돌 가능성과 조화 가능성에 대해 면밀하게 검토하고, 필요하면 실증연구를 통해 조화를 달성할 수 있는 방안을 제시할 수 있어야 한다. 환경, 경제, 사회 등 세 가지 구성 요소 간에 발생할 수 있는 삼각딜레마에 대한 연구도 필요하다. 지속가능발전의 차원에서 보면 삼각딜레마(trilemma)란 경제발전과 환경보전 그리고 사회정의라는 세 가지 핵심적인 가치와 정책지향 간에 상충관계가 나타나는 삼중딜레마 현상을 의미한다. 환경정책원칙이 실증적인 연구를 통해 뒷받침 되지 못하면 자칫 도그마에 빠질 위험이 존재하기 때문이다. 국제적으로는 물론 개별 지역에서도 지속가능발전의 과잉과 도그마가 지배하지만 실증적으로는 양극화가 심화되고 있으며 기후변화와 환경파괴도 가속화되고 있는 실정이기 때문에 후학들은 이시경교수의 고민을 실증적으로 풀어나갈 책무가 있는 것이다.

둘째, 환경법정책학적인 측면에서 볼 때 5가지 환경정책원칙이 환경정책기본법에 포괄되고 있지만 과연 원칙 간에 우선순위를 둘 수 있는가에 대한 응답도 요구된다. 즉, 5가지 원칙 간에 충돌이 발생할 때 과연 위계에 따라 법 적용이 가능할지 실증연구를 통해 규명하는 작업이 요구된다. 예를 들면, 4대강 살리기 사업의 추진 여부를 검토할 때는 물론 4대강의 보를 해체하거나 개방하는 논쟁이 발생할 때 어떤 원칙을 우선 적용할지 여부를 논의하는 법정책학적 연구도 요구된다. 나아가 이념적 원칙이 수단적 원칙을 실질적으로 조율할 수 있는지에 대한 검증도 필요하다. 가령 수단적 원칙으로서 오염자부담원칙이 지속가능한 발전에 부정적인 영향을 미칠 수 있다면 사용자부담원칙이나 능력자부담원칙을 가미하여 유연성을 어느 정도 허용할 수 있을지 하는 고민도 필요하다. 런던대학교 이본 라이든 교수는 2010년 발간한 「지속가능한 도시개발관리(Governing for Sustainable Urban Development)」라는 저서에서

<러시아 인형모형>을 통해 지속가능한 발전을 설명하면서, 경제활동이 회복할 수 없는 환경적 위해를 가해서는 안 된다는 환경적 측면과 불공정한 결과나 착취과정을 통해 사회구조를 파괴해서는 안 된다는 사회적 측면의 제약 속에서 이루어져야 함을 강조했다. 즉, 지속가능한 발전 원칙의 구성요소 간에도 우선순위가 작용할 수 있기 때문에 사회적 합의 형성을 위한 논의도 이어나갈 필요가 있다.

셋째, 환경정책의 이념적 원칙인 지속가능발전을 위한 환경, 경제, 사회 등 구성요소 사이에서 어떤 연계가 필요할지 고민하는 연계성 접근(nexus approach)에 대한 연구도 필요하다. 나아가 이시경교수가 제시하는 개별 환경정책원칙의 구성요소 간에도 어떤 연계가 있는지 확인하고 원칙을 견고히 하기 위한 연계성 접근이 요구된다. 예를 들면, 영국의회(Houses of Parliament)는 2016년 발간한 「물－에너지－식량 연계성(Water－Energy－Food Nexus)」이라는 보고서에서 연계성 접근의 특징을 세 가지로 들고 있다. 첫째, 상호의존성(interdependencies)인데 석탄, 석유 그리고 천연가스 등 화석연료를 통한 에너지 생산에는 냉각수가 필요하고, 음용수의 생산을 위해서는 취수, 정수, 배수 과정에 전력이 필수적이며, 관개농업 생산성 증대를 위해서는 전력을 사용한 물 공급이 필수라는 것이다. 둘째, 제약요인(constraints)으로서 상충작용(trade－offs)인데 식량 증산을 위해 취수량을 증가할 경우 생·공 용수 감소로 일상생활과 산업생산에 차질이 발생할 수 있다는 것이다. 셋째, 상승작용(synergies)인데 연계성 기반 정책수립과 이행을 통해 자원 이용과 보존의 효율성 제고를 통해 지속가능발전 달성이 가능하다는 것이다. 그러므로 이념적 원칙의 구성요소 간의 연계를 먼저 확인하고, 수단적 원칙의 구성요소 간의 연계를 실증적으로 규명함으로써 환경정책의 발전과 국가정책의 발전에 기여할 필요가 있다.

정책 리터러시(policy literacy) 함수 분석

: 시민활동변인을 중심으로

정책 리터러시(policy literacy) 함수 분석
: 시민활동변인을 중심으로*

정광호(서울대학교 행정대학원 교수)

❧ 프롤로그 ❧

지금 지구촌은 자본주의 체제와 기술문명의 대전환기다. 지구촌의 전례 없는 각종 도전과 위험이 전쟁과 분쟁, 질병 그리고 환경파괴 속에서 분출하고 있다. 근대와 현대의 번영을 낳은 민주주의와 자본주의가 어디로 질주해 갈지 가늠하기 어렵다. 저개발 국가는 여전히 빈곤과 기아로 고통을 겪고 있다. 1960년대 이후 4조 달러 이상 개발 지원금이 뿌려졌으나 빈곤의 고통은 여전하다. 최근 페이스북, 구글 같은 플랫폼이 필터버블(filter bubble)이 되어 우리의 생각을 조종하고 있다. 나쁜 제도와 잘못된 거버넌스를 개혁하려는 비판적 지성이 절실하다. 거대 이슈를 두고 수많은 목소리와 정보가 흘러넘치나 진실을 판단하기가 쉽지 않다. 각종 정책을 두고서 그 효과와 정당성에 대한 논란이 끊이지 않는다. 민주시민의 냉철한 이성과 따뜻한 가슴을 채워줄 비판적 리터러시(critical literacy)가 필요하다. 전체 숲을 보며 미래와 후속 세대를 생각하는 혜안이 필요하다. 쏟아지는 각종 정책들의 본질을 꿰뚫는 수준 높은 식견이 요구된다. 특히 우리가 사는 지역사회의 공공이슈를 비판적으로 성찰함에 있어서, 지역사회의 맥락뿐만 아니라 국가와 지구촌이라는 거대 기구와 글로벌 환경을 고려하지 않을 수 없다. 그 만큼 정책을 둘러싼 갈등과 이해충돌이 지역, 국가, 지구촌으로 매우 복잡하게 얽혀 있다. 이러한 복잡다단한 정책생태계를 이해함에 있어서 정책리터러시(policy literacy)가 매우 중

---

* 이 원고는 아래 논문을 바탕으로 수정·보완한 것이다.
  정광호. (2008). 정책 리터러시 (policy Literacy) 함수 분석: 시민활동변인을 중심으로. 『행정논총』, 46(4), 73-104.

요한 요소로 부각되고 있다.

본 논문은 한국 1,200명 시민을 대상으로 한국정책지식센터가 조사한 시민 인식도 자료를 이용해 정책 리터러시의 현황과 그 중요성에 대해 분석하고 있다. 본 연구 결과, 시민활동이나 참여 변수가 정책 리터러시 향상에 크게 기여하는 것으로 나타났다. 향후 시민활동을 통한 전문화되는 정책에 대한 리 터러시 제고와 더불어 교육과 소득에 따른 정책리터러시 격차에 대해 더 많 은 연구가 요구된다. 하지만 정책리터러시 연구에 대한 후속연구는 그렇게 많 지 않아 보인다. 특히 정책내용에 대해 그 이해도를 주관적으로 물어보는 방 식의 측정방식을 벗어나지 못하고 있어, 앞으로 정책리터러시에 대한 엄밀한 개념구성과 더불어 과학적 측정방법의 개발 나아가 정책리터러시 배양을 위 한 고민이 필요하다.

향후 정책리터러시의 중요성은 시민의 직접 정책참여와 공론화에 대한 정 책수요가 급증하고 있기에 더욱 커질 것이다. 복잡성을 더해가는 공공정책 내 용과 그 영향력에 대해 객관적 판단을 제대로 하기 위해서는 무엇보다 정책 관련 다양한 정파적 지식과 논의들에 대한 정치적 균형감각과 시민적 소양이 필요하다. 특히 공공이슈의 본질을 제대로 파악하기 위해서는 해당 이슈가 내 재된 역사와 사회적 맥락을 통해 살펴보는 통찰력이 요구된다. 무엇보다 글로 벌 소양을 갖춘 민주 시민이라면, 전문화되어 가는 정책 본질을 제대로 이해 하고, 역사성에 바탕을 둔 정책리터러시를 배양해야 한다, 최근 탈원전, 무상 복지, 불평등, 무너지는 일자리 생태계, 그리고 각종 글로벌 리스크에 대한 통 찰력을 갖추기 위해서는 일반시민의 수준 높은 정책리터러시가 요구된다. 결 국 높은 정책리터러시를 갖춘 시민이 많을수록, 진정한 공론화와 사회적 학습 이 축적되어, 어리석은 집합적 의사결정의 포퓰리즘과 집단적 편견에서 벗어 나, 비판적 시민들의 자유롭고 다양한 목소리를 만들 수 있는 토양이 마련될 것이다.

기본적으로 리터러시는 창의력과 상상력 그리고 다양한 문화형성의 바탕이 된다. 정책리터러시는 지역사회와 지구촌 사회가 공동으로 당면한 문제를 파 악하고 해결책을 찾는데 필요한 지혜의 원천을 제공한다. 지구촌 사이버 공간 에서 쏟아지는 다양한 텍스트(text)와 소통 신호에 내재된 사회적 함의를 올바르게 이해하기 위해서는 무엇보다 정책리터러시 파워를 이해하는 것이 중요하다. 최근 극단화되어 가는 각국 정치과정의 편향성과 민주주의 악화 양상 속에서 지구촌이 당면한 기후변화, 난민문제, 전염병 리스크, 불평등 심화와 같은 각종 문제에 대해 정말 냉정하고 슬기로운 해결책을 찾기 위해서는 지구촌 시민들이 높은 수준의 정책리터러시를 갖출 필요가 있다.

I. 서 론

본 논문은 시민활동(civic activities)이 정책리터러시(policy literacy)를 얼마나 높여줄 것인가라는 질문에서 시작되었다. 여기서는 특히 두개의 중요한 개념에 주목하였다. 하나는 시민활동이 무엇이며, 다른 하나는 정책리터러시에 관한 것이다. 본 논문에는 어떤 시민활동이 과연 정책리터러시를 높여줄 것인가에 대한 질문이 깔려 있다. 이를 위해서는 시민활동의 의미와 그 내용이 무엇인지 그리고 정책리터러시가 갖는 의미도 살펴보아야 한다. 또한 정책리터러시의 개념을 이해하기 위해서는 리터러시의 의미를 먼저 살펴볼 필요가 있다. 근대와 현대에서 갖는 리터러시의 의미, 그리고 최근 디지털 시대에서 갖는 리터러시의 의미, 나아가 탈현대에서 리터러시가 갖는 의미를 음미해 보아야 한다.

우리를 둘러싼 정책이 새로운 정치를 만들고 우리 사회가 가보지 않는 세상을 만들어낸다. 무수히 많은 복잡한 정책이 인간의 삶, 가족과 사회, 국가 등 공동체 전반에 걸쳐 큰 영향을 주고 있다. 이처럼 정책의 영향력이 왜 그리고 어떻게 해서 이렇게까지 확장되었으며, 이에 대해 비판적 시민의 반응은 무엇이어야 하며, 나아가 정책의 거대한 영향력에 시민사회가 어떻게 대응해야 할 것인지 깊은 성찰이 필요하다.

역사적으로 보면 정책은 우리 인류의 삶에 큰 영향을 주어 왔다. 근대의 경우 산업혁명으로 인류의 경제력은 크게 증가했지만 한편으로 환경이 파괴되고 지구생태계의 지속가능성에 걱정이 커지고 있다. 지금도 수많은 전쟁과 분쟁에 휘말린 지구촌 사회는 동물세계의 정글처럼 먹고 먹히는 생사로 고달픈 시간을 보내고 있다. 여기에는 우리가 만든 안보정책, 외교정책, 경제정책, 환경정책이 서로 얽혀 작동하고 있다. 각 나라와 사회가 필요한 다양한 정책들을 만들어 발전을 추구하지만, 오히려 인간과 사회를 파괴하며, 심지어 우리가 이러한 사실도 모른 채 나쁜 정책들을 지속적으로 재생산하고 있다. 이러한 거대한 정책망 속에 지구촌 사회가 속박되면서, 우리 자신과 이웃 그리고 사회가 정책의 선한 영향력으로 행복해지기보다는 오히려 수많은 나쁜 정책들로 고통을 격고 있다. 나쁜 정책은 정의를 훼손하고, 민주주의와 공동체를 파괴하기 때문이다.

우리는 정책이 가져오는 다양한 측면의 악영향과 모순을 비판적 리터러시의 차원에서 살펴볼 수 있어야 한다. 정책에 내재된 권력관계와 숨겨진 구조화된 불평등 정책코드를 식별할 수 있어야 한다. 겉으로는 다수가 찬성하는 정책들이지만, 결국 정의와 민주주의를 파괴하는 정책이 아닌지 비판적 성찰을 해 보아야 한다. 가령 포퓰리즘, 갈등과 투쟁의 편가르기 정책, 서서히 환경을 파괴하는 숨겨진 정책들을 제대로 바라보아야 한다. 결국 공멸을 초래할 수도 있지만 이를 숨긴 채 겉모습만 좋은 정책들을 쫓다가 언제가 절벽 아래로 모두 떨어져 죽을 운명을 맞이할 수도 있다. 여기에는 긴 안목이 아닌 당장 오늘의 행복과 안락만을 추구하는 단기성향주의, 기회주의와 무임승차주의, 희망과 소망 없이 그냥 하루하루 살아가는 목적 없는 삶과 희망을 잃은 공동체가 있다. 여기서 탈출하기 위해서는 희망을 가지고 먼 미래를 보며 솔선해 헌신하는 자세가 필요하다. 문제는 이를 가능하게 해주는 건전한 공동체가 있어야 한다. 이를 위해 좋은 시민활동이 필요하다. 무엇보다 우리의 삶, 가족, 공동체를 돌아보고 성찰하는 시간과 기회를 많이 가질 필요가 있는데 이와 관련된 것이 시민활동이다. 자주 만나 함께 독서하고, 토론하고, 다양한 사회문제에 대한 해결책을 함께 고민하는 노력이 필요하다. 시민활동이라는 협력공간에서는 서로를 파괴하고 상대방이 가진 자원과 권력을 뺏기 위해 기회주의적 행동을 하는 것이 아니라, 서로가 필요한 부분을 채워주고, 기회주의적 행동이 아닌 미래를 위해 함께 먼저 희생하고자 하는 덕목이 필요하다. 이러한 시민활동을 추구하다 보면 자연히 우리를 둘러싼 정책이 가진 모순과 문제점들에 대한 성찰이 가능하다. 어떤 정책에 내포된 어떤 암적 요소가 우리의 삶을 장기적으로 파괴하고 통합보다는 갈등을 만들어내면서 공동체를 파괴하는지 비판적으로 바라볼 수 있는 것이다. 당장은 어떤 정책에 대한 지식과 부족하지만 함께 토론하고 그 정책에 대해 성찰하다보면, 그 정책에서 누가 혜택을 보며 누가 손해를 보며, 정책의 어떤 내용이 불공정하고 인권을 침해하며 우리가 가진 소중한 헌법적 가치로 표현된 공동체의 덕목을 파괴하는지 깨달을 수 있을 것이다.

성찰적 시민활동은 좋은 리터러시를 배양하고 정책리터러시 수준을 높이는데 기여할 수 있다. 본 연구는 정책 리터러시와 관련된 요인을 탐색하는데 있다. 본 연구는 한국정책지식센터에서 한국갤럽과 공동으로 조사한 1,200명의 전국 성인 남녀 자료를 활용했다. 이 조사는 8개 정부정책 영역에 대한 정책이해 수준에 관한 정보를 제공하고 있다. 본 연구는 시민활동과 정책 리터러시의 연관성을 분석하고 있다. 기존의 시민 리터러시(civic literacy), 정치 리터러시(political literacy) 등에 대한 논의 (Brady, Verba & Schlozman, 1995; Delli Carpini, 1993; Jennings, 1996)를 참고하여 정책 리터러시 함수를 분석하고 있다. 정책 리터러시 모형은 시민활동 변인과 교육, 소득, 연령, 성, 거주지역과 같은 사회인구학적 변인으로 구성된다. 그 밖에 인간관계 신뢰도, 기부의사, 행정서류신청경험 등을 도구변인(instrumental variables)으로 활용해 정책 리터러시 함수를 추정하고 있다. 특히 본 연구에서는 시민활동이 정책 리터러시에 주는 영향을 추정하기 위해 2SLS(two stage least square), 3SLS(three stage least square)기법을 활용하고 있다. 본 논문에서는 시민활동이 어떻게 정책리터러시를 높이는가에 대한 작동메커니즘을 규명하지는 못하지만, 왕성한 시민활동이 정책리터러시를 높여주고 있다는 실증분석 결과를 보여주고자 했다. 앞으로 어떤 시민활동이 어떤 방식으로 정책리터러시를 제고해 나가는지 규명할 필요가 있다.

Ⅱ. 선행연구의 검토

1. 리터러시(literacy)의 개념과 의미

리터러시(literacy)[1]는 논리력, 창의력, 상상력, 콘텐츠, 문화를 형성하는 원천이다. 리터러시는 언어와 일상을 형성하는 고도의 지적 요소이며, 지식·정보를 융합해 새로운 텍스트(text)를 만들어낸다(Scribner, 1984; Tyner, 1998; OECD, 2000). 복잡한 텍스트(text)를 효과적으로 분석하고 새로운 의미를 창출하는 힘이 리터러시(literacy)에서 나오기 때문이다(Tyner, 1998; OECD, 2000). 최근 선진국이 읽기를 강조하고 독서진흥법을 만든 것도 리터러시(literacy)의 중요성 때문이다(이민규, 2008; 이연, 2008).[2]

---

1) 리터러시는 文識力, 文解力 등으로 번역되지만 본 논문에서는 리터러시로 사용한다. 리터러시는 본래 읽고 쓸 수 있는 능력을 의미한다. 하지만 최근에는 사회생활에서 언어를 불편 없이 사용할 수 있는 기능적 리터러시 뿐만 아니라, 각종 산문, 도표, 숫자 등을 다루는 지적 리터러시, 디지털 리터러시 등 다양한 영역의 텍스트에 대한 리터러시가 강조되고 있다(Hirsch, 1987; OECD 2000).

2) 미국 클린턴 대통령은 아동들의 읽기를 돕기 위해 1998년 10월 21일 '우수읽기법'(Reading Excellence Act)을 만들었다. 이 법을 통해 유치원부터 3학년 학생에 이르기까지 50만 개가 넘는 교육기관의 읽기 프로그램에 대한 정부지원이 이루어졌다. 그 후 미국은 2005년까지 연간 약 50억 달러를 취약집단 아동의 ① 학습능력 개발, ② 과외활동, ③ 가족 리터러시(family literacy)개발에 지원해 왔다. 영국의 경우 'Family Reading', 'Bedtime Reading', 'Book Token',

이제 복잡한 지식과 정보를 효과적으로 활용하는 능력은 민주시민의 필수 덕목이다. 정책내용을 제대로 이해해야 효율적 시민참여가 가능하기 때문이다. 특히 각종 참여적 정책분석, 공론조사, 시민배심원제도처럼 일반시민의 직접 참여는 높은 수준의 정책 리터러시(policy literacy)가 전제되어야 가능하다(Kuklinski, Metlay & Kay, 1982; Fishkin, 1991). 정책 리터러시 수준에 따라 누가 정책과정에 효율적으로 참여하고 누구의 목소리가 반영되는지, 그리고 누가 혜택을 받는지가 결정되기 때문이다. 결국 정책 리터러시 격차는 정책 참여와 정책 혜택의 불평등으로 이어진다.

리터러시(literacy)는 옥스퍼드 사전에 어떤 대상에 대한 지식(knowledge of a particular subject) 또는 어떤 지식의 형태(a particular type of knowledge)를 의미한다. 이 두 차원의 구분은 매우 중요한데, 그 의미를 구분해서 논의하기 전에 우선 원래의 리터러시 의미와 그 발전을 과정을 간단히 살펴볼 필요가 있다. 원래 리터러시는 글자를 읽을 수 있는 능력 여부를 판단하는, 즉 문맹인가 아닌가라는 것에서 나왔다. 글자를 읽지 못하면 문맹이나 반대로 그 글자를 읽고 의미를 알면 문해력이 있다고 판단하는 것이다. 여기서는 글자를 아는 것과 모르는 것으로 구분된다. 전통적으로 문맹률의 관점에서 바라보는 리터러시(traditional literacy)이다. 그런데 전통적 리터러시의 개념을 더 확장해보자. 어떤 대상을 아느냐 혹은 모르느냐와 같은 기준으로 글자뿐만 아니라 우리의 삶의 다양한 부분에 이러한 리터러시 기준을 적용할 수 있는 것이다. 나아가 얼마나 잘 알고 있는가와 같은 앎의 정도─리터러시의 정도─를 측정하고자 했다. 우리가 흔히 얘기하는 (1) 문장을 얼마나 잘 이해하고(prose literacy) (2) 은행이나 가계부의 복잡한 숫자를 얼마나 잘 활용하는가(numeracy)와 같은 것이 여기에 해당된다. 또한 음악리터러시(music literacy), 통계리터러시(statistical literacy), 과학리터러시(scientific literacy), 수학리터러시(math literacy), 금융리터러시(financial literacy) 등도 여기에 해당된다. 본 논문에서도 설명하고 있는 전형적인 기능리터러시(functional literacy)이다. 어떤 대상에 대한 지식과 경험이 축적되어 나타나는 리터러시이다.

나아가 텍스트(text)나 메시지(message)에 내포된 여러 가지 의미를 권력관계나 삶에 영향을 주는 역사적 사회적 과정으로서 그 숨겨진 맥락이나 코드를 이해하는 비판적 리터러시(critical literacy)에도 관심을 가지기 시작했다. 비판적 리터러시의 개념

'Book Start' 등과 같은 읽기 캠페인을 시행해 왔다(이민규, 2008). 일본의 경우도 2001년 어린이독서활동추진법, 2005년 문자·활자문화진흥법을 만들어 인터넷의 단편적 지식보다 신문이나 책의 심층 텍스트 읽기를 강조하고 있다(이연, 2008).

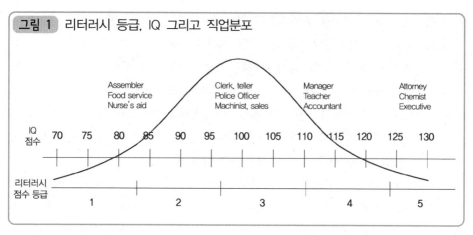

그림 1   리터러시 등급, IQ 그리고 직업분포

주: NALS=National Adult Literacy Survey. Gottfredson(1997) 〈Figure 3〉발췌.

과 원리는 파울로 프레이리(Paulo Freire)의 '페다고지(Pedagogy of the Oppressed)'에서 나왔다. 파울로는 비판적 리터러시를 통해 기존의 불공정한 질서와 기득권을 영속화시키는 '은행저금식 교육'과 같은 대량생산체제 방식을 '문제제기식 교육'과 같은 자율성을 지향하는 교육으로 바꾸고자 했다. 페다고지에 담긴 비판적 리터러시의 시각은 우리로 하여금 자본주의 체제의 기득권 교육이나 교원노조에 의해 장악된 교육 현실을 성찰하게 해 준다. 우리는 비판적 리터러시를 통해 이와 같은 교육시스템에서 누구를 위한 교육이 이루어지며, 누가 혜택과 손해를 보며, 그리고 불공정한 교육시스템을 누가 어떻게 재생산하는가에 대한 통찰력을 가질 수 있다. 그동안 비판이론의 관점과 그 문제의식을 바탕으로 사회주의나 자본주의 체제 자체에서 비롯되는 구조화된 텍스트의 권력 작용을 비판적으로 바라보는 관점들이 나왔다. 예를 들면, 소비에트 신화의 지옥과 같은 극악무도한 전체주의(사회주의)를 비판적으로 성찰한 조지 오엘(George Orwell, Eric Arthur Blair)의 '동물농장(Animal Farm)'은 바로 이러한 비판적 리터러시가 있었기에 가능했다.

본래 리터러시(literacy)는 문자를 읽고 쓰는 능력을 의미했지만 이제는 지식 정보화 시대의 생존능력으로 그 개념이 확대되고 있다(Gottfredson, 1997; 2004; OECD & Statistics Canada, 2000). 문자해독 중심에서 다양한 생활 문제를 해결하는 능력으로 그 의미가 확대된 것이다. 이제 고도의 정보처리와 해석 능력(리터러시)은 생존의 필수 도구(기능적 리터러시: functional literacy)이다. 이제는 기능적 리터러시를 넘어 사회문화의 이해·해석·소통력을 중시하는 비판적 리터러시가 주목을 받고 있다(Freire & Macedo, 1987). 최근에는 리터러시 개념이 더욱 진화해서 과학 리터러시(scientific literacy), 문화 리터러시(cultural literacy), 디지털 리터러시(digital literacy)[3] 등으로 분화되고 있다. 이러한 여러 영역에서의 전문적 리터러시 격차는 정치, 경제, 사회생활에서의 불평등을 초래하는 근원으로 꼽힌다(Gottfredson, 1997; 2004). 아래 <그림 1>은 리터러시 등급에 따른 직업군의 계층화 속성을 보여준다.

2. 정책 리터러시(policy literacy)의 개념

종합적으로 리터러시 개념은 크게 두 개 차원의 하드웨어와 소프트웨어 작동원리로 볼 수 있다. 각종 도구나 현대의 수많은 기계와 컴퓨터 등은 기술(technology)로 작동되는데 여기서 기술이 바로 일종의 하드웨어적 리터러시로 볼 수 있다. 한편 소프트웨어적 리터러시로는 코드(Code), 유전자(DNA), 레시피(Recipe), 공정(process), 루틴(Routine), 알고리즘(Algorithm), 프로그래밍(programing) 등으로 볼 수 있다. 특히 이러한 소프트웨어 차원의 원리들은 현대 생산과정의 기본 골격을 형성한다. 새로운 물건을 만들뿐 아니라 인간의 노동과 정신을 대체하고 있다. 특히 인공지능 시대에 이러한 소프트웨어 리터러시는 인간을 지배할지도 모른다. 인공지능의 알고리듬이 인간과 사회를 파괴할 때 우리는 이에 적극 대응해야 하는데, 이를 위해 인공지능에 대한 비판적 리터러시가 다른 어떤 관점보다 더 중요하게 다가올 것이다.

이러한 개념 틀을 정책리터러시에 적용해 보면, (1) 하드웨어 차원의 정책리터러시는 어떤 정책에 대한 지식과 정보를 의미하며, (2) 소프트웨어 차원의 정책리터러시는 정책이 인간과 사회에 미치는 영향과 그 작동원리에 대한 비판적 이해(정책과정에 대한 이해)를 의미한다. 2개 차원의 정책리터러시 모두 필요한데, 바로 다양한 시민활동을 통해 이를 배양할 필요가 있다. 예를 들면, 탈원전정책, 기본소득, 최저임금제도, 인공생명, 전자발찌(electronic tagging)와 같은 정파성, 이해관계, 지식의 불확실성, 인권, 도덕 등이 복잡하게 얽혀 있는 정책이슈의 경우 정책(과정)의 하드웨어와 소프트웨어를 모두 제대로 알고 있어야, 올바른 판단을 내릴 수 있다.

좁은 의미의 정책 리터러시는 정책과정과 내용을 이해할 수 있는 능력을 의미한

---

3) 이러한 디지털 리터러시는 컴퓨터·네트워크·테크놀러지 리터러시로 이루어진 도구적 리터러시와, 정보·미디어·비주얼 리터러시로 이루어진 표상적 리터러시로 구성된다(Tyner, 1998; 안정임, 2006: 96에서 재인용). 또한 디지털 리터러시는 인터넷 리터러시, 하이퍼 리터러시, 멀티미디어 리터러시 등을 포함한 것으로도 정의된다(Bawden, 2001; 안정임, 2006: 96에서 재인용). 영국 방송통신위원회 오프컴(Ofcom)에 따르면 디지털 리터러시 격차는 시민참여와 시민활동 제고, 소비자 선택권 향유, 문화격차 해소와 같은 시민 리터러시를 둘러싼 쟁점들과 불가분의 관계를 맺고 있다(안정임, 2006:104 재인용).

| 표 1 | 리터러시 유형과 정책 리터러시의 개념화 |

			리터러시 차원		
			전통적 의미 리터러시 (traditional literacy)	기능적 리터러시 (functional literacy)	비판적 리터러시 (critical literacy)
리터러시 영역(예시)	시민 리터러시	정책 리터러시	정책지식 및 정보의 이해수준	정책지식 및 정보의 활용력	정책 과정 및 내용에 대한 통찰력
		정치 리터러시	정치지식의 이해수준	정치지식의 활용력	정치과정 및 내용에 대한 통찰력
	디지털 리터러시		디지털 지식정보의 이해수준	디지털 지식정보의 활용력	디지털 지식정보의 영향에 대한 통찰력
	과학 리터러시		과학지식정보의 이해수준	과학지식정보의 활용력	과학지식정보의 영향에 대한 통찰력

다. 넓은 의미의 정책 리터러시는 정책과정과 내용이 자신의 이해관계, 가족과 지역사회의 이해관계, 나아가 국가 차원에서 어떤 의미를 가지는가를 비판적으로 조망할 수 있는 능력을 의미한다. 본 논문에서는 정책 리터러시를 협의로 보고 '정책을 파악하고 이해할 수 있는 능력'으로 정의하고자 한다. 이러한 정책 리터러시는 시민 리터러시의 한 부분으로 볼 수 있다. 시민 리터러시는 지역사회활동, 정치참여, 그리고 이와 관련된 각종 활동에 필요한 지식이나 정보해득력을 포함하고 있다.[4] 특히 정치과정이나 내용에 대한 정치 리터러시(political literacy)[5] 뿐만 아니라 정책 정보와 지식에 관한 정책 리터러시도 포함한다(정책 리터러시와 다른 리터러시 비교는 <표 1> 참고).

이러한 정책 리터러시의 개념은 크게 세 가지로 나누어진다. 첫째, 전통적 의미에서의 정책 리터러시는 정책 지식(policy knowledge)수준으로 측정된다. 둘째, 기능적 의미에서의 정책리터러시는 실생활에서 정책을 얼마나 잘 활용하는가이다. 즉, 일

---

4) Milner(2002)는 시민리터러시를 정치와 사회 환경을 이해하고 해석할 수 있는 능력으로 정의한다. Milner(2002)는 정치적 사실(political facts)에 대한 인지수준으로 측정하고 있다. 미국의 ISI(Intercollegiate Studies Institute)가 전국 50개 대학 약 1만 4천명 대학생을 상대로 조사한 시민 리터러시 항목을 보면 역사, 사회, 정치, 외교, 경제에 관한 주요 상식으로 구성되어 있다. 조사결과 신입생의 경우 52점, 4학년의 경우 53점에 머물렀다(http://www. americancivicliteracy.org).

5) Denver와 Hands(1990)는 정치 리터러시를 정치 쟁점과 정치과정에 대한 이해수준으로 정의한다(Cassel and Lo, 1997: 320 재인용). Cassel과 Lo(1997)는 정치 리터러시를 중요한 정치적 사실을 인지하는 수준으로 측정한다. 정치지식의 측정과 방법론에 대한 논의는 Delli Carpini와 Keeter(1993)의 연구를 그리고 정치지식의 영향요인과 그 결과에 대해서는 Delli Carpini와 Keeter(1996)의 연구를 참고하면 된다.

상 삶과 관련해서 정책에 적응하는 능력(policy adaptation capacity)으로 정의된다. 셋째, 비판적 측면에서의 정책 리터러시는 어떤 정책이 개인, 가족, 지역사회, 국가 공동체에 미치는 영향을 비판적으로 조망할 수 있는 능력으로 측정된다.

3. 정책 리터러시의 중요성

시민참여의 관점에서 볼 때 정책 리터러시는 세 가지 차원에서 그 중요성을 찾아볼 수 있다. 첫째, 정부가 정책정보를 제공할 때 이를 효과적으로 활용하는 능력이다. 예를 들면, 정부통계 간행물이나 각종 공공기록, 그리고 정부 웹사이트(web site)의 활용능력이 정책 리터러시에 영향을 받는다. 둘째, 청문회나 공청회 등 각종 의견수렴과정에서 시민은 자신의 견해를 표명할 수 있다. 정책 리터러시가 높은 시민의 경우 의사전달을 효과적으로 할 수 있다. 셋째, 최근 합의회의나 시민배심원, 시나리오 워크샵, 공론조사 등 전문성을 요구하는 시민 참여제도가 도입되고 있다. 여기서 일반시민은 전문가와 함께 정책토론에 참여하고 정책숙의(policy deliberation)를 해야 한다. 이는 적정 수준의 정책 리터러시를 요구한다. 결국 정책 리터러시의 결핍으로 정책을 제대로 파악하지 못하면 각종 사회문제를 초래할 수 있다. 또한 정책인식에 대한 시민적 합의 기반을 약화시켜 정책갈등이 초래될 수 있고, 효과적인 시민참여를 저해할 수 있다. 일상 삶 속에서 정책 리터러시 결핍으로 어려움을 겪는 예는 수없이 많다. 무엇보다 전통적 의미의 정책 리터러시─정책문서의 해독과 이해─가 부족하여 일상생활에서 정책활용 능력이 떨어지고 나아가 정책에 대한 이성적 판단과 비판적 안목을 배양하는데 어려움을 겪는다. 그동안 학계나 정부도 이 문제를 체계적으로 다루지 못했다. 구체적으로 정책 리터러시 결핍으로 어떤 문제가 있는지 살펴보면 다음과 같다.

1) 정책 리터러시의 결핍과 사회문제

무엇보다 정책용어나 정책과정을 이해하지 못해 어려움을 겪는 경우가 허다하다. 예를 들면, 주택정책이나 토지정책의 경우 일반 시민에게 큰 영향을 주는 정책이지만 정책내용을 제대로 파악하기가 쉽지 않다. 일반시민들은 건설[6]이나 주택정책[7]과 관

---

6) 지난 2001년 서울시의회 건설전문위원실은 난해한 건설 관련 용어를 쉽게 풀이한 '건설용어 해설집'을 출간했다. 건설용어 2,000여개를 쉽게 해설하여 일반인의 이해를 돕고자 했다(세계일보, 2001년 2월 16일자, 서울 시의회, '건설용어 해설집' 발간 기사).

7) 주택청약제도의 경우 일반시민이 제대로 이해하기 어려운 영역이다. 아파트 분양에 청약을 하려면 관련 제도를 잘 이해하고 서류를 작성해야 하는데 그 과정에서 상당한 시행착오를 겪거

련된 용어를 이해하는데 큰 어려움을 겪는다. 이로 인해 일반국민, 사업자, 일선기관에서 수많은 행정착오가 발생한다. 나아가 토지나 주택정책에 맞추어 일반시민이 효과적으로 대응하는데 한계가 있다.[8] 이러한 문제는 부동산정책에만 한정된 것이 아니다. 거의 정부 정책전반에 걸쳐 정책내용을 담고있는 법령을 이해하기는 어렵다. 이에 '알기 쉬운 법령'에 대한 국민의 요구가 높다. 일반국민이 정책의 근간이 되는 법령 용어를 제대로 이해하기 어려워 정책 리터러시를 배양하는데 어려움을 겪기 때문이다.[9] 나아가 최근에는 정책이해를 돕기 위해 정부에서 각종 컨설팅 업무를 시작하는 경우도 있다.[10] 정책을 제대로 알지 못하면 정책에 대한 지지를 받기 어렵다. 그 만큼 정책 리터러시가 정책공감대를 형성하는데 중요하다. 예를 들면, 최근 이명박 정부가 '녹색성장' 정책을 표방했지만, 일반국민은 이에 대해 잘 알지 못한다. 결국 정부가 국민이 제대로 알지도 못하는 정책에 대해서 동의를 해달라고 요구하는 셈이다(동아일보, 2008년 8월 18일 31면 사설). 각종 사회문제의 발생은 정책 리터러시 결핍과 연결되어 있다. 흔히 정책결정자는 정책대상 집단이 정책목표와 정책수단을 잘 이해하고 있다는 비현실적 가정을 한다. 하지만 정책수요자가 정책품질을 제대로 판단할 수 없다면 정책시장에서 정책수요가 제대로 형성되기 어렵다.

2) 정책 리터러시의 결핍과 정책효과성

정책 리터러시의 부족은 정책목표 달성에도 부정적 영향을 준다. 첫째, 정책에 대한 무지나 오해에 따른 정책갈등의 발생이다. 정책판단에 필요한 적절한 지식수준과 동떨어진 정책몰이해는 정책신뢰와 정책정당성 위기를 초래할 수 있다. 특히 이론

나 오류를 범하고 있다(국민일보, 2007년 9월 20일 22면 사설, '주택청약, 이렇게 힘들고 복잡해서야').

8) 정책뿐만 아니라 경제활동에서도 리터러시 부족으로 소비자 권리를 누리지 못한다. 금융리터러시가 좋은 사례이다. 이에 금융감독원이 일반인이 이해하기 힘든 보험 용어를 알기 쉬운 용어로 바꿀 것을 생명보험협회와 손해보험협회에 요청하고 있다. 금융감독원이 꼽은 어려운 보험용어로, '초회 보험료(첫 회 보험료),' '고지 의무(계약 전 알릴 의무),' '가지급 보험금(우선 지급 보험금),' '기업휴지보험(영업중단 손실보험),' '결약서(약정서),' '출재(재보험 가입),' '일할계산(하루 단위로 계산),' '개호비(간병비)' 등 74개를 제시했다(동아일보, 2006년 11월 14일자, '소비자 이해 어려운 난해한 보험 용어 쉽게 바뀐다').

9) 법제처는 2006년부터 2010년까지 알기 쉬운 법령 만들기 작업을 해 오고 있다. 이는 정책 내용을 담고 있는 법령 용어를 일반인이 알기 쉽게 하여 정책이해와 정책접근성을 높이기 위함이다. 법령용어를 쉽고 명확히 만들면 오해나 다르게 해석할 가능성을 줄여주기 때문에 그 만큼 정책갈등을 줄일 수 있다.

10) 금강유역환경청이 환경오염물질을 잘못 처리하거나 잘 알지 못해 법령을 위반하는 것을 줄이기 위해 '환경컨설팅 제도'를 운영한 사례가 여기에 해당한다(세계일보, 2008년 6월 24일 11면).

적 쟁점이 많고 불확실성이 높은 정책내용에 복잡한 정치적 이해관계가 결부되는 상황에서 정책지식은 정책 탄생배경과 진행과정 그리고 그 파급효과에 대해 합리적 판단을 가능하게 한다. 해당 정책에 대해 깊은 이해를 가진 시민의 경우 정책과정에 효율적으로 참여할 수 있다. 반면 정책에 대한 올바른 평가를 내리기에 충분한 정보, 즉 정책지식이 없을 경우 정책불신이 초래될 가능성이 높다.[11] 나아가 정책무지는 정책참여 불평등으로 나타난다. 정책을 잘 모르는 개인이나 집단은 해당 정책과정에서 소외될 가능성이 높다. 둘째, 정책소비자 시각에서 볼 때 정책관련 각종 권익을 활용하지 못한데 따른 정책 효율성 저하이다. 최근 민간서비스나 공공서비스 모두 소비자 주권을 강화하는 방향으로 정책방향이 바뀌고 있다. 하지만 소비자 주권을 올바르게 행사하기 위해서는 소비자가 상품이나 서비스에 대한 충분한 정보를 가지고 있어야 한다. 해당 정책에 대한 정보와 지식이 부족할 경우 서비스 수혜여부, 수혜정도, 각종 규제나 제재 수단에 대해 잘 알지 못할 것이다. 이로 인해 해당 서비스를 신청하지 못하거나, 잘못 신청할 수 있고, 나아가 각종 규제를 알지 못해 피해를 입을 수도 있다.

3) 효과적 시민성(effective citizenship)의 고양

정책 리터러시는 시민활동의 효과성을 위해 필요하다. 많은 지식과 정보력을 가진 시민일수록 민주적 생활규범을 잘 수용하고, 정책현안에 대해 더 많은 관심을 가지고 참여하며, 지역사회 활동이나 투표, 공청회 등 정치행사에도 적극 참여한다(Delli Carpini & Keeter, 1996; Verba, Scholzman & Brady, 1995). 또한 정책 리터러시가 높은 시민일수록 공공정책에 대해 분명한 정치적 선호를 가지고(Delli Carpini & Keeter, 1996), 일관되고 안정적인 정책의사를 표출한다(Delli Carpini & Keeter, 1996: 235−238; Zaller, 1986: 10−11). 정책지식이 높은 시민일수록 어느 정당이나 정파가 자신의 선호를 잘 대변해 주는지 효과적으로 식별할 수 있고, 정책성과나 정부신뢰에 대해 이성적 판단을 할 가능성이 높다(Alvarez, 1997; Delli Carpini & Keeter, 1996: 251−258). 한편 정책시장(policy market)이라는 관점에서 볼 때도 좋은 정책과 나쁜

---

11) 예를 들면, 미국의 경우 일반국민들은 지난 30년간 대기오염과 범죄율이 더 악화되었다고 믿지만 실제로는 나아졌다(Bok, 1997). 또한 Mondak(1995)은 정책 쟁점에 대한 시민의 이해(understanding)가 없는 상태에서 대중영합주의적 접근만 추구한다면 공허한 외침만 남을 것이라고 주장한다. McKenzie−Mohr 등(1995)도 환경정책에 있어서 정책지식 부족을 정책참여의 부족 원인으로 꼽는다. Steel과 그의 동료 연구(2005)에 따르면 미국시민이 해양생태계 관련 정책쟁점이나 오염에 대해 어느 정도 알고 있는지 물어본 결과 응답자의 33.5%는 전혀 모른다고 응답하고 있으며, 잘 알고 있다는 응답은 14.3%에 그쳤다.

정책을 분별하고, 자신에게 미치는 정책영향을 식별하기 위해서 높은 수준의 정책 리 터러시가 요구된다. 정책공급자인 행정부나 국회가 각종 정책을 입안하고 산출하지만 정책소비자인 시민의 입장에서 이를 제대로 판단할 수 없다면 민주주의 효율성은 떨 어진다(Litva, 2002). 이러한 효과적 시민성(effective citizenship)의 중요성은 공론조 사12)와 정책선거13) 과정에서도 잘 드러난다.

4. 정책 리터러시 함수에 관한 선행연구

현재까지 정책 리터러시 개념뿐만 아니라 정책 리터러시 함수(정책 리터러시 결정 모형)에 대한 체계적인 학술논의를 찾기는 어렵다. 따라서 본 연구에서는 정책 리터 러시와 밀접한 관련성을 가진 시민 리터러시나 정치 리터러시 논의에서 정책 리터러 시에 영향을 미치는 요인을 추정해 보고자 한다. 특히 이들 연구에서 논의된 주요 영 향변인을 보면 시민참여, 정치 환경, 사회인구학적 변수 등을 들 수 있다. 이들 변인 의 영향력을 다룬 선행연구들을 정리해 보면 다음과 같다.

첫째, 선행연구에 따르면 시민활동14)은 정치 혹은 정책지식(political or policy knowledge)과 밀접히 연관되어 있다(Neuman, 1986; Graber, 1988; Junn, 1991; Leighley, 1991). 즉, 시민활동과 정치지식 사이의 상호연관성을 강조한 연구들이다. 예를 들면, Junn(1991)과 Leighley(1991)의 연구가 대표적이다.15) 그 밖에 Neuman(1986) 그리고

---

12) 공론조사는 간접민주주의에 따른 폐해를 직접 유권자가 정책에 참여하여 해소하는 수단이다. 올바른 공론은 정책에 대한 깊은 이해와 숙의를 요구한다. 특히 원자력 발전소 핵폐기물 처리 나 각종 대형국책사업에서 논란이 되는 과학적 쟁점의 경우 정책 리스크에 대한 효과적 의사 소통을 위해 높은 정책 리터러시가 필수적이다.
13) 정책선거에 대한 관심은 후보자의 정책공약에 대한 과학적 검증을 통하여 선거과정에서 대중 영합주의적 후보자를 제거함으로써 올바른 후보를 선출하는데 있다. 이러한 정책선거의 핵심 도 바로 유권자들이 얼마나 후보자의 정책공약을 비판적으로 평가할 수 있는가에 달려 있다. 정책선거의 성패가 정책 리터러시 수준에 크게 좌우된다는 것이다.
14) 시민활동은 그 영역이 다양하다. 이들은 ① 표출적 활동(expressive activities: 편지발송, 칼럼기 고, 방송출현 등), ② 지역사회의 문제 해결과 관련된 각종 활동(community problem-solving activities: 지역사회 공청회, 토론회, 반상회, 타운미팅 참가 등), ③ 캠페인 활동참가(voting and campaign activities: 선거 참가 및 지원활동), ④ 정책의 찬반활동(policy advocacy activities: 정치모임 참가 등), ⑤ 각종 사회운동 및 시위활동(social movement & protest) 등이 있다(Finkel, 1987: Leighley, 1991). 본 논문의 실증분석은 지역사회와 관련된 각종 모임 참가 에 초점을 두고 있다.
15) Junn(1991)의 연구는 1980년 NES 패널연구와 1987년 일반사회조사(General Social Survey) 자 료를 이용하고 있다. 이 연구는 NES 자료를 활용해 선거참여와 같은 시민 활동이 지식에 미치 는 영향을 실증하고 있다. 또한 GSS 자료를 활용해서 지역현안 참여, 정부공무원 접촉, 선거 활동 참여와 같은 시민 활동이 지식에 미치는 영향을 실증하고 있다. 반면, 지식이 시민 활동

Graber(1988)의 연구도 양자의 상호관련성을 보여준다. 시민활동이 많을수록 정치과정이나 정책에 대한 이해도가 높다는 것이다. 시민활동을 할 경우 정치나 정책의 복잡한 구조나 내용을 분석하는 경험을 쌓고 정치와 정책에 대한 고도의 인지적 판단력을 배양할 수 있다. Luskin(1990)에 따르면 활발한 시민활동은 정치나 정책관련 정보를 접할 기회가 많고, 이러한 정보를 분석하는 능력을 배양하며 나아가 정치나 정책에 대한 관심을 유도한다. Leighley(1991)도 갈등이 큰 정책영역에서 시민활동을 활발히 할 경우 인지적 능력발전에 많은 도움이 된다고 주장한다. 즉, 복잡한 정책영역에서 시민활동을 할 경우 고도의 상황판단과 분석력을 배양할 수 있다는 것이다(Bennett, 1975). 이처럼 시민활동을 통해 유관정책에 대한 관심을 높이고(motivation), 정책지식과 정보를 늘리고(policy knowledge & information), 복잡한 정책현안을 파악하고 해결책을 고민하는 과정에서 정책내용의 요약, 복잡한 정책변인들 간의 개념화와 작업(policy conceptualization) 등을 통해 정책 리터러시를 배양할 수 있다.

반면 거꾸로 지식수준도 시민활동에 영향을 준다. 정책지식이 많을수록 정책의 중요성을 알기 때문에 시민활동에 대한 동기가 높다. 또한 정책지식이 많을수록 시민활동 과정이나 절차를 쉽게 알 수 있기 때문에 시민활동의 기회를 많이 누릴 수 있다. 즉, 정치나 정책에 관한 지식과 정보수준은 정책가치나 규범(McClosky & Brill, 1983; Fishkin, 1996), 그리고 정치참여(Neuman, 1986)에도 영향을 준다. 이러한 정치 혹은 정책지식의 차이는 시민활동과도 연관되어 있다(Junn, 1991; Leighley, 1991; Delli Carpini & Keeter, 1996: 220-228).

이와 같이 시민활동과 정책지식의 관련성은 Delli Carpini & Keeter(1996)의 연구에서도 잘 드러난다. <그림 2>가 보여주는 바와 같이 정치지식의 분포와 시민활동의 참여정도가 비례관계에 있다. 정치지식의 분포가 하위 분위에서 상위분위로 갈수록 투표, 캠페인 참여, 재정적 기부 등 각종 시민활동의 참여율이 높아짐을 알 수 있다. Blinder & Krueger(2004)에 따르면 미국 경제정책에 대한 지식수준이 투표 참여 집단의 경우 그렇지 않은 집단에 비해 높다(점수 차이=0.50).[16] 이 연구는 투표와 같은 시민활동이 정책 리터러시와 관련되어 있음을 시사한다.

둘째, 정치환경이나 커다란 사건도 정책지식에 영향을 준다. 정치지식에 대한 관심을 촉진하는 지역일수록(Chaffee & Wilson, 1977; Clarke & Fredin, 1978) 그리고 각종

에 영향을 준다는 것도 실증하고 있다. 양자가 상호관계를 형성하고 있다는 것이다.
16) Palfrey & Poole(1987)의 연구에서도 투표를 한 집단이 그렇지 않은 집단보다 더 많은 정치지식을 가진 것으로 나타났다.

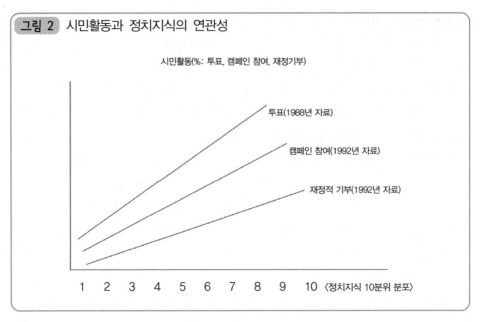

그림 2 시민활동과 정치지식의 연관성

시민활동(%: 투표, 캠페인 참여, 재정기부)

투표(1988년 자료)

캠페인 참여(1992년 자료)

재정적 기부(1992년 자료)

1 2 3 4 5 6 7 8 9 10 〈정치지식 10분위 분포〉

출처: Delli Carpini & Keeter(1996: 225), Figure 6.2를 재작성.

선거나 사회문제로 정책에 대한 지속적 관심을 유발하는 사건이 있을 경우 정책지식 수준이 높다(Clarke & Evans, 1983). 즉, 정치나 정책현안에 관심이 많은 지역 혹은 이를 촉진하는 환경 속에 있을 때 정책 리터러시도 높을 것이다. 예를 들면, 버지니아州 흑인집단의 경우 백인집단에 비해 주정부가 살인범에 대해 사형제도를 시행하고 있다는 것을 더 많이 알고 있다. 이는 흑인들의 경우 범죄환경에 노출될 가능성이 많고 이로 인해 사형집행에 더 많은 관심을 갖기 때문이다(Delli Carpini & Keeter, 1996: 187). 또한 9·11 테러 이후 미국 시민의 아프가니스탄과 관련된 지식, 안보관련 정부기관 등에 대한 지식수준이 높아졌다(Prior, 2002). 우리의 경우도 지난 2005년 12월 '황우석 사태'에서 온 나라가 줄기세포 논쟁에 휘말리면서 일반국민들이 생명공학에 관한 전문용어를 사용해 가짜 줄기세포가 낳은 사회적 의미를 논쟁한 경험이 있다.[17]

---

17) 예를 들면, 황우석 사태에서 일반국민들은 복제배아, 줄기세포, 배반포기, 테라토마 등에 관해 설명을 듣고 토론할 수 있는 기회를 가졌다. 당시 한 신문기사를 보면, 택시기사가 쏟아내는 줄기세포 이야기가 거의 전문가 수준이다. 줄기세포 배양단계부터 황우석 교수팀의 2005년 사이언스 논문의 의미와 가짜 줄기세포로 가져온 문제를 설명하는 모습이 생물학을 전공한 사람 같다. 이렇게 해박한 지식은 신문과 방송에서 매일 나오는 뉴스 덕택이라고 했다. 당시 온 국민이 줄기세포 전문가가 됐다는 것이다. 이상은 한국일보, 2005년 12월 23일자 8면 '줄기세포 모르면 대화 못껴요' 기사 내용임.

　셋째, 사회인구학적 변인을 살펴보자. 교육변수의 경우 정치 지식이나 정책지식에 강력한 영향을 주는 핵심변인으로 지난 몇 세대동안 실증연구가 이루어져왔다. Hyman과 그의 동료들(1975)의 연구는 정치나 정책관련 지식의 격차는 교육의 지속적인 영향임을 주장하였다 Jennings(1996)의 연구에서도 교육은 세대를 거치면서 더욱 강한 영향력을 가진 것으로 나타났다. Delli Carpini와 Keeter(1996)의 연구에 따르면 1947년과 1954년 갤럽조사 그리고 1989년 조사(Survey of Political Knowledge) 자료 모두에서 교육수준에 따른 정치지식의 커다란 격차가 존재한다. 또한 Blinder & Krueger(2004)의 연구에서도 대학재학 이상 집단이 고졸이하 학력집단보다 높은 점수(점수 차이＝0.38)를 보였다. 소득도 중요한 정책지식 수준에 영향을 주는 변인으로 다루어진다. Blinder & Krueger(2004)는 미국정부의 경제정책에 대한 시민의 지식을 측정하고 있는데 이 연구에 따르면 고소득집단이 저소득 집단보다 높은 점수(점수 차이＝0.51σ, σ＝16.7)를 보인다.[18]

　한편 연령변수의 경우 연령효과(aging effect), 세대효과(generational effect), 생애주기(life cycle)에 따라 구분된다. 일반적으로 인지 활동이 어려운 고연령까지는 정치리터러시 수준이 높아지지만 그 이후에는 연령효과 때문에 감소한다. 세대효과도 각 세대별로 다른 경험을 하기 때문에 이에 따른 정치관심이나 정치 지식수준이 다를 것이다.[19] 생애주기 관점에서도 부모의 사회경제적 지위나 교육수준과 방식의 영향으로 어릴 때 사회화 과정이나 관심이 달라지고, 청소년 시절에도 학교에서 어떤 유형의 생활을 했는가가 성인이 되었을 때 정치리터러시 수준에 영향을 준다. 성별의 경우 남성보다 여성의 정치리터러시 수준이 낮다(Sanbonmastu, 2003). 이러한 차이는 남녀의 정치에 대한 관심의 차이, 교육수준의 차이, 사회화 과정의 차이 등 여러 가지 요인이 관련되어 있다고 한다. 어린 시절 여성은 남성에 비해 게임 규칙이나 정의에 대한 관심이 적다고 한다(Tannen, 1990). 남성의 경우 갈등적, 추상적, 비개인적 사안에 대해 관심이 많고 반면 여성의 경우 개인적, 즉흥적, 교감적인 사안에 대해 관심

---

18) Blender와 Krueger(2004)가 사용한 9가지 정책내용은 전체 소득에서 세금이 차지하는 비중, 지불급여세(payroll tax)와 소득세의 상대적 크기(income tax)비교, 연방정부예산적자, 최저임금수준, 사회보장급여의 크기, 부시대통령의 사회보장 민영화에 대한 인지 여부, 사회보장기금 적자예상 인지여부, 메디케어프로그램이 외래환자에 대한 의사처방약을 지원하는지 여부, 의료보험이 없는 미국인의 비율 등이다.

19) 미국의 경우 최근에 올수록 젊은 세대의 정치지식 수준이 점점 과거에 비해 떨어진다고 한다. 1960년대까지는 세대별 정치지식에 대한 차이가 적었지만 최근에는 점점 젊은 세대의 정치지식 수준이 상대적으로 감소했다(Delli Carpini & Keeter, 1996: 20－202).

이 많다고 한다(Delli Carpini & Keeter, 1996:206).

5. 국내 선행 연구의 한계

그동안 국내에서 정부정책에 대해 일반국민이 얼마나 잘 이해하고 있는가를 체계적으로 분석한 논문은 드물다. 정책 리터러시 관점에서 정책이해(파악)수준을 체계적으로 분석한 학술논문은 거의 없다. 다만 공공정책에 대해 어느 정도알고 있는가에 대한 인식수준을 조사한 각종 보고서들이 있다. 한국행정연구원(2005)이 출간한 정책만족도 조사보고서 그리고 한국종합사회조사(Korean General Social Survey: KGSS)의 조사자료가 대표적이다.

한국행정연구원 보고서는 정부정책에 대한 인식수준을 조사하고 있다. 2005년도 한국행정연구원 보고서에 따르면, 일반국민을 대상으로 부처별 주요 정책에 관한 인지유무를 조사한 결과 통일부와 보건복지부 정책의 경우 각각 68.1%, 65.9%로 상대적으로 높지만 외교통상부, 교육인적자원부 정책의 경우 각각 42.1%, 46.4%로 상대적으로 낮다(아래 <표 2> 참고). 부처에 따라 정책인지도 수준에 확연한 차이가 있다.

그리고 여성보다 남성, 고졸이하보다 대졸자, 저소득자보다 고소득자 집단에서

표 2 각 부처별 주요정책에 대한 인지도 (단위: %)

		통일부	외교통상부	국방부	교육인적자원부	보건복지부	환경부	건설교통부	문화관광부	노동부
전체		68.1	42.1	51.6	46.4	65.9	57.1	56.6	56.8	60.0
성별	남성	73.2	47.5	60.5	50.0	67.9	60.4	63.9	61.1	64.1
	여성	63.2	36.9	43.1	42.9	64.0	54.0	49.4	52.7	56.0
연령	20대	67.0	42.3	52.4	48.0	63.4	54.2	53.3	59.8	53.8
	30대	67.6	47.0	48.2	46.7	71.2	60.8	55.3	60.5	64.7
	40대	71.6	45.6	52.7	52.3	68.8	59.2	65.7	56.5	65.4
	50대	66.8	35.7	52.9	40.8	61.5	54.9	53.2	52.3	56.7
학력	중졸	68.1	68.1	27.5	48.3	35.7	61.6	60.8	55.7	49.6
	고졸	64.9	41.8	50.9	45.6	64.2	54.1	53.2	54.3	58.2
	대재이상	74.2	49.5	54.2	52.5	70.7	61.0	62.6	58.2	65.1
월평균소득	150만원 미만	66.1	42.3	50.0	47.0	66.8	57.3	57.6	57.0	60.4
	150-250만원 미만	68.8	40.6	52.3	45.4	61.3	55.9	56.3	55.5	59.5
	250만원 이상	78.7	46.9	60.5	49.4	74.2	64.4	57.2	58.2	63.3

정책인지 수준이 높다. 이는 사회인구학적 변인에 따른 정책 리터러시 격차가 있음을 시사한다. 하지만 한국행정연구원 보고서의 경우 정부 부처별 주요 정책항목을 열거하고 이의 인지 여부와 만족도를 일반시민에게 묻고 있다. 즉, 부처별 주요 정책에 대해 단순한 인지여부의 이분법적 질문을 하고 있다. 이것만으로 그 정책을 얼마나 잘 이해하고 있는지 측정하기 어렵다. 정책에 대한 이해수준을 구체적 척도로 나누어 물어볼 필요가 있는데 그 정책을 들어 본적이 있는가라는 단순한 인지여부만 물어보기 때문이다. 단순한 정책인지 유무가 아니라 리커트 척도로 그 인지정도를 서열적으로 측정하려는 시도가 필요하다(Brady et al., 1995; Niemi et al., 1991; Nicotera, 2008).

한국종합사회조사의 경우 '정부 일에 대한 관심의 중요도'와 '한국의 당면문제에 대한 이해 정도'를 조사하고 있다. 2004년도 한국종합사회조사 보고서에 따르면, 정부가 하는 일에 대해 관심을 가지는 것이 중요하다고 응답한 비율은 약 80%에 이른다(위 <표 3> 참고, 해당 문항의 5점, 6점, 7점에 응답한 비율을 합계한 수치임). 성, 학력,

표 3 정부 일에 대한 관심도: Korean General Social Survey(KGSS, 2004)								
1점=전혀 중요하지 않다 7점=매우 중요하다	1점	2점	3점	4점	5점	6점	7점	무응답
전 체(단위=%)	1.1	1.7	5.4	14.6	23.2	18.9	33.9	1.1
성별 남 성	1.1	2.0	6.7	17.2	23.2	18.5	31.1	0.2
성별 여 성	1.1	1.4	4.3	12.3	23.3	19.3	36.4	2.0
연령 20대 이하	0.8	2.0	8.8	19.6	21.6	24.4	22.4	0.4
연령 30대	0.5	2.2	4.9	13.0	29.1	20.1	29.6	0.5
연령 40대	2.2	1.8	5.1	13.7	20.9	13.7	42.2	0.4
연령 50대	1.8	–	5.5	13.4	17.1	17.1	43.9	1.2
연령 60대 이상	0.8	1.6	3.2	13.4	22.9	18.6	36.0	3.6
학력 중 졸	1.9	1.9	4.0	15.2	21.7	15.5	36.8	3.1
학력 고 졸	0.9	1.4	5.5	11.8	24.1	16.6	38.7	0.9
학력 전문 대학	0.8	3.8	9.2	17.6	22.9	22.1	23.7	–
학력 대재 이상	1.0	1.2	5.3	16.0	23.6	22.9	29.8	0.2
월평균소득 100만 원 미만	1.9	2.8	5.2	16.5	20.3	15.6	33.5	4.2
월평균소득 100–199만 원	0.4	2.3	6.1	18.3	23.3	16.8	32.8	–
월평균소득 200–299만 원	0.3	1.4	4.1	15.3	19.3	20.3	38.6	0.7
월평균소득 300–399만 원	1.3	2.2	7.1	8.0	31.0	21.7	27.9	0.9
월평균소득 400만 원 이상	1.6	0.4	4.4	14.0	24.0	19.6	36.0	–

소득에 따른 뚜렷하게 큰 차이는 없어 보인다. 다만 연령에 따라 20 – 30대 층보다 40 – 50대 층에서 정부 일에 대한 관심이 다소 높다. 하지만 이 조사결과는 정부 일에 대한 관심만 물어볼 뿐 실제 정부가 무슨 일을 어떻게 하는가에 대한 인식이나 이해 수준은 보여주지 않는다.

한국종합사회조사결과와 한국행정연구원 조사결과를 비교하면 다음과 같은 중요한 시사점을 얻을 수 있다. 한국종합사회조사에 따르면 정부 일에 대해 관심을 갖는 것이 중요하다고 응답한 비율이 거의 80%에 이른다. 하지만 한국행정연구원 조사결과 부처별로 실제 정부정책을 초보적 수준에서나마 인지하고 있는 비율은 40 – 60% 수준에 머문다. 즉, 정부 정책에 관심을 가지는 것이 중요하다고 인식하지만 실제 정부가 하는 일에 대해서는 잘 모르고 있다는 것이다. 이러한 괴리는 정부 정책을 잘 아는 것이 중요하다고 생각하지만 정책 리터러시 부족으로 인해 실제 정부정책을 제대로 이해하지 못하고 있음을 시사한다.

지금까지 살펴본 것처럼 정책학 분야에서는 타 학문분야와 달리 정책 리터러시에 대한 연구가 아직 없다. 국문학의 경우 지식정보화사회에서의 읽기와 쓰기 능력에 대해, 경제학의 경우 금융이나 부동산과 같은 경제교육 배양, 정보통신의 경우 디지털 리터러시, 과학과 수학의 경우 과학리터러시나 수리리터러시에 대한 논의가 활발하다. 아직 국민이 정책을 얼마나 이해하고 있고, 얼마나 이를 실제 생활에 활용하며, 나아가 정책에 대한 참여와 비판을 통해 민주시민으로서 역할을 제대로 수행하고 있는가에 대한 연구는 일천하다. 앞으로 정책 리터러시에 관해 다음과 같은 쟁점들에 대한 연구가 필요하다.

첫째, 아직 국내에서는 정책지식정보의 인식이나 활용에 관한 개념화 작업이 정책 리터러시 차원에서 이루지지 않고 있다.[20] 이에 최근 논의되고 있는 다양한 차원의 리터러시 논쟁을 정책학 분야에도 접목할 필요가 있다. 정책 전문성이 높아지고 이와 더불어 정책투명성과 정책참여도 함께 요구되기 때문에 일반시민의 높은 정책

---

20) 정책학분야에서 리터러시에 대한 논의는 아직 없다. 다만 타 학문 분야에서는 리터러시에 대한 논의는 있다. 예를 들면, 리터러시와 직접 관련이 있는 국문학의 경우 노명완·이차숙(2002), 신동희(2004), 이형래(2005) 등의 연구가 있다. 또한 리터러시가 실제 생활에 미치는 영향을 탐구한 연구들도 있다. 이재관·김선희(2007)는 정보리터러시가 소상공인의 중소기업지원홈페이지 방문, 온라인 거래, 온라인 정보수집 등 온라인 활동에 관한 미치는 영향을 설문조사를 이용해 검증하고 있다. 또한 김수현·이은주(2008)는 한국노인들의 의료정보이해력과 관련된 요인을 탐색하고 건강에 미치는 영향을 분석한다. 성효용(2003)은 경제교육의 중요성을 리터러시 관점에서 바라본다. 안정임(2006)은 디지털 리터러시 격차를 정책수용자 입장에서 접근하고 있다.

리터러시가 필요하다. 정책 리터러시 수준을 파악하고 이것이 어떤 변인과 연관되어 있는지 연구할 필요가 있다. 특히 정책 리터러시가 시민활동, 소득, 교육, 직업, 지역, 성, 나이 등과 같은 사회인구학적 변인, 그리고 정치적 사건이나 정책환경에 따라 어떻게 관련되는지 분석해 볼 필요가 있다.

둘째, 정책 리터러시 관점에서 정책 이해수준을 분석해 보고 이와 연관된 요인을 찾아내며, 주요 사회인구학적 변인이나 시민활동에 따른 정책 리터러시 격차를 조사해 볼 필요가 있다. 이를 통해 정책 리터러시 수준의 격차에 따른 정책이해나 정책참여의 불평등에 대한 심층논의를 할 수 있으며 효과적 시민성과 관련 정책함의를 찾을 수 있을 것이다. 아직 정책학 분야에서 정책 리터러시 문제를 직접 다룬 연구는 없다. 위에서 언급한 것처럼 타학문 분야의 경우 이에 대한 연구가 시도되고 있다(안정임, 2006; 김수현·이은주, 2008).

셋째, 아직 정책 리터러시나 시민활동 사이의 상호관련성만을 분석하고 있으며 정확한 인과효과를 추정하는데 한계가 있다. 정책 리터러시 수준과 시민활동은 서로 관련되어 있기 때문에 연립방정식(simultaneous equation)을 이용해 인과효과를 추정해야 한다.[21] 정책 리터러시 함수와 시민활동 함수는 서로 보완적 관계를 가지고 있기 때문에 인과효과를 추정하기 위해서는 도구변인들을 활용한 구조방정식이 요구된다.

Ⅲ. 연구모형과 분석방법

1. 분석모형

본 연구는 사회인구학적 변인별로 정책 리터러시 수준을 분석하는데 초점이 있다. 또한 시민활동에 따른 정책 리터러시 수준을 분석하고자 한다. 본 연구에서 사용하고 있는 정책 리터러시 척도는 한국갤럽에서 조사한 8개 정부 정책영역에 대한 이해수준에 근거를 두고 만들어졌다.[22] 여기서 제시된 분야별 정부정책에 대해 어느 정도 잘 이해하고 있는가를 근거로 7점 리커트 척도로 정책 리터러시를 측정하였다.[23]

---

21) Brady, Verba, & Schlozman(1995)의 연구는 시민활동이 정치관심이나 정치지식과 상호관계를 가지기 때문에 도구변수를 이용하여 시민리터러시가 시민활동에 미치는 인과효과를 검증하고 있다.
22) 정책 리터러시 점수는 외교·안보·통일, 교육, 보건의료, 복지, 환경, 부동산, 문화예술, 노동정책의 8개 영역 7점 리커트 척도의 합계이다. 이들 8개 지표의 신뢰성 지수인 Cronbach α 계수는 0.911이다.

본 논문에서 도입한 정책 리터러시 함수는 다음과 같다.

$$\text{정책 리터러시}(Y_i^{pl}) = \{\text{시민활동}(CA)_i, \text{사회경제적변수}(SES)_i, \text{인구학적}$$
$$\text{변수}(POP)_i \text{ 행정서류신청경험}_i\} + \epsilon_i^{pl}$$

위 모형에서 시민활동 변수는 정책 리터러시에 영향을 줄 수도 있지만 반대로 영향을 받을 수도 있다. 즉, 정책 리터러시와 시민활동 지수는 상호 영향을 주고받는 내생변수(endogenous variable)로 보아야 한다. 따라서 시민활동 함수를 동시에 추정할 필요가 있다. 이에 근거해 나온 시민활동 함수는 아래와 같다.

$$\text{시민활동}(Y_i^c) = f\{\text{정책 리터러시}(Y_i^{pl}), \text{인간에 대한 신뢰}(Z_{1i}), \text{기부의사}(Z_{2i}),$$
$$\text{사회경제적변수}(SES)_i, \text{인구학적 변수}(POP)_i\} + \epsilon_i^c$$

이상의 두 함수의 추정 회귀식은 아래와 같이 설정하였다.

[정책 리터러시 추정 함수: Equation 1]

$$Y_i^{pl} = a_0 + a_c Y_i^c + a_1 X_{1i} + a_2 X_{2i} + a_3 X_{3i} + a_4 X_{4i} + a_5 X_{5i} + a_6 X_{6i} + a_7 X_{7i}$$
$$a_8 X_{8i} + a_9 X_{9i} + a_{10} X_{10i} + a_{11} Z_{11i} + \epsilon_i^{pl}$$

[시민활동 추정 함수: Equation 2]

$$Y_i^c = \beta_0 + \beta_{pl} Y_i^{pl} + \beta_{z1} Z_{2i} + \beta_{z2} Z_{3i} + \beta_1 X_{1i} + \beta_2 X_{2i} + \beta_3 X_{3i} + \beta_4 X_{4i} + \beta_5 X_{5i} +$$
$$\beta_6 X_{6i} + \beta_7 X_{7i} + \beta_8 X_{8i} + \beta_9 X_{9i} + \beta_{10} X_{10i} + \epsilon_i^c$$

---

23) 정책 리터러시를 서열화된 리커트 척도로 측정하고 있다. 실제로 IQ 점수처럼 정책리터러시를 측정하는 시험도구가 아직 개발되어 있지 않기 때문이다. 선행연구들을 보면 정치나 시민활동의 능력을 측정하는 지표들은 대개 서열척도로 설계해 측정하고 있다. 예를 들면, Niemi 외(1991) 등의 연구를 보면, 정치를 잘 이해하고 효과적으로 참여하는 정치효능감(political efficacy)은 5점 리커트 척도로 측정된다. 여기서 정치효능감은 4가지 하위 항목들의 합산점수인데, 이들은 [① 정치참여를 잘 할 수 있다], [② 주요 정치문제를 제대로 이해할 수 있다], [③ 다른 일반사람들 만큼 공공업무를 잘 수행할 수 있다], [④ 정치와 정부에 대해 제대로 파악하고 있다]이다. Nicotera(2008)의 연구도 시민인지력(civic awareness)을 [① 이웃문제는 모든 사람의 문제이다: 예/아니오로 측정], [② 나를 동네의 한 구성원으로 인식한다: 5점 척도], [③ 다른 언어를 사용하는 사람을 이해하고자 한다: 3점 척도] 등으로 측정하고 있으며, 시민효능감(civic efficacy)의 경우[① 이웃을 위해 자신의 선호를 위한 활동시간을 희생할 수 있다: 5점 척도], [② 이웃을 친구로 사귄다: 4점 척도], [③ 다른 사람으로부터 많은 것을 배울 수 있다: 4점] 등으로 측정하고 있다.

Y_i^{pl} = 정책 리터러시 지수, Y_i^c = 시민활동 지수, a_0, β_0 = 회귀모형의 절편, Z_{1i} = 행정서류 신청경험 더미변수(준거집단 = 서류 신청 경험가진 집단), Z_{2i} = 인간관계에 대한 신뢰, Z_{3i} = 자선단체에 대한 기부의사, X_{1i} = 남성 더미변수(준거집단 = 여성), X_{2i} = 나이, X_{3i} = 나이2, X_{4i} = 고졸더미 변수(준거집단 = 중졸이하), X_{5i} = 대학재학 이상 더미변수(준거집단 = 중졸이하), X_{6i} = 중소도시 거주 더미변수(준거집단 = 읍/면 거주), $X_{7i}I$ = 대도시 거주 더미변수(준거집단 = 읍/면 거주), X_{8i} = 중산층 더미변수(준거집단 = 하류층), X_{9i} = 상류층 더미변수(준거집단 = 하류층), X_{10i} = 사무관리직 더미변수(준거집단 = 나머지 직업군, 실직, 학생, 주부 포함), ϵ_i^{pl}, ϵ_i^c = 회귀모형의 오차, $i = 1,2,3,...N(= 1,199)$

여기서 <Equation 1>의 정책 리터러시 추정함수 오차(ϵ_i^{pl})와 시민지수 변수(Y_i^c)가 동시성편의(simultaneous bias) 때문에 서로 상관성을 가질 수 있다. 즉, $Cov(Y_i^c, \epsilon_i^{pl})$ ≠0이다. 이런 경우 정책 리터러시 모형에서 시민활동 지수의 회귀계수인 α c를 최소

표 4 연구 모형

구분	정책 리터러시 함수 모형		
종속 변수	정책 리터러시 수준: 8개 정책영역 이해수준 점수 합계[24]		
독립 변수	사회인구학적 변인	인구학적(POP) 변수	− 성별, 나이, 거주 지역(대도시 여부)
		사회경제적(SES) 변수	− 교육, 소득, 직업
	시민활동변인	시민활동(CA)지수	− 지역사회 공공모임 참석 정도 − 지역학교 행사/학부모모임 참석정도 − 동호회 등 각종 모임 참석정도 − 지역사회 활동, 거리청소, 교통정리
	행정서류 신청경험	도구변수(Z1)	− 정책 리터러시 영향요인
	인간관계 신뢰도	도구변수(Z2)	− 시민활동 영향요인
	자선단체 기부의사	도구변수(Z3)	− 시민활동 영향요인

24) 이들 8개 정책영역은 외교·안보·통일정책, 교육정책, 보건의료정책, 복지정책, 환경정책, 부동산정책, 문화예술정책, 노동정책이다. 본 연구의 정책 리터러시는 7점 리커트 척도(전혀 이해하지 못함=1점, 7점=완벽하게 이해하고 있음)로 측정된 8개 정책이해도를 합산한 점수이다. 여기서 경제정책은 설문에 사용되지 않았다. 질문은 "귀하께서는 평소 정부가 시행하는 아래 해당 정책영역의 내용들을 얼마나 잘 이해하고 있다고 생각하십니까?"이다. 정책이해 수준의 척도는 전혀 이해 못함(=1점)에서 거의 모두 이해(=7점)까지 서열화해서 측정하였다.

자승법(Ordinary Least Square: OLS)으로 추정할 경우 그 추정값은 편향성을 가진다. 본 논문에서는 이러한 동시편향성 문제를 해결하기 위해 2단계최소자승법(2SLS), 3단계최소자승법(3SLS), 완전정보최우추정법(FIML)과 같은 추정기법을 사용하여 정책 리터러시 모형과 시민활동 모형을 동시에 추정하였다. 이와 같이 다양한 추정기법에 근거해서 정책 리터러시 함수와 시민활동함수를 동시에 추정하는 이유는 통계적 추정방법에 따라 회귀계수의 추정값이 얼마나 달라지는지 확인하고 이를 근거로 추정함수의 통계적 타당성(statistical validity)과 민감성을 살펴보고자 했다.[25]

2. 분석자료

본 연구에서 사용하고 있는 자료는 한국갤럽이 주관하여 지난 2006년 12월 10일부터 25일까지 제주도를 제외한 전국 20세 이상 성인 남녀 1,200명을 대상으로 조사한 것이다.[26] 이 조사는 구조화된 질문지(structured questionnaire)를 사용하여 방문면접(face-to-face interview)을 사용했다. 표본추출은 지역별 다단계 층화추출방식을 활용했다. 본 설문은 공공정책 이해도, 공공정책 평가, 공공기관 신뢰, 시민활동, 사회인구학적 변인 등을 포함하고 있다.

---

25) 학술논문에서는 일반적으로 OLS(Ordinary Least Square)와 IV(Instrumental Variable) 추정치를 함께 비교해서 분석한다. 이는 서로 비교를 통해 OLS가 어느 정도 편의(simultaneity bias)를 가지는지 추정하기 위함이다. 일반적으로 편의의 방향이나 정도를 정확히 예단하기는 어렵다. 다만 본 연구 모형에서 예상되는 OLS 편의를 살펴보면 다음과 같다. 먼저 정책 리터러시 함수의 경우 $Y_i^{pl} = a_c Y_i^c + \varepsilon_i^{pl}$, 시민활동 함수의 경우 $Y_i^c = \beta_{pl} Y_i^{pl} + \beta Z_{2i} + \varepsilon_i^c$로 단순화시켜 살펴보면, OLS에서 비롯되는 편의는 $Cov(Y_i^c, \varepsilon_i^{pl}) \neq 0$ 에서 비롯된다. OLS에 따른 시민활동의 영향추정량은 $\hat{a}_c = [\sum Y_i^c Y_i^{pl} / \sum (Y_i^c)^2] = [\sum Y_i^c (a_c Y_i^c + \varepsilon_i^{pl}) / \sum (Y_i^c)^2] = a_c + [\sum Y_i^c \varepsilon_i^{pl} / \sum (Y_i^c)^2]$이다. 대표본의 경우 추정치의 값은 $E(a_c) = a_c + E(Y^c \varepsilon^{pl}) / E(Y^c)^2]$이다. 여기서 문제는 $E(Y^c \varepsilon^{pl}) \neq 0$ 이다. 즉, E$(Y^c \varepsilon^{pl}) = [\beta_{pl} / (1 - a_c \beta_{pl}) * \sigma^2{}_\mu, \quad \sigma^2{}_\mu$은 ε^{pl}의 분산이다. 여기서 $a_c \beta_{pl} > 1$ 혹은 $\beta_{pl} < 0$일 경우에만 $E(Y^c \varepsilon^p)$은 음수(OLS 과소추청)가 된다. 하지만 이론적으로 $\beta_{pl} > 0$ 이기 때문에 그리고 $a_c \beta_{pl} < 1$로 예상되기 때문에 OLS는 과소추정이 아닌 과대추정될 것으로 기대된다. 다만 본 연구에서 OLS가 과소추정된 이유에 대해서는 본문 17페이지와 주석 28, 주석 29에 다시 언급하고 있다.
26) 이 조사는 서울대학교 행정대학원 정책지식센터에서 2006년에 한국갤럽과 공동으로 수행한 시민인식도 조사이다. 이 설문에는 공공기관 이용행태, 공공정책이해도, 언론분야. 시민의 정치성향, 정부기관과 사회현상에 신뢰도 등 시민활동에 관한 다양한 문항들이 있다. 특히 여기서 시민인식도 조사는 정부와 시민관계, 정책에 대한 시민의 인식수준과 정향, 시민사회 특성을 파악하는데 초점을 두고 있다. 본 연구는 지난 2006년도 설문 중에서 공공정책이해도 영역인 정책 리터러시 관련 문항을 분석에 사용했다.

Ⅳ. 실증분석 결과

여기서는 먼저 주요 배경변수별로 정책 리터러시, 시민활동 지수와 관련된 사회 인구학적 변수를 살펴보고자 한다. 또한 정책 리터러시와 시민활동지수의 관련성도 살펴보면서, 양 변수가 가진 내생성 문제를 통제하기 위해 도구변수를 활용해 정책 리터러시 함수와 시민활동함수를 동시에 추정한 연립방정식모형으로 추정하고자 한다.

1. 주요 배경변수별 분석

정책 리터러시 수준은 성별, 교육, 소득, 거주지역, 행정서류 신청 경험 정도에 따라 격차를 보이고 있다. 여성보다는 남성의 경우 정책 리터러시 점수가 높다. 56점 만점에 남성은 29.58, 여성은 27.21로 100점 만점으로 환산할 경우 약 5점도 격차가 있다. 교육과 소득 수준이 높을수록 그리고 관리사무직업을 가진 경우 정책 리터러시

표 5 주요 배경변수별 정책 리터러시 및 시민활동 지수

분류변수		정책 리터러시(56점 만점)	시민활동(20점 만점)
		평균	평균
성별	남성	29.58	9.09
	여성	27.21	8.96
학력	중졸	25.02	8.18
	고졸	28.12	9.11
	대재이상	30.57	9.41
계층	하류층	25.85	8.42
	중류층	29.56	9.30
	상류층	32.25	10.25
거주지역	읍/면	26.48	9.86
	중소도시	28.74	8.82
	대도시	28.40	9.08
직업	관리사무직	30.93	9.51
	나머지 직종	27.90	8.94
행정서류 신청경험	있음	28.68	–
	없음	22.31	–
나이		$18.98+0.49*$나이$+(-0.0058)*$나이2 (1% 유의수준에서 모두 유의미)	$3.03+0.28*$나이$+(-0.003)*$나이2 (1% 유의수준에서 모두 유의미)

수준이 높다. 대졸 이상의 경우 30.57, 고졸 28.12, 중졸 25.02로 대졸과 중졸 사이에는 100만점으로 환산할 경우 약 10점의 격차가 있다. 소득격차에 따른 정책 리터러시 격차도 나타나고 있는데, 상류층의 경우 32.25, 하류층의 경우 25.85점으로 100만점으로 환산할 경우 약 12점 정도의 격차가 존재한다. 관리사무직의 경우 30.93점으로 나머지 직종의 27.90보다 높다. 또한 읍·면지역 거주민보다 도시지역 거주민의 경우 정책 리터러시 수준이 높다.

한편 행정서류 신청 경험이 있을 경우 그렇지 않은 집단에 비해 정책 리터러시 수준이 높다. 과거 신청경험이 있는 집단은 평균 정책 리터러시 점수가 28.68점, 경험이 없는 집단은 평균 점수가 22.31점으로 상당한 격차가 있다. 나이 변수의 경우 정책 리터러시나 시민활동에 미치는 영향이 모두 비선형으로 나타난다. 즉, 나이가 들수록 정책 리터러시가 증가하지만 60대 이상의 고연령으로 갈수록 점차 감소하는 비선형성을 띤다. 한편 시민활동함수에서도 정책 리터러시에 나타난 격차가 거의 그대로 존재한다. 다만 거주지 변수의 경우 읍·면 주민의 시민활동 지수가 상대적으로 높다. 그리고 성별에 따른 시민활동의 차이가 미미하다. 나이와 시민활동의 관계도 비선형으로 유의미하게 나타난다. 이는 40대와 50대의 경우 20 – 30대보다 보다 높지만 50대 이후부터 시민활동이 다소 떨어짐을 시사한다.

2. 정책 리터러시 함수 추정결과

여기서는 정책 리터러시에 영향을 주는 변인들을 4가지 추정 모형을 통하여 나온 결과를 검토해 보자. 정책 리터러시 함수를 구성하는 변인을 식별하는 것이 본 논문의 주요 목적이기 때문에 시민함수 모형은 참고로 부록에 제시하였다.

첫째, 시민활동이 정책 리터러시에 미치는 영향을 보면, 네 모형 모두에서 유의미하다. 다만 OLS의 경우 시민활동의 영향력은 0.43 수준으로 추정되지만, 2SLS, 3SLS, FIML의 경우 모두 약 1.4점으로 크게 증가해 OLS 추정치보다 크다.[27] 즉, IV

---

27) 본 연구에서 시민활동 변인은 리터러시와 상호관계 때문에 동시편의성을 가진다고 보는 것이 타당하다. 다만 본 논문에서 사용하고 있는 도구변인이 과연 얼마나 이론적 타당성을 가지고 있는가는 논쟁이 될 수 있다. 다만 본 연구의 경우 IV 추정치가 OLS추정치보다 크게 부각되어 이에 대한 추가 논의가 필요하다. 이와 관련된 이유로 첫째, 시민활동 변인이 외생성을 가진다. 즉, OLS와 IV추정치 사이에 차이가 없다는 것이다. 하지만 이 주장은 이론적 설득력이 떨어진다. 둘째, IV의 타당성 문제이다. IV변인이 시민활동과 약하게 관련되어 있거나(weak instrument) 혹은 잔차항과 연관되어 있을 수 있다. 하지만 본 연구의 분석결과 이러한 문제들은 심각하지 않다. 셋째, IV추정치가 IV에 영향을 받는 집단의 특성만을 반영하는 local average 추정치일 가능성이 높고, 따라서 모집단 전체를 대표하는 추정치로 보는데 한계가 있을 수 있

추정치가 OLS보다 크다. 실제 기대방향과 달리 OLS 추정치보다 IV 추정치가 더 큰 이유는 시민활동 변인의 측정오차, 그리고 시민활동에 영향을 주는 도구변인의 한계효과가 비선형적으로 매우 큰 것과 연관될 수 있다.[28] IV 추정치가 OLS보다 크다고 해서 시민활동 변인이 내생성이 없는 외생변인으로 보기는 어렵다.[29] 다만 IV와 OLS 어느 것이 더 타당한가에 대해서는 논쟁이 있을 수 있지만 여기서는 양자 모두를 비교하면서 논의를 하고자 한다. 먼저 시민활동 변수의 동시성 편의(simultaneous bias)를 제거할 경우 IV 추정에 근거한 시민활동의 정책 리터러시에 대한 영향이 상대적

표 6 기부의사와 인간관계 신뢰인식 그리고 시민활동의 연관성

기부의사	빈도	시민활동 지수 평균점수	인간관계 신뢰수준	빈도	시민활동 지수 평균점수
1점	143	7.29	1점	40	8.88
2	123	8.19	2	57	8.98
3	87	8.26	3	64	8.59
4	374	9.08	4	483	8.63
5	234	9.25	5	269	8.97
6	149	10.13	6	228	9.84
7점	90	11.07	7점	59	10.05

주: 1) 시민활동 점수=6.08+0.17*인간관계 신뢰수준+0.53*기부의사
2) 모든 회귀계수는 5% 유의수준에서 유의미함

다. 시민활동이 리터러시에 영향을 주는 한계효과의 크기기 집단마다 상이한 경우를 상정할 수 있다. 본 연구에서 사용한 도구변인들에 영향을 받는 집단의 경우 시민활동 이 리터러시 향상에 매우 큰 영향을 준다고 추정할 수 있다.

[28] 내생변인의 측정오차가 있을 경우 IV 추정치를 크게 하는 요인이 된다. 또한 인간관계 신뢰나 자선단체기부와 같은 도구변인의 영향을 많이 받는 집단의 경우 다른 집단에 비해 시민활동을 통한 리터러시 향상 정도가 더 클 수 있다(local treatment ef-fect). 이처럼 이론적으로 OLS보다 IV추정치가 기대와 달리 더 크게 나오는 사례는 교육변인을 활용한 임금함수나 건강생산함수 실증분석에서도 많이 발견된다(Card, 1995; Angrist, Imbens,& Rubin, 1996; Lleras—Muney, 2002).

[29] 위에서 언급한 것처럼 정책 리터러시 함수 추정에 있어서 시민활동 변인은 내생성(endogeneity)을 가진다. 따라서 이러한 추정상의 편향성(bias)을 해결하기 위해 기부의사와 인간관계에 대한 신뢰수준이라는 도구변수(IV:instrumental variable)를 도입하고 있다. 이들 도구변수는 시민활동 변수와 높은 상관관계를 가지지만 정책 리터러시 함수의 오차(ε ipl)와는 상관성을 가져서는 안 된다. 아래 <표 6>이 보여주는 바와 같이 기부의사 정도가 높을수록 시민활동 지수도 점점 높아진다. 또한 인간관계에 대한 신뢰수준이 높을수록 시민활동 지수가 높다. 그리고 기부의사와 신뢰수준 변수를 시민활동에 대해 회귀분석한 결과도 이들 도구변수(IV)가 통계적으로 유의미함을 보여준다. 또한 정책 리터러시 함수의 잔차에 대해 도구변수를 회귀분석한 결과 연관성이 없는 것으로 나타났다.

으로 더 크다. OLS 모형에 근거해서 볼 때, 시민활동 점수(20점 만점)가 1점 증가할 경우 정책 리터러시 점수(56점 만점)가 0.43점 증가하지만, 2SLS의 경우 약 1.42점 증가한다. 추정모형에 따라 다소 차이는 있지만, 시민활동변인의 내생성을 통제할 경우 시민활동이 정책 리터러시 모형에 상당히 큰 영향을 준다. Brady와 그의 동료들의 연구(1995)에서도 정치참여와 같은 시민활동이 시민 리터러시(civic skills)에 유의미한 영향을 준다고 보고된 바 있다. 이 연구는 미국을 대상으로 한 것이지만 한국에서도 그 유용성은 여전히 크다고 본다. 이러한 결과는 정책 리터러시의 향상이 정규 교육 뿐만 아니라 각종 시민활동을 통해 크게 배양될 수 있음을 시사한다.

둘째, 사회인구학적 변인에 따른 정책 리터러시 격차를 살펴보자. 학력변수의 경우 대학재학 이상의 경우 중졸보다 정책 리터러시 수준이 높다. 중졸집단에 비해 대졸집단은 평균적으로 OLS 모형의 경우 4.69점, 나머지 추정모형에서는 약 2.3점 정도 높다. 이와 같이 시민 리터러시나 정책지식 리터러시에 대한 교육변인의 영향력은 이미 Hyman과 그의 동료연구(1975), Delli Carpini와 Keeter(1996)의 연구, Blinder와 Krueger(2004) 연구에서도 확인된 바 있다. 한편 성별 변수에 있어서는 4가지 모형 모두에서 남성이 여성보다 높은 정책 리터러시 수준을 보인다. 또한 중상류층이 하류층보다 정책 리터러시가 높다. 이러한 소득의 영향력은 Blinder와 Krueger(2004) 연구와 일치한다. 이 연구에서는 경제정책에 대한 리터러시 수준이 소득계층에 따라 상당한 격차가 있음을 보여준다. 거주지 변인의 경우 OLS모형에 따르면 읍면에 비해 도시지역의 정책 리터러시가 상대적으로 높지 않게 나타난다. 하지만 나머지 모형에서는 중소도시나 대도시 지역에 있어서 점수가 읍면보다 상대적으로 높다. 반면 나이 변수나 관리사무직 변수의 경우 OLS 추정에서는 통계적으로 유의미하지만, 나머지 추정모형에서는 그렇지 않다.

한편 사회인구학적 변인 중에서 교육과 성에 따른 정책 리터러시 차이가 크다. 하지만 이러한 차이는 사회적으로 생리적으로 구조화되어 있기 때문에 시민활동을 통해 정책 리터러시 격차를 보완하도록 해야 할 것이다. 소득의 경우도 저소득층이 중산층에 비해 낮은 정책 리터러시 점수를 보이고 있어, 이 취약계층에 대한 정책차원의 배려가 요구된다. 저소득층이 정책 리터러시 결핍으로 정책효과를 제대로 누리지 못하거나 소외될 가능성이 높기 때문에 정부차원의 정책 리터러시 교육이 필요한 것으로 판단된다. 거주지나 나이의 경우 추정모형에 따라 그 유의미성에 다소 차이가 있어 향후 좀 더 체계적인 연구가 필요하다.

표 7 정책 리터러시 함수 추정결과(N=1,199)

추정 모형	OLS(Ordinary Least Square)			2SLS(Two Stage Least Square)			3SLS(Three Stage Least Square)			FIML(Full Information, Maximum Likelihood)		
독립 변수	회귀 계수	표준 오차	유의 수준	회귀 계수	표준 오차	유의 수준	회귀 계수	표준 오차	유의 수준	회귀 계수	표준 오차	유의 수준
절편	8.97	2.57	0.0005	7.60	2.76	0.006	7.60	2.76	0.006	7.56	2.75	0.006
시민활동	0.43	0.08	<.0001	1.42	0.32	<.0001	1.42	0.32	<.0001	1.45	0.32	<.0001
남성	1.66	0.51	0.001	1.79	0.53	0.001	1.78	0.54	0.001	1.78	0.54	0.001
나이	0.40	0.11	0.0003	0.11	0.15	0.43	0.11	0.15	0.43	0.104	0.14	0.47
나이2	−0.004	0.001	0.003	−0.001	0.001	0.47	−0.001	0.001	0.48	−0.0009	0.001	0.51
고졸	2.09	0.86	0.02	0.71	1.01	0.48	0.71	1.01	0.48	0.66	1.01	0.51
대재이상	4.69	1.01	<.0001	2.33	1.30	0.07	2.33	1.30	0.07	2.25	1.29	0.08
중소도시 거주	1.27	0.91	0.16	2.74	1.07	0.01	2.74	1.07	0.01	2.79	1.06	0.01
대도시 거주	0.86	0.91	0.34	2.03	1.03	0.05	2.03	1.03	0.05	2.06	1.03	0.04
중산층	2.16	0.57	0.0001	1.51	0.64	0.02	1.51	0.64	0.01	1.48	0.63	0.02
상류층	3.91	1.86	0.04	2.55	2.02	0.21	2.55	2.02	0.21	2.51	2.01	0.2
사무 관리직	0.65	0.72	0.37	0.71	0.77	0.36	0.71	0.77	0.36	0.71	0.76	0.35
행정서류 신청경험	−3.31	1.22	0.007	−2.16	1.34	0.11	−2.16	1.34	0.11	−2.13	1.34	0.11
	$R^2=0.1377$			$R^2=0.1201$			System weighted $R^2=0.2206$			−		

주: 2단계 추정모형의 과잉식별(Overidentifying Restrictions) 검증: F값=2.69, 유의수준=0.101

V. 결론: 시사점과 추가연구

본 연구의 분석결과 정책 리터러시 수준은 전체 점수 대비 절반을 약간 넘는 것으로 나타났다. 정책 리터러시 수준은 시민활동, 사회인구학적 변인, 거주 지역, 행정 서류 처리 경험과 같은 변인에 영향을 받는 것으로 나타났다. 이러한 연구결과는 기존의 미국이나 서구에서 정치지식이나 정치리터러시 관련 연구결과와 유사하다. 특히 본 연구는 정책 리터러시 함수와 시민활동 함수를 동시방정식 모형으로 추정하여 시민활동의 증가가 정책 리터러시 수준 향상으로 연결될 수 있음을 보여주고 있다. 본 연구에서 나온 구체적인 시사점을 정리하면 다음과 같다.

첫째, 정책에 대한 무지(ignorance)나 오해(misunderstanding)가 있다면 정책에 대한 신뢰와 지지를 얻기 어렵다. 특히 정책 리터러시의 격차는 정책과정의 불평등으로 귀결되면서 민주주의를 저해하는 요인으로 작용한다. 정책과정에서 취약계층은 자신의 목소리를 반영할 기회를 충분히 갖지 못할 뿐만 아니라 자신의 의견을 정책에 투입할 역량도 낮다(Scholzman, Verba & Brady, 1999: 439-440). 본 연구는 정책 리터러시 격차가 시민활동 격차, 교육 및 소득 격차, 성별 차이와 연결되어 있음을 보여준다. 앞으로 정책 리터러시 격차 해소에 대한 연구가 필요하다.

둘째, 본 연구 결과 시민활동이 정책 리터러시 배양에 상당히 유의한 것으로 나타난다. 기존의 정규교육 강화 등을 통해 정책 리터러시 배양도 여전히 유효하나 교육에서 이미 소외된 계층의 경우 각종 시민활동의 장이나 기회를 마련해 줌으로써 정책 리터러시를 배양할 수 있다. 교육이나 소득격차에 따른 정책리터러시 격차는 사회구조화되어 치유가 어려운 영역이기 때문에 이에 대한 대안으로 각종 시민활동을 통한 정책 리터러시 배양도 가능하다.

셋째, 본 연구는 정책 리터러시 모형을 구성하고 이와 관련된 변인 탐색에 초점을 두었지만, 앞으로는 시민적 가치규범, 사회자본, 시민효과성에 정책 리터러시가 어떻게 얼마나 영향을 주는가에 대한 실증연구가 필요하다. 본 연구는 정책 리터러시 함수에 관심을 가졌지만, 앞으로는 정책 리터러시가 각종 경제활동, 시민활동, 정책참여에 미치는 영향에도 학술연구가 진행되어야 한다. 정책리터러시 파급효과에 대한 연구도 지속적으로 이루어져야 할 것이다.

참고문헌

김수현·이은주. (2008). 노인의 기능적 의료정보 이해능력이 지각된 건강상태에 미치는 영향. 「대한간호학회지」, 38(2): 195-203.

노명완·이차숙. (2002). 「문식성 연구」. 서울: 박이정.

성효용. (2003). 합리적 선택을 위한 경제교육. 「경제교육연구」, 10(1): 1-17.

신동희. (2004). 과학교육의 변화: 과학적 소양(scientific literacy)의 추구. 「국어교육학연구」, 21: 95－119.

안정임. (2006). 디지털 격차와 디지털 리터러시: 수용자 복지 정책적 함의. 「한국언론정보학보」, 36: 78－109.

이민규. (2008). 해외 선진 민주국가들의 읽기문화 진흥정책과 신문의 역할. 2008년 8월 26일 한국프레스센터 '읽기문화 진흥 세미나' 발표문.

이연. (2008). 일본의 '문자·활자문화진흥법'을 통해서 본 신문읽기 진흥방안. 2008년 8월 26일 한국프레스센터 '읽기문화 진흥 세미나' 발표문.

이재관·김선희. (2007). 정보리터러시가 소상공인의 온라인 활동수준에 미치는 영향. 「중소기업연구」, 29(1): 49－64.

이형래. (2005). 문식성 교육의 확장에 관한 연구: 공무원의 직업 문식성을 중심으로. 「국어교육」, 118: 249－282.

한국종합사회조사(KGSS). (2004). 성균관대학교 출판부.

한국행정연구원. (2005). 주요 정책과제에 대한 국민만족도 조사분석.

「세계일보」. (2001). 서울시 의회, 건설용어 해설집 발간. 2.16.

「한국일보」. (2005). 줄기세포 모르면 대화 못껴요. 12.23.

「동아일보」. (2006). 소비자 이해 어려운 난해한 보험용어 쉽게 바뀐다. 11.14.

「국민일보」. (2007). 주택청약, 이렇게 힘들고 복잡해서야. 9.20.

「세계일보」. (2008). 환경 컨설팅 제도 관련 기사. 6.24.

Alvarez, R. Michael. (1997). Information and Elections. Ann Arbor: The University of Michigan Press.

Angrist, J., Imbens, G., W. and Rubin, D. B. (1996). Identification of Causal Effects Using Instrumental Variables. Journal of the American Statistical Association, 91: 444－455.

Bawden, D. (2001). Information and digital literacies: a review of concepts. Journal of Documentation, 57(2): 218－259.

Bennett, W. Lance. (1975). The Political Mind and the Political Environment. Lexiton, MA: DC Heath.

Blinder, A. B., and Krueger, A. B. (2004). What Does the Public Know about Economic Policy, and How Does It Know It? Brookings Papers on Economic

Activity, 2004(1): 327−397.

Bok, Derek. (1997). Measuring the performance of government. Nye, Joseph S. Jr, Zelikow, Philip D., and King, David C.(eds.). Why people don't trust government. Cambridge: Harvard University Press, pp. 55−76.

Brady, Henry E., Verba, S., and Schlozman, K. L. (1995). Beyond SES: A Resource Model of Political Participation. American Political Science Review, 89(2): 271−294.

Card, D. (1995). Earnings, schooling and ability revisited. Research on Labor Economics, 14: 23−48.

Cassel, Carol A., and Celia C. Lo. (1997). Theories of Political Literacy. Political Behavior, 19(4): 317−335.

Chaffee, S.H., and Wilson, D. G. (1977). Media Rich, Media Poor: Two Studies of Diversity in Agenda Holding. Journalism Quarterly, 54: 466−476.

Clarke, P., and Evans, S. H. (1983). Covering Campaigns: Journalism in Congressional Elections. Stanford: Stanford University Press.

Clarke, P., and Fredin, E. (1978). Newspapers, Television, and Political Reasoning. Public Opinion Quarterly, 42: 143−160.

Delli Carpini, M. X. (1986). Stability and Change in American Politics: The Coming of Age of the Generation of the 1960s. New York: New York University Press.

Delli Carpini, M. X., and Keeter, S. (1991). Stability and Change in the U.S. Public's Knowledge of Politics. Public Opinion Quarterly, 55: 583−612.

_____. (1993). Measuring Political Knowledge: Putting First Things First. American Journal of Political Science, 37: 1179−1206.

_____. (1996). What Americans know about politics and why it matters. New Haven, CT: Yale University Press.

Denver, D., and Hands, G. (1990). Does studying politics make a difference? The political knowledge, attitudes, and perceptions of school students. British Journal of Political Science, 20: 263−288.

Fishkin, J. S. (1991). Democracy and deliberation: New directions for democratic reform. New Haven, C.T.: Yale University Press.

Fishkin, James S. (1996). The Televised Deliberative Poll: An Experiment in Democracy. The Annals of the American Academy of Political and Social Science. 546: 132－140.

Freire, P., & Macedo, D. (1987). Literacy: Reading the word and the world. London: Bergin & Garvey.

Graber, D. (1988). Processing the news, 2nd edn, White Plans, NY: Longman.

Gottfredson, L.S. (1997). Why g Matters: The Complexity of Everyday Life. INTELLIGENCE, 24: 79－132.

_____. (2004). Life, Death, and Intelligence. Journal of Cognitive Education and Psychology, 4(1): 23－46.

Hirsch, E. D. (1987). Cultural Literacy: What Every American Needs To Know, Boston: Houghton Mifflin.

Hyman, H.H., Wright, C. R., and Reed, J.S. (1975). The Enduring Effects of Education. Chicago: University of Chicago Press.

Jennings, M. Kent. (1996). Political Knowledge Over Time and Across Generations. The Public Opinion Quarterly, 60(2): 228－252.

Junn, J. (1991). Participation and Political Knowledge. In William Crotty (ed.), Political Participation and American Democracy, New York: Greenwood Press.

Kuklinski, J. H., Metlay, D. S., and Kay, W. D. (1982). Citizen Knowledge and Choices on the Complex Issue of Nuclear Energy. American Journal of Political Science, 26: 615－642.

Leighley, J.E. (1991). Participation as a Stimulus of Political Conceptualization. Journal of Politics, 53: 198－211.

Litva, A., Coast, J., Donovan, J., Eyles, J., Shepherd, M., Tacchi, J., AbelsonJ., and Morgan, K. (2002). The public is too subjective: public involvement at different levels of health－care decision making. Social Science and Medicine, 54(12): 1825－1837.

Lleras－Muney, Adriana. (2002). The Relationship Between Education and Adult Mortality in the United States. NBER Working Paper No. W8986.

Luskin, R.C. (1990). Explaining Political Sophistication. Political Behavior, 12(4): 331－361.

Milner, H. (2002). Civic Literacy: How Informed Citizens Make Democracy Work. Hanover, NH: University Press of New England.

McClosky, Herbert, and Alida Brill. (1983). Dimensions of Tolerance: What Americans Believe about Civil Liberties. New York: Russell Sage Foundation.

McKenzie－Mohr, D., Nemiroff, L. S., Beers, L., & Desmarais, S. (1995). Determinants of responsible environmental behaviour. Journal of Social Issues, 51: 139－156.

Mondak, J. (1995). Newspapers and political awareness. American Journal of Political Science, 39:513－527.

Newman, W. R. (1986). The Paradox of Mass Politics: Knowledge and Opinion in the American Electorate. Cambridge: Harvard University Press.

Niemi, R. G., Craig, S. C., & Mattei, F. (1991). Measuring internal political efficacy in the 1988 National Election Study. American Political Science Review, 52: 293-322.

Nicotera. N. (2008). Building Skills for Civic Engagement: Children as Agents of Neighborhood Change. Journal of Community Practice, 16(2): 221－242.

OECD & Statistics Canada. (2000). Literacy in the Age of Information Age. Final Report of the International Adult Literacy Survey. Paris: OECD.

Palfrey, T. R., and Poole, K.T. (1987). The Relationship between Information, Ideology, and Voting Behavior. American Journal of Political Science, 31(3): 511－530.

Prior, Markus. (2002). Political Knowledge after September 11. PS: Political Science and Politics, 35(3): 523－529.

Putnam, Robert D. (2002). Democracies in Flux: The Evolution of Social Capital in Contemporary Society. Oxford University Press.

Sanbonmatsu, Kira. (2003). Gender－Related Political Knowledge and the Descriptive Representation of Women. Political Behavior, 25(4): 367－388.

Schlozman, K. L., Verba, S., and Brady, H. (1999). Civic Participation and the Equality Problem. Theda Skocpol &, Morris P. Fiorina (eds), Civic

Engagement in American Democracy, 427 – 460.Washington D.C.: Brookings Institution.

Scribner, S. (1984). Literacy in Three Metaphors. American Journal of Education, 93: 6 – 21.

Steel, B. S., Smith, C., Opsommer, L., Curiel, S., and Warner – Steel, R. (2005). Public ocean literacy in the United States. Ocean & Costal Management, 48: 97 – 114.

Tannen, D. (1990). You just don't understand: Women and men in conversation. New York, NY: Ballantine Books.

Tyner, K. (1998). Literacy in a digital world. Mahwah, NJ: Lawrence, Erlbaum Associates.

Zaller, John. (1986). The Effects of Political Involvement on Public Attitudes and Voting Behavior. Presented at the annual meeting of the American Political Science Association.

부록 1

표 기술통계값

변수 명	변수설명	평 균	표준편차	최소값	최대값
정책 리터러시	정책을 이해하고 파악하는 능력: 8개 정책분야별로 7점 척도로 측정하여 합산한 점수	28.38	9.17	8	56
시민활동	시민활동 지수: 지역사회 공공모임 참석정도(5점), 지역학교 행사/학부모모임 참석정도(5점), 동호회 등 각종 모임 참석정도(5점), 지역사회활동 − 거리청소, 교통정리 등(5점)	9.03	3.30	4	20
신뢰	일반 인간관계 신뢰수준(7점 척도)	4.50	1.31	1	7
기부의사	자선단체에 돈을 기부할 의지(7점 척도)	4.03	1.71	1	7
남성	남성=1, 여성=0	0.49	0.50	0	1
나이	나이	43.29	14.77	19	81
나이2	나이*나이	2,091.94	1,366.81	361	6,561
고졸	고졸집단	0.41	0.49	0	1
대재 이상	대재이상 집단	0.38	0.48	0	1
중소도시	중소도시 거주	0.48	0.50	0	1
대도시	대도시 거주	0.42	0.49	0	1
중산층	(소득수준별로 응답자가 속한다고 인식한 계층) 중산층	0.65	0.48	0	1
상류층	(소득수준별로 응답자가 속한다고 인식한 계층) 상류층	0.02	0.14	0	1
관리직	화이트칼라 직업군=1 나머지=0	0.16	0.37	0	1
행정서류 신청경험	일반행정 서류신청 경험 없음=1, 있음=0	0.05	0.21	0	1

부록 2

표 시민활동 함수 추정결과(N=1,199)

독립 변수	OLS(Ordinary Least Square)			2SLS(Two Stage Least Square)			3SLS(Three Stage Least Square)			FIML(Full Information, Maximum Likelihood)		
	회귀 계수	표준 오차	유의 수준	회귀 계수	표준 오차	유의 수준	회귀 계수	표준 오차	유의 수준	회귀 계수	표준 오차	유의 수준
절편	−1.56	0.95	0.098	−2.49	1.28	0.05	−2.90	1.26	0.02	−2.87	1.30	0.03
정책 리터러시	0.05	0.01	<.0001	0.30	0.14	0.03	0.29	0.14	0.04	0.29	0.14	0.04
인간관계 신뢰수준	0.15	0.07	0.03	0.003	0.12	0.98	0.12	0.09	0.18	0.12	0.06	0.05
기부의사	0.43	0.05	<.0001	0.30	0.10	0.004	0.26	0.10	0.01	0.25	0.11	0.02
남성	−0.14	0.18	0.43	−0.58	0.33	0.08	−0.58	0.33	0.08	−0.58	0.33	0.08
나이	0.27	0.04	<.0001	0.13	0.09	0.17	0.13	0.09	0.16	0.13	0.09	0.15
나이2	−0.002	0.0004	<.0001	−0.001	0.001	0.21	−0.001	0.001	0.19	−0.001	0.001	0.18
고졸	1.19	0.30	<.0001	0.52	0.53	0.33	0.53	0.53	0.31	0.54	0.52	0.30
대재이상	1.76	0.35	<.0001	0.43	0.86	0.62	0.47	0.86	0.59	0.47	0.84	0.58
중소도시 거주	−1.13	0.32	0.0003	−1.47	0.43	0.0007	−1.47	0.43	0.001	−1.47	0.43	0.0006
대도시 거주	−0.90	0.32	0.005	−1.13	0.41	0.006	−1.13	0.41	0.006	−1.13	0.41	0.006
중산층	0.48	0.20	0.015	−0.14	0.42	0.75	−0.12	0.43	0.78	−0.12	0.42	0.77
상류층	1.14	0.65	0.079	−0.004	1.02	0.99	0.01	1.03	0.99	0.011	1.01	0.99
사무 관리직	−0.17	0.25	0.508	−0.29	0.32	0.37	−0.31	0.32	0.34	−0.31	0.32	0.33
	$R^2 = 0.19$			$R^2 = 0.13$			System weighted $R^2 = 0.22$			−		

▶ ▶ ▶ 논평

최연태(경남대학교 행정학과 교수)

1. 서론

오늘날 리터러시(literacy)는 문자 해독력이라는 본래 의미를 벗어나 다양한 영역에서의 문제해결 능력, 즉 지식정보화시대의 분야별 적응 및 응용 능력으로 확대 적용되고 있다(정광호, 2008). 리터러시 개념은 기술이나 매체의 변화에 따라 진화·발전해 온 역동적 개념으로 시대별 사회 환경의 변화에 따라 그에 부합하는 새로운 리터러시 개념이 대두되어 왔는바(김선경·권정만, 2008), 과학 리터러시(scientific literacy), 문화 리터러시(cultural literacy), 지식 리터러시(knowledge literacy) 등을 들 수 있다. 최근에는 디지털 미디어 환경에 따른 정보화 패러다임의 대두로 새로운 형태의 리터러시인 디지털 리터러시의 필요성과 중요성에 대한 논의가 점차 확산되고 있다(안정임, 2006). 이는 마치 1802년 독일 괴팅겐大 경제학 교수 Johann Beckmann(1739~1811)이 『기술입문서(Anleitung zur technologie, 1777)』라는 책에서 처음으로 기술(Technology)이라는 용어를 사용한 이래 광범위한 영역에서 세상을 재창조하고 인간이 만든 세계를 통제하는 것과 관련된 각종 도구와 기계 그리고 지식을 일컫는 용어로 끊임없이 확대 적용된 것과 유사하다.

이러한 리터러시 개념은 여러 분야별 개인 간 불평등과 격차를 조작화하고 측정하는 데 있어서도 매우 유용하다. 예를 들어 오늘날과 같은 디지털 미디어 환경에서 정보격차(digital divide)란 정보기기의 단순한 소유 및 이용 차원을 넘어, 미디어를 통한 정보의 획득·평가·활용을 통해 삶의 질적 수준을 향상시키는 능력을 보유하고 있는가 하는 질적 차원을 반영해야 한다. 즉, 개인의 내면적 태도와 인식과 같은 심리적 특성과 능력도 고려되어야 하는바, 이러한 요소들을 반영하는 개념이 바로 '디지털 리터러시'라 할 수 있다.

마찬가지로 정부정책과 관련된 각종 정보들을 수집·평가·활용하는 능력에 있어서도 개인별 차이가 존재하는바 이를 정의하고 측정하는데 '정책 리터러시' 개념을 이용할 수 있다. 오늘날 정책과정이 복잡해지고 정책영역별 전문성이 심화됨에 따라 정책숙의(policy deliberation)를 위한 전제조건이자, 그 결과로서의 정책리터러시 개념이 중요해지고 있다. 숙의민주주의란 공공사안과 관련하여 자유롭고 평등한 시민참여와 그들의 공적 심사숙고에 기초한 토론을 통해 도출한 합의를 바탕으로 정책결정을 함으로써 민주적 정당성과 효과성을 확보하는 제도를 말한다(박승관, 2000; 주성수, 2005).

숙의민주주의에서 심사숙고의 질적 수준이 곧 민주주의의 정통성을 결정하는 척도이므로(주성수, 2005) 심사숙고의 질을 결정하는 정책 리터러시야말로 오늘날 숙의민주주의의 확산과 더불어 그 중요성이 날로 커지고 있다.

정광호 교수님(이하 존칭 생략)의 "정책 리터러시(policy literacy) 함수 분석: 시민활동변인을 중심으로" 논문은 이러한 리터러시 논의를 정책학 분야에 최초로 도입한 것으로 그 의의가 크다. 저자의 미국 Syracuse대학교 Maxwell School 행정학 박사 학위 논문 주제 역시 리터러시에 관한 것—"The effects of schooling on literacy skills: A cross—national study from the International Adult Literacy Survey"—으로 정책 리터러시에 관해 누구보다 폭넓고 심도 있는 연구를 수행할 수 있는 지적 토대를 갖추었다고 볼 수 있다.

2. 논문 내용의 요약

본 논문은 정책 리터러시를 체계적으로 개념화하는 데서부터 출발하고 있다. 저자는 정치과정이나 내용에 관한 정치리터러시(political literacy)와 정책정보와 지식에 관한 정책리터러시(policy literacy)를 구분하여 이들을 시민 리터러시(civic literacy)의 하위 개념들로 구성하였다. 그의 개념 정의에 따르면 협의의 정책 리터러시는 정책과정과 내용을 이해할 수 있는 능력을 뜻하며, 광의의 정책 리터러시는 정책과정과 내용을 이해하고 활용할 뿐만 아니라 그 개인적·사회적 영향력을 비판적으로 고찰할 수 있는 능력까지 포함한다(정광호, 2008).

리터러시 개념은 <표 1>에 제시된 바와 같이 크게 세 가지 차원으로 나누어지는바 각각 전통적 의미의 리터러시, 기능적 의미의 리터러시 그리고 비판적 리터러시이다. 이를 정책 리터러시에 대응시켜 보면 전통적 의미의 정책 리터러시는 정책 지식(policy knowledge) 수준으로, 기능적 의미의 정책 리터러시는 실생활에서의 정책 활용능력 또는 정책 적응능력으로, 끝으로 비판적 의미의 정책 리터러시는 정책과정 및 내용에 대한 비판적 통찰력으로 조작화된다. 본 논문에서는 정책 리터러시를 전통적인 협의의 개념으로 보아 '정책을 파악하고 이해할 수 있는 능력'으로 정의하고 있다.

표 1 리터러시 유형과 정책 리터러시 개념화

		리터러시 차원		
		전통적 리터러시 (traditional literacy)	기능적 리터러시 (functional literacy)	비판적 리터러시 (critical literacy)
시민 리터러시 (civic literacy)	정책 리터러시	정책지식 및 정보의 이해수준	정책지식 및 정보의 활용력	정책과정 및 내용에 대한 통찰력
	정치 리터러시	정치지식 및 정보의 이해수준	정치지식 및 정보의 활용력	정치과정 및 내용에 대한 통찰력

자료: 정광호(2008, 77)의 〈표 1〉을 요약하였음.

이러한 개념화 작업에 이어 본 논문은 정책 리터러시와 밀접한 관련성을 가진 시민 리터러시나 정치 리터러시 논의들로부터 정책 리터러시 함수를 다음과 같이 설정하고 있다.

정책 리터러시＝f(시민활동, 사회경제적 변수, 인구학적 변수, 행정서류 신청경험)

위 모형에서 정책 리터러시와 시민활동 변수는 상호 영향을 주고받는 내생변수 (endogenous variable)로 보아야 하므로 시민활동 함수를 동시에 추정할 필요가 있다. 즉, 정책 리터러시 수준과 시민활동은 서로 관련되어 있기 때문에 정확한 인과효과를 추정하기 위해서는 도구변수들을 활용한 연립방정식(simultaneous equation) 모형이 요구되며, 이에 근거해 나온 시민활동 함수는 다음과 같다.

시민활동＝g(정책 리터러시, 인간관계에 대한 신뢰도, 자선단체 기부의사, 사회 경제적 변수, 인구학적 변수)

저자는 2006년 한국정책지식센터가 조사한 시민인식도 자료를 이용해 행정서류 신청경험, 인간관계에 대한 신뢰도, 자선단체 기부의사를 도구변수로 이용하여 정책 리터러시 영향요인들을 탐색하였다. 2 or 3 SLS(two or three stage least square) 기법을 활용하여 시민활동이 정책 리터러시에 주는 영향을 추정한 결과 시민활동 변인과 성별, 학력, 거주지역 변인들이 유의미한 변수들로 확인되었다. 즉, 시민활동이 활발할수록, 남성일수록, 고학력일수록, 도시지역 거주자일수록 유의미하게 정책 리터러시가 높은 것으로 나타났다.

3. 논문의 의의 및 시사점

본 논문은 국내에서 최초로 정책학 분야에 리터러시 논의를 도입한 것으로 이후 정책 리터러시와 관련된 후속 연구들(최연태·박상인, 2011; 이수원·김수애, 2017)의 시발점이 되었다는 데 그 의의가 있다. 특히 최연태·박상인(2011)의 연구는 본 논문의 정책 리터러시 개념에 기초하여 전자정부 서비스 이용이 정책 리터러시에 유의미한 영향을 미침을 보여주었다.

본 논문은 도구변수를 이용한 연립방정식(simultaneous equation)모형을 통해 보다 정확한 인과효과를 추정하고 있는바 방법론적 우수성 차원에서도 그 의의가 크다고 본다.

또한, 본 논문은 주요 사회인구학적 변인이나 시민활동 수준에 따른 정책 리터러시 격차 현상을 보여줌으로써 그로 인한 정책참여의 불평등과 관련한 심도 있는 논의를 가능케 한다. 교육이나 소득수준에 따른 정책 리터러시 격차는 사회구조화되어 치유가 어려운 영역이기 때문에 이에 대한 대안으로 각종 시민활동을 통한 정책 리터러시 배양이 가능하다는 정책적 시사점을 제공해 주고 있다.

끝으로 저자의 바람대로 정책 리터러시가 본 논문에서와 같은 종속변수가 아닌 독립변수로서 각종 경제활동, 시민활동, 정책참여 등에 미치는 영향에 관한 학술연구들이 향후 활발히 이어지길 기대한다.

참고문헌

김선경·권정만. 2008. 지식리터러시 개념에 관한 탐색적 연구. 한국행정논집. 20(3): 815-837.

박승관. 2000. 숙의민주주의와 시민성의 의미. 한국언론학보. 45(1): 162-194.

안정임. 2006. 디지털 격차와 디지털 리터러시: 수용자복지 정책적 함의. 한국언론정보학보. 36: 78-108.

이수원·김수애. 2017. 정책 리터러시(policy literacy) 개발 경험의 의미와 어려움: 사립유치원 교원을 대상으로. 유아교육연구. 37(5): 533-547.

주성수. 2005. 국가정책결정에 국민여론이 저항하면?: 심의민주주의 참여제도의 탐색. 한국정치학회보. 39(3): 147-165.

최연태·박상인. 2011. 전자정부 서비스 이용이 정책리터러시에 미치는 영향 분석. 한국사회와행정연구, 21(4): 73-98.

기대불일치 이론을 활용한 정책만족도 분석

An Analysis of Policy Satisfaction: Using the Expectancy Disconfirmation Theory

An Analysis of Policy Satisfaction:
Using the Expectancy Disconfirmation Theory*
-기대불일치 이론을 활용한 정책만족도 분석-

박순애(서울대학교 행정대학원 교수) · 황덕연(감사연구원 연구관)

∽ 프롤로그 ∾

1. 연구의 계기

본 논문은 10여 년 전 공공부문 성과관리에 관한 박사과정 학생의 도전적인 질문에서 시작되었다. 일반적으로 정책의 목적은 공공복리의 증진으로 알려져 있지만, 공공복리의 구체적 개념은 무엇인지, 객관적인 측정이 가능한지, 흔히 정책 효과성의 대리변수로 사용되는 시민만족도가 여기에 부합하는 개념인지 등 일련의 질문을 제기하였다. 공공정책과 서비스에 대한 시민들의 수요가 더욱 다양해질 것으로 예상한다면, 일종의 공공상품이라고 할 수 있는 정책의 개선에 대한 연구도 중요하지만, 고객이라고 볼 수 있는 시민의 특성을 이해하기 위한 연구는 필수적인데 이에 대한 심층적 연구가 많지 않다는 점도 연구 호기심을 자극하기에 충분하였다. 행정학의 인접 학문인 경영학에서는 매출 증대를 위해 고객의 선호를 조사하고, 고객에 기반한 마케팅 전략을 수립하는데, 과연 공공부문은 그러한 노력을 하고 있는지에 대한 의문이었다. 이에 다양한 수요에 정부가 온전히 대응하기 어렵다면, 오히려 시민의 특성을 연구하여 그들의 필요에 부응하는 맞춤형 대안을 모색하는 것이 유용할 것이라는 믿음과 이러한 지식의 축적에 일조하고자 하는 바람이 본 연구의

---

* 이 원고는 2009년 6월 서울대학교 행정대학원에서 개최된 IPMN(International Public Management Network) Conference에서 동일한 제목으로 발표하였고, 2010년 The Korean Journal of Policy Studies(Vol. 25. No.3, pp. 47-67)에 게재된 영문논문의 내용을 번역하여 일부 수정한 것입니다.

단초가 되었다. 사실 본인이 저술한 수많은 연구 중 이 논문을 선택한 것은 내용의 우수성 때문이 아니라 이 논문이 가지고 있는 부족함의 여백 때문이다. 완성도 측면에서 이 논문을 다시 읽어보면 당시 연구진들의 조급증을 느낄 수 있을 만큼 연구의 논리적 비약이 크다. 그럼에도 불구하고 이 논문에 애착을 갖는 이유는 행정학 분야에서 기대와 만족도의 관계에 대한 연구가 아직 일천하고, 공공분야의 연구가설을 발굴하기 위한 선행연구로서 충분히 검토할 만한 가치가 있다는 확신 때문이다. 특히 공공정책 대상으로는 거의 처음으로 기대불일치 이론을 적용한 논문이지만 영문으로 작성되어 널리 읽히지 않는다는 안타까움에 이 논문을 한글로 번역하여 가독성을 높이고자 하였다. 무엇보다 지적 호기심으로 충만한 제자의 학문적 열정을 최상의 논문으로 발전시키지 못한 젊은 날에 대한 반성과 후속연구를 시작하는 또 다른 계기가 되기를 소망하는 의미로 이 글을 소개한다.

2. 연구 시사점

본 논문에서는 공공정책 및 서비스 만족도에 있어서 시민이 가지는 기대가 어떤 역할을 하는지 살펴보았다. 공공부문을 연구대상으로 하는 행정학자로서 시민에 대한 심층적인 이해가 필요하다는 의지도 반영되어 있지만, 상식적으로 지극히 당연하다고 생각하는 기대와 만족도의 관계에 대해 새로운 접근방식의 연구가 필요하다는 것이 본 논문의 중요한 시사점 중 하나이다. 이 논문 발표 이후에도 유사한 주제로 몇 편의 행정학 논문이 나왔으나, 기대의 형성과정 및 기대가 만족도에 영향을 미치는 구체적 단계에 대해서는 아직 미완의 연구주제로 남아있다. 기대와 만족도의 관계가 단순하고 자명하다고 생각될 수도 있지만 왜 그러한 인과관계가 성립하는지에 대해 기존 연구에서 실증적인 설명을 충실하게 제공하고 있다고 보기는 어렵다.

기대의 형성에는 다양한 요인들이 작용하겠지만, 적어도 핵심 영향요인에 대한 발견과 이해가 이루어진다면 보다 적실한 정책수립에 도움이 될 것이며, 공공서비스 개발의 객관적 기준으로 활용할 수 있을 것이다. 본 논문에서 언급한 것처럼 기대와 만족도의 역관계는 인지부조화의 상황을 초래할 수 있기 때문에 이러한 개념 및 특성에 대한 정확한 이해는 공공정책에 대한 시민의 인식을 보다 올바르게 해석하는데 도움이 될 것이다. 본 논문이 2차 설문자료에 기반한 거시정책에 초점을 맞추다 보니 시민의 직접 경험에 근거한 예측적 기대를 정확하게 측정하기 어려웠던 점은 여전히 아쉬움으로 남는다. 향후 '기대'와 같은 추상적인 잠재변수의 속성을 파악하기 위해 심리학이나 행동경제학에서 주로 활용하는 실험연구 형태도 시도해 볼만한 접근 방법이다.

I. 서 론

잔속에 반 정도 채워진 물을 보고 어떤 사람은 반이나 찼다고 말하지만 또 다른 사람은 반이나 비었다고 말한다. 같은 사실에 대해 이렇게 다른 인식이 발생하는 것은 왜일까? 기대불일치 이론에서는 인식의 차이가 발생하는 이유의 하나로 애초에 개인이 가지고 있었던 기대 수준의 차이를 제시하고 있다. 즉 잔 속에 더 많은 물이 채워져 있기를 기대했던 사람에게는 반 정도 채워진 사실이 불충분한 것으로 인식되는 반면, 더 적은 물이 채워져 있을 것이라고 생각했던 사람은 물이 반 정도 채워져 있다는 사실을 충분한 것으로 인식한다.

본 연구의 목적은 공공정책에 대한 일반 국민의 평가에 있어서 기대불일치 이론(the expectancy disconfirmation theory)의 논리를 적용하여, 국민들의 기대 수준이 정책만족도에 어떤 영향을 미치는지 파악하고자 한다. 본 연구는 세 가지 측면에서 기존 연구와 차별성을 가진다. 첫째, 다수의 기존 연구들이 분석 대상 정책으로 지방정부의 공공서비스인 쓰레기처리, 치안, 학교, 중소기업에 대한 컨설팅, 수도 공급 등을 다루었다면(Deichmann and Lall, 2003; Roch and Poister, 2006; Bennett, 2007; Kleyn, Rothmann and Jackson, 2007), 본 연구는 한국의 거시정책들을 대상으로 하였다. 지방정부의 공공서비스들은 그 지역의 특성이나 환경의 영향을 받으므로 분석결과들을 일반화하기 어려울 수 있다. 둘째, 대부분의 기존 연구는 특정 서비스의 결과와 산출물에 대한 사용자의 주관적 인식결과를 활용하고 있지만 본 연구에서는 대부분의 국민들이 접하고 있는 거시정책에 대해 질문함으로써 일반화의 가능성을 높였다.

셋째, 본 연구에서는 공공서비스의 특성에 부합하는 기대의 개념을 활용한 분석을 실시하였다. 기대의 유형에는 크게 세 가지가 있는데, 첫째, 이전 경험을 통해 앞으로 어떤 상황이 발생할 것인지에(will happen) 대한 예측적 기대(predictive expectation),

둘째, 앞으로 어떤 상황이 발생해야 한다고(should happen) 생각하는 규범적 기대 (normative expectation), 셋째, 어떤 일이 일어나길 바라는(wants to happen) 이상적 기대(ideal expectation)이다(Thompson and Rosa, 1995). 서비스 만족도는 서비스에 대한 기대와 실제 성과의 차이로 결정된다고 보는 기대불일치 이론을 거시정책에 적용한 본 연구에서는 규범적 기대 개념을 활용하였다. 기대 수준 측정은 정책참여자에 대한 신뢰 및 정책과정에 대한 신뢰를 대리변수(proxy)로 활용하였다. 여기서 정책참여자는 정치행위자(political actors), 중앙행정부(central administrators), 그리고 비영리단체(nonprofit sector)로 구분하여 각각에 대한 신뢰 수준을 측정하였다.

이하에서는 기대불일치 이론과 그 이론의 핵심 요소인 기대 개념 및 기대의 세 가지 유형을 구체적으로 검토한 후, 규범적 기대의 대리변수로 신뢰 변수의 타당성을 설명하였다. 나아가 정책만족도에 대한 다양한 영향요인을 탐색하고, 그 중에서도 정책참여자와 정책과정에 대한 기대 수준의 영향과 방향성에 주목하였다. 본 연구는 공공영역에서의 기대불일치 이론의 확장 가능성을 검토함으로써 행정학 분야의 이론적 함의뿐만 아니라 성과와 시민만족도에 대한 정책적 시사점을 도출할 수 있을 것으로 기대한다.

Ⅱ. 이론적 배경 및 선행 연구

1. 기대불일치 이론

일반적으로 소비자들은 상품이나 서비스의 가치 또는 효용을 평가할 때 이전 경험으로 형성된 기대를 비교 기준으로 활용한다(Oliver, 1980). 때로는 기대 수준보다 실제 성과가 부족할 수도 있고, 반대로 실제 성과가 기대보다 높을 수 있으므로, 기대 수준과 실제 성과의 차이는 해당 서비스에 대한 만족도에 긍정적 혹은 부정적 영향을 미칠 수 있다(Anderson, 1973). 즉, 성과가 기대를 능가하면 차이는 만족도에 긍정적일 수 있고, 성과가 기대에 못 미치면 차이는 만족도에 부정적일 수 있다. 이것이 기대불일치 이론의 기본적인 논리이다.

공공서비스 성과평가에 대한 몇몇 연구들은 이러한 논리를 적용하여, 지방정부 공공서비스에 대해 주민들이 점수 형태로 부여한 성과에 대한 연구를 수행하였다(Miller, 1991; Folz, 1996). 그러나 Brown & Coulter(1983) 같은 연구자들이 지방정부의 공공서비스 만족도에 있어서 주민들의 기대 수준을 고려할 필요가 있다고 제안했음에도 불구하고 이전의 경험을 통해 형성된 기대라는 개념은 큰 주목을 받지 못했다.

흔히 기대 수준의 증가는 곧 만족도의 감소 혹은 불만족의 증가로 연결되어 둘 간에는 음(−)의 상관관계가 있다고 생각하지만, 만족도와 기대 수준 간의 관계에 대해서는 다른 주장도 있다. 사람들은 반복되는 경험을 통해 상품이나 서비스에 대한 기대 수준을 보다 현실적인 수준으로 조정한다는 것이다(Deichmann and Lall, 2007). 즉 기대 수준은 만족도와 높은 양(+)의 상관관계를 가진다는 것이다(Tversky and Kahneman, 1974; Deichmann and Lall, 2003). 또 다른 의견은 사람들이 어떤 상품이나 서비스의 성과에 대한 인식을 자신들이 가지고 있던 기대 수준과 유사하도록 수정한다는 것이며(Anderson, 1973), 특히 기대 수준과 인식된 성과 사이의 격차로 심리적 갈등이 발생했을 때 그러한 수정이 일어난다는 것이다(Sherif & Hovland, 1961; Rodriguez, San Mart, & Collado, 2006). 이런 두 가지 접근이 암시하는 것은 이전 경험에 기초한 기대가 동화 또는 조정 과정을 거치게 되며, 이를 통해 기대와 인식된 성과 간 차이가 감소한다는 것이다.

기대불일치 이론은 경영학 분야에서 주로 활용되어 왔으며, 행정학 분야에의 적용은 비교적 최근에 이루어졌다. 1970년대에 Anderson(1973), Oliver(1997) 등의 마케팅 연구에서 주로 기대가 제품성과 인식에 미치는 효과에 초점을 맞추었고, 1980년대에는 민간 영역에서의 서비스품질 측정연구(SERVQUAL)에 널리 활용되었다(Zeithaml, Berry, and Parasuramn, 1988, 1996). 1990년대에는 정치학 연구에서도 기대불일치 이론이 적용되기 시작했고(Roch and Poister, 2006), 2000년대 들어 행정학 분야에서도 이 이론을 활용한 연구들이 발견되고 있다. Kleyn, Rothmann, and Jackson(2007)은 남아프리카 루스텐버그(Rustenburg) 지역의 주민과 경찰을 대상으로 치안업무에 대한 기대와 만족도를 측정하였다. 설문조사 결과, 주민과 경찰 집단 간 치안업무의 우선순위에 대한 기대와 만족도 수준이 각각 다르다는 것을 발견하였지만 기대 수준과 만족도 개념을 연결한 해석이 이루어지지는 않았다.

Bennett(2007)는 중소기업이 필요로 하는 것에 대한 정치인들의 인식과 실제 중소기업가들의 인식의 차이에 대해 주목하고, 정부지원 하에 경영컨설팅 서비스를 제공하는 영국 Business Link 경험에 대한 설문조사를 활용하였다. 분석결과, 중소기업가들은 관심 수준이 가장 높으면서도 서비스 질에 대한 기대 수준이 지나치게 높지 않았을 때 서비스 이용에 대한 만족도가 높다는 것을 발견했다. Bennett의 연구에서 기대는 서비스 구성 및 전달체계를 개선하기 위한 출발점으로 인식되었다. Deichmann & Lall(2007)의 연구는 인도의 용수공급 서비스에 대한 만족도는 서비스 자체의 개선뿐만 아니라 서비스 질에 대한 이웃과 비교결과에 따라 영향을 받는다고 하였다. 즉, 이웃지역보다 서비스 질이 더 우수하다고 인식할수록 만족도도 높게 나타났다.

반면에, New York에서의 온라인 설문조사를 활용한 Van Ryzin(2006)의 연구는 재화나 서비스의 예상된 질과 실제 경험한 서비스 질 사이에 차이가 클수록 만족도 수준이 높다는 것을 발견했다. 흥미로운 부분은, 불일치 수준에 대해 단일문항으로 질문한 경우에는 기대불일치 이론과 결과가 달랐지만, 불일치 수준에 대한 계산(실제 서비스 질 수준에서 기대했던 서비스 질 수준을 차감) 결과를 활용한 경우에는 기대불일치 이론과 부합했다는 것이다[1]. 미국 조지아주(Georgia State) 지역 주민들을 대상으로 쓰레기수거, 치안, 교육서비스에 대한 설문조사 결과를 활용한 Roch & Roister (2006)의 연구에서는 서비스 질에 대한 주관적 인식은 만족도 수준과 긍정적인 관련성이 있었으나, 그렇다고 해서 높은 수준의 서비스 질이 같은 수준의 만족도를 담보하지는 않는다는 것을 발견했다.

선행연구들을 종합해보면, 기대의 개념과 성과측정에 대해 다양한 방식을 적용하고 있으나, 이러한 연구들이 일관된 결론을 도출한다고 보기는 어렵다. 이 연구에서는 거시정책에 대한 만족도에 기대불일치 이론을 적용하면서 기대 수준에 대해 신뢰라는 대리지표를 활용해보고자 하였다.

2. 기대 수준과 신뢰

Thompson & Rosa(1995)는 기대 수준에 대해 세 가지 유형을 제시했다. 첫째, 개인의 신념과 선호에 근거한 결과로서 소원, 열망과 같은 이상적 기대(ideal expectation), 둘째, 개인의 경험이나 타인의 이용 후기 및 미디어를 통해 얻은 자료를 근거로 형성된 보다 현실적인 예상결과를 의미하는 예측적 기대(predicted expectation), 셋째, 사회적으로 인정되는 소비자의 권리 차원에서 소비자가 당연히 받아야 한다고 생각하는 서비스 질의 수준을 의미하는 규범적 기대(normative expectation)가 그것들이다.

공공분야에서 기대불일치 이론을 사용한 연구들은 주로 예측적 기대의 개념을 사용한 것으로 보인다. 하지만 공공서비스에 대해 국민들은 공공서비스 수혜자로서의 권리에 대한 인식이 있고, 다양한 규정들은 공무원들이 높은 품질의 공공서비스를 국민들에게 제공하도록 하고 있으므로 공공서비스에 관해서는 오히려 규범적 기대가

---

1) Van Ryzin(2006)은 불일치 수준을 측정하는데 두 가지 지표를 활용했다. 하나는 서비스의 수준에 대한 응답에서 기대 수준을 차감하여 도출된 것이며, 다른 하나는 단일 문항을 통해 직접 그 차이를 응답자에게 물어보는 것이었다.

더욱 적절할 수 있다. 즉, 국민들은 경험해본 적이 없는 공공서비스에 대해서도 법률에서 보장하는 권리를 근거로 공공서비스의 질에 대한 어떤 수준의 기대를 가지고 있다.

기대 수준을 직접 측정하는 것은 현실적으로 어려우므로 이 연구에서는 두 가지 대리지표를 활용하였다. 첫째, 공공서비스 전달에 있어서 중요한 역할을 하는 정책과정의 참여자들이 바람직한 서비스를 제공하기 위한 적절한 노력을 하고 있을 것이라는 신뢰, 둘째, 정책과정과 제도들이 바람직한 수준의 서비스를 잘 전달하도록 구성되어 있다는 신뢰이다. 정책 및 정책집행의 품질은 정책과정 전반에서 정책참여자들의 적절한 노력과, 투명하고 합리적이며 국민들의 의견을 잘 반영하도록 설계되어 있는 절차 및 제도 등 시스템의 영향을 받기 때문이다.

물론 일부 연구자들은 신뢰가 이타주의나 내재화된 도덕과 같은 사회적 규범에 의한 인정 및 우호적 행태(unconditional kindness)에 의해 고양될 수 있고(Andereoni & Miller, 200), 온정효과(warm glow effect)나 이기적 동기에 의해서도 나타날 수 있다고 보고 있다. 즉, 신뢰가 기대 수준 이외의 다른 요소에 의해서도 고양될 수 있다는 것이다. 따라서 이 연구에서는 정부에 대한 일반적 신뢰를 묻기보다는 정책참여자의 역할과 정책과정 및 제도적 장치에 초점을 맞추어 신뢰를 측정하였고, 기부 의사로 측정한 이타주의 성향을 통제 변수로 활용하였다.

기대 수준에 대한 대리 지표로서 신뢰의 적정성은 신뢰 개념에 대한 다양한 기존 연구들을 통해 확인할 수 있다. Robinson(1996)은 타인의 미래 행동이 자신에게 이롭고 우호적일 것이며, 적어도 나의 이익을 심각하게 침해하지 않을 가능성에 대한 기대를 신뢰로 정의하였다. Barber(1983)는 신뢰를 사람들이 제도에 대해 사회적으로 학습하고 확인한 기대 수준이라고 설명했다. Lewis & Weigert(1985)는 모든 참여자들이 유능하고 충실하게 행동할 것이라는 강한 기대를 가지고 있어서 다소 위험한 행동도 수용하는 것을 신뢰의 특성으로 제시하기도 했다. 또 다른 연구에서는 신뢰를 타인과 소속되어 있는 사회 시스템에 대한 기대로 간단히 정의하기도 했다(Garfinkel, 1963; Luhmann, 1988).

위에서 제시한 두 가지 대리지표로서의 신뢰는 Barber(1983)가 언급했던 규칙 기반 신뢰와 역할 기반 신뢰의 개념과도 부합한다. 역할 기반 신뢰는 조직 내 역할, 훈련 과정 그리고 역할 준수(role compliance) 확보 수단인 다양한 책임 기제에서 유래한다(Kramer, 1999). Barber(1983)에 따르면, 역할에 대한 기대는 기술적으로 역할점유자에게 맡겨진 책임 및 그 역할에 관련된 의무를 수행할 것이라는 기대와 일치한다. 개인은 비록 사전적인 소통이나 지식을 갖추고 있지 않아도 조직 내 본인의 역할에 대한 지식을 바탕으로 자신에게 주어진 신뢰를 예측할 수 있다(Kramer 1999). 따라서 이 연구에서는 정책과정의 참여자에 대한 신뢰가 곧 그 참여자들이 보다 나은 정책을 만들기 위해 부여된 역할 및 직무에 충실할 것이라는 기대를 의미한다고 보았다. 또한 정책과정은 개인의 지식이나 개성에 의한 것이 아니라 공식적인 규정에 의해 통제되고 있다. 조직 내 구성원들 간의 상호작용에 관한 규정은 조직구성원들이 예상할 수 있는 행동을 할 것이라는 신뢰의 근거가 된다(Kramer, 1999).

III. 연구모형과 분석 방법

1. 연구모형의 주요 변수

본 연구는 제도화된 정책과정과 다양한 형태의 참여자들에 대한 신뢰 수준을 변수화하기 위해 요인분석을 수행하였다. 정책과정의 제도화가 의미하는 것은 정책 이슈를 확인하는 것에서부터 정책 평가까지 참여자들이 따라야 하는 일련의 과정이 규칙과 법에 의해 규제된다는 것이다(Dye, 1998). 이러한 정책과정의 제도화에는 여러 가치들이 있지만(Young, 1977), 이 연구에서는 세 가지 가치에 주목하여 신뢰 수준을 측정하였다. 첫째, 제도가 사람들의 의견을 반영하도록 조직된 과정이라는 민주성, 둘째, 정책 관련 정보가 공개된다는 조건으로서의 투명성, 셋째, 정책이 합리적인 자료와 논리에 근거한다는 합리성이 여기에 포함한다. 요인분석을 통해 이 세 가치들은 '정책과정에 대한 신뢰'라는 단일 요인으로 범주화되었다(<표 1> 참조).

성과측정에 있어서, 기존 연구자들은 이미 인지된 서비스 질과 객관적으로 측정된 서비스 질 사이의 차이점에 주목하고 있었다(Roch & Poister, 2006). 기대불일치 이론의 적용에 있어서, 주관적으로 인지된 서비스 질을 활용할 경우 두 가지 문제가 발생할 수 있다. 우선, 서비스 만족도에 대한 개념과 혼동될 수 있다는 점과 둘째, 불일치 수준을 직접 계산하는 방식에 문제가 있다는 것이다.[2) 이러한 문제점들은 공공서

---

2) 첫째, 인지된 서비스 수준은 만족도와 유사한 개념일 수 있다(Berry, Zeithaml, & Parasuraman, 1983; Parasuraman, Zeithaml, & Berry, 2001). 주관적으로 인지된 서비스의 질과 만족도는 양자 모두 서비스에 대한 평가 결과이다. 따라서 서비스 질에 대한 주관적 인식은 경험에 영향을 받으므로 서비스 만족도 자체는 이미 인지된 서비스 질에 따라 달라질 수 있다. 둘째, 설문조사에서 동일한 스케일의 문항을 활용하더라도 주관적으로 인지된 서비스의 질과 서비스 질에 대한 기대 차이가 만족도 수준을 나타낸다고 보장하기는 어렵다. 예를 들어, 7점 척도를 활용할 경우 인지된 수준과 기대 수준에서 모두 동일한 점수가 나온다고 하더라도 그것이 곧 인지된 서비스 수준이 기대 수준과 일치한다는 것을 의미하지는 않는다. 특히 대상 서비스의 내용이 충분히 가시적이지 않은 상태에서는 인지된 서비스 질과 기대 수준이 동일한 서비스 내용을 대

표 1 요인분석 결과

변수	정치행위자에 대한 신뢰		비영리조직에 대한 신뢰		중앙행정부에 대한 신뢰		정책과정에 대한 신뢰	
	요인 적재치	요인 점수	요인 적재치	요인 점수	요인 적재치	요인 점수	요인 적재치	요인 점수
대통령에 대한 신뢰					0.769	0.399		
중앙정부에 대한 신뢰					0.794	0.372		
국회에 대한 신뢰	0.596	0.160						
사법부에 대한 신뢰					0.656	0.276		
교육기관에 대한 신뢰					0.599	0.251		
지방의회에 대한 신뢰								
정당에 대한 신뢰	0.666	0.252						
시민단체에 대한신뢰			0.696	0.263				
노동조합에 대한 신뢰			0.624	0.222				
언론에 대한신뢰			0.779	0.299				
대중매체에 대한 신뢰			0.819	0.313				
뉴스포털에 대한 신뢰			0.720	0.283				
정치인에 대한 신뢰	0.784	0.354						
장관에 대한 신뢰	0.781	0.317						
고위관료에 대한 신뢰	0.796	0.335						
민주적 정책과정 신뢰							0.811	0.401
투명한 정책과정 신뢰							0.849	0.414
합리적 정책과정 신뢰							0.847	0.414

Total explained variance: 64.649%.
Extraction method: principal component analysis.

비스 전달의 특성과 관련이 있다. 치안이나 식수와 같은 지방정부 공공서비스의 경우 대부분 직접 제공되므로 그 혜택이 가시적인 경우가 많지만, 수혜자의 특성에 따라서 제공되는 서비스의 수준이 조금씩 다를 수 있다. 주민이 서비스 유형을 선택할 경우 서비스 수준에 대한 평가도 달라질 수 있고, 비록 지방정부가 동일한 서비스를 공급

상으로 하고 있다고 보기 어려울 수 있으므로 문제가 될 수 있다.

한다고 하더라도 주관적으로 인지된 서비스의 질은 다양할 수 있다.

반면에 경제정책이나 환경정책과 같은 정부의 거시정책은 그 성과가 모든 사람들에게 전달된다. 게다가 특정 개인이 정책 목표를 정하거나 특정 혜택을 독점하기 어렵다. 예를 들어 정부가 정한 기준금리를 개인이 변경하거나 기준을 제시하기는 어렵다. 따라서 거시정책 성과에 대한 인식은 상대적으로 객관적이다. 이 연구에서 활용된 거시정책들은 중앙정부의 정책들로 외교, 국방, 교육, 환경, 노동, 복지, 문화, 보건 분야를 포함한다.

지역의 규모, 성별, 연령, 정치성향, 교육수준, 월소득, 일상생활에 대한 만족도, 정부정책에 대한 관심 수준, 공공서비스 이용 빈도, 기부 의사, 정책에 대한 이해 수준 등 기본적인 인적 사항과 개인 특성에 대한 내용들은 통제변수로 포함하였다(그림 1 참조).

일반적으로 정책은 정치과정에 의한 결과물이므로, 국민들은 진보에서 보수까지 정치적 성향에 따라 정책에 대한 만족도가 달라질 수 있기 때문에 정치성향을 통제변수에 포함하였다. 또한 정책에 대한 지식의 차이가 미치는 영향을 고려하기 위해 정책에 대한 이해 수준을 통제 변수로 추가하였다. 정책에 대한 이해 수준은 곧 정책에 대한 참여와 정책 효능감으로 연계된다. Schlozman, Verba, & Brady(1999)는 정책에 대한 이해 수준은 정책과정에의 참여수준 차이로 나타나며 자신들의 의견을 정책과정에 반영할 기회의 차이로 연결된다고 보았다.

그림 1 개념적 모형 함수

SATP=f(TRPS, TRCA, TRTS, TRLW, EXP, EXPW, UDEP, POL, WIL, INC, EDU, SAL, AGE, GEN, INP, REI, RES)

P=거시정책이라고 할 때, SATP=각 거시정책에 대한 만족도 수준(7점 척도)

TRPS=정책과정에 대한 신뢰(7점 척도), TRCA=중앙행정부에 대한 신뢰(7점 척도), TRTS=비영리조직에 대한 신뢰(7점 척도), TRLW=정치행위자에 대한 신뢰(7점 척도)

EXP=공공서비스 이용 빈도, EXPW=인터넷을 통한 전자민원 서비스 이용 빈도, UDEP=각 정책에 대한 이해 수준(5점 척도), POL=정치 성향(5점 척도), WIL=기부 의사(7점 척도)

INC=월수입(월 150만원 이하부터 월 350만원 이상까지 4개 그룹으로 분류), EDU=교육 수준, SAL=삶에 대한 만족도(7점 척도), AGE=나이, GEN=성별(더미변수), INP=공공정책에 대한 관심 수준(7점 척도), REI=지역(더미 변수), RES=지역 규모(대도시, 중소도시, 비도시지역)

공공서비스 이용 경험은 지난 일 년 동안의 공공서비스 이용 빈도로 측정하였다. 요인분석 결과 공공서비스 이용에 있어서 중앙정부 서비스와 지방정부 서비스 이용 빈도가 유사하게 나타나 공공서비스 이용 빈도라는 단일지표로 측정하였다. 또한 한국에서는 전자정부를 통해 각종 민원 서비스를 제공하고 있어, 온라인 민원서비스 이용 수준을 변수로 측정하였다.

2. 설문 조사와 데이터 분석

본 연구는 2006년 12월부터 2007년 1월까지 서울대학교 정책지식센터에서 수행한 "2007년 국민인식도 조사" 자료를 활용하였다. 표본 수는 1,200명이며[3], 서울, 인천, 경기, 강원, 대전, 충청, 광주, 전라, 대구, 경북, 부산, 울산, 그리고 경남 등의 지리적 인구분포를 고려하여 무작위로 추출되었다. 48%의 응답자들이 대도시에 거주하고 있었고, 42%가 중소도시에, 9.5%가 비도시지역에서 거주하고 있었다. 응답자 중 남성은 49.3%였고, 여성은 50.7%였다. 설문지는 135개의 폐쇄형 문항으로 구성되었으며, 7점 척도를 활용하였다(<표 2> 참조). <표 3>은 각각의 정책에 대한 만족도와 이해 수준에 대한 기술 통계 결과를 요약한 것이다.

다변량 회귀분석을 실시하기 위해 SPSS 12.0이 활용되었다. 요인분석은 주성분분석과 Kaiser정규화 및 Varimax 회전을 옵션으로 선택하여 요인적재치가 0.5 이상인 경우만을 변수로 포함하였다. 분산팽창계수(VIF, Variance Inflation Factor) 값은 2.5보다 작게 나타나, 다중선공선 문제는 발견되지 않았다(Wooldridge, 2000). 종속변수의 표준화된 추정치에 대한 잔차의 산포도를 통해서 등분산성 가정을 위반하지 않는다는 것을 확인했다.

---

3) 설문조사는 국민들에게 정부정책, 행정절차, 공공서비스 이용 경험, 지역 공동체에의 참여, 신뢰 등을 질문하였다. 1,200명의 응답자 중 무응답이었던 27명은 제외하였다.

표 2 인구사회학적 변수

구분	숫자	비율	구분	숫자	비율
응답자 합계	1,173	100.00	**지역 규모**	1,173	100.00
남성	580	49.30	대도시	568	48.42
여성	593	50.70	중소도시	494	42.11
지역	1,173	100.00	비도시지역	111	9.46
광역시	568	48.42	**나이**	1,173	100.00
서울	256	21.82	20세 미만	48	4.09
부산	94	8.01	20~29세	229	19.52
대구	58	4.94	30~39세	286	24.38
인천	63	5.37	40~49세	275	23.44
광주	34	2.90	50~59세	147	12.53
대전	35	2.98	60~69세	146	12.45
울산	28	2.39	70세 이상	42	3.58
도	605	51.58	**정치성향**	1,173	100.00
경기도	253	21.57	매우 진보	54	4.60
강원도	36	3.07	다소 진보	244	20.80
충북	35	2.98	중립	516	43.99
충남	49	4.18	다소 보수	307	26.17
전북	45	3.84	매우 보수	52	4.43
전남	49	4.18	**교육수준**	1,173	100.00
경북	62	5.29	중학교 졸업 및 미만	246	20.97
경남	76	6.48	고등학교 졸업	482	41.09
소득	1,173	100.00	대학 졸업 및 그 이상	445	97.94
월 150만원 미만	295	25.15	**일상생활에 대한 만족도**	1,173	100.00
월 150만원~250만원	353	30.09	완전 불만족	95	8.10
월 250만원~350만원	324	27.62	다소 불만족	354	3.18
월 350만원 이상	201	17.14	중간	515	43.90
			다소 만족	202	17.22
			완전 만족	7	0.60

정책 분야	정책이해 수준		정책만족도	
	평균	표준 편차	평균	표준편차
외교, 국방, 통일 분야	3.470	1.441	2.975	1.330
교육 분야	3.676	1.509	2.720	1.261
보건 분야	3.348	1.392	3.320	1.302
복지 분야	3.737	1.395	3.308	1.366
환경 분야	3.539	1.403	3.266	1.274
문화예술 분야	3.349	1.392	3.408	1.224
노동 분야	3.326	1.459	2.956	1.238

표 3 정책 이해 수준과 정책만족도

Ⅳ. 정책만족도의 영향요인 분석

1. 회귀분석 결과

회귀분석의 결과, 정책참여자에 대한 신뢰로 측정한 기대 수준은 정책만족도에 통계적으로 유의미한 양(+)의 영향을 미치는 것으로 나타났다. 정치행위자에 대한 신뢰 수준을 제외한 나머지 독립변수의 경우도 모든 거시정책 만족도에 통계적으로 유의미한 양(+)의 영향이 발견되었다(<표 4> 참조).

이 연구에서 중앙행정부는 중앙정부, 대통령, 사법부 및 교육기관들을 포함하고 있다. 대통령과 중앙정부의 주요 역할은 정책목표 제시와 정책집행을 위한 사업계획을 수립하는 것이다. 대부분의 경우 구체적인 공공서비스는 지방정부 차원에서 제공되지만, 정책의 주요 원칙과 목표는 중앙정부와 대통령에 의해 결정된다. 사법부는 공공정책과 관련된 복잡한 이해관계 때문에 발생하는 갈등을 해결함으로써 정책집행을 지원한다. 따라서 중앙정부에 대한 신뢰는 중앙정부가 국민들의 수요를 반영한 정책을 만들고 집행할 것이라는 기대로 볼 수 있다.

이 연구에서 정치행위자는 정당, 국회의원, 장관, 선출직 및 고위직 관료들을 포함한다. 장관은 선출직은 아니지만 국회의 의결을 통해 임명되며 그 과정에서 대통령은 정치적 여론을 고려하게 된다. 국회의원은 행정을 규제할 수 있는 법률을 검토하고 통과 여부를 결정하며 정책과정을 감시하는 역할을 한다. 또한 국회의원은 예산안을 심의하고 그 과정에서 정책집행에 소요되는 비용을 조절할 수 있다. 행정부를 견제할 수 있는 강력한 권한을 가진 국회의원의 기본적인 역할은 국민의 의사를

표 4a 정책별 회귀분석 결과

구분	외교, 국방, 통일 분야		교육 분야		보건 분야		복지 분야	
	B	Sig.	B	Sig.	B	Sig.	B	Sig.
상수항	0.781*	0.065	0.364	0.367	0.901**	0.031	0.222	0.605
월소득	−0.017	0.316	−0.050***	0.002	−0.030	0.077	−0.018	0.310
교육수준	−0.065	0.255	−0.084	0.152	−0.089	0.116	−0.058	0.315
일상생활 만족도	0.071*	0.092	0.151***	0.000	0.077*	0.068	0.068	0.118
정치성향	−0.094**	0.015	0.016	0.668	0.018	0.696	0.038	0.345
공공정책 관심	0.041*	0.098	0.020	0.391	0.050**	0.040	0.057**	0.025
나이	0.001	0.672	0.003	0.286	−0.001	0.871	0.005	0.151
성별	0.059	0.411	0.052	0.441	0.146**	0.032	0.070	0.335
정책과정 신뢰	0.157***	0.000	0.134***	0.000	0.127***	0.000	0.152***	0.000
중앙행정부 신뢰	0.266***	0.000	0.150***	0.000	0.165***	0.000	0.144***	0.000
비영리조직 신뢰	0.077**	0.023	0.101***	0.002	0.096***	0.004	0.121***	0.001
정치행위자 신뢰	0.058*	0.093	0.155***	0.000	0.089***	0.009	0.084**	0.018
공공서비스 이용빈도	0.007	0.572	0.014	0.248	0.009	0.485	0.019	0.155
전자민원 이용빈도	0.015	0.396	0.003	0.839	−0.010	0.551	−0.012	0.489
정책이해 수준	0.107***	0.000	0.081***	0.001	0.190***	0.000	0.221***	0.000
기부 의사	0.003	0.879	−0.028	0.190	0.033	0.121	0.028	0.201
F값	13.263***		12.500***		12.411***		14.129***	
Adj. R-Squared	0.233		0.222		0.220		0.245	

대표하는 것이다. 이 연구에서의 분석결과 정치인에 대한 신뢰(기대)는 문화예술정책과 환경정책에 대한 만족도에 대해서는 유의미한 영향을 미치지는 않는 것으로 분석되었다.

비영리집단에는 노동조합, 시민단체, 언론, 방송, 인터넷 뉴스포털이 포함되었다. 이들의 공통된 성격은 각각의 조직이 국민들의 이익 또는 조직 구성원의 이익을 반영

표 4b 정책별 회귀분석 결과

구분	환경 분야		문화 예술 분야		노동 분야	
	B	Sig.	B	Sig.	B	Sig.
상수항	0.714	0.085	0.798**	0.042	0.210	0.592
월소득	−0.009	0.577	−0.024	0.141	−0.010	0.513
교육수준	−0.043	0.437	0.027	0.609	0.042	0.420
일상생활 만족도	0.075*	0.074	0.143***	0.000	0.061	0.118
정치성향	0.480**	0.218	0.029	0.441	0.037	0.312
공공정책 관심	0.000	0.991	0.015	0.498	0.002	0.914
나이	0.007**	0.033	0.002	0.518	0.001	0.639
성별	0.133*	0.052	0.057	0.386	0.182***	0.006
정책과정 신뢰	0.127***	0.000	0.091***	0.000	0.124***	0.000
중앙행정부 신뢰	0.121***	0.001	0.168***	0.000	0.177***	0.000
비영리조직 신뢰	0.126***	0.000	0.175***	0.000	0.157***	0.000
정치행위자 신뢰	0.051	0.133	−0.015	0.650	0.114***	0.000
공공서비스 이용빈도	0.006	0.631	−0.004	0.713	−0.002	0.894
전자민원 이용빈도	−0.004	0.792	−0.013	0.417	−0.003	0.849
정책이해 수준	0.179***	0.000	0.231***	0.000	0.139***	0.000
기부 의사	0.016	0.450	−0.001	0.978	−0.013	0.513
F값	10.863***		12.866***		14.000***	
Adj. R−Squared	0.196		0.227		0.243	

하고 있다는 것이다. 비영리부문은 사익을 추구하는 민간기업과 근로자 간의 갈등, 그리고 정부기관과 지역주민 사이의 갈등을 중재하는 역할도 하고 있다(Lehmbruch & Schmitter, 1982). 물론 시민단체 활동은 정부의 보조를 받고 있지만 기본 성격은 정부로부터 독립적이다. 분석결과 비영리단체에 대한 신뢰는 모든 정책에 대한 만족도에 통계적으로 유의미한 양의 계수값을 보여주었다.

정책과정이 투명하고 합리적이며 국민의 의사를 반영할 것이라는 신뢰, 즉 정책과정에 대한 기대는 모든 거시정책에 대한 만족도에 유의미한 양(+)의 영향을 미치고 있었다. 정책과정은 국민의 수요를 반영하여 공공서비스를 적절히 제공할 수 있도록 제도화되어 있어, 특정 이익을 위해 이용되거나 쉽게 변경할 수 없다. 따라서 정책과정은 국민들이 당연히 받아야 하는 행정서비스 혜택을 제대로 누릴 수 있도록 하기 위해 존재한다고 볼 수 있으며, 분석결과 그러한 정책과정에 대한 기대가 높을수록 거시정책들에 대한 만족도도 높게 나타났다.

2. 분석결과에 대한 논의

분석결과 기대 수준을 대변하는 각각의 독립변수들은 대부분의 경우 정책만족도에 통계적으로 유의미한 양(+)의 계수값을 가지는 것으로 나타났다. 기대불일치 이론에 따르면, 서비스나 상품의 효용에 대한 높은 기대는 곧 실제 효용과의 격차를 확대시켜 만족도 수준을 낮추거나 불만족을 증대시킨다. 따라서 기대불일치 이론은 본 연구의 분석결과와는 부합하지 않는 것으로 볼 수 있다.

기대와 만족도 간의 관계에 대해서는 기대불일치 이론과 다른 시각으로 해석을 하는 연구들도 존재한다. Deichmann & Lall(2007)의 연구에 따르면 사람들은 경험에 근거하여 자신의 기대 수준을 조정하기 때문에 기대가 정책성과에 근접하게 된다고 한다. 그러나 본 연구에서 통제변수로 활용한 공공서비스에 대한 경험 빈도는 만족도에 통계적으로 유의한 영향을 미치지 않는 것으로 나타났다. 다른 견해는, 사람들이 성과에 대한 인식을 본래 가지고 있던 기대 수준에 유사하도록 수정한다는 것이다 (Anderson, 1973). 하지만 이 연구에서 만족 수준의 측정 대상은 각 분야의 거시정책이었고, 기대 수준은 정책참여자 및 정책과정에 대한 신뢰로 측정하였다. 따라서 성과에 대한 만족도가 기대 수준에 따라 조정된다는 해석은 이 연구 결과에 대해서는 적용하기 어렵다.

마케팅 분야에서 발달한 기대불일치 이론이 공공정책 만족도에는 부합하지 않는 결과에 대해서는 다양한 해석이 가능하다. 민간 시장에서의 조건과 달리 정부는 공공정책의 독점적 공급자이고, 사람들은 공급된 정책 내에서 선택을 해야만 한다. 민간 시장의 고객과 달리 국민은 공공정책에 대해 상대적으로 수동적인 위치에 있고 미래에도 동일한 공급자로부터 정책을 공급받으므로, 그들의 기대가 만족도에 영향을 미치는 정도는 민간 시장과 다를 수 있다. 응답자들이 가지는 기대 수준이 거시정책의 객관적 효용과 달리 일종의 인지부조화(cognitive dissonance) 상태를 회피하기 위한 방안으로 확증편향(confirmation bias)에 의한 만족도를 유발했을 수도 있다.

마케팅 연구에서 초점을 두고 있는 예측적 기대는 제품이나 서비스의 가격과 질에 대한 이전의 경험을 바탕으로 형성된다. 그러나 공공서비스 경험 빈도만을 포함한 본 연구의 예측적 기대는 공공정책 분야의 만족도 설명에는 적절하지 않은 것으로 나타났다. 또한 본 연구에서 활용한 설문문항이 이상적 기대의 개념을 고려하여 만들어진 것이 아니므로, 이상적 기대가 다른 두 가지 형태의 기대보다 이 연구의 결과를 더 적절하게 설명하는지에 대해서는 확인할 수 없었다.

V. 결론 및 향후 연구에 대한 제언

본 연구에서 공공정책에 대한 규범적 기대는 일종의 시민의 권리개념으로 신뢰라는 대리변수를 통해 측정하였고 이러한 기대는 정책만족도에 통계적으로 유의미한 영향(+)을 미치는 것으로 나타났다. 일반 국민들은 정책참여자가 가지는 본래의 역할이 국민을 위해 봉사하고 공익을 추구하는 것이라는 것을 알고 있으며, 그렇게 행동하기를 기대하고 있다. 정책과정 또한 국민들의 합법적 요구에 부응하고 공정하게 공공서비스를 제공하도록 규정에 의해 통제받고 있으며, 이러한 규정에 따라 공정하게 대우받을 권리가 있다고 국민들은 인식하고 있다.

기대불일치 이론이 공공정책 분야에는 부합하지 않은 것으로 나타났지만, 기대라는 개념이 정책만족도에 대한 영향 요인으로서 의미가 없다는 것을 의미하지는 않는다. 오히려 기대 수준은 정책만족도를 이해할 수 있는 유의미한 변수이고, 따라서 성과의 질이 동일하다면 정책 참여자와 정책과정에 대한 높은 기대수준은 거시정책 만족도를 상승시키는데도 기여할 수 있을 것이다. 동일한 공공정책과 서비스를 제공하는 지방정부를 비교하더라도 신뢰수준이 높은 지역주민이 낮은 지역보다 상대적으로 더 높은 만족도를 나타낼 것이다.

이러한 점이 시사하는 바는 성과수준이 높지 않은 지방정부의 경우에도 주민들이 그 기관에 대해 강한 신뢰를 가지고 있다면 관대한 평가 결과를 받을 수 있다는 것이다. 이것은 주민들의 공공서비스에 대한 만족도를 높이는데 있어서 실제 성과뿐만 아니라 공공서비스 공급자 및 공공서비스 전달체계에 대한 신뢰가 중요한 요인으로 고려되어야 한다는 것을 의미한다. 따라서 성과관리에 있어서 국민들의 신뢰 및 기대수준을 향상시키는 것이 중요한 전략으로 반영될 필요가 있다.

본 연구는 민간분야의 경험적 연구에 기반한 기대불일치 이론을 공공분야의 거시정책 만족도에 적용해 보았다는 점에서 의의가 있다. 기존의 선행 연구들이 신공공관리론을 바탕으로 공공정책의 성과에 관심을 두었으며, 다수의 논의에서 마케팅 및 경영학 분야의 모델을 공공분야에 적용하려는 시도가 있었다. 본 연구의 분석결과가 높은 기대 수준이 낮은 만족도로 연결된다는 기대불일치 이론과 합치하지는 않았지만, 공공부문에서의 기대 수준이 만족도에 유의미한 긍정적 영향을 미치고 있다는 발견은 주목할 만하다. 하지만 마케팅 분야에서 관심을 갖는 예측적 기대는 거시정책 분야에는 유용성이 높지 않은 것으로 보인다. 예측적 기대의 구성요소로 볼 수 있는 과거 경험이 정책만족도에도 유의한 영향이 없는 것으로 나타났기 때문이다. 따라서 분야별 정책과 연계된 서비스 이용 경험을 객관적으로 측정할 수 있는 문항개발과 더불어 공공부문에 대한 국민의 기대수준 및 만족도 개념 그리고 이러한 개념 간의 인과관계에 대한 중장기 심층연구가 필요한 것으로 사료된다.

향후 연구를 통해 개선해 보고자 하는 사항은 다음과 같다. 첫째, 연구 목적이 정책만족도에 대한 기대 수준의 영향을 측정하는 것이었지만, 분석결과 정책만족도 함수의 설명력(R-squared 값)이 높지 않게 나타났다. 개별 특성 요인으로 다양한 통제변수들이 활용되었음에도 불구하고, 대부분의 통제변수들이 유의미하지 않아 향후 보다 광범위한 정책평가 문헌 검토를 통해 본 연구에서 누락된 중요 변수들을 추가할 필요가 있다. 둘째, 정책만족도 등 설문문항에 사용된 주요변수의 개념타당도를 확보할 필요가 있다. 정책만족도에 대한 선행연구들은 접근성, 편의성, 적시성, 형평성, 비용편익 등 다양한 개념을 활용하여 측정해왔다. 그러나 본 연구는 2차 자료의 사용이라는 한계로 인해 단일 문항으로 측정된 정책만족도를 사용하였으므로 향후 연구에서는 만족도에 대한 정치한 측정이 필요하다. 셋째, 기대 수준과 성과(performance)를 측정함에 있어서도 응답자들이 신뢰와 만족도 간 개념의 혼동을 겪었을 가능성에 대해 보완이 필요하다. 이러한 문제점들을 보정하려면 향후 연구에서는 사전 조사 실시 또는 패널 자료 등 장기간 데이터를 활용하는 것이 바람직하며, 기대 수준에 대해서도 규범적 기대나 예측적 기대가 아닌 이상적 기대의 개념을 활용한 연구를 해 볼 필요가 있다. 지금까지 논의된 사항 외에도 기대와 정책만족 사이의 관계에 대해 향후 다양한 접근방법의 심층 연구를 기대해본다.

참고문헌

Anderson, R. E. 1973. Consumer dissatisfaction: The effect of disconfirmed expectancy on perceived product performance. *Journal of Marketing Research* 10 (1): 38−44.

Andreoni, J. 1990. "Impure altruism and donations to public goods: A theory of warm−glow giving?" *Economic Journal* 100: 464−77.

Andreoni, J., and J. Miller. 2002. Giving according to GARP: An experimental test of the consistency of preferences for altruism. *Econometrica* 70: 737−53.

Barber, B. 1983. *The logic and limits of trust*. New Brunswick, NJ: Rutgers University Press.

Bennett, R. J. 2007. Expectations−based evaluation of SME advice and consultancy: An example of business link services. *Journal of Small Business and Enterprise Development* 14 (3): 435.

Berry, L. L., V. A. Zeithaml, and A. Parasuraman. 1983. Quality counts in services, too. *Journal of Marketing* 9: 20.

Brown, K., and P. B. Coulter. 1983. Subjective and objective measures of police service delivery. *Public Administration Review* 43 (1): 50−58.

Citizen Perception Survey. 2007. *Administration service monitoring*. Seoul: Knowledge Center for Public Administration and Policy, Seoul National University.

Cox, J. C. 2004. How to identify trust and reciprocity. *Games and Economic Behavior* 46: 260−81.

Deichmann, U., and S. V. Lall. 2003. Are you satisfied? Citizen feedback and delivery of urban services. World Bank Policy Research Working Paper No. 3070.

Deichmann, U., and S. V. Lall. 2007. Citizen feedback and delivery of urban services. *World Development* 35 (4): 649−62.

Dye, T. R. 1998. *Understanding public policy*. Englewood Cliffs, NJ: Prentice Hall.

Folz, D. H. 1996. *Survey research for public administration*. Thousand Oaks, CA: Sage Publications.

Garfinkel, H. 1963. A conception of, and experiments with trust as a condition of stable concerted actions. In *Motivation and social interaction: Cognitive determinants*, ed. O. J. Harvey, 81−93. New York: Ronald.

Kleyn, E., S. Rothmann, and L. T. B. Jackson. 2007. Expectations of and satisfaction with the South African police service in the Rustenburg area. *SA Journal of Industrial Psychology* 30 (1): 37−45.

Knez, M., and C. Camerer. 1994. Creating expectational assets in the laboratory: Coordination in weakest−link games. *Strategic Management Journal* 15 (8): 101−119.

Kramer, R. M. 1999. Trust and distrust in organizations: Emerging perspectives, enduring questions. *Annual Review of Psychology* 50 (1): 569.

Lehmbruch, G., and P. C. Schmitter. 1982. *Patterns of corporatist policy− making*. London: Sage Publications.

Lewis, J. D., and A. Weigert. 1985. Trust as a social reality. *Social Forces* 63:967−85

Lo Bianco, J. 2001. Policy literacy. *Language and Education* 15 (2): 212−27.

Luhmann, N. 1988. Familiarity, confidence, trust: Problems and alternatives. In *Trust: Making and breaking cooperative relations*, ed. D. Gambetta, 94−108. Cambridge, MA: Oxford University Press.

Miller, T. I. 1991. *Citizen surveys: How to do them, how to use them, what they ean*.Washington, DC: International City/County Management Association.

Oliver, R. L. 1980. A cognitive model for the antecedents and consequences of satisfaction. *Journal of Marketing Research* 17 (4): 460−69.

Oliver, R. L. 1997. *Satisfaction: A behavioral perspective on the consumer*. New York: McGraw Hill.

Parasuraman, A., V. A. Zeithaml, and L. L. Berry. 2001. A multiple−item scale for measuring consumer perceptions of service quality. *Marketing: Critical Perspectives on Business and Management* 64 (1): 12−40.

Park, Soon Ae, and Hwang, Duk Yun. 2009. The Impact of Social Capital on Satisfaction with National Policy. *Korean Journal of Policy Studies* 23 (2): 201−23.

Robinson, S. L. 1996. Trust and breach of the psychological contract. *Administrative Science Quarterly* 41 (4): 574−99.

Roch, C. H., and T. H. Poister. 2006. Citizens, accountability, and service satisfaction: The influence of expectations. *Urban Affairs Review* 41 (3): 292.

Rodriguez del Bosque, I. A., H. San Mart, and J. Collado. 2006. The role of expectations in the consumer satisfaction formation process: Empirical evidence in the travel agency sector. *Tourism Management* 27 (3): 410−19.

Rust, R. T., J. J. Inman, J. Jia, and A. Zahorik. 1999. What you don't know about customer−perceived quality: The role of customer expectation distributions. *Marketing Science* 18 (1): 77−92.

Schlozman, K. L., S. Verba, and H. E. Brady. 1999. Civic participation and the equality problem. In *Civic engagement in American democracy*, ed. T. Skocpol and M. P. Fiorina, 427−59. Washington, DC: Brookings Institution Press.

Sherif, M., and C. I. Hovland. 1961. *Social judgment: Assimilation and contrast effects in communication and attitude change.* New Haven, CT: Yale University Press.

Thompson, A. G. H., and R. Sunol. 1995. Expectation as determinants of patient satisfaction:

Concepts, theory and evidence. *International Journal for Quality in Health Care* 7 (2): 127−41.

Tversky, A., and D. Kahneman. 1974. Judgment under uncertainty: Heuristics and biases. *Science* 185 (4157): 1124−31.

Van Ryzin, G. G. 2006. Testing the expectancy disconfirmation model of citizen satisfaction with local government. *Journal of Public Administration Research and Theory* 16 (4): 599.

Wooldridge, J. M. 2000. *Introductory econometrics.* Cincinnati, OH: South−Western College Publishing.

Young, K. 1977. "Values" in the policy process. *Policy & Politics* 5 (3): 1−22.

Zeithaml, V. A., L. L. Berry, and A. Parasuraman. 1988. Communication and control processes in the delivery of service quality. *Journal of Marketing* 52 (2): 35−48.

Zeithaml, V. A., L. L. Berry, and A. Parasuraman. 1996. The behavioral consequences of service quality. *Journal of Marketing* 60:31−46.

▶ ▶ ▶ **논평**

전대성(전주대학교 행정학과 교수)

1. 서론: 기대불일치와 정책만족도

기대불일치(expectancy discomfirmation)란 고객의 서비스에 대한 판단은 소비자의 사전기대와 성과를 결정하는 과정에서 결정된다는 수요자들의 의사결정을 설명하는 방법으로 개발되어서 경영학에서 소비자 만족 개념과 관련해서 지금까지 연구되어 왔다(Oliver, 1997; 제갈돈, 2013). 기대불일치 이론에 따르면 소비자들은 개인적인 경험이나 광고 등 다양한 요인들에 의해 서비스 질에 대한 각각 다른 기대를 형성하게 될 뿐만 아니라 제품을 판단하는 주관적인 만족정도도 다르게 적용하게 된다(Oliver, 1997). 예를 들면, 날씨에 대한 춥고 덥고에 대한 기준이 이미 적응된 개개인의 몸 상태에 의해서 다르게 인식되는 것처럼(Oliver, 1980), 동일한 제품이나 서비스 질에 대해 소비자들의 만족도 정도가 각기 다른 이유는 바로 개개인의 경험이나 판단에 의해서 만족도 정도가 다르게 결정되기 때문이다.

그동안 민간부문에서 소비자들의 제품에 대한 만족정도의 차이를 설명해주던 기대불일치 이론이 최근에는 공공부문에서 시민들의 공공서비스 만족정도의 차이를 설명해주는 이론으로 활용되고 있다. 왜냐하면 시민들의 공공서비스에 대한 만족은 정부서비스의 주관적인 성과로만 평가되는 것이 아니라 공공서비스 제공 이전의 시민들의 예측에 의해서 큰 영향을 받기 때문이다. 즉, 실제로 인식된 공공서비스 성과가 사전에 예측된 기대보다 높게 나타나는 긍정적 불일치(positive disconfirmation)의 경우에는 시민들의 정부 성과에 대한 만족은 더욱 증가하게 된다. 반면에 예측된 사전기대보다 실제 성과가 낮게 나타나는 부정적 불일치(negative disconfirmation) 경우에는 오히려 시민들의 불만을 증가시키게 된다. 따라서 기대불일치 이론을 활용하게 되면 왜 정부가 제공하는 동일한 공공서비스에 대해 시민들이 다른 만족정도를 나타내고 있는지를 설명할 수가 있다(Stephan & Gregory, 2017; 전대성·김장회, 2019).

박순애 교수의 "기대불일치 이론을 활용한 정책만족도 분석"은 기대불일치 이론을 활용하여 정책만족도에 대한 시민들의 기대 수준이 미치는 영향을 살펴보고 있다. 저자는 공공정책에 대한 일반 시민의 평가에 있어 기대불일치 논리를 적용하여 시민들의 기대수준이 정책에 대한 만족도에 유의미한 영향을 미치는지를 국내에서 최초로 살펴보고 있다는 점에서 의의가 있다. 특히, 그동안 기대불일치 이론에 대한 선행연구들이 주로 민간부문에서 수행되고 왔고, 공공부문에서 기대불일치 이론을 활용하여 시민들의 정책만족도를 분석한 연구는 매우 부족하다는 점을 감안할 때 박순애 교수의 논문은 정책성과에 대한 대중의 평가에서 기대수준이 얼마나 중요한 요소인지를 실증분석하였다는 점에서 의의가 크다.

2. 해당 논문의 개요 및 주요 내용

1) 거시정책을 대상으로 분석함으로써 분석결과의 일반화 시도

그동안 정책만족도나 공공서비스 만족도를 대상으로 한 다수의 기존 연구들이 분석대상 정책으로 지방정부의 쓰레기처리, 치안, 중소기업에 대한 컨설팅, 수도공급 등의 공공서비스 영역에 한정되어 왔다. 하지만 지방정부의 공공서비스를 대상으로 정책만족도 등을 분석하게 되는 경우에는 그 지역의 구조적 특성이나 여건의 영향에 의존하게 되는 경향이 높아 서비스 수준의 차이나 수혜자들의 주관성에 의해서 그 성과를 일반화하기가 어려울 수 있다.

반면에 정부정책의 경우 그 성과가 모든 사람에게 영향을 미칠 가능성이 높고 특정 개인이 정책목표를 선택하거나 특정 혜택을 독점하기 어렵기 때문에 정책성과에 대한 인식이 상대적으로 객관적이고 그 분산이 크지 않다. 따라서 이 연구에서는 외교·국방, 교육, 보건, 복지, 환경, 문화·예술, 노동분야 등 중앙정부의 거시적 정책들을 대상으로 분석함으로써 정책만족도 관련 연구결과의 일반화를 시도하고 있다.

2) 공공서비스 특성에 부합하는 기대의 개념을 활용

이 연구에서는 앞으로 어떤 상황이 발생해야 한다고 생각하는 규범적 기대(normative expectation) 개념을 활용하여 서비스 만족도는 서비스에 대한 기대와 실제 성과의 차이로 결정된다는 기대불일치 이론을 거시정책에 적용하고 있다. 공공분야에 기대불일치 이론을 적용한 연구들이 주로 이전 경험을 통해 앞으로 어떤 상황이 발생할 것인지에 대한 예측적 기대를 사용하였다면, 이 연구에서는 규범적 기대를 사용하고 있다는 점에서 의의가 있다. 공공서비스에 대해 국민들은 기본적으로 수혜자로서의 권리에 대한 인식이 있고, 다양한 규정을 통해 높은 품질의 공공서비스를 국민들에게 제공하도록 규제하고 있기 때문에 예측적 기대보다 규범적 기대가 더 적절할 수 있기 때문이다.

또한 이 연구에서는 기대 수준의 측정을 정책 참여자(정치행위자, 중앙정부, 영리단체)에 대한 신뢰와 정책과정에 대한 신뢰를 대리변수로 활용하고 있다. 신뢰는 기대에 근거한다고 할 수 있다. 그리고 공공서비스 전달에 있어서는 정책 참여자들이 바람직한 서비스를 제공하기 위한 적절한 노력을 하고 있다는 신뢰와 정책과정과 제도들이 바람직한 수준의 서비스를 잘 전달하도록 구성되어 있다는 두 가지 신뢰가 가장 중요하기 때문이다.

특히, 기대불일치 이론 연구에서 주관적으로 인지된 서비스 질을 활용할 경우 자칫 서비스 만족도에 대한 개념과 혼동될 수 있다는 점과 불일치 수준을 계산하기에 부적절하다는 문제가 있다. 이런 문제점은 공공서비스 전달의 특성과 관련이 있다. 이런 문제를 해결하기 위해서는 특정개인이 정책목표를 설정하거나 특정 혜택을 독점하기 어렵게 그 성과가 모든 사람에게 전달되는 거시적이고 다소 추상적인 정부정책을 대상으로 살펴봐야 한다.

왜냐하면 주민들의 서비스 수혜 특성과 서비스 유형을 선택할 수 있는 지방 공공서비스 제공의 경우는 주관적으로 인지된 공공서비스의 질이 다양할 수 있기 때문이다. 이 연구에서는 이런 한계를 극복하기 위해서 중앙정부의 거시적 정책들을 대상으로 기대불일치 이론을 적용하고 있다는 점에서 의의가 있다.

3. 향후 연구에 대한 제언

이 연구에 따르면 공공서비스에 대한 시민들의 높은 기대 수준이 낮은 만족도로 연결된다는 기대불일치 이론과 일치하는 유의미한 결과를 얻지는 못했지만, 민간부문의 경험적 연구에 기반한 기대불일치 이론을 공공분야의 거시정책 만족도에 적용해 보았다는 점에서 의미가 있다.

또한 공공부문에서의 기대수준 정도(신뢰 정도)가 만족도에 유의미한 긍정적 영향을 미친다는 분석결과를 제시해주고 있다. 이런 분석결과는 기대수준은 정책만족도를 이해할 수 있는 유의미한 변수이고 성과의 질이 동일하다면 정책 당국자와 정책과정에 대한 높은 기대수준은 거시정책 만족도를 상승시키는데 기여할 수 있다는 시사점을 제시한다. 따라서 성과관리에 있어서 국민들의 신뢰 및 기대수준을 향상시키는 것이 중요한 전략으로 고려될 수 있다. 시민들의 공공서비스에 대한 만족도를 높이는데 있어서 실제 성과뿐만 아니라 공공서비스 공급자와 공공서비스 전달체계에 대한 신뢰가 중요한 요인으로 반영될 수 있기 때문이다.

이 연구는 민간분야의 경험적 연구에 기반한 기대불일치 이론을 공공분야의 거시정책 만족도에 적용해 보았다는 점에서 의의가 있지만 다음과 같은 추가적인 연구들이 지속되어야 할 것으로 보인다.

첫째, 기대 수준에 대한 올바른 평가가 필요하다. 일반적으로 설문조사에 의존하는 기대는 회고적으로 측정되는 경우가 많다. 이런 경우에는 기대와 만족도 사이의 관계가 과대평가될 가능성이 높으며 기대불일치와 만족도 사이도 과소 평가될 가능성이 높다(제갈돈, 2013). 따라서 이런 문제점을 보완하려면 기대수준에 대한 조사는 실제 서비스가 제공되기 전에 측정되여야 하고, 만족도에 대한 조사는 서비스가 제공된 이후에 이루어질 필요가 있다. 즉, 기대불일치에 대한 접근은 단기적인 접근이 아닌 장기적인 시각에 의존하여 동일인을 대상으로 사전사후 조사 방식인 패널분석 방식으로 조사되어야 그 결과의 정확도를 높일 수 있다.

둘째, 기대 형성에 미치는 다양한 요인들에 대한 고려이다. 비록 이 연구에서도 인적사항과 개인 특성에 대한 내용들을 통제변수로 사용하고 있지만, 기대 형성에 영향을 미치는 핵심 영향요인에 대한 발견과 이해가 우선적으로 선행되어야 한다. 이런 노력은 공공정책에 대한 시민의 인식을 보다 명확하게 해석하는데 도움을 줄 뿐만이 아니라 시민들의 기대에 근거한 거시정책 수립에 대한 보다 객관적인 시사점을 제시해 줄 수 있기 때문이다.

셋째, 기대불일치를 통해 달성하고자 하는 정책적 처방에 대한 구체적인 논의가 진행되어야 할 것이다. 그동안 기대불일치에 대한 선행연구들에 따르면 먼저 기대의 측정은 직접적으로 지방정부 서비스에 대한 기대를 묻기도 하고(Van Ryzin, 2004), 기관이나 부처의 서비스 질에 대한 전반적인 기대를 묻거나 정부 신뢰를 대리변수로 측정(Park & Hwang, 2010)하는 형태로 진행되었다. 그리고 불일치 측정은 기대에 대한 일치 정도를 직접 묻는 방식(Morgenson, 2012)이나 성과에 대한 평가에서 기대를 빼는(Van Ryzin, 2004) 방식으로 이루어졌다. 하지만 그동안 기대불일치 이론을 실증분석한 연구들은 기대와 불일치 정도의 측정에만 관심을 가졌고 예측된 기대와 실제 성과 사이에 불일치가 크게 존재한다면 이를 어떻게 해결할수 있는지에 대한 구체적인 정책적 처방을 내리는데 유용한 시사점을 제시하고 있지 못하다. 따라서 이에 대한 추가연구를 통해서 기대불일치 논의들이 가지고 있는 기대한 성과와 실제 성과간의 차이에 따른 기대불일치를 줄이기 위한 정책적 처방의 한계를 보완할 필요가 있다(강혜진, 2018).

참고문헌

강혜진. (2018). 지방정부 서비스에 대한 기대불일치가 주민들의 지역만족에 미치는 영향에 관한 연구: 정부신뢰의 조절효과를 중심으로. 한국행정학보, 52(2): 67 – 99.

전대성 · 김장회. (2019). 지방공무원의 시간사용이 공직전반에 대한 기대불일치에 미치는 영향에 대한 연구. 한국사회와행정연구, 29(4): 283 – 305.

제갈돈. (2013). 지방정부 공공서비스에 대한 시민들의 기대, 성과 및 만족도의 관계: 기대불일치이론을 중심으로. 한국행정학보, 47(1): 69 – 94.

Morgeson, F. V., III. (2012). Expectations, Disconfirmation, and Citizen Satisfaction with the US Federal Government: Testing and Expanding the Model. Journal of Public Administration Research and Theory, 23(2): 289‒305.

Oliver, R. L. (1980). A Cognitive Model of the Antecedents and Consequences of Satisfaction Decisions. Journal of Marketing Research, 42: 460‒469.

Oliver, R. L. (1997). Satisfaction: A Behavioral Perspective on the Consumer. New York: Irwin McGraw – Hill.

Park, Soon Ae, & Hwang, Duk Yun (2010). An Analysis of Policy Satisfaction Using the Expectancy Disconfirmation Model. The Korean Journal of Policy Studies, 25(3): 47 – 67.

Stephan, G., & Gregory, A. P. (2017). Reconsidering the Expectancy Disconfirmation Model: Three Experimental Replications. Public Management Review, 19(9): 1272 – 1292

Van Ryzin, G. G. (2004a). The Measurement of Overall Citizen Satisfaction. Public Performance & Management Review, 27(3): 9‒28

찾아보기

저자 약력

박순애
서울대학교 행정대학원 교수
서울대학교 공공성과관리연구센터 소장
(전) 공공기관경영평가단장
(전) 한국행정학회 연구위원장
(전) 「환경정책」 편집위원장
University of Michigan 행정학(Planning) 박사

김순은
서울대학교 행정대학원 교수
대통령 소속 자치분권위원회 위원장
(전) 한국지방자치학회장
(전) 한국지방정부학회장
Kent State University 정치행정학 박사

김태룡
상지대학교 행정학과 교수
(전) 한국행정학회 회장
(전) 서울행정학회 회장
(전) 「한국사회와 행정연구」 편집위원장
서울대학교 행정학 박사

노화준
서울대학교 행정대학원 명예교수
(전) 한국정책학회 회장
(전) 한국정책분석평가학회 회장
Syracuse Maxwell School 행정학 박사

문태훈
중앙대학교 사회과학대학 도시계획 · 부동산학과 교수
한국환경정책학회장, 환경부 지속가능발전위원회 위원장
(전) 한국지역개발학회장
(전) 한국시스템다이내믹스학회장
University at Albany, State University of New York. 행정 및 정책학 박사

박우서
연세대학교 행정학과 명예교수
한국공공자치연구원 이사장
(전) 연세대학교 행정대학원 원장
(전) 연세대학교 사회과학대학 학장
(전) 한국지방행정연구원 원장
New York University 도시행정학 박사

박재창
한국외국어대학교 석좌교수
(전) 대통령 소속 지방이양추진위원회 민간위원장
(전) 한국행정학회 회장
(전) 한국NGO학회 회장
State University of New York at Albany 행정학 박사

손희준
청주대학교 사회과학부 정치행정학전공 교수
청주대학교 사회과학연구소 소장
(전) 한국지방재정학회장
(전) 경실련 지방자치위원회 위원장
성균관대학교 대학원 행정학 박사

심익섭
동국대학교 행정학과 명예교수
사단법인 전환기행정학회 회장
사단법인 한국주민자치중앙회 공동회장
(전) 대통령소속 지방행정체제개편추진위원회 위원 및 근린자치분과위원장
German University of Administrative Sciences Speyer 행정학 박사

안성호
한국행정연구원 원장
세종제주자치분권균형발전특별위원회 위원장
(전) 한국지방자치학회 회장
(전) 대전대학교 부총장
서울대학교 행정학 박사

유훈
서울대학교 행정대학원 명예교수
고등고시 행정과 합격
(전) 서울대학교 행정대학원장
(전) 한국행정학회 회장
University of Minnesota 정치학 박사

이대희
광운대학교 행정학과 교수
(사) 한국산악문화협회 이사장
<포럼 감성과 문화> 대표
(전) 한국행정학회 회장
(전) 서울행정학회 회장
(전) 동양고전학회 회장

이시경
계명대학교 공공인재학부 행정학전공 교수
(전) 한국정부학회 회장
(전) 한국행정논집 편집위원장
서울대학교 행정학 박사

이종수
한성대학교 명예교수
(전) 한국행정학회 회장
(전) 서울행정학회 회장
서울대학교 행정학 박사

이해영
영남대학교 행정학과 교수
(전) 한국행정학회장
(전) 정부업무평가위원회 위원장
University of Maryland, Baltimore 정책학 박사

정광호
서울대학교 행정대학원 교수
Korean Journal of Policy Studies 편집장
Syracuse University Maxwell School 행정학 박사

정홍익
서울대학교 행정대학원 명예교수
(전) 한국문화정책학회 창립회장
University of Minnesota 사회학 박사

조석준
서울대학교 행정대학원 명예교수
(전) 서울대학교 행정대학원장
(전) 한국행정학회장
(전) 한국조직학회장
University of Minnesota 철학 박사

최경희
서울대학교 공공성과관리연구센터 선임연구위원
(전) 대구광역시 여성행복위원회 위원
서울대학교 행정학 박사

황덕연
감사원 감사연구원 연구관
서울대학교 행정학 박사

다시 읽고 싶은
한국행정학 좋은 논문 제5편

초판발행   2020년 6월 25일

엮은이   박순애 외
펴낸이   안종만·안상준

편 집   한두희
기획/마케팅   손준호
표지디자인   조아라
제 작   우인도·고철민

펴낸곳   (주) **박영사**
            서울특별시 종로구 새문안로3길 36, 1601
            등록 1959. 3. 11. 제300-1959-1호(倫)

전 화   02)733-6771
f a x   02)736-4818
e-mail   pys@pybook.co.kr
homepage   www.pybook.co.kr
ISBN   979-11-303-1051-0   93350

* 엮은이와 협의하여 인지첩부를 생략합니다.
* 본 저서는 서울대학교 행정대학원 공공성과관리연구센터 연구총서로 발간되었습니다.

정 가   37,000원